北京科技大学
本科生全程导师制

探索与实践

薛庆国　于成文　主　编
宋　波　彭庆红　副主编

北　京
冶 金 工 业 出 版 社
2021

内容提要

北京科技大学自2018年开始在广泛吸纳其他高校经验的基础上，结合自身特点，构建起具有北京科技大学特色的本科生全程导师制。实施导师制的目的是充分发挥教师在人才培养中的重要作用，使教育教学更有温度、思想引领更有力度、立德树人更有效度。本书全面记录了北京科技大学实施本科生全程导师制三年来的具体工作办法、取得的成效以及相关工作情况。

本书可供高等教育领域的行政管理人员阅读参考。

图书在版编目(CIP)数据

北京科技大学本科生全程导师制：探索与实践/薛庆国，于成文主编. —北京：冶金工业出版社，2021.11

ISBN 978-7-5024-8911-3

Ⅰ.①北… Ⅱ.①薛… ②于… Ⅲ.①高等学校—导师制—研究—北京 Ⅳ.①G642.42

中国版本图书馆CIP数据核字(2021)第183332号

北京科技大学本科生全程导师制：探索与实践

出版发行 冶金工业出版社　**电　　话** (010)64027926
地　　址 北京市东城区嵩祝院北巷39号　**邮　　编** 100009
网　　址 www.mip1953.com　**电子信箱** service@mip1953.com

责任编辑 刘小峰　美术编辑 彭子赫　版式设计 禹　蕊
责任校对 王永欣　责任印制 李玉山
三河市双峰印刷装订有限公司印刷
2021年11月第1版，2021年11月第1次印刷
787mm×1092mm 1/16；27.5印张；46彩页；797千字；514页
定价 200.00元

投稿电话 (010)64027932　投稿信箱 tougao@cnmip.com.cn
营销中心电话 (010)64044283
冶金工业出版社天猫旗舰店 yjgycbs.tmall.com

序

功以才成，业由才广；千秋基业，人才为先。当今世界，人才越来越成为推动经济社会发展的战略性资源。高等教育担负着为国家培养各类高级专门人才的重要任务。习近平总书记在考察清华大学时指出，建设一流大学，关键是要不断提高人才培养质量，着力培养担当民族复兴大任的时代新人。本科教育在人才培养工作中占据基础地位，培养一流本科生始终是一流大学发展的坚定目标和不懈追求。

长期以来，北京科技大学始终将立德树人作为根本任务，坚持育人为本、德育为先、能力为重、全面发展的教育理念，立足教师、学生两个主体，围绕教师教书育人、学生学习成长两个动作，探索实施本科生全程导师制，在全校范围内形成了“人才培养是本，本科教育是根”的共识，促进了学校人才培养能力全面提升。从试点推行到全面实施，从全员育人到全程指导，学校本科生全程导师制日臻完善，凝练形成了“一二三四五六”实施理念和路径。

“一”指的是本科生全程导师制的根本目的在于服务学生全面健康成长。“二”指的是在导师指导学生的过程中，学生增强了归属感、导师增强了责任感。“三”指的是本科生全程导师制构建起了“导师主导，任课教师主教，班主任、辅导员辅助，研究生协助，高年级本科生参与”的“3+3”服务学生模式。“四”指的是本科生全程导师制实施过程中，学校、院系、教师、学生分别发挥顶层设计、组织实施、教书育人、自主能动四个作用。“五”指的是在深化认识、优化组织、强化互动、量化考核、细化研究五方面下功夫，不断促进本科生全程导师制提质增效。“六”指的是本科生全程导师制的目标是“一降二升三满意”，即存在学业、心理等问题学生比例下降，学生深造率、就业竞争力提升，学生和家长满意、老师和学校满意、办好人民满意的教育。

本科生全程导师制实施至今效果显著。于学生而言，在导师个性化指导和团队关爱帮助下，学生理想信念更加坚定、成长方向更加明确、创新能力显著增强。于导师而言，在以身作则和授业解惑过程中，教师职业使命感不断提升、师德师风更加强化、业务能力全方位提升，同时有助于建设充满活力的科研团队。除此以外，本科生全程导师制对于一流大学的学科建设、科学研究、学风营造等均大有裨益。

教育决定着人类的今天，也决定着人类的未来。教育的本质就是通过传授知识、提高品德、启迪智慧，培养促进社会发展的人才，是提高每个人生命质量、提升生命价值的重要途径。“把学生当作我们的孩子”，是北京科技大学的育人情怀，是学校每一名教师的生动实践。我们要不忘初心、牢记使命，不断深化教育教学改革，推动本科生全程导师制由任务阶段向责任、感情阶段递进，持续提升人才培养质量，为培养担当民族复兴大任的时代新人贡献北科力量！

北京科技大学校长　杨仁树

2021年9月16日

前　言

习近平总书记多次强调，“高校立身之本在于立德树人”。作为党领导下的中国特色社会主义高校，北京科技大学始终将培养社会主义建设者和接班人作为主责主业，始终把立德树人作为办学的根本任务。教师是人才培养的主体，是立德树人的关键。本科教育是培养一流人才最重要的基础，一流本科教育是一流大学的底色，体现的是一所大学的传统和特色。高校必须要把本科教育置于重中之重，教师要从终身教育的视角重新审视本科人才培养工作。正是基于这样的认识，北京科技大学在2010年施行本科生班主任制度的基础上，于2018年开始全面实施本科生全程导师制。

2018年，北京科技大学获评全国首批“三全育人”综合改革试点高校。本科生全程导师制作为“三全育人”改革的重要育人机制，成为了学校教育教学改革的重点工作。2020年，以“本科生导师制”为主体申报的“‘三全育人’理念下基于‘双核驱动’的教师育人路径探索与实践”获批北京市本科教学改革创新重大项目。在三年的探索实践中，构建了导师主导，“六位一体”，多方联动的创新型导师制育人模式；打造出“全过程、全覆盖”多维立体育人软环境；形成了同形同向、育教统一的良好育人氛围。导师制实施以来，“一降二升三满意”（即降低“问题”学生比例；提升学生深造率，提升就业竞争力；最终使学生、家长满意，教师、学校满意，从而让社会满意）目标已取得初步成效，大一必修课不及格率连续三年降低；学生就业率、深造率稳步提升。导师制的实施切实提高了人才培养质量，得到了教师、学生、家长的多方认可，受到了人民日报、光明日报、中国日报、中国教育电视台等多家主流媒体报道。

本书总结的一系列全程导师制工作理论成果，提炼的一系列导师育人典型案例，无不体现着北科大全体教师围绕立德树人根本任务，勇于改革、无私奉献的“大先生”精神和情怀。他们用“初心”“悉心”“爱心”“苦心”温暖每个北科学子，用“爱国”“励志”“求真”“力行”引领学生求学之路。受篇幅所限，还有很多优秀的案例未能收入本书，我们深表遗憾，但这也为我们今后总结经验，进一步改进和提升全程导师制工作提供了契机。

感谢参与本书编审的各位评审专家，从本书的选题设计到案例格式，从编审体例到质量标准，评审专家们不厌其烦，为我们提供了专业、细致的指导。

本书介绍的本科生全程导师制探索和实践工作是在北京科技大学党委直接领导下完成的。杨仁树校长代表学校回顾了开展本科生导师制以来的工作进展和成效，并对今后进一步推进本科生导师制做出安排和展望。

本书得以顺利出版，再次感谢全校教职工对本科生导师制的大力支持，感谢大力支持本科生导师制的学院、部处，良好的育人模式不断提升教师育人责任感、使命感，进而强化师德师风、改良教学教风，使教育教学更有温度、思想引领更有力度、立德树人更有效度。

我校的本科生导师制仍处于探索阶段，本书以工作实录的形式对所开展的初步实践进行了小结，青涩与不足之处，自不待言。希望本书的出版可以成为与兄弟院校共同探讨本科生导师制在国内高校发展的契机，敬请各位同仁批评指正。我们将广泛听取各界意见，向全国开展本科生导师制的高校学习，为更好地培养社会主义的建设者和接班人贡献北科人的智慧和力量。

薛庆国　于成文

2021年11月

目　　录

我和我的学生

我和我的导师

媒体报道北京科技大学本科生全程导师制

北京科技大学新闻网记录本科生全程导师制(选编)

本科生全程导师制的探索与实践

本科生全程导师制的探索与实践

宋波　陈建　耿悦杰

摘要：高校的教师队伍是培养拔尖创新人才的关键。如何充分发挥教师在本科人才培养中的主导作用，是提升育人质量和水平的核心要义所在。北京科技大学自 2018 年开始在广泛吸纳其他高校经验的基础上结合学校特点，构建起具有北京科技大学特色的本科生全程导师制。导师制的实施使教师回归初心，充分发挥教师在人才培养中的重要作用，使教育教学更有温度、思想引领更有力度、立德树人更有效度。

关键词：导师制；教育教学改革；本科人才培养

本科生导师制工作启动会、研讨会

本科生导师制是国内外教育界公认的贯彻精英教育和个性化教育的一种先进育人理念。本科生导师制的提出使教师回归本心，强调“立德树人”是高校教师的根本任务。通过导师与学生面对面的沟通、一对一的指导，弥补目前高等教育中大班上课、轮班上课中教师与学生之间的距离感，真正做到因材施教、教学相长。所谓“其身正，不令而行；其身不正，虽令不从。”导师制的实施也激发着导师以德修身、以德润才、以德育人、以德塑魂的责任感与使命感，不断提高学生思想水平、政治觉悟、道德品质，从而为国家输送更多、更优秀的德智体美劳全面发展的社会主义事业建设者和接班人。

北京科技大学（以下简称学校）以促进学生全面发展和健康成长为目标，全面落实立德树人根本任务，坚持“以本为本”，践行“三全育人”理念，充分发挥教师在立德树人、人才培养中的重要作用，在 2011 年实施本科生班导师的基础上，于 2018 年全面实施本科生全程导师制。本科生全程导师制是学校推进“三全育人”综合改革的重要育人机制，是坚持“以本为本”的重要抓手。本科生全程导师制的实施有利于引导教师潜心教书育人，形成全员育人、全过程育人、全方位育人的工作格局。通过建立以导师为主导、研

原文发表于《北京教育（高教）》，2021（3）：82-85。

究生辅导本科生、高年级本科生帮助低年级本科生的纵向链式学习科研团队，引导本科生早进实验室，促进教研融合、师生相长，整体提升人才培养质量。学校召开“本科生全程导师制工作启动会”“2019年本科生全程导师制工作研讨会”，走访了中国科技大学、中国矿业大学（北京）、北京航空航天大学、北京化工大学、北京邮电大学等多所高校，总结各高校的先进经验；教务处协同各学院及部门积极推进创新工作，通过本科生全程导师制的实施使教育教学更有温度、思想引领更有力度、立德树人更有效度。

本科生全程导师制的构建

1 以“全员覆盖、全程指导”为原则拓宽服务学生的广度

学校的本科生全程导师制是导师制的发展和创新。不同于其他一些高校的新生导师制、书院导师制等形式，其基本原则是“全员覆盖、全程指导”。全员覆盖，即本科生全程导师制在全校范围内全面推开。不仅涵盖普通的本科学生，而且还为留学生、与其他高校共同培养的双培生、委培生等各类学生配备了导师，覆盖学校全部院系和所有专业，特别关注少数民族学生和外国留学生等在学习方面的特殊问题，将学校的导师制真正做到“一个也不少”。全程指导，即本科生导师制贯穿大学本科一年级到四年级。学生从入校开始，甚至从接到录取通知书开始，就有导师联系学生。这一举措不仅让家长放心，更让学生感受到了学校的温度。导师会陪伴学生四年本科生活，从立德树人、学业指导、学术指导、职业/学业规划指导等对学生进行全方位、多角度的全程辅导。在导师们专业严谨的治学态度、广博进取的人格魅力影响下，一部分学生在攻读研究生时继续选择自己的本科生导师，将中华民族自古以来师生传承的美德在大学校园中展现得更加淋漓尽致。

2 构建“3+3”创新型服务模式，挖掘服务学生的深度

学校本科生全程导师制最大的特色是构建“3+3”服务学生模式。导师不是一个人“单兵作战”，是在学校已有的“授课教师+班主任+辅导员”的基础上，增加“导师+导师所指导的研究生+导师所指导的高年级本科生”，构建起“导师主导、授课教师主教、班主任和辅导员辅助、研究生协助、高年级本科生参与”“六位一体”的本科生全程导师制组织模式。实现教书与育人的融合、教学与科研的融合、本科教育与研究生教育的融合。充分发挥现有

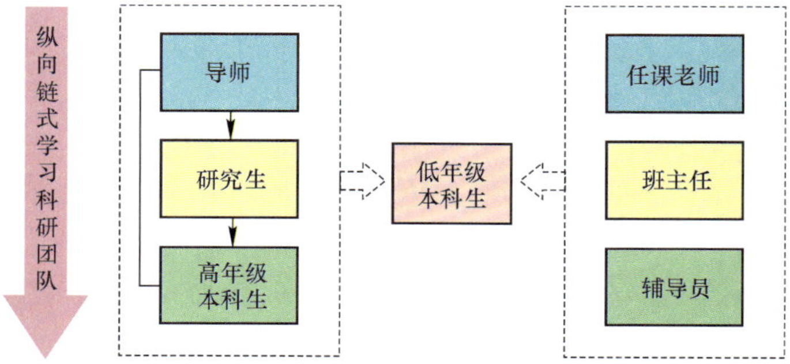

“六位一体”的本科生全程导师制人才培养模式

教育资源优势，弥补单纯课堂教学和学生工作“一对多”的不足，通过“学长经验分享”“专业介绍讲座”“成长规划讲座”“导师研究领域介绍”等灵活多样的形式，形成全方位“多对一”的新型“智力生态环境”，因材施教，满足学生在不同成长阶段的需求。

以学校高等工程师学院为例，学院实施教育部“卓越工程师教育培养计划”，采取“书院制+学院制”的形式，开设了材料、冶金、资源等六个学校优势学科专业，与各专业学院联合进行人才培养。在导师的选择上，学院汇聚相关学院、研究所的优质师资，导师至少每月进行面对面指导、线上不定期的咨询。学院定期组织导师制工作专题研讨，分享导师工作经验、探索导师制发展方向。学生从大一就可以参与到教师的科研项目中，旁听高年级学长的组会，成为学长的“小跟班”。导师通过指导学生创新创业项目、学科竞赛等使学生们组队独立完成自己感兴趣的课题，在增加指导频度的同时，进一步加强指导的深度。

校党委副书记、副校长薛庆国参加高等工程师学院导师制工作研讨会

学校建设“高层次、多元化”导师队伍保障服务学生的效度

3 建设“高层次、多元化”导师队伍，保障服务学生的效度

人才培养，关键在教师。学校的导师队伍是优中选优，必须具有中级（含）以上职称且在校承担教学科研工作一年以上的专任教师，对学校了解、对政策熟悉才能担任导师。正高级指导的学生数大于副高级指导的学生数，副高级指导的学生数大于中级指导的学生数，充分发挥导师和团队的育人作用。学校5位院士亲自指导本科生，长江学者、青年长江学者、国家杰青、青年“千人计划”“万人计划”等人才100%担任导师。全程导师制实施以来，教师教书育人的责任感、使命感进一步增强，对本科教育教学更加投入。在学生对本科生导师制的施行满意度调查中，91.93%的学生认为导师态度热情。学生的专业认同感普遍增强，专业发展方向更加明确。学生对学校总体满意度逐年提升，2019年达到96%。

4 建立“同向同行、协同联动”工作机制，提升服务学生的力度

学校成立校院两级本科生全程导师制工作领导小组，建立教务、学工等多部门协同机制，通过发挥学校规划、院系落实、教师主导、学生主动的“四个主体”作用，形成全校师生同行、各方协同联动的良好育人氛围。学校负责顶层设计，完善政策，配套经费，推动形成全员育人共识；学院负责组织实施，制定细则，选聘导师，落实落地；导师发挥育人作用，全程指导，精准施教；引导学生发挥主观能动作用，求“真学问”，练“真本领”。本科生全程导师制实施两年来，教师投入本科教学的积极性不断增强，人才培养质量得到进一步提升。

学校教务处处长宋波就导师制实施情况接受记者采访

本科生全程导师制育人成效

1 学生学习成绩明显提升

实施本科生全程导师制的2018级学生，大一必修课的不及格率比未实施导师制的2017级降低3.17%，比2015~2017级的平均不及格率降低3.79%。13个本科招生学院

中，有 8 个学院的不及格率降低。2018 级不及格人数由 2017 级的 937 人减少到 838 人，减少 99 人，减少 10.6%。2018 级不及格人次由 2017 级的 1999 人次减少到 1668 人次，减少 331 人次，减少 16.6%。2018 级加权平均分由 2017 级的 78.8 分提高到 79.17 分，加权平均分提高 0.37 分。从导师与学生的互动来看，导师全程对自己的学生投入真情实感，把陪伴指导学生的成长成才作为自己工作生活的一部分。学生遇到原来无从下手的问题能在导师处得到专业的解答，这在学业发展上无疑起到了推动的作用。

2 学生科研积极性明显提高

在创新创业项目上，学生参与积极性显著增强，2019 年申报 905 项，比 2018 年增加 286 项，参与学生人数由 2631 人次增加到 3595 人次，其中将近一半项目由学生全程导师指导。高等工程师学院、材料学院 2018 级参与创新创业训练项目本科生覆盖率超过 90%。参与教师由 2018 年的 361 人次增加到 543 人次。2019 年，由学生的全程导师指导的全国大学生创新创业训练项目有 439 项，占所有项目的 48.5%。导师制的实施催化了学生参与科研创新的积极性，也催生出了大量科研成果。师生共同发表论文、申请专利等数量增加。2019 年，学生参加校级以上竞赛获奖 3347 人次，较 2018 年增加了 13.65%。其中，获得国家级、国际级 651 人次，增加了 23.06%。2015～2019 年全国普通高校学科竞赛排行榜中，学校在 1172 所本科院校中列全国第 35 位。学生创新创业能力的增强有效地提高了就业竞争力。海（境）外交流本科生比例不断提高，2019 年达到 16.8%，较 2018 年增加 2.94 个百分点。

3 学生社会责任感明显增强

“少年智则国智，少年富则国富；少年强则国强，少年独立则国独立。”大学生的成长成才也关系到国家和社会主义事业的发展。导师是学生的引路者，导师制的实施使导师广博的专业知识与学生活跃的创新思维产生碰撞，真正做到了教学相长。涌现出的多个创业团队已经孵化为实体公司。“孟子居”扶贫创业团队创始人杨国庆作为发起人，向习近平总书记写信汇报参加“青年红色筑梦之旅”的心得感悟，得到总书记回信并受到中央电视台新闻联播等媒体报道。学校作为材料冶金行业特色高校，肩负着为国家钢铁行业输送人才的历史使命。作为艰苦行业，就业形势是学校面临的棘手问题。作为全国乃至世界名列前茅的冶金、采矿等专业毕业的学生鲜有意愿投身到一线钢厂、矿山工作。导师不仅要思考“如何培养人”，更好答好“培养什么人”“为谁培养人”的时代之问，不断培养堪当民族大任的时代新人。导师制实施以来，本科生深造率、签约率、就业率稳步提升，2019 年冶金行业（三重行业）就业比例从 8.25% 增加至 9.41%，本科生投身到西部地区就业的学生比例从 2018 年的 12.15% 提升到 14.71%。在导师以国家需要为己任、到祖国最需要的地方建功立业的精神引领下，5 年来，选择国有企业就业比例逐年增加。2019 年，1251 名毕业生在国有企业就业，453 名毕业生主动奔赴基层就业。

结 语

实施本科生全程导师制以来，学校进一步形成师生互动密切、感情深厚、立德树人氛围浓厚的校园文化。以本科生全程导师制为突破口的本科教育教学改革特色更加鲜明、成效更加显著。以本科生全程导师制为内核的本科人才培养模式进一步接轨世界、进一步趋于一流。以“本科生全程导师制”和“课程思政”为抓手申报的“‘三全育人’理念下基于‘双核驱动’的教师育人路径探索与实践”获批2020年北京高等教育本科教学改革创新重大项目。学校本科生全程导师制既得到留学生、外校双培学生的认可，也得到了社会的广泛认可，受到了《人民日报》《光明日报》《北京日报》《中国日报》《中国新闻周刊》《中国青年报》、中国教育电视台、中国新闻网、中国教育新闻网、《中国考试报》等多家国内有影响力媒体的报道。以导师制为内核的人才培养模式改革带动学校“三全育人”综合改革全面见效，推动学校“双一流”建设全面提升。

关于学校本科生导师制的新闻报道

本科生全程导师制的实践与思考

——以北京科技大学为例

耿悦杰

摘要：本科生导师制是被国内外高校普遍认可的先进的育人理念，但导师制在国内的推行面临着高等教育规模激增、导师队伍相对匮乏的困境。北京科技大学创新性地构建了“导师、导师指导的研究生、高年级本科生”+“班主任、任课教师、辅导员”的“六位一体”本科生导师制育人模式，形成育人合力。问卷调查发现，本科生导师制工作开展效果良好。

关键词：导师制；社会传染理论；本科人才培养

1 引言

习近平总书记在全国高等学校思想政治工作会议上强调，教师做的是传播知识、传播思想、传播真理的工作，是塑造灵魂、塑造生命、塑造人的工作。教师不能只做传授书本知识的教书匠，而要成为塑造学生品格、品行、品味的“大先生”。教师是人类灵魂的工程师，是人类文明的传承者，是人才培养的关键。本科教育是大学的根和本，在高等教育中是具有战略地位的教育、是纲举目张的教育。如何充分发挥教师在本科人才培养过程中的主导作用，是提升育人质量和水平的核心要义和关键所在。

长期以来，高校在本科人才培养过程中遇到了一些“瓶颈”。当代社会，学生面临的学业压力、经济压力、人际交往压力和就业压力越来越大。进入大学后，很多学生出现了对大学生活的不适应和对未来人生的迷茫，急需适合自身发展的个性化指导。高校面临学生的思想政治教育、专业教育、心理教育、创新创业教育的任务越来越艰巨[1]。然而，高校教师，特别是青年教师面临职称晋升、深造、房贷、育儿、养老等重重压力，使大部分高校教师无暇思考如何育人，而将大部分的精力渐渐转移到科研。“重科研，轻教学”在高校中属于比较普遍的现象。教师在完成课堂教学任务之后，很少与学生进行深入的交流和探讨，部分教师对学生的指导局限在课堂教学、指导实习、毕业设计（论文）等环节，而在课堂之外的学生德育、职业生涯规划、综合素质培养等方面指导不够，一定程度仍然存在“重教书，轻育人”的现象。

高校教师在培养人才的过程中的关键性作用毋庸置疑，高校要思考如何调动起教师在人才培养中的重要作用[2]。近年来，国内多所大学开始实施本科生导师制。高校提出本科生导师制的目的是使教师回归本心，强调“立德树人”是教师的根本任务。通过与学生面对面的沟通，一对一的指导，可以弥补目前高等教育中大班上课、轮班上课中老师与学生之间的距离感，真正做到因材施教、教学相长。导师制的实施也能激发导师以德修身、以德润才、以德育人、以德塑魂的责任感与使命感，在不断提高学生思想水平、政治觉悟、道德品质的同时实现教学相长，从而为国家输送更多、更优秀的德智体美劳全面发展的社会主义事业建设者和接班人。

目前对于导师制的研究大多聚焦在制度的研究层面上[3,4]，鲜有具体实施特色及实施效果的评价。然而实施效果是评价一项制度实施的必要性和先进性的重要标志。本篇论文在研究本科生导师制的同时，重点介绍了北京科技大学全程导师制的实施特色及由此产生的成效，以期为其他高校在本科生导师制的探索过程中提供一定的借鉴意义。

2 本科生导师制的构建——基于社会传染理论的角度

本科生导师制诞生于14世纪牛津大学，由温切斯特主教威廉·威克姆教授倡导实行，被誉为“牛津皇冠上的宝石”。基于该校学院制模式，由各学院在学生入学时为其指派全程导师，负责学生课程指导和内在修养的提升。导师每周与学生见面一次，实行一对一辅导，并根据情况为每个学生制订个性化的学习计划。牛津大学导师制实施成功之后在剑桥大学、伦敦大学等知名学府推广，为美国及世界其他国家的知名大学所借鉴[5,6]。

从中国传统来看，早在中国的春秋时期，孔子就创办私学，提倡“因材施教”，注重“启发教学”。及至唐宋至明清的书院，有个别教学和集体教学两种形式，其中个别教学就是导师制的雏形[7]。20世纪30年代，竺可桢先生率先开始在浙江大学实行本科生导师制。本科生导师制逐步在国内推广，部分高校开始施行。现在国内外的教育界正在逐步形成一种共识，本科生导师制是贯彻精英教育和个性化教育的一种先进育人理念。

社会传染理论认为，社会网络中的其他成员几乎是自动地“发现”了扩散性行为[8]。社会传染过程中存在行为发出的一方（发起者）和行为模仿并接受的另一方（接受者），在传染过程中实现了行为或社会信息的影响与传递。这一理论契合了本科生导师的学术造诣与道德品行在无形中影响学生的实施初衷。

Centola 和 Macy[9] 研究发现，在行为传染过程中，结构多样性使人们从多方面获得信息，产生社会加强（Social Reinforcement）效应，增加了被传染的概率。北京科技大学构建了“3+3”本科生导师制的新模式。即为新生建立了一个“导师、导师指导的研究生、高年级本科生”+“班主任、任课教师、辅导员”的多样化社会网络。与以往学生仅能接触辅导员和任课教师这种较单一的氛围不同，北京科技大学通过实施本科生导师制，为学生构建起“六位一体”全新本科生导师制组织模式。即“导师主导、授课教师主教、班主任和辅导员辅助、研究生协助、高年级本科生参与”[10]。“3+3”模式与社会传染理论具有内在理论上的统一性。

3 本科生导师制的组织形式

3.1 实施本科生全程导师制，助力大学生健康成长

习近平总书记在全国高校思想政治工作会议上讲话中对高校、对教师、对学生提出了明确的要求、殷切的期望，为高校指明了要培养什么样的人、如何培养人以及为谁培养人。明确我国高等教育发展方向要同我国发展的现实目标和未来方向紧密联系在一起，为人民服务，为中国共产党治国理政服务，为巩固和发展中国特色社会主义制度服务，为改革开放和社会主义现代化建设服务[11]。实施本科生全程导师制是学校践行“四个服务”、落实立德树人根本任务的关键举措。导师要做学生锻炼品格的引路人、创新思维的引路

人、学习知识的引路人、奉献祖国的引路人。实施本科生导师制正是教师队伍争当“四有”好老师、当好“四个引路人”的具体实践和重要途径，从而更好地服务大学生成长成才。最终达到“一降、二升、三满意”的目标：即降低“问题”学生比例；提升学生深造率，特别是提高硕士生中本校学生的比例，提升就业竞争力；最终使学生、家长满意，教师、学校满意，从而让社会满意。办一所负责任的大学。

3.2 构建新型师生关系，促进教研融合、师生相长

北京科技大学的导师制不同于一般意义上的导师带学生的“师徒制”，而是建立以“导师为主导，研究生辅导本科生、高年级本科生帮助低年级本科生”的纵向链式学习科研团队，引导本科生早进实验室，促进教研融合、师生相长，整体提升人才培养质量。本科生导师制基于人文关怀，通过一对一指导，导师的师德、人品、专业能力等会直接影响学生，真正做到了教书与育人的结合。高等教育不仅仅期望学生对知识的吸收和复制，而是能够培养学生的批判性思维能力，乃至进行学术讨论和研究。导师制比其他教学方法要求更高。在指导过程中，对低年级学生更多关注学习过程，培养学生良好的学习习惯和学习方法。对高年级学生及时吸纳参与科研课题研究，指导创新创业训练项目、学科竞赛等，增强学生的创新意识和实践能力。到了大四毕业阶段，导师还会指导学生的毕业设计(论文)，并且将国内外考研就业动向反馈给学生，在学生个人发展等方面提供咨询意见。

3.3 建立“教辅结合”“管教结合”机制，形成教师群体间协同联动

立德树人是高校的根本任务，学校教学、科研、管理、服务等各类岗位都负有立德树人的重要职责。加强工作协同，发挥育人合力，对于促进学生成长成才、提升人才培养质量、建设一流本科教育具有重要意义。实施本科生全程导师制的初心使命就是构建“导师全程指导、团队协同育人、深化创新训练、师生密切互动、育教有机统一”的精英型本科育人体系，服务本科生的健康成长，培养一流卓越人才。通过建立本科生导师队伍与辅导员队伍、管理人员队伍之间的“教辅结合”“教管结合”机制，形成各教师群体之间协同联动、同向同行的良好局面。形成本科生导师抓“点”、班主任抓“线”、辅导员抓“面”、学工系统和教学系统抓“体”的“点、线、面、体”育人体系。

3.4 强化“四个方面”责任，保障导师制顺利实施

学校发挥顶层设计。科学制定导师选聘规则，建立健全导师考核评价体系，通过逐步调整完善职务晋升、分配奖励等政策对教师投入导师工作的热情和积极性予以保障。明确本科生导师、班主任、辅导员、管理人员的主责任务和工作要求，充分发挥各支队伍的育人作用，深入推进全员全过程全方位育人。

院系发挥实施组织的作用。因地制宜制定具体实施办法，为学生择优配备导师，确保政策落地落实。院系通过召开导师工作研讨座谈会，交流导师制的发展方向，逐步完善学院选聘、实施、考核等方案。

教师发挥教书育人的作用。做总书记倡导的“四有”好老师，充分关心学生的思想、学习、生活状况，对发现的问题及时疏导。导师不仅仅是学生的学业导师，更是学生的人生导师。直接面对学生，不仅传授知识和技能，还以自己良好的师德和人品影响学生，形成独一无二的培养特色。

学生发挥自主能动的作用。导师是学生自主学习的引导者，然而学生成长成才的关键还是在自身。学生要在导师的指导和帮助下适应大学生活，培养独立思考和实践的能力，

落实总书记“爱国、励志、求真、力行”的嘱托，珍惜大好时光、刻苦学习、增长才干、学有所成。

4　本科生导师制问卷调查结果分析

为了解导师制一年来的实施情况，从学生视角发现导师在相关工作中可能存在的问题，教务处联合校办、学生工作部（处）连续两年对本科生进行了问卷调查。调查问卷包括四大部分，除第一部分是对调查对象基本信息的了解外，其他三部分重点对导师制执行情况、学生的收获、学生对导师制的意见建议等情况进行了详细调研。

4.1　本科生全程导师制实施情况良好

问卷结果显示，相较上一年度，推行本科生全程导师制工作在以下三方面取得成效：

一是从制度运行的总体情况来看，制度运转情况稳步向好。一方面，对导师制实施效果非常满意和满意的学生占比 78.06%，相较于去年 68.96% 学生满意或比较满意与导师沟通的情况有明显提升。另一方面，“学长帮带”工作质量有所提升，满意学生占比 44.32%，同比增长 6.54%。

二是从导师与学生沟通情况来看，导师参与程度显著提升。首先，导师主动联系学生情况占比 69.75%，相较去年增长 27.55%。其次，导师每周与学生联系 1 ~2 次从去年的 5.2% 上升至 7.67%，与学生沟通频率有所提升。最后，师生间的信赖感逐渐增强，在遇到思想、学习、生活方面遇到困难，主动向导师或导师指导的高年级学生寻求帮助的学生占全体参与调查的学生总数的 2/3，认为导师非常了解或者了解自身思想、学习和生活基本状况的学生占比 59.47%。

三是从各项指标反馈结果来看，学校育人质量持续改善。近四年大一新生必修课、公共课不及格率呈现逐年降低态势，大一一次成绩不及格率由 2017 级的 27.07% 降至 2019 级的 20.87%（图 1），必修课加权平均分由 78.8 分提升至 80.69 分，相较于 2018 级，2019 级公共课平均不及格率由 5.25% 下降至 3.34%，平均分由 77.63 分上升至 79.58 分。学生各类竞赛获奖年均增长 250 项，2020 年创新创业项目申报书较 2018 年增长 298 项、参与学生数增长 961 人，指导教师数增加 230 人，2020 年较 2018 年本科生深造率由 53.82% 提升至 55.58%，签约率由 67.61% 提升至 76.37%，受疫情影响，就业率由 94.76% 降至 90.14%。

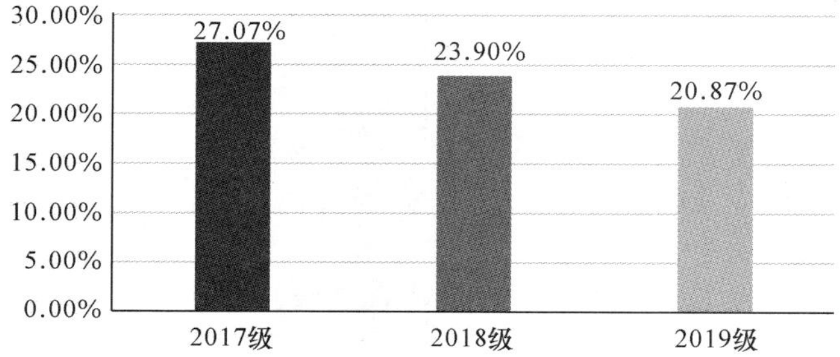

图 1　大一必修课一次成绩不及格率

4.2　导师制执行过程中存在一些问题

调查问卷结果显示，当前本科生全程导师制在制度运行过程中仍然存在一定问题，突出表现在以下三个方面：

一是在指导内容广度不够，专业学习和全面发展的比重有所失衡。问卷结果显示，导师在专业发展指导、提供学业辅导、思想政治引领上提供了较大的帮助，但导师对于学生的科研项目指导、创新能力培养、职业发展规划以及综合能力提升等方面的工作仍有欠缺。育教有机统一是导师制所追求的教育目标，也是学生“亲其师，信其道”的前提条件，导师对于学生的指导过多集中于思想、学业层面，而忽视学生在成长过程中其他方面的要素，在一定程度上会制约和谐师生关系的建立，削弱全程导师在学生成长成才道路上的作用，阻碍导师制的进一步完善。

二是在学生参与程度不够，导师指导与学生管理用力有所不均。调查结果显示，多数导师选择“提供建议”为主要的指导方式，在加强对学生的全程管理上仍有所欠缺。突出表现在：一是落实“三早”要求有差距。参与导师课题学生占比15.34%，从未进入导师梯队实验室参与项目研究的学生占比66.42%，从未参与梯队组会学生占比76.62%，三项指标维持在较低水平。导师对于本科生在自己梯队的定位不够清晰，对于如何将本科生吸纳并有机融入科研梯队办法不多。二是“导师主导，学长帮带”的管理体系尚未建立。虽然学生对“学长帮带”效果满意度有所提升，对效果非常满意以及满意的学生占比由2019年的35.78%提升至44.32%，但结果显示，高年级学生在协助指导低年级本科生的参与度仍然不高，仍有54.89%的研究生、本科生学长很少与同梯队低年级本科生进行交流。

三是在指导切入准度不够，导师指导与学生需求供需有所错位。首先是导师投入精力的领域和学生实际需求存在偏差。在学生普遍关切的科研项目、保研考研、实习就业以及出国深造等方面的指导导师较少涉及，但在其他学生认为不需要过多指导的方面，导师着力相对较多，阻碍育人实效提升。其次是导师在学生关心的领域所提供的帮助和指导的成效与学生的期待仍然存在一定差距，对于全面精准指导的工作要求仍需再加强再落实。

5 本科生导师制的思考与建议

从调查结果可以看出，导师制实施以来已经达到了预期的作用。通过导师制的实施，教师“立德树人”的思想更加深入人心，进一步形成师生互动密切、感情深厚、立德树人氛围浓厚的校园文化。本科生导师制在学校的实施“有成效、不平衡、可持续”。为了更好地落实本科生全程导师制，提出以下几个建议。

一是加强制度建设。要进一步发挥教务部门统筹作用。研制推进本科生全程导师制校级指导意见，统筹推进制度实施运行，明确评价本科生全程导师制实施情况的核心观测点，建立长期监测机制，构建实施情况动态监测和科学评价体系。要进一步发挥学院主体作用。鼓励院系根据校级指导意见并结合自身学科特点、师资队伍规模以及现有办学资源实际情况，制定学院特色的具体实施办法。加强针对导师全程指导的过程管理，统筹安排学院内部办学资源，对推动落实学生“三早”工作要求作出细化安排。探索通过本科生全程导师工作手册、定期召开全程导师交流会、全程导师-班导师-辅导员联席会、师生座谈会等形式，理顺导师制落实机制。要进一步发挥系所保落实作用。激发系所教师积极性，鼓励系所一线导师申报相关课题，及时探索、总结、固化先进经验，形成理论成果，在学校范围内形成辐射带动效应。

二是要加强队伍建设。要完善工作机制。发挥学校统筹作用，凝聚学校各部门、各育人主体育人合力。着力在学院内部完善全程导师的选拔聘用、进修培训、沟通交流、考核评价相关工作机制，切实提升导师履职能力。要坚持目标导向。加强工作调研，结合人才成长规律，从学生实际需求出发，逐渐丰富导师指导内涵，关注学生全面发展的同时，给予学生精准指导，切实提升育人成效。

三是加强文化建设。要加强政策宣传。充分用好校内各级各类媒体，加大宣传力度。通过表彰优秀导师、优秀同门、优秀实验室梯队，在学校范围内带动形成以育人为荣的良好氛围。要融洽师生、同门关系。除日常学习指导交流外，鼓励导师以实验室梯队为单位开展形式多样、内容丰富的交流活动，形成师生之间、同窗之间、同门之间和谐相处、共同进步的良好氛围，为本科生全程导师制深入推进奠定情感基础，切实提高人才培养质量。

参 考 文 献

[1] 杨仁树．本科生全程导师制：内涵、运行模式和制度保障［J］．中国高等教育，2017（6）：58-60.

[2] 杜玉波．着眼世界水平着力中国特色——对办好中国特色社会主义大学的再认识［J］．中国大学教学，2018（11）：4-6.

[3] 陈萍，张淑清．国内“教师导师制”研究的现状与展望——基于 Bicoms 文献梳理的分析［J］．黑龙江高教研究，2019，37（7）：39-44.

[4] 朱虹，许承光．立德树人新理路：“1+X”全程导师制——以武汉工程大学法商学院为例［J］．学校党建与思想教育，2016（22）：65-68.

[5] Moore W G. The tutorial system and its future［M］. New York：Pergaman Press，1968：24.

[6] Balan. Reviewing the effectiveness of the Oxford tutorial system in teaching an undergraduate qualifying law degree：a discussion of preliminary findings from a pilot study［J］. The Law Teacher，2018，(2)，171-189.

[7] 胡剑波．古代书院传统与现代大学本科生导师制——基于岳麓书院本科生导师制实践［J］．大学教育科学，2019（4）：74-79.

[8] Redl F. The phenomenon of contagion and “shock effect” in group therapy. In K. F. Eissler（Ed.），Searchlights on Delinquency［M］. New York：International Universities Press.

[9] Centola D，Macy M. Complex contagion sand the weakness of long ties［J］. American Journal of Sociology，2007，113（3）：702-734.

[10] 宋波，陈建，耿悦杰．本科生全程导师制的探索与实践［J］．北京教育（高教），2021（3）：82-85.

[11] 新华社评论员．立德树人，为民族复兴提供人才支撑——学习贯彻习近平总书记在全国高校思想政治工作会议重要讲话［EB/OL］.（2016-12-08）［2021-06-17］. http：//www. xinhuanet. com/politics/2016-12/08/c_ 1120083340. htm.

工科背景下本科生全程导师制的实践与探索

——以机械类学生为例

郑莉芳　马飞　苏栋　李鹏　康翌婷　宋琦　仲天琳

引言

随着我国高等教育内涵式发展进程的不断推进，以提高人才培养质量、强化人才创新能力、尊重人才个性化发展的本科生全程导师制开始逐步在各地高校推广。本科生全程导师制是服务大学生健康成长的一种互动式育人模式，起源于14世纪，由英国剑桥大学和牛津大学率先提出并实施。1937年，由浙江大学校长竺可桢引入我国，并逐步开始在浙大、清华、北大等高校实施。目前，本科生全程导师制已经广泛应用于我国各高校。

北京科技大学机械工程学院前身为1952年建校时成立的冶金机械专业，是新中国第一个面向冶金工业领域的机械类专业，在陈先霖院士、胡正寰院士等老一辈机械人的带领下，学院为国家培养了一大批行业杰出人才，形成并逐渐凝聚了“事业心、凝聚力、奉献精神”的冶金机械精神。目前，为积极响应国家和社会的人才培养需求，学院不断拓展人才培养的专业领域，先后设置了车辆工程、物流工程、工业设计和机器人工程等4个机械类专业。面向机械类专业对大学生理论、实践和创新的综合素质要求，我院于2017年9月正式引入本科生全程导师制，进行适应新时代发展要求的人才培养方式探索。

一、本科生全程导师制实施背景

（一）国家人才培养环境的驱使导向

2015年6月11日，国务院印发《关于大力推进大众创业万众创新若干政策措施的意见》，把创业精神培育和创业素质教育纳入国民教育体系。2017年在党的十九大报告中，习近平总书记明确要求“实现高等教育内涵式发展”。为响应党中央的号召，主动应对新一轮科技革命与产业变革以及“中国制造2025”等国家战略需求对高等教育的新要求，2017年2月20日教育部发布《关于开展新工科研究与实践的通知》，吹响了新工科建设的号角，开始全力探索形成领跑全球工程教育的中国模式、中国经验，助力高等教育强国建设。2018年6月，教育部陈宝生部长在新时代全国高等学校本科教育工作会议上的讲话提出，高等教育要“回归常识、回归本分、回归初心、回归梦想”，以本为本，建设一流本科教育，本科教育是高等教育的立命之本、发展之本。2018年9月10日，习近平主席在全国教育大会上指出，新时代新形势下，改革开放和社会主义现代化建设、促进人的全面发展和社会全面进步对教育和学习提出了新的更高的要求。目前，党和国家事业发展对高等教育的需要比以往任何时候都更加迫切，对创新型卓越人才的渴求比以往任何时候都更加强烈。在此环境下，创新型人才的培育培养已经到了迫在眉睫的地步。

（二）高校大学教育转型的必然趋势

2012 年《教育部关于全面提高高等教育质量的若干意见》指出，高校要确定特色鲜明的办学定位、发展规划、人才培养规格和学科专业设置。2015 年为进一步顺应国家要求，国务院印发《统一推进世界一流大学和一流学科建设总体方案》，要求加强创新创业教育，大力推进个性化培养，全面提升学生的综合素质、国际视野、科学精神和创业意识、创造能力。2019 年为深入贯彻全国教育大会精神和《中国教育现代化 2035》，教育部发布《关于深化本科教育教学改革全面提高人才培养质量的意见》，要求加强学生管理和服务，以高水平科学研究提高学生创新和实践能力。因此面临培养创新拔尖的责任，高校肩负完善教育教学体系，改革人才培养模式的重任，培养德智体美劳全面发展的社会主义建设者和接班人是高校目前的第一要务。

（三）学校教育教学体系的目标要求

为主动适应国家战略发展新需求和世界高等教育发展新趋势，我校在本科教育教学工作方面牢牢抓住推进一流本科教育建设、全面提高人才培养能力这个核心点，制定了《北京科技大学建设一流本科教育行动计划》，持续推进人才培养机制模式改革，充分发挥教师在人才培养过程中的重要作用，围绕学生开展个性化指导，以促进学生全面发展为中心，激发学生学习兴趣和潜能，激励学生爱国、励志、求真、力行，增强学生的社会责任感、创新精神、创业意识、实践能力和国际视野，培养卓越人才。

（四）学院创新实践教育的突破探索

北京科技大学机械工程学院拥有雄厚的历史沉淀，师资和科研力量基础扎实，研究生与本科生比例接近 1∶1，教师中 80% 为硕博导师，并且包含了国家杰出青年、教育部长江学者、教育部创新团队。此外，2019 年 4 月我院“机器人工程”专业申请通过教育部审批，成为机械工程学院的第 5 个机械类专业，机械类专业也已成为我校最大的招生专业类之一。新时代和建设工业强国背景的需求下，国家对机械类专业的人才培养也提出了新的要求，我院承担着崭新而重大的人才培养责任，必须充分运用相关专业资源，满足社会发展对复合型、实践型、创新型新时代机械类人才培养的需求。

二、实施方法

（一）现有问题

1. 学科人才培养和专业建设中存在的问题

国家智能制造 2025 和社会经济的快速发展使得机械专业的人才培养需求发生了根本性改变，物联网、大数据、人工智能、智能制造等新一代信息技术，也推动着机械学科的快速发展和变革，并对学院以冶金机械、矿山车辆为特色的传统机械工程专业和车辆工程专业构成巨大挑战。由于机械类专业历史悠久，因此存在专业培养的知识网络体系固化、课程内容未能与科研工作有机结合、本科生对专业知识和科研技能的掌握不足等问题，直接导致机械类专业本科人才培养过程相对实际需求存在滞后现象，难以满足国家智能制造的重大需求和学科的快速发展需要。

经济发展新常态以及社会环境多元化对机械学科学生的创新思维、实践能力以及思想素质提出了更高的要求，学生面对着更高的学业、心理、就业以及竞争压力。从人才培养的角度，本科教育不能仅仅局限在课堂，需要立足于学生个体发展，从学生专业水平、心理健康、创新创业、思想政治等多角度的教育出发，尊重学生的个体特征和能力潜质，提供个性化的培养方案和规划指导。

在传统的人才培养模式下，机械学科任课教师和本科生的接触基本仅局限在课堂授课环节，交流内容也基本围绕课本知识和讲授内容，“育人”职责有所欠缺。而辅导员与学生的日常交流较多，但由于“教书”环节的缺失，导致学生对辅导员教师身份的认可度较低。加之随着高校本科生招生人数逐年增加，辅导员与学生人数的配比也居高不下，很难实现为每个学生提供精细化、个性化的规划和指导。因此引入本科生全程导师制，改变任课教师“教书”和辅导员“育人”分离的工作模式是目前人才培养模式改革的必然选择。

2. 本科生全程导师制实施过程中存在的问题

本科生和导师互选时存在一定程度的盲目性。本科生全程导师在实施的初期采取的是随机分配制度，该分配制度在后期指导过程中出现较多的问题。首先，在机械大类招生的体系下，大一新生在学年末才能完成专业分流，导致随机分配的导师与学生专业不对口的情况出现，这对后期有效地开展学业、科创、深造就业指导带来了较大的阻碍。其次，本科生全程导师的研究方向不同，即便是专业分流后重新匹配的本科生导师，随机分配的制度也无法充分调动学生的积极性，而不合适的指导关系也将影响未来导师工作的开展。因此，搭建学生与导师之间的互选平台，建立双向合作的指导关系是本科生全程导师制顺利实施的基础。

本科生全程导师对职责分工不够明确。在本科生全程导师制实施之前，由辅导员和班导师主要承担对学生的各方面指导工作。所以在实施初期，本科生导师对这项角色的定位不明确，认为与辅导员和班导师工作重叠，甚至有可能形成对学生指导的真空地带。制定并完善本科生全程导师制规范文件，在选拔和培训本科生全程导师过程中加强对职责分工的理解，探索本科生导师、班导师、辅导员多方联动、共同合作的指导模式，是本科生全程导师工作落实的有力措施。

考核体系不完善，激励措施缺乏。全程导师制实施时间较短，考核的标准仍需不断完善，对于考评优秀的本科生全程导师的激励措施，以及考核结果在岗位聘任、职称评定中的影响应进一步明确。在高校教师身兼教学、科研双重任务，时间和精力已经非常有限的情况下，会有部分教师忽略对本科生的指导，而真正花费大量心血培养本科生的导师应得到相应的奖励。建立完善的配套考核体系和落实合理的激励措施是本科生全程导师制进一步贯彻实施的重要保障。

（二）本科生全程导师制实施主旨

本科生全程导师制是为全体本科生分配指导教师，从入学到毕业对学生进行全程指导的育人模式新实践。该模式充分发挥教师在人才培养过程中的重要作用，导师根据学生的不同学习阶段分别制定指导计划，从基础课、专业课的学习到科研训练，从思想生活到生涯规划等各个环节给予直接的指导和引导，以促进学生全面发展和健康成长，全面提高人才培养质量。

1. 以培养机械类学生创新能力为主线

机械学科在培养学生掌握专业知识和技能上已经很成熟，但对学生创新能力的培养还存在短板。本科生全程导师制实施过程中把培养学生的创新能力放在关键位置。全程导师分阶段结合学生发展特性制订培养目标，形成“大一激发创新意识—大二培养创新精神—大三引导创新思维—大四提高创新能力”的递进式培育模式。在学生入学之初通过导师讲授新生研讨课以及专业导论类课程，启发学生的专业学习兴趣；随着专业知识学习的深入，让本科生进入导师的课题组参与科研项目进行辅助工作，潜移默化培养科研思维和研究能力；在全面进入科研探索的真实情境后，让本科生接触导师的实际生产项目和课题，在实践运用中全面提升创新能力。

2. 以全面融合“教书”和“育人”为准则

教书和育人都是教师的基本使命和主要工作。全程导师制的实施对教师提出了更高的要求，教师既要提升科研水平和课堂教学质量，又要以自身的道德行为、治学态度、职业精神以及为人处世方式，言传身教，影响学生品格和个性的发展，引导学生塑造健全人格、实现人生价值。在全程导师制的实施过程中，导师不仅要对学生的专业进行指导，更要引导学生树立服务人民、科技报国的观念，在交流时要使学生明确我们正站在实现“两个一百年”奋斗目标的历史交汇点上，要学好机械专业知识，聚焦机械行业“卡脖子”技术难题进行攻关，为推动祖国的机械产业创新驱动发展贡献力量。

3. 以促进学生个体化发展为出发点

在机械大类招生的背景下，学生来自全国各地不同省份地区，在不同的成长环境下，学生对于机械专业知识的认知水平和学习能力的表现是极其复杂的。在课堂普适化教学难以关注学生个体的现实情况下，全程导师作为课下教学环节的重要补充可以从每个学生的实际情况和个性差异出发，有的放矢地制订符合学生自身志趣的学习计划，帮助学生扬长避短，促使学生找到对于机械专业的学习动力和努力方向，让学生的学习成长更加主动而有成效。

4. 以提升专业和学科建设水平为方向

本科生全程导师制是提高专业和学科建设水平的重要抓手。首先，在新生成长对话课和专业认知教育中，充分发挥本科生导师的作用，可以引导学生理解专业的培养目标和毕业要求的内涵。其次，在机械大类招生背景下，本科生全程导师制可以成为专业吸引优秀生源的重要途径。参与分流的各个专业通过本科生导师可以深入地向学生介绍专业的历史发展和研究特色，为学生提供更全面的信息，成为工程概论课程之外吸引优秀生源的有力补充。再次，本科生全程导师制也是指导学生学习、职业规划、就业和帮扶预警的有效措施。最后，本科生全程导师制的实施有助于提高学生对学校和专业的归属感和认可度，提高学生的深造率，并吸引优秀学生留在本校继续攻读研究生。

（三）本科生全程导师制实施内容

1. 立足品德教育与价值观塑造

立德树人是中国特色社会主义教育事业的根本任务。在本科生全程导师制的实施过程中，明确“为师者先善其德”，在与学生交流过程中，导师以德修身、以德润才、以德育人、以德塑魂，将积极的情感和正确的价值观自然融入育人全过程，不断提高学生思想水平、政治觉悟、道德品质，做到明大德、守公德、严私德。形成良好校园文化环境，建设社会主义核心价值观校园文化。

2. 学业指导和学术引航相结合

学习是学生的第一要务。在指导过程中，导师结合社会发展的需要与学院冶金机械和矿山车辆的专业特色优势，根据学生个人实际，对学生的学业规划与专业分流选择等方面给予专门的建议。导师根据学生的知识能力水平和发展方向，与学生共同制订学习计划，增强对机械专业的认同感。此外，在学术科研方面充分挖掘并激发学生的主动性和创造性，因材施教进行个性化培养。通过指导学生参与以探索机械前沿领域为背景的创新创业训练项目、学科竞赛、学术沙龙、科研课题等活动，拓宽学生学术视野，增强学生创新创业能力。对于受到学业警示和降级学生进行特别关注，协同班导师、辅导员，以专业教师的角度，为其制订具有针对性的学习计划，对于机械专业中的核心观念和知识点进行重点帮扶，帮助其顺利完成学业。

3. 规划指导学生职业生涯发展

本科毕业生的去向是检验人才培养质量的重要指标。要把好出口关，需要依托全程导师指导学生开展职业生涯规划。导师可以充分利用自身优势和资源，为学生考研、出国、就业提供帮助。对于热爱机械专业并有深入科研潜质的学生，导师会鼓励和引导其继续深造，并根据学生发展适应情况帮助学生从国内外各个高校中选择合适的科研方向，为国家未来的创新发展助力。对于实践能力较强以就业为目标学生，导师会帮助其树立正确的就业观，引导学生到基层去、到艰苦地区去，在祖国最需要建设的地区和行业建功立业。

（四）本科生全程导师制实施机制

1. “点线面体”立体化育人格局

本科生全程导师制不是独立存在的运行模式，而是“三全育人”目标下不可缺少的重要一环。本科生全程导师制只有在学校引导、院系探索、导师落实、班导师和辅导员辅助下才能顺利开展。纵观育人全局，导师针对性指导学生个体似“点”、班导师实效性关注班级学生似“线”、辅导员指向性服务年级学生似“面”、学校战略性引导全校学生似“体”，“点、线、面、体”相结合，立体化构建内容完善、运行科学、基础强化、重点突出、标准健全、成效显著的育人格局。

2. “圈层辐射”梯队化服务结构

本科生全程导师制实行以导师为核心，以所辅导的低年级学生为内围，博士生、硕士生、高年级本科生为支撑的圈层服务结构。高年级学生与低年级学生年龄差距小，沟通交流间更容易建立信任互助关系，生活上可以为低年级学生提供更有效的帮助。加之高年级学生已经经历了科研能力锻炼，能够熟练运用专业知识，理论水平也在稳步提升，适合对低年级学生进行学业和专业上的指导和帮助，有利于低年级本科生逐步开展科研创新工作。

3. “多方联动”体系化管理架构

以本科生全程导师制为纽带，充分发挥“点线面体”和“圈层辐射”的作用，构建“导师主导、班导师和辅导员辅助、研究生协助、高年级本科生参与”的体系化管理架构，形成全员育人的合力。通过开展教育思想讨论和经验交流研讨工作，进一步统一思想、凝聚共识，发挥体系化管理架构的积极性和创造性。通过多方联动的合作架构，实现对本科生全方位的指导。

4.“双向互选”专业化平台建设

良好的导师选择制度是本科生全程导师制顺利开展的基础。机械学院针对本科生和导师互选时存在一定程度的盲目性这一问题，开展了学院本科生全程导师系统平台建设，搭建了学生与导师之间相互了解和沟通的桥梁。由导师在系统中完善个人信息，明确专业和科研方向，并向学生公开。在确立指导关系过程中，学生可以根据专业选择的意向，结合个人的其他方面考量，向导师发出申请；导师则可以根据学生的个人介绍等信息最终确立指导关系。该平台将进一步完善多方位的功能，将学生的学习成绩、科创经历等信息统筹管理，实现导师对学生信息的实时掌握和跟踪（见图 1）。

图 1　机械工程学院本科生导师管理系统

5.“因材施教”定制化指导模式

本科生全程导师制的推行可以实现有针对性的定制化指导：择级而教，因材施教；因人而异，尊重个体。首先，针对不同年级学生的发展特点，开展主题化的指导。例如，对大一新生以“大学的学习特点”为主题，指导学生了解大学学习与中学学习的差异性，帮助学生养成主动学习的习惯；对高年级学生，以“毕业深造早准备”为主题，进行考研、保研或就业的目标规划，讲解各类备考的基本方法和实践经验。其次，导师可以通过小组访谈、单独约谈，充分了解每位学生的个性化差异和重点需求。对科研感兴趣的学生，有针对性地介绍学校各种科技竞赛和 SRTP 项目，鼓励其参与其中；对艺术特长生，注重指引其进行时间规划，化解学业和排练时间冲突的矛盾，保证学生的学业和特长双丰收；对学习基础薄弱的学生，帮助其制订详细的学习计划；对学习自主能力差的学生，要求其进行打卡汇报学习时间。定制化的指导模式可以使不同特性的学生实现不同程度的成绩提升和潜能发挥。

（五）本科生全程导师制保障激励

1. 严格导师选聘制度

制定全程导师的任职资格标准。全程导师思想上要拥护党的基本路线和教育方针，师德高尚，治学严谨，为人师表，关心学生。此外，为了保证导师在学业上的指导质量和连贯性，要求导师具有中级及以上职称且在校承担教学、科研工作一年以上，并可继续在校工作两年以上。根据导师的教学育人经验，为导师分配不同数量的学生，但最高不超过五人。在此基础上，结合北科大机械学院专业特色，参与钢铁相关领域科研项目的教师，会优先选派为卓越计划学生的导师。其余新入职教师虽然不能独立承担指导工作，但可以作为副导师参加导师组，进行经验积累，形成长效稳定的导师培养链条。

2. 建立导师激励约束机制

建立完善的导师考评体系，全面地涵盖本科生导师的工作过程和工作效果，从德、能、勤、绩四个方面对本科生导师进行综合评价。基本评价部分由学生评价和系所考核小组评价组成，最终考评情况与教师的报酬职称评聘和职务晋升结合，综合评价排名前20%，考核结果为“优秀”；综合评价分数低于60，考核结果为“不称职”；其余考核结果为“称职”。对考核结果为“优秀”的导师，通过表扬评选优秀导师荣誉称号等方式基于导师精神上的褒奖，并在岗位聘任、职务评聘、评优评先等方面给予倾斜。对考核结果为“不称职”的导师，需提交整改方案，并暂停一年担任新生导师资格。

3. 加强导师培训和事迹宣传

在不断完善的导师选聘和激励制度保障下，需要持续对本科生导师的理论和工作方式、方法开展培训，加强经验交流，帮助新任本科生导师更好地胜任导师工作。采取将本科生全程导师制工作的交流与教师定期理论学习相结合，在系所的定期会议中讨论指导工作的方式和方法，在学院的理论学习大会上请考核优秀的导师分享经验，在学院的网站和微信公众号上刊登优秀导师的工作事迹。通过加强导师培训和宣传力度，为导师开展工作提供方法并指引方向。

三、现有成效

（一）深化教育教学改革，增加了教师在本科教学中的投入

本科生全程导师制的实施，调动了教师在课程开发和教学方式上思考的积极性和主动性，全程导师自觉把科学研究与培养人才有机地结合起来，不断探索新时代背景下本科生的管理新模式。教师的教学理念不断更新，学生的课堂满意度和上课抬头率也逐渐提高。四年来，教学工作硕果累累，获得北京市教学成果奖2项，获评北京高校优质本科课程1门，全程导师中4人获评校“师德先锋”、1人获评校“师德榜样”，23人获评校“我爱我师”荣誉称号，30余人次教师获评学校“师德先进个人”“优秀班导师”“优秀本科生导师”等荣誉称号。

（二）完善全方位育人机制，提高了学生创新实践的综合素质

结合国家人才强国战略，本科生全程导师制不断推动全方位育人体系的构建，人才培养质量不断提高。导师结合机械行业发展为学生成长做好顶层设计，重视学生科技创新能力培养，四年来建立“创新创业导师库”，建设3个学生科创重点实验室，智能车队获评“小平科技创新团队”荣誉称号，1支创业团队获得“创青春”全国赛银奖，2支实践团队获评学校“道德风尚奖”，6名学生荣获“校长奖章”，6名学生荣获“北京市三好学生”荣誉称号。

（三）加强学生生涯指导，促进了学生长远发展

依托全程导师，第一课堂和第二课堂得到了更加充分的结合，导师根据学生个体特点制订有针对性的第二课堂培养方案，扩展学生成长平台，个性化建立学业辅导体系，“一人一策”健全招生、培养、就业联动机制，将生涯成长指导工作贯穿于学生成长全过程。营造文化育人氛围，提升服务育人质量，帮助本科生明晰未来发展方向，近四年，毕业生就业质量进一步提高，读研率、就业率、升学率均有较大增长。

四、总结反思

（一）深入持久，践行为党育人为国育才初心使命

本科生全程导师制，以“立德”为根本，以“树人”为核心。但具体的实施过程中仍存在一些问题，如导师给出学习建议时，因学生落实存在差异，监管有一定难度；同学的积极性没有完全调动起来，还处于对导师制不大理解的状态，需要提高同学的认识等问题。为此，未来将针对实施方案进行不断修正，形成适应时代要求和学生发展的长效机制，全力营造全体教师潜心育人的良好教风和全体学生勤奋刻苦的良好学风，努力把机械学子培养成担当民族复兴大任的时代新人。

（二）多方协调，合力推进学科建设服务社会发展

全程导师的指导不应只局限于学生个人的学业和发展，要聚焦国家需求，紧盯国家重点发展战略，在充分继承机械学科传统优势的基础上，进一步增强全程导师的责任感和使命感，搭建高水平拔尖创新人才协同培养平台，继续推进与科研单位、知名企业的创新型实践基地建设，促进科教融合和产教融合，加强国际合作，引导学生瞄准行业关键技术，努力寻求创新，着力增强实践能力、创新能力，力争培养学生在大团队、大项目、大成果等方面贡献力量，为“中国梦”的实现贡献机械力量。

新文科背景下本科生全程导师制的模式探索

王霁霞

摘要：本科导师制是近年来我国高等教育的重要改革举措。但文科专业本科导师制因缺乏载体、抓手和切实可行的推进模式未能完全实现制度设计的初衷。新文科建设对本科导师制提出了新的要求，学生的需求、学科的交叉与文科的实践性被提升到新的高度。通过对北京科技大学社会科学实验班学生的调研和国内文科专业指导模式的比较研究，在各种模式中专业实训指导模式是目前受到文科学生需求最强烈的模式，能够一定程度解决文科专业本科导师制存在的问题，可以作为未来优化文科专业本科导师制的重点方向。

关键词：本科导师制；新文科；专业实训

一、问题的提出

自14世纪牛津大学在书院制的基础上推行私人指导或导师制以来，本科导师制以其个性化的指导、科研与教学的融合、专业与职业和人生规划的互补，成为国内外许多大学进行本科生人才培养模式改革的重要路径。我国许多大学在近年来也开始全面推行本科生导师制。推行本科导师制的意义、作用已经被无数实践所证明，现实中存在较大困难的是应当采取何种模式去落实和推进[1]。对于理工科专业的学生，本科导师制往往可以通过吸纳进课题组参与实验或参加竞赛，弥补本科生在科研方面的参与不足，课题组或实验组本身也成为理工科专业本科导师制的重要载体[2]。但对于缺少课题组实验组作为支撑载体的文科专业来说，通过什么方式能够真正推进本科导师制的落实一直是理论与实践中的难点。

与此同时，新文科建设近年在我国如火如荼开展。“新文科”的概念于2017年由美国希拉姆学院提出，针对的是传统文科封闭性强、实践性弱的缺点，提出了对文科进行交叉重组的跨学科学习。我国的新文科建设于2018年10月正式提出，2019年4月29日，教育部、中央政法委、科技部等13个部门联合启动“六卓越一拔尖”计划2.0，全面推进新工科、新医科、新农科、新文科建设，加强学科的交叉融合与实践性，切实提高高校服务社会经济发展的能力。2020年11月，教育部新文科建设工作组主办的新文科建设工作会议在山东大学召开。会上发布了《新文科建设宣言》，对新文科建设作出了全面部署。在新时代下，新文科就是文科教育的创新发展，文科占学科门类的三分之二，学生人数占全体学生人数的一半，因此，新文科建设不仅影响文科专业，还影响理工农医等专业，甚至影响高等教育全局。推动新文科建设，就是要培养适应新时代要求的应用型复合型文科人才[3]。新文科建设，是在发展新兴文科专业的同时，发展推动原有文科专业改造升级，实现文科与理工农医的深度交叉融合，不断优化文科专业结构。

新文科建设对本科导师制提出了更高的要求。为了探索在新文科背景下文科专业本科导师制的推进模式，本文以2017年开始在北京科技大学文科实验班推行的全程导师制的实践为基础，结合新文科建设背景，以对学生的数据和访谈调研为依据，探讨文科专业本科导师制的适用模式。

二、新文科建设对本科导师制提出的要求

新文科建设强调文科与其他学科的交叉融合，突出学生的综合素质与能力的培养，对本科导师制提出了更高的要求。主要包括：

（一）本科导师的指导应当充分考虑学生的需求，以需求为导向建立个性化的指导

近代以来，大学的作用和功能发生了很大的变化，大学已经从社会的边缘进入轴心，成为科技发展与社会创新的重要场所[4]，大学的功能早已超越象牙塔向全社会辐射[5]。大学在现代社会已经成为最重要的传授普遍知识的地方[6]。在大学传授知识的同时，学生对大学的期待和需求也随着社会对校园互动关系的频繁而正在发生变化。为了准确了解学生对大学生活的需求，我们连续三年对北京科技大学文科实验班大一新生进行需求调研，以观测当代大学生的需求变化。在三年的调研中，我们得到了如下数据：在 2021 年收回的 176 份有效问卷中，认为收获不同领域的知识很重要的共计 166 人，认为收获处理人际关系的技巧很重要的共计 140 人，认为收获思维方式和方法很重要的共计 136 人；在 2020 年收回的 181 份有效问卷中，认为收获不同领域的知识很重要的共计 153 人，认为收获处理人际关系的技巧很重要的共计 134 人，认为收获思维方式和方法很重要的共计 141 人；在 2019 年收回的 183 份有效问卷中，认为在大学和课堂里收获思维方式和方法很重要的共计 157 人，认为收获不同领域的知识很重要的共计 145 人，认为收获人际关系方面的知识很重要的共计 134 人。

具体数据和比例见表 1、图 1。

表 1　对文科实验班大一新生进行大学生活需求调查的三年对比数据

调查年份	知识需求	思维方式需求	人际关系技巧需求
2021（总数 176）	166（94.3%）	136（77.3%）	140（79.5%）
2020（总数 181）	153（84.5%）	141（77.9%）	134（74%）
2019（总数 183）	145（79.2%）	157（85.8%）	134（73.2%）

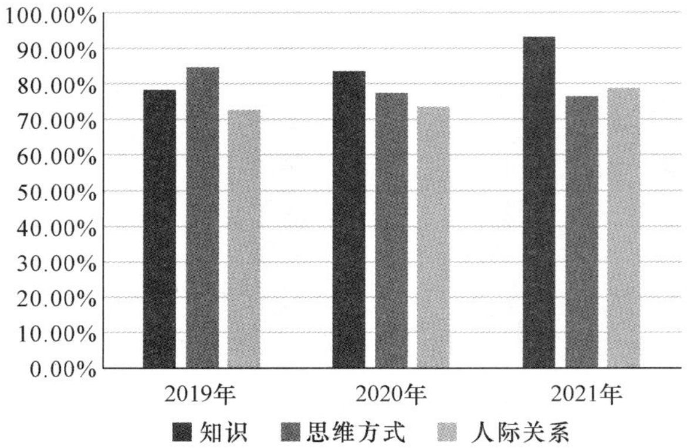

图 1　文科实验班大一新生三年需求数据对比图

通过三年的数据对比可以看出，学生对大学生活的需求有以下特点：一是对知识的渴求仍然是非常重要的需求，三年里对知识的渴求呈现上升趋势；二是学生对大学生活的需求是

多样化的，收获知识不再是单一的需求目标，思维方式、人际关系技巧的重要性突显；三是人际关系技巧、与人相处方式等课本以外的能力的需求在近三年显现上升的趋势。

（二）本科导师的指导应当打破专业壁垒，做到文理科交叉融合，注重文科专业实践能力的培养

新文科与新工科的建设都反映了社会对不同学科交叉融合的强烈需求。对文科专业学生来说，传统在书斋通过阅读的方式获得文科专业知识的模式已经很难满足现实的需求与学生自身对大学生活的期待。解决文科专业就业难、学生满意度较低的重要途径是提升文科专业的实践能力。因此，文科专业的本科生导师应当注重不同专业的交叉融合，将文科专业实践能力的培养作为指导学生的重要内容。

（三）本科导师应当将指导学生与中国的实践密切联系起来，扎根中国大地，解决中国问题

2018 年 9 月 10 日，全国教育大会在北京召开，习近平总书记指出要“坚持扎根中国大地办教育”，体现教育的中国性。扎根中国大地办教育，要求教育工作者和学生都以研究中国问题为核心，全面把握基本国情，探寻问题解决的方法。体现教育中的中国性、以中国实践为基础，不仅是理论、制度和文化自信的重要方面，也是将大学融入社会经济发展实践的重要途径。对文科专业的本科导师制而言，导师在指导学生过程中应当把专业理论与中国实践结合，带领学生参与中国的实践，为中国社会和经济贡献自己的力量。

三、学生对文科专业本科生导师制的指导模式需求现状调查

（一）文科专业本科导师制的指导模式类型

一直以来，文科专业本科导师制的指导模式都是文科专业本科导师制的核心，采用什么方式给予学生有效的指导、弥补课堂教学的不足，一直是本科导师制的重要内容。与理工科专业相比，文科缺少最基本的实验室载体，在指导模式方面一直未能形成像理工科专业那样非常明确的课题组、实验室的帮传带模式。我们以 2017 年开始在北京科技大学推行的本科生全程导师制为实践基础，总结了文法学院文科实践班及三个文科专业——法学、行政管理、社会工作的指导模式，并结合国内外大学本科导师制的实践，概括出文科专业在实践本科导师制中的常见模式有四个，即科研课题模式、读书会模式、专业竞赛模式、专业实训模式。四种模式的含义见表 2。

表 2　文科专业本科导师制的常见模式及内涵

模式	科研课题模式	读书会模式	专业竞赛模式	专业实训模式
内涵	以导师的科研课题为载体，让学生进课题组参加科研	带领学生阅读专业经典文献	带领学生参加专业竞赛，如模拟法庭比赛等	带领学生参与专业个案，如参与案件办理、个案处理，诊所式、虚拟仿真式实训

上述四种模式的侧重点有所不同，其中，读书会模式侧重理论阅读，在课堂教学之外为学生打下理论基础；专业竞赛模式是依托于各专业的竞赛，如法学专业有各类模拟法庭比赛、行政管理专业有案例大赛等，通过对专业竞赛的指导，让导师、研究生和高年级本

科生形成竞赛指导的传帮带纽带，促进学生的发展；科研课题模式是将本科生吸收到导师承担的科研课题中，通过科研课题来锻炼学生的理论与实践能力，但此种模式的缺点在于并不适合所有本科生，只有具有科研兴趣和潜质的本科生适合此种方式；专业实训模式的侧重点在于弥补文科专业人才培养环节实践性较弱、与现实联系不够紧密的缺点，带领学生参与专业的个案，将所学的理论运用于个案的处理，如法学专业可以由导师指导学生在律师事务所进行专业实训，社会工作专业可以由导师指导学生进行现实中的个案帮助和解决，此外，还可以通过诊所式、虚拟仿真式平台进行专业实训。

（二）学生对指导模式的需求调研——以北京科技大学文科实验班2020级新生调研数据为例

为准确了解学生对本科导师制的指导模式的需求，我们于2021年3月对北京科技大学文科实验班2020级176名大一新生进行了本科导师制指导模式的调研，调研结果见表3。

表3 北京科技大学文科实验班关于导师指导模式的需求数据

问题：你认为文科专业的本科生导师采用以下哪些模式进行指导是你认为更有效果、更感兴趣的？（多选）

选择模式	数量（总人数176）
参与导师的科研课题	137（77.84%）
读书会，带领阅读专业经典文献	78（44.32%）
在导师的指导下参与专业实训实践	157（89.2%）
参加专业竞赛	93（52.84%）
其他	0（0%）

从表3的调研结果来看，在导师指导下参与专业实训实践成为选择率最高的模式，超过了传统的科研课题和竞赛等模式。为了进一步深入了解学生的需求，我们同时针对大二、大三、大四的学生进行了深度访谈。从访谈反馈的信息来看，高年级学生对专业实训模式的需求更为强烈，对人才培养计划中重理论、轻实践的现象有较为强烈的改善意愿。在访谈中，很多高年级本科生对现行本科导师制存在的问题也提出了完善的建议，根据多次访谈的结果，我们对本科导师制的不足和完善建议进行了归纳，见表4。

表4 访谈中学生反映的文科专业本科导师制的不足及完善建议

主要不足	重要性评价	完善建议	重要性评价
沟通不足	★★★★	制定固定的沟通频次要求	★★★
缺少载体	★★★★★	建立类似工科课题或实验组的载体	★★★★★
导师分配难以公平，导师能力高低不一	★★★	根据学生兴趣与方向分配导师对导师的准入资格进行限定	★★★★
导师投入不足	★★★	激励及保障导师的投入	★★★★
导师考核标准不清晰	★★★	建立以学生评价为主体的考核标准	★★★
未探索出适合指导本科生的模式	★★★★★	针对文科专业特点和本科生的需求及知识结构建立恰当的指导模式	★★★★★

注：重要性评价中，星级越多代表重要程度越高。

从访谈中反映出来的问题及完善建议可以看出，本科导师制的指导模式是其中的关键与核心。为了进一步了解对本科导师指导模式的需求，我们对指导模式需求的数据又进行了分类分析，见表5。

表5 本科导师制指导模式需求的分类数据

学生类型 \ 模式	科研课题模式	读书会模式	专业实训模式	专业竞赛模式	合计
有明确的目标并为实现目标制定清晰的规划	18（72%）	15（60%）	20（80%）	18（72%）	25
有明确的目标但还没有完整清晰的规划	70（83%）	37（44%）	76（90.5%）	40（47.6%）	84
有大体目标但尚未考虑如何实现该目标	45（73.8%）	25（41%）	57（93.4%）	34（55.7%）	61
没有目标和规划，走一步看一步	4（66.7%）	1（16.7%）	4（66.7%）	1（16.7%）	6
受访总人数	137	78	157	93	176

从表5的分类调查数据可以看出，对大一新生最大的两类群体——有明确目标但无规划、有大体目标但未考虑如何实现规划的学生，对专业实训模式的需求度是最高的，分别为90.5%和93.4%。因此，在文科专业的四类指导模式中，专业实训模式是在调研中反映出来特别需要加强和建立完善的模式。

（三）调研发现及结论

通过对北京科技大学文科实验班新生的调研，以及对文法学院四个年级本科生的深度访谈，我们可以得出以下结论：

第一，科研课题模式、读书会模式、专业竞赛模式和专业实训模式均受到了学生不同程度的需求，四种模式的侧重点和优点也各有不同，理想的文科专业本科导师制的指导模式应当是在不同的大学阶段、针对不同的需求进行四种模式的综合。

第二，在四种模式中，专业实训模式是学生需求度最高、最受学生欢迎的本科导师制指导模式，未来应当重点加强。

第三，学生反映出本科导师制存在的沟通不足、缺乏载体、缺乏恰当模式等问题，是未来本科导师制完善的重要方向，而专业实训模式是能够很大程度解决上述问题的重要模式。

四、专业实训指导模式的意义、内涵及要求

专业实训指导模式最早在高等教育中大量运用主要是在职业教育或应用性极强的专业之中。一些专业由于本身的实践性极强，专业实训的要求非常高，在教学环节中就将专业实训作为基础性的重要环节，如临床医学、护理、会计、物流、金属冶炼等。对于文科专业而言，专业实训的教学或培养模式是在近年来随着社会对文科专业实践能力要求的不断提升、不同专业的壁垒开始打破后逐步进入人们视野的。文科专业的专业实训指导模式是指本科生导师以文科专业学生为指导对象，利用情景模拟、虚拟仿真、诊所式和真实个案式教学指导法，围绕专业面临的各种活动和场景，以角色扮演的形式，在设置的或真实的情景中开展专业模拟的实训教学指导活动。专业实训指导模式旨在让学生通过自我代入角色的方式深入理解并掌握所学的专业理论知识，培养学生对专业实际问题的解决能力与应用能力。

专业实训指导模式的突出优点或意义在于：第一，专业实训指导模式能够弥补文科专业理论与实践联系不紧密的问题，将理论模块与实践模块打通；第二，专业实训指导模式能很好地弥补本科导师制在实践中存在的突出的沟通不足、缺乏联系、没有抓手等问题，使导师与学生能够建立一个较为稳定的沟通与联系，而且在实训中的学徒式传帮带更能加深导师对学生的影响；第三，专业实训指导模式能够真正做到导师、研究生、高年级本科生一起形成团队，形成以导师为核心的圈层结构[7]，共同助力于本科生的成长和发展；第四，专业实训模式使得学生有机会在大学期间参与真实的实践，能够培养学生与他人交往的实际能力，这也符合学生对大学需求目标复合性的要求。

专业实训指导模式对导师及学校的配套平台也有一系列要求，主要包括：第一，学校在教学和实验环节应当提供虚拟仿真、情景模拟等实验平台，通过实验平台进行情景再现，使本科导师可以根据学生的特点选择适当的具体的模拟情景进行专业实训指导；第二，本科导师个人应当在理论研究的基础上具备一定的实务能力，能够带领和指导学生参与导师自身处理的真实个案；第三，学校与相关专业对口的实践单位建立相关合作关系，如法学专业与律师事务所、社会工作专业与社区或心理咨询中心、行政管理专业与基层政府组织或企业等，本科生导师也可以将教学指导活动从课堂和校园延伸到社会，带领学生接触和处理真实个案。

综上，文科专业的专业实训指导模式应当包括以下要素和内容，如图 2 所示。

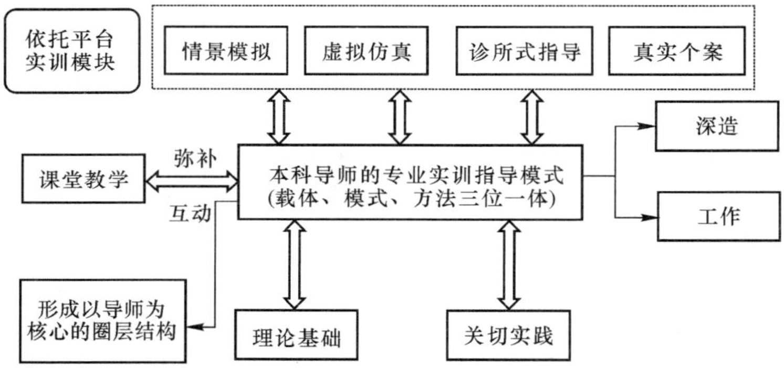

图 2　专业实训模式要素图

五、结论及建议

本科导师制以其注重对学生的全面发展和培养而成为各国高等教育改革的重要内容。许多著名学校将本科导师制和大学人才培养目标紧密结合，能够真正满足学生学习和生活的需求，提升了人才培养质量[8]。在新文科建设背景下，学生的需求成为教育改革的重要考虑因素，文科专业的实践性与交叉融合性也成为未来文科建设的重点。在文科专业本科导师制的关键内容——指导模式问题上，调研显示学生对专业实训指导模式有着最大的需求，未来应当成为文科专业本科导师制完善的重点方向。专业实训模式能够实现本科导师制载体、模式、方法的三位一体，贯通课堂教学与实践、深造、就业，并以此为依托形成导师、研究生、高年级本科生构成的圈层结构，真正实现涵盖专业导师的全员、全方位、全过程育人体系，提升本科人才培养质量。

参考文献

[1] 彭廷红，秦宝荣．本科导师制实施过程中的问题与对策［J］．高教与经济．2010（2）：51-54.
[2] 陈剑．论研究型大学本科生导师制的构建模式与实践［J］．中国地质教育，2013（1）：5-7.
[3] “新文科重磅启动！教育部高教司司长吴岩：全面推进新文科建设”［EO/BL］［2020-11-4］齐鲁晚报，https：//baijiahao. baidu. com/s? id=1682402214219491830&wfr=spider&for=pc.
[4]（英）阿什比（Ashby E）．科技发达时代的大学教育［M］．北京：人民教育出版社，1983：3.
[5] Bok，Derek. Future of higher education in america［J］．New York State Bar Journal，1987（3）：36-41.
[6] 纽曼．大学的理念［M］．郭英剑，译．北京：中国人民大学出版社，2012：4.
[7] 杨仁树．本科生全程导师制的探索与实践［J］．北京教育（高教），2016（9）：11-13.
[8] 郑芳．本科导师制的国际经验研究［J］．技术与创新管理，2012（6）：694-697.

本科生全程导师制实施效果浅析

——以北京科技大学能源与环境工程学院为例

冯妍卉 董春阳 孔德雨 罗春欢 刘铄
王静静 豆瑞锋 袁蓉芳

摘要：北京科技大学能源与环境工程学院结合自身实际，自 2017 级本科生开始推行全程导师制，经过 3 年的探索与实践，在立德树人、学业辅导、创新能力培养、职业生涯发展等方面成效逐渐彰显。结合学院本科生导师制实施的实际情况，针对全程导师职责认知、地位重视度、学生主动性、评价和激励机制等方面的不足，进行了初步探讨，并提出了相应对策。

关键词：本科生全程导师制；制度保障；培养效果；问题与对策

1 引言

百年大计，教育为本。党的十九大报告提出，“要全面贯彻党的教育方针，落实立德树人根本任务，发展素质教育，推进教育公平，培养德智体美劳全面发展的社会主义建设者和接班人[1]。”习近平总书记在全国高校思想政治工作会议上指出，高校立身之本在于立德树人，在新时代，立德树人就是要求教育要坚定不移地指向培养中国特色社会主义合格建设者和接班人的根本任务。教师是高校教育教学工作的一线组织者和实施者，是将立德树人根本任务贯穿于教育教学全过程的关键[2]。充分发挥好教师队伍的主力军作用，坚持教师回归本心，构建全员、全程、全方位的育人大格局是落实立德树人的根本保障[3]。

北京科技大学作为我国首批“三全育人”综合改革试点高校，坚持“以本为本”，充分发挥教师在立德树人、人才培养中的重要作用，促进学生的全面发展和成长。为了更好地践行“三全育人”理念，引导教师潜心教书育人，北京科技大学于 2018 年出台了《北京科技大学本科生导师制实施办法（试行）》，揭开了全校本科生导师制的帷幕。本科生导师制是服务大学生健康成长的一种互动式育人模式，是指专业教师对本科生从入学到毕业全程给予学业、生活、思想等全方位的直接指导与引导[4]。全面开展本科生导师制是我校推进“三全育人”综合改革的重要育人机制，是坚持“以本为本”的重要抓手[5]。能源与环境工程学院自 2018 年 10 月起开始施行本科生全程导师制，遵循“以本为本”教育理念，充分发挥教师在人才培养过程中的重要作用，培养德智体美劳全面发展的复合型人才，全面提高人才培养质量。本科生全程导师制实施 3 年以来，通过不断的探索和实践，已形成完善的全程导师育人机制，取得了初步的成效。

2 本科生全程导师制实施现状及成效

目前，能源与环境工程学院共计选派 75 位老师担任 2017 级、2018 级和 2019 级共计 715 名（另有指导高等工程师学院 55 人）本科生的全程导师，其中教授 30 人，副教授 37

人，讲师 8 人。中级以下职称教师及入校工作不满一年教师不独立承担指导工作，只作为副导师参加导师组，平均每名教师指导学生 9.5 人。学院已结合实际情况制定了本科生导师制实施办法、本科生导师制考核细则、本科教学奖励制度暂行办法等一系列规章制度，以保障学院本科生导师制的落实，发挥导师在立德树人、学业指导、学业帮扶、学术引航、生涯规划指导等方面的主体作用，实现教书和育人的有机统一。在本科期间建立以导师为主导，研究生辅导本科生、高年级本科生帮助低年级本科生的纵向链式学习科研团队，围绕学生的学业、创新创业、考研就业等开展个性化指导，引导本科生早进实验室，促进教研融合、师生相长，整体提升了人才培养质量。

2.1 推进课程思政，立德树人效果彰显

积极探索构建“三全育人”思政教育体系，坚持立德树人根本任务，实现专业教师对学生的思想引领、专业教导与人生指引。以服务国家“生态文明建设”和“能源革命”战略为使命，牢牢把握“培养具有深厚能源环境领域专业知识和可持续发展理念”的人才培养目标，紧紧围绕能源环境类专业的自身特色，深入挖掘专业课程内容中蕴含的思政元素，提出把习近平生态文明思想和关于能源革命的重要论述有机融入各门专业课程中，构建符合专业人才培养特点和专业能力素质要求的课程思政教育体系，实现课程思政与培养目标相吻合、与专业特色相契合、与课程内容相融合。打造了覆盖全部学生的以双聘院士吴丰昌、教学名师张欣欣、全国优秀教师王立、北京市师德榜样刘应书等知名教授为主讲的“思政讲堂”，带动全部专业课程开展“课程思政”建设，形成了“典型思政案例—课程思政特色示范课—专业课程思政群”的以点带面课程建设机制，为服务能源革命战略的“大能源系统”人才培养奠定了坚实基础。“教之以事而喻诸德”，师德高尚的教师队伍培养和增强了学生的社会责任感和时代使命感，多个学生党支部获评市级、校级“优秀党支部”。近年来，毕业生积极投身到我国冶金、建材、化工等大型流程工业企业，实现了个人价值理念与国家伟大复兴同频共振。

2.2 加强学业指导，学习能力有效提升

构建了“授课教师、班主任、辅导员”融合“导师、研究生、高年级本科生”的“3+3”育人新模式，充分发挥全程导师育人的主体作用，利用“一对一”深入指导，引导学生树立正确的学业观。全程导师针对学生处于不同的学业阶段和面临的不同问题，积极开展“三步走”的学业辅导。辅导大一新生制定合理的学业规划，并根据学生个人实际，帮助学生树立学习目标，认识学习的重要性，增强自主学习动力，养成良好的学习习惯和方法；指导大二学生构建本专业的课程知识体系，增强专业认知认同，提升专业学习兴趣，促进学业发展；结合国家重大发展需求，引导大三及高年级学生深入学习专业知识，解决实际工程问题，培养终身学习能力。学院自施行本科生全程导师制以来，学生的积极性显著增加，学习成绩也有了明显的提高。图 1 为 2017 级学生第 2 ~ 4 学期的相对挂科率（补考前）。从图中可以看出，自实行全程导师以来，该年级的挂科率近三个学期整体为下降趋势，从 10% 以上降低到第四学期的接近零。

2.3 教研深度融合，创新能力全面提高

完善教师全员全程指导长效机制，建成“教学科研融合”的教师团队，实行“双导师”指导制，教师担任本科生全程导师和班导师，构建以“专业教育为导向”的第二课堂，实现科研渗透、支持和引领教学，实现多层次课外创新实践教育常态化。建设以“社

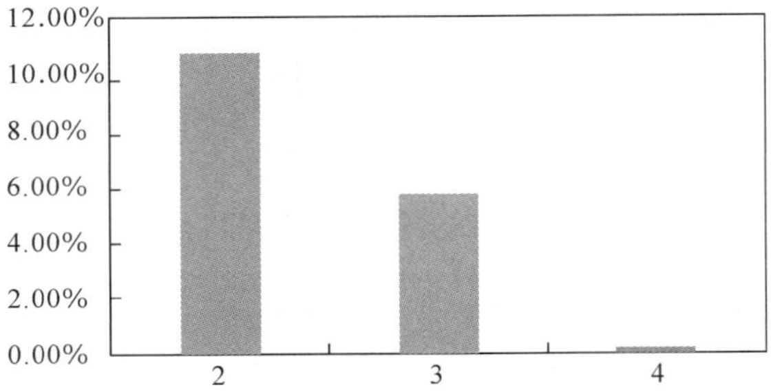

图 1 2017 级学生近三个学期的相对挂科率（补考前）

会实践—认识实习—生产实习—课程设计—毕业实习—毕业设计”为主的实践能力培养体系，建立“废物利用设计大赛、厕所创意大赛、节能减排大赛”纵向三级专业科技竞赛体系，强化贯穿本科培养阶段的全程化、逐级递进和链条关联式“节能环保”学科竞赛和实践创新指导。以 SRTP 和省部级科研课题为依托，全程导师积极引导学生参与课题组相关科研工作，加深对能源专业的认知，提升创新能力，培养科学素养，实现了创新型复合型人才的高质量、常态化培养。

近三年本学院本科生参与科技创新的比例超过 90%，发表多篇 SCI 高水平论文；获省部级以上学科竞赛奖 400 余人次，一等奖 10 余项；省部级以上 SRTP 立项 20 余项。科技创新项目多次入选北京科技大学“贝壳种子计划”，成为全校创新创业项目示范案例。能动 1704 班张向国同学于 2019 年 6 月份进入全程导师课题组，开展储能材料及热力学系统相关研究工作，在两年的时间里以第一作者在 Applied Thermal Engineering（TOP，IF：4.725）期刊发表学术论文一篇，以第一作者在 Renewable Energy（TOP，IF：6.274）投稿并返修论文，以第二发明人授权国家发明专利一项，并最终推免保送本校研究生。

2.4 指导职业规划，助力学生就业深造

就业质量和深造率是毕业生培养质量的重要体现，学院十分重视发挥全程导师在学生职业规划方面的指导作用，并探索构建了全程化大学生职业规划指导体系，提升就业质量和深造率。全程导师根据学生特点，树立多样化人才培养成才理念，做好长期职业规划，鼓励差异化发展，提升社会竞争力。通过深入沟通交流，鼓励和引导有潜质的学生继续深造，帮助就业的学生树立正确的就业观，并充分利用专业优势和资源，为学生考研、出国、就业提供帮助。近年来，本专业毕业生就业范围不断扩大，尤其在节能环保、新能源、航空航天、新能源汽车、电力动力等领域就业学生达 72% 以上，成为国家电网、北汽、比亚迪、中节能等企业技术发展的中坚力量。毕业生实践创新能力得到社会各界的广泛认可，用人单位满意度高，毕业生就业竞争力排名全国前列。2017 级毕业学生共 210 人，50 人成功保研，保研率 23.81%；62 人考研成功，考研率 29.52%；上研率 53.33%，达到近 6 年来最高水平。2017 级本科生的 71 位全程导师中有 13 位导师所带学生全部深造（保研或考研）。

3 本科生全程导师制目前存在的问题及对策

学院自 2017 级本科生推行全程导师制以来，经过不断的探索与实践，在立德树人、

学业辅导、创新能力培养、生涯发展等方面取得了一定的成效，涌现了一批优秀的育人案例和优秀全程导师。通过对学院三年来的全程导师制实施情况进行总结分析，发现在某些方面仍然存在一定的不足，需要在后续工作中进行调整。

3.1 全程导师地位有待提高

在全程导师实施过程中，存在班主任、辅导员、全程导师、引航学长等各种角色分工不明确、学生容易区分不清的问题。因此，为了形成全员、全过程、全方位的高效育人机制，应首先理清各方责任，在制度上进一步明确各种角色的分工和定位：班主任主要负责班级集体层面的建设；辅导员负责更广层面的、思想层面的育人工作；全程导师主要负责所分配的几名学生，有针对性地进行培养、育人，着重在学业和能力培养方面发力；引航学长则可以从日常生活等方面对新生进行帮助。同时，应提高全程导师的地位和重要性，使教师、学生等各方重视全程导师的育人工作，了解和理解全程导师的重要意义，提升全程导师在育人角色上的地位。

3.2 部分学生主观能动性不足

在全程导师实施过程中，存在部分学生与全程导师存在被动交流，不够积极主动的现象。一方面是学生对全程导师存在认知模糊和心理距离；另一方面是部分教师用心不足，责任意识需要进一步提高。作为新生全程导师，积极与新生家长建立联系，实现家、校共同育人。通过了解学生的性格特点，关心学生心理、生活和学习状态，用爱感动学生，取得学生信任，提高亲和力，减少师生之间的距离。除了每月一次集中开会之外，每周单独约见学生，深入了解学生的需求，避免成绩不好的学生在集中见面时心理负担过重。结合学生的实际情况，开展形式多样的指导模式，对学生进行个性化培养，提升工作针对性和学生兴趣。

3.3 评价与激励机制亟须完善

学院导师制工作考核办法采用分值量化的方式计算，根据学生评价、单位考核和业绩加分评价为“优秀”“称职”“不称职”三个等级，并于全院教师大会上，对优秀导师进行表彰。现有的评价激励机制正效应不足，难以激发部分全程导师的积极性。在今后全程导师评价激励机制中强化“以本为本”的评价模式，提升学生评价权重和学生培养业绩加分权重。建立动态流动机制，本科生可以根据对全程导师工作的评价退出该导师。将全程导师工作纳入教师聘任、考核以及奖励体系，提升工作的积极性和责任感，从而实现评价与激励的正反馈效应。

4 结语

本文以能环学院全程导师制实施为例，对近3年全程导师工作的现状和成效进行了分析与总结，并探讨了实施过程中存在的一些问题和相应对策。通过分析发现全程导师制在立德树人、学业指导、科技创新和生涯规划等方面具有明显的促进作用。在全程导师认知和地位提升、学生主动性和评价与激励机制等方面需要进一步完善，才能在今后更好地发挥全程导师的主体作用，着力培养德智体美劳全面发展的社会主义建设者和接班人，着力培养担当民族复兴大任的时代新人。

参 考 文 献

[1] 程纯．适势求是：落实立德树人根本任务［N］．人民日报，2018 年 07 月 15 日 05 版．
[2] 王军，李大鹏．高校本科生导师制与新时期人才培养研究［J］．吉林化工学院学报，2020，37（4）：55-58.
[3] 宋波，陈建，耿悦杰．本科生全程导师制的探索与实践［J］．北京教育（高教），2021（3）：82-85.
[4] 杨仁树．本科生全程导师制的探索与实践［J］．北京教育（高教），2016（9）：11-13.
[5] 方大春，牛黎光．本科生导师制效果影响因素的实证分析［J］．教学研究，2021，44（1）：38-43.

本科生全程导师制实施情况总结和分析报告

以本科生全程导师制为抓手
助力一流本质教育提质增效

——北京科技大学第29届教育教学成果奖总结报告
（2020年9月）

宋波　陈建　罗熊　赵鲁涛　耿悦杰　张毅　盛佳伟

1　成果取得的背景

习近平总书记在全国高等学校思想政治工作会议上强调，教师做的是传播知识、传播思想、传播真理的工作，是塑造灵魂、塑造生命、塑造人的工作。教师不能只做传授书本知识的教书匠，而要成为塑造学生品格、品行、品味的“大先生”。教师是人类灵魂的工程师，是人类文明的传承者，是人才培养的关键。

学校以促进学生全面发展和健康成长为目标，为全面落实立德树人根本任务，坚持“以本为本”，充分发挥教师在立德树人、人才培养中的重要作用，在2011年实施本科生班导师的基础上，于2018年全面实施本科生全程导师制。

1.1　实施本科生全程导师制是国内外高校育人模式改革趋势

从世界范围内来看，本科生导师制最早产生于14世纪的英国牛津大学，之后在剑桥大学、伦敦大学等大学推广，牛津大学的本科生导师制被誉为“牛津皇冠上的宝石”，18世纪为美国及世界其他国家的知名大学所借鉴。

我国在20世纪30年代，由竺可桢先生率先开始在浙江大学实行本科生导师制。20世纪末，国内部分高校在本科生教育中重新采用学分制，导师制随之重回本科生教育。目前国内一些知名高校正在探索新生导师制、书院导师制等不同本科生导师制模式，各校做法不一，各有千秋。

国内外的教育界正在逐步形成一种共识，本科生导师制是贯彻精英教育和个性化教育的一种先进育人理念。

1.2　实施本科生全程导师制是学校践行“四个服务”、落实“立德树人”的关键举措

习近平总书记在全国高校思想政治工作会议上讲话中对高校、对教师、对学生提出了明确的要求、殷切的期望，为高校指明了要培养什么样的人、如何培养人以及为谁培养人。明确我国高等教育发展方向要同我国发展的现实目标和未来方向紧密联系在一起，为人民服务，为中国共产党治国理政服务，为巩固和发展中国特色社会主义制度服务，为改革开放和社会主义现代化建设服务。作为党领导下的社会主义高校，我们始终将培养社会主义建设者和接班人作为主责主业，始终把立德树人作为我们办大学的根本任务。实施本

科生全程导师制是学校践行“四个服务”、落实立德树人根本任务的关键举措。导师要做学生锻炼品格的引路人、创新思维的引路人、学习知识的引路人、奉献祖国的引路人。本科生全程导师制就像一条纽带，可以更好地将教书与育人相融合、将教学与科研相融合、将本科教育与研究生教育相融合，把育人资源、育才元素有机串联起来，形成全员育人、全过程育人、全方位育人的工作格局，从而更好地服务于立德树人根本任务，更好地服务于大学生成长成才，让老师更有责任感、让学生更有归属感。

1.3 实施本科生全程导师制是学校坚持“以本为本”、推进“四个回归”的重要抓手

“高教大计、本科为本，本科不牢、地动山摇”，本科阶段的教育是人才培养环节最为关键、至为重要的一环。本科生全程导师制通过明确导师职责、完善激励机制，进一步调动本科生全程导师指导学生的积极性和主动性，激发教师潜心教书育人，激励教师热爱教学、倾心教学、研究教学，从而促进师生同向、教学相长。通过建立以导师为主导，研究生辅导本科生、高年级本科生帮助低年级本科生的纵向链式学习科研团队，促进本科生早进科研课题、早进实验室、早进研究团队，引导学生求真学问、练真本领。通过建立本科生导师队伍与辅导员队伍、管理人员队伍之间的“教辅结合”“教管结合”机制，形成各教师群体之间协同联动、同频共振的良好育人氛围，促进专业知识教育与思想政治教育相结合，用知识体系教、价值体系育、创新体系做，使教育教学更有温度、思想引领更有力度、立德树人更有效度，倾心培养建设者和接班人，倾力实现教育报国梦、教育强国梦。

2 成果简介及主要解决的教学问题

本科生导师制构建了“3+3”导师育人新模式，强调“全员覆盖、全程指导”，成立校院两级工作领导小组，建立教务、学工多部门协同联动机制，制定导师工作细则和考核办法。围绕学生的学业、创新创业、考研就业、综合素质等方面开展个性化指导，做到“全员覆盖、全程指导”，最终达到“一降、二升、三满意”的目标，即降低“问题”学生比例；提升学生深造率，特别是提高硕士生中本校学生的比例，提升就业竞争力；最终使学生、家长满意，教师、学校满意，从而让社会满意。

目前已聘任葛昌纯、蔡美峰、谢建新、张跃和毛新平五位院士领衔的1503名专任教师组成的本科生导师队伍，覆盖所有在校本科生，做到一个也不少。导师制实施两年来，“一降二升”效果明显，切实提升了人才培养质量，形成了师生互动密切、教学相长、立德树人氛围浓厚的校园文化。得到了教师、学生、家长的多方认可，受到了人民日报、中国日报、中国教育电视台等多家媒体的报道。

2.1 我校本科生全程导师制主要解决的问题

2.1.1 如何满足学生个性发展的需求

从高等教育和大学生面临的社会环境看，经济发展新常态、创新引领发展，利益多元化、思想多样化，社会对学生的素质和能力提出了更高、更全面的要求，当代社会，学生面临的学业压力、经济压力、人际交往压力和就业压力越来越大。进入大学后，很多学生出现了对大学生活的不适应和对未来人生的迷茫，急需适合自身发展的个性化指导。我校本科生全程导师根据学生不同发展阶段和个体特点，与学生共同制定有针对性的培养计划，实现对学生在校四年间全程化、个性化的精准施教。

2.1.2　如何发挥教师立德树人的作用

部分教师对学生的指导仍局限在课堂教学、指导实习、毕业设计（论文）等教学环节，而在课堂之外的学生德育、职业生涯规划、综合素质培养等方面指导不够，一定程度仍然存在“重教书，轻育人”的现象。北京科技大学的导师制不同于一些高校实行的新生导师制、书院导师制，强调全程指导、精准施教。导师依托课程教学、创新训练、学科竞赛、毕业设计等平台，充分发挥“四有”好老师和“四个引路人”的作用，围绕学生学业、考研就业、创新创业、综合素质开展全方位多角度的指导，把各项工作的重心和目标落在育人效果上，真正做到教书与育人的结合。

2.1.3　如何形成全校协同育人的氛围

立德树人是高校的根本任务，学校教学、科研、管理、服务等各类岗位都负有立德树人的重要职责。加强工作协同，发挥育人合力，对于促进学生成长成才、提升人才培养质量、建设一流本科教育具有重要意义。实施本科生全程导师制的初心使命就是构建“导师全程指导、团队协同育人、深化创新训练、师生密切互动、育教有机统一”的精英型本科育人体系，服务本科生的健康成长，培养一流卓越人才。我校本科生全程导师制通过构建“3+3”育人模式，制定《关于进一步加强本科生导师、班主任、辅导员育人工作的实施意见》，构建协同联动机制，践行“三全育人”理念，形成全校协同联动的良好育人氛围。

2.2　解决问题的主要方法

2.2.1　导师主导、六位一体，构建多方联动育人新机制

以本科生全程导师制为纽带，为每位入校本科新生配备导师，构建起“导师、导师指导的研究生、导师指导的高年级本科生”加“任课教师、班主任、辅导员”的“3+3”育人体系，实行“导师主导、授课教师主教、班主任和辅导员辅助、研究生辅导本科生、高年级本科生帮助低年级本科生”的“六位一体”组织模式（见图1），协同“三助一辅”机制，围绕本科生的学业、创新创业、考研就业、综合素质等方面开展个性化指导。通过建立本科生导师队伍与辅导员队伍、管理人员队伍之间的“教辅结合”“教管结合”机制，本科生导师抓“点”、班主任抓“线”、辅导员抓“面”、学工系统和教学系统抓“体”的“点、线、面、体”育人体系，形成各教师群体之间立体化、多层次、协同联动的良好氛围。最终达到“一降、二升、三满意”的目标。

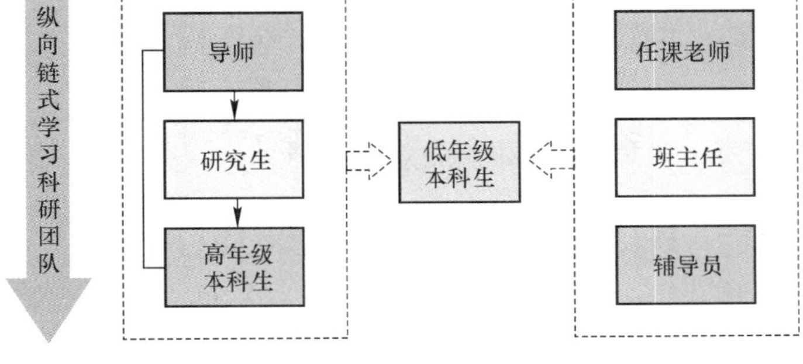

图1　“六位一体”的本科生全程导师制人才培养模式

2.2.2 全员覆盖、全程指导，打造多维立体育人软环境

导师制拉近了师生之间、高低年级学生之间的距离。通过互动式的交流，教师能够深入了解学生的特点和需求，不仅能对学生进行针对性的指导，还能给予教师进行教学改革和科学研究以启发，做到教学相长。研究生、高年级本科生在帮助低年级学生的同时培养了自身“教”的能力，这是在学习过程中无法获得的一笔意外的财富。导师制的实施营造了全员育人氛围。

教书与育人融合：导师依托课程教学、创新训练、学科竞赛、毕业设计等平台，从专业认知教育到学习指导、专业发展指导、科创竞赛指导，从科研项目指导、毕业设计（论文）指导、保研考研指导、实习就业指导、出国深造指导到思想生活指导，实现对学生在校四年间全方位多角度的全程化、个性化、精细化全程辅导，把各项工作的重心和目标落在育人效果上。本科生导师制基于人文关怀，通过一对一指导，导师的师德、人品、专业能力等会直接影响学生，真正做到了教书与育人的结合。

教学与科研融合：通过建立“以导师为主导，研究生辅导本科生、高年级本科生帮助低年级本科生”的纵向链式学习科研团队，引导本科生早进科研课题、早进实验室、早进研究团队。导师根据学生的个体特点，与学生共同制订有针对性的研究能力培养计划，引导学生选择适合的项目课题，并就研究内容提出具体的分阶段目标，通过具体的创新训练项目、学科竞赛、毕业设计（论文）等内容，鼓励学生运用所学的知识探索项目课题，进入真实的研究情境中，从而达到培养学生的创新精神、创业意识和创新创业能力的目标，从而促进科教融合、师生相长。本科生全程导师制实施以来，学生整体学风状况明显提升，学生参与科技创新、创业训练项目积极性显著增强，2019 年学生获国家级以上奖项较 2018 年提升 23.06%，近 70% 的学生认为导师在专业引领、帮助适应大学生活、培养学习兴趣方法、提高思想品德等方面帮助很大。教师增加了在本科教学中的投入，越来越多的教师申报本科教育教学改革项目（见图 2），指导学生竞赛、创新创业项目的教师人数逐年增长。

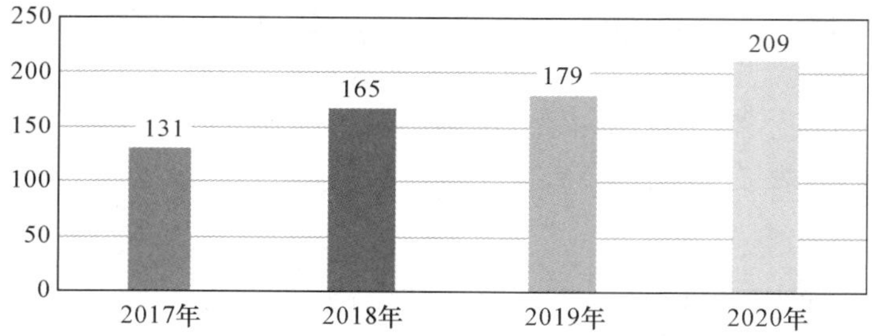

图 2　教师申报教学改革项目情况

本科生教育与研究生教育融合：借助学校在校研究生与本科生比例高达 1∶1 的资源优势，统筹考虑本科生与研究生人才培养模式的改革路径，积极探索本研贯通培养，推进本科生教育和研究生教育的有机融合。在矿冶学科试行本硕六年一贯制培养，开设材料高精尖班探索本—硕—博八年一贯制培养；开放研究生课程供本科生选修，鼓励推免研究生提前修读研究生课程和参与教师课题研究；探索构建融合、高效的本研一体课程体系。通过本科生全程导师制，充分发挥“导师全程指导、研究生指导本科生、高年级本科生帮助

低年级本科生”团队育人优势，强化本科生教学和研究生教学的有机衔接。

2.2.3　同向同行、育教统一，提升本科人才培养硬实力

通过发挥学校规划、院系落实、教师主导、学生主动的“四个主体”作用，形成全校师生同行良好育人氛围，教育教学更有温度、思想引领更有力度、立德树人更有效度，本科生全程导师制取得初步成效，相关做法受到人民日报等多家媒体报道。

学校发挥顶层设计：科学制定导师选聘规则，建立健全导师考核评价体系，通过逐步调整完善职务晋升、分配奖励等政策对教师投入导师工作的热情和积极性予以保障。明确本科生导师、班主任、辅导员、管理人员的主责任务和工作要求，充分发挥各支队伍的育人作用，深入推进全员全过程全方位育人。

院系发挥实施组织的作用：因地制宜制定具体实施办法，为学生择优配备导师，确保政策落地落实。院系通过召开导师工作研讨座谈会，交流导师制的发展方向，逐步完善学院选聘、实施、考核等方案。

教师发挥教书育人的作用：做总书记倡导的“四有”好老师，充分关心学生的思想、学习、生活状况，对发现的问题及时疏导。导师不仅仅是学生的学业导师，更是学生的人生导师。直接面对学生，不仅传授知识和技能，还以自己良好的师德和人品影响学生，形成独一无二的培养特色。

学生发挥自主能动的作用：导师是学生自主学习的引导者，然而学生成长成才的关键还是在自身。学生要在导师的指导和帮助下适应大学生活，培养独立思考和实践的能力，落实总书记“爱国、励志、求真、力行”的嘱托，珍惜大好时光、刻苦学习、增长才干、学有所成。

3　成果创新点

本科生全程导师制以培养学生创新意识和创新能力为核心，关注学生个体差异，因材施教，实现了教书与育人的制度性结合，是学校“三全育人”的重要育人机制，是坚持“以本为本”的重要抓手。依托本科生全程导师制的全方位创新型人才培养模式研究体现了育人理念、育人模式和育人手段的创新。

3.1　以“全员覆盖、全程指导”为原则拓宽培养学生的广度

北京科技大学的本科生导师制是导师制的发展和创新。不同于其他一些高校的新生导师制、书院导师制等形式，其基本原则是“全员覆盖、全程指导”。全员覆盖，即本科生全程导师制在全校范围内全面推开。不仅涵盖全部的本科学生，还为留学生、与其他高校共同培养的双培生等各类学生配备了导师，覆盖学校全部院系和所有专业，特别关注少数民族学生和外国留学生等在学习方面的特殊问题，将北科大的导师制真正做到一个也不少。全程指导，即本科生导师制贯穿大学本科一年级到四年级，突出“全程”指导。学生从入校开始，甚至从接到录取通知书开始，就有导师联系学生。这一举措不仅让家长放心，更让学生感受到了母校的温度。导师会陪伴学生四年本科生活，从立德树人、学业指导、学术指导、职业/学业规划指导等对学生进行全方位多角度的全程辅导。在导师们专业严谨的治学态度、广博进取的人格魅力影响下，一部分学生在攻读研究生时也继续选择自己的本科生导师，将中华民族自古以来师生传承的美德在大学校园中展现得更加淋漓尽致。

正所谓“患难见真情”。新冠疫情暴发以来，全校导师在这场没有硝烟的战斗中落实、配合校院工作，密切联系学生，积极开展在线教学，充分发挥了本科生导师立德树人的关键作用。2020 年 4 月，阿力夫等我校全体 52 名巴基斯坦留学生正式向学校提交《致习近平主席的信》，深情回顾了在中国学习先进知识、领略博大文化、见证变化发展的感受，介绍了学校师生对留学生的关心帮助，描绘了学校求实鼎新、追求卓越的文化氛围，记述了新冠肺炎疫情发生以来学校对他们在防疫抗疫和专业学习等方面的关心帮助，汇报了他们在抗击疫情期间为中国、为武汉加油鼓劲的行动。5 月 17 日，习近平总书记以中华人民共和国主席名义给北京科技大学全体巴基斯坦留学生回信。表达了对广大来华留学生的关心爱护之情，也提出了对来华留学教育工作的希望和期待。

3.2　构建“3+3”创新型服务模式挖掘培养学生的深度

学校本科生导师制最大的特色是构建“3+3”服务学生模式。导师不是一个人“单兵作战”，是在学校已有的“授课教师+班主任+辅导员”的基础上，增加“导师+导师所指导的研究生+导师所指导的高年级本科生”，构建起“导师主导、授课教师主教、班主任和辅导员辅助、研究生协助、高年级本科生参与”“六位一体”的本科生全程导师制组织模式。实现教书与育人的融合、教学与科研的融合、本科教育与研究生教育的融合。充分发挥现有教育资源优势，弥补单纯课堂教学和学生工作“一对多”的不足，通过“学长经验分享”“专业介绍讲座”“成长规划讲座”“导师研究领域介绍”等灵活多样的形式，形成全方位“多对一”的新型“智力生态环境”。因材施教，满足学生在不同成长阶段的需求。

以高等工程师学院为例，学院实施教育部“卓越工程师教育培养计划”，采取“书院制+学院制”的形式，开设了材料、冶金、资源、机械、自动化、能源等 6 个学校优势学科专业，与各专业学院联合进行人才培养。在导师的选择上，学院汇聚相关学院、研究所的优质师资，导师至少每月进行面对面指导、线上不定期的咨询。学院定期组织导师制工作专题研讨，分享导师工作经验、探索导师制发展方向。学生从大一就可以参与到教师的科研项目中，旁听高年级学长的组会，成为学长的“小跟班”。导师通过指导学生创新创业项目、学科竞赛等使学生们组队独立完成自己感兴趣的课题，在增加指导频度的同时进一步加强指导的深度。

3.3　建设“高层次、多元化”导师队伍保障服务学生的效度

人才培养，关键在教师。学校建立健全奖惩分明的激励和约束机制，发挥榜样引领作用，通过在学校、学院、系所中开展“导师制大讨论”，营造“以育人为荣”的浓厚氛围。学校 5 位院士亲自指导本科生，长江学者、青年长江学者、国家杰青、青年“千人计划”“万人计划”等人才 100% 担任导师。全程导师制实施以来，教师教书育人的责任感、使命感进一步增强，对本科教育教学更加投入。在学生对本科生导师制的实行满意度调查中，91.93% 的学生认为导师态度热情，外国语学院 86.11% 的学生表示与导师沟通良好。学生的专业认同感普遍有所增强，专业发展方向更加明确。

4　成果应用情况及辐射效应

4.1　提升学生学业水平

全程导师对自己的学生投入真情实感，把陪伴指导学生的成长成才作为自己工作生活

的一部分，为不同类型学生的健康成长创造了良好的外部环境，激发了学生学习积极性，增强自我成才的意识。实施本科生全程导师制以来，“一降”效果明显，学风得到明显改善，大一必修课不及格率逐年降低，2018 级、2019 级学生大一必修课不及格率实现了每年 3% 以上的下降速度，2019 级不及格人数比 2017 级减少了 203 人，切实提高了学生的学业水平（见图 3 和图 4）。

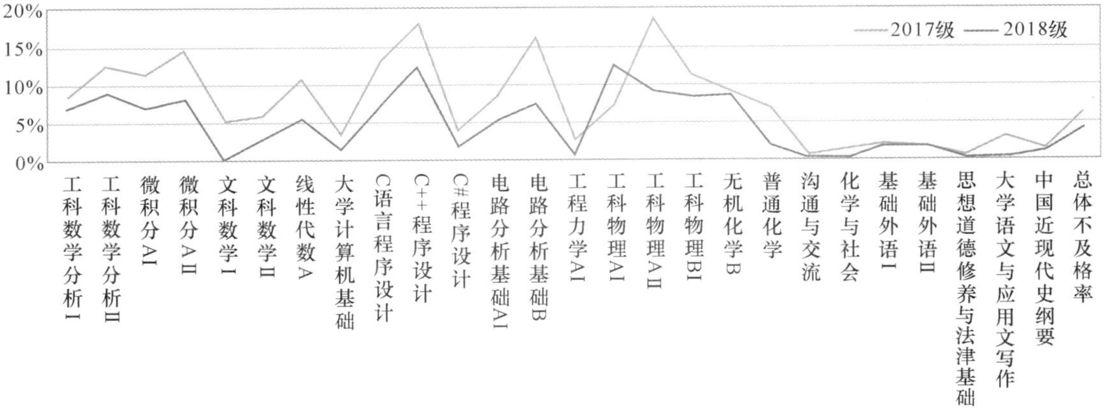

图 3　2017 级、2018 级大一公共课不及格率对比图

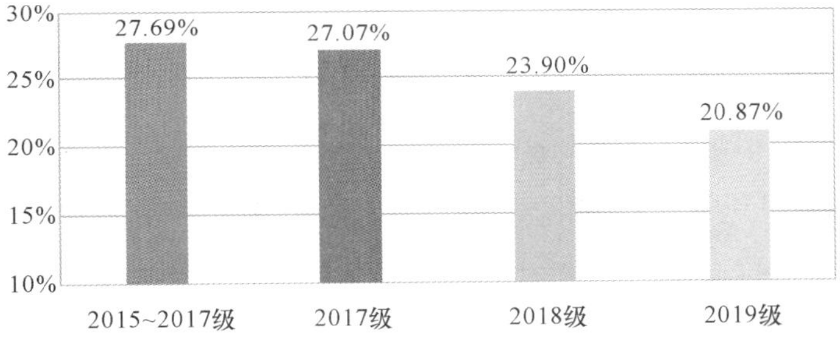

图 4　本科生大一必修课不及格率统计

为了解导师制的实施情况，从学生视角发现导师在相关工作中可能存在的问题，教务处和学生工作部（处）对学校 2017 级、2018 级本科生进行了问卷调查，回收有效调查问卷 3692 份。调查中可以发现，虽然导师制在学校实施的时间不长，学生切身感受到导师在专业引领、帮助适应大学生活、培养学习兴趣方法、思想引领等方面发挥了很大的作用，导师的育人作用得到了充分的体现（见图 5）。

4.2　增强学生科研能力

导师是学生的引路者，导师制的实施使导师广博的专业知识与学生活跃的创新思维产生碰撞，真正实现了科教融合、教学相长。大学生创新创业训练计划是为在校本科生提供的科研项目资助计划，意在强化创新创业能力训练，增强高校学生的创新能力和在创新基础上的创业能力，培养适应创新型国家建设需要的高水平创新人才。2019 年全校申报全国大学生创新创业训练项目 905 项，比 2018 年增加 286 项，增长 46.2%。参与学生人数由 2631 人增加到 3595 人（见图 6）。高等工程师学院、材料科学与工程学院 2018 级本科生参

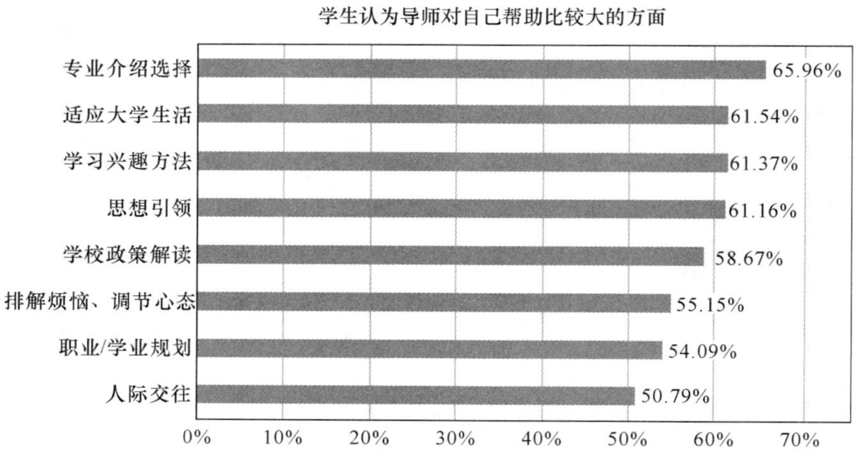

图 5　在导师制实施过程中学生的收获

与创新创业训练项目覆盖率超过 90%。参与教师由 2018 年的 361 人增加到 543 人。2019 年由学生的全程导师指导的全国大学生创新创业训练项目有 439 项，占所有项目的 48.5%。

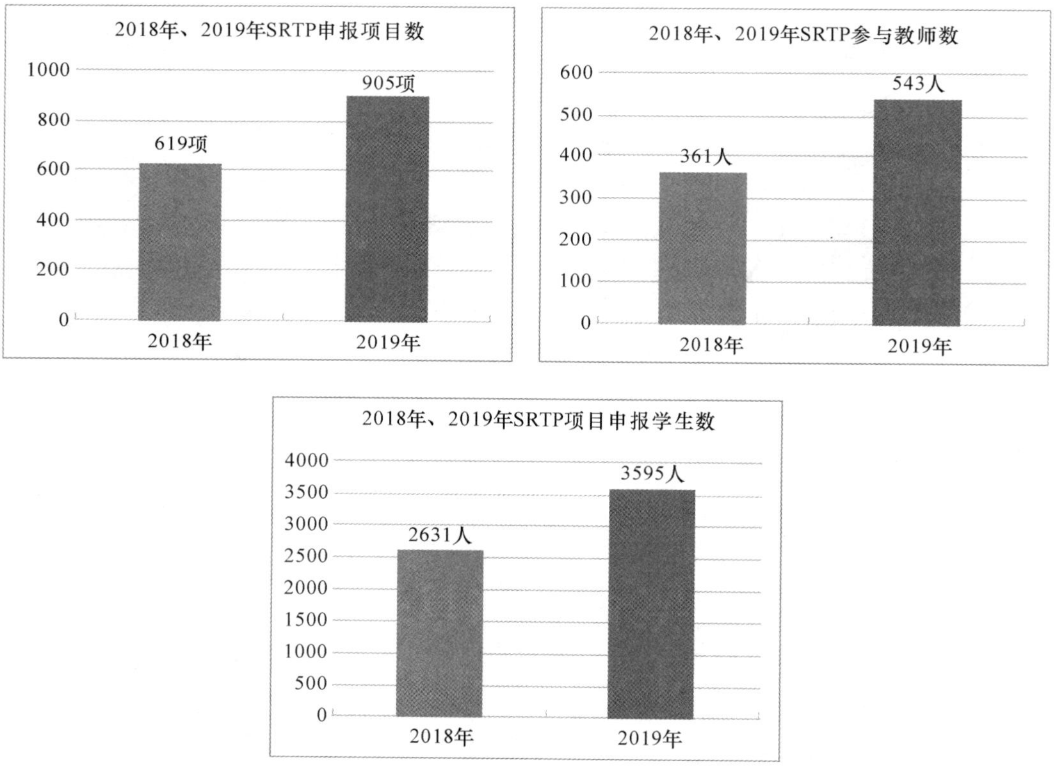

图 6　2018 年、2019 年创新创业项目情况

导师制的实施增强了学生参与科研创新的积极性，也催生出了大量科研成果。师生共同发表论文、申请专利等数量增加。2019 年学生参加校级以上竞赛获奖 3347 人次，较

2018 年增加了 13.65%。其中，获得国家级、国际级 651 人次，增加了 23.06%（见图 7）。学校培育出“MEI 机器人队”和“智能车队”两支“小平科技创新团队”。2015 ~ 2019 年全国普通高校学科竞赛排行榜中，北京科技大学在 1172 所本科院校中列全国第 35 位。学生创新创业能力的增强有效地提高了就业竞争力。海境外交流本科生比例不断提高，2019 年达到 16.8%，较 2018 年增加 2.94 个百分点。

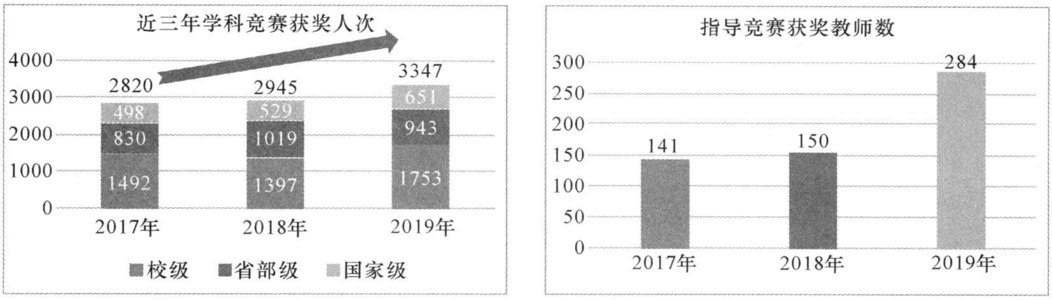

图 7　2017 ~ 2019 年竞赛获奖情况

冶金学院 2017 级秦同学的导师用自己的亲身经历告诉他，在大学里要端正学习态度，并对他提出了四点要求：一是按时上课，二是独立完成作业，三是要保证一定的自习时间，四是适当参加课外活动，注重提升综合素质。导师还是他的科研领路人，从大一就给他推荐中英文的科研论文，让他认真研读，并在见面的时候交流心得感受。在导师的指导下，他参加了第二十一届北科大和日本东北大学本科生创新交流项目，完成了《基于动态区域分配的炼钢厂出钢跨天车调度建模及仿真》的课题报告。

4.3　增强学生社会责任

导师不仅要思考“如何培养人”，更要答好“培养什么人”“为谁培养人”的时代之问。全程导师充分发挥育人作用，做“四有”好老师和“四个引路人”，从思想、学习、生活状态持续进行全面指导，帮助学生树立正确的世界观、人生观和价值观，培养堪当民族大任的时代新人。导师制实施以来，本科生深造率、签约率、就业率稳步提升，2019 年冶金行业（三重行业）就业比例从 8.25% 增加至 9.41%，本科生投身到西部地区就业的学生比例从 2018 年的 12.15% 提升到 14.71%。在导师以国家需要为己任，到祖国最需要的地方建功立业的精神引领下，5 年来，选择国有企业就业比例逐年增加。2019 年，1251 名毕业生在国有企业就业，453 名毕业生主动奔赴基层就业。学生积极承担社会责任，通过创新创业参与公益和扶贫活动，由学生发起、教师参与指导的多个创业团队已经取得初步社会效益。其中，“禾欣”公益创业团队持续 8 年为留守儿童服务，受益儿童累计 50000 余人次；“孟子居”扶贫创业团队创始人杨国庆作为发起人，向习近平总书记写信汇报参加“青年红色筑梦之旅”的心得感悟，得到总书记回信并受到中央电视台新闻联播等媒体报道。

4.4　提高学校社会声誉

以“本科生全程导师制”和“课程思政”为抓手申报的“‘三全育人’理念下基于‘双核驱动’的教师育人路径探索与实践”获批北京市重点教学改革项目。我校本科生全程导师制既得到了留学生、外校双培学生的认可，也得到了社会的认可，受到了人民日报、中国日报、中国教育电视台等多家国内有影响力媒体的报道。

4.5 其他成果

（1）制定《北京科技大学本科生导师制实施办法（试行）》（校发〔2018〕95 号）。

（2）修订《北京科技大学本科生班主任工作管理办法（修订）》（校办发〔2019〕25 号）。

（3）制定《关于进一步加强本科生导师、班主任、辅导员育人工作的实施意见》（校发〔2019〕77 号）。

（4）召开“本科生全程导师制工作启动会”“2019 年本科生全程导师制工作研讨会”，走访了中国科技大学、中国矿业大学、北京航空航天大学、北京化工大学、北京邮电大学等多所高校，总结各高校的先进经验。校领导带队走访多个学院开展导师制工作座谈会。

（5）完成《2019 年本科生导师制调查报告》《2019 年北京科技大学导师制实施情况分析报告》。

（6）收集“我和我的导师”优秀案例。

5 成果获奖及出版物

（1）制定《北京科技大学本科生导师制实施办法（试行）》（校发〔2018〕95 号）。

（2）修订《北京科技大学本科生班主任工作管理办法（修订）》（校办发〔2019〕25 号）。

（3）制定《关于进一步加强本科生导师、班主任、辅导员育人工作的实施意见》（校发〔2019〕77 号）。

（4）完成《2019 年本科生导师制调查报告》《2019 年北京科技大学导师制实施情况分析报告》。

（5）收集“我和我的导师”优秀案例。

6 结语

北京科技大学的全程导师制构建了“3+3”新型服务学生模式，践行“三全育人”理念，以“全员覆盖、全程指导”为原则，充分发挥教师在育人方面的关键作用，进一步形成师生互动密切、感情深厚、立德树人氛围浓厚的校园文化。以本科生全程导师制为突破口的本科教育教学改革特色更加鲜明、成效更加显著，以本科生全程导师制为内核的本科人才培养模式进一步接轨世界、进一步趋于一流，以此带动学校“三全育人”综合改革全面见效，推动学校“双一流”建设全面提升。

2019 年本科生导师制实施情况分析报告

第一部分　北京科技大学导师制实施情况

本科生全程导师制是学校“三全育人”的重要育人机制，是坚持“以本为本”的重要抓手。本科生导师制的实施有利于引导教师潜心教书育人，形成全员育人、全过程育人、全方位育人的工作格局。通过建立以导师为主导，研究生辅导本科生、高年级本科生帮助低年级本科生的纵向链式学习科研团队，引导本科生早进实验室，促进教研融合、师生相长，整体提升人才培养质量。使教育教学更有温度、思想引领更有力度、立德树人更有效度。

做好顶层设计、推动工作稳步运行。2018 年 9 月 25 日，学校制定出台《北京科技大学本科生导师制实施办法（试行）》（校发〔2018〕95 号），召开“本科生全程导师制工作启动会”，动员部署本科生导师制工作；10 月底，各学院成立本科生导师制工作领导小组，制定导师工作细则与考核办法，完成 2018 级学生导师分配工作。校领导亲自带队走访学院，调研导师制执行情况；各学院积极动员宣传，开展导师制座谈会，为师生答疑解惑。通过进行问卷调查等形式，及时反馈导师制执行效果。2019 年 10 月，导师制已经实施了一年的时间，各学院纷纷召开导师制总结研讨会，总结经验、宣传典型、寻找问题、探索发展方向。

精细搭建服务模式，强化主体责任。本科生导师制的基本原则就是要全过程、全覆盖。全过程，即本科生导师制贯穿大学本科一年级到四年级。全覆盖，即本科生导师制在全校范围内推开，为每名本科生配备导师，覆盖学校全部院系和所有专业。在目前“任课教师+班导师+辅导员”的育人模式基础上，增加“导师+导师指导的研究生+高年级本科生”三个抓手，构建起“导师主导、授课教师主教、班导师和辅导员辅助、研究生协助、高年级本科生参与”的“六位一体”的本科生全程导师制组织模式。协同“三助一辅”机制，形成立体、多圈层育人氛围。要实现教书与育人的融合，教学与科研的融合，本科教育与研究生教育的三个融合。学校负责顶层设计，院系做好组织实施，导师投入，学生主动，各方发挥积极性和创造性，确保本科生导师制顺利施行。

多方协同联动工作，落实阶段目标。全校统一思想，将本科生导师制作为提高人才培养质量的重要工作去完成；各学院做好组织工作，制定考核办法，使导师制不流于形式，在实施过程中总结、探索工作方法；导师和学生多沟通、多交流，教学相长；学校各部门建立健全本科生导师制工作机制，构建协同联动的制度体系，探索人才培养新模式。本科生全程导师制的实施，会经历任务阶段、责任阶段、感情阶段三个阶段，最终达到“一降、二升、三满意”三个目标：降低学生挂科率，提高学生深造率，特别是提高硕士生中本校学生的比例，最终使学生、家长满意，教师、学校满意，从而让社会满意。

多角度立体化全程辅导，呵护学生成长。建立本科生导师制的工作，要在“五个”方面下功夫。一要在认识上下功夫，二要在组织上下功夫，三要在互动上下功夫，四要在考核上下功夫，五要在研究上下功夫。充分发挥现有教育资源优势，弥补单纯课堂教学和学生工作“一对多”的不足，通过“学长经验分享”“专业介绍讲座”“成长规划讲座”“导师研究领域介绍”等灵活多样的形式，形成全方位“多对一”的新型“智力生态环境”。因材施教，满足学生在不同成长阶段的需求。从专业认知教育到学习指导、专业发展指导、科创竞赛指导，从科研项目指导、毕业设计（论文）指导、保研考研指导、实习就业指导、出国深造指导到思想生活指导，实现对学生在校四年间全方位多角度的全程辅导，实现了教书与育人、教学与科研、本科教育与研究生教育的深度融合。

明确职责、细化目标，建立完善的保障机制。学校层面加大投入，目前已发放 2018 ~ 2019 学年导师酬金 728.7 万元。明确导师任职资格、聘任、工作职责、工作考核等要求，对考核结果“优秀”的教师在岗位聘用、职称评定、评优评先等方面给予倾斜；学院层面结合自己学院的特点，因地制宜制定施行导师工作细则与考核办法，为学生配备导师。根据导师职责履行情况，参考学生的思想、学习、创新创业等方面的情况对导师工作进行考核，保证导师工作落到实处。教师要发挥教书育人的作用，做总书记倡导的“四有”好老师，充分关心学生的思想、学习、生活状况，对发现的问题及时疏导。学生要发挥自主能动的作用，落实总书记“爱国、励志、求真、力行”的嘱托，珍惜大好时光，刻苦学习、增长才干、学有所成。

师生反响热烈，立德树人初见成效。目前，学校已为 2017 ~ 2019 级本科生配备导师，全校各学院、科研院所教师积极参与，共有 1360 名专任教师担任本科生导师。各学院专任教师参与率 90.58%，各科研院所等单位共有 216 人受聘担任导师工作。在本科生导师队伍中，有 151 名高层次人才，占全校所有高层次人才的 89.88%（见表 1.1 和表 1.2）。蔡美峰院士、葛昌纯院士、谢建新院士、张跃院士亲自指导本科生。长江学者、青年长江学者、国家杰青、青年“千人计划”“万人计划”等人才 100% 担任导师。全程导师制实施以来，教师教书育人的责任感、使命感进一步增强。学生对本科生导师制的施行满意度较高，学生的专业认同感普遍有所增强，专业发展方向更加明确。2018 级大一必修课的不及格率比 2017 级降低 3.41 个百分点。学生参与竞赛、创新创业项目的积极性增强。通过导师指导竞赛获奖的学生人数明显增多，2019 年创新创业项目申报人数创下新高，在一些学院实现了 SRTP 项目大二年级学生全覆盖。

表 1.1 各学院导师指导学生情况统计表

单位	导师数	专任教师总数	导师占比	正高级			副高级			中级		
				学生数	教师数	生师比	学生数	教师数	生师比	学生数	教师数	生师比
土木与资源工程学院	133	135	98.52%	447	46	9.7 : 1	400	50	8.0 : 1	162	37	4.4 : 1
冶金与生态工程学院	80	84	95.24%	254	37	6.9 : 1	86	23	3.7 : 1	52	20	2.6 : 1
材料科学与工程学院	144	153	94.12%	590	73	8.1 : 1	219	48	4.6 : 1	44	23	1.9 : 1
机械工程学院	124	131	94.66%	411	34	12.1 : 1	587	54	10.9 : 1	262	36	7.3 : 1
能源与环境工程学院	76	82	92.68%	363	28	13.0 : 1	336	31	10.8 : 1	102	17	6.0 : 1
自动化学院	79	89	88.76%	382	20	19.1 : 1	586	39	15.0 : 1	198	20	9.9 : 1
计算机与通信工程学院	100	102	98.04%	363	30	12.1 : 1	525	50	10.5 : 1	166	20	8.3 : 1

续表 1.1

单位	导师数	专任教师总数	导师占比	正高级			副高级			中级		
				学生数	教师数	生师比	学生数	教师数	生师比	学生数	教师数	生师比
数理学院	130	135	96.30%	310	36	8.6∶1	360	54	6.7∶1	109	40	2.7∶1
化学与生物工程学院	87	87	100.00%	128	30	4.3∶1	72	30	2.4∶1	47	27	1.7∶1
东凌经济管理学院	86	101	85.15%	408	23	17.7∶1	608	45	13.5∶1	153	18	8.5∶1
文法学院	58	71	81.69%	168	13	12.9∶1	275	27	10.2∶1	100	18	5.6∶1
外国语学院	44	90	48.89%	72	9	8.0∶1	179	17	10.5∶1	219	18	12.2∶1
高等工程师学院	3	3	100.00%	19	2	9.5∶1	2	1	2.0∶1	0	0	0
合计	1144	1263	90.58%	3915	381	10.3∶1	4235	469	9.0∶1	1614	294	5.5∶1

表 1.2 其他单位导师指导学生情况统计表

单位	导师数	正高级		副高级		中级	
		学生数	教师数	学生数	教师数	学生数	教师数
党委办公室、校长办公室	6	33	6	0	0	0	0
教务处	3	20	2	9	1	0	0
研究生院	2	3	1	4	1	0	0
自然科学基础实验中心	3	6	2	2	1	0	0
管庄校区	1	0	0	1	1	0	0
顺德研究生院	1	11	1	0	0	0	0
新金属材料国家重点实验室	35	119	23	27	10	3	2
钢铁冶金新技术国家重点实验室	26	33	14	26	7	9	5
新材料技术研究院	51	136	29	55	16	10	6
科技史与文化遗产研究院	10	4	4	4	4	2	2
工程技术研究院	30	74	8	67	10	29	12
国家材料服役安全科学中心	15	27	6	25	9	0	0
钢铁共性技术协同创新中心	19	70	14	16	5	0	0
融合创新研究院	2	20	2	0	0	0	0
生物工程与传感技术研究中心	12	15	6	1	1	13	5
合计	216	571	118	237	66	66	32

第二部分　成绩分析

说明：成绩统计均为学生转专业之前的第一次成绩，未包含补考、重修的情况。

一、2017 级、2018 级大一必修课不及格率统计情况

2018 级共有本科生 3600 人（含双培生、留学生）。大一必修课中，一次成绩有过课程不及格的同学为 896 人，总体不及格率为 24.89%，较 2017 级降低 3.41%。其中文法学

院的不及格率最低，为 7.22%；理工科学院中，高等工程师学院的不及格率最低，为 13.82%。不及格总数降低了 110 人，616 人次（见表 2.1）。

表 2.1　2017 级、2018 级大一必修课不及格率统计表

学院	2017 级			2018 级			比较
	总人数	不及格人数	不及格率	总人数	不及格人数	不及格率	
土木与资源工程学院	368	156	42.39%	378	106	28.04%	降低
冶金与生态工程学院	176	53	30.11%	186	51	27.42%	降低
材料科学与工程学院	402	120	29.85%	406	111	27.34%	降低
机械工程学院	442	157	35.52%	457	124	27.13%	降低
能源与环境工程学院	237	58	24.47%	244	69	28.28%	上升
自动化学院	354	99	27.97%	349	94	26.93%	降低
计算机与通信工程学院	358	101	28.21%	353	101	28.61%	上升
数理学院	254	62	24.41%	262	66	25.19%	上升
化学与生物工程学院	117	34	29.06%	119	46	38.66%	上升
东陵经济管理学院	365	82	22.47%	366	81	22.13%	降低
文法学院	185	34	18.38%	180	13	7.22%	降低
外国语学院	152	21	13.82%	148	13	8.78%	降低
高等工程师学院	145	29	20.00%	152	21	13.82%	降低
合计	3555	1006	28.30%	3600	896	24.89%	降低

土木与资源工程学院、冶金与生态工程学院、材料科学与工程学院、机械学院、自动化学院、东陵经济管理学院、文法学院、外国语学院、高等工程师学院 9 个学院 2018 级大一学生的不及格率比 2017 级有所降低。降低最多的是土木与资源工程学院，降低 14.35%。能源与环境工程学院、计算机与通信工程学院、数理学院、化学与生物工程学院 4 个学院略有升高，升高最多的是化学与生物工程学院，升高 9.6%（见图 2.1）。

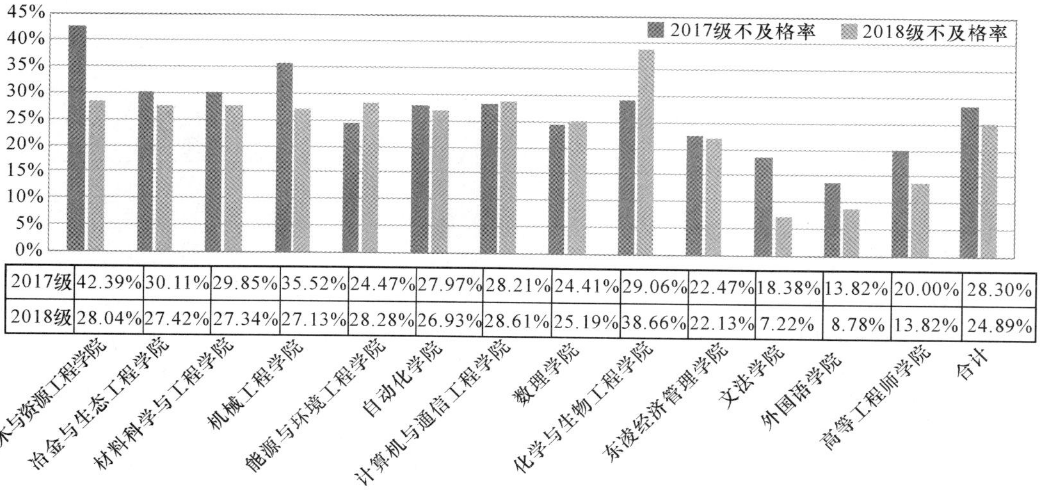

图 2.1　2017 级、2018 级各学院学生大一必修课不及格率示意图

将 2015～2018 级大一必修课的不及格率做对比，2018 级是近 4 届学生不及格率最低的一届。比前三届学生的平均不及格率低 3.46%（见图 2.2）。

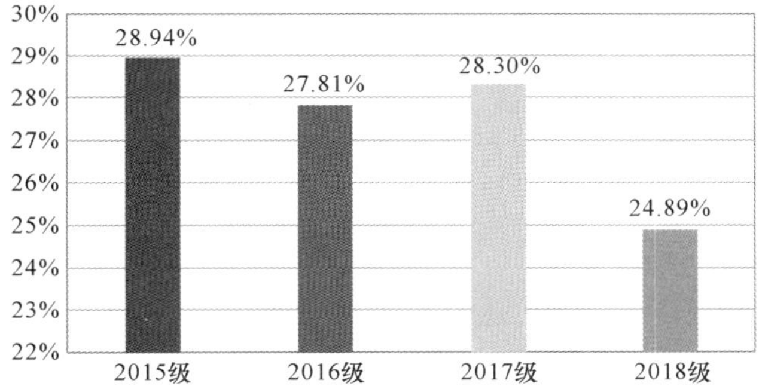

图 2.2　2015～2018 级大一必修课不及格率分布图

二、2017 级、2018 级大一必修课分专业成绩统计情况

按专业进行成绩统计可以看出，双培学生与留学生的不及格率普遍偏高且加权成绩偏低。普通的 27 个专业（大类）中，18 个专业的大一必修课不及格率较 2017 级降低，不及格率降低最多的专业分别是工商管理（体育班）、安全工程、矿业类、土木类；17 个专业的平均加权成绩较 2017 级升高，升高最多的分别为应用物理学、安全工程、矿业类、土木类（见表 2.2）。

表 2.2　2017 级、2018 级大一必修课按专业成绩统计表

学院	专业	不及格人数		不及格率		平均加权成绩	
		2017 级	2018 级	2017 级	2018 级	2017 级	2018 级
土资	矿业类	52	34	43.70%	29.06%	75.05	77.55
	土木类	73	50	39.25%	25.38%	76.24	78.62
	安全工程	31	22	50.00%	34.38%	74.77	77.78
冶金	冶金工程	53	51	30.11%	27.42%	77.16	77.59
材料	材料科学与工程类	87	83	26.28%	25.00%	78.71	77.15
	材料科学与工程（实验班）	5	2	19.23%	7.69%	82.67	83.49
	新材料（双培）	21	19	70.00%	59.38%	69.49	69.29
	纳米材料与技术（双培）	7	7	46.67%	43.75%	72.08	74.08
机械	机械类	131	98	34.03%	24.44%	77.69	79.24
	视觉传达设计	12	14	29.27%	35.00%	78.94	80.73
	新制造工艺（双培）	14	12	87.50%	75.00%	64.95	68.1
能环	能源动力类	24	30	20.51%	25.86%	78.07	78.17
	环境科学与工程类	34	36	28.33%	29.51%	77.31	77.13
	环境工程（留学生）	未招生	3	未招生	50.00%	未招生	65.5
自动化	自动化类	72	74	22.29%	23.20%	79.89	80.33
	医疗设备制造（双培）	12	5	80.00%	35.71%	64.84	70.22
	机器人大脑（双培）	15	15	93.75%	93.75%	59.32	58.94

续表 2.2

学院	专业	不及格人数		不及格率		平均加权成绩	
		2017 级	2018 级	2017 级	2018 级	2017 级	2018 级
计通	计算机类	70	73	28.69%	30.54%	78.44	78.29
	通信工程	31	28	27.19%	24.56%	78.59	78.96
数理	数学类	19	31	16.38%	25.41%	80.53	80.43
	应用物理学	24	18	30.77%	22.50%	76.63	80
	理科试验班	19	17	31.67%	28.33%	77.21	76.09
化生	应用化学	20	16	33.33%	26.67%	77.37	76.98
	生物技术	14	30	24.56%	50.85%	77.66	74.28
经管	工商管理类	32	30	28.07%	27.52%	80.08	80.31
	工商管理（体育班）	14	7	46.67%	25.00%	76.76	77.36
	管理科学与工程类	10	15	9.71%	14.85%	82.95	81.48
	经济与贸易类	23	21	21.70%	20.79%	81.54	81.39
	国际经济与贸易（留学生）	3	8	25.00%	29.63%	79.08	79.58
文法	人文科学试验班类	34	13	18.38%	7.22%	81.94	84.27
外语	英语	8	1	13.11%	1.69%	81.64	82.94
	日语	9	9	15.00%	15.00%	82.45	81.88
	德语	4	3	12.90%	10.34%	80.34	80.95
高工	工科试验班类（卓越计划）	29	21	20.00%	13.82%	80.46	81.37
合计		1006	896	28.30%	24.89%	77.00	77.37

三、2017 级、2018 级大一公共课成绩统计情况

2018 级绝大多数大一的公共课程的一次成绩不及格率比 2017 级降低，微积分 BI、复变函数与积分变换 A、Java 程序设计、工科物理 A Ⅰ的不及格率略有提高。不及格率降低最多的是工科物理 AⅡ，由 18.46% 降低为 8.99%，降低了 9.46%（见表 2.3 和图 2.3）。

表 2.3　2017 级、2018 级大一公共课成绩对比

课程名	不及格人数		不及格率		平均分	
	2017 级	2018 级	2017 级	2018 级	2017 级	2018 级
工科数学分析 Ⅰ	65	47	8.26%	6.74%	78.46	75.91
工科数学分析 Ⅱ	97	73	12.29%	8.92%	75.52	75.92
微积分 A Ⅰ	224	151	11.47%	6.98%	75.84	74.12
微积分 A Ⅱ	273	163	14.47%	8.05%	73.56	75.05
微积分 B Ⅰ	10	10	8.70%	12.82%	78.10	66.37
文科数学 Ⅰ	10	0	5.24%	0.00%	79.13	81.87
文科数学 Ⅱ	11	5	5.73%	2.78%	75.99	74.62
线性代数 A	146	80	10.37%	5.28%	77.13	79.12

续表 2.3

课程名	不及格人数		不及格率		平均分	
	2017 级	2018 级	2017 级	2018 级	2017 级	2018 级
复变函数与积分变换 A	31	32	8.91%	9.20%	74.86	74.16
大学计算机基础	71	31	3.23%	1.32%	74.35	79.04
C 语言程序设计	144	87	13.03%	7.34%	70.14	73.48
C++程序设计	106	89	18.00%	12.40%	67.16	68.81
C#程序设计	9	4	3.78%	1.99%	72.26	85.35
Java 程序设计	30	53	8.09%	14.89%	75.15	66.65
电路分析基础 A Ⅰ	29	18	8.33%	5.17%	73.89	75.42
电路分析基础 B	56	26	15.82%	7.37%	73.92	75.1
工程力学 A Ⅰ	7	2	2.44%	0.56%	78.43	87.79
工程制图 A	3	0	2.14%	0.00%	83.37	83.52
工科物理 A Ⅰ	28	50	7.16%	12.47%	77.24	69.84
工科物理 A Ⅱ	67	34	18.46%	8.99%	72.07	74.07
工科物理 B Ⅰ	223	181	11.02%	8.35%	77.68	78.68
无机化学 B	73	74	9.35%	8.57%	72.15	73.35
普通化学	60	18	6.95%	1.86%	75.12	80.99
沟通与交流	2	0	0.48%	0.00%	85.85	86.06
化学与社会	4	1	1.05%	0.28%	80.83	81.37
基础外语 Ⅰ	69	64	2.05%	1.90%	80.29	79.29
基础外语 Ⅱ	62	56	1.85%	1.67%	79.51	80.25
思想道德修养与法律基础	24	8	0.69%	0.23%	81.79	85.09
大学语文与应用文写作	14	1	3.10%	0.22%	84.52	85.51
中国近现代史纲要	50	43	1.43%	1.23%	80.73	82.07
公共课总体情况	1998	1401	6.12%	4.15%	76.83	77.63

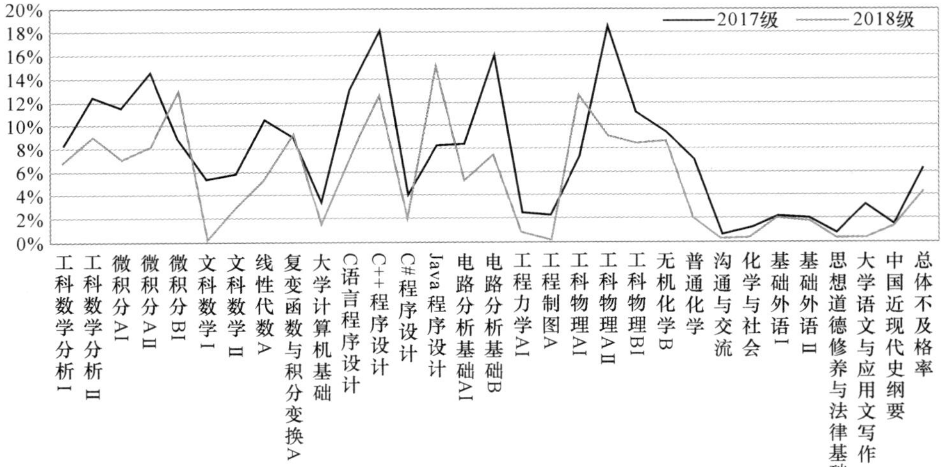

图 2.3　2017 级、2018 级大一公共课不及格率对比图

2018 级绝大多数大一公共课程的平均成绩也比 2017 级有了一定程度的提高。提高最多的是 C#程序设计平均分由 72. 26 提高到 85. 35，平均提高了 13. 09 分（见图 2. 4）。

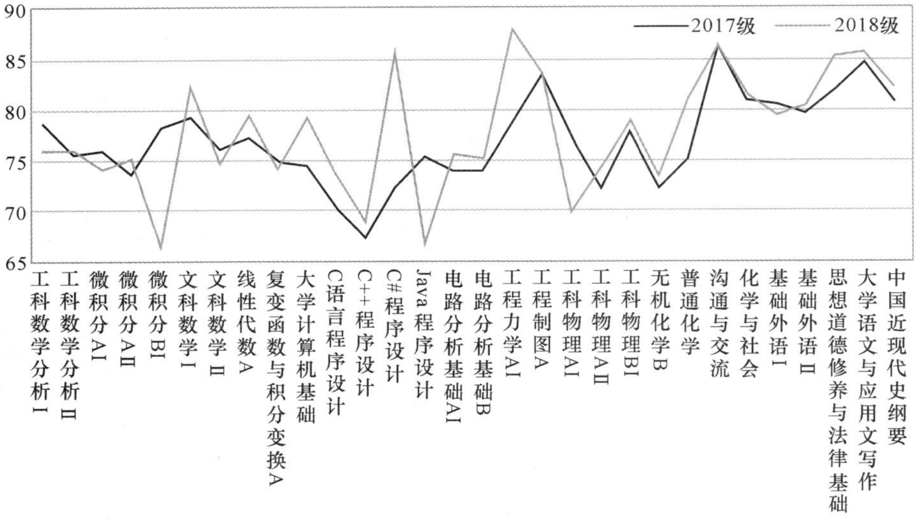

图 2. 4　2017 级、2018 级大一公共课平均分对比图

第三部分　创新创业能力培养

学校以入选国家“双一流”建设高校为契机，将“深化创新创业教育改革”列入“十三五”规划，紧密围绕“立德树人”根本任务，发扬“求实鼎新”校训精神，充分发挥学校“多学科、重实践”的特色和优势，建立了规模化、体系化、常态化的创新创业工作新机制。学校将培养创新创业型人才作为双创工作的目标，以创新创业项目为基础，以“互联网+”“创青春”“挑战杯”等大赛为引领，重项目、促赛事，努力进行创新创业平台共享与成果转化，开展了全方位、多层次的创新创业教育活动。通过学校领导小组统筹，各级工作小组积极实施，近年来学校创新创业工作成果显著，获得了“全国高等学校创业教育研究与实践先进单位”、首批“北京市深化创新创业教育改革示范高校”等多项荣誉。

一、创新创业教育融入人才培养的全过程

学校明确将“培养创新精神、创业意识”写入人才培养总目标，不断提高创新创业教育质量。在 2017 年版培养计划中，要求本科生完成 3 个理论学分、5 个实践学分共 8 个创新创业学分。学校以“基础学习—专业创新—实践培训”三阶递进的创新创业课程体系，夯实学生的理论基础；以“创新创业学分转换”制度、允许学生休学创业、将创新创业项目转化成毕业设计（论文）等积极探索“以学生为本”的管理改革，为新时期双创工作提供了制度优化；建立“创新创业实践基地+贝壳创空间+科技园”相互支持的校内双创基地群，建设校外各创新创业实践基地，使教育实践落到实处。

二、持续开展大学生创新创业训练项目

从 2005 年开始，我校每年投入经费 300 余万元设立科技创新基金，学生自选题目和指导教师，自组团队申请 SRTP 项目。每年立项项目约 600 项，参与学生 2600 多人，覆盖全校 13 个学院及部分科研单位。近三年，参加 SRTP 项目的学生已申请专利 43 项，发表论文 63 篇，部分学生作为第一作者在顶级学术刊物上发表论文或在重要的国际学术会议上做学术报告。材料学院 2017 级本科生杨李彬，在大一学年结束时主动联系本科生导师王冬老师，申请加入课题组进行学习，开展本科生科研训练。主要进行光声光热医用材料的学习和探索，在导师指导下合成目标产物，并进行分离提纯，以及相关的表征测试。完成了一篇 SCI 研究论文“Photoacoustic effect of azo derivatives modified by click reagents and parceled by liposomes”，发表在国际刊物“Dyes and Pigments”上，另有一篇相关论文在投。

师生广泛的投入也结出了硕果，我校优秀项目已连续多年入选教育部创新创业年会。其中由张文新老师指导的 2018 年国家级创业实践项目“孟子居‘五枣俩核桃’公益扶贫计划”荣获年会“最佳创业项目”奖，将直接入围 2020 年“互联网+”大赛全国决赛圈。由李擎老师指导的创新训练项目“智能冬暖鞋”，已获得授权实用新型专利和软件著作权证书，在学校“摇篮杯”、首都“挑战杯”、ICAN 创新创业大赛中均斩获奖项。

三、打造学科和科技竞赛平台

在学校“以课程和项目为载体、以平台为支撑、以专业为依托、以竞赛为引领、以创业为驱动”的创新创业教育体系下，不断推动“专创”和“思创”融合，培养学生的创新精神和创业能力。积极完善本科生竞赛获奖奖励机制，将竞赛实践与学生保研、评奖评优、教师考核等挂钩，不断激发师生参与竞赛的热情。2018 年合计发放学科竞赛学生奖学金 80.0 万，发放竞赛指导教师奖励 157.7 万，用于支持各级各类学科竞赛费用合计 117.4 万。学科竞赛年均覆盖本科生 9000 余人次，2018 年获得省部级以上竞赛获奖的达 1548 人次，截至 2019 年 12 月，纳入学校管理的各级各类学科竞赛已达 145 项。

四、以本科生导师制为契机，做到科教融合、以研促创

本科生全程导师制的施行，打通学生早进实验室、参与重大科研和创新创业项目的渠道，真正将培养学生的创新创业能力落到实处。导师制实施以来，学生参与创新创业项目的积极性增强，更多的教师参与到指导学生的项目中来。各学院借助于导师制，通过导师公布项目题目、召开选题会、培训会等方式，缓解了往年立项学生确定导师难、联系难等问题。许多老师从学生的性格特点出发，关心学生生活和学习，减少师生之间的距离，获得了学生信任。能环学院罗春欢老师利用寒假时间指导学生进行项目研究，指导的两组项目最终均发表了 SCI 论文。

在 2020 年创新创业项目的申报过程中，部分学员出现了大二年级学生全覆盖的新局面。截至目前，全校申报已经超过 900 项。有 3595 名本科生参与立项，比往年的 2600 人左右提高了近千人。指导教师人数也从以往的 360 人左右攀升到 540 余人（见图 3.1 和图 3.2）。其中由自己的导师参与指导创新创业项目的学生人数从 2019 年的 158 人增加到

2020 年的 734 人。有了更多教师的支持，学校将进一步加大投入，切实提高项目质量，培养学生科研水平，提高学生创新创业能力。争取在未来两至三年内达到创新创业项目本科生覆盖率 100%。

图 3.1　近四年创新创业项目数与指导教师数统计表

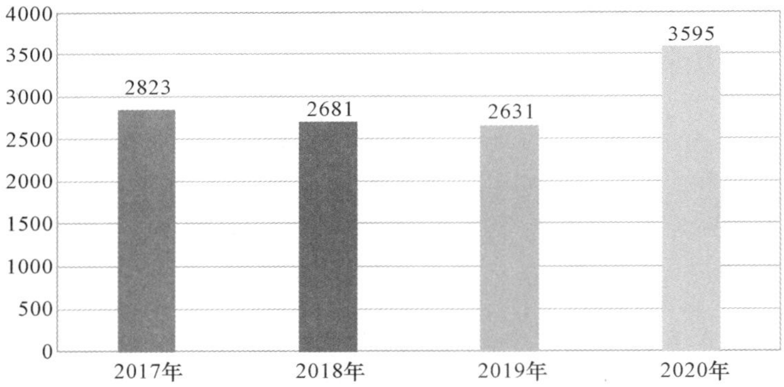

图 3.2　2017～2020 年参与 SRTP 项目学生数

本科生参加学科竞赛种类、参赛人数、获奖人数等呈逐年增加态势，教师指导本科生参加各类学科竞赛热情日渐高涨，学科竞赛平台更加广阔。教务处与校团委、创新创业中心积极配合，形成合力，致力于推动专业教育与创新创业教育的有机融合，服务于建设有北科大特色的高水平本科人才培养体系。通过“以赛代练、以赛促创、以老带新”的培养模式，我校培育出了“MEI 机器人队”和“智能车队”两支“小平科技创新团队”。传统优势竞赛如机器人竞赛、节能减排大赛、智能汽车大赛等连续多年取得优异成绩，稳居全国前列。自 2008 年首届全国大学生节能减排社会实践与科技竞赛举办以来，我校节能减排团队获得国家级特等奖 4 项、一等奖 31 项、二等奖 16 项、三等奖 45 项，综合成绩在全国各高校中名列前茅。我校“智能车队”成立 14 年来，在各类大学生智能车竞赛中，获 4 次国际赛冠军，共 18 个特等奖，31 个一等奖，17 个全国总冠军。我校在中国高等教育学会发布的“2018 年高校创新人才培养暨学科竞赛评估”中全国排名第 30 位（见表 3.1）。

2019 年，通过自己导师指导竞赛获奖的学生人数明显增多。其中，由尹升华、金爱兵、段旭琴等教师组成的矿业类教学团队指导自己作为导师所带的本科生斩获多个奖项，获得国家级奖项的本科生达 15 人。

表 3.1 竞赛获奖情况统计表

年份	指导教师	项目与获奖人次						
		校级		省部级		国家级		获奖人次合计
		竞赛数量	获奖人次	竞赛数量	获奖人次	竞赛数量	获奖人次	
2017	141	41	1492	35	830	41	498	2820
2018	150	44	1397	36	1019	44	529	2945
2019（部分）	136	49	1753	41	943	55	651	3347

第四部分 2019 年北京科技大学本科生导师制实施情况调查问卷分析报告

一、调查情况概述

为了解导师制一年来的实施情况，从学生视角发现导师在相关工作中可能存在的问题，教务处和学生工作部（处）对我校 2017 级、2018 级本科生进行了问卷调查，发放调查问卷 7187 份，回收有效调查问卷 3692 份，问卷有效回收率为 51.37%。

调查问卷包括四大部分，除第一部分是对调查对象基本信息的了解外，其他三部分重点对导师制执行情况、学生的收获、学生对导师制的意见建议等情况进行了详细调研。

根据调查问卷反馈的信息，超过半数的学生对导师制较为了解，认为师生沟通情况良好，沟通时导师较为主动，导师态度较为热情，导师在专业了解和选择、学习兴趣和方法、了解学校相关制度、职业规划、考研保研、提高思想政治品德、适应大学生活、调节心态、提升人际交往能力等方面对自己有较大帮助。

同时，调查结果也显示，满意度不足半数的调查项有：学长帮带效果、吸收学生参与科研课题、指导创新创业项目、指导学科竞赛、出国留学等。具体调查情况如下。

（一）导师制执行情况

该部分就学生对导师制的了解情况、导师与学生的沟通情况、高年级学长的帮带情况以及学生所在学院对导师制的监督情况进行了调查。结果显示，大多数学生对导师制有所了解，师生沟通方式较为多样，以面对面交流和在线交流为主，大多数导师指导学生时态度热情、积极主动。大多数学生可以感受到所在学院对导师制执行情况的监督作用，但学长帮带效果一般。

2017 级和 2018 级本科生中，对导师制认识比较深入的占 64.2%。68.96% 的学生认为与导师沟通情况良好，认为与导师沟通很差的仅占 3.14%。调查结果表明，导师制实施一年来，教师对导师工作比较重视，为学生投入了很多精力和心血，也得到了广大学生的认可。校院两级还应继续加大导师制宣传力度，使学生们更深入的理解导师在自己学习、成长中的重要作用。

在导师制的执行过程中，师生沟通方式较为多样。不定期会面占53.29%，定期会面占37.36%，定期不定期与导师在线交流（51.23%），少数学生参与导师的团队组会、学术沙龙等（10.4%），极少数学生参与高年级学生毕业论文开题、答辩等（3.9%）。

在与导师沟通的过程中，91.93%的学生认为导师的态度热情，导师主动联系学生的情况比学生主动联系导师的情况高出27个百分点，学生单方面主动联系导师的情况只占15.09%。师生沟通频率超过每学期1~2次的占75.54%，但存在4.44%的学生从未与导师联系过。“学长帮带”的情况差强人意，很少交流比例最高为57.77%。导师应在今后发挥出梯队中的高年级学生的作用，让学生感受到团队的关怀。当问及所在学院是否定期了解导师对学生的指导时，80.58%的学生可以感受到所在学院对导师制执行情况的重视。

（二）学生的收获

该部分从学生的思想、生活、学术、学业、就业、深造等多个方面，就导师对学生的帮助逐一进行了调查。结果显示，超过半数的学生认为导师对自己的学业、学术，思想、生活，就业深造等方面帮助较大，排在前4位的分别为：专业介绍、专业选择（65.96%），适应大学生活（61.54%），学习兴趣、习惯、方法（61.37%），提高思想、政治、道德品质（61.16%）。认为对自己帮助较大的其他方面，依次为：对学校相关制度的解读与宣传（58.67%），职业规划、发展方向（58.67%），排解烦恼、调节心态（55.15%），考研、保研（53.53%），人际交往能力（50.79%），参与科研课题研究（47.1%），出国留学（42.45%），创新创业项目（41.3%），学科竞赛（38.38%）。

由于绝大多数本科生参与创新创业项目、参加各类竞赛是在大二或大二之后，预计今后随着2017级和2018级本科生升入中高年级，导师在指导学生创新创业项目和学科竞赛中所发挥的作用会有所提升，统计数据也会有所增长。

（三）学生对导师制的意见建议

该部分的题目设置与前两部分调查内容相呼应，先后调查了学生期望与导师的沟通方式、期望导师和学长给予自身帮助的内容、目前遇到的困惑、导师制有待改进的方面等问题，重点反映了导师制执行过程中学生的希望与需求。

对比师生实际沟通情况，除了面对面和在线交流，更多的学生希望参与导师的团队组会、学术沙龙（30.43%），参与导师主持的科研项目（42.56%）以及参与高年级学长的毕业论文开题、答辩（28.47%）。学生更希望增加与导师沟通的次数，希望每周或每月都与导师联系的学生占调查人数的72.94%。

当问及目前存在的困惑时，65.56%的学生认为自己发展方向不明确，在未来选择上存在困惑；45.54%的学生觉得目前学习时间不足，学习和工作活动时间调配上存在问题；38.26%的学生觉得自己学习动力不足，对未来发展缺少规划；37.33%的学生觉得自己学习压力大、部分科目跟不上。

学生希望导师给予自己的帮助主要集中在学业指导方面，排在前四位的分别为：专业发展（65.29%），科研项目（57.17%），保研考研（54.21%），当前学习（49.55%）。其他需要导师帮助的方面依次为：科创竞赛（49.25%），实习就业（44.49%），思想、生活（27.63%），出国深造（24.55%）。

当问及导师制目前存在的问题以及有待完善的方面时，认为自身对本科生导师制认识不足、主动性不强的学生占 60.17%，认为导师太忙、没有太多时间指导的占 49.61%，认为导师的指导针对性和有效性不足、未能解决个人需求的占 28.07%，认为导师研究方向与自身要选择的专业不一致的占 15.74%，认为学长参与指导力度不够的占 33.46%，认为当前与导师和学长交流平台过少的占 34.03%，认为学院对本科生导师制监督管理有待加强的占 12.57%。

二、导师制的执行情况

（一）学生对导师制的了解程度

接受调查的 2017 级、2018 级本科生中，64.2% 的学生对导师制较为了解，28.09% 的学生对导师制了解一般，1.68% 的学生对导师制完全不了解，学校和学院应加大宣传力度，使学生们更深入地理解导师在自己学习、成长中的重要作用（见表 4.1）。

表 4.1 参与调查学生对导师制的了解程度

选项	小计	比例
非常了解	619	16.77%
部分了解	1751	47.43%
一般	1037	28.09%
较不了解	223	6.04%
完全不了解	62	1.68%

（二）学生与导师沟通情况

（1）接受调查的学生对师生沟通情况的总体满意度为 68.96%。根据统计结果，认为与导师沟通非常好的比例为 29.39%，较好的比例为 39.57%，沟通一般的比例为 23.73%，有 4.17% 和 3.14% 的受访学生认为与导师沟通较差或很差（见表 4.2）。

表 4.2 参与调查学生与导师的沟通情况

选项	小计	比例
非常好	1085	29.39%
较好	1461	39.57%
一般	876	23.73%
较差	154	4.17%
很差	116	3.14%

（2）学生与导师沟通的形式较为多样，接受调查的 2017 级、2018 级本科生中，90.65% 的学生与导师定期或不定期会面，51.23% 的学生与导师定期或不定期线上交流，10.4% 的学生参与导师的团队组会、学术沙龙，6.01% 的学生参与了导师主持的科研项目，3.9% 的学生参与了高年级学生毕业论文开题、答辩等，还有 4.55% 的学生通过其他方式与导师沟通（见表 4.3）。

表 4.3 参与调查学生与导师的沟通方式

选项	小计	比例
定期会面	1379	37.36%
不定期会面	1967	53.29%
定期线上（微信、QQ、邮件、电话等）交流	447	12.11%
不定期线上（微信、QQ、邮件、电话等）交流	1444	39.12%
参与团队组会、学术沙龙	384	10.4%
参与导师主持的科研项目	222	6.01%
参与高年级学生毕业论文开题、答辩等	144	3.9%
其他	168	4.55%

（3）接受调查的2017级、2018级本科生中，每周与导师沟通1~2次的学生占5.2%，每月与导师沟通1~2次的学生占34.51%，每学期与导师沟通1~2次的学生占41.03%，每学年与导师沟通1~2次的学生占12.46%，4.44%的学生从未与导师联系过。83.59%的学生每次与导师沟通的平均时长超过15分钟，14.08%的学生每次与导师沟通的平均时长不足15分钟。其中，每学期与导师沟通1~2次的学生最多，占接受调查人数的41.03%，与导师沟通平均时长比例最高的为15~30分钟，占接受调查人数的34.89%（见表4.4和表4.5）。

表 4.4 参与调查学生与导师的频率

选项	小计	比例
一周1~2次	192	5.2%
一个月1~2次	1274	34.51%
一学期1~2次	1515	41.03%
一学年1~2次	460	12.46%
从未联系	164	4.44%
其他	87	2.36%

表 4.5 参与调查学生与导师的时长

选项	小计	比例
0~15分钟	520	14.08%
15~30分钟	1288	34.89%
30~60分钟	1249	33.83%
1小时以上	549	14.87%
其他	86	2.33%

（4）导师与学生沟通过程中，84.91%的导师会主动联系学生，导师和学生都主动沟通的比例为42.71%，学生单方面主动沟通的比例仅为15.09%。91.93%的导师在沟通时比较热情，6.37%的学生认为导师沟通时态度一般，仅有0.51%的学生认为导师沟通时态度较为冷淡（见表4.6和表4.7）。

表 4.6 谁更主动要求沟通

选项	小计	比例
导师	1558	42.2%
学生	557	15.09%
都有	1577	42.71%

表 4.7 导师在沟通时的态度

选项	小计	比例
非常热情	2346	63.54%
较为热情	1048	28.39%
一般	235	6.37%
较冷淡	19	0.51%
冷淡	44	1.19%

（5）接受调查的2017级、2018级本科生对“学长帮带”效果满意度较为一般。根据统计结果，35.78%的学生对“学长帮带”满意，45.96%的学生对“学长帮带”满意度一般，12.7%的学生对“学长帮带”不满意（见表4.8）。在“学长帮带”过程中，导师积极牵头、组织研究生和高年级本科生与学生主动交流的占30.12%，学长与帮带学生主动联系的占7.39%，学生本人主动联系学长的占4.71%，仍有57.77%的学生很少与学长交流（见表4.9）。

75.54%的学生认为“学长帮带”对自己思想、学习、科研、生活、就业等方面有所帮助。其中，认为对自身学习有帮助的学生占28.47%，认为对自身思想有帮助的占20.12%，认为对自身科研有帮助的占14.41%，认为对自身生活有帮助的占7.91%，认为对自身就业有帮助的占4.63%（见表4.10）。

表 4.8 参与调查学生对“学长帮带”的效果是否满意

选项	小计	比例
非常满意	586	15.87%
较为满意	735	19.91%
一般	1697	45.96%
较差	205	5.55%
不满意	469	12.7%

表 4.9 导师所带的研究生、本科学长对您辅导的情况

选项	小计	比例
导师积极牵头、组织研究生、本科学长和您交流	1112	30.12%
研究生、本科学长和您自发交流	127	3.44%
学长主动联系，但比较少	146	3.95%
本人主动联系学长	174	4.71%
很少交流	2133	57.77%

表 4.10　“学长帮带”对学生帮助最大的方面

选项	小计	比例
思想	743	20.12%
学习	1051	28.47%
科研	532	14.41%
生活	292	7.91%
就业方向	171	4.63%
其他	903	24.46%

（三）学院监督情况

接受调查的2017级、2018级本科生中，29.74%的学生可以感受到所在学院经常以各种形式了解学生与导师的沟通情况，50.84%的学生可以感受到所在学院偶尔会了解学生与导师的沟通情况，19.42%的学生感受不到所在学院对师生沟通情况的了解（见表4.11）。

表 4.11　学生所在学院是否会定期了解导师对学生的指导情况

选项	小计	比例
经常了解，以各种形式了解与导师的沟通等情况	1098	29.74%
偶尔了解	1877	50.84%
没有	717	19.42%

三、学生的收获

（一）思想、生活

接受调查的学生中，超过半数的学生认为导师对自己提高思想、政治、道德品质，适应大学生活，提升人际交往能力和排忧解难、调节心态有较大帮助，所占比例依次为61.16%、61.54%、50.79%、55.15%（见表4.12～表4.15）。

表 4.12　提高思想、政治、道德品质

选项	小计	比例
帮助非常大	983	26.63%
帮助较大	1275	34.53%
一般	981	26.57%
较少	167	4.52%
有指导但无帮助	42	1.14%
没有指导	244	6.61%

表 4.13　适应大学生活

选项	小计	比例
帮助非常大	967	26.19%
帮助较大	1305	35.35%
一般	1017	27.55%
较少	143	3.87%
有指导但无帮助	49	1.33%
没有指导	211	5.72%

表 4.14　人际交往能力

选项	小计	比例
帮助非常大	801	21.7%
帮助较大	1074	29.09%
一般	1322	35.81%
较少	196	5.31%
有指导但无帮助	33	0.89%
没有指导	266	7.2%

表 4.15　排解烦恼、调节心态

选项	小计	比例
帮助非常大	886	24%
帮助较大	1150	31.15%
一般	1159	31.39%
较少	183	4.96%
有指导但无帮助	36	0.98%
没有指导	278	7.53%

（二）学业、学术

接受调查的学生中，超过半数的学生认为导师对自己在对学校相关制度的解读与宣传，专业介绍、专业选择，学习兴趣、习惯、方法等方面帮助较大，分别占接受调查人数的58.67%、65.96%、61.37%。不足半数的学生认为导师对吸收自己参与科研课题研究、指导创新创业项目、指导学科竞赛等方面帮助较大，分别占调查人数的47.1%、41.3%、38.38%（见表4.16～表4.21）。

表 4.16　对学校相关制度的解读与宣传

选项	小计	比例
帮助非常大	924	25.03%
帮助较大	1242	33.64%
一般	1042	28.22%

续表 4.16

选项	小计	比例
较少	187	5.07%
有指导但无帮助	44	1.19%
没有指导	253	6.85%

表 4.17 专业介绍、专业选择

选项	小计	比例
帮助非常大	1065	28.85%
帮助较大	1370	37.11%
一般	864	23.4%
较少	139	3.76%
有指导但无帮助	29	0.79%
没有指导	225	6.09%

表 4.18 学习兴趣、习惯、方法

选项	小计	比例
帮助非常大	939	25.43%
帮助较大	1327	35.94%
一般	1014	27.46%
较少	139	3.76%
有指导但无帮助	43	1.16%
没有指导	230	6.23%

表 4.19 吸收学生参与科研课题研究

选项	小计	比例
帮助非常大	812	21.99%
帮助较大	927	25.11%
一般	1023	27.71%
较少	251	6.8%
有指导但无帮助	32	0.87%
没有吸收我参与科研课题研究	647	17.52%

表 4.20 创新创业项目

选项	小计	比例
帮助非常大	736	19.93%
帮助较大	789	21.37%
一般	1121	30.36%

续表 4.20

选项	小计	比例
较少	259	7.02%
有指导但无帮助	20	0.54%
没有指导	242	6.55%
没参加创新创业项目	525	14.22%

表 4.21 学科竞赛

选项	小计	比例
帮助非常大	677	18.34%
帮助较大	740	20.04%
一般	1173	31.77%
较少	270	7.31%
有指导但无帮助	28	0.76%
没有指导	289	7.83%
没参加学科竞赛	515	13.95%

(三) 就业、深造

接受调查的2017、2018级本科生中，认为导师对自己职业规划与发展帮助大的占54.09%，认为导师对自己保研、考研帮助大的占53.53%，认为导师对自己出国留学深造帮助大的占42.45%（见表4.22～表4.24）。

表 4.22 职业规划、发展方向

选项	小计	比例
帮助非常大	857	23.21%
帮助较大	1140	30.88%
一般	1071	29.01%
较少	216	5.85%
有指导但无帮助	49	1.33%
没有指导	359	9.72%

表 4.23 保研、考研

选项	小计	比例
帮助非常大	818	22.16%
帮助较大	1158	31.37%
一般	1111	30.09%
较少	192	5.2%
有指导但无帮助	48	1.3%
没有指导	365	9.89%

表 4.24　出国留学

选项	小计	比例
帮助非常大	698	18.91%
帮助较大	869	23.54%
一般	1266	34.29%
较少	286	7.75%
有指导但无帮助	46	1.25%
没有指导	527	14.27%

四、导师制存在的问题、建议

（一）导师指导方向

接受调查的2017级、2018级本科生中，最希望导师给予自己帮助的三个方面为专业发展指导、科研项目指导和保研考研指导，分别占接受调查人数的65.29%、57.17%、54.21%，均超过了接受调查学生的半数。紧随其后的几个方面依次为：当前学习指导（49.55%），科创竞赛指导（49.25%），实习就业指导（44.49%），思想生活指导（27.63%），出国深造指导（24.55%）（见表4.25）。

表 4.25　学生希望导师在哪些方面提供帮助

选项	小计	比例
当前学习指导	1829	49.55%
专业发展指导	2410	65.29%
科创竞赛指导	1818	49.25%
科研项目指导	2110	57.17%
保研考研指导	2001	54.21%
实习就业指导	1642	44.49%
出国深造指导	906	24.55%
思想、生活指导	1020	27.63%
其他	88	2.38%

（二）沟通途径

在与导师沟通过程中，学生最认可的两种沟通方式为面对面交流和线上交流，分别占接受调查人数的87.84%和64.59%。学生期望的其他沟通方式依次为：参与导师主持的科研项目，占调查人数的42.56%；参与团队组会、学术沙龙，占调查人数的30.43%；参与高年级学生毕业论文开题答辩等，占调查人数的28.47%（见表4.26）。

表 4.26 学生希望导师通过哪些途径联系

选项	小计	比例
定期会面	2065	55.95%
不定期会面	1177	31.89%
定期线上（微信、QQ、邮件、电话等）交流	1291	34.98%
不定期线上（微信、QQ、邮件、电话等）交流	1093	29.61%
参与团队组会、学术沙龙	1123	30.43%
参与导师主持的科研项目	1571	42.56%
参与高年级学生毕业论文开题、答辩等	1051	28.47%
其他	58	1.57%

（三）沟通的频率、时长

接受调查的 2017 级、2018 级本科生中，希望每月与导师沟通 1～2 次的学生占 62.62%，希望每学期与导师沟通 1～2 次的学生占 22.91%，希望每周与导师沟通 1～2 次的学生占 10.32%，希望每学年与导师沟通 1～2 次的学生占 2.9%（见表 4.27）。希望与导师沟通的平均时长在 15～30 分钟的占 44.28%，希望与导师每次沟通的平均时长在 30～60 分钟的占 37.7%，希望与导师沟通的平均时长低于 15 分钟的占 8.97%，希望与导师沟通的平均时长高于 1 小时的占 8.18%（见表 4.28）。

表 4.27 学生希望与导师沟通的频率

选项	小计	比例
一周 1～2 次	381	10.32%
一个月 1～2 次	2312	62.62%
一学期 1～2 次	846	22.91%
一学年 1～2 次	107	2.9%
其他	46	1.25%

表 4.28 学生希望与导师沟通的时长

选项	小计	比例
0～15 分钟	331	8.97%
15～30 分钟	1635	44.28%
30～60 分钟	1392	37.7%
1 小时以上	302	8.18%
其他	32	0.87%

（四）存在的问题

接受调查的 2017 级、2018 级本科生中，认为自身对本科生导师制认识不足、主动性不强的学生占 60.17%，认为导师太忙、没有太多时间指导的占 49.61%，认为导师的指导针对性和有效性不足、未能解决个人需求的占 28.07%，认为导师研究方向与自身要选择的专业不一致的占 15.74%，认为学长参与指导力度不够的占 33.46%，认为当前与导师和学长交流平台过少的占 34.03%，认为学院对本科生导师制监督管理不到位的占 12.57%（见表 4.29）。

表 4.29　学生认为本科生导师制存在的问题

选项	小计	比例
学生对本科生导师制的认识不足，主动性不强	2221	60.17%
导师太忙，没有太多时间指导	1831	49.61%
导师指导针对性和有效性不多，未能解决个人需求	1036	28.07%
导师研究方向与我要选择的专业不一致	581	15.74%
本研学长参与指导力度不够	1235	33.46%
当前与导师和学长的交流平台过少	1256	34.03%
学院监督管理不到位	464	12.57%
其他	161	4.36%

（五）学生的困惑

统计结果显示，接受调查的 2017 级和 2018 级学生，在未来的选择和发展方向上困惑最大，占接受调查人数的 65.56%，导师需在专业发展方向等方面与学生多沟通交流。反映学习时间不够用，学习和工作活动时间调配上存在问题的学生中，2017 级占 37.15%，2018 级占 52.36%（见表 4.30）。可见，学生刚步入大学校门，对大学生生活中学习、活动等如何安排还是存在一些问题，需要导师的积极引导。

表 4.30　学生目前存在的困惑

选项	小计	比例
对于未来选择上的困惑，发展方向不明确	2420	65.56%
目前学习时间不够用，学习和工作活动时间调配上存在问题	1681	45.54%
学习压力大、部分科目和成绩跟不上	1378	37.33%
学习动力不足，对未来发展没有规划	1412	38.26%
其他	176	4.77%

五、各学院执行情况

（一）各学院学生参与调查情况

所有学院均有学生参与调查，其中机械学院参与调查学生数最多，总计 454 人；参与学生比例最高的学院为文法学院，参与率为 68.83%（见表 4.31）。

表 4.31　各学院学生参与调查情况

学院	参与人数	学生总人数	参与率
土木与资源工程学院	276	568	48.59%
冶金与生态工程学院	149	244	61.07%

续表4.31

学院	参与人数	学生总人数	参与率
材料科学与工程学院	401	859	46.68%
机械工程学院	454	876	51.83%
能源与环境工程学院	265	440	60.23%
自动化学院	256	790	32.41%
计算机与通信工程学院	353	810	43.58%
数理学院	344	548	62.77%
化学与生物工程学院	114	203	56.16%
东凌经济管理学院	492	846	58.16%
文法学院	276	401	68.83%
外国语学院	180	298	60.40%
高等工程师学院	132	304	43.42%
本题有效填写人次	3692	7187	51.37%

（二）各学院导师制实施情况

1. 各学院导师与学生沟通情况

外语学院“非常好”比例最高为45.00%，冶金学院很差的比例最高为45.66%（见表4.32和图4.1）。

表4.32 参与调查学生与导师的沟通情况

学院	参与人数	学生与导师的沟通情况									
		非常好	百分比	较好	百分比	一般	百分比	较差	百分比	很差	百分比
土木与资源工程学院	276	96	34.78%	109	39.49%	54	19.57%	11	3.99%	6	2.17%
冶金与生态工程学院	149	36	24.16%	40	26.85%	44	29.53%	12	8.05%	17	11.41%
材料科学与工程学院	401	79	19.70%	147	36.66%	130	32.42%	29	7.23%	16	3.99%
机械工程学院	454	107	23.57%	186	40.97%	117	25.77%	22	4.85%	22	4.85%
能源与环境工程学院	265	94	35.47%	121	45.66%	45	16.98%	5	1.89%	0	0.00%
自动化学院	256	84	32.81%	94	36.72%	64	25.00%	7	2.73%	7	2.73%
计算机与通信工程学院	353	103	29.18%	143	40.51%	79	22.38%	14	3.97%	14	3.97%
数理学院	344	136	39.53%	126	36.63%	64	18.60%	9	2.62%	9	2.62%
化学与生物工程学院	114	39	34.21%	36	31.58%	33	28.95%	3	2.63%	3	2.63%
东凌经济管理学院	492	131	26.63%	211	42.89%	119	24.19%	20	4.07%	11	2.24%
文法学院	276	61	22.10%	116	42.03%	72	26.09%	18	6.52%	9	3.26%
外国语学院	180	81	45.00%	74	41.11%	22	12.22%	3	1.67%	0	0.00%
高等工程师学院	132	38	28.79%	58	43.94%	33	25.00%	1	0.76%	2	1.52%
本题有效填写人次	3692	1085	29.39%	1461	39.57%	876	23.73%	154	4.17%	116	3.14%

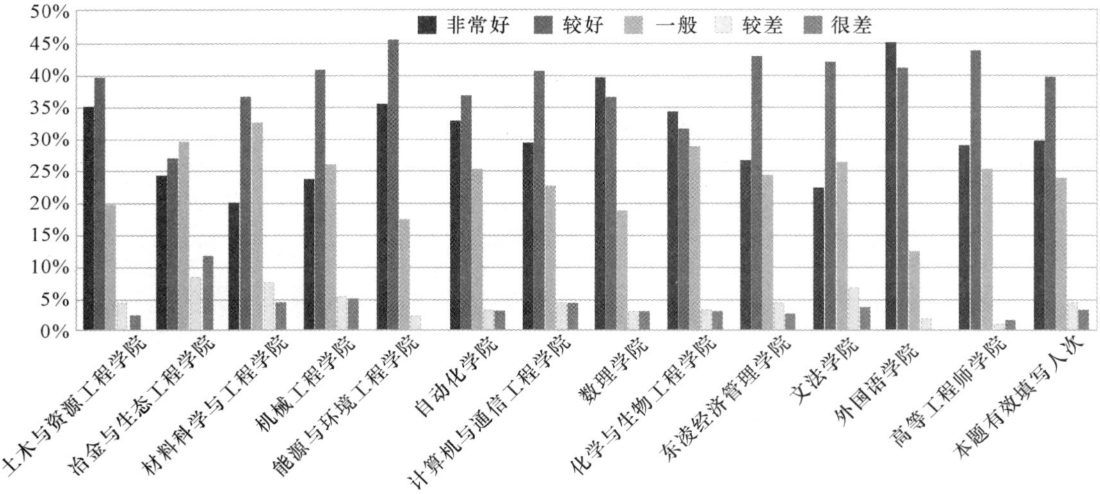

图 4.1　各学院导师与学生沟通情况

2. 各学院导师与学生的沟通频率

各学院均有部分教师未达到学校每学期至少指导 4 次的要求，其中执行最好的是能环学院，文法学院、自动化学院每周与学生联系的导师超过 10%，冶金学院导师与学生从未联系的比例最高为 21.48%（见表 4.33 和图 4.2）。

表 4.33　导师与学生沟通频率

学院	参与人数	导师与学生沟通频率											
		一周 1～2 次	百分比	一个月 1～2 次	百分比	一学期 1～2 次	百分比	一学年 1～2 次	百分比	从未联系	百分比	其他	百分比
土木与资源工程学院	276	11	3.99%	121	43.84%	99	35.87%	36	13.04%	7	2.54%	2	0.72%
冶金与生态工程学院	149	5	3.36%	35	23.49%	43	28.86%	32	21.48%	32	21.48%	2	1.34%
材料科学与工程学院	401	10	2.49%	115	28.68%	172	42.89%	79	19.70%	14	3.49%	11	2.74%
机械工程学院	454	10	2.20%	110	24.23%	229	50.44%	61	13.44%	30	6.61%	14	3.08%
能源与环境工程学院	265	16	6.04%	144	54.34%	81	30.57%	19	7.17%	0	0.00%	5	1.89%
自动化学院	256	26	10.16%	116	45.31%	80	31.25%	14	5.47%	15	5.86%	5	1.95%
计算机与通信工程学院	353	19	5.38%	75	21.25%	171	48.44%	67	18.98%	13	3.68%	8	2.27%
数理学院	344	16	4.65%	110	31.98%	166	48.26%	30	8.72%	12	3.49%	10	2.91%
化学与生物工程学院	114	10	8.77%	35	30.70%	44	38.60%	19	16.67%	4	3.51%	2	1.75%
东凌经济管理学院	492	21	4.27%	180	36.59%	208	42.28%	55	11.18%	14	2.85%	14	2.85%
文法学院	276	29	10.51%	89	32.25%	94	34.06%	32	11.59%	20	7.25%	12	4.35%
外国语学院	180	14	7.78%	92	51.11%	62	34.44%	10	5.56%	0	0.00%	2	1.11%
高等工程师学院	132	5	3.79%	52	39.39%	66	50.00%	6	4.55%	3	2.27%	0	0.00%
本题有效填写人次	3692	192	5.20%	1274	34.51%	1515	41.03%	460	12.46%	164	4.44%	87	2.36%

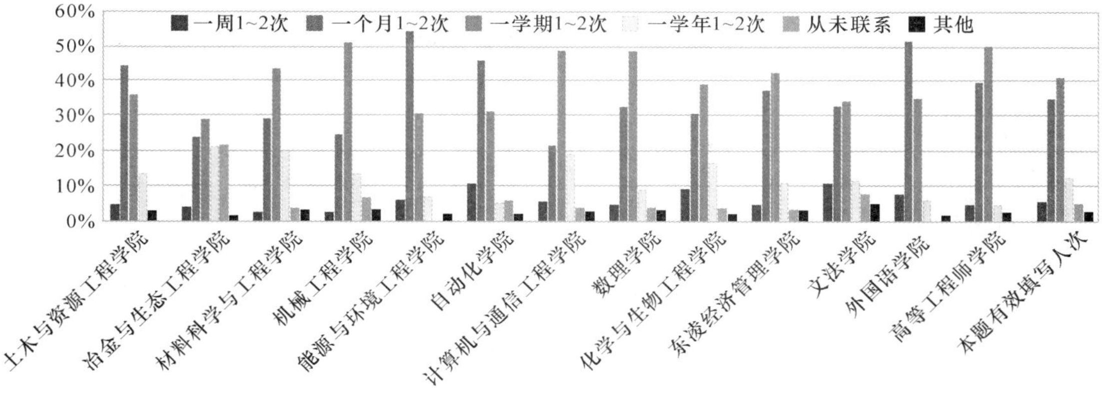

图 4.2 各学院导师与学生沟通频率

3. 各学院导师与学生的沟通时长（见表 4.34 和图 4.3）

表 4.34 导师与学生沟通时长

学院	参与人数	导师与学生沟通时长									
		0 ~ 15 分钟	百分比	15 ~ 30 分钟	百分比	30 ~ 60 分钟	百分比	一小时以上	百分比	其他	百分比
土木与资源工程学院	276	33	11.96%	71	25.72%	87	31.52%	80	28.99%	5	1.81%
冶金与生态工程学院	149	38	25.50%	48	32.21%	33	22.15%	14	9.40%	16	10.74%
材料科学与工程学院	401	49	12.22%	144	35.91%	153	38.15%	49	12.22%	6	1.50%
机械工程学院	454	53	11.67%	133	29.30%	164	36.12%	91	20.04%	13	2.86%
能源与环境工程学院	265	26	9.81%	55	20.75%	126	47.55%	52	19.62%	6	2.26%
自动化学院	256	33	12.89%	90	35.16%	94	36.72%	32	12.50%	7	2.73%
计算机与通信工程学院	353	45	12.75%	127	35.98%	115	32.58%	61	17.28%	5	1.42%
数理学院	344	46	13.37%	152	44.19%	110	31.98%	29	8.43%	7	2.03%
化学与生物工程学院	114	17	14.91%	48	42.11%	34	29.82%	14	12.28%	1	0.88%
东凌经济管理学院	492	86	17.48%	203	41.26%	138	28.05%	57	11.59%	8	1.63%
文法学院	276	67	24.28%	92	33.33%	75	27.17%	31	11.23%	11	3.99%
外国语学院	180	15	8.33%	72	40.00%	67	37.22%	26	14.44%	0	0.00%
高等工程师学院	132	12	9.09%	53	40.15%	53	40.15%	13	9.85%	1	0.76%
本题有效填写人次	3692	520	14.08%	1288	34.89%	1249	33.83%	549	14.87%	86	2.33%

4. 各学院导师与学生沟通时的态度

导师与学生沟通时热情的比例达到了 91.93%，导师对学生的关爱毋庸置疑。特别是外国语学院，导师态度非常热情的比例达到了 80.56%（见表 4.35 和图 4.4）。

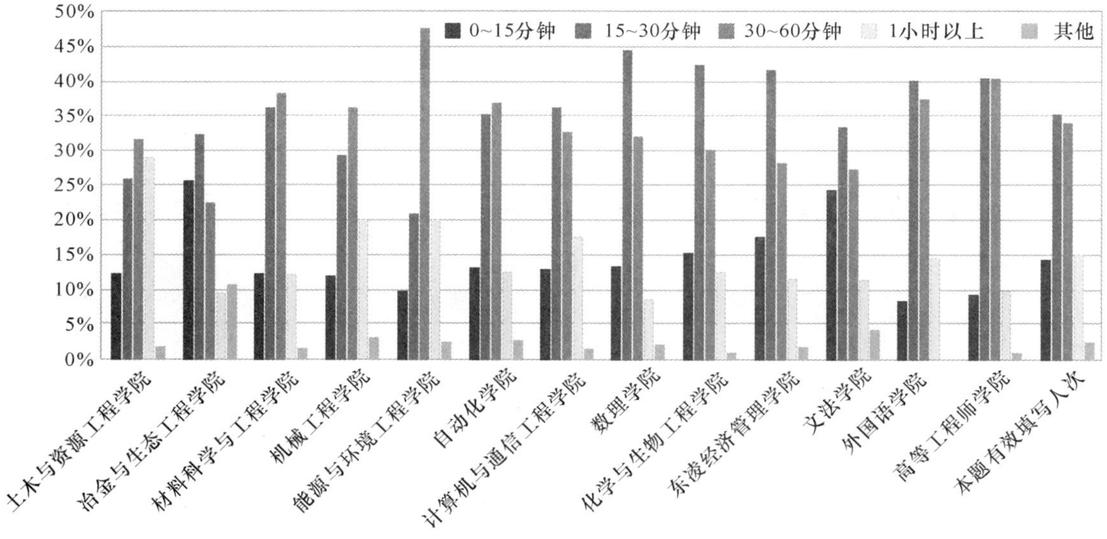

图 4. 3　各学院导师与学生沟通时长

表 4. 35　导师与学生沟通时的态度

学院	参与人数	导师在沟通时的态度									
		非常热情	百分比	较为热情	百分比	一般	百分比	较冷淡	百分比	冷淡	百分比
土木与资源工程学院	276	188	68. 12%	75	27. 17%	10	3. 62%	0	0. 00%	3	1. 09%
冶金与生态工程学院	149	77	51. 68%	39	26. 17%	20	13. 42%	3	2. 01%	10	6. 71%
材料科学与工程学院	401	219	54. 61%	141	35. 16%	34	8. 48%	3	0. 75%	4	1. 00%
机械工程学院	454	270	59. 47%	142	31. 28%	34	7. 49%	1	0. 22%	7	1. 54%
能源与环境工程学院	265	201	75. 85%	54	20. 38%	9	3. 40%	1	0. 38%	0	0. 00%
自动化学院	256	168	65. 63%	69	26. 95%	14	5. 47%	0	0. 00%	5	1. 95%
计算机与通信工程学院	353	233	66. 01%	97	27. 48%	18	5. 10%	3	0. 85%	2	0. 57%
数理学院	344	229	66. 57%	87	25. 29%	23	6. 69%	0	0. 00%	5	1. 45%
化学与生物工程学院	114	82	71. 93%	28	24. 56%	4	3. 51%	0	0. 00%	0	0. 00%
东凌经济管理学院	492	297	60. 37%	151	30. 69%	32	6. 50%	6	1. 22%	6	1. 22%
文法学院	276	146	52. 90%	100	36. 23%	27	9. 78%	2	0. 72%	1	0. 36%
外国语学院	180	145	80. 56%	31	17. 22%	4	2. 22%	0	0. 00%	0	0. 00%
高等工程师学院	132	91	68. 94%	34	25. 76%	6	4. 55%	0	0. 00%	1	0. 76%
本题有效填写人次	3692	2346	63. 54%	1048	28. 39%	235	6. 37%	19	0. 51%	44	1. 19%

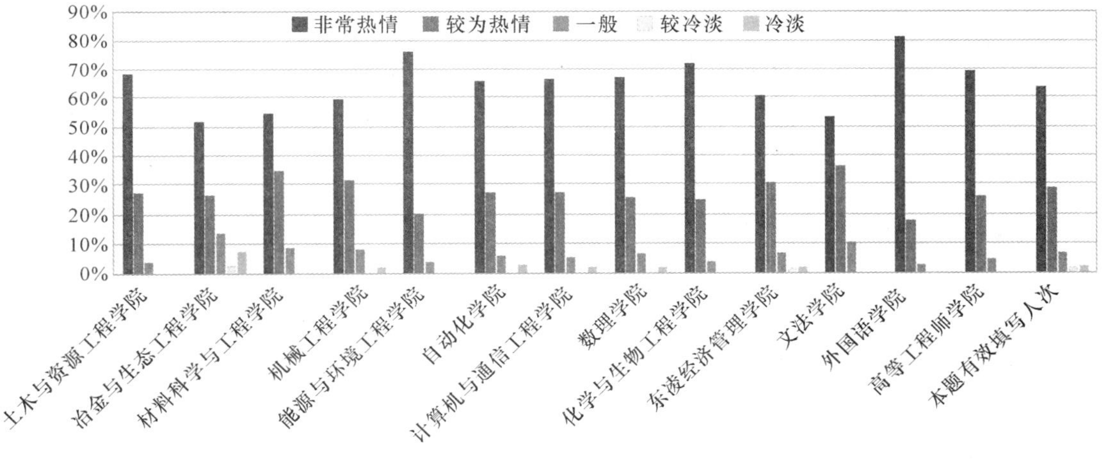

图 4.4　各学院导师与学生沟通时的态度

5. 各学院学生对“学长帮带”的满意度

各学院学生对“学长帮带”的满意度不高，一般的比例达到了 45.96%。学长帮带满意度较高的是化生学院，文法学院一般及以下的满意度达到了 75.72%。导师们并没有将自己团队的学生利用起来，需加强“学长帮带”的力度（见表 4.36 和图 4.5）。

表 4.36　“学长帮带”的满意度

学院	参与人数	学生对“学长帮带”的效果满意度									
		非常满意	百分比	较为满意	百分比	一般	百分比	较差	百分比	不满意	百分比
土木与资源工程学院	276	60	21.74%	61	22.10%	125	45.29%	11	3.99%	19	6.88%
冶金与生态工程学院	149	22	14.77%	30	20.13%	63	42.28%	7	4.70%	27	18.12%
材料科学与工程学院	401	73	18.20%	87	21.70%	165	41.15%	25	6.23%	51	12.72%
机械工程学院	454	55	12.11%	91	20.04%	212	46.70%	24	5.29%	72	15.86%
能源与环境工程学院	265	48	18.11%	56	21.13%	128	48.30%	14	5.28%	19	7.17%
自动化学院	256	55	21.48%	57	22.27%	94	36.72%	18	7.03%	32	12.50%
计算机与通信工程学院	353	51	14.45%	64	18.13%	167	47.31%	21	5.95%	50	14.16%
数理学院	344	44	12.79%	52	15.12%	170	49.42%	20	5.81%	58	16.86%
化学与生物工程学院	114	29	25.44%	25	21.93%	46	40.35%	7	6.14%	7	6.14%
东凌经济管理学院	492	74	15.04%	112	22.76%	214	43.50%	31	6.30%	61	12.40%
文法学院	276	24	8.70%	43	15.58%	149	53.99%	16	5.80%	44	15.94%
外国语学院	180	28	15.56%	32	17.78%	96	53.33%	7	3.89%	17	9.44%
高等工程师学院	132	23	17.42%	25	18.94%	68	51.52%	4	3.03%	12	9.09%
本题有效填写人次	3692	586	15.87%	735	19.91%	1697	45.96%	205	5.55%	469	12.70%

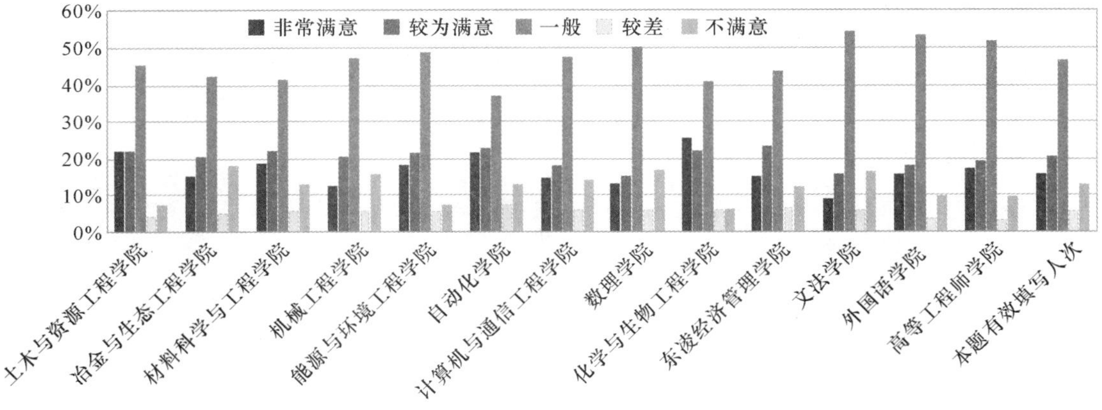

图 4.5　各学院学生对“学长帮带”的满意度

6. 各学院对导师制的管理情况

各学院的管理对导师制的执行具有积极的作用。如外语学院，从调查结果看，学院对导师制的监管力度较大，学生与导师的沟通“非常好”的比例达到了 45%。学院需加强对导师制的宣传、管理，使导师制落到实处（见表 4.37 和图 4.6）。

表 4.37　各学院对导师制的管理情况

学院	参与人数	学生所在学院是否会定期了解导师对学生的指导情况					
		经常了解	百分比	偶尔了解	百分比	没有	百分比
土木与资源工程学院	276	107	38.77%	125	45.29%	44	15.94%
冶金与生态工程学院	149	27	18.12%	65	43.62%	57	38.26%
材料科学与工程学院	401	156	38.90%	210	52.37%	35	8.73%
机械工程学院	454	76	16.74%	240	52.86%	138	30.40%
能源与环境工程学院	265	93	35.09%	151	56.98%	21	7.92%
自动化学院	256	106	41.41%	114	44.53%	36	14.06%
计算机与通信工程学院	353	72	20.40%	189	53.54%	92	26.06%
数理学院	344	93	27.03%	181	52.62%	70	20.35%
化学与生物工程学院	114	47	41.23%	58	50.88%	9	7.89%
东凌经济管理学院	492	128	26.02%	257	52.24%	107	21.75%
文法学院	276	53	19.20%	146	52.90%	77	27.90%
外国语学院	180	84	46.67%	72	40.00%	24	13.33%
高等工程师学院	132	56	42.42%	69	52.27%	7	5.30%
本题有效填写人次	3692	1098	29.74%	1877	50.84%	717	19.42%

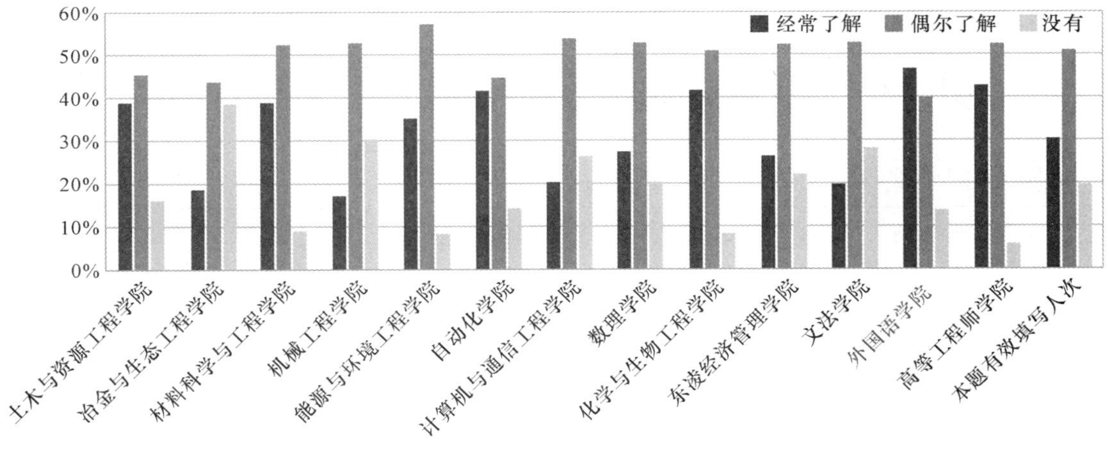

图 4.6　各学院对导师制的管理情况

2021 年本科生导师制调查问卷结果

第 1 题 您的学院？[单选题]

选项	小计	比例
土木与资源工程学院	636	6.64%
冶金与生态工程学院	318	3.32%
材料科学与工程学院	1128	11.78%
机械工程学院	1077	11.25%
能源与环境工程学院	652	6.81%
自动化学院	1262	13.18%
计算机与通信工程学院	1037	10.83%
数理学院	668	6.98%
化学与生物工程学院	350	3.66%
经济管理学院	870	9.09%
文法学院	717	7.49%
外国语学院	477	4.98%
高等工程师学院	382	3.99%
本题有效填写人次	9574	

第 2 题 您的年级？[单选题]

选项	小计	比例
2017 级	1976	20.64%
2018 级	2223	23.22%
2019 级	2361	24.66%
2020 级	3014	31.48%
本题有效填写人次	9574	

第 3 题 您对导师制的效果是否满意？[单选题]

选项	小计	比例
非常满意	4144	43.28%
满意	3330	34.78%
一般	1704	17.8%
不太满意	227	2.37%
不满意	169	1.77%
本题有效填写人次	9574	

第 4 题　导师与您的沟通频率？［单选题］

选项	小计	比例
一周 1 ~2 次	734	7.67%
一个月 1 ~2 次	3302	34.49%
一学期 1 ~2 次	3931	41.06%
一学年 1 ~2 次	1083	11.31%
从未联系	434	4.53%
其他	90	0.94%
本题有效填写人次	9574	

第 5 题　谁更主动要求沟通？［单选题］

选项	小计	比例
导师	6678	69.75%
学生	2896	30.25%
本题有效填写人次	9574	

第 6 题　您认为导师对您哪些方面的帮助比较大？［排序题］

选项	平均综合得分
专业发展指导	5.78
当前学习指导	5.62
思想、生活指导	3.03
科研项目指导	2.49
科创竞赛指导	2.13
保研考研指导	1.98
实习就业指导	0.94
出国深造指导	0.36
其他	0.34

第 7 题　您更希望导师在哪些方面提供帮助？［排序题］

选项	平均综合得分
专业发展指导	5.22
当前学习指导	3.87
科研项目指导	3.75
保研考研指导	3.7
科创竞赛指导	3.25
实习就业指导	2.9
思想、生活指导	1.35
出国深造指导	0.82
其他	0.08

第 8 题 您认为导师对您的思想、学习、生活等基本情况是否了解？[单选题]

选项	小计	比例
非常了解	1181	12.34%
了解	4513	47.14%
了解不多	3270	34.16%
一点都不了解	610	6.37%
本题有效填写人次	9574	

第 9 题 您会定期主动向导师汇报您近期的思想、学习、生活等情况吗？[单选题]

选项	小计	比例
会	3251	33.96%
不会	6323	66.04%
本题有效填写人次	9574	

第 10 题 如果在思想、学习、生活等方面遇到困难，您会主动向导师或导师指导的高年级学长和研究生学长寻求帮助吗？[单选题]

选项	小计	比例
会	6383	66.67%
不会	3191	33.33%
本题有效填写人次	9574	

第 11 题 导师在思想、生活方面给您的指导和帮助包括哪些？[多选题]

选项	小计	比例
帮助我很快适应了大学生活	4753	49.64%
帮助我缓解心理压力，树立积极的学习、生活心态	6402	66.87%
帮助我提高思想、政治觉悟，形成良好的道德品质	4643	48.5%
帮助我培养良好的人际交往能力	2648	27.66%
其他	613	6.4%
本题有效填写人次	9574	

第 12 题 导师在学业方面给您较大的指导和帮助包括哪些？[多选题]

选项	小计	比例
导师会定期了解我的学习状况，有针对性地给出建议	5438	56.8%
帮助我进行专业方向的选择	4160	43.45%
让我对专业学习产生更大的兴趣，帮助我养成良好的学习习惯	3940	41.15%
根据我的专业方向，为我提供一些参考书目、文章	2803	29.28%
吸收我进入科研团队，参与科研项目	1594	16.65%

续表

选项	小计	比例
让我旁听高年级学长的毕设开题	1153	12.04%
创造机会让我参与各种学术交流活动	1206	12.6%
带我进入实验室，学习专业相关知识	875	9.14%
指导我的科技创新项目	1281	13.38%
指导我参加各类竞赛	811	8.47%
其他	579	6.05%
本题有效填写人次	9574	

第 13 题　导师在未来发展规划方面给您较大的指导和帮助包括哪些？[多选题]

选项	小计	比例
为我保研、考研提供信息和建议	6470	67.58%
为我介绍实习单位，提供求职经验	2424	25.32%
帮助我进行职业规划，提升职业技能	4059	42.4%
为我出国深造提供信息和建议	1566	16.36%
其他	890	9.3%
本题有效填写人次	9574	

第 14 题　您是否参与了导师的科研课题？[单选题]

选项	小计	比例
是	1469	15.34%
否	8105	84.66%
本题有效填写人次	9574	

第 15 题　您是否参与了创新创业训练项目？[单选题]

选项	小计	比例
是	3782	39.5%
否	5792	60.5%
本题有效填写人次	9574	

第 16 题　导师是否指导了您的创新创业项目？[单选题]

选项	小计	比例
是	1738	45.95%
否	2044	54.05%
本题有效填写人次	3782	

第 17 题 您何时开始进入导师梯队实验室参与项目的研究？[单选题]

选项	小计	比例
大一	283	2.96%
大二	1130	11.8%
大三	333	3.48%
大四	145	1.51%
所涉及的专业不用进入实验室	1324	13.83%
还未进入过实验室	6359	66.42%
本题有效填写人次	9574	

第 18 题 您目前去实验室的频率是平均每月（ ）次？[单选题]

选项	小计	比例
1～4 次	1672	17.46%
5～10 次	307	3.21%
10～15 次	89	0.93%
15 次以上	62	0.65%
从未去过	7444	77.75%
本题有效填写人次	9574	

第 19 题 您目前参与梯队会的频率是平均？[单选题]

选项	小计	比例
每周一次	579	6.05%
每月一次	885	9.24%
每学期一次	774	8.08%
从未参与	7336	76.62%
本题有效填写人次	9574	

第 20 题 导师所带的研究生、本科学长对您辅导的情况是？[单选题]

选项	小计	比例
导师积极牵头，组织研究生、本科学长和我进行交流	2578	26.93%
研究生、本科学长和我自发交流	513	5.36%
学长会主动联系，但比较少	476	4.97%
本人主动联系学长	752	7.85%
很少交流	5255	54.89%
本题有效填写人次	9574	

第 21 题　您对“学长帮带”的效果是否满意？[单选题]

选项	小计	比例
非常满意	1711	17.87%
满意	2532	26.45%
一般	3883	40.56%
不太满意	524	5.47%
不满意	924	9.65%
本题有效填写人次	9574	

第 22 题　您更希望学长在哪些方面提供帮助？[排序题]

选项	平均综合得分
当前学习指导	5.37
专业发展指导	4.85
科创竞赛指导	3.46
保研考研指导	3.31
科研项目指导	3.21
实习就业指导	1.98
思想、生活指导	0.83
出国深造指导	0.54
其他	0.27

第 23 题　您对本科生导师制有哪些建议？[填空题]

填空题数据请通过下载详细数据获取

附：2021 年“本科生导师制”问卷调查表

亲爱的同学们：

你们好！

为深入了解“本科生导师制”实施情况，促进学生全面发展和健康成长，培养高素质创新人才，全面提高人才培养质量，教务处特设计此表进行不记名调查。希望您能实事求是地填写问卷，真实客观地表达意见。调查结果只做整体研究，不做个案分析。

谢谢您的合作！如有疑问或建议，还可通过电子邮件联系我们。

E-mail：jwcjxk@ustb.edu.cn

北京科技大学教务处

填写说明：

1. 选择题后标注多选的则为多选项，如无特别说明，均为单选题。
2. 如选择“其他”选项，请在横线上说明具体内容。

一、基本情况

1. 您的学院（　　）

A. 土木与资源工程学院　　B. 冶金与生态工程学院
C. 材料科学与工程学院　　D. 机械工程学院
E. 能源与环境工程学院　　F. 自动化学院
G. 计算机与通信工程学院　　H. 数理学院
I. 化学与生物工程学院　　J. 经济管理学院
K. 文法学院　　L. 外国语学院
M. 高等工程师学院

2. 您的年级（　　）

A. 2017 级　　B. 2018 级　　C. 2019 级　　D. 2020 级

3. 您对导师制的效果是否满意？（　　）

A. 非常满意　　B. 满意　　C. 一般　　D. 不太满意
E. 不满意

4. 导师与您的沟通频率（　　）

A. 一周 1～2 次　　B. 一个月 1～2 次　　C. 一学期 1～2 次
D. 一学年 1～2 次　　E. 从未联系　　F. 其他

5. 谁更主动要求沟通（　　）

A. 导师　　B. 学生

6. 您认为导师对您哪些方面的帮助比较大？（　　）（至多选 4 项，请排序）

A. 当前学习指导　　B. 专业发展指导　　C. 科创竞赛指导
D. 科研项目指导　　E. 保研考研指导　　F. 实习就业指导
G. 出国深造指导　　H. 思想、生活指导　　I. 其他

7. 您更希望导师在哪些方面提供帮助？（　　）（至多选 4 项，请排序）

A. 当前学习指导　　B. 专业发展指导　　C. 科创竞赛指导
D. 科研项目指导　　E. 保研考研指导　　F. 实习就业指导
G. 出国深造指导　　H. 思想、生活指导　　I. 其他

8. 您认为导师对您的思想、学习、生活等基本情况是否了解？（　　）

A. 非常了解　　B. 了解
C. 了解不多　　D. 一点都不了解

9. 您会定期主动向导师汇报您近期的思想、学习、生活等情况吗？（　　）

A. 会　　B. 不会

10. 如果在思想、学习、生活等方面遇到困难，您会主动向导师或导师指导的高年级学长和研究生学长寻求帮助吗？（　　）

A. 会　　B. 不会

11. 导师在思想、生活方面给您的指导和帮助包括哪些？（　　）（可多选）

A. 帮助我很快适应了大学生活
B. 帮助我缓解心理压力，树立积极的学习、生活心态

C. 帮助我提高思想、政治觉悟，形成良好的道德品质

D. 帮助我养成良好的人际交往能力

E. 其他

12. 导师在学业方面给您较大的指导和帮助包括哪些？(　　)(可多选)

A. 导师会定期了解我的学习状况，有针对性地给出建议

B. 帮助我进行专业方向的选择

C. 让我对专业学习产生更大的兴趣，帮助我养成良好的学习习惯

D. 根据我的专业方向，为我提供一些参考书目、文章

E. 吸收我进入科研团队，参与科研项目

F. 让我旁听高年级学长的毕设开题

G. 创造机会让我参与各种学术交流活动

H. 带我进入实验室，学习专业相关知识

I. 指导我的科技创新项目

J. 指导我参加各类竞赛

K. 其他

13. 导师在未来发展规划方面给您较大的指导和帮助包括哪些？(　　)(可多选)

A. 为我保研、考研提供信息和建议

B. 为我介绍实习单位，提供求职经验

C. 帮助我进行职业规划，提升其职业技能

D. 为我出国深造提供信息和建议

E. 其他

14. 您是否参与了导师的科研课题？(　　)

A. 是　　B. 否

15. 您是否参与了创新创业训练项目？(　　)

A. 是　　B. 否

16. 导师是否指导了您的创新创业项目？(　　)

A. 是　　B. 否

17. 您何时开始进入导师梯队实验室参与项目的研究？(　　)

A. 大一　　B. 大二　　C. 大三　　D. 大四

E. 所涉及的专业不用进入实验室　　F. 还未进入过实验室

18. 您目前去实验室的频率是平均每月(　　)次？

A. 1 ~ 4 次　　B. 5 ~ 10 次　　C. 10 ~ 15 次　　D. 15 次以上

E. 从未去过

19. 您目前参与梯队会的频率是平均？(　　)

A. 每周一次　　B. 每月一次　　C. 每学期一次　　D. 从未参与过

20. 导师所带的研究生、本科学长对您辅导的情况是(　　)。

A. 导师积极牵头，组织研究生、本科学长和我进行交流

B. 研究生、本科学长和我自发交流

C. 学长会主动联系，但比较少

D. 本人主动联系学长

E. 很少交流

21. 您对“学长帮带”的效果是否满意？（　　）

A. 非常满意　B. 满意　C. 一般　D. 不太满意

E. 不满意

22. 您更希望学长在哪些方面提供帮助？（　　）（至多选 4 项，请排序）

A. 当前学习指导　B. 专业发展指导　C. 科创竞赛指导

D. 科研项目指导　E. 保研考研指导　F. 实习就业指导

G. 出国深造指导　H. 思想、生活指导　I. 其他

23. 您对本科生导师制有哪些建议？

____

____

____

本科生全程导师制推进情况总结和研讨

2018～2019 学年本科生导师工作学院总结

土木与资源工程学院 2018～2019 学年本科生导师工作总结

本科生导师制是高校落实“立德树人”，构建“三全育人”体系的重要途径。通过采用互动式的育人模式，将科研、教书、育人相结合，本科生导师制对于培养新工科背景下的实践型、创新型、个性化人才有着显著优势。

一、落实学校文件，制订学院本科生导师制工作办法

土资学院自去年实施本科生导师制以来，从班导师到全程导师，经历了探索学习、调研动员、文件落实，推动导师制稳步进行。在组织协调方面，为全程导师的工作提供全面支持，发挥班导师、全程导师、小班主任、辅导员的联动机制，为学生的学习、生活，以及学业、就业发展保驾护航。

学院成立了由院长、书记担任组长的“本科生导师制工作小组”，制定和出台了《土木与资源工程学院本科生双导师工作条例》《土木与资源工程学院本科生全程导师制实施方案》《土木与资源工程学院本科生全程导师制考核办法》。

在选聘过程中，学院坚持以双向选择为原则，为教师和学生进行多次宣讲，探索学生与导师实现匹配的最佳途径，择优选聘导师，已经完成了 2017～2019 级学生以及学院转专业学生的全程导师配备工作。并为高等工程师学院和理科实验班提供了一批优秀教师作为全称导师。学院树立“全员育人”理念，全程导师基本实现了有资格教师全员覆盖。

学院鼓励全程导师将本科生纳入科研梯队，指导学生创新创业训练项目，深度挖掘学生潜能，实践因材施教的精英教育理念。此外，导师认真填写《导师工作手册》，每学期进行工作总结，记录学生与导师共同成长的过程。

二、保持爱与责任，导师指导学生成长成才

从导师与学生的互动来看，全程导师对自己的学生投入真情实感，把陪伴指导学生的成长成才作为自己工作生活的一部分。

有的经验丰富的老师勇挑重担，主动担任有抑郁症倾向的学生的全程导师，利用自己的社会资源，用专业的心理学的方法与学生沟通。在学生回老家住院休养期间，还与学生保持沟通，鼓励学生返校学习。

有的年轻老师带的 3 名学生都是少数民族，学生的学业基础相对薄弱，沟通方面也存在一定的困难。在这种情况下，年轻老师言传身教，帮助学生提高成绩，鼓励学生积极参加各项活动。学期末，这 3 名少数民族学生不仅没有一门挂科，有的还参加了新中国成立 70 周年庆典活动，有的哈萨克族的学生还带领了其他同学参加他组织的暑期社会实践活动；在全程导师的关心和引导下，学生的各方面都得到了较好的发展。

老师在指导学生过程中也遇到过一些问题。以老师和学生见面为例，有位老师表示第一次和学生见面就约了6次，前5次都被学生以各种理由拒绝了。尽管很受挫，这位老师最终还是与他的学生建立了联系。随着见面次数的增多，沟通越来越通畅。但老师们总体反映，对待导师制，导师的热情要高于学生的热情。为了给学生做更好的学业、学术指导，学院老师联系高年级学生、研究生进行宣讲、座谈，但是也有学生表现出积极性不高、效果不佳的情况。

三、加强考核与激励，导师制效果初显

学院本科生导师制工作小组对导师制实施过程进行监督与考核奖励。如不定期抽查导师手册，对导师工作总结进行审核。目前，学院推进全员育人，鼓励教师担任本科生导师，已经将其纳入岗位评聘指标体系（年度考核、岗位聘任、职称评定、评优评先），对于不到20%的优秀导师进行额外的奖励（包括专项经费、津贴系数等），对于敷衍学生、不配合学院有关工作的不称职的教师，学院也将暂停其导师资格一年，并要求提出整改方案。

由于学生存在较大的个体差异，对导师制的效果难以进行横向的比较。但是结合学院特点，从整体上看，导师制开展前后学生在学风、转专业率、对老师的满意度几个方面有所改善。

2018级各专业大一学年加权成绩同比（与当时还没有实行导师制的2017级同期学生相比）提高2~6分。其中矿加专业加权成绩同比提高8%。学院导师制实施前后学生成绩对比情况如图1所示。

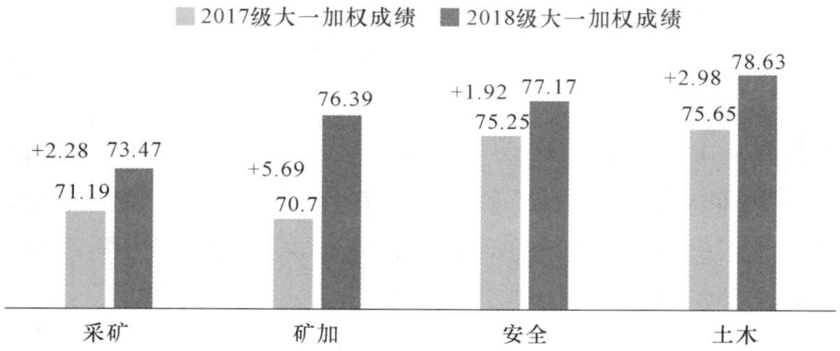

图1 学院导师制实施前后学生成绩对比

在转专业率方面，矿业类作为全校的转专业“大户”，在刚刚结束的转专业分流结束后，矿加专业的转专业率同比下降了17.46个百分点。这与其全程导师对学生的学业、学术指导是分不开的。导师制实施前后转专业率对比（以矿业类为例）如图2所示。

在满意度方面，学生及其家长对学院的满意度较高，导师制对其进一步的学习和深造产生了一定的影响。此外，近期我们针对导师制的实施效果在学生中进行了一次调研。98%的学生表示愿意利用课余时间参与导师的科研工作，58%的学生表示导师在生活、科研等方面对其的指导很大，51%的学生表示想读本科生导师的硕士研究生。因此，从数据看，目前大部分学生对导师制是满意的。但同时，我们也要看到，有17.31%的学生存在认为功课紧张，没有时间和导师见面的想法；还有12.64%的学生表示因为难以理解导师的科研工作而不愿意和导师见面。

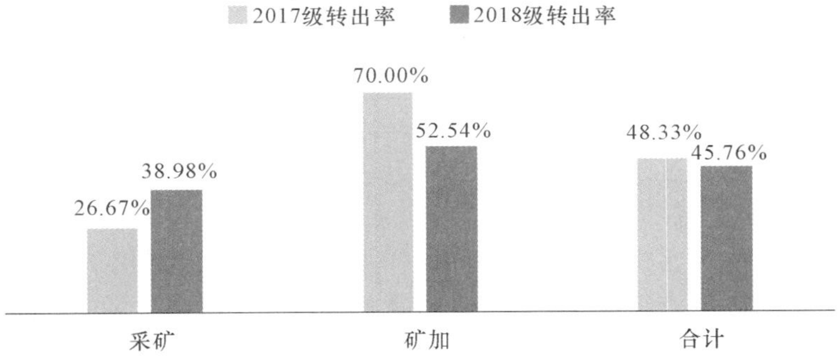

图 2　导师制实施前后转专业率对比（以矿业类为例）

四、实践中发现问题并改善，保障导师制效果

针对在本科生导师制的管理、激励与考核中遇到的具体问题，学院还不定期地开展经验分享活动，旨在不断地探索更好的工作模式和方法，使导师制的工作发挥实效。

在座谈中，导师们分享了一些经验，也对学院的导师制工作提出了一些意见和建议。

在与学生的沟通方面，导师们认为学生的朋友圈是较好的切入点，可以比较全面地了解学生的学习生活状态，在与学生见面的时候也比较容易有共同语言。同时，要想做好本科生教育与研究生教育融合工作，建议导师结合 SRTP 项目主动给学生提供实验指导与实验条件，这比强制学生开会更有效果。

在考核方面，导师们普遍认为学生个体差异大，导师指导过程难以跟踪，导师效果难以客观评价，建议以学生评价为主。

在与辅导员、小班主任、班导师的联动方面，导师们认为目前学校对学生的管理是多角度的，很全面，但容易造成交叉环节职责不明晰的问题。毫无疑问，在多个管理者中，本科生与辅导员的联系最为密切，对其的信任程度更高。因此，导师希望遇到学生重大事件时，如休学、转专业，辅导员与全程导师进行沟通，共同帮助学生进行人生选择。

冶金与生态工程学院 2018 ~ 2019 学年本科生导师工作总结

冶金与生态工程学院一直秉承以培养全面发展、综合素质的学生为教育目标的理念。为落实杨仁树校长从“六个方面”对本科生全程导师制工作开展做的部署，学院于 2018 年首次实行本科生导师制。2018 ~ 2019 年第一学期的本科生导师工作主要帮助学生树立学习目标，明确专业追求，让刚进入校园懵懂羞涩的学生们更好地转变自己的学生角色；2018 ~ 2019 第二学期本科生导师工作过程中，围绕第一学期树立的学习目标和专业追求上进行基础知识的夯实，为高年级的专业学习生涯打下良好的基础。因此在杨仁树校长从“六个方面”的基础上提出了“六步走”策略，接下来将从以下 6 个方面对 2018 ~ 2019 学年本科生班导师工作进行总结。

一、新起点，新征程——师生座谈会

与学生进行面对面交流，从报考本校的意愿程度进行沟通，初步了解学生的自身情况。通过和学生就学习经历、家庭状况、个人理想等方面的谈话，帮助他们实现从高中生到大学生角色的正确切换。以自身的学习生活经历为例子，和学生探讨如何过一个丰富多彩、有意义的大学生活。作为导师应该成为新生的指路明灯，在同学们最迷茫的时候，给予同学们最需要的指导和支持，作为导师的我们不仅需要在课堂上传授知识，更应该在思想、学习、心理、发展等方面为同学们导航。从科学精神、学业发展、职业规划、意志品质等方面对本科生进行贯穿四年的全方位的指导。

二、以“硕”带“本”——经验交流会

定期安排开展本科生与研究生的经验交流会，让研究生做到在生活、学习、思想等方面对本科生的引导帮助。并为每一位本科新生安排课题组相应的研究生，“一对一”帮助解决新生初入大学时遇到的困难，方便其更好地融入大学生活。同时，通过以“硕”带“本”的模式，安排研究生带领本科生参观实验室，旁听课题组学术讨论，培养学生在了解专业基础知识的同时提高学术专业素养。经验交流中发现本科生主要从学业、思想、生活、选专业、找工作、科研、留学申请等方面向研究生进行咨询。为此，在下阶段的导师制工作中可以有针对性地定期对学生进行指导交流。

三、“三阶段三目标”——阶段性学业监督

将一学期分为三个阶段（每两个月为一个阶段），每个阶段要求学生们主动联系自己，和学生共同制定学业安排及阶段性计划。交流过程中主要是汇报自己的学业以及思想、生活等方面的近况。

四、张扬活力，舞动青春——积极参与文化活动

校园精神文化是大学的内隐文化，是校园文化的深层内涵，是在长期的校园物质文化、校园制度文化和校园行为文化创造过程中积淀、整合、提炼出来的，反映学校广大师生员工共同的理想目标、精神信念、文化传统、学术风范和行为准则的价值观念体系和群体意识。

作为北科大这样的工科类院校，学术氛围浓厚，为避免思维固化、“逻辑化”等，学院的各位本科生导师鼓励同学们读万卷书行万里路，在条件允许的情况下多进行文化交流来开阔眼界，如果有机会就去接触其他国家的文化（可以和我们学校的国际班的同学们进行交流学习，了解外国文化的同时还能提高外语能力），争取在国际化的交流平台中展示自我，这样可以更加前沿地、全面地审视自己，思考衡量并及时修正第一学年对自我的认知。

五、通识课程，广泛涉猎——尝试跨领域学习多种学科

在竞争力十足的社会，需要“通才”还是“专才”是广大社会研究工作者常讨论的热点话题。其实我认为这两者并不矛盾，只有先“通”方可“专”。在年轻充满活力的大

学时代，就应该广泛涉猎不同领域的知识，然后在学科的交叉融合的过程中理出一条适合自己的、感兴趣的专业方向。因此，通识的目的不仅仅是为了将自身塑造成一位面面精通的全能型人才，而是将多领域的学习思维去交叉服务于自己最擅长最感兴趣的专业。

六、夯实基础，脚踏实地——学好每一门基础专业课

大学之所谓称为“大学”，就是“大不了自己学”。大学课程的学习单凭课堂上汲取老师的知识是远远不够的，要借助课后的各类资源发挥主观能动性，自主学习。根据平时我们给学生上课的经验，课堂上讲述的基本就是基础概念和概念适当的延伸推广，深度相对较浅，大部分学习的空间还是在课后。

导师不再是博士和硕士的“专利”，对于本科生来说，采用导师制模式可以让学生在与高学历、高年级学生的交流中更好地开阔眼界，制定今后学业规划，为进一步深造早做相应的准备。同时，我们导师也应该起到立德树人、学业指导、学术指导、规划指导等方面的作用，围绕学生的学业、创新创业、考研就业等方面对学生开展个性化指导，促进教研融合、师生相长，整体提升人才培养质量，并以此为“双一流”建设和学校的事业发展贡献力量。

机械工程学院 2018～2019 学年本科生导师工作总结

为贯彻落实全国教育大会、全国高校思想教育政治工作会议精神和党的十九大关于加强师德师风建设的要求，深化本科人才培养模式，提升本科人才教育质量，在《北京科技大学本科生导师制实施办法（试行）》（校发〔2018〕95 号）的指导下，我院制定《机械工程学院本科生导师制实施办法（试行）》（机发〔2019〕12 号），探索实施本科生全程导师制。通过一学年的工作探索，学院充分落实导师制，发挥教师在人才培养过程中的重要作用，也构建了一种新型的师生关系，帮助大学生健康成长。主要工作总结如下：

一、导师制分配情况

本年度我院为 2017 级 466 人（含高等工程师学院 25 人）、2018 级 496 人（含高等工程师学院 23 人）分配了全程导师，其中有“机械工程”“物流工程”“车辆工程”“工业设计”“视觉传达设计”专业，共选派本科生导师 131 人，其中教授及研究员 42 人、副教授及副研究员 59 人、讲师 30 人，涵盖学院 8 个系所（中心）的教师，同时邀请工程技术研究院、材料服役科学安全中心、钢铁协同创新中心的相关专业教师参与指导。强大的导师团队，为导师制落实提供了良好的保障。

二、导师制落实情况

（1）积极听取多方意见，切实保障导师制落实。本年度我院在落实本科生导师制过程中积极听取师生意见，于 5 月份组织学生意见反馈一次，导师意见征求会一次，7 月份、10 月份组织导师交流会各一次，在听取意见过程中师生针对导师制各抒己见，为本院具体落实提供了基础信息和工作思路。

（2）指导形式多样化，师生共情求突破。我院导师制在学生人数众多的情况下能够加以落实，取决于师生共同的努力。在导师工作要求的基础上，我院导师保证每学期开学初

与学生见面，每学期指导不少于4次。在日常工作中还积极与学生进行线上互动，借助新媒体形式，做网络良师，在第一时间为学生答疑解惑，特别是出国访学的老师，会将工作方式的重心转移到微信上，并能结合在外见闻与学生进行分享，激发学生学习兴趣，拓宽国际视野。在本学年有多个优秀指导案例，如物流工程专业吴秀丽导师在指导2017级本科生的过程中，第一次采取集中见面的形式，之后均为单独指导，杜智祥同学在决定去德国深造之后吴老师帮其联系已毕业学生助其申请学校。工学系陈平导师在指导过程中邀请高年级已保研学生为低年级学生进行学习经验介绍，使低年级学生少走弯路，提高学习效率；机控系张清东教授梯队制定了《梯队落实本科生导师制的方案》，针对学生在不同年级时的差异性和共性问题，规划了集体活动与单独辅导结合的五大类活动。

（3）细化指导内容，助力学生多维成长。在导师工作职责的基础上我院教师积极落实，在学业指导方面，我院机控系陈兵老师邀请《大学化学》任课教授为低年级学生答疑解惑，孙志辉老师在分专业前对学生进行单独指导，介绍各专业特点及要求针对学生自身情况提出专业建议；学术指导方面，工学系樊百林老师指导学生参加创新科技大赛，组织学生申报SRTP；思想引领方面，工学系陈平老师担任所带学生的入党积极分子培养人。

三、优化考核制度

我院于2018年10月成立本科生导师制考核工作领导小组，征求系所意见后制定出《北京科技大学机械工程学院本科生导师制考核细则（征求意见稿）》，该细则采用分值量化的方式进行衡量，分为基本评价和业绩加分两项，分别由学生、系所考核小组进行打分；经过一学年的落实与征求意见，于2019年10月将考核细则进行了调整制定《北京科技大学机械工程学院本科生导师制考核细则（试行）》，采用更加人性化的综合评价办法，将评价结果分为优、良、中、及格、差五个等级，希望师生对本科生导师制的落实情况能有整体认知，继续寻找差距，追求进步。本次考核中，学院每位导师均提交个人自评报告，学生对导师进行评价131位导师均考核合格。

四、存在问题及改进措施

（1）少数学生存在不配合导师情况，针对该情况我院教学与学工系统将建立充分的沟通机制，定期开展交流活动。

（2）制定机械工程学院本科生导师制年度大事件，针对师生见面缺乏沟通主题情况，我院将于本学期制定完成以“起承转合”为主题的年度大事件汇总，为师生沟通提供素材。

（3）研发导师双选系统，争取在2020级本科生入学时实现学生在网上完成导师选择，通过这一举动可以预测学生的专业倾向，也减少了教务人员的工作量，真正实现了人性化的师生双选。

自动化学院2018～2019学年本科生导师工作总结

学校实施本科生导师制以来，自动化学院高度重视，严格按照《北京科技大学本科生导师制实施办法（试行）》（校发〔2018〕95号）要求开展本科生导师工作。贯彻落实全国教育大会、全国高校思想政治工作会议精神和党的十九大关于加强师德师风建设的要求，全面贯彻党的教育方针，遵循以人为本教育理念，充分发挥教师在人才培养过程中的重要作用，促进学生全面发展和健康成长，培养高素质创新人才，全面提高人才培养质量，学校决定实施本科生导师制。

10 月 22 日，学院召开了本科生导师制工作总结研讨会，参会人员由教学副院长、教学副主任、教学副所长、各系所教师代表组成。会议内容：

（1）本科生全程导师试行过程中存在的具体问题；

（2）全程导师对学生信息的需求；

（3）如何发挥全程导师的作用。

目前存在的问题：（1）目前同位导师带的学生分散在不同的班，不容易组织。（2）学校缺乏全程导师指导学生的具体措施：导师水平不同，各个学生处在每个阶段存在的问题是有共同性的，比如大一都要适应大学生活、如何听课、了解挂科危险等，希望在学生的每个阶段，学校能够给予文件指导，学校指导全程导师工作。单纯的开会，内容枯燥，太形式主义。（3）目前，学校对本科生导师的定位不太明确，该做到什么程度，现在导师是第一责任人，责任重大，压力很大，希望学校能先从鼓励的角度去做，再慢慢推行。

改进举措：（1）可以利用学生下最后一节课，组织学生面谈。空间问题现在不好解决，但可以想想其他办法，比如带学生室外交流。（2）学院制定了《自动化学院本科生导师工作职责及工作要求》，要求导师按照此工作要求执行，充分发挥全程导师的作用。

2018～2019 学年导师工作考核，学院采取系所打分、学生打分情况分年级综合考评。学院根据本科生导师制实施办法，设计了学生打分表以及系所评价表。系所打分前，还会组织导师述责或集体晒导师工作手册。最后，根据学生打分的情况，以及学生的意见，对评分低的导师，教学副院长对其单独谈话，一方面，使其认识到本科生全程导师的重要性，另一方面，通过交流，方便老师们及时调整工作方法，更有效、更有针对性地开展工作。

总体来看，在 2018～2019 学年里，本科生导师制有显著效果，第 2 学期学业警示的学生总数是 6 位（其中 3 位为双培生），与以往相比，明显减少，说明本科生导师的投入还是有效果的。在今后的工作中，导师要充分发挥导师在立德树人、学业指导、学术指导、规划指导等方面的作用。建立以导师为主导，研究生辅导本科生、高年级本科生帮助低年级本科生的纵向链式学习科研团队，围绕学生的学业、创新创业、考研就业等开展个性化指导，引导本科生早进实验室，促进教研融合、师生相长，整体提升人才培养质量。

计算机与通信工程学院 2018～2019 学年本科生导师工作总结

为贯彻落实全国教育大会、全国高校思想政治工作会议精神和党的十九大关于加强师德师风建设的要求，全面贯彻党的教育方针，充分发挥教师在人才培养过程中的重要作用，积极落实《北京科技大学本科生导师制实施办法》，计通学院自 2018 年底开始实施本科生导师制，并不断探索创新，积极推进本科生导师制工作。

（1）学院高度重视、统筹推进。2018 年 11 月，学院成立本科生导师制工作领导小组，并制定本科生导师考核细则，细化本科生导师工作过程管理，并结合在教职工理论学习向全体教师发布相关文件，并对学校文件进行传达及解读，调动教师积极性，实现本科生导师工作良好开局。

（2）搭建信息平台、科学管理。依托“论无忧系统”搭建本科生导师制全流程在线管理系统，在保证隐私的前提下，实现导师与学生信息互查，高效建立学生与导师之间的联系，并且拟通过系统的进一步完善和数据的共享，能够实现学生成绩查询等功能，及时了解学生学业情况，方便及时对学生进行针对性指导和帮助。预期将实现本科生导师制全流程在线管理。

（3）建立沟通机制、及时反馈。通过学院教学主任例会、教辅联席会等多个途径对本科生导师工作实施过程中的情况、优秀案例及问题困惑等及时收集反馈，面向导师及学生两方面搜集意见建议；召开本科生导师工作研讨会，将导师制工作进行研讨，并邀请优秀导师代表进行经验分享及交流，对导师开展工作提供优秀思路并起到示范引领作用。

（4）本科生导师工作现状。全面动员学院教师，目前学院共有105位专任教师担任本科生导师，其中正高级35人，副高级50人，中级20人，共指导学生1118名。导师分配原则为按专业（大类）随机分配。为了给学生提供更好的指导、更多的资源，基本遵守每名教授指导学生数>副教授指导学生数>讲师指导学生数的分配原则。另外，为了培养高水平创新型人才，促进理科试验班学生更好地成长，学院还有13位高水平教授担任了26名2019级理科实验班学生的本科生导师。

（5）以考核推优促工作推进。2019年10月，按照学校工作安排，学院完成了2017级、2018级本科生导师的考核及评优工作。考核工作由学院统筹，系所实施，从导师自评、学生评价及系所测评三个维度对导师进行综合评价，并以导师自荐和系所推荐的方式产生优秀本科生导师推荐名单。学院制定《2018～2019年度本科生导师考核奖励办法》并匹配经费，拟对优秀本科生导师进行特别奖励，考核评优过程中涌现出来的优秀典型对导师制工作的进一步推进也起到了示范引领作用。

化学与生物工程学院2018～2019学年本科生导师工作总结

根据学院工作安排，学院各系、中心就学业导师工作开展考核、总结和交流。10月15日、16日和17日生物技术系、化学与化学工程系和生物传感中心分别在理化楼405、化生楼215和化生楼202召开了学业导师工作交流座谈会，会上老师们充分肯定了学业导师制工作设想，并表现出积极的热情，愿意参与其中。老师们也互相交流了自己的经验和做法，如通过高年级同学的经历传授效果优于导师的教导，对于喜欢进入专业实验的学生，创造进实验室的条件指导效果好。请本科生参加导师课题组组会，并交流学习体会，对于不同的学生采取不同的方式，如大一即灌输考研思想，帮助学习效果好的学生树立目标，学习效果不佳的学生帮助建立良好的学习习惯和方法，鼓励答疑问问题等。但在具体工作中仍存在一些问题，具体如下：

（1）工作中学生比较被动，主导找老师少，且和导师疏于交流，有的学生老师联系几次才能见上面，老师工作量增加。

（2）学生有事首先想到找辅导员，其次是班导师，然后可能才是学业导师。

（3）学生对自己什么时候该找学业导师不清楚；学业导师对自己的职责与辅导员和班导师职责的区别不十分清楚。

（4）部分学业导师对学生关于学业的具体问题指导力不从心。

（5）导师们普遍反映对导师的考核不应该具体量化，因为学生的状况不同，导师面临的问题不同，指导效果也不同，无法相对比较。要求见面几次还要记录等做法可能使师生互动流于形式化；能否只奖不惩，相信导师。

（6）导师对如何在交流过程中不使学生产生反感把握不住。

（7）导师选择随机，如何让学生有选择，能否实施导师流动制？

10 月 21 日和 22 日在化生楼 212 分别召开了化学系和生物系 2017 级、2018 级和 2019 级本科生座谈会，听取本科生对学业导师工作的意见和建议。同学们一致认为为本科生配备导师工作很有意义，希望导师在学业上给予帮助，如学习方法、课程内容、科研实践、SRTP、竞赛，希望老师在规划方面给出建议。但是目前得到帮助有限，主要原因是：

（1）学生和导师联系少，甚至有的人不认识导师（2017 级学生，大一时），很多学生有不好意思的情结，不知道和导师该说些什么。

（2）学生与 SRTP 导师联系更多，能否合成一个导师？或学生对导师有一定了解后再选导师？

（3）不教本科生的导师（新老师或以科研为主的导师）指导具体问题不到位。

（4）大一同学尚不清楚本科生导师的意义，希望通过导师多了解专业。

（5）遇事喜欢找小班导师、找同学解决，因为与他们比较熟悉。

整改思路：

（1）新生入学前就分配导师，入学后导师和家长可以做些交流，以便更好了解学生有针对性指导。

（2）新生入学后系统介绍学校本科生导师制工作，让学生了解本科生导师工作的意义。

（3）请优秀校友回校作报告，或请高年级学长介绍与老师交流的体会和收获。鼓励学生多主动与导师交流。

（4）请辅导员多向学生宣传导师及其职责，使学生知道在学校有问题可以找导师。

（5）希望学校明确辅导员、班导师、小班导师和学业导师职责，加强学业导师制在学生中的宣传。

（6）导师需加强学校有关学业法规学习，多交流，建议在导师工作手册前面加上有关学生学业政策宣传。

文法学院 2018～2019 学年本科生导师工作总结

一、基本情况

文法学院目前设有三个本科专业：行政管理、社会工作与法学。纳入学校要求的本科生导师制学生人数如下：2018 级文科实验班（现在已经进入大二分好专业）183 人；2017 级行政管理专业 53 人、法学专业 107 人、社会工作专业 42 人。目前，三个专业均已按学校规定进行导师分配。此外，安排了几名教师指导朝鲜、牙买加等国留学生 10 余名。

二、主要做法与成绩

（1）除了完成学校要求的对2017级、2018级和2019级进行本科生导师分配外，文法学院还对2016级和2015级也进行了导师分配，实现了导师的全覆盖。

（2）老师们开展了多种方式的指导工作：

第一，线上线下相结合的学生指导。文法学院的导师们不仅通过固定时间约见学生，有效地实现对本科生的指导，同时也通过微信群、电子邮件等方式及时对学生的问题进行反馈。由于学院教师承担了本科生、本科双学位、普硕、专硕等多种类型的课程，所以很多老师通过微信形式及时对学生的问题、需求进行反馈，而且通过主动关注学生微信朋友圈的信息，主动对学生的学习进行指导，汪淑珍老师主动关注学生的微信朋友圈信息，一旦发现学生有学业方面的信息，便主动联系，答疑解惑，不仅解决学生的实际问题，同时也提升学生的学习兴趣。杨志云老师积极使用微信发布各类学术讲座信息，并通过微信及时回复学生的各类疑惑、提问，以增强师生之间的互动。

第二，读书会。行政管理专业的唐德龙和龚志文、法律系的王霁霞、徐铭员、李莉几位老师通过定期召开读书会的方式来加强本科生的学术训练。老师制定了阅读书单，要求本科生在阅读相关学术著作之后撰写读书报告并制作PPT，定期通过读书会的方式进行读书报告的分享，提升本科生阅读能力、学术归纳能力及学术表达能力，从而切实提升本科生的学术水平。

第三，调研实践。如冯英老师通过吸纳本科生参与自己的研究项目，带领本科生走访街道社区等地，以实地调研的方式初步参与研究项目，既获得了对于现实层面行政管理工作的感性认识，加深了对本专业的理解，同时也提升实践层面的调研能力，为进一步的学习和研究打下了坚实的基础。

第四，学生互动。文法学院教师不仅通过固定组织本科生进行面谈、指导，也积极组织不同年级的本科生、研究生之间相互了解，通过不同年级之间学生的互动，实现高年级（甚至研究生）对低年级学生的有效帮助和指导，如沈昊婧等老师通过建立学生之间的联系，使低年级学生能够找到对自己学业进行直接帮扶的高年级学长学姐，从而大大降低了学生指导工作的成本，也提升了指导工作的有效性。

第五，课外活动指导。课外学术互动的指导工作一直是导师工作的重点。通过对SRTP、摇篮杯等课外学术活动的指导，能够有效提升本科生学术写作和研究能力，从而加强学术能力的训练。如在吴群芳老师指导下，2017级韩雪莹和田靖同学的“公民参与视角下北京市雾霾治理困境及其突破”获浙江大学第十二届模拟市长论坛三等奖（以并列全国第四名入围决赛）；2016级陈珺怡、马巧玉同学的《“小哨子”何以能：城市基层治理创新实践及其效果分析——以北京市“吹哨报到”为例》获北京科技大学第二十届“摇篮杯”学术科技作品竞赛特等奖。马胜强老师指导的《精准扶贫视域下民族地区基层扶贫干部胜任力研究——以G省80个样本为例》获得北京科技大学第二十届“摇篮杯”学术科技作品竞赛特等奖；王霁霞指导的学生摇篮杯作品《基于微信的校园闲置社交电商小程序——关于校园闲置物品交易平台的优化》获第二十届摇篮杯科技作品竞赛一等奖。

三、本科生导师工作的疑惑

第一，文法学院教师普遍反映，大一新生的指导工作存在一定的困难，由于大一新生没有进行专业分流，其学业内容主要为通识课程，指导工作的“尺度”难以有效把握，加上部分大一新生缺乏与导师联系的主动性、积极性，因此指导工作的效果不能完全达到导师的预期。

第二，目前本科生的指导工作涉及辅导员、班导师、导师等多方面主体，各个主体之间的边界、分工存在较大的模糊，很多教师反映本科生常常就相关学生工作的政策向导师咨询，而这些内容又不是导师工作内容，如何确定各个指导主体的工作边界是当务之急。

第三，部分本科生由于性格内向等多种原因，与导师联系的积极性不足，而导师固定的见面会又过于正式，交流效果不够理想。学校要求本科生导师每学期见面的次数，由于少数学生自身的主动性不足，导致导师难以有效开展指导工作，因此，学生应成为本科生导师制的重心，让学生自己寻找自身学习和发展中的困惑，可每学期主动约导师至少 1 次，这样导师既能更有针对性地指导，也可激励学生主动思考，培养起独立思考的习惯。

第四，部分系存在生师比超标难以完成教授大于副教授大于讲师的原则和指标。以法律系为例，自 2017 年专业大类分流后，法学专业三个班，2017 级已经出现现有的导师不足以指导本科生的情况，通过外聘院外导师才得以解决这一问题。

四、主要亮点和经验

（1）考核和工作展开以各系为主，各系结合专业特点进行考核。

（2）考核不宜通过一刀切的方式，因为学生的起点不一致。目前有效的方法：满意度测评——组织学生进行座谈会交流的方式，了解最真实的信息，了解指导的效果。

（3）全员导师制与研究生培养、班导师、辅导员体系进行有机结合，本科导师的职责定位应当明确在学业指导为核心方面。

外国语学院 2018～2019 学年本科生导师工作总结

外国语学院始终高度重视师德师风建设，全面贯彻党的教育方针，遵循以人为本的教育理念，充分发挥教师在人才培养过程中的重要作用，促进学生全面发展和健康成长，培养高素质创新人才，全面提高人才培养质量。2018～2019 学年我院根据学校、学院相关制度，在 2017 级和 2018 级本科生中积极、稳步地推进本科生导师制工作，整体运行情况良好，现做出如下总结：

一、学院领导高度重视，强化责任制

外国语学院全体教师一直坚持言传和身教相统一，坚持潜心问道和关注社会相统一，坚持教书和育人相统一，在工作实践中注重培养“四有”好老师。本科生导师制是新时期学院扎实落实相关人才培养制度与育人理念的重要抓手。在学校总体工作布局下，学院根据《外国语学院本科生导师制实施及考核办法（试行）》成立了本科生导师制工作领导小组，设计并制定《外国语学院全程导师考核表》和《外国语学院全程导师学生评价问卷》，认真开展了学院本科生导师的总结和考核工作。

学院于2018年10月22日召开了本科生导师制工作动员，学院教学副院长王娜老师指出，本科生导师制的根本目的是更好地服务学院本科生人才培养。担任本科生导师必须做到师德高尚，治学严谨，为人师表，关心学生；拥护党的基本路线和教育方针，必须做到“四有”，即有理想信念，有道德情操，有扎实学识，有仁爱之心。导师要在本科期间建立以导师为主导，研究生辅导本科生、高年级本科生帮助低年级本科生的纵向链式学习科研团队，使学生能够感受到团队的关怀，帮助学生健康成长。导师要做好工作计划，认真填写“导师工作手册”，记录学生成长过程，并根据学生特点及时调整指导方式。导师每学期开学初与学生见面，定期对学生进行指导，每学期指导不少于4次。对低年级学生更多关注学习过程，培养学生良好的学习习惯和学习方法，对高年级学生及时吸纳参与科研课题研究，指导创新创业训练项目、学科竞赛等，增强学生的创新意识和实践能力。导师要做好相关制度的解读与宣传，注意发现有突出培养潜质和特长的学生，关心受到学业警示和降级学生并给予必要的帮助，关注少数民族学生和外国留学生在学习方面的特殊问题，及时向学院反馈学生的情况与意见建议等。

二、全程导师考核方式与结果

我院为每名新入校的本科生择优选聘导师，发挥导师在立德树人、学业指导、学术指导、规划指导等方面的作用。目前我院共有本科班级20个，其中2018级和2017级每个年级5个班级，共计324名学生，43名导师。导师具有中级（含）以上职称且在校承担教学科研工作一年以上，其中教授7名，副教授17名，讲师18名，助教1名并配第一导师。

考核采取学生评价与系所评价相结合的方式，学院最终结合两方面评价结果给出考核结果。学生评价主要指标包括德育工作开展情况、专业认知教育情况、学业规划指导情况、创新创业及学术指导情况、就业帮扶及职业规划情况、对导师指导情况及指导效果的总体满意度。学生评价占考核结果的50%。系所评价主要指标包括工作计划制定情况、导师工作手册填写情况、给予学生指导次数，并对每位导师的工作进行总体评价。系所评价占考核结果的50%。本科生导师每学年考核一次，原则上每年7月份进行。考核结果分为“优秀”“称职”“不称职”三个等级，“优秀”比例为20%，并将考核结果报学校备案。2018～2019学年我院对本科生导师考核结果为优秀9人，称职34人，不称职0人。

三、总体实施情况良好

自本科生导师制实施以来，总体来说效果良好，师生一致认为本科生导师制的实施对于人才培养具有重要积极作用。不仅促进了教师队伍建设，更有利于深化教学改革，培养出具有创新精神的高素质外语专业人才。

（一）形成全员育人新态势

本科生导师，与班导师、任课教师、辅导员、导助及高年级同学一起，共同筑成学生成长成才过程中随时可以沟通咨询、可以交流分享、可以共商学术、可以共划未来的学习实践社团。总体来说，通过与导师及其学习实践社团成员全方位交流，学生不仅在学业方面有所进步，更在帮其树立正确的价值观、人生观方面起到了很重要的作用，同时有助于师生双方深入了解，加强学生专业认同感，促进师生关系更加和谐发展，更好地为学生不同阶段的成长保驾护航。

(二) 使全过程育人更加细致化

在学院原有“教学育人、管理育人、服务育人”全过程育人体系中，融入本科生导师新鲜血液，形成“教学育人、管理育人、服务育人、导师育人”新型全过程育人体系，使学院全过程育人工作更加细致化。每位学生的学习需求与心理需求不同，因此，更加需要个性化、有针对性的指导。一对一本科生导师对于学生的一对一指导与关注，能够有效提供个性化、有针对性的指导，使学生在大学四年的专业学习及生活中都能获得来自专业方向导师的言传身教、学业指导、学术指导、规划指导等方面的滋养。通过访谈调研及座谈研讨，我们发现，总体来说，本科生导师制的实施对于我院学生的个性化需求满足起到了非常重要的作用。

(三) 促进全方位育人落到实处细处

全员育人的新态势、全过程育人的更加细致化，使学院全方位育人工作更加落到实处细处。本科生导师制的实施加固了学院全方位践行立德树人的工作体系，为学生成长成才提供全方位指导，促进学生德智体美劳全面发展，特别是能够为学生提前进入专业领域学术研究提供了更多的机会，提升规划的意识，同时有导师的指导，确保“让学生最大程度受益”。

各专业具体实施情况总结如下：

(一) 英语系本科生导师情况总结

本科生导师做的是抛砖引玉的工作，学习优秀的学生不需要太多指导，主要是引导和指点；中等学生需要督促，需要监督做总结；学业有困难的学生需要重点关注，个性化指导，不仅仅是学业上的指导，还需要做人做事的指导；要让学生信任老师，老师走进学生心里。大学英语系赵秋荣副教授把本科生、研究生组织在一起，定期（两周一次）谈话交流，根据不同学生情况提供建议，让本科生参与翻译研究，定期阅读文献并进行交流，涉及不同学科翻译，见面频率很高，学生很喜欢这种模式，表示很受益。

导师在每个学期开学初要求学生制订比较详尽的学期规划，包括需要修读的学分，需要完成的阅读量，计划进行的社会实践或社团活动等，并就每项内容明确可行性目标。导师在学期末根据这个规划来评估学生本学期的学习和其他活动，完成得好的要继续，不尽如人意的要改善。在制订学期规划时，导师重点关注学生对时间的管理，通常会要求学生以周为单位制定自己的课余学习计划，并定期检查计划执行情况，对不合理之处及时进行调整。

典型案例：学生问题存在各个方面，表象上体现为学习问题，实际上诱因各不相同，需要深入了解，真诚沟通，找到症结后，联合系里、学院学生口协作解决。比如，王琰老师所带的一位转专业学生认为自己发音存在问题，不愿意张口说英语，后来在多次接触和鼓励下，发现其发音问题不大，心理素质是造成其失误的主要原因。就此对其主要进行鼓励式的督促，帮助其制定具体解决办法，定期一对一英语对话，目前已经取得一定进步。另一位学习较差同学，发现其上课不能专注，学习成绩较差，进行数次谈心后，发现其家庭刚刚经历重大变故，且其从小到大的成长过程缺乏父母的陪伴和指导，因此在沟通能力方面有所欠缺，家庭的扶持和指导也不足。根据此情况，王琰老师与系里取得沟通，确定了大致的方案，先期需要帮助其锻炼沟通能力，同时帮助其进行学习规划。

（二）日语系本科生导师情况总结

日语专业充分发挥首批全国高校“双带头人”教师党支部书记工作室的先锋模范带头作用，组织导师结合专业特色和专业课程开展爱国主义教育，通过利用外语优势讲好中国故事，帮学生树立文化自信。此外，通过“小语种，大视野”特色理论学习和实践系列活动，结合实践中师生参加的世界园艺博览会、亚洲文明对话大会、“一带一路”等相关的志愿者活动，不仅帮学生增强专业认同感，充当文化桥梁的作用，更能使他们积极投身爱国报国的实践中去。

在大一入学时，在初步了解学生的情况后，导师根据学生意愿进行初步的学业规划；大三开始是学生确定毕业后规划的重要时间点，导师根据学生成绩排名、个人意愿和实际情况帮助其进行全面的分析，做好考研、出国、就业的规划。每个学期初在第 3 周左右导师们会和学生进行面谈，根据学期课程的情况进行规划和指导，发现主要存在的问题，确定解决方案；学期末大多科成绩公布后，导师们会督促学生根据成绩进行总结反思，找出存在的问题，在假期可以进行集中解决。

尽管本科生导师制运行情况良好，并取得了一些成绩，但也存在一些问题：如学生主动沟通意识较差，主观能动性不足；根据差异化，做不同针对性指导的方法路径不够明晰等。这就需要在今后的工作中，要遵循正确的本科生导师制教育理念，不断丰富和完善相关内容，明确导师职责，并构建有针对性的教育管理制度。

（三）德语系本科生导师情况总结

从整体结果来看，全程导师制的实施，对于学生的培养和学生发展（学业发展、未来指导）方面起到了积极的作用。学生有了主心骨，在遇到问题时能够、愿意、也有充分的机会向其指导老师寻求帮助，能够令问题及时得到疏通或解决。德语系的李薇老师，与所指导学生建立无缝沟通模式，指导具有针对性、个性化、随时发生的特点。这种模式的建立表明导师与学生之间建立了互相信任、和谐的良好关系，有利于充分发挥本科生导师在学生成长成才过程中的重要积极作用。

导师与学生的见面会来自不同年级学生的大汇合，学长学姐向学弟学妹传递经验，对于怎样克服德语听力方面的困难、如何对待和准备专业四级考试、德福怎么考个高分、毕业后有哪些去向可能、在学期间有哪些比赛可以参加、如何提前做准备、要不要参加社团和参与学生工作、科创如何选题、专业选修课的选择等，均展开了热烈的讨论。之后，各个导师再结合自己求学或科研工作的经历，给学生提供建议。

德语 2017 级因面临专四的压力，班导师跟主要任课教师权衡之后对全班的学生进行一一分析，选择其中在学习上比较有困难的学生，跟各位导师进行了沟通，让导师对这些学生的学习方面进行重点关注。另外，出于多方原因，2018 级学生在一年级语言打基础阶段，一些学生的语言知识和能力出现了普遍落后于其他年级同阶段的现象，在 2018 ~ 2019 学年第二学期期中考试之后，班导师把一些需要重点关注的学生及时与导师进行了沟通；在其后，几乎全部的导师都针对这一现象（问题）跟所指导的学生进行了深入的接触，从后来的追踪发展来看，均有不同程度的改善。

四、存在的问题及解决方案

本次总结工作中，学院也同时关注了 2019 级学生及导师对于大类培养模式下本科生导师工作的意见与建议。通过本次总结，我们也发现了一些亟须解决的问题。主要包括以下几个方面：

（一）师生交流方式与方法有待多元化

部分学生反映与导师之间的交流主要是通过面对面交流方式进行的。只依靠面对面交流，不利于为学生提供更及时的帮助与指导。因此，今后会从导师和学生双方的角度，主动采用更多样化的交流方式与手段，比如电话、短信息、微信、微信语音等，不仅限于面对面，不拘泥于形式，而是利用多种形式与方式，到达最佳交流指导效果。

（二）个性化与针对性的指导有待加强

导师与高年级、低年级及研究生学生集体见面交流，可以为学生提供多方面的交流机会，获取多方面的信息和指导与帮助，但也存在一个问题，即学生碍于面子，有些私事或不愿分享的问题不想与大家一起讨论，从而不好意思主动与导师交流，过后又忽略或遗忘，错过了问题解决的最佳时间，另外，调研结果显示，大部分学生与导师交流的主动性不强，这就弱化了个性化与针对性指导。鉴于此，提出以下解决方案：

（1）导师与学生的交流可以采用“集体+个体”相结合的方式；

（2）学生需要更加积极主动，遇到问题主动联系导师。

（三）大类培养模式下师生专业不对口问题严重

2017级、2018级本科生导师与学生的专业是对应的，但是2019级是我院第一年实施大类培养，学生入学后并不分专业，这种实际情况对导师的分配带来很大难度，我们采用的是行政班与专业系对应的方法进行导师分配，这就造成很多学生分配到的导师并非是自己将来想选专业的导师，很大程度上影响了本科生导师工作效果，特别是在专业认同教育最关键的第一学期，这种影响更突出。这一问题在调研中从导师和学生双方都有所体现和反映。拟解决的方案如下：

（1）调整培养方案与分专业方案，探索能否在新生入学时即开始分专业工作。我们已经与教务处调研组反馈沟通此问题，尝试可否调整；

（2）引入管理学院导师分配系统，或学院实验室自行研发导师分配系统，采用学生选导师、导师选学生的双向选择方式，使学生能够根据自己专业学习与发展需求选择导师，导师也能够根据学生专业情况进行选择，最大化发挥本科生导师制的功能与作用。

五、总结

本科生导师制对学生极有价值，不仅学生受益匪浅，而且有助于培养他们对北京科技大学的感情。本科生导师与班导师、主要任课教师相互配合，既能对相关班级有全局性关注、也可以及时掌握某些学业或生活、情感出现问题的学生的状况，做到立体式全方位的指导。通过本科生导师的桥梁媒介作用，不同年级的学生做到了上下沟通，互通有无，高年级学长学姐的现身说法尤其对较低年级学生的发展起到了良好的示范、带头作用，可以对某些将来可能会出现的问题做到提前预防，其效果远胜于老师对学生反复的说教，事半功倍。

全体本科生导师将在实际工作中按需指导：提高指导的针对性。学院各位导师认真研读各专业人才培养方案，在了解本科生四年培养计划全貌的基础上，把握好学生各阶段的学业需求，根据专业学习特点及学生实际情况，不断摸索本科生全程导师制的指导内容和时间节点安排等。在指导内容方面，各位导师结合自己的学术特长、工作经验，引领本科生开展专业书目读书会、文学文化研讨会，提供各类文献资源，积极开启本科生学术研究道路，提供出国深造的规划与思路指引；导师们将本科生纳入自己指导全部学生群体，形成高年级带低年级、研究生指导本科生的纵向立体网络，共同探讨为人处世及求学之道。

学院将继续定期专门组织专题总结研讨会，组织全体导师及辅导员们交流自己在指导本科生过程中的做法与遇到的问题，充分交流经验，并对遇到的问题展开深入交流与讨论，共商解决方案。结合新生入学教育、期中教学检查等工作，本科生全程导师、班导师与辅导员不同队伍之间协同工作，研究建立学院育人沟通交流工作制度，使“三全育人”综合改革工作方案在学院落地生根，努力为外国语学院全体本科生的成长成才构筑全方位立体化多层次沟通交流平台。

高等工程师学院 2018～2019 学年本科生导师工作总结

根据《关于印发〈北京科技大学本科生导师制实施办法（试行）〉的通知》(校发〔2018〕95 号)，以及《关于做好 2018～2019 学年本科生导师工作总结的通知》(教通知〔2019〕190 号）的工作要求和安排，高等工程师学院于 2019 年 10 月 21 日至 10 月 30 日期间，对担任 2017 级、2018 级高等工程师学院学生的本科生导师工作进行了考核。在充分讨论和研究的基础上，对 2018～2019 学年高等工程师学院本科生导师工作总结如下。

一、本科生导师开展情况介绍

根据《关于印发〈北京科技大学本科生导师制实施办法（试行）〉的通知》(校发〔2018〕95 号）的工作要求，高等工程师学院迅速反应，及时拟定了《高等工程师学院本科生导师制实施办法（试行）》（院发〔2018〕5 号）和《高等工程师学院本科生导师考核办法（试行）》（院发〔2018〕6 号）。

基于高等工程师学院书院制的特点，高等工程师学院邀请校内相关教学科研单位为本院本科生担任本科生导师。通过向校内 11 个单位发放商函，回收报名信息，学生及教师匹配多个步骤，高等工程学院扎实推进，认真完成了本科生导师的聘任工作。高等工程师学院 2017 级 149 名本科生，从校内 9 所教学科研单位聘请本科生导师 125 位。2018 级 152 名本科生，共从校内 11 所教学科研单位聘请本科生导师 149 位，详情见表 1。

表 1　2017 级、2018 级学院指导学生人数

高工年级	学院	学院指导的学生人数
2017	材料与科学工程学院	5
	工程技术研究院	30
	机械工程学院	25
	能源与环境工程学院	19
	土木与资源工程学院	14
	新材料技术研究院	11
	钢铁冶金新技术国家重点实验室	10

续表 1

高工年级	学院	学院指导的学生人数
2017	冶金与生态工程学院	5
	自动化学院	30
	总计	149
2018	材料与科学工程学院	6
	工程技术研究院	10
	机械工程学院	25
	能源与环境工程学院	20
	土木与资源工程学院	10
	新材料技术研究院	20
	钢铁冶金新技术国家重点实验室	24
	冶金与生态工程学院	10
	自动化学院	20
	科技史与文化遗产研究院	5
	高等工程师学院	2
	总计	152

二、工作研讨会

2019 年 4 月 24 日上午，高等工程师学院召开本科生导师工作研讨会，学校党委副书记、副校长薛庆国，教务处副处长陈建，来自土木学院、冶金学院、材料学院、机械学院、能环学院、自动化学院、钢铁冶金新技术国家重点实验室、新材料技术研究院、科技史与文化遗产研究院、工程技术研究院等 10 个培养单位的 20 余位 2017 级、2018 级工科试验班本科生导师代表出席会议。高等工程师学院院长赵志毅、副院长贺东风、刘娜以及各年级辅导员、学生代表参加会议，会议由高等工程师学院党总支书记张甜主持。

赵志毅介绍了学校工科试验班建设情况、高等工程师学院服务一流学科人才培养、服务工程实践创新教学的定位和建设思路，并感谢全校领导老师们对学院师生的支持；贺东风介绍了学院 2017 级、2018 级本科生导师聘任情况，围绕导师自评、学生评价和学院评价三部分与导师代表们商讨导师制考核办法；刘娜汇报了《2018 级学生对本科生导师制满意度》调研结果，并以“一降、二升、三满意”为目标围绕学生工作介绍推进导师制的思路举措；2018 级辅导员赵倩向导师们汇报了学生学习成长近况、与导师们联系交流进展。刘建华教授、张鸿副教授作为导师代表发言，分享了自己担任本科生导师以来的工作思路和体会，提倡导师们要多投入时间与学生交流、与辅导员沟通，切实深入地了解学生需求，搭建好舞台、传递正能量。学生代表们介绍了他们从本科生导师制工作活动中得到的帮助指导，纷纷向导师们表示感谢。2018 级周帅元提及初入大学时，面对课堂教学中转换的教室、流动的老师时曾经存在不适应，正是在导师和辅导员的帮助下实现了调整和转变，导师在学业发展、时间管理和专业内容上的翔实指导建议，让他进一步明确了规划方向，也希望导师们在学生专业选择、科研实践上给予更多指导。

在师生交流环节，张深根教授提出，本科生导师制是推进本科教育教学工作的重要举措，鼓励学生们主动与导师加强联系，珍惜与导师们的交流机会，建议导师们在与学生约定交流时讲求诚信、保障时间，建议学校学院进一步加强举措，将导师制落地落实。何安瑞、黄运华、张志豪、董洁、韩天等导师代表们也纷纷发言，为本科生导师工作提出建议。陈建代表教务处感谢导师们的辛勤指导，表示将加强机制建设和保障措施，为师生创造良好的育人环境。

薛庆国在发言中向老师们对导师制工作的大力支持表示感谢，强调本科生导师制是落实高校立德树人根本任务、推进“三全育人”工作的重要举措，担任学生导师是教师教书育人工作中的弥足珍贵记忆和重要价值体现。结合自身担任本科生导师、班导师的经历，薛庆国指出，全方位、多角度积极了解学生，正确看待学生是本科生导师做好工作的基础和前提；把握规律，善于总结，根据不同年级阶段的学生特点和实际需求进行规划指导；学生工作系统要加强引导，鼓励学生积极主动地与导师联系交流，共同努力，促进学生全面发展和健康成长。

三、考核工作

根据《关于印发〈北京科技大学本科生导师制实施办法（试行）〉的通知》（校发〔2018〕95号），以及《关于做好2018～2019学年本科生导师工作总结的通知》（教通知〔2019〕190号）的工作要求和安排，高等工程师学院于2019年10月21日至10月30日期间，对担任2017级、2018级高等工程师学院学生的本科生导师工作进行考核。

根据《关于做好2018～2019学年本科生导师工作总结的通知》（教通知〔2019〕190号）的指导意见，具体实施方案如下：

（1）考核分为三个部分。第一部分，学生评价；第二部分，导师自评；第三部分，学院评价。以上三部分均按照百分制打分，由高等工程师学院对各部分赋予相应权重并汇总最终考核成绩。

（2）学生评价部分。学生评价部分由学生打分。主要由对与导师开展的学业指导、交流次数等方面组成。学业指导包括思想交流、学生成绩是否有提高等。

（3）导师自评部分。导师自评部分由导师打分。主要由对学生的思想交流、学习促进以及交流等方面。按照实施办法的要求，导师每学期开学初与学生见面，定期对学生进行指导，导师对学生每学期的指导不少于4次。

（4）学院评价部分。学院评价部分由高等工程师学院打分。主要依据导师的“导师工作手册”内容，教师对学生创新创业指导内容，以及导师对高等工程师学院本科生导师工作有其他支持和贡献等方面综合评定。

根据学校“优秀”比例不大于20%的要求，我院根据每个单位的导师数目分配优秀导师名额并由各单位推荐优秀导师人员。经由高等工程师学院综合评价后最终确定优秀导师名单（见表2）。

表 2　高等工程师学院本科生导师优秀导师名额汇总

单位	高工 2017 级导师	高工 2018 级导师	总计
材料与科学工程学院	1	1	2
工程技术研究院	6	2	8
机械工程学院	5	5	10
能源与环境工程学院	4	4	8
土木与资源工程学院	3	2	5
新材料技术研究院	2	4	6
钢铁冶金新技术国家重点实验室	2	5	7
冶金与生态工程学院	1	2	3
自动化学院	6	4	10
科技史与文化遗产研究院	0	1	1
总计	30	30	60

确定以上原则后，高等工程师学院向以上本科生导师提供单位发放了《高等工程师学院本科生导师考核通知》、考核名单以及优秀导师分配方案。并在学院内部组织 2017 级、2018 级学生给导师打分。综合学院反馈的导师自评分数、导师其他考核参考资料及学生评分情况，得到最终的考核结果。

四、问题与建议

（一）分专业后导师调整工作

因高等工程师学院以工科试验班形式招生，大一新生没有专业，目前导师与学生之间为随机匹配。学生在大一下学期分专业之后，面临大范围的导师调整。例如高工学院 2018 级本科生 152 人，在分专业后需要调整的导师数为 111 人，涉及 11 个单位。根据相关学院的反馈，教师在第一年刚刚接触熟悉学生，做的导师计划还没有来得及开展，就要面临学生因分专业后要换能够指导毕设的导师，对于导师和学生来讲是指导和被指导关系的刚刚建立就中断，对各单位本科生导师的工作人员来讲，是巨大的工作量。其他学院大类招生也有类似的问题。大类招生学生的导师安排和导师调换工作有必要进一步研究优化。

（二）考核标准需进一步探讨

因为高等工程师学院本科生导师由全校十余个教学科研单位提供，在此次考核中，学生评分由高等工程师学院内部组织开展，较为顺利。主要问题集中在教师自评及资料收集的不统一。

高等工程师学院协调各单位提供教师自评分数（包括是否推荐优秀导师），以及提供导师指导手册记录照片或复印件。在实际反馈结果中，由于各个学院的考核方式不同，规定的考核资料也各不相同。为了有利于工作的开展，采用与各单位考核方式相协调的方式进行，不同单位提供不同的相关资料。最终教师自评部分收到的不同单位资料分别为：（1）导师手册内容照片或复印件；（2）参考教师所属单位考核表；（3）导师个人总结。部分单位考核过程不涉及导师自评，没有导师自评资料。关于导师自评分，除了一个单位没有导师自评分外，其余单位均提供了导师自评分。在是否推荐优秀导师环节，部分单位反馈了优秀导师推荐名单，其他单位将优秀导师评价交由高等工程师学院按照综合评分排名产生。

综上，高工学院在考核过程中，主要参考项为：学生评分，其中包括学业、学术及规划指导情况、思想引导情况、成绩提升情况和交流指导情况四部分；导师自评分数，没有导师自评分数者，则相应比例由学生评分代替；学院评分，主要为学生是否参加了教师指导的科研项目，并参考导师自评资料。最后综合得到最终评价。并根据学院是否推荐优秀导师（结合学生评分情况）以及综合排名情况得到最终优秀导师名单。

高等工程师学院今后的本科生导师考核工作需要根据此次工作的经验进一步探讨适合实际情况的考核标准和考核方式。

2019 ~ 2020 学年本科生导师工作学院总结

土木与资源工程学院 2019 ~ 2020 学年本科生导师工作总结

推进“一流本科教育”建设需要深化人才培养模式改革，本科生导师制的核心内容是指导学生学业成长、培养学生创新能力，全面实施本科生导师制对开创人才培养工作新局面，促进人才培养质量进一步提高意义深远。

2019 ~ 2020 学年是我校落实本科生导师制的第二个年头。在第一年的实践经验基础上，本学年学院进一步落实《土木与资源工程学院本科生双导师工作条例》《土木与资源工程学院本科生全程导师制实施方案》《土木与资源工程学院本科生全程导师制考核办法》，在执行中对文件进行细化，强调精英化的教育教学理念，全程化的教育引领进程，立体化的人才培养举措，梯队化的科研创新团队，个性化的导师人文关怀和定制化的实践创新训练。

2019 ~ 2020 学年的导师制工作经受住了“新冠”疫情挑战。2020 年年初，新型冠状病毒肆虐全球，出于防疫防控的考虑，全国高校 2019 ~ 2020 学年的春季学期都采取了在线授课。学院在做好本科在线教学工作的同时，创新工作方法，积极开展导师制工作，做好专业教育。导师们通过邮件、微信等在线交流方式，积极针对专业选择、考研、就业、出国深造等不同目的为学生出谋划策，受到学生和家长的欢迎。不仅如此，导师们在疫情期间开展政治教育，让学生进一步增强爱国爱党爱人民的意识。

一、明确本科生导师的工作职责

土资学院自 2018 年实施本科生导师制以来，从班导师到全程导师，经历了探索学习、调研动员、文件落实，推动导师制稳步进行。在组织协调方面，为全程导师的工作提供全面支持，形成了班导师、全程导师、小班主任、辅导员的多维度联动机制，经过一年多的探索，明确了本科生导师的工作职责，完善了导师制的选聘及考核工作。

学院树立“全员育人”理念，全程导师基本实现了有资格教师全员覆盖，本科生导师制遵循以个别指导为主，个别指导与集体指导相结合的工作原则，当面指导与微信、微信群、邮件、电话、短信等相结合的方式进行，就学生的共性问题召集学生共同研究，探讨解决问题的办法和途径，个别问题给予个性化指导。

每学期开学初和结束前各召开一次指导学生全体成员会，进行专业学习讲评和总结。指导和个别指导相结合的工作方式，导师每月与所指导的学生进行个别谈心，每月深入学生宿舍、实习实训场所，走进学生心灵、深入了解学生需求。本科生导师根据学生的自身特点和专业要求，制订相应的指导计划，撰写导师工作日志《本科生导师工作手册》，真实记录指导活动，并按学期撰写工作总结，查找不足，总结提高，以便提升指导工作成效。在指导工作中，本科生导师要与辅导员及时沟通，相互配合，将学生中突出的思想情况及时向学院领导反映，并提出工作建议，导师、辅导员、学院领导等多管齐下形成育人合力，共同促进学生健康成长成才。

在考核方面，学院对考核合格以上者，核发导师津贴，对于敷衍学生、不配合学院有关工作的不称职的教师，学院也将暂停其导师资格一年，并要求提供整改方案。导师考核优秀者在职称评审时，同等条件下有优先推荐权。学院每年开展一次优秀导师评选活动，对工作表现突出的导师给予表彰和奖励。学院鼓励全程导师将本科生纳入科研梯队，指导学生创新创业训练项目，深度挖掘学生潜能，实践因材施教的精英教育理念，所指导的学生在学科和技能竞赛等重大赛事比赛中获奖时，学校对本科生导师予以表彰和奖励，充分体现对导师工作成效的肯定与尊重。

二、探索“本科生导师”团队工作模式

在做好本科生导师“规定动作”的同时，学院导师还创新工作方法，通过本科生导师团队的方式，整合导师优势，给予学生全方位的指导。资源工程系金爱兵、赵怡晴、孙浩三位组成本科生导师团队，三位老师根据自己的特色在本科生指导中发挥不同作用。金老师主要负责引导本科生进入科学研究，在学生申请科技创新项目，指导学生撰写和发表科技论文中发挥重要作用。赵老师主要负责督促科技创新项目常态化进行，在科技创新项目转化为采矿大赛成果中发挥重要作用。孙老师与同学们年龄相仿，一方面起到了知心大哥哥的作用，另一方面也是学生们参与活动的技术指导。疫情期间，该团队通过每周周报以及网络科技创新项目答辩的形式对本科生进行了指导。在这一年的指导中，依托科技创新项目本团队以学生组长为第一作者，团队老师和学生共同参与发表 EI 论文一篇。同时依托科技创新项目获得采矿工程大赛一等奖 3 个，二等奖 1 个。

此外，本科生导师团队还给学生们创造跨越本科和研究生的交流活动，包括每周邀请高年级本科生参加研究生组会，包括每年秋季的本研团建活动。到了年底还组织全部的本科生进行辞旧迎新活动，给所有同学准备新年礼物，规划新的一年的团队和个人的计划。

三、做好疫情期间的“导师制”

2020 年 3 月 5 日晚 8:30～9:20，参与了火神山、雷神山医院排风设计的土木工程系许镇老师组织了一次腾讯会议，主题是分享抗疫医院排风环境污染快速分析的联合科技攻关项目，目的是激发学生的兴趣，传播装配式等先进建设理念。“讲述的内容由浅至深，从直观建设视频到 BIM、装配式技术细节，以满足不同年级专业差距。事实上，无论是高年级或低年级的学生，与实际工程都接触较少，所以侧重实际建设的细节对不同年级都有用。”许镇老师表示，疫情对社会是一种灾难，但对于学生而言，更像是一块试金石。期间，自律、努力的同学可以学到更多的知识，做出更多的成果；懒散、无目标的同学可能就在等待疫情结束的过程中耽误了时间。所以，希望同学们在这段特殊时期更能够只争朝夕，不负韶华！

以上是学院全程导师在疫情期间做好专业教育的一个缩影。2019～2020 学年的春季学期，全程导师虽不能和学生面对面交流，但是他们通过增加视频会议频次、丰富会议内容，以给学生更多有针对性的、个性化的教育和指导，帮助学生答疑解惑，以其人格魅力、学术涵养等影响塑造学生。

尽管因为疫情全程导师和学生不能返校见面，但是导师们对学生的指导不能间断，像大多数老师一样，安全系李铁老师及时转发学校和系里的文件和通知，不断转发相关的防疫知识、软件，指导他们防疫。李铁老师反复强调没有学校通知，不得擅自返校，截至目前没有一名学生返校。

寒假期间，随着疫情的发展，李铁老师第一时间编制情况调查表，于 1 月 30 日发给全程学生，以了解他们的动态。

在得知一名学生在与武汉同学聚会后出现发热征兆后，李铁老师及时将调查情况报告给安全系书记，并对这位同学进行重点关注，指导他及时就诊，跟踪进行心理安慰。1 月 31 日反馈经过化验和治疗，确诊不是新冠肺炎，并已退烧。李铁老师表示，“希望同学们都平平安安，安全第一!”

四、以人为本，本科生导师育人成效明显

土资学院在推进“三全育人”过程中经过本科生导师制两年多以来，对提高大学生的学习成绩、增强实践能力、提升科研水平以及获得各种学科和技能竞赛等获奖方面有较大影响。从 2019 年末的学校 SRTP 项目立项来看，学院 2020 年批次的本科生创新项目立项数达到了近 90 项，是 2019 年批次项目的两倍多。开展情况虽然受到了学生不能返校的影响，但是也比往年有所提升。但是，受疫情影响，2019～2020 学年的社会上的学科竞赛等实践活动普遍推迟，数据与往年不具可比性。

学生的满意度是本科生导师育人最好的成绩单。已经保研的土木专业 2017 级学生马世纪表示，从日常小会到专业答疑，再到提供项目锻炼机会、学业规划，其导师乔兰老师给他提供了很多的帮助。

“在二月份的一天，我收到了来自赵老师的惊喜零食大礼包，外公外婆和爸爸妈妈都感慨我跟了一个关心学生的好老师，并教导我：‘要好好学习感谢老师的这份用心。’”疫情期间，资源系赵怡晴老师在第一时间向身处武汉的学生发来微信关心，并在之后一直与她保持联系，询问她的生活学习情况，与她分享趣事。“在这一来一往的信息中，我对疫情的担忧恐惧也逐渐减轻。”这是学生最真实的感触。

“在刚开学时候，由于我没有录取到自己喜欢的专业，再加上我对安全工程专业的一些误解，导致我对专业产生了很大的抵触情绪，整天学习也不在状态。直到后来学校实行本科生导师制制度，使我成为了张英华老师的学生，在第一次见面会上，和张老师的交谈中我第一次真正系统全面地了解了我们专业，这也打消了许多之前的误解，同时张老师也为我介绍了许多优秀的学长学姐，在他们身上，我再次找寻到了自己的热爱!”安全专业 2019 级学生认为张英华老师不仅仅在学习发展上对他产生了很大的影响，在生活上也是对他也有着无微不至的关怀。

推行本科生全程导师制，是构建新型师生关系的新探索，是促进学业教育与思想教育、课堂教学与课外教育相结合，培养学生全面发展、健康成长成才的重要途径，是辅导员开展学生管理工作的有益补充，是促进学生知识、品德协调发展，创新人才培养机制的实践，年长、学位高、职称高、职位高且富有责任心的本科生导师在一定程度上更有利于促进大学生的健康成长并能取得的较好的成绩；实践中还存在着诸如“注重科研成果的评价体系使教师对本科生导师制的热情不高”“如何充分调动本科生导师的积极性”“如何

处理本科生导师的教学科研压力与指导学生之间的矛盾”“如何加强实践教学环节导师指导激励力度”等问题，还需要在实践中不断探索、总结、升华，进一步完善多元分层的本科生导师制度，共同助力学生健康成长成才。

冶金与生态工程学院 2019～2020 学年本科生导师工作总结

为落实杨仁树校长从“六个方面”对本科生全程导师制工作开展做的部署，学院于 2018 年首次实行本科生导师制，并在 2018～2019 年对 2017～2019 级学生全部安排本科生导师，在过去一年本科生导师制的实施过程中，在帮助学生树立学习目标，夯实基础知识，明确专业追求方面卓有成效。为进一步落实本科生导师制实施，总结既往经验，完善对策举措，根据学校《北京科技大学本科生导师制实施办法（试行)》（校发〔2018〕95 号）（附件 1）文件精神，冶金与生态工程学院进一步召开了 2019～2020 学年本科生导师制总结研讨会，院班子成员、多位本科生导师代表、本科生班导师、班级辅导员参加了会议并做了工作经验交流和总结。现就以下几个方面进行总结：

一、深化本科生导师制实施，加强管理

学院按照数量均衡、合理搭配的原则，按照正高级指导学生大于副高级、副高级指导学生大于中级的原则，在新生入学三周后，为每一位学生安排导师，并进行宣传培训工作，深化导师工作职责，要求本科生导师要多跟学生交流，着重跟学生传递理念，多方面跟学生交流，包括生活、情感、学习、科研、未来发展等方方面面的问题都可以跟学生交流。在同学们最迷茫的时候，给予同学们最需要的指导和支持。制定冶金与生态工程学院“关于本科生导师年度考核的实施办法”，并对学生进行问卷调查“冶金与生态工程学院本科生导师评价问卷”，对本科生导师制实施进行管理。

二、深入了解学生，重视方式方法

当今时代发展迅速，要注意多方面了解学生，真切地知道学生的想法。开展师生座谈会，以自身的学习生活经历为例子，和学生探讨如何过一个丰富多彩、有意义的大学生活，从思想上对学生的发展进行把控引导，提供帮助，尊重学生想法，“心中有爱，手拿教鞭”。安排开展本科生与研究生的经验交流会，通过以“硕”带“本”的模式，让研究生做到在生活、学习、思想等方面对本科生的引导帮助。鼓励同学们读万卷书行万里路，在条件允许的情况下多进行文化交流来开阔眼界，如果有机会就去接触其他国家的文化（可以和我们学校的国际班的同学们进行交流学习，了解外国文化的同时还能提高外语能力)，争取在国际化的交流平台中展示自我。分阶段要求学生们主动联系自己，和学生共同制订学业安排及阶段性计划，涉猎不同领域的知识，以塑造全能型人才，并且将多领域的学习思维去交叉服务于自己最擅长最感兴趣的专业。

三、明确工作目标，个性化培养

明确本科生导师对自己的工作目标，要求本科生导师对学生进行专业教育，引导学生深入体会专业价值和意义，从科学精神、学业发展、职业规划、意志品质等方面对本

科生进行贯穿四年的全方位的指导，起到立德树人、学业指导、学术指导、规划指导等方面的作用，围绕学生的学业、创新创业、考研就业等方面对学生开展个性化指导，促进教研融合、师生相长，整体提升人才培养质量，并以此为“双一流”建设和学校的事业发展贡献力量。以提升学生培养质量为目标，对学生多加鼓励，注意引导学生思维多元化，努力促进学生健康成长，理解学生不同想法，同时注意多样化培养，引导学生进行多方面发展。引导学生接触学科前沿，可以进入课题组参与科研，进行比如 SRTP 项目，通过给学生介绍现代冶金生产、企业发展使学生对未来发展建立认识，以促进个性化多样培养。

导师不再是博士和硕士的“专利”，对于本科生来说，采用导师制模式可以让学生在与高学历、高年级学生的交流中更好地开阔眼界，制订今后学业规划，为进一步深造早做相应准备。过去一年，本科生导师制实施取得了比较满意的成绩，也存在相应的问题，比如在评价体系仍有待加强、转专业或学生毕业设计安排、学生主动性激发不够等方面，在学院下一步的班导师工作安排中要逐一解决存在的问题，在学校和学院的领导下，相信冶金学院的本科生导师工作会越来越好！

材料科学与工程学院 2019～2020 学年本科生导师工作总结

为贯彻落实全国教育大会、全国高校思想政治工作会议精神和党的十九大关于加强师德师风建设的要求，全面贯彻党的教育方针，遵循以人为本教育理念，充分发挥教师在人才培养过程中的重要作用，材料科学与工程学院自 2014 年实施本科生导师制，不断开拓进取，认真总结导师制实施的经验并发现问题，将导师制工作不断推向前进。

一、整合导师资源，丰富导师资源库

2017 年，充分发挥材料学科优势，除材料学院外，还吸纳来自新金属材料国家重点实验室、新材料院技术研究院的共 47 个研究室的 150 位老师，担任 405 位 2017 级本科生的导师。2018 年，新加入国家材料服役安全科学中心、工程技术研究院和钢铁共性协同创新中心的导师资源，进一步扩大导师阵容，导师数量增加至 2020 年的 237 位，研究室也增加至 53 个，对学生的指导会更加全面细致，学生对导师的选择也更加广泛。

二、构建学生自选导师制度

比照“研究生导师”的选择方式，建立“学生自选导师”制度，赋予学生极大的自主权。通过迎新网，展示导师的研究方向、科研成果等内容，由学生在网上填报志愿，学院根据志愿填报情况进行调配。

三、搭建师生交流平台和机制

2020 级新生开学初举行开学典礼暨导师制聘任仪式，为导师颁发聘书，为学生颁发导师联系卡，增强教师对导师工作的重视度、责任感和仪式感；探索形成导师与学生交流的频次、形式、内容等教育机制，初步建立了师生之间沟通的长效平台。

四、建立科学的导师制运行和考核机制

根据学校相关文件精神，出台《材料科学与工程学科本科生导师制实施方案》。细化过程管理，要求学生定期与导师联系、交流，并在学期末检查学生“本科生导师指导记录”填写情况，推进导师制落到实处。建立导师制考评激励机制，制定《材料学科导师制考核办法》。

五、多角度构建交流平台

导师制是“师”和“生”交流的桥梁，为促使师生相互沟通、彼此了解、相互信任，学院每年开学初举行开学典礼暨导师制聘任仪式，为导师颁发聘书。为学生颁发导师的联系方式，建立师生之间沟通的平台，用“仪式感”增强导师责任心，学生主动性。探索形成导师与学生交流的频次、形式、内容等教育机制，初步建立了师生之间沟通的长效平台。

六、建立良好的导师制分析和反馈机制

每年举办导师制实施情况调研，从导师和学生两个维度对导师制实施情况进行调研和分析，收集师生意愿和困惑，每年召开一次导师制工作反馈会，将导师制实施、导师考核情况与各单位、系所进行交流反馈，通过各单位、系所负责人能够对导师群体进行工作要求和规范，同时通过学生工作队伍将学生情况进行反馈，加强对学生的指导和管理。每年定期举行导师制工作会进行工作研讨和经验分享，对工作实施过程中的问题进行集中解决，修订和完善《材料学科导师制实施方案》《导师制考核办法》等制度文件，邀请优秀导师进行经验分享和交流，对导师群体起到模范引领作用，同时邀请学生代表就导师制实施谈感想和需求。

机械工程学院 2019 ~ 2020 学年本科生导师工作总结

为贯彻落实全国教育大会、全国高校思想教育政治工作会议精神和党的十九大关于加强师德师风建设的要求，深化本科人才培养模式，提升本科人才教育质量，在《北京科技大学本科生导师制实施办法（试行)》（校发〔2018〕95 号）的指导下，我院制定《机械工程学院本科生导师制实施办法（试行)》（机发〔2019〕11 号）和《机械工程学院本科生导师制考核细则（试行)》（机发〔2019〕12 号），并继续探索实施本科生全程导师制。根据《关于做好 2019 ~ 2020 学年度本科生导师工作总结的通知》（教通知〔2020〕124 号）相关要求，我院于 2020 年 9 月至 10 月进行了 2019 ~ 2020 学年本科生导师工作总结。通过这一学年的工作探索，学院充分落实导师制，发挥教师在人才培养过程中的重要作用，也构建了一种新型的师生关系，帮助大学生健康成长。主要工作总结如下：

一、导师制分配情况

（1）本年度我院本科生导师制覆盖 2017 ~ 2019 级全体本科生，共计 1421 人，其中 2017 级 460 人（含高等工程师学院 25 人）、2018 级 483 人（含高等工程师学院 34 人）、

2019 级 478 人（含高等工程师学院 30 人），包括有“机械工程”“物流工程”“车辆工程”“工业设计”“视觉传达设计”专业。

（2）对于全程导师，我院共聘任本科生导师 137 人，其中教授及研究员 39 人、副教授及副研究员 61 人、讲师及助理研究员 37 人，涵盖学院 8 个系所和中心的教师，同时邀请工程技术研究院、材料服役科学安全中心、钢铁协同创新中心的专业教师参与指导。我院强大的导师团队，为导师制落实提供了良好的保障。

二、导师落实情况

（1）依托政策指引和学校工作部署，积极听取多方意见，切实保障导师制落实。

1）本年度我院根据《北京科技大学本科生导师制实施办法（试行）》（校发〔2018〕95 号）、《机械工程学院本科生导师制实施办法（试行）》（机发〔2019〕11 号）和《机械工程学院本科生导师制考核细则（试行）》（机发〔2019〕12 号）和学校相关部署，切实保障导师制落实。

2）学院通过辅导员访谈、导师意见征求会，经验分享会等，听取老师们和学生们的心声与反馈，保障导师制工作的顺利开展，确保搭建“3+3”的服务模式，确认“三阶段三目标”的工作思路，并结合学院和学生具体情况，确保学生获得指导和发展机会。

（2）独立研发本科生导师管理系统，信息化保障导师制全程可控。

1）本年度我院独立研发了机械工程学院本科生导师管理系统（见图 1），通过该系统实现全员育人、全程育人、全方位育人，将本科生导师制的全程指导、全员覆盖与信息化相结合。

图 1　机械工程学院本科生导师管理系统

2）学生可在系统查看可选导师情况，包括导师基本信息、专业、研究方向等，在对导师和专业有充分了解的情况下做出选择，更早地涉猎专业领域。学生在大二专业分流前即可选择感兴趣的研究方向来选择对应的全程导师。

3）学生与导师也可通过系统实时沟通或留言，通过信息化系统全面打通学生与导师的沟通路径，探讨开展个性化指导，为学生后续参与科研、就读研究生打下坚实基础，有助于人才的保留。

4）学生可通过系统对指导老师进行评价，并反馈指导过程中遇到的困难和真实感受，以便教师和学院更好的开展后续指导工作。

（3）在疫情期间保证线上指导，完善运行模式和制度保障，助力学生个性化成长。

1）成立本科生导师制线上工作小组，完善已有的导师工作细则和考核激励办法，确保疫情期间线上本科生全程导师制顺畅进行，落实全员全程全方位育人。疫情期间保证与学生的密切联系，实现导师与学生一对一互动，通过微信、腾讯会议等线上软件实时沟通，帮助本科生实现个人能力的提升。

2）疫情期间注重个性化的导师人文关怀，注重学生心理建设，通过线上沟通掌握学生心理动态，缓解学生因疫情造成的负面情绪，确保学生心理健康成长。疫情期间定期组织导师进行线上交流会，鼓励教师分享疫情期间的育人经验，以进一步重塑教师在人才培养中的多重角色。

3）疫情期间注重学生差异化需求，因材施教，根据老师和学生的反馈进一步改善本科生全程导师制的实践效果，进一步实现教书育人理念与教师教学实践的融合。

（4）细化指导内容，丰富指导形式，寻求学生多维发展，师生共求突破。

1）在导师工作职责的基础上我院教师积极落实，受新冠肺炎疫情影响学生未能返校上课，教师在家通过网络进行云教学。机制系唐英老师从生活、学习到思想，努力履职尽责关爱学生。在疫情期间通过线上方式转达学习和学院有关疫情的各种通知要求，了解学生在家生活和防疫情况，督促同学们积极适应和参加网课学习，掌握学习动态并鼓励争取优异成绩等。

2）导师通过深入了解学生情况，帮助学生多维发展，进行针对性指导。机电系肖会芳老师制作学生个人信息收集表的情况，此举方便了导师全面了解学生个人情况，同时学生们也表达出了希望导师能辅导其制订大学奋斗目标的愿望，有助于导师对学生进行针对性辅导。

3）积极探索指导模式的创新与实践，利用现有资源帮助学生快速成长。导师们定期举办讲座，使“高帮低”的模式进一步完善，通过优秀高年级学生分享经验给予低年级学生指导。机制系王津老师采用问题导向引导学生自主思考，激发学生兴趣，解决学生的需求，指导效果显著。工设系郭馨蔚老师以线上例会的形式召集大家思想碰撞。在课题调研的过程中，引导学生深入民生，有效利用当地资源，并结合当地居民的生活习惯思考设计问题。以课题为媒介的沟通，不但降低了学生因疫情没有返校的距离感，同时通过思考、调研和分享的例会，互通有无，实现专业知识与专业技能资源互补，竭力发挥视觉传达设计和工业设计学科交叉的特性。

三、优化考核制度

（1）本年度我院独立研发了机械工程学院本科生导师管理系统，通过该系统实现线上导师考核，沿用《北京科技大学机械工程学院本科生导师制考核细则（试行）》（机发〔2019〕12号），用分值量化的方式进行衡量，分为基本评价和业绩加分两项，分别由学生、系所考核小组进行打分（见图2）。

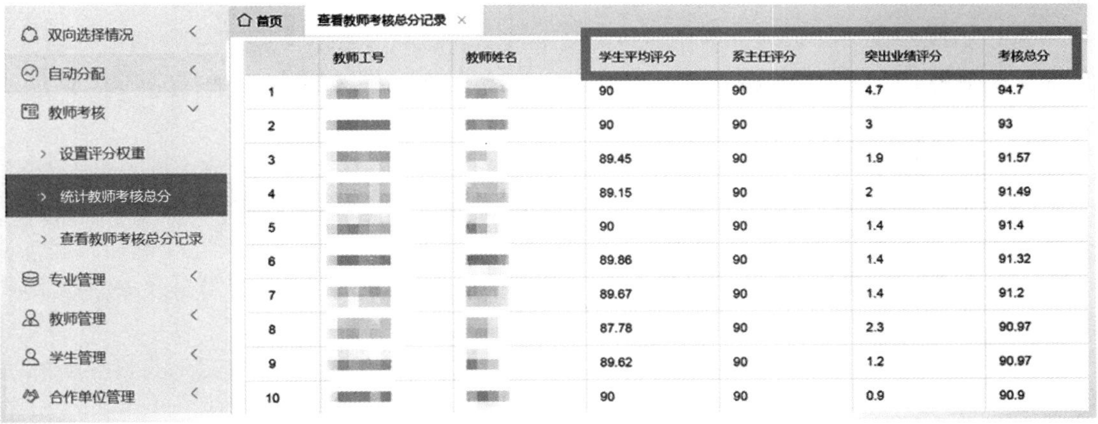

	教师工号	教师姓名	学生平均评分	系主任评分	突出业绩评分	考核总分
1	[illegible]	[illegible]	90	90	4.7	94.7
2	[illegible]	[illegible]	90	90	3	93
3	[illegible]	[illegible]	89.45	90	1.9	91.57
4	[illegible]	[illegible]	89.15	90	2	91.49
5	[illegible]	[illegible]	90	90	1.4	91.4
6	[illegible]	[illegible]	89.86	90	1.4	91.32
7	[illegible]	[illegible]	89.67	90	1.4	91.2
8	[illegible]	[illegible]	87.78	90	2.3	90.97
9	[illegible]	[illegible]	89.62	90	1.2	90.97
10	[illegible]	[illegible]	90	90	0.9	90.9

图 2　机械工程学院本科生导师管理系统教师考核界面

（2）学生评价表分为了立德树人、基础工作、学业指导、规划指导 4 个大项，并涵盖 12 小项，使学生从不同维度反应老师指导的情况与效果，以便学院整合后统一反馈，并改进导师制的实践价值（见图 3）。

本科生导师学年工作学生评价表

学生姓名		班级		学号		导师姓名		
一级指标	二级指标			优	良	中	及格	差
立德树人	导师的敬业精神、专业态度							
	履行工作职责的情况							
基础工作	每学期指导次数不少于 4 次							
	指导内容符合学生发展现状							
	导师与学生关系融洽和谐							
学业指导	根据学生差异性制定学习计划							
	学习计划目标明确、详实可行							
	为学生提供参与学术、科创等活动机会							
	对学生提出的学业、专业困惑进行指导							
规划指导	指导学生进行考研、出国等学业规划							
	指导学生进行就业、创业等职业规划							
	指导学生参与毕业设计 、SRTP 等活动的规划							
总评								
学生建议及问题反馈								

图 3　机械工程学院本科生导师学年工作学生评价表

（3）我院本科生导师考核采用更加人性化的综合评价办法，将评价结果分为优、良、中、及格、差五个等级，希望师生对本科生导师制的落实情况能有整体认知，继续寻找差距，追求进步。

（4）本次考核中，学院每位导师均提交个人自评报告，结合学生对导师的评价情况，综合考核结果137位导师均通过考核，其中考核结果28名导师优秀，109名导师称职。

四、存在问题及改进措施

（1）个别导师对于本科生导师的职责与定位存在模糊认识，针对该情况由学院和系所进行单独谈话，帮助其更好地开展本科生导师工作。

（2）少数学生存在不配合导师的情况，不积极参与沟通交流，针对该情况会联合学工系统辅导员、班主任多方建立实时沟通机制，保证指导工作的顺畅。

（3）本科生导师管理系统会根据教师和学生使用反馈进一步完善功能，助力本科生导师制带来更好的实践效果。

能源与环境工程学院2019～2020学年本科生导师工作总结

为了贯彻落实三全育人，完善全过程育人，在《北京科技大学本科生导师制实施办法（试行）》（校发〔2018〕95号）（附件1）文件精神指导下，能源与环境工程学院对2017级、2018级和2019级本科生实行了全程导师制。学院制定了《北京科技大学能源与环境工程学院本科生导师制实施办法（试行）》（能发〔2018〕18号），通过建章立制，对导师制工作进行规范，明确了导师职责和工作考核办法。在过去一年的实践中，学院充分落实导师制，发挥教师在人才培养中的重要作用，以全程导师制为新支点，进一步提升学院本科生培养质量。具体工作总结如下：

一、导师制总体情况

2019～2020学年，学院共计选派75位老师担任2017级、2018级和2019级共计718名（另有指导高等工程师学院55人）本科生的全程导师，其中教授30人，副教授37人，讲师8人。严格按照文件要求，对中级以下职称教师及入校工作不满一年教师不独立承担指导工作，只作为副导师参加导师组。

二、导师制执行情况

全程导师制实施以来学院高度重视，老师们也充分配合，目前已经形成了以导师为主导，研究生辅导本科生、高年级本科生辅导低年级本科生的纵向链式学习科研团队，充分发挥教师在本科生人才培养中的作用，全面提高人才培养质量。

通过对学生的调研，学院的本科生师在立德树人方面，能够以专业的态度和敬业的精神履行本科生导师工作职责；在学业指导和帮扶方面，能否有效引导学生进行表达和探讨，根据学生差异和学习阶段性特征为学生制订计划；在学生引航方面，为学生提供有利的实验和学术条件，提供指导和帮助，鼓励学生参与各项创新活动和竞赛；在规划指导方面，能够为学生的学业发展和生涯规划开阔视野，根据不同学生情况，为学生的未来方向选择（读研、出国、工作等）提供指导。在特殊的疫情期间，老师们还关注学生疫情防控和心理疏导，鼓励学生积极乐观面对疫情，听从学校疫情防控指挥，虽然不能返校，也要重视学业，珍惜大学时光。

为了及时发现导师制工作开展过程中的问题及不足，总结宣传优秀导师事迹并分享经验，学院各系所组织了导师制工作研讨会，听取师生意见和建议，学院邀请优秀导师代表在全院大会中分享导师工作经验体会，并就共性问题进行讨论。教师们在导师制工作中反馈的主要问题如下：

（1）学生被动、不积极的情况：一方面，大一学生刚来到大学还不适应，不了解本科生导师，存在交流不通畅的情况；另一方面，部分学业困难学生，存在学生难见、工作难做、沟通困难的情况。

（2）对本科生导师的考核问题：在评优中应该倾向于指导学生人数多的老师，同事考核中也要考虑学生的培养质量。

（3）大一学生专业分流以后的导师调整：2019 级是第一批能源类大类招生本科生，在大一结束后要进行一分四（能源大类分为能源与动力工程、新能源科学工程、环境工程、环境科学 4 个专业）的专业分流，需要重新调整本科生导师，学生和导师有了一年的交流，已经有了沟通基础，希望能够在导师和学生专业匹配的情况下尽量减少调整，做到分配合理。

（4）建议交流方式多样化，有正式的团体交流，也有午饭时间放松的闲聊；有线下的围坐交流，也有线上微信、QQ、腾讯会议等网络会谈。

三、导师制考核情况

学院成立了“能环学院全程导师制工作领导小组”，征集、讨论、出台了学院的导师制工作考核办法：《北京科技大学能源与环境工程学院本科生导师考核细则（试行）》（能发〔2018〕19 号）。考核采用分值量化的方式计算，分为基本评价和业绩加分：

综合评价=基本评价+业绩加分/所带人数

基本评价由学生评价、单位考核两部分构成，权重分别为 50%。单位考核由导师所在党支部根据教师自评、工作手册、学生评价和平时工作情况确定。业绩加分指导师立德树人工作取得实效，所指导的本科生在理想信念、专业学习和创新创业等方面全面发展和健康成长。每学年考核一次，考核结果分为“优秀”“称职”“不称职”三个等级，“优秀”比例不大于 20%。根据针对 2019～2020 学年的导师工作，经过学生测评、导师自评、支部评价汇总，学院选派的 75 位导师工作均获认可，其中 16 位导师评定为优秀。学院将在 11 月份召开的全院教师大会上，对优秀导师进行表彰，并邀请优秀导师代表进行分享总结。

四、问题及改进措施

（1）对于部分学业困难学生的帮扶存在学生难见、工作难做、沟通困难的情况。除了导师的努力助推之外，还要形成学院、辅导员、班主任的全方位联动帮扶机制：学院及时发现学业困难学生情况，给予前期的提醒和警示；相关情况及时告知辅导员、班主任和导师，及时予以关注、帮助及鼓励；通过多方位的联动，一起助推解决学业困难学生问题。

（2）大一专业分流以后导师的调整问题。根据 2019 级能源类专业分流情况，学院初步有了关于专业分流后全程导师调整的“三原则”工作方案：1）“少调整”：分流后专业与导师专业相符的不做调整，只调整专业不相符的导师；2）“不集中”：根据第一学年综合成绩，学业困难学生以及民族生不能集中；3）“要均衡”：各专业根据学生人数设置排位阈值，每位老师带学生的平均排名要在阈值之内。

自动化学院 2019～2020 学年本科生全程导师工作研讨会总结

学校实施本科生导师制以来，自动化学院高度重视，严格按照《北京科技大学本科生导师制实施办法（试行）》（校发〔2018〕95 号）要求开展本科生导师工作。贯彻落实全国教育大会、全国高校思想政治工作会议精神和党的十九大关于加强师德师风建设的要求，全面贯彻党的教育方针，遵循以人为本教育理念，充分发挥教师在人才培养过程中的重要作用，促进学生全面发展和健康成长，培养高素质创新人才，全面提高人才培养质量。

为进一步完善学院选聘、实施、考核等方案，加强本科生全程导师与班主任、辅导员之间的协同联动机制，形成具有学院特色的本科生全程导师制培养体系，11 月 19 日，学院召开了本科生导师制工作总结研讨会，参会人员由教学副院长李希胜、各系所教师代表、各年级辅导员、研究生代表、本科生代表组成。

首先，教学副院长李希胜强调了遵循以人为本教育理念，充分发挥导师在人才培养过程中的重要作用，促进学生全面发展和健康成长，全面提高学生培养质量。

随后，各系所教师代表、辅导员代表、学生代表从不同角度进行总结并探讨了全程导师制工作情况。

目前存在的问题：(1) 部分教师对于本科生导师制的考核不太了解；(2) 学院的信息化管理系统目前还不完善，希望能尽快完善，方便导师能够及时了解学生情况，有针对性地指导；(3) 学校、学院相关的培训比较少；(4) 导师的教学与科研工作压力大，“生多师少”是面临的现实问题。

本科生全程导师制实施中建议：(1) 不同年级、不同特点学生针对性培养：对 1～2 年级学生主要关注学习过程，培养良好的学习习惯和学习方法；对 3～4 年级学生指导 SRTP 项目等，增强学生的创新意识和实践能力，并主动了解国内外考研及就业动向，在学生个人发展等方面提供咨询意见。(2) 希望加强对全程导师工作的指导与培训。包括提供类似工作大纲性质的资料，给出较规范的工作内容，以及心理疏导等方面的专业培训。(3) 针对目前学生多管理效率低的问题，建议采取更加灵活的管理制度。例如，高年级带低年级的方式，适当组织不同年级的学生一起开会，增加彼此的交流机会。另外，建议每个年级选一个队长，方便学生管理。(4) 针对本科毕设导师的问题，首先考虑学生的志愿，同等条件下，导师优先带自己的学生。

学院目前已经建立了一套考核评价方案（院教发〔2018〕4 号《自动化学院本科生导师制考核办法》），也将本科生导师制纳入年度考核的文件中，从而保障导师制的顺利进行。

此外，学院创建了“学子学风系统：学生信息化管理平台”，每位导师可以看到自己本科生的个人信息，方便了解学生各方面的情况，有针对性地培养。

总体来看，在 2019～2020 学年里，自动化学院 2019～2020 学年没有学业警示的学生，说明本科生导师的投入有显著效果。在今后的工作中，导师要继续充分发挥导师在立德树人、学业指导、学术指导、规划指导等方面的作用。建立以导师为主导，研究生辅导本科生、高年级本科生帮助低年级本科生的纵向链式学习科研团队，围绕学生的学业、创新创业、考研就业等开展个性化指导，引导本科生早进实验室，促进教研融合、师生相长，整体提升人才培养质量。

数理学院2019～2020学年本科生导师工作总结

2017年2月27日，中共中央和国务院提出了坚持“三全育人”的要求，对指导我国当前的高等教育发展具有重要的意义。2018年10月，教育部公布全国首批“三全育人”综合改革试点单位名单，北京科技大学入选十所试点高校之一。通过开展“三全育人”综合改革试点工作，对本科教育提出了更高的具体的要求。为响应中央号召，深入推进全员全过程全方位育人，培养德智体美劳全面发展的社会主义建设者和接班人，学校于2018年9月出台本科生导师制度相关文件，开始试行本科生导师制度。制度立足遵循以人为本的教育理念，充分发挥教师在人才培养过程中的重要作用，促进学生全面发展和健康成长，培养高素质创新人才，全面提高人才培养质量而制定，要求发挥导师在立德树人、学业指导、学术指导、规划指导等方面的作用；建立以导师为主导，研究生辅导本科生、高年级本科生帮助低年级本科生的纵向链式学习科研团队，围绕学生的学业、创新创业、考研就业等开展个性化指导，引导本科生早进实验室，促进教研融合、师生相长，整体提升人才培养质量。2019年12月，学校出台文件进一步明确了本科生导师、班主任、辅导员的工作职责，本科生导师主要在学业发展指导、发展规划指导、学术科研指导、思想政治教育四方面对学生进行指导。

2019～2020学年数理学院根据学校、学院相关制度，在各个年级积极、稳步地推进本科生导师制工作，整体运行情况良好，现做出如下总结。

一、以制度抓考核，以激励促指导

为更好落实学校各项文件精神，数理学院各级领导高度重视，成立了本科生导师考核工作小组，专门负责本科生导师考核事宜。学院书记张俊燕担任组长，院长陈骏和主管教学副院长刘宇担任副组长，院班子其他成员和各系（所）主任、支部书记担任成员，明确分工，强化落实，各施其责。

制定了相应的本科生导师工作细则和考核方案；根据专业特点为每一位学生配备了本科生导师，其中汇聚了全校尖子生的理科试验班实行在全校范围内选择知名教授担任本科生导师。自2019年开始，学院已经制定并实施了两轮理科试验班与全校范围知名教授的双向选择制度。在考核激励制度方面，学院也制定了明确的3个一级考核指标和18个二级考核指标；一级指标包括三个维度的评价分数：

（1）导师自评分数。其中导师自评分数包括：对于学生整体情况的掌握，与学生联系沟通次数，帮助学生制定科学，合理的学业规划设计，引导学生掌握科学的学习方法，言传身教、为人表率等共六项指标。

（2）学生对导师评价分数。学生对导师评价指标包括：关心爱护学生，注重学生身心成长；对学生进行爱国爱校爱院教育；教师治学严谨，专业理论知识水平高；积极沟通交流，引导学生处理生活、学习、工作等各方面困惑；结合学生自身特点，制定切实可行的学期指导目标；指导学生进行创新训练项目和毕业设计（论文）；指导学生完成职业生涯规划和就业指导等共七项指标。以 2020 年度本科导师考核情况为例，学生对导师评价分数在 90 分上的比例是 82.1%，80～89 分的比例是 7.2%，80 分以下的比例是 10.7%。由此可看出大部分同学对导师的指导比较满意。

（3）学院对导师评价分数。学院对导师的评价指标包括：导师的敬业精神和履行工作职责情况、导师为学生制定的学期指导目标明确可行、导师与学生沟通次数符合学校要求、学院布置的有关导师制的其他工作、指导学生的学年成绩情况等共五项指标。

（4）附加分项。附加分项包括：指导学生发表论文情况、指导学生完成创新创业项目情况、指导学生考取研究生情况、帮助学生落实就业工作单位情况等加分项。通过定量的评价分数对导师进行综合考核，并根据考核结果为本科生导师发放相应的激励津贴，其中考核结果中排名前 20% 津贴的发放额度会有所增加，排名后 20% 津贴发放额度会减少。全面考虑了本科生导师考核评价制度各项指标的合理性与实效性。

二、师生互动相得益彰，特色成果崭露头角

截至 2020 年 8 月，学院为 2017 级、2018 级、2019 级三个年级共计 842 名学生分配了本科生导师，共有 173 名教师担任了本科生导师职责，每个导师平均带 5 名学生，与学生平均沟通次数在 5 次以上；2017～2019 级本科生平均学年挂科率逐级降低（依次为 3.1%、2.6%、1.6%）。在疫情肆虐的 2019～2020 特殊学年里，导师们更加关注学生们的思想、学习、生活情况。每个导师深知自身育人责任，兢兢业业，时刻关注学生的思想情况、学习成绩、保研考研、评奖评优等情况，迫切希望每一位学生都能在大学四年里学习好、生活好，希望自身本科生导师的作用能发挥最大作用。

单艾娴老师指导了两年的本科生于航同学，是黄昆班 2017 级学生，初次见面，他就认定了目标，他非常坚定地说"老师，我想做科研，毕业后保研去中科院半导体所！"他的坚定感染了单老师，单老师鼓励他积极参加各种竞赛和 SRTP 项目，来提升自己的能力。于航同学非常努力，最终获得了第五届全国大学生物理实验竞赛二等奖，2019 年高教社杯全国大学生数学建模竞赛本科组二等奖、北京赛区甲组一等奖，第十届全国大学生数学竞赛（非数学类）三等奖等竞赛奖励和荣誉。

李娜老师按照年级有针对性地帮助学生制订科学、合理的大学生涯规划，对 2018 级学生分流后，引导制订个人专业修习计划，针对 2019 级学生注重引导学生掌握科学的学习方法，督促学生完成课程学习任务。所带的 10 位同学平均加权成绩达到 80 分以上，2017 级中有两位有保研资格，2018 级中 3 位同学加权成绩都在 80 分以上。指导 2018 级学生申请 SRTP 市级项目，建设"北科大数学"公众号，现有关注用户 2835 人，发表了多篇原创文章，完成了数学公共基础课的章节小结和例题详解。

卫宏儒老师指导本科生达 10 人，其中 2019 级赵楚宁、郝正立、郝易飞 3 人，2018 级齐逸容、李田甜、李雨珈、张敏 4 人，2017 级王梓骅、韩超杰、李婕 3 人，同时指导 2016 级信计 1601 班张宇、慕乘两名学生开展毕业论文研究，克服新冠肺炎病毒疫情影响，顺利完成了毕业的各个环节，张宇获得院级优秀毕业论文，推荐张宇保研到中国科学院软件研究所，指导慕乘考取了浙江大学应用数学专业研究生；指导张宇作为组长，参加了

2020 年第五届“天融信杯”密码数学挑战赛，荣获华北赛区二等奖；数学 172 班韩超杰保研到本校；推荐 2017 级信计专业的吴瑞宸保研到中国科学院软件研究所；信计 182 齐逸容获得优秀三好学生，大二综合加权成绩 95.21 分，综合成绩排名：1/78，获得了国家奖学金。

三、交流讨论总结经验，查漏补缺修订完善

学院通过组织召开本科生导师研讨会总结一年来的工作，希望在新学年的工作中能更好地发挥本科生导师的作用。研讨会参会的教师有数理学院教学委员会成员、班主任代表、本科生导师代表、辅导员等。会议从本科生导师选聘、实施和考核等几个方面展开深入讨论，最终形成了对本科生导师从选聘、指导、考核的建议。

1. 关于本科生导师选聘的建议：

（1）在分配本科生导师时，应当征求学生意见，考虑学生的需求，如导师的专业、性别、年龄等因素；

（2）如果学生在考虑到深造保研或者考研等因素需要更换本科生导师，也可以提出更换需求。

2. 关于本科生导师的指导实施建议：

（1）建议辅导员在学期末或者下学期初把学生的成绩通知班主任和本科生导师，这样有利于班主任和本科生导师掌握学生的主要信息，有针对性地进行指导和规划建议；

（2）对于成绩差、在思想上有异常的学生，辅导员、班主任和本科生导师应当齐心协力，协同联动指导，加强育人效果。

3. 关于本科生导师的考核建议：

（1）建议将之前的学生评价本科生导师的打分和学院学科的打分按照优、良、中、差四档进行。

（2）调整现在考核制度排名后百分之二十比例，建议突出后百分之五或者百分之十。

（3）建议让教师自己申报优秀本科生导师，申报的教师提供现行制度附加项的相关材料，如有必要，学院可组织优秀本科生导师答辩；不申报的教师只需要提交年度总结材料。

学院从学生层面开展组织调研，了解到学生希望导师在如下几个方面给予合理规划和指导：（1）如何合理规划大学生活和学习；（2）如何参与科研项目和选择科研方向；（3）就业和考研的趋势和利弊分析；（4）毕业设计指导。

学院今后将在以下几个方面做出工作改进：

（1）继续做好新一级本科生、理科试验班的全程导师选聘工作，督促本科生导师在各方面更好指导学生，充分利用博士生、研究生、高年级本科生指导低年级学生；

（2）加强辅导员、本科生导师、班导师联动指导机制，不同角色的教师获得的学生成绩、评奖评优、个人思想、学习深造等信息互通有无，做到对学生的全面了解，做出对学生有针对性的指导建议；

（3）学院进一步修订本科生导师考核办法，使制度能更好地调动导师工作积极性，也能使导师考核工作更具有实操性。

推行本科生导师制，不仅包括导师对学生知识层面的辅导，而且还包括道德层面的引

导及心理层面的疏导。强调教师发挥学识魅力和人格魅力的综合影响，强调导师对学生的个性化指导，强调传道、授业和解惑的统一；以因材施教为主要原则，以个别指导、师生互动为主要特征，可以有效弥补“学分制”“班建制”的不足，消除“齐步走”“一锅煮”的模式化弊端，对提高学生的综合素质和创新能力有积极引导作用，特别是要在刻苦努力、坚强毅力和追求卓越等精神品质上进行引领和塑造；在加强学业管理中提升大学生的学业挑战度，合理增加学习的进阶性，拓展知识的深度以及扩大学习选择权，持续激发学生的学习动力和专业志趣，培养德智体美劳全面发展的社会主义建设者和接班人。

化学与生物工程学院 2019～2020 学年本科生导师工作总结

自从2018年实施“本科生导师制”以来，化学与生物工程学院按照学校工作要求，先后制定了《化学与生物工程学院导师制实施办法》（院发〔2019〕1号）和《化学与生物工程学院本科生导师制考核细则》（院发〔2019〕2号），按照有关实施办法，为每位新入校的本科生配备了导师。广大教师积极发挥主观能动性，在立德树人、学业、学术和规划指导等方面发挥积极作用。涌现出一批优秀的本科生导师。为了更好开展本科生导师工作，化学与化学工程系和生命科学与工程系于2020年10月26日下午分别以腾讯会议和现场交流的方式召开了本科生导师工作交流研讨会，学院于11月6日上午在化生楼212召开了优秀本科生导师座谈会。会上老师们纷纷介绍自己作为本科生导师的工作经验、遇到的问题，并对相关工作提出了意见和建议。

一、本科生导师实施情况

目前化生学院有本科生429人，参与本科生导师工作教师95人。本科生大一入学开始实行“本科生导师制”。按照学院本科生制实施办法，导师应对学生的学习、生活、心理进行相应的指导，帮助学生巩固专业思想、深化专业知识、培养正确的学习方法，同时在实践方面给予针对性指导，提高学生的学习能力、专业技能水平、社会实践能力和科研创新能力等。导师与学生之间可以采取见面会、网上交流、实践操作指导等形式进行交流，适时做一些课题研究、学术讨论等。实践中导师们积累了许多经验，主要表现在：

（1）建立良好的师生关系有利于导师与学生沟通交流。通过组织群体活动，尽可能多地创造与学生接触的机会，导师带上学生参加郊游活动、导师课题组有活动可以邀请学生来参加，让学生感受到老师的真诚、坦诚。在导师与学生之间建立一种亦师亦友的关系，彼此以一种轻松愉快的模式相处，学生信赖导师，同时也把导师看作学习和生活中的朋友，这样才有利于学生敞开心扉，使本科生导师制工作事半功倍的开展。

（2）导师与学生的密切交流是指导学生的必要保障。通过线上、线下多种方式与学生进行日常联系，通过组建微信群、关注朋友圈等方式加强与学生的联系，了解学生的生活情况、学习情况等。确保大多数学生在开学后两周内与导师见面，导师与学生保持一定频度的接触，每月与被指导的学生面谈或网络交流不少于一次。引导学生确立正确专业思想，指导学生熟悉本专业人才培养方案及课程教学大纲。针对学生个体差异，对学生选课、专业发展方向选择、学习方法、职业生涯设计等方面进行指导。确保学生通过与导师交流，明确学业发展方向，提高学习热情，明确学习目的和成才目标，端正学习态度。

（3）导师带领学生参加科研和学术活动，培养学生科研兴趣。大一开始新生即可以进入导师所在实验室参加课题组科研活动。学生通过参与导师课题组研究生以及高年级学生的学术交流，在科研训练中提高了自身的科研能力与创新思维，确保在后续的毕业论文设计环节能以更快速度进入研究状态。同时，引导学生正确地认识专业方向、巩固专业思想，多数学生在这期间加深了对专业的了解，增强了对本专业的兴趣。

（4）关心学生全方面发展是导师的重要工作职责。在关心科研和学业的同时，注重关心学生的心理健康，积极了解学生学习生活中存在的困难，指导学生树立正确的人生观、价值观，促进学生知识、能力、素质协调发展。同时，在推免研究生、评先评优等工作时给予学生指导意见。导师在指导学生过程中，也了解学生的具体想法和科研兴趣，培养具有发展潜力的学生。

（5）由于学生具有自己的个性，对很多事物有自己的理解。学业导师与本科生同学的年纪往往相差较大。需要避免将自己的想法简单、粗暴地塞给学生。在交流的时候多从学生的角度出发，去交流各自的心得，这样才会取得更好的效果，并且可以更加了解学生的心理状态，使后续的工作得以顺利的开展。

二、本科生导师实施存在问题

（1）部分学生主动性不够。不能主动找老师沟通，有时候老师要多次联系才能与学生见上一次面，大大增加了老师的工作量。

（2）学生不愿意与导师敞开心扉进行沟通，有时候甚至不愿意和导师说实话，导致沟通效果不够好。

（3）部分学生不清楚自己该什么时候找学业导师，有事首先想到找辅导员，其次是班导师，最后可能才是学业导师。

（4）有些老师反映缺乏方法论的指导。部分学业导师对自己的职责与辅导员和班导师职责的区别不是十分清楚，再加上对本科生思想了解不够，对于做学生的思想工作缺少具体的办法，也不知道哪些方法比较可靠。

（5）导师与学生所在实际科研团队之间的不匹配问题。尤其是对于大二以后的学生，他们很多会参与 SRTP 项目，但是其 SRTP 老师常常与学校指定的本科生导师不是同一个人。还有大四的毕业设计，指导教师与本科生导师也常不是同一人。这些问题给导师和学生的交流会带来了诸多不便。

三、下一步工作建议

（1）强化对老师进行相应的培训，提升老师尤其是年轻老师作为本科生导师的工作技能。学院每年定期请专业人士对老师们进行培训和指导，使得老师们的工作更规范和高效。

（2）希望学校进一步明确辅导员、班导师、小班导师和学业导师职责，加强学业导师制在学生中的宣传。请辅导员多向学生宣传学业导师及其职责，使学生知道有问题可以找学业导师。

（3）研讨师生双向选择的可行性。如对本科生导师与指导学生进行动态调整。对学生分阶段培养，例如大一、大二为第一阶段，大三、大四为第二阶段。在两阶段之间，学生可以根据自己的意愿有一次重新选择导师的机会，导师根据不同阶段的学生学习生活特征给予更有针对性的指导。

经济管理学院 2019～2020 学年本科生导师工作总结

根据《北京科技大学本科生导师制实施办法（试行）》（校发〔2018〕95 号）、《东凌经济管理学院本科生导师制考核办法（试行）》（院发〔2018〕7 号）文件精神，以及导师职责履行情况，参考学生的思想、学习、创新创业等方面的情况，完成 2019～2020 学年本科生导师考核工作。

1252 名学生的 101 名导师参与本次考核，考核结果为“优秀”的导师 20 人、“称职”的导师 81 人。“不称职”的导师 0 人，其中，从考核结果为“优秀”的导师中评选出本学年度本科导师标兵 6 人。

遵照“坚持问题导向，完善对策举措”的思路，各系召开本科生导师制工作总结研讨会，经过充分讨论交流，老师纷纷发表对本科生导师的看法和建议，现总结如下：

导师均能够按照学校、学院要求，认真履行导师职责，定期安排对学生的学业规划、专业选择、学术指导与讨论，每学期指导次数人均 4 次以上，个别指导达 6 次之多。在老师的悉心指导下，学生从入学至今无论专业知识还是个人成长均取得了明显的进步。特别大一是学生从被动学习转化为主动学习的关键时期，大一学生对大学专业不清楚，选专业处于迷茫状态，通过与老师的沟通可以了解相关专业情况，制订大学期间的学习规划，本科导师也可以督促学生认真学习。

教师通过实践探索，总结出多种有效的工作方式：高年级组给低年级组介绍学习体会与经验；保持不同年级同学之间有效沟通；推荐企业管理相关书籍；邀请校友介绍学习及留学经验及座谈；新学期制订规划，期中教学回顾、期末考试前动员、放假行前安全教育；职业生涯讨论与指导。这些活动和举措保证了教师与学生之间的密切联系，并促进导师思考学生的发展与培养，实现了学生与导师的共同发展。

为保证导师制的长久、有效运行，提出以下建议：

（1）完善制度，不仅有学生评价老师的机制，也要设立老师约束学生机制，实现双向互评。

目前，针对本科生导师的指导情况，学生会对导师的指导情况进行评价，部分学生对本科导师组织的活动并不能积极参加，有些学生请假不参加见面会，导师对学生这些行为没有管理办法，降低了指导的效果，本科生导师制对学生的约束相对较少。建议定期请导师为学生表现打分，导师的打分作为本科生评优、保研等推优的参考依据之一。

（2）形式多样化。每学期 4 次见面会，可以形式多样，线上线下结合，不拘泥于形式。为解决学生的共性问题，每学期可组织最多一次系所集体见面交流会，也可以借助企业、校友等外界力量来指导学生，这对学生的未来发展更有帮助。

（3）建议从大二分专业后分导师。大一刚课程安排比较紧张，并且都是《高数、英语》这样的基础课，加上大一还没有分专业，可能存在需要重新换导师，二次分配问题。

（4）明确辅导员、班导师、本科生导师、小班主任、校外成长导师五个角色的职责范围。

高等工程师学院 2019～2020 学年本科生导师工作总结

根据《关于印发〈北京科技大学本科生导师制实施办法（试行）〉的通知》（校发〔2018〕95 号），以及《关于做好 2019～2020 学年度本科生导师工作总结的通知》（教通知〔2020〕124 号）的工作要求和安排，高等工程师学院于 2020 年 9 月 25 日至 10 月 30 日期间，对担任 2017 级、2018 级、2019 级高等工程师学院学生的本科生导师工作进行了考核和总结。在充分交流、讨论和研究的基础上，对 2019～2020 学年高等工程师学院本科生导师工作总结如下。

一、本科生导师开展情况介绍

根据《关于印发〈北京科技大学本科生导师制实施办法（试行）〉的通知》（校发〔2018〕95 号），《高等工程师学院本科生导师制实施办法（试行）》（院发〔2018〕5 号）和《高等工程师学院本科生导师考核办法（试行）》（院发〔2018〕6 号），基于学院书院制的特点，高等工程师学院邀请校内相关教学科研单位教师担任本科生导师。通过向校内 12 个单位发放商函，回收报名信息，学生及教师匹配多个步骤，高等工程学院扎实推进，认真完成了本科生导师的聘任、过程管理及考核、评优等工作。高等工程师学院 2017 级 150 名本科生，从校内 9 所教学科研单位聘请本科生 132 位导师。2018 级 158 名本科生，从校内 11 所教学科研单位聘请 136 位导师。2019 级 148 名本科生，从校内 13 所教学科研单位聘请 146 位导师。详情见表 1。

表 1　高工学院本科导师统计

学院	2017 级导师人次	2017 级导师人数	2018 级导师人次	2018 级导师人数	2019 级导师人次	2019 级导师人数
材料与科学工程学院	5	5	6	6	6	6
工程技术研究院	30	18	9	9	17	17
机械工程学院	25	22	36	26	22	22
能源与环境工程学院	20	19	18	18	17	17
土木与资源工程学院	14	13	11	11	15	15
新材料技术研究院	11	11	20	19	10	9
钢铁冶金新技术国家重点实验室	10	10	10	10	10	10
冶金与生态工程学院	5	5	5	5	6	6
自动化学院	30	29	32	24	25	25
科技史与文化遗产研究院	0	0	0	0	5	5
高等工程师学院	0	0	1	1	2	2
新金属材料国家重点实验室	0	0	10	7	7	6
钢铁共性技术协同创新中心	0	0	0	0	6	6
总计	150	132	158	136	148	146

注：统计截止到 2020 年 10 月，2019 级按照分专业前统计，2018 级按分专业后统计。

二、2018 级分专业后本科生导师调整工作

2019～2020-1 学期，高工学院 2018 级的 152 名学生在进入大二年级分专业后，面临专业与原导师专业不对应等问题，需要重新更换导师。在分专业及转专业工作结束后，2018 级学生在 2019～2020-1 学期变为 158 人。联系 11 个单位为 112 名学生安排了相关专业的新导师。具体情况见表 2。

表 2　高工学院本科导师调整情况统计

高工学院 2018 级分专业后学生与教师专业对口及变更情况						
单位名称	原学生数	转专业后师生专业对口数	对口率	导师不变	新分配学生总数	新安排导师人次
材料学院	6	2	0.33	2	6	4
冶金学院	10	2	0.20	1	5	4
冶金国重	24	1	0.04	1	10	9
工研院	10	4	0.40	4	10	6
机械学院	25	4	0.16	4	34	30
能环学院	20	8	0.40	8	18	9
土资学院	10	0	0.00	8	11	3
新材院	20	8	0.40	7	20	13
材料国重	0	0	0.00	0	10	10
自动化学院	20	11	0.55	10	33	23
高工学院	2	1	0.50	1	1	0
科技史	5	0	0.00	0	0	0
总计	152	41	0.27	46	158	111

在具体工作中注意了以下几个问题：

（1）充分尊重学生的个人意愿。原则上要求学生分专业后与导师专业对口。但 10% 左右的学生与导师专业不同，但不希望变更老师，也有学生与导师专业一致，但要求变更老师。学院在具体工作中都根据学生的意愿进行了安排。

（2）转入、转出的学生。转出的学生，原则上导师工作结束。但是有个别 2018 级老师反映不知道学生已经转出，系统里也仍然有学生信息，学生在新学院给安排了导师也没有告知老师，仍然接受老师的指导。针对这个问题，高工学院将每个学年统计学生转出的情况，及时通知相关单位更新后的名单，并告知教师本人。之前一直忽视了在系统中的变更问题。现在系统中变更是分专业调整导师后统一给教学科一个新的名单，由注册中心导入。期间再有个别的调整，直接联系注册中心负责老师来变更。希望以后学院有权限可以进行操作，一则减少注册中心工作量，二则方便学院管理。尤其是高工学院对口 10 余个单位，每个单位变化不同步，难免出现多次重复去变更。对于转入的学生，了解学生是否与原导师专业一致，不一致的需要调整。

（3）当兵、休学、保留入学资格的学生。原则上，这三种情况学院根据导师学生意愿

可以继续指导。学生返校后除非提出变更，导师保持不变。

三、本科生导师制工作总结研讨会

2020 年 10 月 20 日上午，高等工程师学院召开 2019～2020 学年本科生导师工作研讨会，来自土资学院、冶金学院、材料学院、机械学院、能环学院、自动化学院、钢铁冶金新技术国家重点实验室、新金属材料国家重点实验室、新材料技术研究院、科技史与文化遗产研究院、工程技术研究院、钢铁共性技术协同创新中心 12 个培养单位的 18 名 2017 级、2018 级、2019 级和 2020 级工科试验班本科生导师代表出席会议。高等工程师学院院长赵志毅、书记张甜、副院长贺东风、副院长刘娜以及各年级辅导员、学生代表等参加了会议。

通过师生研讨，总结如下：

（1）指导经验：

1）通过每月一次的组会，单独为本科生进行指导。同时引入硕士、博士生参与到培养的队伍中，实现针对性指导，培养学生对专业的热爱。

2）切实深入地了解学生生活和科研方面的需求，向学生传递正能量。

3）根据高工学院的专业特点，给予更有针对性的指导。

4）为学生提供博士、硕士、本科生共同交流的平台。

5）课题组集中了所有教师和学生在一个群里管理，为学生提供了更多的交流信息和比学赶超的环境。

6）鼓励学生积极入党，并担任了学生的入党培养人。

7）积极帮助学生进行 SRTP 项目，并且与本科毕设项目衔接。

8）为同学分析专业情况并协助同学确定专业方向。

9）通过微信等方式及时向学生发送生活、学习、研究等方面的信息。

（2）意见建议：

1）学生加强联系导师的主动性。

2）实现学生四年从头至尾跟一位老师，以增强学生对于老师和对于协助指导他的硕士博士学生团体的归属感。

3）将优秀的实验岗教师纳入本科生导师队伍。

4）与学生的交流方式应该与时俱进，建议取消面对面交流的次数要求。

5）导师除了定期的面对面，更应该做到“雪中送炭”，及时为学生在线解决问题。

6）考虑工研院老师在学校本部没有办公室，希望高工院内可以提供导师与学生交流的地点。

7）导师与班主任、辅导员密切配合，及时沟通学生问题，使导师更有效率地指导学生。

8）为了减少学生分专业后导师调整，学生在大一分配导师时，提前征集学生的专业意向，按照专业意向分配导师。

四、考核工作

根据《关于印发〈北京科技大学本科生导师制实施办法（试行）〉的通知》（校发〔2018〕95 号）以及《关于做好 2019～2020 学年度本科生导师工作总结的通知》（教通知〔2020〕124 号）的工作要求和安排，高等工程师学院于 2020 年 9 月 25 日至 10 月 30 日期间，对担任

2017 级、2018 级、2019 级高等工程师学院学生的本科生导师工作进行了考核。

根据《关于做好 2019 ~ 2020 学年度本科生导师工作总结的通知》（教通知〔2020〕124 号）的指导意见，具体实施方案如下：

（1）考核分为三个部分。第一部分，学生评价；第二部分，导师自评；第三部分，学院评价。以上三部分均按照百分制打分，由高等工程师学院对各部分赋予相应权重并汇总最终考核成绩。

（2）学生评价部分。学生评价部分由学生打分。主要由对导师开展的学业指导、交流次数等方面组成。学业指导包括思想交流、学生成绩是否有提高等。

（3）导师自评部分。导师自评部分由导师填写《高等工程师学院本科生导师考核评价表（导师用表）》。按照“实施办法”的要求，导师每学期开学初与学生见面，定期对学生进行指导，导师对学生每学期的指导不少于 4 次。

（4）学院评价部分。学院评价部分由高等工程师学院打分。主要依据导师考核评价表内容，以及导师对学生创新创业指导，对高等工程师学院本科生导师工作其他方面的支持和贡献等综合评定。

根据学校“优秀”比例不大于 20% 的要求，我院根据每个单位的导师数目分配优秀导师名额并由各单位推荐优秀导师人员。经由高等工程师学院综合评价后最终确定优秀导师名单。被评为优秀的导师均提交一篇《我和我的学生》或《我和我的导师》优秀案例。

确定以上原则后，高等工程师学院向本科生导师所在单位发放了《高等工程师学院本科生导师考核通知》、考核名单以及优秀导师分配方案。并在学院内部组织 2017 级、2018 级、2019 级学生给导师打分。综合学院反馈的导师自评分数、导师其他考核参考资料及学生评分情况，得到最终的考核结果，见表 3。

表 3　高等工程师学院 2019 ~ 2020 年度本科生导师优秀导师名额汇总

序号	单位	2017 ~ 2019 级导师总数	优秀名额
1	材料与科学工程学院	11	2
2	工程技术研究院	21	4
3	机械工程学院	27	5
4	能源与环境工程学院	38	8
5	土木与资源工程学院	33	7
6	新材料技术研究院	29	6
7	钢铁冶金新技术国家重点实验室	17	3
8	冶金与生态工程学院	13	3
9	自动化学院	50	10
10	科技史与文化遗产研究院	5	1
11	高等工程师学院	2	0
12	新金属材料国家重点实验室	11	2
13	钢铁共性技术协同创新中心	6	1
	总计	263	52

注：本科生导师优秀名额为三个年级导师总人数的 20%。

五、问题与建议

（1）分专业后导师调整工作。

因高等工程师学院以工科试验班模式招生，大一新生不分专业，目前导师与学生之间为随机匹配。学生在大一下学期分专业之后，在大二上学期面临大范围的导师调整。例如高工学院 2018 级本科生 152 人，在分专业、转专业结束后 158 人，需要调整的导师数为 111 人，涉及 11 个单位。根据相关学院的反馈，导师在第一年刚刚接触熟悉学生，导师计划还没有来得及开展，就要面临学生因分专业后要换能够指导毕设的导师，对于导师和学生来讲是指导和被指导的关系刚刚建立就中断，对各单位本科生导师的工作人员来讲，是巨大的工作量。其他学院大类招生也有类似的问题。大类招生学生的导师安排和导师调换工作有必要进一步研究优化。

（2）导师系统信息录入问题。

现在导师在系统中都能够看到自己名下的学生情况，这是一个重大的进步。但是因为导师和学生对应的个别变更情况时有发生，尤其对于高工学院 12 个导师所在单位来讲，还会出现变更后漏报、重复报的情况。希望学院可以有录入和管理导师名下学生的权限，以便于及时查看及变更相关信息。

2019 ~ 2020 学年本科生导师工作系所研讨

机械工程学院车辆工程系本科生导师研讨会总结

2019 ~ 2020 学年，机械工程学院车辆工程系共 19 名教师担任本科生全程导师，共指导 193 名本科生。在这一学年的本科生导师制工作考核中，系所共 4 名教师考核为优。在本次研讨会上，系所教师分享了指导本科生的经验和做法。

从专业建设角度出发，本科生导师制成为提高专业培养质量的重要抓手。首先，本科生导师制成为专业贯彻三全育人的有效措施。通过充分发挥本科生导师育人作用，在新生成长对话课、专业认知教育中，邀请本科生导师参加，在向学生解释毕业要求的内涵，达到毕业要求的工作中发挥积极正向的引导作用。其次，本科生导师制成为吸引优秀生源的重要途径。针对机械大类招生的特点，车辆专业通过本科生导师可以深入地介绍专业历史发展、研究特色，为有兴趣加入车辆专业学习的同学提供了更全面的信息，成为工程概论课程之外吸引优秀生源的有力补充。再次，本科生导师制也是指导学生学习、职业规划、就业和帮扶预警的有效措施。工程教育专业认证标准中明确规定：具有完善的学生学习指导、职业规划、就业指导、心理辅导等方面的措施并能够很好地执行落实。导师在学业、生活等方面对学生进行指导和帮扶。通过导师制的实施，让学生在与导师的交流过程中，通过了解导师的研究工作、个人经历、专业发展等，达到促进沟通能力提升，促进工程知识学习，了解车辆工程与社会发展的关系，了解现代设计工具，以及终身学习能力的重要性等。

在过去的一个学年中，车辆系 SRTP 项目的申报率大幅提升，这项指标的提升是本科生导师指导学生科技创新的重要体现。同时，智能车校内赛中，车辆工程专业同学的参加率也有明显增加，这也是系所教师在进行学生指导过程中不断介绍专业优势，鼓励参加科技竞赛的结果。

在车辆系刘立老师的倡议下，2020 年寒假前系所发起了车辆专业本科生学习生活调研活动。在系所会议中讨论形成了调研提纲，针对学习成绩、课程设置、专业分流、科技创新、毕业深造等方面设计了多个问题。在辅导员老师的协助下向 2017 级、2018 级、2019 级车辆工程系教师指导的本科生发放了调研问卷。同学们在开学之时都通过邮件向自己的导师提交了个人总结，老师们也尽可能地逐一进行了回复。在调研中同学们倾诉了成绩的遗憾，专业分流的迷茫，未来深造的困惑，还提出了关于课程内容设置的一些宝贵意见。这项活动将持续开展下去，针对不同年级的关注点进行调研，为教师指导获取有效信息。

总体而言，这一学年车辆系本科生导师制的工作开展得更井井有条，总结了前期的指导经验，并结合专业建设有重点的开展了符合专业特色的学习、深造、科技创新方面的指导。

机械工程学院机电系本科生导师工作总结报告

学校从 2016 年开始推行本科生全程导师制，近 4 年，机电系共有 15 名教师担任本科生全程导师，指导的 2017 级、2018 级、2019 级和 2020 级的本科生人数分别为 41 名、41 名、50 名和 50 名，共计 182 名。

与课堂授课和指导研究生的研究课题不同，目前本科生全程导师还没有固定的流程式工作内容与标准，近 4 年指导本科生的过程也是老师们不断摸索与总结经验的过程。在这个过程中，老师们逐渐发现不同年级学生关注的重点与信息需求存在非常大的差异。例如，大一新生刚进入大学，一方面对大学生活充满了向往，另一方面对与高中完全不同的大学生活比较迷茫。大二的学生则涉及分专业，更关注不同专业的特点与自己该如何选择。而大四的学生则面临着工作、考研等人生方向的选择。

针对不同年级本科生关注的重点，老师们普遍采取不同年级的学生分类指导的方法，并通过不同年级学生共同座谈的方式，引导不同年级的学生之间相互探讨和交流学习经验。通过座谈，了解每位学生的性格特点、对大学的期望、大学期间的目标、学习中存在的困惑与问题，以及继续读研深造的意愿等。在学期初，建议每位同学根据自身情况制定本学期的学习计划和学习目标。在下一学期初，结合上一学期考试成绩，总结本学期的学期情况，学习目标的完成情况，解答学生的困惑。

在指导的过程中，老师们也在不断地思考与总结本科生全程导师的定位，以及与本科生班主任、辅导员之间的角色差异。老师们普遍认同本科生全程导师的定位应该是专业方向的指导、科研兴趣的培养以及科研意识的引领。本科生导师制度让老师们能深入地了解学生的生活，拉近了与学生的距离，同时让学生有了定向咨询的对象，给学生提供了咨询的途径。老师们也在共同探索实践，希望能更好地发挥本科生全程导师在本科生培养过程中的作用。

同时，老师们也提出了一些问题和建议：

（1）指导的学生分布在不同年级，而同年级的学生也分布在不同班级，跟学生约共同见面时间比较困难。建议在分配学生时，尽量将同班级的学生分配在一个老师名下。

（2）建议学生的课表中增加一个时间段，是与本科生导师见面的时间。

（3）鼓励学生遇到问题时主动找老师，而不对见面次数有硬性要求。每学期学生要跟辅导员、班主任、本科生全程导师都有见面次数要求，不同老师的信息会有重复，有的时候对学生是一种负担。建议尊重学生的自愿，更鼓励学生主动找老师咨询讨论，对见面次数没有硬性的要求，不成为学生和老师的负担。

自动化学院控制科学与工程系本科生导师推进建议报告

根据学校关于开展学院、系所本科生全程导师制工作研讨会的通知要求，2020 年 10 月 29 日，控制科学与工程系在机电楼 1104 会议室召开了全程导师制工作推进研讨会，从不同角度进行总结并探讨了全程导师制的工作情况，广泛听取了各位导师的意见和建议。现将收集的相关问题和意见建议梳理汇总如下。

一、本科生全程导师制实施中的问题

针对如何健康、有效地实施本科生全程导师制的问题，全体教师分别从导师、学生和管理部门的角度发现并梳理了该培养模式所暴露的问题。目前，本科生全程导师制实施中出现的问题主要表现在以下三方面：

（1）学生缺乏主动性。一些学生不愿意与老师亲近，他们或者很有思想，个性独立，我行我素；或者懒惰散漫，享受和追求大学生活的“自由”。大部分学生低估了全程导师对自己的人生规划和学术生涯启蒙的重要作用，不清楚实施本科生全程导师制的根本目的，亦无法想象该制度有效实施后的实际效果，因此，该培养模式并没有引起学生重视。自然地，在本科生全程导师制实施过程中，这些学生很少积极主动联系导师，而是处于被动的参与状态。

（2）导师的教学与科研工作压力大。“生多师少”是面临的现实问题。有些导师往往要同时带二十几名学生，这必然会分散导师的精力，透支导师的资源，造成导师监管不力，导致全程导师制的实施效果差强人意。另外，教师的教学与科研任务繁重，“绩效考核”“评聘分开”等一系列制度对教师的压力巨大，繁重的工作任务导致教师难有时间和精力认真负责地指导本科生。

（3）导师缺乏专业培训。全程导师队伍中既有经验丰富、学识渊博的老教师，也有刚刚参加工作、充满活力，但经验不足的青年教师。这些青年教师可能具有扎实的专业技能，但是因为阅历不足、积累不够，很难解决学生学业发展与实践就业等方面的问题。从导师自身素质来讲，合格的导师必须具有丰富的经验、渊博的知识、高尚的品格和博大的胸怀，师者，传道、授业、解惑，为人师者的过程是一个成长过程，导师需要专业的培训。

二、本科生全程导师制实施中建议

本科生全程导师制需要科学的制度来保障其运行的规范性、有效性和有序性。针对上述三方面问题，提出了以下四方面建议：

（1）提高对本科生全程导师制的认识。对学生而言，全程导师制的实施会为学生提供更多进入实验室或者企业参与科研活动的机会，有利于培养学生理论联系实际的能力和创新精神，使学生充分认识到理论知识的重要性，减少学习的盲目性，并且使理论知识在实践中得以巩固。因此，必须加大对本科生全程导师制重要性的宣传力度，使其深入人心。院系两级可以建立本科生全程导师制专题，宣传导师制的实施背景、导师制的目标和实施方法、导师的职责、导师的介绍、实施导师制以来的成果展示等。

（2）调动学生参与的积极性和主动性。全程导师制要求大一新生通过“双向选择”选择导师，无疑让新生感到不适，有的甚至害怕与导师联系。因此，应想办法调动学生参与导师制的积极性和主动性，并要求每位学生每月至少与导师见面一次，交流学习、生活、工作等。导师对学生提问题，不断培养他们独立思考的能力，所有交流记录在导师指导手册中。

（3）不同年级、不同特点学生有针对性地培养。对1～2年级学生主要关注学习过程，培养良好的学习习惯和学习方法；对3～4年级学生指导SRTP项目等，增强学生的创新意识和实践能力，并主动了解国内外考研及就业动向，在学生个人发展等方面提供咨询意见。

（4）健全导师考核评价与激励制度。在导师制度实施过程中，应具备一套明确的考核评价方案，去评价导师在实际工作中对学生各方面能力的提升是否有明显的积极影响。制定相应的激励制度，鼓励和提高导师的积极性，从而保障导师制的良性运行。

通过以上有效措施的开展，从而使学生尽快适应大学生活，并在不同阶段，通过导师的指导，使其各方面的综合素质均得到提高，从而提高自动化专业学生培养质量，努力把学生培养成具有较强竞争力、适应社会需要的、德智体全面发展的、身心健康的优秀人才。

自动化学院仪器系关于“本科生导师制实施办法”的讨论报告

近一段时期，为贯彻落实全国教育大会、全国高校思想政治工作会议精神和党的十九大关于加强师德师风建设的要求，全面贯彻党的教育方针，根据《中共中央　国务院关于全面深化新时代教师队伍建设改革的意见》《中共北京市委教育工作委员会　北京市教育委员会关于全面推进北京高校学业辅导工作的意见》等文件精神，结合我校实际，北京科技大学创新性地制定了《北京科技大学本科生导师制实施办法（试行）》，这在本科生培养方面，是一次全新的尝试，经过全系教师的热烈讨论，大家一致认为这次发布的本科生全程导师实施方法，内涵极其丰富，是一次高校人才培养的大的变革，完全改变了传统的本科生培养和教育的思路，对加强师生交流，促进教学相长，进一步落实人才培养的责任制，将人才培养的导向、细节、精神落到实处，提高学生的自主能力、团队合作精神有这重要的意义，是新时期人才培养的重要抓手。通过大家的学习和讨论，对本科生导师制的实施办法形成如下共识：

（1）新的实施办法全面扭转了目前人才培养过程中出现的盲目性、不系统性，有利于将学生培养的各项工作落到实处。新的实施办法，将全程导师所带的各个年级的学生，构成以全程导师为龙头的培养团队，采用研究生带本科生、高年级带低年级的格局，可以尽早培养学生的团队精神，可以吸取高年级在大学生活中的经验，提高大学生活的质量。可以使本科生尽早受到科研氛围的影响，熟悉导师的研究方向，有利于将所学习的理论知识与实际的科研工作相结合，提高学生的解决复杂工程问题的能力。

（2）新的实施办法有利于老师和学生的密切沟通，培养学生正确的人生观和价值观，老师可以时时关注学生的思想变化，在学习生活和思想等多方面与学生保持密切的沟通，在团队生活中，使学生在各个方面得到协调和正常的发展。

全系老师一致认为，全程导师新的实施办法是本科学生培养方面的一个创举，必将对大学教育产生深远的影响，促进我校大学生教育教学的快速发展，可以说是一个百年大计。既然是创举，是新生事物，则必然有一个发展过程。其实施和执行过程必然需要不断的深入、改进和磨合，全系老师经过热烈讨论，对全程导师实施办法提出了如下建议：

（1）在全程导师实施办法的框架内，进一步释放活动性。新的全程导师实施办法以全程导师为核心，使培养学生的各项任务能够更好地落到实处，但同时也会出现对学生的发展起到限制作用，例如学生在发展过程中，可能对其他导师的研究方向更感兴趣等。如何在实施办法具体的执行过程中，释放流动性，需要在实施办法中给予必要的补充。具体的建议是全程导师与本科毕设导师分开。

（2）新的实施办法无疑紧密了学生和导师之间的联系，但同时也增加了导师的责任。教和学之间的关系是辩证的，完全由学生来评价导师，甚至由学生的成绩来定义导师的业绩，难免有失偏颇。建议在导师业绩考核中，弱化学生成绩因素的影响。同时对导师的评价尽量不要量化，不要形成明显的先进和落后比例。

（3）将学生本科四年的发展与导师紧密联系，那么必然存在学生分配对老师的影响。新的实施办法对全程导师学生的分配规则最好做出比较明确的规定，否则如果某一导师分配的学生质量较差，将会增加工作难度，进而影响教师业绩。

自动化学院智能系本科生导师研讨会工作总结

2020年，我校全面实行了本科生全程导师制，以期充分发挥导师在立德树人、学业学术及学习规划等方面的指导作用。本科生全程导师制贯穿整个本科四年阶段，具有连续性和反馈性，能够更好地解决学生的困惑和难题，有效提高学生素质。

2020年11月5日下午15:10～17:30，智能系全体教师召开了全程导师座谈会。各位老师积极发言，分别从学习、竞赛、科研等方面的指导以及指导方式分享指导学生的经验，同时反映在指导学生过程中存在的问题，探讨更好的指导方法。

一、立德树人为根本任务，培养学生全面发展

鼓励同学们积极向党组织靠拢，积极入党，追求思想上的进步，推荐一些正能量的文章，有我国的人工智能最新成果、有近期的国家大政方针，也有杰出英雄人物的先进事迹，以此来激励同学们树立一个远大的人生理想，能够用自己的专业所学回报母校、回报社会。

对于本科生而言，学业成绩至关重要，在沟通过程中不断督促学生要努力学习，保持成绩稳步提升。对于同学所反映的课程多、任务重等问题，建议学生要合理管理碎片时间，做到充分利用有限时间、持之以恒不断学习。根据智能科学与技术专业的人才培养特点，在沟通交流过程中以机器人、无人驾驶车为载体向学生介绍所学知识的应用场景，激发学生努力学习课程知识的兴趣。在保持学业成绩不断提高的同时，引导学生参与学校及学院的各项活动，锻炼自己的交际、组织能力和遇事处理能力等，鼓励他们平时多锻炼身体，在努力学习的同时还能拥有一个健康的体魄，让身心都得到全面发展。

二、学习指导方面

学生在学习中遇到什么问题，老师们能够因人而异地提出实用而有效的建议，指出学生的不足和需要努力的方向，并提供许多学习方法和学习资料。特别是在疫情期间，经常与同学们线上进行交流与沟通，了解每位学生每天的学习生活情况，并开展了线上指导，嘱咐同学们注意自身安全，紧抓学习提高自我，有助于提高学生在家里学习的自律性，为学生后续的学习和深造打下了一个良好的基础。

三、实践指导方面

部分老师能够因材施教，鼓励学生积极参加各项学科科技竞赛和科研项目，并亲自指导。每年都会组织所带的本科生申请 SRTP 创新创业计划，从立意想法、前期调研、项目申报、研究方案、实践验证、成果验收等多方面严格把关，让学生切实体会科研工作的基本思路。在项目执行过程中，除了通过定期例会准确把握学生当前进展，还安排了团队研究生紧密跟进项目动态，及时解决项目研究中出现的难题，进一步推进项目研究的同时，提高了团队研究生的科研能力。通过引导学生完成此类小型科研创新项目，能够大幅提升学生的实践能力和专业素养，使学生对本专业的认识更加深入。

四、生活方面

老师经常关注学生的思想动态，关心他们生活中遇到的点滴小事，在开会时和同学们聊一聊最近的生活近况，能够了解每个人近期的情绪状态，如有状态不佳的同学及时开导，拉近了与学生的距离。因此，当同学们遇到困难时总是第一时间想到全程导师，而老师也总是竭尽所能地帮助同学们。

五、存在的问题

普遍的问题就是学生与全程导师的联系不够积极主动，大多情况下都是老师召集学生；学生课多，时间不统一，很难找出一个共同时间让大家坐在一起交流；部分同学与老师交流不够深入，老师难以了解同学们的心声。

总而言之，通过这次全程导师座谈会，大家互相学习与交流，借鉴成功经验，发现普遍存在的问题，探讨改进措施，促进今后的指导工作更上一层楼，找到了为全方位培养学生努力的方向。

计算机与通信工程学院基础系本科生导师工作总结报告

为贯彻落实我校《北京科技大学本科生导师制实施办法》，遵循以人为本教育观念，充分发挥教师在人才培养过程中的重要作用，促进学生全面发展和健康成长，培养高素质创新人才，全面提高人才培养质量，信息基础科学系于 2020 年 10 月 23 日召开系会，就本科生导师制工作推进情况开展研讨。本次会议由系主任汪红兵老师主持，在学院领导蒋韬书记的指导下进行。会议讨论了本科生导师制的工作方法与经验，指出了工作过程中存在的问题与困难，也提出了针对性建议，总结如下。

在工作方法与经验方面，我系教师主要从学业指导、学生成长、竞赛及项目引导等方面进行了以下工作：

（1）学业指导。在学业上对本科生进行针对指导，阶段性对学生的学习情况进行监督；针对压力大的学生在学习和生活中多给予鼓励和督促，帮助学生度过困难期；针对优秀学生，鼓励和引导有兴趣的学生早进项目组，尽力提供实验条件和各项资源，配合研究生进行入门性的实验探索工作，以培养学生的实践动手能力、工程项目经验和科研意识。

（2）引导学生身心健康发展。从学业发展和职业规划角度引导学生树立未来发展目标，并提前打基础、做准备；倾听学生的心声，尊重学生的自主观念和心理健康，根据学生提出的问题给出个性化指导，针对学生的不同缺点提出不同解决方案；以“师者父母心”的心态对待学生，要求学生抱着责任心、感恩心、上进心和爱心，做身心健康、三观正确、人格健全的人。

在本科生导师制工作推进过程中，我系存在的问题和困难有以下几点：

（1）师生沟通有待坚强。本科生和导师之间的联系薄弱，相当多学生在遇到问题时更多想到的是辅导员、同学、学长学姐，想不起自己的本科导师。学生的时间也很紧张，没有问题时不愿意主动联系导师，不积极反馈问题。

不同年级的学生与导师的沟通情况各异，大一刚入校沟通较多，原因是刚入校对大学生活有颇多疑问、学习也不紧张。进入大二大三，许多同学的课程太多，任务繁重，学习压力也大，与导师联系开始变少。进入大四，学生有了比较明确的目标，或考研、出国，或工作，学生忙于各种学习、备考、实习、考试，主动沟通更少。

不同程度的学生与导师的沟通情况也各不相同。成绩一般的学生有问题和困惑不愿和导师进行沟通，通常是被动沟通；成绩好的学生自身有很明确的规划和目标，有问题也能自主解决，和导师联系也较少。

（2）部分导师科研基础薄弱，能够提供给学生的资源和条件有限。导师的科研方向都是有限的，有些学生对导师的研究方向并不感兴趣，强制性地拉学生进项目难以达到预期目的，需要帮助学生找资源。

另外，基础系的主体工作以教学为主，科研和实验环境欠缺，科研资源和条件严重不足，部分教师的科研基础条件薄弱，需要其他老师帮助提供科研资源。

（3）大部分教师工作繁忙，难以实时监督学生。我系大部分教师身兼本科生导师、班导师、SRTP 指导教师、各学科竞赛指导老师、研究生导师数职，除了繁重的课程外，还要进行各种教学改革、教材撰写、自身知识更新、竞赛组织与辅导等，还要面对各种考核，时间分配有困难，对本科生的指导时间不够，在学生不主动与导师沟通的情况下，难以随时跟进学生的学业情况。

（4）部分青年教师的个人经验不足，指导学生时心有余而力不足。部分青年教师本身学习和工作经历简单，人生经验不够丰富，自身还在不断学习和成长，对本科生的身心健康成长进行指导有很大难度。

（5）导师对学校学院相关政策不熟悉，影响沟通效率。大部分导师对学校和学院的本科生培养方面的政策不是很清楚，如保研的途径和条件、保研加分具体政策、本校往年考研情况、评优评奖条件等，在遇到此类问题时，还需要询问相关老师或辅导员，影响与学生的沟通效率。

针对以上问题，我系提出以下几点建议：

（1）从学生工作角度，加大对本科导师制的宣传，鼓励学生主动与导师联系，遇到学业问题或思想问题要主动找导师。

（2）配备公共实验设备，学院实验室以及各科研实验室的实验设备在空闲时间能适当开放给学生使用，尽量给学生提供好的实验条件。

（3）发挥基础系在学科竞赛组织方面的优势，积极指导学生，鼓励学生积极参与各类竞赛，通过参加竞赛来培养学生能力，积累项目经验。

（4）科研薄弱的老师一方面主动增强自己的科研水平，另一方面可以进行组队，尽可能为学生提供更大的学习空间。

（5）学校学院要加强学生工作口与任课教师之间的沟通、培训。

（6）关心和关注年轻教师的自身成长。

计算机与通信工程学院计算机系本科生导师工作报告

1 计算机大类本科生导师制执行基本情况

（1）学生人数：计算机大类每届学生数量约300人，包括高考招生240人、留学生10人左右、转专业录取36人左右、理科试验班转专业20人左右。

（2）本科生导师人数：总共71人，包括计算机系47人（不含3位新入职老师）、物联网系13人（不含3位新入职老师）、基础系11人。

（3）导师-学生匹配方式：采用随机分配，每位导师每年最多带1个留学生。

（4）导师指导学生数量情况：

1）2017级：教授5人、副教授4人、讲师3人。

2）2018级：教授5人、副教授4人、讲师3人。

3）2019级：教授/副教授4～5人，讲师3人。

4）2020级：教授/副教授4人，讲师3人。

（5）本科生导师管理平台建设：

利用论无忧毕设管理系统，实现了导师信息管理、学生信息管理以及导师-学生随机匹配等功能，提升了导师-学生匹配效率以及匹配后双方联系方式查询的便利性。

2 学生和导师的反馈

2.1 学生反馈

计通学院对所有本科生进行了调查问卷，大部分学生的反馈都是正向的，从学生的调查问卷结果来看，导师能够在学业、竞赛、学术、规划、生活等方面给学生们提供帮助，通过与学生们的沟通交流指导潜移默化地实现立德树人。

学生们对本科生导师的主要需求包括：大一主要是大学生涯的规划、大二主要是竞赛和科研指导、大三主要是未来方向的决策指导、大四主要是毕业设计指导。

学生反馈的问题包括：联系见面的频次较低、对于本科生导师的职责了解不清。

2.2 导师调查问卷

计算机系对本科生导师在指导本科生的收获和困难方面进行问卷调查，收获方面的问卷结果如图1所示。值得关注的是26.5%的导师认为“学生给我的科研和其他工作提供了帮助”和20.6%的导师认为“有助于招到对我研究感兴趣的研究生”，这说明本科生导师能够给部分导师带来实质性的帮助。选择这两选项的老师大部分都是副教授和讲师，这说明副教授和讲师更需要本科生的协助。

困难方面的反馈结果如图2所示。64.7%老师的困难包括“学生不积极”，50%老师认为“学生太多，力不从心”，35.3%选择了“很难约到合适的时间”，29.4%选择了

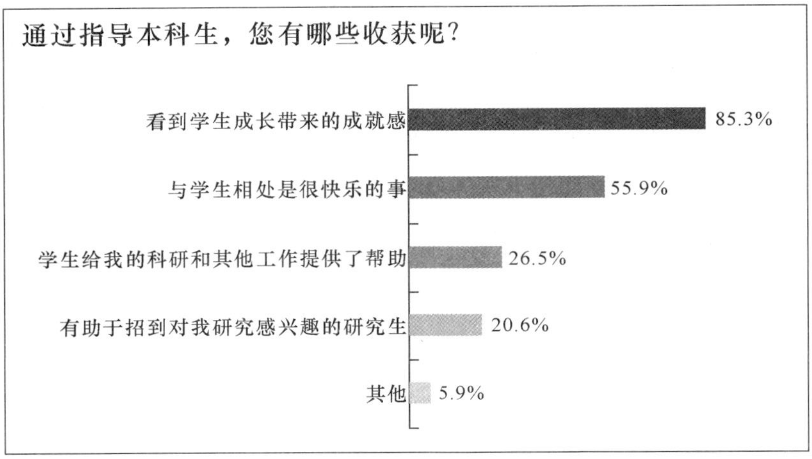

图 1　本科生导师收获调查问卷结果

"不知道学生需求"，23.5% 选择了"找不到合适的指导方式"。

值得注意的是学生反馈的"联系见面频次低"和老师面临的"学生不积极""学生太多，力不从心""很难约到合适的时间"是极其相关的几个指标。

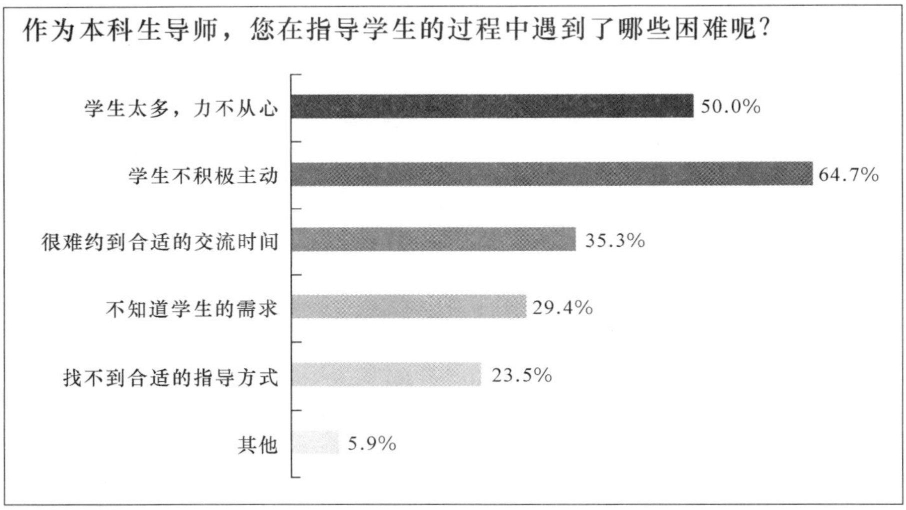

图 2　本科生导师困难调查问卷结果

2.3　本科生导师们对系、学院和学校工作的建议

2.3.1　对系本科导师工作的建议

（1）提升学生主动性：

1）加强一年级入学引导很重要；

2）适当降低指导学生数，提升学生的主动性；

3）建议规范化管理，有的学生不理会，老师很费劲也很费时间；

4）应该有的放矢，否则只是流于形式。

（2）加强经验交流沟通：

1）加强教师间的沟通和经验分享；

2）多组织类似的交流活动或推广好的经验和做法。

（3）提升灵活性：

1）建议大二以后分配导师；

2）是否可以更机动一些，比如一年后学生可以选择继续跟进导师，或者不再跟随导师。导师也可以灵活选择。

（4）多种方式结合：

1）明确职责：明确本科生导师职责界限，减少学生多头管理的困惑（辅导员，班主任，班导师很多老师在管理，界限不明晰）；

2）提供支持：大四上学期让学生复习程序设计基础，很多学生大四已经不会编程了。

2.3.2　对学院本科生导师工作的建议

（1）学生数量：减少指导学生数。

（2）灵活性：允许学生根据不同的兴趣调换导师，因为有的学生跟着其他老师做竞赛。

（3）明确职责：

1）疏通辅导员、班主任及导师的交流通道；在学生方面强调与本科导师的沟通，在教师方面明确本科导师的职责。

2）明确分工。现在班主任、导员还有导师分工不是很明确。

3）目前学生有辅导员、大小班主任、导师等多个不同的老师，让学生先明确每个人的具体分工，知道什么事应该找什么人。

（4）提供支持：

1）每学期学生的成绩排名应该告诉导师。

2）感到自己无法帮到成绩差的同学，没有能力和时间辅导他们功课。他们功课都完成不了，基本无法参与科研题目。目前自己对差生的帮助也只限于精神上的鼓励，希望能找到帮助他们的方法。

3）投入更多资源。

（5）建立机制：建立一个常态的机制。

2.3.3　对学校工作的建议

（1）减少学生数量：减少指导学生数，增加对学生与教师的人文关怀。

（2）提升学生主动性：出一些规范化管理学生的措施，比如算一定的学分，对学生有一定的考核指标，要不然他们不重视。

（3）提升灵活性：

1）灵活机动地推动工作，去教条化；

2）不同专业应该有不同的要求。

（4）明确职责：

1）导员、班主任、导师等应确定主体，对学生的辅导应该适量就好，而不应该鼓励各种老师都去找学生，给学生增加负担；

2）最好给辅导员、班主任、导师尽量明确的职责，工作有重点，避免工作重复、冲突；

3）进一步明确告诉学生导师职责，有学生把导师当成高中老师，拿各个专业课问题来答疑。

（5）提供支持：

1）提供更多的自由小型交流空间方便老师和学生进行交流；

2）配套实验室科研相关支持，以及本科生导师激励政策。

（6）政策：

1）千万不要与考核、晋级等利益相关的事情挂钩；

2）降低考核、晋级的量化考核程度，缩小教师待遇级差。

（7）专业选择：

1）更多关注转专业学生，让学生更早选择；

2）入学通知加上各专业的一些建议。

3 优秀本科生导师经验总结

导师1：

（1）大一学生对专业、未来、自己的需求都不清楚，营造一个轻松的氛围，让学生能畅所欲言，针对学生的困扰，给一些建议。

（2）专业上的引导，根据学生不同的需求和未来发展方向，给予具体的指导。

导师2：

（1）先闲聊，了解学生兴趣点、特点、基础如何。

（2）大一主要了解思想动态，以学业为主。

（3）大二和大三一起进入实验室，请部分研究生加入指导小组，介绍实验室的研究，适当吸引学生加入。

（4）鼓励参加SRTP。

（5）大三了解学生规划和以后的发展。

导师3：

（1）对自己的定位：给学生提供帮助。

（2）目标：发挥学生的主动性。

（3）具体做法：在学生遇到困难时，与学生一起制定一些策略来帮助学生；每学期让学生根据自己的具体问题（竞赛、学业等）做个计划；了解学生的特长，引导学生在自己的兴趣点上，找一些可以做的事；对自律性比较差的学生多交流，多催促，寻找突破点；对于主动性好的学生，给机会参与到科研中；给学生多一些空间，自己发挥想法。

导师4：

（1）新学生：

1）老师主动联系，加群，把1～2个研究生（本校）加入群里，可以给比较中肯的建议。

2）如何了解学生：每个学生一个卡片，包括生活照、联系方式、特点等。

3）各年级一起开会，彼此认识；解释导师的职责（陪伴到毕业，学习、生活上的问题都可以）。

4）向学生表面自己的态度：老师一直在这，你们随时有需要，随时来找。

（2）高年级：

1）向学生介绍实验室的方向，学有余力的可以考虑加入。

2）考研、保研等问题上，给予指导。

3）大四的：提前谈毕设内容。

（3）平时指导：

1）只要学习有关的，资料、资讯都往群里发，有兴趣的自己看。

2）SRTP项目，发展成毕设。

3）不开例会，鼓励学生写周报，就是这一周你都干啥了。

导师5：

（1）指导的人太多，分年级建群。

（2）给学生提供帮助：有什么问题都可以提，尽量解决。

（3）吸引学生，学生和老师互相成就。

4 拟采取的改进措施

4.1 提升学生主动性—发布学生需求—借鉴好经验

（1）加强规范和宣传：

1）规定或者鼓励学生主动找导师，告知导师自己的需求。

2）明确辅导员、班主任、导师之间的职责。

3）加强对大一学生的宣讲。

4）在论无忧上，说明辅导员—班主任—本科生导师的职责，让学生第一次登录上去查询导师联系方式的时候就能看到“辅导员—班主任—本科生导师”的区别。

5）在论无忧上，方便老师查询自己指导学生的辅导员、班主任联系方式。

（2）统计各个年级学生们的常见需求并给老师们。

（3）加强经验交流，借鉴好的经验：

1）定期组织交流会。

2）总结优秀导师的经验，形成文档发给大家。

4.2 减少人数、提升效率

（1）随着老师人数增加，指导人数会下降。

（2）建议学校修改现行规定：

1）允许给入职一年以内的老师分配学生。

2）允许突破“教授≥副教授≥讲师”的限制。

3）允许实验技术岗老师担任本科生导师。

（3）改为按学号顺序分配，指导的学生在同一班级，降低约时间的难度。

（4）给本科生班导师分配本班的班长和班干部。

4.3 提升灵活性的对策

（1）允许换导师：

1）学生提出申请、原导师和新导师签字同意。

2）新导师指导人数不能突破学校规定的上限。

（2）设立第二指导教师，第二指导教师通过SRTP、毕设等方式指导学生，在换导师前或无导师的情况下，给第二指导教师一个身份。

（3）给学生申请换导师提供缓冲时间。

（4）宣传：将申请换导师的方法告知学生和导师。

（5）建议学校修改现行规定：

1）允许给入职一年以内的老师分配学生。

2）允许突破“教授≥副教授≥讲师”的限制。

3）允许实验技术岗老师担任本科生导师。

数理学院物理学科本科生导师工作研讨会

2020年11月3日，物理学科的老师们于下午3:30～4:30在理化楼308开展了物理学科本科生导师工作推进研讨会。参会的老师有：孟凡研、李泉水、郝亚江、邱红梅、倪晓东、秦吉红、顾强、陈娣、王云良、王宇航、赵豪飞、郑新和、郑金龙、邓世清、丁红胜、吴平、孙颖慧、段嗣斌和闻小龙，共19位老师。

老师们展开了广泛的讨论和深入的思考，明确了自己的责任，相互学习和交流了经验，形成几点建议和意见如下：

（1）学习导师做了很多工作。跟学生讨论时，引导学生，学生应该踏踏实实，有意向的学生展开更多的讨论；学生课程有问题时，给予学生一些科学的指导和方法，帮助学生克服困难；发现学生的心理健康有问题，会及时汇报；通过教务系统查询学生的成绩，及时发现问题，督促学生学习；学生有明确的科研方向，导师将其推荐给相应的老师；指导学生保研选研究生方向和导师，指导学生就业。

（2）希望能够获得每个学期之后学生的成绩以及在年级内的排名信息。这样对学生的规划建议更切实际。

（3）希望可以把学生们整体上对学习导师的意见以及对学习导师的期望反馈到导师群体，这样能够更有效率地实施指导。

（4）很多学生是被动的，希望学生有积极主动性，主动找学习老师，提出自己的问题；针对部分学生不愿意和导师联系，或者不见导师，请辅导员督促学生主动找导师讨论，或者建立一种机制，处理这种情况。

（5）建议在分配学习导师时，征求学生意见，考虑学生的需求，如导师的专业、性别、年龄等；如果学生主观意愿不希望有学习导师，则应审慎考虑学生意愿。

（6）对于学习导师，建议可以考虑双选，即教师有意愿做学习导师，学生有意愿找学习导师。

（7）对于学生学业上的指导，应该脚踏实地，主要应顺势而为，督促引导，有所帮助。导师之间多交流沟通，共享资源。

（8）在学习导师和学生的交流中，发现评奖评优是数学类和物理类放在一起评选，这对物理班学生的积极性打击较大，希望按照专业分开评奖评优。

作为本科生导师，我们深深感受到责任重大，同时也尽自己的能力引导学生；指导学生，开导学生。

为了了解学生的想法和反馈，例如希望本科生导师对自己在学习、生活等各方面提供哪些帮助和指导；希望导师们在哪些方面的指导需要加强得到。我们通过各个年级的班导师，收集了学生的反馈如下：

（1）希望学习导师能够给学生关于大学生活的建议，心态积极向上，帮忙解决生活难题。

（2）希望学习导师能否加强与学生的互动，如定期找学生谈谈话，或者固定每月见一次面了解情况，问一问学生的成绩（而导师也希望学生主动找导师讨论，汇报学习等情况，提出自己的问题、难题和需求，共同商量讨论和解决）。

（3）学习方面：督促学习；在学习计划的制订以及一些项目考试的短期规划之类给予帮助。

（4）加强科研方面的指导：对于有科研意向的学生可以与其沟通，让学生大致了解科研的步骤方法是怎样，应该从哪儿开始做起，什么阶段做什么样的工作；是否有机会可以让学生接触一下科研项目等，提供一些科研项目或相关学术资源或途径；科研方向的选择。

（5）考研指导与规划，帮助课程及格（怎么帮助?），提供一些学习方法和效率提升方面的指导；推荐相关书籍。

（6）职业规划：本专业的就业方向，关于大学之后的未来规划，希望能够帮学生分析近来情况下就业、考研的趋势，分析利弊，告诉学生走不同路会出现的情况有哪些，需要做的准备有哪些；求职技巧和方法。

（7）毕业设计指导。

（8）希望导师可以多分享自己的成功经验。

化学与生物工程学院化学系本科生导师工作总结

自从学校 2018 年制定《本科生导师制实施办法》以来，化学系按照学校工作要求，积极为每个新入校的本科生配备导师，发挥导师在立德树人、学业、学术和规划指导等方面的作用。主要做了以下几个方面的工作：

一、本科生导师实施情况

应用化学专业本科生，从大一入学开始实行“本科生导师制”。以老师、学生双方自由选择的形式按意愿结成对，一般一位导师负责一名学生。导师对学生的学习、生活、心理进行相应的指导，帮助学生巩固专业思想、深化专业知识、培养正确的学习方法，同时在实践方面给予针对性指导，提高学生的学习能力、专业技能水平、社会实践能力和科研创新能力等。导师与学生之间可以采取见面会、网上交流、实践操作指导等形式进行交流，适时做一些课题研究、学术讨论等。

（1）学生主动与导师联系，导师对其积极指导和帮助。导师与学生保持一定频度的接触，每月与被指导的学生面谈或网络交流不少于一次。引导学生确立正确专业思想，指导学生熟悉本专业人才培养方案及课程教学大纲，针对学生个体差异，对学生选课、专业发展方向选择、学习方法、职业生涯设计等方面进行指导。大多数每学期开学两周内与导师见面，并根据导师的意见与学生本人的实际情况制订出本学期的学习与综合素质发展计划。学生通过与导师交流，明确了学业发展方向，提高了学习热情。在导师的指导下，明确学习目的和成才目标，端正了学习态度，学习成绩稳步提高，挂科率明显降低。

（2）导师指导学生的科研和学术活动，培养学生科研兴趣。大一开始新生即可以进入导师所在实验室参加课题组科研活动。很多学生通过实验室参与导师课题组研究生以及高年级学生的学术交流，在科研训练中培养和提高了自身的科研能力与创新思维，学生在后续的毕业论文环节能以更快速度进入研究状态。部分学生在本科生即可以取得科研成果，出现了苑惠婷、洪伟祥、周玉珊、蒲柏松等为代表的多名本科生在学期间即发表 SCI 科研论文。同时，导师努力引导学生正确地认识化学专业，帮助学生巩固专业思想，多数学生在这期间加深了对化学专业的了解，增强了对化学专业的兴趣，降低了转专业的意愿。

（3）导师关心学生全方面发展。在关心科研和学业的同时，注重关心学生的心理健康，积极了解学生学习生活中存在的困难，指导学生树立正确的人生观、价值观，引导学生促进学生知识、能力、素质协调发展。同时，在推免研究生、评先评优等工作时给予学生指导意见。同时，导师在指导学生过程中，也了解学生的具体想法和科研兴趣，同时也能培养具有发展潜力的学生。

二、本科生导师实施存在问题

（1）部分学生主动性不够。由于大一大二学生课程多，学业重，参与导师课题组的活动会非常有限。部分本科生入学时大多不是第一志愿，专业思想不牢固，对化学专业的信心不足。

（2）有些老师反映缺乏方法论的指导。导师科研工作和教学工作繁重，老师们的精力都投入相关的工作中，再加上对本科生思想了解不够，对于做学生的思想工作感觉缺少具体的办法，也不知道哪些方法比较可靠。

三、下一步工作建议

（1）对老师进行相应的培训，提升老师尤其是年轻老师作为班导师的工作技能。建议学院每年定期请专业人士对老师们进行培训和指导，使得老师们的工作更规范和高效。

（2）如为了方便分析实践结果，指导的活动要有相关记录（可以指定活动负责人，学院也将进行跟踪）。

经济管理学院财务与会计系本科生导师工作研讨会总结报告

一、财务与会计系本科生导师工作概况

2019～2020 学年，财务会计系共有 14 位老师担任 171 名同学的本科生导师。期间所有导师均能够按照学校、学院要求，认真履行导师职责，定期安排对学生的学业规划、专业选择、学术指导与讨论，每学期指导次数人均 4 次以上，个别指导达 10 次之多。在本系老师的悉心指导下，会计专业各年级的同学从入学至今无论专业知识还是个人成长均取得了明显的进步。

二、财务与会计系本科生导师工作做法

通过系里组织老师们多次讨论总结，我系教师积极尝试多样化的导师工作做法，见面

形式有多对多、一对多、一对一，不同年级学生分组线上线下无障碍式的交流和讨论，实现不同年级同学之间保持持续有效沟通的渠道；系里通过组织集体见面，针对学生存在的共性问题，比如选专业、考研、职业发展等问题，组织大四保研和考研的同学来介绍经验等。具体做法总结如下。

（一）导师集体见面会

我系导师集体见面会于 2019 年 12 月 19 日举行，期间由系主任肖明老师为 2017 级、2018 级、2019 级同学对会计专业及其发展进行了详细介绍与解读。通过典型案例从大数据背景下会计专业的发展、国际交流和未来发展方向等方面讲解了专业发展方向与培养目标。随后针对同学们存在的共性问题，由 2016 级优秀学生代表，分享在校学习安排、保研、实习、职业发展等经验。

（二）疫情期间，组织线上见面会

面对突如其来的新冠疫情，全系老师严格遵守学校的联防联控规定，严格执行学校在新学期教学科研方面的统筹安排，“停课不停学、停课不停教”，通过腾讯会议、微信等多种线上平台，积极投入线上导师指导工作。老师们通过定期在线上组织小组同学开会，有意识地促进不同年级间同学的交流，鼓励高年级同学指导低年级同学；疫情期间通过线上交流，了解大家在家乡的疫情情况及防疫措施；同时加强对小组学生的正确引导，引导同学们学习中医常识，并组织同学们展开讨论，加强对自我体质的认识，鼓励大家建立起科学的积极的宅家锻炼模式，促进身心健康；指导同学在学业及创新创业等方面的各种问题。包括最新关注的专业领域以及本学期开课情况、专业课程难点及重点解答、期中教学回顾（考试结束的课程学习经验及将要学习课程的规划）。

（三）成立跨年级学习小组，实现有效沟通

本系导师刘亚莉老师，在每月组织学生开会交流时，先组成几个跨年级小组，让互不认识的不同年级同学在小组间进行简短交流，相互认识，再彼此向大家介绍，并提出自己遇到的问题及面临的困惑，大家一起提出建议。实现不同年级同学之间保持持续有效沟通的渠道。本系导师黄秋彬老师，考虑到两名 2018 级本科生均是从其他学院转专业进入我院，对于会计专业还不甚了解，而 2019 级本科生刚入学不久，对于个人兴趣、专业方向等事宜也不了解。在他们的第一次见面会，除了向学生们介绍本科生导师制的相关要求外，更重要的是师生相互了解，并根据学生的情况与想法一一做了记录，分享了学院与财会系的基本情况，并了解各位学生的学习情况、生活情况、职业愿景等内容。

（四）研究生带本科生，高年级带低年级的链式发展

在本科生导师工作中，本系老师们调动在读研究生与高年级本科同学的积极性，形成了研究生带本科生，高年级带低年级的以大带小链式发展模式。在具体指导时，老师们通过了解学生的兴趣与愿望，对于不想继续深造的学生，帮助其明确职业目标，以及实现目标所需的专业知识和技能，增强学生们自主学习的动力；对于有意愿深造的学生，则通过高年级优秀学长学姐分享经验，引导他们了解保研所需具备的条件，考研所需要的准备与难度，并且帮助他们明确目前学校目标专业，尽早准备。链式发展模式对低年级的同学尤为有益，为他们大学过得更有意义更有价值更有收获提供良好的保障。

三、财会系本科生导师制取得成效

在我系全体导师的悉心指导下，2017 级、2018 级、2019 级同学思想态度、学业知识和价值观积极向上，不断提升。在学习成绩方面，较上一年度有明显进步，优者更优，基础差一点也有进步，挂科率明显降低，全专业同学无一人受到学业警示。在创新创业项目如“互联网+”大学生创新创业大赛（北京赛区）、北京科技大学“摇篮杯”学术科技作品竞赛、北京科技大学节能减排大赛中取得一等奖、二等奖、三等奖的好成绩。在学科竞赛方面，北京市大学生数学竞赛、高教社杯全国大学生数学建模竞赛北京赛区、全国大学生英语竞赛中取得一等奖、二等奖、三等奖的好成绩。

四、优化本科生导师制的建议

（1）形式多样化。每学期 4 次见面会，最多可安排 1 次线上见面。为加强专业认识、解决学生的共性问题，每学期可组织最多一次系所集体见面会。

（2）名额分配方面，考虑到不同老师的工作量问题，建议不限定“教授>副教授>讲师”，统筹协调全程导师、实习指导老师及毕业论文指导老师的一致连贯性。明确全程导师的清晰界定，是全程有导师还是全程且导师不变。

（3）本科教学系统中学生的信息没有更新，即转专业的同学没有出去，新分来的同学没有进来，对老师们了解学生的学业情况带来极大的不便。

（4）导师职责更加明确、具体化。

经济管理学院金融工程系本科生导师工作总结

一、总体情况

根据《北京科技大学本科生导师制实施办法（试行）》（校发〔2018〕95 号）（附件 4）、《经济管理学院本科生导师制考核办法（修订）》（院发〔2020〕3 号）（附件 5）文件精神，金融工程系全体教师认真履行导师职责，关注学生思想动态，指导学生刻苦学习，引导学生创新创业，按照金融工程系培养方案，实现培养目标。2019～2020 年，金融工程系共计 13 位教师担任金融工程系本科生导师。金融工程系率先实施本科生导师制，一直以来都不断地从实践中总结制度经验，走出一条有特色的培养道路。金融工程系定期安排学业指导、学术指导、规划指导等活动。在金融工程系全体教师指导下，金融工程系全体学生在学业、学术和规划等方面取得了积极的成果。

二、工作内容

（1）以身作则，树立榜样。金融工程系教师以身作则，利用周四理论学习时间，深入学习贯彻习近平总书记重要讲话精神，尤其是关于教育的重要论述，深谙教育是对中华民族伟大复兴具有决定性意义的事业。因此，金融工程系每位教师都以身作则、言传身教，努力争当新时代好老师。

（2）积极互动，学业引导。金融工程系全体教师与全体学生互动，教师定期召开导师见面会，为学生解答学习上的困惑，组织学习经验的分享会，提升金融工程系学生学习兴趣，促进学生学习发展。

（3）因材施教，学术交流。金融工程系教师挖掘和激发学生潜力，针对学术想法学生，通过指导创新创业项目、竞赛项目、学术沙龙、科研论文、毕业设计等内容，锻炼学生科研能力，达到增强学术水平的目的，有利于学生进一步学术发展。

（4）就业帮助，规划未来。金融工程系教师经常与学生沟通交流，获知每位同学思想动态，积极召开会议，动员教师帮助学生就业推荐、实习推荐，利用周边资源，为学生提供帮助。

三、具体内容

（1）导师见面会。每年金融工程系分专业、转专业、毕业论文写作动员等都会组织导师集体见面会，由系主任王未卿老师为金融工程系的全体学生介绍金融工程系的基本情况，包括师资团队、软硬件设备、课程简介等，以及介绍金融工程系学生的毕业去向，包括出国留学、保研、金融机构工作等，让学生们有了初步方向与目标，认识了师资力量，踏踏实实学习。

（2）线上指导与线下交流并行。疫情期间，也不间断地指导，定期通过腾讯会议、雨课堂、微信、QQ 等途径召开线上会议，关心学生身体健康情况，关注学生学习工作状况，组织讨论会和汇报会，使得同学之间交流不因距离而减少，反而彼此更加熟悉。疫情好转，学生们回到校园，金融工程系老师们纷纷组织线下交流会议，进行面对面的指导，指导专业问题、学业问题、个人问题等。保证数量的同时，提高线上或线下见面的质量，每次会议都会让学生有所收获、有所成长。

（3）统筹安排与分类指导结合。金融工程系为所有学生提供指导、每位金融工程系老师为各自指导学生提供指导，同时因不同学生而进行差异化的指导。统筹安排是为了指导学生共性问题，分类指导是为了指导学生特殊性问题。每位教师都会与学生单独谈话，了解学业、学术、规划等方面的动向，及时把握学生发展过程中面临的困难给予帮助，使得更加具有针对性。

（4）师生齐力与同学互帮互助结合。金融工程系部分老师有本科生、研究生，研究生在一定的程度上思想和学习都相对较好，充分发挥研究生的优势，为本科生提供各种力所能及的帮助。同时，高年级学生也与低年级学生互动，形成密切的网络关系，从而达到所有问题从各个角度、各个方面都有人给予指导和建议。

四、系所老师提出并讨论的问题

（1）导师制、班导师和辅导员责任难以区分。金融工程系每一届有两个班级，每个班级配备一名班导师，同时也为每个班级里的每一名学生配备一名导师。除此之外，还有相应的辅导员。在指导过程中，究竟哪些工作属于班主任工作内容，哪些属于导师职责范围，哪些属于辅导员职责范畴，其实难以确定，因为班主任、导师身份都是为了辅助学生专业上成长，而在生活等方面可能更多的是辅导员职责范围，学生有疑问的时候可能会多方求助。

（2）学生主动性有待进一步提升。金融工程系每位教师认真负责，传授给学生积极正能量，但是部分学生积极性难以调动，这一现象制约着导师工作的成效，例如个别老师定期召开讨论会，一部分同学积极踊跃参与，并且积极分享和学习，但是总有一部分学生缺乏主动学习的态度，即使老师再努力认真，学生也无动于衷，其教师工作成效和学生全面提升受到制约，老师付出努力全无收获，也可能适得其反。

（3）学生多次调整导致教师指导连续性差。针对大一、大二都有专业调整，直接导致经常有教师名下的学生全部更换，这样使得导师指导学生连续性受到影响，这将不利于学生成长，这与全程导师制的名称有所出入。

（4）学生在老师中分配不均等导致年轻教师学生不足。按照本科生导师工作要求，教授、副教授和讲师有名额要求，导致教授与讲师差异很大，部分教师可能想要指导学生，却因为学生稀少而难以形成规模经济，减少了年轻教师积极性，以及责任的担当。

五、对策建议

（1）虽然导师职责较为具体，但学生缺乏了解导师职责。

（2）鼓励学生积极与导师交流，化教师主动为被动。

（3）尽量不更换导师，以保证导师连续性。

（4）名额分配不设限制，争取实现规模经济。

外国语学院德语系本科生导师工作总结

2019～2020 学年，德语系本课程导师工作有条不紊地开展，德语系全体教师均参与到全程导师的工作中，对所指导的学生在语言学习、学业发展、未来规划等方面进行了全面指导。指导的方式包括小组约谈、个人约谈、主题讨论会、读书会、四级考试指导与复习等形式。因疫情带来的情势变化，全学年的指导工作分为两个阶段：第一学期主要以面对面约谈和研讨为主，微信邮件等方式为辅，自 2020 年 2 月初起，转为在线指导，除常规的学业指导和规划指导外，各位导师均针对疫情增加了实时心理疏导，时刻关注学生的学习和心理状态，做到在线教学阶段学生不掉队、无意外状况。德语系定期召开全体教师会，对全程导师的执行情况进行探讨，对可能问题进行了梳理和总结之外，重点关注了工作中的问题与不足，对问题进行了反思，探索解决或改善的办法。可以说，德语系各位导师对学生的指导既关注了本科四年发展不同阶段的共性问题，也顾及到了学生的差异性针对学生各自不同的问题进行指导，归纳而言，指导内容可具体概括为：

（1）专业认同感指导。多数教师在与学生的交流过程中，遇到最多的问题是与专业方向有关的。大一新生初进门，就面临专业选择的困惑，因多数学生对各自的专业学科和学科未来发展去向还不十分明了，导师通过集体约谈或选择尤其困难的学生单独约谈的方式，解答学生的困惑。大二学生相对时间和精力都集中在专业语言学习和专业考试上而无暇他顾；但渡过基础阶段后，学生往往陷入对语言学、文学、文化学、国别与区域研究或者跨学科的知识结构的困惑以及课程的选择困境中，导师此时的指导起到非常有效的作用。在整个过程中，帮助学生将自身的兴趣点融入专业的理解中是十分必要的，在见面过程中，让他们主动分享喜欢做的事、愿意花时间做的事，找到相应的语言素材推荐给他们，并以这种形式与他们保持定期的互相分享与沟通，不仅能迅速拉近和学生的距离，也能使他们在很好地理解语言的魅力的同时，又不易产生抗拒的心理。

（2）学业发展与规划指导。三年级较为关注学生在未来职业和发展方向上的进展，回答学生关于保研和出国等问题。二年级则重点督促专业四级考试，此外在学生对于选课和未来专业学习方向上进行引导。尤其 2018 级学生，因为疫情的原因下学期一直进行在线授课，学生担心学习效果而惶惶；同时考试时间一再变动对学生心理造成了一定的影响，为此，各导师尤其该年级的精读和基础德语课的老师每周抽出固定的时间，对语言学习上稍微吃力的学生进行一对一在线辅导，取得了较好效果。既保证了学生在线学生效果，又让学生感受到老师们的关怀，缓解了心理上的紧张和不安。一年级即 2019 级刚分专业就要进行在线授课，学生和学生之间、学生与教师之间的了解相对不够充分，在学习上的效果相对有一定影响，指导教师重点对这些状况进行了关注，对学生在学习方法等方面的问题进行指导。

（3）其他方面，包括心理辅导、情感引导等。最近几年，学生中存在一定心理问题、心理上不够成熟或情感方面需要疏导的学生的比例在逐年增加，原因很多，在此不做一一探讨。全程导师在学生谈话、课堂授课或与班导师、辅导员沟通的过程中渐渐了解到这些问题，并在与学生的指导中尽力进行指导或疏导。当然也存在一些或心理防御比较强，或性格比较羞涩，或内心不够自信的学生，这给导师们的工作更是提出了挑战。针对这一现象，德语系继续发扬小集体的优势，做到导师、班导师、任课教师及时沟通全面把握学生状况，力求达到对问题最大程度的解决或消解。

以上各方面的指导中，各位指导教师注重相互交流，及时吸取先进的有效的经验。但在具体的指导中依然会出现一些困难或问题，大多是共性的问题，比如，如果老师在该年级的专业课程较少或者没有，则与学生交流相对有课堂及时反馈的学生要少一些，就需要导师更多地与班导师和任课教师沟通以及时了解情况，并有针对性地对学生单独约谈以打开学生心扉使交流达到更好的效果；春季学期因为客观原因，老师和学生的交流限于在线的形式，无法在交谈中细致观察学生的反应，增加沟通难度，也需要老师更多投入时间和精力。针对上一学年的全程导师工作，德语系于 2020 年 10 月 29 日召开全体导师会议，除交流学生状况外，主要就导师工作的经验进行交流，尤其对如何与学生展开充分的对话进行了研讨。综合大家的观点看法和经验分享，德语系在导师工作方面的亮点体现在：

（1）继续发挥德语系小集体的优势，做好配合。全程导师、班导师、任课教师以及辅导员的信息沟通和交流非常重要，能够全面地了解学生状况，对学生进行立体式指导。一方面做到指导工作事半功倍，另一方面使学生感到家庭般的温暖，无论出现何种问题、有任何困惑都可以随时、向任何人求助，得到包围环绕式的关怀和指导。

（2）全程导师与学生的沟通注重打破隔阂使沟通起到良好的效果。比如对可以根据对各自学生的了解、结合学生的状况寻找共同话题，平等并真诚地与学生展开对话，多鼓励多启发，使学生愿意主动向老师敞开心扉。当然这也要注意尺度，对于一些较为内向或者背景稍微特殊的学生，也要适时给学生留出一定的自我缓冲空间，老师表达出进行沟通的善意和温暖，但把沟通的主动权交给学生，使学生有一定的适应期，慢慢建立良好沟通的心灵之桥。

（3）在集体约见、约谈、集体主题谈话的大前提下，单独约见、有的放矢的个别辅导必不可少。这一点尤其在对在学习上有障碍、自我管理能力相对欠缺、同学相处或集体生活出现问题，甚至心理或情感方面出现症状的学生的辅导、疏导方面，被证明是必不可少的、有效的。这一点在今后还将继续保持。

在全程导师工作路程上，时时会有新问题、新状况，德语系全体教师将继续秉承无私奉献立德树人的优良传统，心怀仁爱之心，总结经验，凝聚力量，持续巩固提升人才培养的质量。

外国语学院日语系本科生导师工作总结

日语系于2020年10月29日13:30~14:00在外语楼203召开本科生全程导师研讨会，与会的13名教师就过去一年的工作进行了总结和交流。同时也明确了今后指导工作的思路和目标。大家凝聚共识：作为一名高校教育工作者，首先要树立“德育工作者”的理念，它将学校的德育目标、任务分解到全程导师身上，让全程导师与班主任、辅导员紧密配合，构成整体合力。对学生的德育管理进行调整和优化，有利于尽快构筑起全员育人、全程育人、全方位育人的思想政治教育大格局。今后将从以下四个方面不断完善工作。

一、加强自身理论学习，以身作则诠释师风师德

重视学习、善于学习是我们党的优良传统和政治优势，加强理论学习，是共产党员加强理论修养、永葆先进性的内在要求。日语系现有10名党员，党员教师除了具备先进的教育理念和良好的专业技能外，还需要有较高的政治觉悟和政治能力，以及过硬的政治素质和政治品格，因为要规范学生的行为，首先必须规范自己的行为；要提高学生的素质，首先要提高自身的素质；要让学生抱有坚定的政治立场和正确的政治信念，首先自己要把坚定政治信仰作为人生的首要课题，坚决做共产主义远大理想的坚定信仰者和忠实实践者，模范践行“对党忠诚，积极工作，为共产主义奋斗终身”的入党誓言。与此同时，在全程指导学生的工作中，始终坚守和发扬为人师表、以身作则、率先垂范的师德师貌，充分展现教师的亲切阳光、朝气蓬勃的良好姿态。

二、做好学业指导工作

全程指导教师的工作重在学业指导。首先，强化对新生的指导和教育工作。能否快速地转变新生的学习习惯和学习方法对于新生的学业发展至关重要。作为一名全程指导教师，应极其重视新生入学阶段的学习情况，争取不让任何一位学生落伍或者掉队，尤其是在专业学习的过程中，不断地督促新生背牢单词、记好语法。此外，还利用丰富的媒体资源激发新生的学习兴趣，提升他们的学习热情和学习动力，以期为他们高年级阶段的深入学习打下坚实的基础。同时做好专业宣传工作，帮助他们明确今后选专业的方向，尽快树立专业认同感。

其次，关注老生在学生活，借助各种渠道进行沟通。疫情暴发期间，尽管与学生遥隔千里，但受惠于强大的网络平台，并未与学生产生心理上的距离。一方面，指导教师通过微信朋友圈、微博等自媒体密切关注学生近期的学习和生活状态，如果发现问题，就会第一时间和学生进行沟通，详细了解出现问题的原因以及解决问题的方法或对策；另一方面，在鼓励他们课下专注于各种兴趣的同时，也不要忘记将其日语学习结合起来，力争做

到专业学习与兴趣开发同步并举，即通过兴趣带动日语学习，将日语学习融入兴趣开发的实践中。

三、以老带新共成长，以新促老同进步

指导教师将所带的不同年级的学生整合起来，建立互帮互助小组，便于沟通协作。对于刚刚跨入大学校门的新生而言，如何让其更快更好地适应高校学习和集体生活是每位全程导师认真思考的重要课题。从代际关系的视角来看，同代人尤其是同龄人之间的沟通障碍最少，但效果却最好。基于此，可以让老生参与到指导的过程中，即鼓励四年级指导三年级（考研或就业），三年级指导二年级（考级或出国），二年级指导一年级（学习或生活）。与此同时，鼓励低年级学生服务于高年级学生，即一年级参加二年级组会、二年级参加三年级组会、三年级参加四年级组会（预定场地或准备材料）。通过上述方式进行管理，不仅能够加强同门之间的联系，而且可以有效解决一些因代际隔阂或不同性别而不便处理的问题。

四、强化导师间的合作与交流

在未来的全程指导实践中，也许会遇到一些难以把控的事情，对此，全程导师会与其他全程导师常沟通、多交流，以便吸取更多的经验，更好地指导学生成长成才。

在今后的指导工作中，不光在学业上进行指导，帮助他们规划学业及职业方向，更要关注学生的心理健康，帮助他们树立正确的人生观和价值观。同时，对于后疫情时代对不同年级所产生的影响加以关注。不论今后面临怎样的困难，相信日语系 13 位指导教师团结协作、共同进步，定会更好地助力学生的成长。

本科生全程导师制实施办法

关于印发《北京科技大学本科生导师制实施办法（试行）》的通知

校发〔2018〕95 号

各单位：

为贯彻落实全国教育大会、全国高校思想政治工作会议精神和党的十九大关于加强师德师风建设的要求，全面贯彻党的教育方针，根据《中共中央　国务院关于全面深化新时代教师队伍建设改革的意见》《中共北京市委教育工作委员会　北京市教育委员会关于全面推进北京高校学业辅导工作的意见》等文件精神，结合我校实际，制定《北京科技大学本科生导师制实施办法（试行）》，现予以印发，请认真遵照执行。

北京科技大学

2018 年 10 月 12 日

北京科技大学本科生导师制实施办法（试行）

第一章　总　　则

第一条　为贯彻落实全国教育大会、全国高校思想政治工作会议精神和党的十九大关于加强师德师风建设的要求，全面贯彻党的教育方针，根据《中共中央国务院关于全面深化新时代教师队伍建设改革的意见》《中共北京市委教育工作委员会北京市教育委员会关于全面推进北京高校学业辅导工作的意见》等文件精神，遵循以人为本教育理念，充分发挥教师在人才培养过程中的重要作用，促进学生全面发展和健康成长，培养高素质创新人才，全面提高人才培养质量，学校决定实施本科生导师制。

第二条　为每个新入校的本科生配备导师，发挥导师在立德树人、学业指导、学术指导、规划指导等方面的作用。在本科期间建立以导师为主导，研究生辅导本科生、高年级本科生帮助低年级本科生的纵向链式学习科研团队，围绕学生的学业、创新创业、考研就业等开展个性化指导，引导本科生早进实验室，促进教研融合、师生相长，整体提升人才培养质量。

第三条　学院成立本科生导师制工作领导小组，制定导师工作细则与考核办法，负责学院导师的聘任与考核等工作。

第二章　导师任职资格

第四条　拥护党的基本路线和教育方针，师德高尚，治学严谨，为人师表，关心学生。担任本科生导师的教师必须做到“四有”，即有理想信念，有道德情操，有扎实学识，有仁爱之心。

第五条　具有中级（含）以上职称且在校承担教学科研工作一年以上的专任教师(含双肩挑教师)。原则上中级以下职称的教师及入校工作不满一年的教师不独立承担指导工作，但可以作为副导师参加导师组。

第六条　学校年度考核或导师工作考核不合格的教师，下一年不能指导新的学生。受到学校处分的教师视情况暂停指导新的学生，情节严重的取消导师资格。

第三章　导师聘任

第七条　学院为每名新入校的本科生择优选聘导师。每位教师指导的学生人数根据学院学生人数及专任教师数测算，按照正高级指导的学生数大于副高级、副高级指导的学生数大于中级的原则执行。

第八条　新生入校后三周内，学院按照数量均衡、合理搭配的原则，统筹安排导师，并将安排报学校备案。

第九条　导师一经确定，原则上应保持连续稳定。学生分专业后，学院可根据学生专业和学业发展的实际情况按照双向选择的原则进行调整，并报学校备案。

第四章　导师工作职责

第十条　立德树人。导师要以德修身、以德润才、以德育人、以德塑魂，不断提高学生思想水平、政治觉悟、道德品质，做到明大德、守公德、严私德。

第十一条　学业指导。引导学生树立正确的学业观，对学生在学业规划与专业选择等方面给予专门的指导。结合社会发展的需要与专业特色优势，根据学生个人实际，帮助学生树立学习目标，认识学习的重要性，增强自主学习动力。指导学生熟悉本专业的培养目标与教学计划等教学文件，根据学生的知识能力水平和发展方向，与学生共同制定学习计划，增强专业认知认同，提升学习兴趣，促进学生学业发展。

第十二条　学术指导。根据学生特质挖掘并激发学生的主动性和创造性，因材施教进行个性化培养。通过指导学生参与创新创业训练项目、学科竞赛、学术沙龙、科研课题、毕业设计（论文）等创新实践活动，拓宽学生学术视野，增强学生创新创业能力。

第十三条　规划指导。导师应指导学生进行职业规划。鼓励和引导有潜质的学生继续深造。帮助就业的学生树立正确的就业观，为就业做好准备。充分利用自身优势和资源，为学生考研、出国、就业提供帮助。

第五章　导师工作要求

第十四条　导师负责构建以导师为主导，研究生辅导本科生，高年级本科生帮助低年级本科生的创新型学习科研团队，使学生能够感受到团队的关怀，帮助学生健康成长。

第十五条 导师要做好工作计划，认真填写“导师工作手册”，记录学生成长过程，并根据学生特点及时调整指导方式。

第十六条 导师每学期开学初与学生见面，定期对学生进行指导，每学期指导不少于4次。对低年级学生更多关注学习过程，培养学生良好的学习习惯和学习方法。对高年级学生及时吸纳参与科研课题研究，指导创新创业训练项目、学科竞赛等，增强学生的创新意识和实践能力。

第十七条 毕业设计（论文）原则上由导师负责指导，按照《北京科技大学本科生毕业设计（论文）管理规范》中有关要求执行。特殊情况学院可进行调整。

第十八条 导师要主动了解国内外考研就业动向，在学生个人发展等方面提供咨询意见。

第十九条 导师要做好学校相关制度的解读与宣传。注意发现有突出培养潜质和特长的学生，关心受到学业警示和降级学生并给予必要的帮助，关注少数民族学生和外国留学生在学习方面的特殊问题，及时向学院反馈学生的情况与意见建议等。

第六章 导师工作考核

第二十条 导师的工作考核由学院负责实施，学院根据导师职责履行情况，参考学生的思想、学习、创新创业等方面的情况对导师工作进行考核。每学年考核一次，考核结果分为“优秀”“称职”“不称职”三个等级，“优秀”比例不大于20%，并将考核结果报学校备案。

第二十一条 对考核结果“优秀”的教师在岗位聘用、职称评定、评优评先等方面给予倾斜。要求考核结果为“不称职”的教师提交整改方案，并暂停一年担任新生导师资格。

第二十二条 学年对各学院的导师工作总体情况进行考核。

第七章 附 则

第二十三条 本办法由教务处负责解释。

第二十四条 本办法于2018年9月25日经2018年第28次校长办公会讨论通过，自发布之日起执行。

关于印发《北京科技大学本科生班主任工作管理办法（修订）》的通知

校办发〔2019〕25号

各单位：

为深入贯彻落实习近平新时代中国特色社会主义思想和党的十九大精神，贯彻落实习近平总书记关于教育的重要论述，坚持立德树人根本任务，深入推进全员全过程全方位育人，进一步加强班主任对本科生的指导，提高人才培养质量，结合学校实际，特制定《北京科技大学本科生班主任工作管理办法（修订）》，现予以印发，请认真遵照执行。

校长办公室

教务处

2019年12月17日

北京科技大学本科生班主任工作管理办法（修订）

为深入贯彻落实习近平新时代中国特色社会主义思想和党的十九大精神，贯彻落实习近平总书记关于教育的重要论述，坚持立德树人根本任务，深入推进全员全过程全方位育人，进一步加强班主任对本科生的指导，提高人才培养质量，特制定本办法。

一、班主任配备

1. 原则上每个自然班应设班主任一人，学院于新生入学前确定每个班的班主任人选。

2. 为保证班主任工作的连续与稳定性，班主任任期四年，一般不得中途更换。

二、班主任职责

1. 关注班级学风情况，做好班级建设，班主任应与学生保持经常联系，每学期至少召开两次班会，了解班级的学风状况和学生的思想动态；关注宿舍学习、生活氛围等问题，对存在的问题要及时进行解决。每学期配合辅导员至少开展1次主题教育活动。

2. 熟悉专业培养方案，了解各课程教学情况，根据专业培养目标和教学计划，给予班级学生学业指导，引导学生制订合理学习计划和选课计划。

3. 了解教学开展情况和效果，及时向学院、相关部门反馈学生对教学的意见建议，听取任课教师对学风的反映。建立家长联系机制，对于课堂学习存在突出问题的学生及时与家长交流反馈，强化家校教育的支持与配合。

4. 加强师生互动交流，明晰学生阶段需求。发挥好本科生导师和辅导员间的桥梁纽带作用，针对不同学生群体开展分层次、个性化学习指导。对于成绩优异、表现突出的学生结合学校保研等相关政策予指导。对学习有困难的学生及时给予帮助。要特别关注受到学业警示与降级处理的学生，对降级的学生要与其新的班主任做好交接工作。

5. 配合辅导员做好班级干部选拔、培养、考核工作，参与各类奖学金、荣誉称号的评选工作，协助做好班级违纪违法学生的处理和教育工作。

三、班主任聘任及管理

1. 班主任的聘任由学院负责，学院遴选思想政治过硬、有相关专业背景、业务能力强、工作认真负责的教师担任班主任。

2. 班主任考核工作每学年进行一次，由学院负责。班主任应在秋季学期开学三周之内向学院提交上一学年的工作总结，学院依据学生评价、班级学风情况、班主任开展工作情况等对班主任进行考核，并将考核结果报教务处备案。考核不合格的，将不再聘任其担任班主任工作。

3. 担任本科生班主任是教师工作职责之一，教师晋升职称原则上应有班主任工作经历，且考核合格。

4. 对担任班主任工作并考核合格的教师，学校给予一定的酬金，每学年发放一次。

四、附则

1. 本办法由教务处负责解释。

2. 本办法自发布之日起执行，《北京科技大学本科生导师工作管理办法》(校发〔2010〕91 号）同时废止。

关于印发《关于进一步加强本科生导师、班主任、辅导员育人工作的实施意见》的通知

校发〔2019〕77号

各单位：

为进一步明确本科生导师、班主任、辅导员的主责任务和工作要求，充分发挥三支队伍的育人作用，深入推进全员全过程全方位育人，培养德智体美劳全面发展的社会主义建设者和接班人，结合学校实际，特制定《关于进一步加强本科生导师、班主任、辅导员育人工作的实施意见》，现予以印发，请认真遵照执行。

北京科技大学

2019年12月13日

北京科技大学关于进一步加强本科生导师、班主任、辅导员育人工作的实施意见

为深入贯彻落实习近平新时代中国特色社会主义思想和党的十九大精神，贯彻落实习近平总书记关于教育的重要论述，落实立德树人根本任务，根据《全面深化新时代教师队伍建设改革的意见》《关于深化本科教育教学改革全面提高人才培养质量的意见》等文件精神，进一步明确本科生导师、班主任、辅导员的主责任务和工作要求，充分发挥三支队伍的育人作用，深入推进全员全过程全方位育人，培养德智体美劳全面发展的社会主义建设者和接班人，经学校研究，现就进一步加强本科生导师、班主任、辅导员育人工作提出如下实施意见。

一、指导思想和目标任务

（一）重要意义

立德树人是高校的根本任务，学校教学、科研、管理、服务等各类岗位都负有立德树人的重要职责。对标新时代本科教育要求，围绕本科生成长需求，本科生导师、班主任、辅导员三支队伍加强工作协同，发挥育人合力，对于促进学生成长成才、提升人才培养质量、建设一流本科教育具有重要意义。

（二）指导思想

以习近平新时代中国特色社会主义思想为指导，全面贯彻党的教育方针，坚持社会主义办学方向，落实立德树人根本任务，以理想信念教育为核心、以社会主义核心价值观培

育为主线、以德智体美劳全面发展为目标，以深化推动全员全过程全方位育人为关键，以一流本科生培养为着眼点，以“一降二升三满意”为落脚点，明确本科生导师、班主任、辅导员的主责任务和工作要求，加强组织领导，提高思想认识，健全体制机制，强化协同配合，全面提升本科生思想政治工作质量和水平，全面提高本科生培养质量，培养担当民族复兴大任的时代新人。

（三）基本原则

充分发挥本科生导师、班主任、辅导员育人优势，深入把握“五个强化”，扎实推进本科生导师、班主任、辅导员全面落实立德树人根本任务。一是强化履职尽责。明确本科生导师、班主任、辅导员三支队伍各自岗位职责和工作要求，明确工作的职责边界和主辅关系，对标对表、履职尽责。二是强化价值引领。注重言传与身教相统一，以德修身、以德润才、以德育人、以德塑魂，实现岗位履职与价值引领一体化推进。三是强化协同配合。在聚焦主责主业的基础上，加强本科生导师、班主任、辅导员三支队伍间的协同配合，形成育人合力。四是强化总结创新。注重点面结合，以点带面，鼓励基层积极探索，及时总结推广好经验好做法，带动形成全面推进的良好局面。五是强化激励保障。明确评价标准，将育人实效作为职称评聘、绩效分配、评奖评优的依据，同时加强优秀典型选树，营造“以育人为荣”的浓厚氛围。

（四）目标任务

通过一系列改革政策和创新举措，切实推动本科生导师、班主任、辅导员履职尽责能力不断加强，整体育人能力全面提升，协同育人机制更加健全。形成本科生导师抓“点”、班主任抓“线”、辅导员抓“面”、学工系统和教学系统抓“体”的“点、线、面、体”育人体系，构建评价合理、激励有效、保障有力的管理体制机制。实现学生学习兴趣和潜能得到持续激发，学生的思想水平、政治觉悟、道德品质、文化素养、心理素质不断提高，勤于学习、勇于创新、敢为人先、爱校荣校的氛围日益浓厚，本科生深造、就业的质量和比率逐年增加，学生和家长的满意率不断攀升，学校办学的社会认可度不断提高，人才培养质量持续提升的效果不断显现。

二、工作职责和工作要求

（一）本科生导师

1. 工作职责

（1）学业发展指导。导师是本科生学业发展与指导的第一责任人，要引导学生树立正确的学业观，增强专业认知，深化专业认同。指导学生树立正确的学习目标，增强学习动力，提升学习能力，降低学业困难学生比例。指导学生熟悉专业培养目标与教学计划，根据学生的知识能力水平和发展意向，指导学生制定学习计划。

（2）发展规划指导。分析和了解学生个体特点和成长需求，做好对学生发展的个性化指导。鼓励和引导有潜质的学生继续深造，提升学生深造率。指导和帮助就业学生树立正确的择业观和就业观，为学生就业、出国等提供指导和帮助，提升学生就业竞争力。

（3）学术科研指导。带领学生参加课题组会、讲座报告、科学实验，帮助学生深入理解专业价值，构建知识体系，培养科研兴趣，提升科研能力。对本科生在科研项目、创新竞赛、学科竞赛等方面提供指导，增强学生科研实践能力、创新创业能力。

（4）做好学生思想政治教育。引导学生保持身心健康，建立和谐人际交往关系，形成完善人格。在辅导员的统筹组织下，加强对学生的爱国主义教育、理想信念教育、社会责任教育和道德观教育等，引领学生主动弘扬和践行社会主义核心价值观。

2. 工作要求

（1）构建有效机制，定期开展交流。构建由导师、导师指导的研究生和本科生组成的学习团队，充分发挥研究生对本科生、高年级本科生对低年级本科生的指导和辅导作用，形成“本研一体、高低互动”的交流机制。

（2）提升责任意识，重视答疑解惑。拓展多种渠道，为学生开展学术科研提供条件支持和项目指导。采取一对一、一对多等形式，每学期至少 4 次与学生在思想、生活、学业、心理等多个方面开展交流，对学生发展存在的疑惑给予解答。对于学业困难学生，指导制定有针对性的选课安排和学习计划，主动帮扶并持续跟踪，确保学生达到修业要求。

（3）注重言传身教，关注思想动态。对标新时代“四有好老师”“四个引路人”要求，引导学生树立正确的世界观人生观价值观。通过学业发展指导、学术科研指导和学习团队交流等方式，了解和关注学生思想动态，每学期就所负责学生与辅导员至少进行 1 次深入沟通交流。

（二）班主任

1. 工作职责

（1）学风建设指导。班主任是学生班集体学风建设的第一责任人，指导班集体开展班风、学风、舍风建设，了解学风状况和学生思想动态，对存在的问题及时解决。熟悉专业培养方案和各课程教学实际情况，根据学校教学管理制度参与落实专业培养目标和教学计划，指导学生科学制订学习计划。

（2）发展规划指导。针对不同学生群体开展分层次、个性化学习指导。对有突出培养潜质的学生提出因材施教的提升计划，对学习有困难的学生给予必要的指导帮扶，特别关注学业警示与降级的学生。

（3）教学情况调研。了解教学开展情况和效果，及时反馈学生对教学的意见建议。建立家长联系机制，对于课堂学习存在突出问题的学生及时与家长交流反馈，强化家校教育的支持与配合。

（4）配合开展班集体建设。协同辅导员组织参与班会、班干部会、年级会，有计划地指导开展班级建设工作。配合辅导员做好班级干部选拔、培养、考核工作，参与各类奖学金、荣誉称号的评选工作，协助做好班级违纪违法学生的处理和教育工作。

2. 工作要求

（1）关注班级学风情况，做好班级建设。定期向班级委员、宿舍长了解班级、宿舍、个人的学风情况，督促并指导建设积极进取的班风、舍风，做好与辅导员的沟通交流。

（2）加强师生互动交流，明晰学生阶段需求。发挥好本科生导师和辅导员间的桥梁纽带作用，每学期至少参与或者召开 2 次班会了解学生专业学习情况，根据不同年级不同阶段的需求，提供相应支持和指导。对于学警、降级、心理危机学生给予关注疏导，对于成绩优异、表现突出的学生结合学校“六年一贯制培养”政策予以支持和指导。

（3）注重思想教育工作，发挥班主任引领作用。强化课程思政，立足于“三全育人”基本要求，在日常谈话、班级会议等工作中加强思想引领，以知促行，以行践知。每学期配合辅导员至少开展1次主题教育活动。

（三）辅导员

1. 工作职责

（1）思想理论教育和价值引领。辅导员是开展大学生思想政治教育的骨干力量，负责组织、实施和指导大学生日常思想政治教育工作。要坚持用习近平新时代中国特色社会主义思想铸魂育人，加强对学生主题教育和形势与政策教育，引导学生弘扬和践行社会主义核心价值观，爱党、爱国、爱社会主义、爱人民、爱集体。

（2）党团和班级建设。指导学生党支部和班团建设，注重培养学生骨干，做好学生入党积极分子教育培养工作和学生党员发展教育管理工作。

（3）学生日常事务管理。开展入学教育、毕业教育及各项学生管理工作，组织开展学生军事训练、奖学评优、助贷勤补等工作，重点做好学生困难帮扶和学优提升工作。

（4）心理健康教育和安全稳定。协助学校心理素质教育中心开展心理健康教育各项宣传教育活动，对学生心理问题进行初步排查、疏导和及时有效关注。组织开展各类安全教育，掌握学生各类危机事件信息并按要求及时有效做好应对。

（5）学风建设和学业辅导。注重学风建设，组织开展学业辅导相关活动，及时发现学业困难学生，配合提供有效辅导，加强对学生开展课外科技学术实践活动指导。

（6）职业规划与就业指导。配合就业指导教师，做好学生生涯规划和就业指导相关服务工作，重点引导学生树立正确择业观就业观，自觉响应国家的号召，到国民经济主战场，到基层，到国家最需要的地方去建功立业。

2. 工作要求

（1）提升思想政治教育工作本领。努力学习思想政治教育的基本理论和相关学科知识，具备从事相关教学、科研及社会实践的能力。扎实掌握大学生思想政治教育、文化素质教育、心理素质教育、学生事务管理、学生发展指导、职业规划等方面知识与技能，增强工作的科学性和专业性。

（2）提高学生党建和日常思想政治教育质量。定期组织开展学生思想理论学习和形势与政策教育活动，深入思政课课堂，配合思政课教师做好第一课堂思想政治教育；以入党积极分子、学生党员为重点，定期谈心谈话，指导策划各类党支部活动，深入开展中国特色社会主义理论教育，定期向本科生导师、班主任交流学生思想动态。

（3）抓实抓细基层组织建设。坚持深入班级，定期组织主题班团日活动，紧抓重大事件、重大历史契机，邀请本科生导师、班主任、思政课教师等参加，每学期不少于2次主题班会。加强对学生的理想信念教育、爱国主义教育，运用丰富载体，开展社会主义核心价值观教育，提高日常思想政治教育的亲和力和实效性。

（4）定期深入学生宿舍、课堂。每周深入学生宿舍不少于2次与学生进行面对面的交流和谈心，及时了解学生生活、学习、心理情况和思想动态，提高日常思想政治教育的针对性。每周到所带班级随堂听课不少于3次，了解学生课堂出勤情况和课堂表现，听取任课教师的意见和建议，共同做好对学生学习的教育和管理工作。

（5）坚持网络引领日常化。善于使用网络积极开展网络思想政治教育，主动谋划和创造网络思政精品，密切掌握学生网络信息动态，把“键对键”作为“面对面”的有益补充。

（6）统筹做好各类教育管理服务工作。组织好学生奖学评优、助贷勤补、心理健康教育、社会实践、志愿服务、创新创业等各项教育管理服务工作，加强与本科生导师、班主任的沟通交流，协助和配合本科生导师、班主任重点做好学生的学业发展规划、学风建设等工作。

三、加强激励保障

（一）完善工作评价机制

制定科学规范的评价标准，坚持育人实效导向，突出育人工作质量，重点考察成效反馈。建立健全本科协同育人领导机制，成立由学校主要负责人任组长，主管本科教学和学生工作领导任副组长，有关部门负责人及各本科学院党政负责人任组员的协同育人工作领导小组，每学期至少召开一次专题会议。本科学院要结合实际情况成立学院本科协同育人工作组，并制定实施细则。考评结果应作为各类人员职称评聘、绩效分配、评奖评优、培养培训的重要指标。

（二）建立激励表彰机制

给予本科生导师、班主任、辅导员一定工作津贴。在各级各类评选推荐中，加强育人实效考评权重。设立本科生导师、班主任、辅导员年度评优奖项，每年评选表彰育人能力突出、实效显著的本科生导师、班主任、辅导员各 10 名，做好广泛宣传，营造“以育人为荣”的浓厚氛围。

（三）健全总结研讨机制

鼓励本科生导师、班主任、辅导员紧扣“立德树人”根本任务，基于工作职责，加强对学生成长规律的研究，并聚焦育人实效苦练内功。鼓励支持学院结合实际情况，有针对性地加强对本科生导师、班主任和辅导员工作实效的考评和激励。鼓励支持学院探索思政工作室建设，针对学院特色做法、先进经验、工作实效，给予经费支持和保障并做好归纳总结，形成可复制可推广的育人模式。加强工作研讨，设置校级课题研究专项，支持协同制度研究。

四、强化组织领导

（一）加强党的领导，提高政治站位

各单位要提高政治站位，紧紧围绕“立德树人”根本任务，将学生思想政治工作贯彻育人工作始终，构建本科生导师、班主任、辅导员沟通协调的平台和机制，发挥好各自优势，做好资源和力量分配。各级党组织要切实发挥战斗堡垒作用，深化认识、统一思想、凝聚共识，守牢思想政治工作的生命线意识，主动谋划、主动协同、主动作为。各学院领导班子成员要切实履行“党政同责、一岗双责”，加强班子建设、健全集体领导机制、提高议事决策水平，切实帮助本科生导师、班主任、辅导员三支队伍明晰岗位职责、明确育人职责边界，积极调动三支队伍落实立德树人根本任务的积极性、主动性、创造性。

（二）加强督导督查，健全考核体系

学校对各单位工作落实情况不定期开展督导督查，对存在的问题要明确解决思路、责任分工和时间表、路线图，细化方案、及时跟进、推动落实。不断完善本科生导师、班主任和辅导员的考核评价体系，细化协同育人工作考核指标，作为考核和激励的重要参考。将推进协同育人工作纳入二级单位巡察、领导班子考核和基层党建述职评议，作为专业教师职称晋升、干部提拔的重要观测指标。

（三）加强统筹支持，强化协同推进

创新完善体制机制，加强本科育人不同队伍间的协同配合，加强本科生导师、班主任、辅导员和思政课教师、任课教师和管理服务人员等其他工作队伍的协同配合，凝聚育人共识，形成育人合力。建立组织部、宣传部、教师工作部、学生工作部、教务处、人事处、马克思主义学院等各部门共同参与、齐抓共管的协同管理体系，整合育人资源，共享协同信息，推动形成本科生导师、班主任、辅导员协同育人工作长效机制。探索协同育人推动本科生教育教学改革相关举措，在深入推进一流本科教育行动和“三全育人”综合改革实践中出真招实招硬招。

土木与资源工程学院
本科生导师制实施办法

（讨论稿）

第一章 总 则

第一条 深入贯彻习近平新时代中国特色社会主义思想和党的十九大精神，全面落实全国高等学校本科教育工作会议精神，“高教大计、本科为本，本科不牢、地动山摇”，加快建设高水平本科教育、全面提高人才培养能力，造就堪当民族复兴大任的时代新人。为进一步增强学院教师教学育人的责任感和使命感，树立优良师德师风，建设新型师生关系，根据《北京科技大学本科生导师制实施办法（试行）》，特制定本工作细则。

第二条 学院决定从2018级开始施行本科生导师制。实现学生因材施教和个性化培养，全面提高人才培养质量。

第三条 构建“学院引导、导师落实、班主任和辅导员辅助”的运行模式，导师似“点”、班主任似“线”、辅导员似“面”，立体式协同推进本科生教育、管理和服务的有机统一。

第二章 本科生导师的任职资格

第四条 热爱教育事业，思想政治素质和师德优良，有理想信念，有道德情操，有扎实学识，有仁爱之心；为人师表，关心学生成长成才，工作责任心强。

第五条 熟悉教育教学规律，具有一定的教学经验和科研能力；熟知相应本科专业的培养目标和教学计划，了解学校和学院有关教学管理、学生管理的规章制度。

第六条 具有中级（含）以上职称且在校承担教学科研工作一年以上的专任教师（含双肩挑教师）。原则上中级以下职称的教师及入校工作不满一年的教师不独立承担指导工作，但可以作为副导师参加导师组。

第七条 学校年度考核或导师工作考核不合格的教师，下一年不能指导新的学生。受到学校处分的教师视情况暂停指导新的学生，情节严重的取消导师资格。

第三章 本科生导师的选聘和配备

第八条 学院专门成立本科生导师制工作小组，负责学院本科生导师的选聘与考核等工作。

第九条 教授、副教授、具有博士学位的教师原则上应担任本科生导师，努力营造“教师人人是导师，学生个个受关爱”的育人环境，为每名新入校的本科生配备导师。每位教师指导的学生人数根据学院学生人数及专任教师数测算，按照正高级指导的学生数大于副高级、副高级指导的学生数大于中级的原则执行。具体指导学生数原则上每年正高级教师指导3~4人，副高级教师指导2~3人，中级职称教师指导1~2人，各系依据专业生师比可进行适当调整。

第十条 实行双向选择，每学年年初导师向系里确认该学年可指导的本科生数量，并向新生公布，大一新生入校两周内填报《本科生导师选择意向表》，导师根据选报学生情况进行选择，从而构成导师和学生之间的“双向选择”，未能通过“双向选择”达成意向的学生由系里统一协调，加以安排和落实。

第十一条 导师一经选定，应保持连续稳定，但大类招生分专业后，可根据学生专业和学业发展情况进行调整，原则上实行双向选择，以学生意愿为主，每学年初填写《本科生更换导师申请表》，由学生所在系负责调整，并报学院备案。

第十二条 鼓励导师将本科生纳入自己的科研梯队，积极构建以导师为首，博士生、硕士生、本科生参与的科研创新梯队，使学生能够感受到团队的关怀，帮助学生健康成长。

第四章 本科生导师的工作职责

第十三条 立德树人。立德树人就是要以德修身、以德润才、以文化人、以德育人，不断提高学生的思想水平、政治觉悟、道德品质、文化素养，做到明大德、守公德、严私德。

第十四条 学业指导。引导学生树立正确的学业观，对学生在学业规划、学业困惑、专业选择等方面给予专门的指导。将社会发展的需要与专业特色优势相结合，根据学生自身素质等，帮助学生树立学习目标，认识学习的重要性，增强自主学习能力。指导学生熟悉本专业的培养目标、教学计划、教学大纲等教学相关管理制度及文件。根据学生的知识能力水平和兴趣方向，与学生共同制订学习计划，增强专业认知认同，提升学业兴趣和动力，促进学生学业发展。

第十五条 学术指导。根据学生不同特点个性化培养，因材施教。充分挖掘并激发学生的主动性、能动性和创造性，有效弥补集中教学的不足。通过指导学生创新创业训练项目、学科竞赛等创新实践活动，结合专业背景开展学术沙龙、参与科研课题、指导毕业设计（论文）等形式，拓宽学生学术视野，增强学生创新创业能力。

第十六条 规划指导。导师应指导学生进行职业设计和职业规划，加强就业指导工作，帮助学生正确定位、调整心态，为择业就业做好思想准备。鼓励和引导有潜质的学生继续深造。充分利用自身优势和资源，为学生考研、出国、就业提供帮助。

第十七条 精英教育。以实施本科生导师制为契机，提升和强化教师精英教育教学理念。将教育从单纯追求知识掌握的“传承导向”转为注重国际竞争力及创新创业能力培养的“探究导向”。提高学生自主学习能力，让学生逐步实现对知识的自我选择、判断、体验、反思。深度挖掘学生潜能，开展个性化精准指导，让有能力的本科生尽早进入科研队伍。着力培养学生学习能力、创新创业意识、国际视野，实践因材施教的精英教育理念。

第五章　本科生导师的工作制度

第十八条　导师与学生之间保持定期接触和交流，导师采取个别指导和集体辅导相结合的方式，每月主动联系学生并见面不少于1次，每次见面指导时间不少于1小时，并及时填写《导师工作手册》。

第十九条　大一时期，重点帮助学生进行入学适应、树立目标、规划学业、专业引导和探索学习方法等为主，使学生及早明确学习专业及发展方向；大二时期，重点指导学生开展科技实践、社团活动、社会实践、大创竞赛等，拓宽学生知识面，掌握专业基本技能；大三时期，重点强化专业技能、指导开展科研研究、申报创新项目、考研辅导、职业规划等，以培养学生实践创新能力；大四时期，主要指导学生完成专业实习实践、学生毕业设计（论文）原则上由导师负责指导，并在撰写科研论文、择业就业等方面提供咨询。

第二十条　导师要做好学校相关制度的解读与宣传。注意发现有突出培养潜质和特长的学生，关心受到学业警示和降级学生并给予必要的帮助，关注少数民族学生和外国留学生在学习方面的特殊问题，及时向学院反馈学生的情况与意见建议等。

第二十一条　每学年提交《本科生指导工作总结》和《导师工作手册》，及时反馈学生的情况与意见建议等。

第六章　本科生的责任和义务

第二十二条　尊师重教，勤奋学习，积极探索，加强自主学习策略的研究和实践。学生应定期主动联系导师，积极汇报近期学习、思想及生活状况。

第二十三条　导师每次辅导后，及时填写《本科生导师制手册》，以系为单位每学期末将手册收齐。

第七章　本科生导师的激励奖励

第二十四条　学院负责本科生导师工作的组织协调、检查监督和评价考核，每学年依据系所评价、学生评价和指导效果情况，对每位导师进行考核，结果分为“优秀”“称职”“不称职”三个等级，“优秀”比例不大于20%，并将考核结果报学校备案。

第二十五条　学院将本科生导师工作情况纳入岗位评聘指标体系，将考核结果作为年度考核、岗位聘任、职称评定、评优评先的参考依据；对考核结果“优秀”的教师进行奖励，要求考核结果为“不称职”的教师提交整改方案，并暂停一年担任新生导师资格。

第二十六条　导师受聘期间，享受导师津贴。学院将学校安排的导师专项经费，根据教师指导学生人数和指导学生工作的考核结果等发放导师津贴。

第八章　附　　则

第二十七条　如果本工作细则与《北京科技大学本科生导师制实施办法（试行）》冲

突，则后者以为准。

第二十八条 本方案由土木与资源工程学院负责解释。

附：

土木与资源工程学院本科生导师制考核办法

为了加强本科生导师制工作的管理，切实发挥导师对于学生培养的重要作用，根据《北京科技大学本科生导师制实施办法（试行）》和《土木与资源工程学院本科生导师制工作细则（讨论稿）》，结合我院工作实际，制定本考核办法。

一、考核对象

按《北京科技大学本科生导师制实施办法（试行）》和《土木与资源工程学院本科生导师制工作细则（讨论稿）》聘任的本科生导师及所指导本科生。

二、考核原则

导师定位明确，发挥作用，对指导本科生工作态度积极，认真负责，方法科学，卓有成效。本科生积极参与导师指导活动，主动交流，努力学习，进步显著。

三、考核时间

每学年考核一次。

四、考核内容

1. 导师指导内容，工作态度，指导次数。
2. 学生对导师的满意度。
3. 学生的改进提高效果，主要包括：综合成绩、转专业情况、不及格门次、毕业生就业情况等。
4. 学生在导师指导下获得的优秀奖项及科技成果。
5. 导师对学生满意度，学生参与指导次数。

五、考核依据

1. 导师学期末提交的《本科生指导工作总结》。
2. 《导师工作手册》记录的指导内容、指导次数。
3. 学生对导师的满意度调查测评。
4. 按照《土木与资源工程学院本科生综合成绩评定办法》中学生的综合成绩，考核学生的改进提高度。
5. 学生获得竞赛奖励、发表论文、授权专利等，学生加权成绩进步情况、转专业情况、不及格门次、就业情况等。

六、考核办法

1. 学院成立本科生导师制工作小组，由学院相关人员和各系主任组成，负责每学年的考核工作。

2. 考核以系为单位，主要针对导师进行，具体如下：

（1）系所考核。所在系根据导师的《本科生指导工作总结》，结合《导师工作手册》的记录情况，对导师进行评价，给出百分制评分值，上报学院工作小组进行复核。

（2）学生评价。每学期期末由学院组织一次记名调查问卷，由学生对导师的专业程度、指导工作态度、指导方法和效果进行评价，学院工作小组综合学生评价结果给出百分制分值。

（3）指导效果评价。评价学生在导师指导下，提高加权成绩排名、获得竞赛奖励和科研成果、降低转专业率、降低不及格门次、提高就业率等情况，通过量化计算得到百分制分值。(具体计算办法见附件)

（4）导师综合得分。通过以上三个维度对导师和学生进行双向评级考核，最终结果由三项得分加权得出导师积分，各项得分加权系数分别为：系所考核 0.6、学生评价 0.2、指导效果 0.2，学院加权汇总结果并综合整体情况，给出考核成绩，反馈各系。

七、考核结果激励

1. 学院以系为单位根据考核结果进行本科生导师制津贴分配。各系评优比例不超过 20%，考核优秀的导师按高于平均值 20% 发放津贴，并推荐参评校级优秀导师；考核不合格者，根据情况按低于平均值 50% 发放或不发放津贴。

2. 将本科生导师制工作纳入学院教师教学业绩的考核范畴，指导每名本科生不低于硕士研究生相应的课时工作量，并对考核优秀的导师乘以 1.2 的系数，对考核不合格者扣减相应工作量。

3. 考核结果作为教师年度考核、岗位聘任、评奖评优的参考依据。

八、学生考核

对学生参与本科生导师制的态度和态度进行考核。由导师根据《导师工作手册》记录的指导内容，学生参与指导次数和效果，给出优、良、中、不合格的评价，评价结果在学生评奖评优和推免研究生时予以参考。

九、办法实施

考核由学院本科生导师制工作小组执行完成，考核结果由学院审定后，下发各系。本办法由学院本科生导师制工作小组负责解释、修改。

土木与资源工程学院

2018 年 11 月 1 日

本科生指导效果评价计算办法

（讨论稿）

土木与资源工程学院本科生导师学年指导效果评价体系，以学年为评价周期，对每位导师以百分制的形式呈现。具体量化评价主要由（1）学生加权成绩进步，（2）学生加权成绩优良，（3）学生获竞赛奖励和科研成果，（4）学生在专业选择、考试及格、就业情况四个方面构成，具体计算方式如下：

一、学生加权成绩进步赋分

每学期对本科生进行加权成绩评定，并进行专业排名，第一学期排名记作 J_1，第二学期排名记作 J_2，设本科生进步值 $J=(J_1-J_2)\times10/J_1$，取导师指导所有本科生 J 值的平均分记为 Q_1。

二、学生加权成绩优良赋分

将学生学年加权成绩进行专业排名，学生个人排名记作 Y_1，专业总人数记作 Y_n，则该本科生成绩优良赋分 $Y=1-(Y_n-Y_1)/Y_n$，取导师指导所有本科生 Y 值的平均分记为 Q_2。

三、学生获竞赛奖励和科研成果赋分

学生在保证正常课程学习的前提下，获得荣誉称号、参与竞赛获奖、发表论文、申请专利，按学年计算每位学生的附加分 F，主要包括：

1. 学生获得荣誉称号、参加学科或科技竞赛获奖。

（1）国家级荣誉称号、学科或科技竞赛获奖者：

国家级三好学生、优秀学生干部、优秀团干部、优秀团员等加 1.5 分；

一等奖加 1.5 分（特等奖按一等奖加分），二等奖加 1.4 分，三等奖加 1.3 分，优秀奖（或者优胜奖）加 1.2 分。

（2）市级（或者省部级）荣誉称号、学科或者科技竞赛获奖者：

市级三好学生、优秀学生干部、优秀团干部、优秀团员加 1.0 分；

市级学科或科技竞赛：一等奖加 1.0 分（特等奖按一等奖加分），二等奖加 0.9 分，三等奖加 0.8 分，优秀奖（或者优胜奖）加 0.7 分。

（3）校级荣誉称号、学科或者科技竞赛获奖者：

校级三好学生、优秀学生干部、优秀团干部加 0.5 分；

校级学科或科技竞赛一等奖加 0.5 分（特等奖按一等奖加分），二等奖加 0.4 分。

2. 艺术团学生参加国家级和省部级艺术比赛获奖者，经校团委认定，可参照学科或科技竞赛计算附加分。

3. 全程参加国内交流项目，成绩在同一接收学校本专业参加交流学生中前 40% 者加 1.0 分，其余加 0.5 分；全程参加一个学期以上的国际交流项目，成绩优秀者，加 1.0 分。

4. 学生发表 SCI、EI 检索论文（会议论文除外），学生第一作者或导师第一作者学生第二作者，加 1 分；非第一作者，亦非导师第一作者学生第二作者，加 0.2 分。

5. 学生授权发明专利，学生第一作者或导师第一作者学生第二作者，加 1 分；非第一作者，亦非导师第一作者学生第二作者，加 0.2 分。

取导师指导所有本科生 F 值的平均分记为 Q_3。

四、学生专业选择、考试及格和就业情况赋分

根据导师所带学生在专业选择、考试及格和就业情况的表现，对上述三项总和赋予对应的权重系数：

设学年内专业转出总人数为 Z_n，该导师名下转出人数为 Z_1，取权重系数为 $Z=1+(Z_n-Z_1)/Z_n$；

设学年内专业学生不及格门次为 N_n，该导师名下学生不及格门次为 N_1，取权重系数为 $N=1+(N_n-N_1)/N_n$；

设学年内专业毕业学生未就业人数为 W_n，该导师名下毕业学生未就业人数为 W_1，取权重系数为 $W=1+(W_n-W_1)/W_n$；

每位导师指导效果赋分值：$Q=(Q_1+Q_2+Q_3)\times Z\times N\times W$。

五、指导效果百分制换算

以系为单位进行指导效果赋分汇总，将每人 Q 值进行排序，最大值为 Q_{max}，最小值为 Q_{min}，将每位导师的赋分值换算成百分制：$X=(Q_n-Q_{min})\times 100/(Q_{max}-Q_{min})$，所得 X 分数作为学生改进提高度评价依据。

冶金与生态工程学院
本科生导师制实施办法

为进一步加强本科生的培养工作，充实完善我院本科生导师制，构建全员育人的本科生导师工作体系，更好地服务大学生的健康成长，现制定《北京科技大学冶金与生态工程学院本科生导师制实施办法》。具体内容如下：

一、导师配备

新生入学后，为每名学生配备导师，负责学生本科四年的全程培养和指导。学生进入大四学年后，所配备导师即为学生本科毕业设计导师。

本科生导师的分配，采取师生双向选择与学院调配相结合的办法。指导周期内遇有特殊原因，经学院批准，可以调换导师。

二、导师资格

1. 拥护党的基本路线和教育方针，师德高尚，治学严谨，为人师表，关心学生。担任本科生导师的教师必须做到"四有"，即有理想信念，有道德情操，有扎实学识，有仁爱之心。

2. 学院具有中级（含）以上职称且在校承担教学科研工作一年以上的专任教师（含双肩挑教师）。原则上中级以下职称的教师及入校工作不满一年的教师不独立承担指导工作，但可以作为副导师参加导师组。

3. 钢铁冶金新技术国家重点实验室、钢铁共性技术协同创新中心、工程技术研究院报科研岗教师采取自愿报名的方式担任本科生导师。

4. 学校年度考核或导师工作考核不合格的教师，下一年不能指导新的学生。受到学校处分的教师视情况暂停指导新的学生，情节严重的取消导师资格。

三、导师聘任

1. 导师聘任由学院组织实施，学院根据学生数公布需要的本科生导师工作岗位。原则上每位讲师指导的学生 1 名、副教授指导学生 2 名，教授指导学生 3 名。

2. 钢铁冶金新技术国家重点实验室、钢铁共性技术协同创新中心、工程技术研究院报名教师（中级及以上职称），指导的学生 1 名。

3. 原则上导师必须连续聘用四年。

4. 距退休年限不满四年的教师不再聘任为本科生导师。

四、导师工作职责

1. 为人师表，通过言传身教，以自己严谨的治学态度、优良的职业道德影响学生；

引导、帮助学生树立正确的人生观、价值观和社会主义荣辱观；注重学生的个性健康发展和科学精神、人文精神的培养。

2. 引导学生确立正确专业思想，指导学生熟悉本专业人才培养方案及课程教学大纲，针对学生个体差异，对学生选课、专业发展方向选择、学习方法、职业生涯设计等方面进行全面指导。

3. 积极关注学生日常学习、生活、思想等，与学生保持一定频度的接触，每月与被指导的学生面谈或电话交流不少于一次，每学年参加学生集体活动或面向学生开设学术讲座不少于一次；每学期开学两周内及选课前一周内必须与学生见面，对当学期的学习计划和选课进行指导。

4. 引导学生明确学习目的和成才目标，端正学习态度，促进学生知识、能力、素质协调发展；培养学生刻苦学习精神和严谨治学态度。

5. 引导学生参加科研训练，有意识地培养学生的创新意识、实践能力和综合素质，指导学生参加社会实践、创新创业及科学研究项目。

6. 指导学生的毕业论文设计和写作。

7. 参照学校文件应履行的其他职责。

五、导师工作要求

1. 导师负责构建以导师为主导，研究生辅导本科生，高年级本科生帮助低年级本科生的创新型学习科研团队，使学生能够感受到团队的关怀，帮助学生健康成长。

2. 导师要做好工作计划，认真填写“导师工作手册”，记录学生成长过程，并根据学生特点及时调整指导方式。

3. 导师每学期开学初与学生见面，定期对学生进行指导，每学期指导不少于4次。对低年级学生更多关注学习过程，培养学生良好的学习习惯和学习方法。对高年级学生及时吸纳参与科研课题研究，指导创新创业训练项目、学科竞赛等，增强学生的创新意识和实践能力。

4. 毕业设计（论文）原则上由导师负责指导，按照《北京科技大学本科生毕业设计（论文）管理规范》中有关要求执行。特殊情况学院可进行调整。

5. 导师要主动了解国内外考研就业动向，在学生个人发展等方面提供咨询意见。

6. 导师要做好学校相关制度的解读与宣传。注意发现有突出培养潜质和特长的学生，关心受到学业警示和降级学生并给予必要的帮助，关注少数民族学生和外国留学生在学习方面的特殊问题，及时向学院反馈学生的情况与意见建议等。

六、导师工作考核

1. 导师工作考核由学院聘任委员会（聘任小组）负责具体组织实施；本科生导师工作的考核结果，作为教师工作年度考核、专业技术职务晋升和岗位聘任的依据之一；学院逐步完善本科生导师工作的激励机制，调动本科生导师的工作主动性与积极性。

2. 本科生导师工作考核方法可采用导师自我评价和学生评价相结合的办法，全面考核导师履行职责情况和指导效果。每学期结束前，导师须提交本科生指导工作总结，并就学生的学习、参加科研训练以及思想生活等方面提出建议或意见。

3. 导师的工作考核由学院负责实施，学院根据导师职责履行情况，参考学生的思想、学习、创新创业等方面的情况对导师工作进行考核。每学年考核一次，考核结果分为“优秀”“称职”“不称职”三个等级，“优秀”比例不大于20%，并将考核结果报学校备案。

4. 对考核结果“优秀”的教师在岗位聘用、职称评定、评优评先等方面给予倾斜。要求考核结果为“不称职”的教师提交整改方案，并暂停一年担任新生导师资格。

七、导师工作组织管理

学院成立领导小组。由学院分管教学工作的主管领导担任组长，学生工作副书记、系部主任、学生辅导员等为成员，负责本院导师的遴选、聘任/改聘、日常管理、组织协调、工作考核、评估评优等工作，并根据本院的实际情况，制定相应的管理规定和实施细则，抓好本科生导师制的工作落实。

八、对学生的要求

1. 尊重导师，主动与导师联系、征询导师的指导和帮助。

2. 每学期开学两周内与导师见面，并根据导师的意见与本人的实际情况制定出本学期的学习与综合素质发展计划。

3. 以主动、认真的态度，参与导师确定的各项活动，积极主动参加导师所组织或建议的学术活动。在科研训练中要认真、踏实、多思、多问，努力培养和提高自身的科研能力与创新思维。

4. 推免研究生、评先评优等工作应听取导师意见。

5. 每学年要客观、公正地对导师的指导情况进行评议。

材料科学与工程学院
本科生导师制实施办法（试行）

一、实施本科生导师制的目的及意义

为贯彻落实全国教育大会、全国高校思想政治工作会议精神和党的十九大关于加强师德师风建设的要求，全面贯彻党的教育方针，根据《中共中央国务院关于全面深化新时代教师队伍建设改革的意见》《中共北京市委教育工作委员会北京市教育委员会关于全面推进北京高校学业辅导工作的意见》《北京科技大学本科生导师制实施办法（试行）》等文件精神，充分发挥教师在人才培养过程中的重要作用，促进学生全面发展和健康成长，全面提高人才培养质量，学院在本科生中全面实施本科生导师制。

本科生导师制旨在有效帮助学生确立学习目标、明确专业追求，选择学习内容，构建适应时代要求的知识与能力结构，从而促进学生个性化发展，培养具有创新能力和实践能力的高素质人才。

二、工作领导小组

组　长：李帅、王鲁宁

组　员：吴春京、吴渊、曹文斌、王海波、米振莉、陆永浩、尹海清

三、本科生导师制的实施方式

1. 本科生自入学到毕业的全过程都配有一名导师，每一名导师在每个年级负责 1 ~ 3 名学生。每位教师指导的学生人数按照正高级指导 3 名学生，副高级指导 2 名学生，中级指导 1 名学生的原则执行。

2. 新生开学期间学院统一组织开展本科生导师聘任仪式。

3. 本科生导师制实行双向选择。新生在入学报到前，通过“北科大迎新网”进行导师预选，自由选择材料学科 3 名在职教师作为 1 ~ 3 志愿导师。学生完成填报志愿后，学院根据志愿填报情况，由导师选择 1 ~ 3 名学生，未中选学生将由学院根据导师情况进行调配。

4. 导师一经确定，原则上保持联系稳定。学生分专业后，如有特殊情况或意愿强烈者，可根绝实际情况双向选择的原则进行调整，转专业进入材料学院的本科生也可根据情况申请调整导师。

四、本科生导师的工作职责

1. 立德树人。导师要以德修身、以德润才、以德育人、以德塑魂，关心学生的全面发展，帮助学生树立崇高的人生观和价值观，按照学校全面推进学分制建设的方案，实现

培养目标。关心并了解学生的学习、生活情况和心理状况，进行针对性的教育与引导，培养学生树立刻苦学习的精神和严谨的治学态度。

2. 学业指导。引导学生树立正确的学业观，对学生在学业规划与专业选择等方面给予专门的指导。熟悉本专业和相关专业的教学培养方案和学籍管理条例，根据每位学生的不同特点，指导学生确定人生的奋斗目标和职业规划，帮助制定大学期间的学习计划、选课方案。

3. 学术指导。根据学生特质挖掘并激发学生的主动性和创造性，因材施教进行个性化培养。通过指导学生参与创新创业训练项目、学科竞赛、学术沙龙、科研课题、毕业设计（论文）等创新实践活动，拓宽学生学术视野，增强学生创新创业能力。

4. 规划指导。导师应指导学生进行职业规划。鼓励和引导有潜质的学生继续深造。针对学生年级特点和需求制定指导方案，如帮助新生尽快地适应大学学习生活，引导学生建立正确的专业思想，帮助毕业生提供就业、考研、出国等相关指导及根据具体情况指导学生毕业设计等工作。

五、导师工作要求

1. 建立导师与学生联系和沟通的有效渠道，定期开展导师接待日，指导学生严谨治学，通过言传身教，积极地引导学生诚信为人，形成健全的人格和良好的人际关系。

2. 导师每学期主动联系学生四次，履行导师职责，全面指导学生，每次指导每名学生时间不得少于两个课时，其他时间应不定时接待学生。

3. 做好工作计划，利用“导师工作手册”记录学生成长发展过程，并根据学生特点及变化调整指导方式。

4. 导师要做好学校相关制度的解读与宣传。注意发现有突出培养潜质和特长的学生，关心受到学业警示和降级学生并给予必要的帮助，关注少数民族学生和外国留学生在学习方面的特殊问题，及时向学院反馈学生的情况与意见建议等。

5. 及时向学院反馈学生对学校教学、学生工作的意见和建议。

六、本科生导师的考评机制

（一）导师工作考核要求

1. 考核时间：每年考核一次。

2. 考核方法：定性与定量相结合。

3. 考核结果：分为“优秀”“称职”和“不称职”，“优秀”比例不大于20%，考核结果报学校备案。

（二）导师激励机制

1. 考核合格的导师获每学期4学时/生的课时工作量。

2. 根据考核结果导师获每学年每名学生1000元左右的补助。

3. 工作完成出色的导师获评“本科生优秀导师奖”。

材料科学与工程学院
2018年10月22日

附：

材料科学与工程学院本科生导师考核办法

为了加强本科生全程导师制工作的管理，切实发挥导师对于学生培养的重要作用，根据《北京科技大学本科生导师制实施办法（试行）》和《材料科学与工程学科本科生导师制实施办法（试行）》，结合我院工作实际，制订本考核办法。

一、导师工作考核要求

1. 考核时间：每年考核一次。

2. 考核方法：定性与定量相结合。

3. 考核结果：分为“优秀”“称职”和“不称职”，“优秀”比例不大于20%，考核结果报学校备案。

二、导师工作考核内容

1. 立德树人。考核导师工作态度和职业道德，包括如下要素：导师的敬业精神、专业态度以及履行工作职责的情况。

2. 指导规划。考核导师为学生制定的学期指导计划和执行情况，包括如下要素：学期计划目标明确，翔实可行，能根据学生差异性和学习阶段性特征制定学期计划，学期计划能得到有效落实。

3. 指导学习。重点考核导师上指导课情况，包括如下要素：指导课的主题明确，上指导课次数和时间符合学校要求，为指导课指定了翔实学习参考材料，指导课上能有效引导学生进行观点表达和深入探讨交流。

4. 指导研究。重点考核导师指导本科生科技创新（SRTP）、科创竞赛或学术文章发表等，包括如下要素：能按学校对相关工作要求指导学生独立自主完成完整训练过程，积极为学生学习、实验提供有利环境条件或指导帮助，科技创新项目、科创竞赛或文章发表档案材料齐全。

5. 指导成长。重点考核导师为了促进学生学业发展、开阔视野，能够有计划、积极地为学生提供参与学术活动机会。

三、导师工作考核方式

1. 对导师考核从导师自评（30%）、学生对导师评价（50%）和材料完成情况（20%）三方面开展，综合三方评价结果给出考核结果。

2. 导师自评、学生评价两方面制定指标体系中，指标项需包括本办法第二条“考核主要内容”中规定的考核要素，定性和定量相结合。

3. 考核材料要求：学院制定的导师制手册（本科生导师手册、导师工作手册等），创新训练项目及毕业设计（论文）档案材料。

四、导师激励机制

1. 考核合格的导师获每学期 4 学时/生的课时工作量。
2. 考核合格的导师获每学年 1000 元/生的补助。
3. 工作完成出色的导师获评“本科生优秀导师奖”。

附件 1

材料学院本科生导师制学生评价表

导师姓名：

<table>
<tr><td>学生姓名</td><td></td><td>专业及年级</td><td></td><td>本学年成绩排名</td><td colspan="2"></td></tr>
<tr><td>一级指标</td><td>分值</td><td colspan="2">二级指标</td><td>分值</td><td>得分</td><td>备注</td></tr>
<tr><td rowspan="2">立德树人</td><td rowspan="2">20</td><td colspan="2">导师的敬业精神、专业态度</td><td>10</td><td></td><td></td></tr>
<tr><td colspan="2">履行工作职责的情况</td><td>10</td><td></td><td></td></tr>
<tr><td rowspan="3">指导规划</td><td rowspan="3">25</td><td colspan="2">学期计划目标明确翔实可行</td><td>10</td><td></td><td></td></tr>
<tr><td colspan="2">能根据学生差异性和学习阶段性特征制订学期计划</td><td>10</td><td></td><td></td></tr>
<tr><td colspan="2">学期计划能得到有效落实</td><td>5</td><td></td><td></td></tr>
<tr><td rowspan="4">指导学习</td><td rowspan="4">25</td><td colspan="2">面谈指导课的主题明确</td><td>5</td><td></td><td></td></tr>
<tr><td colspan="2">面谈指导的次数和时间符合学校、学院要求</td><td>10</td><td></td><td></td></tr>
<tr><td colspan="2">为学生指定翔实学习参考材料并推荐相关书籍</td><td>5</td><td></td><td></td></tr>
<tr><td colspan="2">能有效引导学生进行观点表达和深入探讨交流</td><td>5</td><td></td><td></td></tr>
<tr><td rowspan="3">指导研究*（本科生 SRTP、科创竞赛、学术文章）</td><td rowspan="3">20</td><td colspan="2">指导学生独立自主完成训练过程</td><td>8</td><td></td><td></td></tr>
<tr><td colspan="2">积极为学生学习、实验提供有利环境条件或指导帮助</td><td>8</td><td></td><td></td></tr>
<tr><td colspan="2">学期计划能得到有效落实</td><td>4</td><td></td><td></td></tr>
<tr><td>指导成长</td><td>10</td><td colspan="2">导师为了促进学生学业发展、开阔视野、未来规划，能够有计划、积极地为学生提供参与学术活动机会</td><td>10</td><td></td><td></td></tr>
<tr><td>总分</td><td>100</td><td colspan="2"></td><td>100</td><td></td><td></td></tr>
<tr><td colspan="2">本学年导师见面指导的次数</td><td></td><td>与导师的其他交流方式（QQ、微信等）</td><td colspan="3">选择（√）
经常（ ） 偶尔（ ） 从不（ ）</td></tr>
<tr><td colspan="2">建议</td><td colspan="5"></td></tr>
</table>

注：“指导研究*”项，大一年级本栏目不打分，总分按 80 分计，然后折合 100 分，填在备注栏。

附件 2

材料学院本科生导师制导师自评表

导师姓名： 系别： 学生姓名：

一级指标	分值	二级指标	分值	得分	备注
立德树人	20	敬业精神、专业态度	10		
		履行工作职责的情况	10		
指导规划	25	学期计划目标明确翔实可行	10		
		能根据学生差异性和学习阶段性特征制订学期计划	10		
		学期计划能得到有效落实	5		
指导学习	15	面谈指导的次数和时间符合学校、学院要求	10		
		为学生指定翔实学习参考材料并推荐相关书籍	5		
指导研究*（本科生 SRTP、科创竞赛、学术文章）	30	担任所带学生 SRTP 项目导师	8		
		积极为学生学习、实验提供有利环境条件或指导帮助	8		
		学期计划能得到有效落实	4		
		指导学生参与科技创新竞赛	5		
		指导学生发表文章	5		
指导成长	10	为促进学生学业发展、开阔视野，能够有计划、积极地为学生提供参与学术活动机会	10		
总分	100		100		

本学年学生见面指导的次数		与导师的其他交流方式（QQ、微信等）	选择（√） 经常（ ） 偶尔（ ） 从不（ ） 能否满足指导要求： 能（ ） 不能（ ）
建议			

注：1. “指导研究*” 项，大一年级本栏目不打分，总分按 80 分计，然后折合 100 分，填在备注栏。
2. 考核时间：按学年考核。

机械工程学院本科生导师制实施办法（试行）

为全面贯彻党的教育方针，充分发挥教师在人才培养过程中的重要作用，促进学生全面发展和健康成长，全面提高人才培养质量，根据《北京科技大学本科生导师制实施办法（试行）》（校发〔2018〕95号）等文件精神，结合学院实际，制定本实施细则。

一、组织领导和管理

学院成立本科生导师制工作领导小组，负责本科生导师的聘任及考核工作。

组　长：书记、院长

副组长：本科教学副院长、学生工作副书记

成　员：学院班子其他成员、系（中心）支部书记、系（中心）本科教学副主任，以及学校工程技术研究院、钢铁共性技术协同创新中心、国家材料服役安全科学中心等（以下简称“校科研单位”）相关工作负责人

二、任职资格

1. 拥护党的基本路线和教育方针，师德高尚，治学严谨，为人师表，关心学生。担任本科生导师的教师必须做到“四有”，即有理想信念，有道德情操，有扎实学识，有仁爱之心。

2. 具有中级（含）以上职称且在校承担教学科研工作一年以上的专任教师（含双肩挑教师）。原则上中级以下职称的教师及入校工作不满一年的教师不独立承担指导工作，但可以作为副导师参加导师组。

3. 学校年度考核或导师工作考核不合格的教师，下一年不能指导新的学生。受到学校处分的教师视情况暂停指导新的学生，情节严重的取消导师资格。

三、聘任要求

1. 新生入校三周内，学院通过本科生导师管理系统根据学生和教师的意愿进行双向选择为学生配备导师，并报学校备案。

2. 每位导师指导的各年级学生人数按以下原则进行分配：

（1）原则上中级职称指导2～3人，副高级职称指导3～4人，高级职称指导4～5人；

（2）博士生导师、A岗和B4岗教师、本年度招收硕士研究生数超过3人的教师按指导人数上限进行分配。

3. 导师一经确定，原则上不得变更。学生大类分专业或转专业后，学生专业和导师专业方向不符时，可根据双向互选原则进行调整，并报学校备案。

4. 主持或参与钢铁冶金相关领域科研项目的教师，优先作为卓越计划学生的导师。

四、工作职责

1. 立德树人。导师要以德修身、以德润才、以德育人、以德塑魂，不断提高学生思

想水平、政治觉悟、道德品质，做到明大德、守公德、严私德。

2. 学业指导。引导学生树立正确的学业观，对学生在学业规划与专业选择等方面给予专门的指导。结合社会发展的需要与专业特色优势，根据学生个人实际，帮助学生树立学习目标，认识学习的重要性，增强自主学习动力。指导学生熟悉本专业的培养目标与教学计划等教学文件，根据学生的知识能力水平和发展方向，与学生共同制订学习计划，增强专业认知认同，提升学习兴趣，促进学生学业发展。

3. 学术指导。根据学生特质挖掘并激发学生的主动性和创造性，因材施教进行个性化培养。通过指导学生参与创新创业训练项目、学科竞赛、学术沙龙、科研课题、毕业设计（论文）等创新实践活动，拓宽学生学术视野，增强学生创新创业能力。

4. 规划指导。导师应指导学生进行职业规划。鼓励和引导有潜质的学生继续深造。帮助就业的学生树立正确的就业观，为就业做好准备。充分利用自身优势和资源，为学生考研、出国、就业提供帮助。

五、工作要求

1. 导师负责构建以导师为主导，研究生辅导本科生，高年级本科生帮助低年级本科生的创新型学习科研团队，使学生能够感受到团队的关怀，帮助学生健康成长。

2. 导师要做好工作计划，认真填写“导师工作手册”，记录学生成长过程，并根据学生特点及时调整指导方式。

3. 导师每学期开学初与学生见面，定期对学生进行指导，每学期指导不少于4次。对低年级学生更多关注学习过程，培养学生良好的学习习惯和学习方法。对高年级学生及时吸纳参与科研课题研究，指导创新创业训练项目、学科竞赛等，增强学生的创新意识和实践能力。

4. 毕业设计（论文）原则上由导师负责指导，按照《北京科技大学本科生毕业设计（论文）管理规范》中有关要求执行。特殊情况学院可进行调整。

5. 导师要主动了解国内外考研就业动向，在学生个人发展等方面提供咨询意见。

6. 导师要做好学校相关制度的解读与宣传。注重发现有突出培养潜质和特长的学生，关心受到学业警示和降级学生并给予必要的帮助，关注少数民族学生和外国留学生在学习方面的特殊问题，及时向学院反馈学生的情况与意见建议等。

六、工作考核

1. 考核对象

考核对象为依据本实施细则选聘的全体本科生导师。

2. 考核小组

学院本科生导师制工作领导小组全面负责本科生导师的考核工作。学工系统负责组织学生评价工作和突出业绩统计。学院三级单位和学校相关科研单位成立考核小组负责组织实施各单位的导师评价工作。

3. 考核细则

（1）本科生导师的考核采用综合评价办法，内容分为基本评价和突出业绩两项。

基本评价部分由学生评价和单位考核小组评价组成，结果分为优、良、中、及格、差五个等级，分别赋分为 90、80、70、60、50。

学生评价最终结果取同一导师名下所有学生评价的平均分值，计算过程中去除一个最低分和一个最高分，具体评价内容见附件 1；考核小组评价根据考核指标、导师自评报告和日常表现进行评价，具体评价内容见附件 2。

基本评价 = 学生评价 ×70% + 考核小组评价 ×30%

突出业绩见附件 3，赋分不超过 10。

综合评价 = 基本评价 + 突出业绩

综合评价排名前 20%（含），考核结果为“校级优秀”；综合评价排名前 21% ~40%（含），考核结果为“院级优秀”；综合评价分数低于 60，考核结果为“不称职”；其余考核结果为“称职”。

（2）在评选学年度有下述任一情况者，不具备评优资格：

指导学生挂科率的平均值超过 20%；

每学期指导学生次数不足 4 次；

其他不适合参加评优条件的情况。

（3）考核工作每学年进行一次，考核结果报学校备案。

4. 考核流程

（1）本科生导师制工作领导小组下发学年考核通知，启动考核工作。

（2）学工系统组织学生在线填写《本科生导师学年工作学生评价表》（附件 1），完成学生评价工作。

（3）院三级单位和校相关科研单位的考核小组负责组织各单位评价工作，填写《本科生导师学年工作单位评价表》，见附件 2。

（4）学工系统完成突出业绩统计，突出业绩加分表见附件 3。

（5）教务系统完成汇总并形成综合评价表。

（6）考核工作领导小组进行复核并公布考核结果。

5. 奖惩措施

（1）对考核结果为“校级优秀”和“院级优秀”的导师，给予适当的奖励。

（2）对考核结果为“不称职”的导师，需提交整改方案，并暂停一年担任新生导师资格。

七、附则

1. 本办法由学院本科生导师制工作领导小组负责解释。

2. 本办法于 2021 年 2 月 2 日经学院党政联席会讨论通过，自发布之日起执行，原《北京科技大学机械工程学院本科生导师制实施办法（修订）》（机发〔2019〕11 号）和《北京科技大学机械工程学院本科生导师制考核细则（试行）》（机发〔2019〕12 号）文件同时废止。

机械工程学院

2021 年 2 月 2 日

附件 1

本科生导师学年工作学生评价表

<table>
<tr><td>学生姓名</td><td></td><td>班级</td><td></td><td>学号</td><td></td><td>导师姓名</td><td colspan="2"></td></tr>
<tr><td>一级指标</td><td colspan="3">二级指标</td><td>优</td><td>良</td><td>中</td><td>及格</td><td>差</td></tr>
<tr><td rowspan="2">立德树人</td><td colspan="3">导师的敬业精神、专业态度</td><td></td><td></td><td></td><td></td><td></td></tr>
<tr><td colspan="3">履行工作职责的情况</td><td></td><td></td><td></td><td></td><td></td></tr>
<tr><td rowspan="3">基础工作</td><td colspan="3">每学期指导次数不少于 4 次</td><td></td><td></td><td></td><td></td><td></td></tr>
<tr><td colspan="3">指导内容符合学生发展现状</td><td></td><td></td><td></td><td></td><td></td></tr>
<tr><td colspan="3">导师与学生关系融洽和谐</td><td></td><td></td><td></td><td></td><td></td></tr>
<tr><td rowspan="4">学业指导</td><td colspan="3">根据学生差异性制定学习计划</td><td></td><td></td><td></td><td></td><td></td></tr>
<tr><td colspan="3">学习计划目标明确、详实可行</td><td></td><td></td><td></td><td></td><td></td></tr>
<tr><td colspan="3">为学生提供参与学术、科创等活动机会</td><td></td><td></td><td></td><td></td><td></td></tr>
<tr><td colspan="3">对学生提出的学业、专业困惑进行指导</td><td></td><td></td><td></td><td></td><td></td></tr>
<tr><td rowspan="3">规划指导</td><td colspan="3">指导学生进行考研、出国等学业规划</td><td></td><td></td><td></td><td></td><td></td></tr>
<tr><td colspan="3">指导学生进行就业、创业等职业规划</td><td></td><td></td><td></td><td></td><td></td></tr>
<tr><td colspan="3">指导学生参与毕业设计、SRTP 等活动的规划</td><td></td><td></td><td></td><td></td><td></td></tr>
<tr><td colspan="4">总评</td><td></td><td></td><td></td><td></td><td></td></tr>
<tr><td>学生建议及
问题反馈</td><td colspan="8"></td></tr>
</table>

附件 2

本科生导师学年工作单位评价表

<table>
<tr><td rowspan="2">导师基
本信息</td><td>姓名</td><td></td><td>系所</td><td></td><td>职称</td><td></td></tr>
<tr><td>指导学
生情况</td><td colspan="5">一年级______人；二年级______人；三年级______人；四年级______人</td></tr>
<tr><td>导师本
学年自
评报告</td><td colspan="6">（500 字以内）</td></tr>
<tr><td>系所考
核指标</td><td colspan="6">师德师风：品德端正，言论正确，作风正派，学术严谨；
工作态度：日常工作积极，态度端正；
基础工作：导师工作日志填写规范、详细；
学术引领：积极引导学生参加科创、科技（学科）竞赛等活动。</td></tr>
</table>

三级单位考核小组评价　□优　□良　□中　□及格　□差

（“优”比例不大于 20%）

组长签名：

年　月　日

附件 3

本科生导师考核突出业绩加分表

1. 思想引领

序号	项目名称	加分值	备注
1.1	校级优秀共产党员	0.2 分/人	
1.2	校级优三好、三好	0.1 分/人	
1.3	校级优学干、优团干、优团员	0.1 分/人	
1.4	校级以上荣誉称号	0.2 分/人	

2. 科技竞赛

序号	项目名称	项目内容	加分值	备注
2.1	竞赛获奖	国家级科技竞赛一/二/三等奖	0.8/0.6/0.5	按人次可累加
		北京市级科技竞赛一/二/三等奖	0.6/0.5/0.4	
		校级科技竞赛一/二/三等奖	0.4/0.3/0.2	
2.2	科研项目	SCI 和 EI 检索期刊论文（第一/二/三作者）	1/0.8/0.5	
		核心期刊论文（第一/二/三作者）	0.8/0.6/0.4	
2.3	创新发明	授权发明专利（第一/二/三作者）	0.8/0.5/0.4	
		授权实用新型、外观专利、软件著作权（第一/二/三作者）	0.5/0.3/0.1	

3. 生涯规划

序号	项目名称	加分值	备注
3.1	推免研究生	0.2 分/人	
3.2	研究生录取（非免试）	0.2 分/人	
3.3	就业签约	0.2 分/人	
3.4	应征入伍	0.2 分/人	

说明：

（1）学科、科技及竞赛名录参考《北京科技大学学科、科技竞赛奖学金实施办法（试行）》（校教发〔2012〕24 号、校团发〔2012〕27 号）；

（2）有相同联系背景的学科或科技竞赛，以最高级别奖项为准。

能源与环境工程学院
本科生导师制实施办法（试行）

为贯彻落实全国教育大会、全国高校思想政治工作会议精神和党的十九大关于加强师德师风建设的要求，全面贯彻党的教育方针，根据《中共中央国务院关于全面深化新时代教师队伍建设改革的意见》《中共北京市委教育工作委员会北京市教育委员会关于全面推进北京高校学业辅导工作的意见》等文件精神，遵循以人为本教育理念，充分发挥教师在人才培养过程中的重要作用，促进学生全面发展和健康成长，培养高素质创新人才，全面提高人才培养质量，根据《北京科技大学本科生导师制实施办法（试行）》（校发〔2018〕95 号）相关要求，结合学院实际，特制定本办法。

一、任职资格

学院为每个新入校的本科生配备导师，发挥导师在立德树人、学业指导、学业帮扶、学术指导、规划指导等方面的作用。在本科期间建立以导师为主导，研究生辅导本科生、高年级本科生帮助低年级本科生的纵向链式学习科研团队，围绕学生的学业、创新创业、考研就业等开展个性化指导，引导本科生早进实验室，促进教研融合、师生相长，整体提升人才培养质量。

1. 拥护党的基本路线和教育方针，师德高尚，治学严谨，为人师表，关心学生。担任本科生导师的教师必须做到“四有”，即有理想信念，有道德情操，有扎实学识，有仁爱之心。

2. 具有中级（含）以上职称且在校承担教学科研工作一年以上的专任教师（含双肩挑教师）具有任职资格。原则上中级以下职称的教师及入校工作不满一年的教师不独立承担指导工作，但可以作为副导师参加导师组。

3. 学校年度考核或导师工作考核不合格的教师，下一年不能指导新的学生。受到学校处分的教师视情况暂停指导新的学生，情节严重的取消导师资格。

二、选聘与配备

1. 学院成立本科生导师制工作领导小组，由院长和书记担任组长，主管本科教学副院长和学生工作副书记担任副组长，组员由其他院领导、各系所主任、各系所主管本科教学副主任、导师代表、辅导员代表组成。

2. 导师由各个支部负责推选，所在教职工党支部根据相关文件要求把好政治关、师德关，领导小组根据推荐名单择优选聘导师，为每名新入校的本科生配备导师，指导学生数原则上每年级正高级教师指导 4 ~ 5 人，副高级教师指导 3 ~ 4 人，中级职称教师指导 1 ~ 2 人，在学院本科生导师制工作领导小组的指导和管理下开展工作。

3. 新生入校后三周内，学院根据具体情况，按照数量均衡、合理搭配的原则，统筹安排导师，并将安排报学校备案。

4. 导师一经确定，原则上应保持连续稳定。学生分专业后，学院可根据学生专业和学业发展的实际情况按照双向选择的原则进行调整，并报学校备案。

三、工作职责

1. 立德树人。以德修身、以德润才、以文化人、以德育人，不断提高学生思想水平、政治觉悟、道德品质、文化素养，做到明大德、守公德、严私德。

2. 学业指导。引导学生树立正确的学业观，对学生在学业规划与专业选择等方面给予专门的指导。结合社会发展的需要与专业特色优势，根据学生个人实际，帮助学生树立学习目标，认识学习的重要性，增强自主学习动力。指导学生熟悉本专业的培养目标与教学计划等教学文件，根据学生的知识能力水平和发展方向，与学生共同制定学习计划，增强专业认知认同，提升学业兴趣和动力，促进学生学业发展。导师对学习有困难的同学及时给予帮助。

3. 学业帮扶。要特别关注受到学业警示与降级处理的同学，协同班导师、辅导员帮助每一位同学制定具有针对性的学习计划，上报学院备案，并督促其实施。

4. 学术引航。开展个性化培养，因材施教。充分挖掘并激发学生的主动性和创造性，因材施教进行个性化培养。通过指导学生参加科技竞赛、创新创业训练项目以及学科竞赛等创新实践活动，参与科研课题、交流访学，结合专业背景举办学术沙龙，指导毕业设计（论文）等形式，拓宽学生学术视野，增强学生创新创业能力。

5. 规划指导。导师应指导学生开展职业生涯规划，鼓励和引导有潜质的学生继续深造。帮助就业的学生树立正确的就业观，为就业做好准备。充分利用自身优势和资源，为学生考研、出国、就业提供帮助。充分利用自身优势和资源，举办校友和知名学者报告会。

四、工作要求

1. 导师负责构建以导师为主导，研究生辅导本科生，高年级本科生帮助低年级本科生的创新型学习科研团队，使学生能够感受到团队的关怀，帮助学生健康成长。选优培强选择优秀研究生对所带本科生学生进行指导，积极吸纳本科生参与科研课题研究，拓宽学生视野，增强学生专业认同感和团队协作能力。

2. 导师要做好工作计划，认真填写“导师工作手册”，记录学生成长过程，并根据学生特点及时调整指导方式。

3. 导师每学期开学初与学生见面，定期对学生进行指导，每学期指导不少于4次。对低年级学生更多关注学习过程，培养学生良好的学习习惯和学习方法。对高年级学生及时吸纳参与科研课题研究，指导创新创业训练项目、学科竞赛等，增强学生的创新意识和实践能力。

4. 毕业设计（论文）原则上由导师负责指导，按照《北京科技大学本科生毕业设计（论文）管理规范》中有关要求执行。特殊情况学院可进行调整。

5. 导师要主动了解国内外考研就业动向，在学生个人发展等方面提供咨询意见。

6. 导师要做好学校相关制度的解读与宣传。注意发现有突出培养潜质和特长的学生，关心受到学业警示和降级学生并给予必要的帮助，关注少数民族学生和外国留学生在学习方面的特殊问题，及时向学院反馈学生的情况与意见建议等。

五、工作考核

本科生导师考核由本科生导师制工作领导小组负责组织进行，考核工作充分考虑考核指标，平时表现、系所分布等因素。

六、附则

1. 本办法从 2018 级本科生开始施行。
2. 导师调配由学院本科生导师制工作领导小组负责。
3. 本办法由学院本科生导师制工作领导小组负责解释。
4. 本办法于 2018 年 10 月 15 日经学院党政联席会讨论通过，自发布之日起执行。

能源与环境工程学院
2018 年 10 月 15 日

附：

能源与环境学院全程导师制工作领导小组名单

组　长：王立、董春阳
副组长：冯妍卉、孔德雨
组　员：夏德宏、唐晓龙、耿华、姜泽毅、李子富、尹少武、宋波、豆瑞锋、王飞、陈月芳、汪群慧、顾钟杰、刘铄

能源与环境工程学院本科生导师考核细则（试行）

为贯彻落实全国教育大会、全国高校思想政治工作会议精神和党的十九大关于加强师德师风建设的要求，全面贯彻党的教育方针，加强对本科生导师制工作的管理，切实发挥导师对于学生培养的重要作用，根据《北京科技大学本科生导师制实施办法（试行）》（校发〔2018〕95 号），《北京科技大学能源与环境工程学院本科生导师制实施办法（试行）》（能发〔2018〕18 号）相关要求，结合学院实际，特制定本细则。

一、考核对象

本科生导师的考核对象为按《北京科技大学能源与环境工程学院本科生导师制实施办法（试行）》（能发〔2018〕18 号）聘任的本科生导师。

二、本科生导师制工作领导小组

学院本科生导师考核由本科生导师制工作领导小组负责组织进行，考核工作充分考虑考核指标，平时表现、系所分布等因素。

三、考核内容

1. 立德树人。以德修身、以德润才、以文化人、以德育人，不断提高学生思想水平、政治觉悟、道德品质、文化素养，做到明大德、守公德、严私德。

2. 学业指导。引导学生树立正确的学业观，对学生在学业规划与专业选择等方面给予专门的指导。

3. 学业帮扶。要特别关注受到学业警示与降级处理的同学，协同班导师、辅导员帮助每一位同学制定具有针对性的学习计划，上报学院备案，并督促其实施。

4. 学术引航。开展个性化培养，因材施教。充分挖掘并激发学生的主动性和创造性，因材施教进行个性化培养。

5. 规划指导。导师应指导学生开展职业生涯规划，鼓励和引导有潜质的学生继续深造。

四、考核细则

1. 每学年考核一次，根据学生的思想状况、学习情况、综合表现等对导师工作进行考核，考核结果分为“优秀”“称职”“不称职”三个等级，“优秀”比例不大于20%，并将考核结果报学校备案。

2. 导师的工作考核分为基本评价和业绩加分，考核采用分值量化的方式计算。

综合评价=基本评价+业绩加分/所带人数。

基本评价由学生评价、单位考核两部分构成，权重分别为50%。单位考核由导师所在党支部根据教师自评、工作手册、学生评价和平时工作情况确定。

业绩加分指导师立德树人工作取得实效，所指导的本科生在理想信念、专业学习和创新创业等方面全面发展和健康成长，详见《本科生导师考核评价业绩加分表》（附表3）。

3. 在评选年度有下述任一情况者，不具备评优资格：

（1）指导学生挂科门次率超过30%；

（2）未参与帮助学业困难和学业警示学生制订学习计划；

（3）与所带学生见面次数不足8次；

（4）未开展诚信教育，所带学生出现学术不端行为或学术诚信问题的；

（5）其他不适合参加评优条件的情况。

4. 在评选年度有下述任一情况者，考核结果为“不称职”：

（1）违反师德师风；

（2）出现违纪违法现象，且对学校学院造成恶劣影响；

（3）其他可以定为“不称职”的情况。

五、附则

1. 本细则从2018级本科生导师考核开始施行。

2. 本办法由学院本本科生导师制工作领导小组负责解释。

3. 本办法于2018年10月22日经学院党政联席会讨论通过，自发布之日起执行。

能源与环境工程学院

2018年10月22日

附件1

本科生导师考核评价表（学生用表）

<table>
<tr><td>学生姓名</td><td></td><td>专业
年级</td><td></td><td>本学年排名</td><td></td><td>导师姓名</td><td></td></tr>
<tr><td>一级指标</td><td colspan="6">二级指标</td><td>满意度</td></tr>
<tr><td rowspan="2">立德树人</td><td colspan="6">导师的敬业精神、专业态度</td><td></td></tr>
<tr><td colspan="6">履行工作职责的情况</td><td></td></tr>
<tr><td rowspan="3">学业指导</td><td colspan="6">学期计划目标明确翔实可行</td><td></td></tr>
<tr><td colspan="6">能根据学生差异性和学习阶段性特征制定学期计划</td><td></td></tr>
<tr><td colspan="6">学期计划能得到有效落实</td><td></td></tr>
<tr><td rowspan="4">学业帮扶</td><td colspan="6">面谈指导课的主题明确</td><td></td></tr>
<tr><td colspan="6">面谈指导的次数和时间符合学校要求（≥4 次）</td><td></td></tr>
<tr><td colspan="6">为学生指定翔实学习参考材料</td><td></td></tr>
<tr><td colspan="6">能有效引导学生进行观点表达和深入探讨交流</td><td></td></tr>
<tr><td rowspan="2">学术引航</td><td colspan="6">能按学校对相关工作要求指导学生独立自主完成训练过程</td><td></td></tr>
<tr><td colspan="6">积极为学生学习、实验提供有利环境条件或指导帮助</td><td></td></tr>
<tr><td>规划指导</td><td colspan="6">导师为了促进学生学业发展、生涯规划开阔视野，能够有计划、积极地为学生提供参与学术活动机会</td><td></td></tr>
<tr><td>本学年导师见面指导的次数</td><td colspan="2"></td><td colspan="2">与导师的其他交流方式
（QQ、微信等）</td><td colspan="3">经常（ ）
偶尔（ ）
从不（ ）</td></tr>
<tr><td colspan="7">满意度综合评价</td><td></td></tr>
</table>

注：请根据导师工作实绩为满意度赋整数分，分值范围由低到高为 1～5 分：1 分（满意度低）→5 分（非常满意）。

附件2

本科生导师考核评价表（导师用表）

导师姓名：　　　　　　　　　　单位：

所带学生姓名：

1. 本年度与学生见面的次数
2. 与学生见面的方式（多选）（　　　　）
   A. 面对面（群体）　B. 面对面（单独）　C. 其他（网络、通信工具）
3. 与学生讨论的内容（多选）（　　　　）
   A. 思想引导　B. 学业指导　C. 创新创业　D. 生涯规划
   E. 心理疏导　F. 其他
4. 学生反映的问题（多选）（　　　　）
   A. 学业问题　B. 创新创业　C. 生涯发展　D. 心理疏导
   E. 校园生活　F. 其他

5. 在立德树人方面您的建议及好的做法

6. 在学业指导、学术指导方面您的建议及好的做法

7. 其他建议及意见

导师签字：

年　　月　日

附件 3

本科生导师考核评价业绩加分表

1. 学业指导

序号	业绩观测点	分值	备注
1.1	成绩提升	专业排名提高一档加一分	人数可以累加
1.2	成绩保持	1 分/人	专业排名前 20%（含）学生
1.3	四六级	1 分/人	
1.4	及格率	1 分/人	未挂科学生

注：专业排名分 0 ~ 20%，21% ~ 40%，41% ~ 60%，61% ~ 80%，81% ~ 100% 五个档次。

2. 思想引领

序号	业绩观测点	分值
2.1	发展入党	1 分/人
2.2	校级优秀共产党党员	2 分/人
2.3	校级优三好、三好	1 分/人
2.4	校级优学干，优团干、优团员	1 分/人
2.5	校级以上荣誉称号	2 分/人

3. 创新创业

<table>
<tr><th>序号</th><th colspan="2">业绩观测点</th><th>分值</th></tr>
<tr><td rowspan="3">3.1</td><td rowspan="3">科技创新</td><td>国家级科技竞赛一/二/三等奖</td><td>2/1.6/1.2</td></tr>
<tr><td>北京市级科技竞赛一/二/三等奖</td><td>1.5/1.2/0.9</td></tr>
<tr><td>校级科技竞赛一/二/三等奖</td><td>1/0.8/0.6</td></tr>
<tr><td rowspan="2">3.2</td><td rowspan="2">学术论文</td><td>SCI 和 EI 检索期刊论文（第一/二/三作者）</td><td>3/2/1</td></tr>
<tr><td>核心期刊论文（第一/二/三作者）</td><td>2/1.6/1.2</td></tr>
<tr><td rowspan="2">3.3</td><td rowspan="2">授权专利</td><td>授权发明专利（第一/二/三作者）</td><td>2/1.5/1</td></tr>
<tr><td>授权实用新型、外观专利、软件著作权（第一/二/三作者）</td><td>1/0.8/0.6</td></tr>
</table>

注：1. 学科、科技竞赛范围为《北京科技大学学科、科技竞赛奖学金实施办法》（校发〔2018〕76 号）认定的科技竞赛及学院认定的科技竞赛；

2. 有相同联系背景的学科或科技竞赛，以最高级别奖项为准。

4. 生涯规划

序号	业绩观测点	分值
4.1	普通推免研究生	1分/人
4.2	普通推免本校研究生	2分/人
4.3	研究生应届录取（非免试）	1分/人
4.4	就业签约	2分/人
4.5	应征入伍	2分/人

自动化学院本科生导师制实施办法（试行）

为充分发挥教师在学生培养过程中的指导作用和学生的主体作用，倡导高水平教师更多地参与本科生指导工作，建立新型师生关系，以突出个性化教育，培养创新人才为原则，结合我院实际情况，经学院党政联席会研究决定，制定我院本科生导师制实施办法。

第一章　组织领导和管理

第一条　为保证本科生导师制的顺利实施，学院成立本科生导师制工作领导小组，制定并落实相应的管理规定和实施细则。

组长：院长、学院党委书记

副组长：本科教学副院长、学生工作副书记

组员：各系所主任/所长、本科教学副主任、教学秘书、相关辅导员

第二章　导师的任职资格

第二条　拥护党的基本路线和教育方针，师德高尚，治学严谨，为人师表，关心学生。担任本科生导师的教师必须做到“四有”，即有理想信念，有道德情操，有扎实学识，有仁爱之心。

第三条　具有中级（含）以上职称且在校承担教学科研工作一年以上的专任教师（含双肩挑教师）。原则上中级以下职称的教师及入校工作不满一年的教师不独立承担指导工作，但可以作为副导师参加导师组。

第四条　学校年度考核或导师工作考核不合格的教师，下一年不能指导新的学生。受到学校处分的教师视情况暂停指导新的学生，情节严重的取消导师资格。

第三章　导师的配备和选聘

第五条　学院为每名新入校的本科生择优选聘导师。每位教师指导的学生人数根据学院学生人数及专任教师数测算，按照正高级指导的学生数大于副高级、副高级指导的学生数大于中级的原则执行。

第六条　新生入校后三周内，学院按照数量均衡、合理搭配的原则，统筹安排导师，并将安排报学校备案。

第七条　导师一经确定，原则上应保持连续稳定。学生分专业后，学院可根据学生专业和学业发展的实际情况按照双向选择的原则进行调整，并报学校备案。

第四章　导师的工作职责

第八条　立德树人。导师要以德修身、以德润才、以德育人、以德塑魂，不断提高学生思想水平、政治觉悟、道德品质，做到明大德、守公德、严私德。

第九条　学业指导。引导学生树立正确的学业观，对学生在学业规划与专业选择等方面给予专门的指导。结合社会发展的需要与专业特色优势，根据学生个人实际，帮助学生树立学习目标，认识学习的重要性，增强自主学习动力。指导学生熟悉本专业的培养目标与教学计划等教学文件，根据学生的知识能力水平和发展方向，与学生共同制定学习计划，增强专业认知认同，提升学习兴趣，促进学生学业发展。

第十条　学术指导。根据学生特质挖掘并激发学生的主动性和创造性，因材施教进行个性化培养。通过指导学生参与创新创业训练项目、学科竞赛、学术沙龙、科研课题、毕业设计（论文）等创新实践活动，拓宽学生学术视野，增强学生创新创业能力。

第十一条　规划指导。导师应指导学生进行职业规划。鼓励和引导有潜质的学生继续深造。帮助就业的学生树立正确的就业观，为就业做好准备。充分利用自身优势和资源，为学生考研、出国、就业提供帮助。

第五章　导师工作要求

第十二条　导师负责构建以导师为主导，研究生辅导本科生，高年级本科生帮助低年级本科生的创新型学习科研团队，使学生能够感受到团队的关怀，帮助学生健康成长。

第十三条　导师要做好工作计划，认真填写“导师工作手册”，记录学生成长过程，并根据学生特点及时调整指导方式。

第十四条　导师每学期开学初与学生见面，定期对学生进行指导，每学期指导不少于4次。对低年级学生更多关注学习过程，培养学生良好的学习习惯和学习方法。对高年级学生及时吸纳参与科研课题研究，指导创新创业训练项目、学科竞赛等，增强学生的创新意识和实践能力。

第十五条　毕业设计（论文）原则上由导师负责指导，按照《北京科技大学本科生毕业设计（论文）管理规范》中有关要求执行。特殊情况学院可进行调整。

第十六条　导师要主动了解国内外考研就业动向，在学生个人发展等方面提供咨询意见。

第十七条　导师要做好学校相关制度的解读与宣传。注意发现有突出培养潜质和特长的学生，关心受到学业警示和降级学生并给予必要的帮助，关注少数民族学生和外国留学生在学习方面的特殊问题，及时向学院反馈学生的情况与意见建议等。

第六章　导师工作考核

第十八条　导师的工作考核由学院负责实施，学院根据导师职责履行情况，参考学生的思想、学习、创新创业等方面的情况对导师工作进行考核。每学年考核一次，考核结果分为“优秀”、“称职”（称职包含“良好”“基本称职”）、“不称职”（“不称职”不大于20%），“优秀”比例不大于20%，并将考核结果报学校备案。

第十九条 对考核结果“优秀”的教师在岗位聘用、职称评定、评优评先等方面给予倾斜。要求考核结果为“不称职”的教师提交整改方案，并暂停一年担任新生导师资格。

第二十条 学校每学年对各学院的导师工作总体情况进行考核。

第七章 附　　则

第二十一条 本办法由自动化学院负责解释。

第二十二条 本办法于2018年10月29日经学院党政联席会议讨论通过，自发布之日起执行。

自动化学院

2018年10月29日

计算机与通信工程学院
本科生导师制实施办法

为了贯彻落实全国教育大会、全国高校思想政治工作会议精神和党的十九大关于加强师德师风建设的要求，全面贯彻党的教育方针，充分发挥教师在人才培养过程中的重要作用，根据《北京科技大学本科生导师制实施办法（试行）》（校发〔2018〕95 号）相关要求，结合学院实际，特制定本办法。

一、考核对象

我院依据《北京科技大学本科生导师制实施办法（试行）》选聘的全体本科生导师。

二、组织和管理

本科生导师的工作考核由学院本科生导师制工作领导小组统筹、各系所负责实施。每学年考核一次，考核结果分为“称职”“不称职”两个等级，在考核结果为“称职”的导师中推荐“优秀导师”，比例不超过导师人数的 20%，考核及推优结果报送学校备案。

三、考核内容

1. 立德树人。导师要以德修身、以德润才、以德育人、以德塑魂，不断提高学生思想水平、政治觉悟、道德品质、做到明大德、守公德、严私德。

2. 学业指导。引导学生树立正确的学业观，结合社会发展需要与专业特色优势，根据学生个人实际，对学生在学业规划与专业选择等方面给予专门指导。指导学生熟悉专业培养目标与教学计划，与学生共同制定学习计划，增强专业认知认同，促进学生学业发展。关心受到学业警示和降级的学生，协同班导师、辅导员为相应学生制定针对性学习计划，并督促实施。

3. 学术指导。根据学生潜质挖掘并激发学生的主动性和创造性，因材施教进行个性化培养。通过指导学生参与创新实践活动，拓宽学生学术视野，增强学生创新创业能力。

4. 规划指导。指导学生进行职业规划。鼓励和引导有潜质的学生继续深造。帮助就业学生树立正确的就业观。充分利用自身优势和资源为学生考研、出国、就业提供帮助。

四、考核方式

1. 基本考核

综合导师自评、学生评价和系所测评三方评价结果，按照权重得出综合测评分，低于 60 分则考核结果为“不称职”。

（1）导师自评：权重 30%，导师自评表详见附件 1。

（2）学生评价：权重 30%，学工系统以记名问卷的方式组织问卷调查，进行学生评价。以导师指导的学生所打分数的平均分计算学生评价分数。

（3）系所测评：权重40%，系所参考导师工作手册、导师自评结果及学生评价结果进行测评打分。打分依据包括：导师的敬业精神及履行工作职责的情况、为学生制定的目标是否明确可行、指导学生的次数是否符合学校要求、导师工作手册记录是否及时明确完整等方面。

2. 优秀导师推荐

（1）导师自荐：本科生导师提交评优申请及优秀业绩佐证材料。优秀业绩包括但不限于：指导学生参加科技创新创业竞赛获奖、发表论文或专利；帮扶特殊困难学生、协助解决实际问题；所指导的学生综合表现优异，获党、团校级以上荣誉称号；所指导的学生高质量就业、被世界著名高等学府录取深造等。

（2）系所推荐：系所根据导师提交的申请材料，结合教师平时表现，提交“优秀导师”推荐名单。

3. 其他

在考核年度未履行导师职责，指导不力，且对学校、学院造成严重不良影响的，考核结果为“不称职”。

五、附则

1. 本办法自公布之日起施行。
2. 本办法由学院本科生导师制工作领导小组负责解释。

计算机与通信工程学院

2018 年 11 月 1 日

附：

计算机与通信工程学院本科生导师制工作领导小组名单

组　长：隆克平、蒋韬

副组长：王建萍、杨健

组　员：(按姓氏首字母排序)何杰、皇甫伟、李宁、马忠贵、宁焕生、石志国、孙昌爱、万亚东、王丽娜、阳小龙　姚琳　殷绪成

秘　书：马力

附件 1

计算机与通信工程学院本科生导师考核导师自评表

序号	自评项目	项目总分	自评分	备注
1	掌握了解学生情况（包括思想动态、学习状况和兴趣专长等）	10		
2	与学生沟通次数达到基本要求	15		
3	帮助学生制订了科学、合理的学习计划、大学生涯规划	15		

续表

序号	自评项目	项目总分	自评分	备注
4	引导学生掌握科学的学习方法，督促学生完成课程学习任务	15		
5	指导学生参加科技创新活动	15		
6	及时了解并帮助学生解决学习生活中的各种困难	15		
7	言传身教，为人表率	15		
8	合计	100		
导师签名：		自评日期： 年 月 日		

数理学院本科生导师制实施办法

（1）为不断深化人才培养模式改革，发挥导师在本科人才培养中的指导作用，进一步提高本科生培养质量，按照学校统一部署，经学院研究决定实施本科生导师（以下简称导师）制。

（2）实施导师制的宗旨是帮助学生树立长远的人生目标并引导、鼓励其为之努力；培育学生更加积极向上的学习和生活态度。

（3）导师应是具有中级及以上职称（或具有博士学位）的在职教师；导师应恪守职业道德、责任心强、为人正派，能认真履行导师职责。

（4）学院负责聘任在职教师担任本科生导师。

（5）按照正高级指导学生数≥副高级指导学生数≥中级指导学生数的原则，以随机分配的方法为每名新生确定导师。原则上，数学类新生由应用数学系和信计系的教师担任导师；物理专业新生由物理系和应用物理系的教师担任导师；理科试验班新生由数理学院教授与应用力学系教师担任导师。

（6）如因客观原因需进行导师调整，由导师或本科生提出申请，学院教学委员会讨论确定调整办法。

（7）导师应每学期开学初与学生见面，定期对学生进行指导，每学期指导不少于4次。指导方式包括见面指导、电话指导、邮件指导、组会集体指导、组织校内外参观等。其中，见面指导不少于2次，每次见面指导应保证足够的谈话时间，并有简要记录。

（8）本科生导师指导经费配备按照学校规定执行。

（9）学院建立导师工作考核机制，考核不合格者，停止其本科生导师资格一年；对考核合格者发放工作补贴；对工作突出的导师另行奖励。考核办法另行制定。

（10）学院在进行职称评审工作以及各系（中心）进行教职工年度考核工作时，应结合教师担任本科生导师情况以及担任导师的考核情况。

本办法经2018年10月18日数理学院党政联席会议讨论通过。不尽之处由数理学院党政联席会议负责解释。

数理学院

2018年10月18日

附：

数理学院本科生导师考核及津贴发放办法（修订版）

为充分调动本科生导师的工作积极性，根据《北京科技大学本科生导师制实施办法（试行）》（校发〔2018〕95号）和《数理学院本科生导师考核办法》（院发〔2018〕8号），经学院研究决定，修订本科生导师考核办法。

一、组织领导和管理

成立学院本科生导师工作小组，由院长、党委书记任组长，分管副院长任副组长，各系主任、教学副主任、各年级辅导员、课程负责人为小组成员。工作小组负责本学院导师工作的计划安排、组织实施、考核评价、津贴发放、经验交流等。

二、考核办法

考核对象：所有被学院聘任一年及以上的本科生导师。

考核时间：每年 9 月组织上一学年度导师工作考核。

考核方式：

1. 所有导师提交年度考核材料：导师年度工作总结、导师制工作指导手册、本科生导师工作考核表（见附件 1）；

2. 考核结果认定：导师考核结果分为校级优秀、合格及不合格 3 个档次。根据老师自荐、学生推荐、学科推荐和年度考核材料，并通过学院评审来推荐出校级优秀导师，校级优秀导师的比例不超过导师总数的 20%；

出现下列情形之一，经学院导师制工作小组研究讨论，原则上考核结果为不合格：

（1）按照学校文件要求，与学生交流沟通的次数达不到规定次数（每学期与学生交流沟通的次数不低于 4 次）；

（2）学生受到学业警示，且学习导师在其学分未达标学期没有对学生进行教育指导；

（3）学生出现学术诚信、考试作弊等问题，且学习导师当学期与学生沟通交流中未进行诚信教育和提醒；

（4）学生违反国家法律法规或受到北京科技大学纪律处分（警告、严重警告、记过、留校察看、开除学籍），且学习导师当学期没有对学生进行批评教育。

对于考核不合格的本科生导师，暂停下一年担任新生导师资格。

三、津贴发放办法

1. 对于本学年推荐为校级优秀的本科生导师，学院按照每位导师 3000 元的标准予以奖励；

2. 本学年本科生导师考核结果不合格的津贴按下面方式发放：

津贴 = 指导学生数×500 元

3. 本学年本科生导师考核结果为合格以上的津贴发放，按以下方式：

津贴等于“考核结果为合格以上的本科生导师津贴数”除以“考核结果为合格以上的本科生导师所带学生总人数”乘以“个人所带学生数”，其中“考核结果为合格以上的本科生导师津贴数等于全院本科生导师总津贴数减去第 1 项中的奖励总数和第 2 项的津贴总数”。

本办法经数理学院教学委员会审议，并经数理学院党政联席会议讨论通过，自公布之日起实行。

数理学院

2021 年 4 月 20 日

附件 1

数理学院本科生导师工作考核表

<table>
<tr><td>导师姓名</td><td></td><td>工号</td><td></td><td>职称/职务</td><td></td></tr>
<tr><td rowspan="9">指导学生
基本情况</td><td>姓　名</td><td>年级</td><td colspan="2">专业班级</td><td>年度指导次数</td></tr>
<tr><td></td><td></td><td colspan="2"></td><td></td></tr>
<tr><td></td><td></td><td colspan="2"></td><td></td></tr>
<tr><td></td><td></td><td colspan="2"></td><td></td></tr>
<tr><td></td><td></td><td colspan="2"></td><td></td></tr>
<tr><td></td><td></td><td colspan="2"></td><td></td></tr>
<tr><td></td><td></td><td colspan="2"></td><td></td></tr>
<tr><td></td><td></td><td colspan="2"></td><td></td></tr>
<tr><td></td><td></td><td colspan="2"></td><td></td></tr>
<tr><td rowspan="2">指导本科生
重点工作
（评优因素）</td><td colspan="5"></td></tr>
<tr><td colspan="5">导师制工作小组副组长审核签字：
年　　月　　日</td></tr>
</table>

考核结果：

导师制工作小组组长签字：
年　　月　　日

指导本科生重点工作指标包括：

（1）导师的三全育人特色工作（不超过 100 字）；

（2）所指导学生在导师制考核年度由相应导师指导发表的学术论文（需要提供论文首页并标出检索类型）；

（3）指导学生主持一项 SRTP 并按时结题（需要提供项目级别）；

（4）指导学生考取硕士研究生（包括保送）（需提供学生姓名和考取学校）；

（5）帮助自己指导的本科生落实就业单位并签订正式劳动合同（需提供学生姓名和就业单位名称）；

（6）指导学生的成绩排名与上一学年相比有明显提升。

化学与生物工程学院
本科生导师制实施办法（试行）

根据《北京科技大学本科生导师制实施办法（试行）》的有关精神，结合我院实际情况，为保证我院学生健康成长，实现培养高质量的创新型人才的培养目标，充分发挥教师教书育人的作用，特制定本实施方案。

一、导师制领导小组

为保证导师制的顺利实施，学院成立导师制领导小组，由院领导、系支部书记、系主任、团委、辅导员、教学秘书等组成。

本届导师制领导小组的组成如下：

组　长：曾芳、李正平

副组长：范慧俐、曹艳秋

成　员：温永强、孟菲菲、张学记、陈飞武、闫海、孙长艳、宣劲松、杜鑫、李颖、孟涛、李芳墨

秘　书：章绚丽

二、实施导师制的工作目标

1. 通过导师在思想、学业、生活、行为等方面的引导和指导，使学生成为人格上自尊，学习上自主，生活上自立，行为上自律的德智体美劳全面发展的健康人才。

2. 通过导师与学生的密切接触，充分挖掘学生的发展潜能，使学生的潜能和个性得到充分发展，满足学生个性化发展需求。

3. 强化教师"教书育人"意识，提高教师"立德树人"水平，提升教师的教育理念，促进教师的全面发展。

4. 更好地落实专业培养方案，提高创新、实践教学环节的实施效果，引导学生积极进行创新实践，培养既具有扎实专业理论基础，又具有实践应用能力的专业领域精英。

三、导师的任职资格

1. 本科生导师应拥护党的基本路线和教育方针，师德高尚，治学严谨，为人师表，关心学生。必须做到有理想信念，有道德情操，有扎实学识，有仁爱之心。

2. 具有中级（含）以上职称且在校承担教学科研工作一年以上的专任教师（含双肩挑教师）。原则上中级以下职称的教师及入校工作不满一年的教师不独立承担指导工作，但可以作为副导师参加导师组。

3. 学校年度考核或导师工作考核不合格的教师，下一年不能指导新的学生。受到学校处分的教师视情况暂停指导新的学生，情节严重的取消导师资格。

四、导师制实施方案

1. 导师由各系审核推荐，学院聘任，聘期一般为4年。

2. 各专业为每名新入校的本科生择优选聘导师。并将安排报学院备案。

3. 每位导师指导的一个年级的学生数原则上控制在3~5名以内。按照正高级指导的学生数大于副高级、副高级指导的学生数大于中级的原则执行。

4. 导师一经确定，原则上应保持连续稳定。特殊情况需要变更导师的，由学生提出申请，导师同意，各专业负责协调安排，报学院核准。并报备案。

5. 对学生参加各类专业学科竞赛和在创新教学、毕业设计（论文）环节，采取“双导师制”，即竞赛指导老师和创新教学、毕业设计（论文）指导教师与导师制老师双重指导，以竞赛指导和创新教学、毕业设计（论文）指导老师为主的模式。

五、导师的工作职责

导师要做到“立德树人、学业指导、学术指导、规划指导和成长指导”。具体职责有：

1. 立德树人。导师要以德修身、以德润才、以德育人、以德塑魂，不断提高学生思想水平、政治觉悟、道德品质，做到明大德、守公德、严私德。导师应经常与学生沟通，潜移默化地影响学生人格的塑造，了解学生的学习和发展情况，每月应有固定的指导时间，保存学生培养的相关记录和资料。每学期（学年）结束时，参与对学生的综合评价。

2. 学业指导。指导学生掌握良好的学习方法，培养良好的学习习惯，帮助学生解决学业上的困难。根据专业培养方案，引导学生热爱专业，挖掘学生的学习潜力，激发学生立志成才、刻苦学习、积极上进的精神。引导学生进行人生规划、学业规划。

3. 学术指导。根据学生特质挖掘并激发学生的主动性和创造性，因材施教进行个性化培养。通过指导、推荐学生参与创新创业训练项目、学科竞赛、学术沙龙、科研课题、毕业设计（论文）等创新实践活动，拓宽学生学术视野，增强学生创新创业能力。

4. 规划指导。导师应指导学生进行职业规划。鼓励和引导有潜质的学生继续深造。帮助就业的学生树立正确的就业观，为就业做好准备。充分利用自身优势和资源，为学生考研、出国、就业提供帮助。

5. 成长指导。做学生学业上的良师，生活中的益友。对成长过程当中遇到困难的学生进行及时的沟通和指导，以采取有效措施，使学生学会保持健康的情绪、建立良好的人际关系等。

六、导师工作要求

1. 导师负责构建以导师为主导，建立由研究生、本科生共同组成的创新型学习科研团队，使研究生、高年级和低年级的本科生能够充分交流，帮助学生健康成长。

2. 导师负责建立学生成长档案，做好工作计划，认真填写“导师工作手册”，追踪学生成长轨迹。对学生每学期的表现进行记录，分析对照。内容包括：

（1）学生家庭及社会关系基本情况：学生的个性特征、行为习惯、道德素养、兴趣爱好等。

（2）一般状况：学生心理、生理、身体健康状况，学生的学习情况等。并根据学生特点及时调整指导方式。

3. 导师每学期开学初与学生见面，定期与学生进行谈心（可以是面谈、微信、QQ、微博、电子信箱等形式）辅导，每学期辅导不少于4次。但一学期面谈次数不少于2次，并记录辅导内容。对低年级学生更多关注学习过程，培养学生良好的学习习惯和学习方法。对高年级学生及时吸纳参与科研课题研究，指导创新创业训练项目、学科竞赛等，增强学生的创新意识和实践能力。

4. 导师要主动了解国内外考研就业动向，在学生个人发展等方面提供咨询意见。

5. 导师要做好学校相关制度的解读与宣传。注意发现有突出培养潜质和特长的学生，关心学业有困难的学生并给予必要的帮助，及时向学院反馈特殊学生的情况并提出意见和建议等。

6. 做好导师制下创新教学环节的成果登记制度。内容包括：学生发表的学术论文、申请的专利、竞赛的获奖、实践调研报告等。

七、导师工作考核评估与待遇

1. 建立对导师工作的评价机制。每学年由院领导小组对导师的工作进行一次全面检查、考核，考核采用定性与定量相结合的方法。其中量化考核包括：系所导师领导小组评估（30%）+受导学生评价（50%）+导师自评（20%），考核结果分为“优秀”“称职”“不称职”三个等级，“优秀”比例不大于20%。

2. 导师的考核结果作为教师年度考核的一项重要内容，并记入导师的年度考核。对考核结果“优秀”的教师在岗位聘用、职称评定、评优评先等方面给予倾斜。要求考核结果为“不称职”的教师提交整改方案，并暂停一年担任新生导师资格。对在指导过程中成绩显著的导师给予表彰；对不认真履行导师职责，或在指导学生中产生不良影响的导师，学院将给以批评教育，对情节严重的，将解除聘任本科生导师。

八、其他

1. 本方案自公布之日起实施。
2. 本方案由学院导师制领导小组负责解释。

化学与生物工程学院
2018年10月18日

经济管理学院本科生导师制实施办法

为全面贯彻党和国家的教育方针，充分发挥教师在人才培养过程中的重要作用，促进学生全面发展和健康成长，全面提高人才培养质量，根据《北京科技大学本科生导师制实施办法（试行）》（校发〔2018〕95 号），结合学院工作实际，制定本细则。

一、组织领导和管理

1. 学院成立本科生导师制工作领导小组，制定导师工作细则与考核办法，负责学院导师的聘任与考核等工作。

2. 学院本科生导师制工作领导小组组长由院长担任，副组长由主管本科教学副院长和学生工作副书记担任，小组成员还包括各系主任。

二、导师任职资格

1. 拥护党的基本路线和教育方针，师德高尚，治学严谨，为人师表，关心学生。担任本科生导师的教师必须做到“四有”，即有理想信念，有道德情操，有扎实学识，有仁爱之心。

2. 具有中级（含）以上职称且在校承担教学科研工作一年以上的专任教师（含双肩挑教师）。原则上中级以下职称的教师及入校工作不满一年的教师不独立承担指导工作，但可以作为副导师参加导师组。

3. 学校年度考核或导师工作考核不称职的教师，下一年不能指导新的学生。受到学校处分的教师视情况暂停指导新的学生，情节严重者取消导师资格。

4. 每学年初选聘导师时，对于继续在校工作不满一年的导师，征求导师意见后决定是否对其分配本科生指导名额。导师退休时原则上可根据学生专业和学业发展的实际情况将其指导的本科生调整到其他导师。

三、导师聘任

1. 学院为每名新入校的本科生择优选聘导师。每位教师指导的学生人数根据学院学生人数及专任教师数测算，按照正高级指导的学生数大于副高级、副高级指导的学生数大于中级的原则执行。

2. 新生入校后三周内，学院按照数量均衡、合理搭配的原则，统筹安排导师，并将安排报学校备案。导师选聘按照双向选择原则进行，通过学院自主开发的“本科师生互选系统”完成。

3. 导师一经确定，原则上应保持连续稳定。学生分专业后，学院可根据学生专业和学业发展的实际情况进行调整，并报学校备案。

四、导师工作职责

1. 立德树人。导师要以德修身、以德润才、以德育人、以德塑魂，不断提高学生思想水平、政治觉悟、道德品质，做到明大德、守公德、严私德。

2. 学业指导。引导学生树立正确的学业观，对学生在学业规划与专业选择等方面给予专门的指导。结合社会发展的需要与专业特色优势，根据学生个人实际，帮助学生树立学习目标，认识学习的重要性，增强自主学习动力。指导学生熟悉本专业的培养目标与教学计划等教学文件，根据学生的知识能力水平和发展方向，与学生共同制订学习计划，增强专业认知认同，提升学习兴趣，促进学生学业发展。

3. 学业帮扶。将受到学业警示与降级处理的同学通知到导师，导师协同班导师、辅导员帮助其制订具有针对性的学习计划并督促其实施。

4. 学术指导。根据学生特质挖掘并激发学生的主动性和创造性，因材施教进行个性化培养。通过指导学生参与创新创业训练项目、学科竞赛、学术沙龙、科研课题、毕业设计（论文）等创新实践活动，拓宽学生学术视野，增强学生创新创业能力。

5. 规划指导。导师应指导学生进行职业规划。鼓励和引导有潜质的学生继续深造。帮助就业的学生树立正确的就业观，为就业做好准备。充分利用自身优势和资源，为学生考研、出国、就业提供帮助。

五、导师工作要求

1. 导师负责构建以导师为主导，研究生辅导本科生，高年级本科生帮助低年级本科生的创新型学习科研团队，使学生能够感受到团队的关怀，帮助学生健康成长。积极吸纳本科生参与科研课题研究，拓宽学生视野，增强学生专业认同感和团队协作能力，促进教研融合，整体提升人才培养质量。

2. 导师要做好工作计划，认真填写“导师工作手册”，记录学生成长过程，并根据学生特点及时调整指导方式。

3. 导师每学期开学初与学生见面，定期对学生进行指导，每学期指导不少于4次。对低年级学生更多关注学习过程，培养学生良好的学习习惯和学习方法。对高年级学生及时吸纳参与科研课题研究，指导创新创业训练项目、学科竞赛等，增强学生的创新意识和实践能力。

4. 毕业设计（论文）原则上由导师负责指导，按照《北京科技大学本科生毕业设计（论文）管理规范》中有关要求执行。特殊情况学院可进行调整。

5. 导师要主动了解国内外考研就业动向，在学生个人发展等方面提供咨询意见。学生工作办公室推免研究生、评先评优等工作应听取导师意见。

6. 导师要做好学校相关制度的解读与宣传。注意发现有突出培养潜质和特长的学生，关心受到学业警示和降级学生并给予必要的帮助，关注少数民族学生和外国留学生在学习方面的特殊问题，及时向学院反馈学生的情况与意见建议等。

六、导师工作考核

学院制定本科生导师考核办法对导师进行工作考核。

七、其他

1. 本细则由学院本科生导师制工作领导小组负责解释。

2. 本细则于 2020 年 5 月 14 日经学院党政联席会讨论通过，自发布之日起执行。

经济管理学院

2020 年 5 月 14 日

附：

经济管理学院本科生导师考核办法（修订）

为了加强对本科生导师制实施的管理，切实发挥导师对本科生培养的重要作用，根据《北京科技大学本科生导师制实施办法（试行）》，经 2020 年 5 月 14 日和 2020 年 10 月 20 日学院党政联席会议讨论研究决定，结合学院工作实际，制定本办法。

一、组织领导和管理

1. 学院成立本科生导师制工作领导小组，负责学院导师的聘任与考核等工作。领导小组由院长担任组长，主管本科教学副院长和学生工作副书记为副组长，系主任为成员。

2. 本科生导师考核具体工作由各系负责组织。

3. 本科生导师考核结果报学院教学委员会通过。

二、考核对象

本科生导师的考核对象为学院依据《北京科技大学本科生导师制实施办法（试行）》聘任的本科生导师。

三、考核主要内容

1. 立德树人。导师要以德修身、以德润才、以德育人、以德塑魂，不断提高学生思想水平、政治觉悟、道德品质，做到明大德、守公德、严私德。

2. 学业指导。引导学生树立正确的学业观，对学生在学业规划与专业选择等方面给予专门的指导。结合社会发展的需要与专业特色优势，根据学生个人实际，帮助学生树立学习目标，认识学习的重要性，增强自主学习动力。指导学生熟悉本专业的培养目标与教学计划等教学文件，根据学生的知识能力水平和发展方向，与学生共同制订学习计划，增强专业认知认同，提升学习兴趣，促进学生学业发展。

3. 学业帮扶。受到学业警示与降级处理的同学通知到导师，导师协同班导师、辅导员帮助其制订具有针对性的学习计划并督促其实施。

4. 学术指导。根据学生特质挖掘并激发学生的主动性和创造性，因材施教进行个性化培养。通过指导学生参与创新创业训练项目、学科竞赛、学术沙龙、科研课题、毕业设计（论文）等创新实践活动，拓宽学生学术视野，增强学生创新创业能力。

5. 规划指导。导师应指导学生进行职业规划。鼓励和引导有潜质的学生继续深造。帮助就业的学生树立正确的就业观，为就业做好准备。充分利用自身优势和资源，为学生考研、出国、就业提供帮助。

四、考核标准

1. 本科生导师考核重点为考核导师的工作态度、履行导师职责情况及导师工作效果。考核标准具体如下：(1) 导师与学生见面次数（在考核中权重占30%）；(2) 导师工作记录情况（在考核中权重占20%）；(3) 导师的指导成效（在考核中权重占20%）；(4) 学生对导师评价（在考核中权重占30%）。

2. 各系根据以上考核标准对本系本科生导师进行考核，结果分为“优秀”“称职”和“不称职”三个等级。“优秀”比例不大于20%。

3. 导师具有以下情形的，不能被认定为“优秀”等级：

第一，学生评价平均分低于80分的（满分100分）；

第二，导师工作记录不完整的；

第三，指导学生出现学术不端现象的；

第四，指导学生出现违法、违规、违纪行为并受到纪律处分的；

第五，指导学生出现取得学分未达到学期基本学业标准而受到“学业警示”，或连续两次或累计三次受到“学业警示”而受到“退学”处理的。

4. 导师具有以下情形的，应被认定为“不称职”等级：

第一，每学期指导少于4次的；

第二，没有本科生导师工作记录的。

五、考核程序

1. 考核时间：每学年考核一次。

2. 考核流程：学年末由本科教学办公室发布本科生导师考核通知，各系根据学院考核标准组织考核并上报考核结果，本科教学办公室汇总结果提交学院教学委员会审核通过，并将最后的考核结果上报学校教务处。

六、导师指导费

学院每年将不超过学校划拨本科生指导费的20%统筹使用于奖励优秀本科生导师、指导本科生单项突出成就等，其余指导费（不低于学校划拨本科生指导费的80%）按照每位本科生导师当年本科生指导人数进行分配。

七、其他

1. 对考核结果“优秀”的教师在岗位聘用、职称评定、评优评先等方面给予倾斜。考核结果为“不称职”的教师应提交整改方案，并暂停一年担任新生导师资格。

2. 本办法由学院本科生导师制工作领导小组负责解释。

3. 本办法自2020年10月20日起执行，《东凌经济管理学院本科生导师考核办法（试行)》（院发〔2018〕7号）同时废止。

经济管理学院

2020年10月20日

文法学院本科生导师制实施办法

第一条 为进一步加强本科生人才培养，充分发挥教师在人才培养过程中的重要作用，贯彻落实《北京科技大学本科生导师制实施办法（试行）》，文法学院在本科生培养过程中全程推行导师制。

第二条 学院为每个新入校的本科生配备导师，发挥导师在立德树人、学业指导、学术指导、规划指导等方面的作用，优化教学科研资源配置结构，提高本科生人才培养质量。

第三条 学院成立本科生导师制工作领导小组，负责本科生导师制的组织领导与重要事项决策。

第四条 学院本科生导师资格是在我校工作一年以上的具有中级以上（含中级）教师职务的在职专任教师（不含行政管理岗、教学辅助岗以及辅导员教师）和双肩挑教师。本科生导师应具有硕士或博士学位。

第五条 原则上，具备本科生导师资格的教师都应当担任本科生导师。

第六条 导师制工作领导小组对导师资格进行过程管理，当出现以下任何情况时，导师制工作领导小组可以终止该教师的导师资格：

（一）虽曾获得导师资格，但该教师现在已经不再符合导师遴选资格条件；

（二）受到学校处分的教师视情况暂停指导新的学生，情节严重的取消导师资格；

（三）不具备教书育人基本师德，在导师工作考核中成绩为“不称职”，不得担任下一年度本科生导师；

（四）经学院学术委员会认定，该教师在科学研究活动中存在明显学术不端行为；

（五）经学院学术委员会认定，该教师指导学生完成的学位论文中存在严重学术不端行为；

（六）其他导致或证明该教师无法胜任导师工作的情形。

第七条 在本科生全程导师制下，导师对学生的指导和支持将贯穿整个本科生培养阶段。

第八条 各系在每个学年末为下一学年即将入学的本科新生安排可供选择的导师，并在暑假放假前将导师名单提交学院。本科新生入学后，由学院根据学校确定的教授所带数量大于副教授、副教授所带数量大于讲师的原则分配导师。本科新生入学三周内，学院完成导师分配工作。

第九条 导师分配结果确定后，在前两个学期内原则上不允许调整变动，特殊情况上报学院导师制工作领导小组讨论决定。

第十条 第三个学期开始，学生进行专业分流，各系根据专业分流后的学生名单进行分配，分配完成后提交学院。各系的分配规则由各系自行拟定。第三学期确定的本科生导师原则上应当负责学生的毕业论文，如有特殊情况可申请由学院本科生导师制工作领导小组进行调整。

第十一条 导师对本科生的指导应当根据学生在各个阶段面临的重点任务，为本科生的学习、研究和成长提供全面的指导和支持，每学期指导不少于 4 次。指导工作应当突出体现“重学术、重方法、重发展”的特点。尽职尽责、诲人不倦，在指导过程中导师应当同时注重言传与身教，为学生树立学高身正的榜样，在学术诚信、社会公德方面为学生提供积极引导。

第十二条 导师各学年指导工作重点内容如下：

（一）第一学年：引领学生熟悉大学生活，认识专业的特色与发展前沿，了解学校、学院文献资源。

（二）第二学年：带领学生精读本专业经典文献，组织交流讨论，检查学生读书笔记了解专业基本知识结构，了解主流研究趋势，熟悉本专业科研基本规范。社会工作、行政管理和法学专业应当由各系统一制定专业主文献目录，导师指导学生完成专业主文献的阅读和学习。

（三）第三学年：介绍常用的研究方法和研究技巧，阅读本专业期刊文献，了解本专业学术研究前沿，围绕特定选题撰写文献综述。对应各专业教学内容，引导学生熟悉科研工作的基本规律和技巧。

（四）第四学年：介绍学校、学院推免政策，为学生攻读硕士提供咨询，指导学生完成毕业论文，完成论文答辩。

第十三条 各系每学年组织本科生导师工作绩效考核，综合日常工作表现、学生反馈、学生成绩等多方面指标，对导师在过去一个学年内的指导工作按“优秀”“称职”“不称职”进行评价，并将评价结果上报学院。

第十四条 对考核结果“优秀”的教师，在岗位聘用、职称评定、评优评先等方面给予倾斜。考核结果为“不称职”的导师应当提交整改方案，并暂停一年担任新生导师资格。

第十五条 本办法自 2018 年 10 月 22 日经学院党政联席会议通过，自 2018 年 10 月 22 日起执行。

文法学院

2018 年 10 月 22 日

附：

文法学院本科生导师制工作领导小组

组　长：院长、书记

副组长：本科教学副院长、学生工作副书记

成　员：系主任、高教所主任

文法学院本科生导师制工作小组：

组　长：本科教学副院长

成　员：系教学主任、教务秘书

外国语学院本科生导师制实施及考核办法（试行）

第一章　总　　则

第一条　为贯彻落实全国教育大会、全国高校思想政治工作会议精神和党的十九大关于加强师德师风建设的要求，全面贯彻党的教育方针，根据《中共中央国务院关于全面深化新时代教师队伍建设改革的意见》《中共北京市委教育工作委员会北京市教育委员会关于全面推进北京高校学业辅导工作的意见》《北京科技大学本科生导师制实施办法（试行）》等文件精神，遵循以人为本教育理念，充分发挥教师在外语人才培养过程中的重要作用，促进学生全面发展和健康成长，积极挖掘育人元素，培养高素质创新人才，全面提高人才培养质量，结合我院工作实际，特制定本实施及考核办法。

第二条　为每个新入校的本科生配备导师，发挥导师在立德树人、学业指导、学术指导、规划指导等方面的作用。在本科期间建立以导师为主导，研究生辅导本科生、高年级本科生帮助低年级本科生的纵向链式学习科研团队，围绕学生的学业、创新创业、考研就业、出国等开展个性化指导，整体提升人才培养质量。

第三条　学院成立本科生导师制工作领导小组，由院长、书记任组长，学院教学副院长、学生工作副书记任副组长，各系主任、教学秘书、辅导员为小组成员，制定并落实相应的实施与考核等工作。

第二章　导师任职资格

第四条　拥护党的基本路线和教育方针，师德高尚，治学严谨，为人师表，关心学生。担任本科生导师的教师必须做到“四有”，即有理想信念，有道德情操，有扎实学识，有仁爱之心。

第五条　具有中级（含）以上职称且在校承担教学科研工作一年以上的专任教师（含双肩挑教师）。原则上中级以下职称的教师及入校工作不满一年的教师不独立承担指导工作，但可以作为副导师参加导师组。

第六条　学校年度考核或导师工作考核不合格的教师，下一年不能指导新的学生。受到学校处分的教师视情况暂停指导新的学生，情节严重的取消导师资格。

第三章　导师聘任

第七条　学院为每名新入校的本科生择优选聘导师。每位教师指导的学生人数根据各专业学生人数及聘任的导师数测算。

第八条 新生入校后三周内，学院按照数量均衡、合理搭配的原则，统筹安排导师，并将安排报学校备案。

第九条 导师一经确定，原则上应保持连续稳定。学生分专业后，学院可根据学生专业和学业发展的实际情况按照双向选择的原则进行调整，并报学校备案。

第四章 导师工作职责

第十条 立德树人。导师要以德修身、以德润才、以德育人、以德塑魂，不断提高学生思想水平、政治觉悟、道德品质，做到明大德、守公德、严私德。

第十一条 学业指导。引导学生树立正确的学业观，对学生在学业规划与专业选择等方面给予专门的指导。结合社会发展的需要与专业特色优势，根据学生个人实际，帮助学生树立学习目标，认识学习的重要性，增强自主学习动力。指导学生熟悉本专业的培养目标与教学计划等教学文件，根据学生的知识能力水平和发展方向，与学生共同制定学习计划，增强专业认知认同，提升学习兴趣，促进学生学业发展。

第十二条 学术指导。根据学生特质挖掘并激发学生的主动性和创造性，因材施教进行个性化培养。通过指导学生参与创新创业训练项目、学科竞赛、学术沙龙、科研课题等创新实践活动及指导毕业论文，增强学生创新创业能力，拓宽学生学术视野。

第十三条 规划指导。导师应指导学生进行职业规划。鼓励和引导有潜质的学生继续深造。帮助就业的学生树立正确的就业观，为就业做好准备。充分利用自身优势和资源，为学生考研、出国、就业提供帮助。

第五章 导师工作要求

第十四条 导师负责构建以导师为主导，研究生辅导本科生，高年级本科生帮助低年级本科生的创新型学习科研团队，使学生能够感受到团队的关怀，帮助学生健康成长。

第十五条 导师要做好工作计划，认真填写“导师工作手册”，记录学生成长过程，并根据学生特点及时调整指导方式。

第十六条 导师每学期开学初与学生见面，定期对学生进行指导，每学期指导不少于4次。对低年级学生更多关注学习过程，培养学生良好的学习习惯和学习方法。对高年级学生及时吸纳参与科研课题研究，指导创新创业训练项目、学科竞赛等，增强学生的创新意识和实践能力。

第十七条 毕业论文原则上由导师负责指导，按照《北京科技大学本科生毕业设计（论文）管理规范》中有关要求执行。特殊情况学院可进行调整。

第十八条 导师要主动了解国内外考研就业动向，在学生个人发展等方面提供咨询意见。

第十九条 导师要做好学校相关制度的解读与宣传。注意发现有突出培养潜质和特长的学生，关心受到学业警示和降级学生并给予必要的帮助，关注少数民族学生和外国留学生在学习方面的特殊问题，及时向学院反馈学生的情况与意见建议等。

第二十条 各系对新上岗导师做人才培养方案、学业指导方案及相关管理制度及学生管理制度培训。

第二十一条 各系通过系务会对导师工作情况建立定期交流机制，研判导师工作开展情况，给予导师以指导。

第二十二条 建立导师、班导师、辅导员定期交流沟通机制，分专业开展三方见面会，交流学生情况，共同探讨解决遇到的问题。

第六章 导师工作考核

第二十三条 导师的工作考核由学院负责实施，学院根据导师职责履行情况，参考学生的思想、学习、创新创业等方面的情况对导师工作进行考核。重点考核导师的工作投入程度、履行导师职责情况及导师工作效果，采取学生评价与系所评价相结合的方式，学院最终结合两方面评价结果给出考核结果。

第二十四条 学生评价主要指标包括德育工作开展情况、专业认知教育情况、学业规划指导情况、创新创业及学术指导情况、就业帮扶及职业规划情况、对导师指导情况及指导效果的总体满意度。学生评价占考核结果的50%。

第二十五条 系所评价主要指标包括工作计划制定情况、导师工作手册填写情况、给予学生指导次数，并对每位导师的工作进行总体评价。系所评价占考核结果的50%。

第二十六条 每学年考核一次，原则上每年7月份进行。考核结果分为“优秀”“称职”“不称职”三个等级，“优秀”比例为10%，并将考核结果报学校备案。

第二十七条 对考核结果“优秀”的教师在岗位聘用、职称评定、评优评先等方面，在同等条件下给予倾斜。要求考核结果为“不称职”的教师提交整改方案，并暂停一年担任新生导师资格。

第二十八条 学院每学年对各系所的导师工作总体情况进行考核。

第七章 附 则

第二十九条 本办法自2018年开始实施。

第三十条 本办法由外国语学院党政联席会负责解释。

附：

外国语学院本科生导师制工作领导小组

组 长：陈红薇、张秋曼

副组长：王娜、武冠雄

成 员：范一亭、王琰、王书玮、高西峰、王绪梅、秦晓惠、何中清

高等工程师学院本科生导师制实施办法（试行）

第一章 总 则

第一条 为贯彻落实《关于印发北京科技大学本科生导师制实施办法（试行）的通知》（校发〔2018〕95号），遵循以人为本教育理念，充分发挥教师在人才培养过程中的重要作用，促进学生全面发展和健康成长，培养高素质创新人才，全面提高人才培养质量，学院决定实施本科生导师制。

第二条 为每个新入院的本科生配备导师，发挥导师在立德树人、学业指导、学术指导、规划指导等方面的作用。

第三条 学院本科生导师制工作领导小组制定导师工作细则与考核办法，负责学院导师的聘任与考核等工作。

工作领导小组：

组 长：赵志毅、李京社

常务副组长：行政学生副院长

副组长：业务一、业务二副院长

成 员：李欣欣、魏鑫、周珂、王建武、王旭、李勇威

第二章 导师任职资格

第四条 拥护党的基本路线和教育方针，师德高尚，治学严谨，为人师表，关心学生。担任本科生导师的教师必须做到“四有”，即有理想信念，有道德情操，有扎实学识，有仁爱之心。

第五条 面向全校各相关专业教学科研单位，具有中级（含）以上职称且在校承担教学科研工作一年以上的专任教师（含双肩挑教师）。原则上中级以下职称的教师及入校工作不满一年的教师不独立承担指导工作，但可以作为副导师参加导师组。

第六条 学校年度考核或导师工作考核不合格的教师，下一年不能指导新的学生。受到学校处分的教师暂停指导新的学生，情节严重的取消导师资格。

第三章 导师聘任

第七条 为推进学校本科生导师制实施办法，面向全校各相关专业教学科研单位聘用符合条件的专任教师担任学院本科生导师。按照正高级指导的学生数大于副高级、副高级指导的学生数大于中级的原则执行。

第八条 新生入校后三周内，根据各相关专业教学科研单位反馈导师名单进行统筹安排，并将安排报学校备案。

第九条 导师一经确定，原则上应保持连续稳定。学生分专业后，与相关教学科研单位协调后，可根据学生专业和学业发展的实际情况按照双向选择的原则进行调整，并报学校备案。

第四章 导师工作职责

第十条 立德树人。导师要以德修身、以德润才、以德育人、以德塑魂，不断提高学生思想水平、政治觉悟、道德品质，做到明大德、守公德、严私德。

第十一条 学业指导。引导学生树立正确的学业观，对学生在学业规划与专业选择等方面给予专门的指导。结合社会发展的需要与专业特色优势，根据学生个人实际，帮助学生树立学习目标，认识学习的重要性，增强自主学习能力。指导学生熟悉本专业的培养目标与教学计划等教学文件，根据学生的知识能力水平和发展方向，与学生共同制定学习计划，增强专业认知认同，提升学习兴趣，促进学生学业发展。

第十二条 学术指导。根据学生特质挖掘并激发学生的主动性和创造性，因材施教进行个性化培养。通过指导学生参与创新创业训练项目、学科竞赛、学术沙龙、科研课题、工程设计、毕业设计（论文）等创新实践活动，拓宽学生学术视野，增强学生创新创业能力。

第十三条 规划指导。导师应指导学生进行职业规划。鼓励和引导有潜质的学生继续深造。帮助就业的学生树立正确的就业观，为就业做好准备。充分利用自身优势和资源，为学生考研、出国、就业提供帮助。

第五章 导师工作要求

第十四条 导师负责构建以导师为主导，研究生辅导本科生，高年级本科生帮助低年级本科生的创新型学习科研团队，使学生能够感受到团队的关怀，帮助学生健康成长。

第十五条 导师要做好工作计划，认真填写“导师工作手册”，记录学生成长过程，并根据学生特点及时调整指导方式。

第十六条 导师每学期开学初与学生见面，定期对学生进行指导，每学期指导不少于4次。对低年级学生更多关注学习过程，培养学生良好的学习习惯和学习方法。对高年级学生及时吸纳参与科研课题研究，指导创新创业训练项目、学科竞赛等，增强学生的创新意识和实践能力。

第十七条 工程设计、毕业设计（论文）原则上由导师负责指导，按照《北京科技大学本科生毕业设计（论文）管理规范》中有关要求执行。

第十八条 导师要主动了解国内外考研就业方向，在学生个人发展等方面提供咨询意见。

第十九条 导师要做好学校相关制度的解读与宣传。注意发现有突出培养潜质和特长的学生，关心受到学业警示和降级学生并给予必要的帮助，关注少数民族学生和外国留学生在学习方面的特殊问题，及时向学院反馈学生的情况与意见建议等。

第六章 导师工作考核

第二十条 学院负责实施导师工作考核。根据导师职责履行情况，参考学生的思想、学习、创新创业等方面的情况对导师工作进行考核。每学年考核一次，考核结果分为“优秀”“称职”“不称职”三个等级，“优秀”比例不大于20%，并将考核结果报学校备案。导师工作考核细则由领导小组制定并审定。

第二十一条 对考核结果“优秀”的教师在下一年的导师聘任中给予政策倾斜。要求考核结果为“不称职”的教师提交整改方案，并暂停一年担任新生导师资格。

第七章 附 则

第二十二条 本办法由高等工程师学院负责解释。

第二十三条 本办法于2018年11月05日经2018年第学院办公会讨论通过，自发布之日起执行。

附：

高等工程师学院本科生导师考核办法（试行）

为了加强对本科生全程导师制工作的管理，切实发挥导师对于学生培养的重要作用，根据《关于印发北京科技大学本科生导师制实施办法（试行）的通知》（校发〔2018〕95号），结合我院工作实际，特制定本办法。

一、组织领导和管理

学院成立考核工作小组负责考核事宜。

二、考核对象

我院所有被聘任的本科生导师。

三、考核时间

每年6月初考核一次。

四、考核方式

1. 导师考核从导师自评 P_1、学生对导师评价算术平均分 P_2 和学院对导师评价 P_3 三方面定量开展，最终导师评分 $S=P_1\times0.1+P_2\times0.5+P_3\times0.4$。

2. 考核材料要求：导师工作指导手册。

五、考核内容

1. 导师自评（100 分）：评价细则：对于学生情况（思想、学习状况和兴趣特长等）的掌握（10 分）；与学生联系沟通次数达到基本要求（15 分）；帮助学生制定了科学、合理的大学生涯规划设计、个人专业修习计划（15 分）；引导学生掌握科学的学习方法，督促学生完成课程学习任务（15 分）；指导学生参加课外科技活动（15 分）；及时了解并帮助解决学生学习、生活中遇到的各种问题和困难（15 分）；言传身教，为人表率（15 分）。

2. 学生对导师评价（100 分）：评价细则：关心爱护学生，注重学生的身心健康成长（15 分）；适时对学生进行爱国爱校爱院教育，引导学生做遵纪守法的好学生（15 分）；教师治学严谨、学术水平高，专业理论知识水平高（15 分）；积极与学生沟通交流，引导学生积极处理生活、学习、工作等各方面的困惑（15 分）；积极结合学生自身特点，制定相应切实可行的学期指导目标并积极落实（15 分）；积极指导学生进行创新训练项目和毕业设计（论文）（15 分）；积极指导学生完成职业生涯规划、在学生就业选择方面给予一定指导（10 分）。

3. 学院对导师评价（100 分）：评价细则：导师的敬业精神、专业态度以及履行工作职责的情况（20 分）；导师为学生制定的学期指导目标明确可行，得到有效落实（20 分）；导师为学生上指导课次数和时间符合学校要求，指导课上能有效引导学生进行观点表达和深入探讨交流（20 分）；能积极完成学校学院布置的有关导师制的各项工作任务（20 分）；导师工作指导手册记录明确、完整（20 分）。

六、考核结果

1. 分为优秀、称职及不称职三个等次。

考核工作小组根据导师得分情况评选优秀导师（比例一般不超过导师总数的 20%）；60 分以下为不称职。

2. 对于考核称职的本科生导师，发放当年导师工作津贴；对于考核不称职的本科生导师，停发当年导师工作津贴 50% 并停止导师资格一年。

高等工程师学院

2018 年 10 月 17 日

我和我的学生

土木与资源工程学院导师谈体会

以学习为核心，促进学生全面发展

导师：吴延鹏

本人自从担任本科生全程导师以来，尽职尽责，做了大量的工作，总结一下是“两个坚持，两个促进”，即坚持立德树人理念，坚持以学习为核心，促进师生的了解和信任，促进学生的全面发展。

坚持立德树人理念，在本科生导师指导过程中始终对学生进行潜移默化的思政教育，培养学生的家国情怀。如国庆阅兵群众游行、抗日战争胜利纪念日等重要的国家活动，积极鼓励学生参与其中，接受爱国主义教育。平时努力学习习近平新时代社会主义思想，学习习近平总书记的重要讲话和重要论述，从而指导学生的学习和指导老师的日常工作。如习近平总书记关于科研的重要论述，我及时组织学生学习，大家都深受启发。习近平总书记希望广大科学家和科技工作者肩负起历史责任，坚持面向世界科技前沿、面向经济主战场、面向国家重大需求、面向人民生命健康，不断向科学技术广度和深度进军。

坚持以学习为核心，向学生传授各门课的学习方法，关注学生每学期的成绩，对落后的学生及时加以引导。本人带的建环 17 的学生中，有 3 名同学成功保研。邹岩卉成功保研到西安交通大学、仲洋宇保研到华中科技大学、李晓宇保研到北京科技大学，王敬然、李明等都在积极考研。仲洋宇同学作业比较潦草，我多次找他谈话，监督他高质量地完成作业，该同学积极改正，终于没有辜负老师对他的期望，成功被华中科技大学保研录取。由于大家充分认识到学习的重要性，所有同学的学习积极性都很高。不负韶华，撸起袖子加油干，习近平总书记的这些名言言犹在耳，时刻激励着我们前进。

通过担任本科生全程导师，给自己一个真正了解学生，做学生的良师益友的很好的机会。本组同学互相激励，研究生带本科生，高年级的同学指导低年级的学生，积极向上的学习风气蔚然成风。我了解每个学生的性格特点以及特长爱好，老师和同学的关系非常融洽，这种融洽并不是靠吃吃喝喝培养起来的，而是平时的及时关心和鼓励，让学生信任老师，愿意和老师分享自己的喜怒哀乐。如建环 18 张悦同学暑假家里遭遇洪涝灾害，我第一时间致电问候，后来又多次问候，让她注意安全，全家顺利渡过了难关。还有其他更多的例子，由于涉及学生隐私，不再一一列举。

除了学习之外，在担任导师的过程中，努力促进学生的全面发展，提高学生的创新能力。如积极组织本组同学参加全国节能减排大赛等各类学科竞赛，建环 17 李晓宇同学获得校级竞赛二等奖；李晓宇同学参加“互联网+”大学生创新创业大赛获得北京赛区三等奖。在平时学习过程中，我一直通过微信群积极和同学们交流学习心得，分享一些励志的文章等。

总之，通过担任本科生全程导师工作，促进了同学们的学习，不仅保持了昂扬向上的精神状态，还保持了身心健康。以后会再接再厉，把导师工作做得更好。

做一名有“同理心”的导师

导师：许镇

我是北京科技大学土木与资源工程学院土木工程系的一名年轻的教授。目前，我担任土木工程系大一到大四共16名本科生的导师。

凭借多年在国内外的科研积累，我在帮助学生学习专业知识和拓展技术视野方面具有很强的信心。然而，16名同学几乎是超过半个班的体量，而且分布在不同年级，来自不同的地区，性别不同，民族也不同。面对如此差异化的群体，如何和我的学生们开展高质量的交流是我最大难题。

为了解决这个问题，我们专门学习了心理学的相关理论，发现“同理心”是与学生有效交流的重要基础。同理心（Empathy），泛指心理换位、将心比心。我想，我要做一名有同理心的导师，从学生的角度去思考他们的需求，了解他们的感受，将心比心才能让学生真诚交流，并有所收获。

基于“同理心”思想，我与学生们开展了很多沟通，让他们在沟通中思考、解惑、成长。

一、对各年级学生分别通过喝咖啡的形式单独讨论

不同年级有不同年级的特点，学生的困惑也不尽相同，需要针对不同年级同学专门讨论，了解学生困惑，并为学生答疑解惑。

在2019年9月开学不久，我就分别召集每个年级的学生单独讨论。但是，如何选择讨论的场所是一个难题。教师的办公室有其他老师在，学生不容易放松；食堂或餐馆往往环境嘈杂，不宜开展单独讨论；教室环境下，师生身份太突出，学生也难以放松。于是，我选择了学生们都很喜欢的校园咖啡厅。咖啡厅环境安静，容易让学生放松，而且也易于沟通。

于是，我与四个年级的同学分别约了4场咖啡。针对大一，主要沟通了如何尽快适应环境、培养良好的学习习惯，并鼓励新生多去尝试，拓展眼界；针对大二，主要沟通如何提高学习成绩，并鼓励其多去参加各种竞赛；针对大三，主要沟通如何确定自己的发展方向，并鼓励学生其多去参与科研或者实习实践；针对大四，主要沟通如何考研、保研和工作，并鼓励其多沟通、学习相关经验，提升竞争力。

二、组织跨年级的午餐会，请研究生分享学习经验

低年级的学生往往需要高年级学生的帮助，因此，不同年级之间也需要有桥梁连接起来。

本人身为导师，有责任帮助学生搭建这样的跨年级交流平台。同时，也将自己的研究生加入进来，将自身好的经验分享给本科生们。

为了能让学生积极参与，采用比较活泼的午餐会形式。借来教室，购买学生喜欢的披萨、烤冷面等食物，让大家在舒服的环境中边吃边聊，畅所欲言。同时，研究生和大四同

学都将自己几年的保研、考研、竞赛等经验分享给大家，使学生受益良多。

三、应学生要求分享科技抗疫事迹，提供多渠道学习机会

本人在新冠疫情期间参与了武汉火神山、雷神山等医院的排风分析，科技助力抗疫医院建设。学生对此非常感兴趣，邀请我做经验分享。

由于在疫情期间，我利用腾讯会议等在线形式，将相关经历讲述给所有我指导的学生，激发了他们贡献社会的热情，也引导了他们如何利用所学知识和技能为国家和社会的发展贡献力量。

同时，我平时也为学生提供了包括土木工程学会年会直播、智能建造新工科专业等多种专业学习资料，为学生拓宽视野。

四、疫情期间充分关心学生的身心健康，并给予指导

在新冠疫情期间，我非常关心学生的身体健康，定期联系，不断嘱咐做好防护，避免感染新冠肺炎。

同时，我也非常关注学生的心理健康。由于长期在家中，学生生活不规律，可能会产生心理问题。因为，我特意搜索疫情期间心理调控的资料，并分享给学生，指导学生利用假期丰富自我，做好心理调控。

依托“同理心”思想，我从学生角度为学生采用了他们喜欢的交流形式、分享了他们需要的经历、提供了他们迫切需要的知识，让我的学生们受益匪浅。目前，指导的 16 名学生都发展良好。其中，3 名大四的学生有 2 名正在准备考研，1 名同学已经确定出国留学。该出国同学已经获得了日本东北大学、名古屋大学等名校的录取资格，并且决定去日本东北大学继续深造土木工程专业。

看到指导学生们在茁壮成长，深感欣慰。我将不忘立德树人初心，牢记为党育人、为国育才使命，继续做好一名有“同理心”的本科生导师，做好学生引路人。

充分发挥立德树人、学业指导、学术指导、规划指导的作用

导师：宋智勇

作为高校教师，很荣幸能有机会参与本科生全程导师的工作。面向提高人才培养质量的总目标，我们应发挥立德树人、学业指导、学术指导、规划指导的作用。

要发挥作用，首先要和同学们建立良好的互信基础和有效的沟通渠道。因此，持续鼓励大家建立不卑不亢的平等视角，尽可能减少师生之间的隔阂。实践中除了当面约谈和聚餐等，还组织了游园、卡丁等安全阳光的户外活动，在轻松愉悦的氛围中凝聚师生情谊。在疫情期间则通过网上会议和微信等方式尽力弥补无法见面沟通的问题，尽量保持活泼积极的氛围，以便随时了解大家面临的问题。

每个学生都是独立的、特别的，因此，有集体的同时还要有单独沟通。本着“人人皆可成才，人人尽展其才”的指导思想，对同学们在学业困难、专业选择、深造和工作规划等问题，纾解思想上的困惑、提供参考目标与路径，综合体现知识学习与自信搭建，勇于

突破与独立担当，身心健康与不负时光等基本原则。作为老师也不能只是动动嘴，要真的和同学们站在一起，共同应对困难，适时激励度过艰难时期。

针对大一新生，尝试与同事指导的本科生团队合作共建，经实践发现：首先，更多的新生在一起更容易放松心情；其次，同学们从更多的老师身上可以获得更丰富的信息和多角度指导；同时，可以增进教师之间的工作交流协作和对同学们的督促。

承担本科生导师的工作中，与同学共同面对困难、一起度过奋力拼搏的时光，为我们带来很多的感动和鼓舞。也增加了审视我们教学成效的维度，值得我们为之付出，让所有的同学不负时光、收获丰硕，成为国家建设中各行各业的栋梁之材。

是他们体现了我的价值，我与学生相互依存，相互成就

导师：赵焕娟

2018 年全程导师制实行至今，三年时光匆匆流逝，冲走了过往种种，也雕刻下了诸多感动。

一、以爱之暖，解冻心灵

从接触学生时就亲近学生，没有代沟，已毕业的学生也一直保持联系，邀请老生和新生一起吃饭，他们互相留下联系方式，把优秀当作一种体系流传下来。

有同学性格腼腆，于是周转了解他喜欢天体物理，跟他聊这些就侃侃而谈，转而推荐北京这边的相关近代馆去看，建议他去参加有益的活动，这孩子真的鼓起勇气去参加了国庆阅兵志愿者。后来对学习和科研都是积极向上。关注少数民族学生，聚餐只去他们认可的清真餐厅，引导他们以自己为骄傲，几位新疆、宁夏、青海的同学各展所长，与班级同学融洽相处，成绩也有所提高。

二、提前规划，学有所成

作为专业课老师，接触的学生数量并不太多，但是交流却很频繁，每位学生都值得我为他/她骄傲。学生就像是老师的孩子，父母之爱子则为之计深远，首先各个领域我都引领他们看看，术业有专攻，我不可避免地不熟悉很多领域，于是取其他老师的长处补自己的短处，给同学们介绍学科诸位老师的研究方向，供他们去思考。然后我会一对一地与同学聊他/她目前感兴趣的方向和自己所擅长的课程，针对他们的专长与他们分享我的资源，介绍国内外高校目前的进展情况，可能涉及的行业，与他们一起提前规划以后的研究生生涯或者工作计划，所指导的 2017 级学生保送了中国科学技术大学、北京航空航天大学。

三、把普通的学生升级成优秀的学生，把优秀的学生提升成人才

花草树木各有不同，却都是大千世界不可或缺的。学生们也是各有特点，各有所长。所以我从各方面找办法去了解学生，多与他们的辅导员交流，有时候与专业老师也会谈到学生们的课堂表现，与所指导学生的班主任了解他们的学习情况，与所指导学生的同学了解他们平时的生活状态。做到掌握学生的课表，了解学生的学习进度，关注学生参与的社

会实践。对当前落后的同学，针对性的分析他/她所落后的课程，讲解学习方法，改进不合理的学习习惯。同时也肯定其掌握的相对较好的课程。毕竟鼓励、感化、欣赏，是动力的源泉。对于优秀的学生也加强关于下一步规划的交流，给所有同学进入科研领域的机会。形成无论遇到什么事，老师都会帮学生，学生会信任老师的信心。

我和我的学生就像是“鱼和水”的关系，我是“鱼”，而我的学生是“水”，是他们体现了我的价值，他们是我工作的核心。我与学生相互依存，相互成就。我如果在教学中有所成绩的话，那便是学生成就了老师，学生将来若有所建树的话，那便是老师成就了学生。

我时时刻刻被我的学生们感动着。喜欢他们与我倾诉烦恼忧愁，也高兴他们分享一次又一次的成功喜悦，他们信任的眼神令我感动。教育的路漫漫其修远兮，吾将上下而求索。

最后，感谢学校本科生导师制这条纽带将我与学生们紧紧相连，感谢全程导师陪伴我的学生：孟维傑、药慧姝、周剑兰、马成、郭紫萱、齐一睿、丛若昕、王硕、萧星宇、何秋贤、赵润涵、何晨洋。

本科生全程导师制为学生和我架起一座成长之桥

导师：王勇

2019～2020 学年，积极响应学校本科生全程导师制，共担任采矿 171 班卢梦晓、田杭，智能采矿 E17 班贾冲、常宽羽，矿业 1801 班包宜湉，矿业 1903 班司政颖等 6 名同学本科全程导师。受疫情影响，采用线上、线下结合方式，与所带学生每月召开 1～2 次见面会，成效显著。

思想方面：本着立德树人原则，以学生为本、以学业为抓手，培养学生“不忘初心、凝心聚力、独立自主”的品格。见面会上，及时了解学生最新思想动向，引导学生完成高中到大学、大一到大二的平稳过渡，部分学生步入大四，即将面临新的选择和征程。

学习方面：采取开学了解课程、期中方法指导、期末复习提醒的措施，使学生对难度大的课程有所侧重，效果良好。卢梦晓和田杭已经完成采矿工程本硕贯通申请，继续留在本专业读研。贾冲和常宽羽同学正在积极准备考取本校研究生。所带学生获得多项人民奖学金、安百拓奖学金、国家励志奖学金和三好学生称号，所带 6 名同学全部通过了英语四级考试。

综合素质：所带学生 SRTP 项目参与度 100%，指导学生完成的《一种移动式智能化膏体充填系统》参加第十届全国高校采矿工程专业学生实践作品大赛。卢梦晓和田杭两名同学线上参加 2020 年芬兰暑期夏令营，顺利完成所有课程的学习并取得证书。司政颖同学获得新生运动会女子 800 米甲组第一名，校主持人大赛总决赛最佳人气奖，寒假社会实践校级先进个人等荣誉称号。

本科生全程导师制为学生和我架起一座成长之桥。作为学生成长与发展的引路人，希望自己能与学生“不忘初心、牢记使命”，一起成长、携手共进。

与青春作伴的美好时光

导师：范慧方

我一直觉得我是个特别幸运的教师，因为我的每一个学生都特别可爱。他们性格不同，成绩有好有坏，民族也不尽相同，但他们都有一个共同的特点，那就是真诚和单纯，若你真心对待他们，他们就会加倍地热爱你。他们都是刚刚离开家的孩子，面对各种困难和挑战，需要一个过来人陪伴他们一程，倾听和了解他们日常的喜怒哀乐，走向正确的人生道路，而我十分愿意扮演着这样的角色。

为此，我为每个年级的学生分别建了微信群，在群里除了谈学习方法和未来学业道路的选择，还时常讨论学校生活琐事、逗贫、善意地互黑，闲暇时还会谈谈文艺体育，当前流行的影星、歌星和脱口秀演员等，无所不至。因为我家住校内，隔三岔五我就找个借口，让学生们到我家聚餐，吃我炖的东北菜，围着餐桌谈天说地，饭后还会一起玩一玩纸牌游戏。

因为我首先把他们当成朋友或者孩子一起玩，因而学生们非常信任我。遇见解不开的烦恼，他们就会私聊我，我会给他们出主意、帮助他们解决问题，使他们能消除烦恼，专心学习。去年秋天学期中间，建环17“传热学”期末考试之前，我的学生周铮一问我，是否可以不参加考试直接补考？原来他很早之前买了两张英国西区音乐剧《玛蒂尔达》的票，演出时间和“传热学”考试时间冲突。我劝他参加考试，因为补考成绩无论多高，记录下来还是60分。或是跟主讲老师和同学们沟通一下，能否改动考试时间。铮一同学沟通完后告诉我，因为多种原因，考试时间无法改变，他还是决定放弃期末考试去看演出。看到学生沮丧的样子，我突然心生一计，对他说：“我其实特别喜欢看音乐剧，我在美国生活的时候每年至少看一部音乐剧，只是回到中国后不知道如何买票。能否将这两张票转让给我，我去看，你去考试？”铮一同学果然相信了，我给了他800元，他把两张票给我，乖乖地去考试了。其实我因为工作忙，并没有打算也没有时间去看演出，而是悄悄地把票送给家住保利剧院附近的朋友了。暗中成功地化解了孩子的小烦恼，让他能安心学习考试，我心中很得意。

如果真心地对待学生，时间久了，他们就会变得很听话。我的学生中，有一个我行我素、桀骜不驯的孩子名叫陈冠廷。之前我上课时他一直和我对着干，课堂上随时抗议作业多、考试难，让他回答问题，更是坚决拒绝。了解到这个学生在别的老师的课上也是如此后，我把他选为我重点攻克的对象。选定目标后，给他发了几次微信，他不回，开小组会议他也不来。我就让别的学生找他，说大家一起来我家吃饭，这次他来了。无意间听说他爱吃东北菜，我就专门炖了几次东北菜让他们来家里吃。吃喝谈笑中，他开始主动告诉我他之前沉迷游戏，不爱学习，多门功课不及格，并且因为补考需要提前回学校而拒绝参加补考。后来他答应我停止打游戏，好好学习，争取不挂科，万一挂科的话一定会来参加补考。没事闲聊天时，他告诉我他爱吃小物美旁边的老麻抄手，我默默记住心中。我有天给他们班上课，在课堂上宣布，因为陈冠廷同学爱吃老麻抄手，一会下课，我请全班同学在教室里吃抄手，大家开心不已，下课后有的同学事先有事就走了，剩下一些同学和老师坐在教室里一起吃抄手的时候，我能看出来，冠廷感到老师对他的宠爱很开心。冠廷从此对我言听计从，他停止了打游戏，上课也不再捣乱，认真听讲，上学期的成绩明显提高，他骄傲地告诉我，期末考试竟然有一门专业课考出了 95 分的好成绩。听到这个消息，我自己都惊讶，我真的没有想到他的进步是如此之快，我为我有这样的学生而骄傲。看到学生们的进步，我心里特别欢畅，比我自己取得成绩都兴奋。疫情期间，每次我联系同学群时询问他们的情况，冠廷永远是秒回，怕我担心，并且积极向我保证，疫情期间绝不在家捣乱，乖乖的，对比之前我永远联系不上他，桀骜不驯的样子，形成了鲜明对比。9 月开学时，他回到学校，刚进宿舍，第一个就给我打电话，告诉我他平安回到北京了，刚刚放下行李就给我打电话了，这些都让我莫名的感动，俗话说，浪子回头金不换，真的是啊，我之前付出的心血没有白费，很值得。这学期开学后，我召集同学们来家里吃饭，为他们接风洗尘，不仅我作为导师的学生们来了，还有闻风而至的其他导师的学生也来了。冠廷那天特别开心，他知道我特别关爱他，大家围坐一起聊天，他特别活跃，他讲述了他过去和人打架的故事，他玩游戏上瘾的故事，去夜店玩通宵的故事，并表示以后都改正，畅谈到夜里 11 点都不舍得走，因为宿舍要关门，并且害怕宿管阿姨训他们，同学们才依依不舍不得不离开老师家。冠廷和我说，在疫情期间他一直在复习之前多个学期的多门不及格的课程，开学后积极参加补考，目前已经全部通过考试。

对待特殊的学生，需要特殊的关注。2018 年年底，系里给我看了报我的学生名单，其中有一个女孩，我之前上课时就注意到她郁郁寡欢，不和其他同学来往。经了解，女孩有抑郁倾向。作为对心理学一直有兴趣有研究的人，我觉得自己要责无旁贷地守护这个年轻的生命。我点选了这个女孩作为我的学生。我有空就和她单独聊天，利用自己多年来掌握的心理学的方法来关心她和鼓励她，给她希望和力量，即便她休学在家也没有间断。经过一年多的时间，现在她已经彻底恢复，活泼乐观，积极向上，疫情期间情绪也没有受到影响。目前她正在家里认真上网课，并准备考研。看到一个女孩子的美丽生命在我眼前又重新蓬勃绽放，我感到十分欣慰。

我时常想象自己有一双大大的翅膀，能够把这群孩子都拢在我的翅膀下，为他们挡风遮雨，为他们刚刚起航的人生小船护航，让他们在大学四年中有安全感。然而，公平地说，实际上这群孩子给予我的更多，他们向我展示着他们的青春生活，用他们蓬勃的生命力感染着我，他们看我时真诚的笑脸，充满欢喜的眼睛，诙谐逗趣的语言，变成了我生活中的快乐和支柱，他们对我的依赖和肯定，让我发现了我生命新的价值，激励我努力前行，做更好的自己。

回想一年多来作为本科生导师的经历，与其说是我在陪伴学生们，倒不如说是学生们用他们年轻蓬勃的生命陪伴着我，给我欢乐，给我能量，给我希望，让我享受着与青春作伴的美好时光。

做好学生的“暖·通·空·调”师

导师：涂壤

我们专业简称“暖通空调”，从入行之初就被教导要识“人间冷暖”。读书十载，我遇到很多良师益友，他们有我专业的老师，有班主任，有辅导员，也有高年级的学长和学姐。很荣幸，自己现在能以另一种身份成为学生们大学生活的一部分，那就是本科生全程导师。当全程导师两年来，这个小集体从当初的 3 人增长到了现在的 14 人。总结全程导师经历，离不开“暖·通·空·调”这四个字。

暖：为学生创造温暖港湾。学生们对大学生活有自己的规划，这个小集体更像一个温暖的大家庭，孩子们多数时间在外，闲暇之时喊他们回来一起吃个饭，一起爬个山，在放松的氛围下，聊聊近况，话题不限。大小聚会我们组织了很多次，很高兴大家都能敞开心扉。

通：打通年级壁垒，连接沟通桥梁。我一直努力在学生中建立“传—帮—带”的氛围，四个年级的学生都互相认识，我的研究生也被戏称为“大五、大六”，和他们相处很融洽。我相信学生们之间的交流更为轻松，优秀学长学姐的榜样力量也很强大，也能解决他们更为实际的问题。

空：提供倾诉空间，做个好听众。学生在大学里会经历很多重要的时刻，最具代表的就是转专业和毕业后的选择。这时候，我喜欢给学生倾诉的空间，而不是先入为主用自己的经验或论调束缚他们。我鼓励学生们为追求自己的兴趣转专业，也支持学生去尝试有挑战性的事情。

调：掌握大方向，调整小问题。14 名学生性格爱好各不相同，为了了解每个人，我会不时约一两个人单独见面，由此掌握学生的学习、生活和思想的大致情况。我从不过度干涉学生，在大方向没问题的前提下，对发现的小问题进行调整。

“暖·通·空·调”缺一不可，相互依存，我会继续在实践中总结经验，争取做好学生们的“暖·通·空·调”师。

“全程”导师的责任与担当

导师：段旭琴

一、用心感受，用爱呵护

教育是奉献爱的事业，教师是传承爱的媒介。有了爱，师生之间才能以诚相待。担任全程导师是学校分配给我的任务，也是我作为一名教师的责任和义务。为了成为一名“合格”的全程导师，我首先要足够了解我的学生，然后就是发自内心的爱护。2018 年以来，我一共担任了 9 名本科生的全程导师，在每位学生入学之初，我都会从班主任那里要来学生的入学调查表仔细看看，然后花比较多的时间，跟每一位学生认认真真地聊聊天，了解每一位学生的家庭背景、成长历程、学科特长、兴趣爱好、高考意愿、入学成绩、未来规划等，大致判断一下学生的个性、特点，总结出未来指导中的重要关注点和注意事项，并一一记录下来，在以后的工作中，继续不断地总结和更新，以保证我的引导和教导是正确且有的放矢的。

在与学生的交流中，我习惯了认真地聆听，用心感受他们的酸甜苦辣、喜怒哀乐。我的一名学生成长于单亲家庭，虽然经济条件不错，但从小跟着妈妈不停地搬家，很没有安全感，他跟父母的关系也一般，比较孤独、忧郁，喜欢玩电子游戏。了解到这些情况，我就更加关注他的生活习惯和心情，慢慢引导他正视现实，学着理解父母、爱父母，学会发现生活中阳光、积极的东西；让研究生学长平时经常去看看他，督促他正常作息、少熬夜、少玩游戏、按时完成作业；结合他喜欢玩电子游戏、理科成绩比较突出的特点，我鼓励他学习游戏编程、参加学校的计算机竞赛、机器人大赛等活动，强化弱项“英语”的学习，鼓励他多跟父母联系。几个月后，他的脸上生出了笑容，不再那么阴郁，话也多了起来，学习成绩也一点点地提升，保持在年级前30%。

另一位学生来自偏远的省份，家里孩子多、经济比较困难，他自己初中便离开家，到很远的地方读书，一年回一次家，路上要走将近一周的时间，大学的学费是他暑期摘棉花攒的（每天从早晨5点到晚上9点，摘了将近3个月），交谈中我能感受到他身上的压力，也能感受到他的坚忍和倔强，很心疼。我提议他申请困难补助，也可以参加老师的课题研究或担任家教，利用业余时间挣一些补助，但前提是不要影响了学业。由于他底子比较薄，一些课程比较弱，为了避免补考给他带来附加的压力，我在学习上对他进行了针对性的指导：告诉他知识点梳理与总结的方法，有不会的地方要及时解决，不要欠账，建议他上课往前坐，不给自己开小差的机会等。2020年春天，疫情期间，这名学生选修我代的课程，他常有晚交作业和迟到的现象，有了以往的了解，我认为他不会是不努力，而是上课的电脑或网络给他造成了学习上的困难，所以整个课程中我没有过分苛责他，而是给他时间缓冲，鼓励他战胜困难。在后来的手机视频中我也看到了他们家的真实状况。教书需要用心、育人需要有情。

2019年春夏的疫情，对所有的人都是一场考验。为了帮助学生消除焦虑、恐惧，顺利地度过困难。除了将学校的通知、规定按时传达给学生，将学校的关怀和爱护及时传递给学生外，我还经常与学生讨论疫情期间各自的认识和思考，督促学生规律作息，保持乐观的心态。为了掌握每个学生每天的健康情况，学习、生活状态以及他们的心理变化，我和学生坚持每天利用微信群，接龙“报平安”。如果某位同学未能按时“平安报”，我一定会在当天与他联系，沟通了解情况，确认一切正常。学生们之间也会常常互相问候、相互提醒、彼此关心。我们还时不时的分享一些时政要闻、生活常识、笑话段子……活跃一下气氛、缓解一下大家紧张的情绪。在交流互动中，同学间的友谊更加真挚了、师生间的情感更加融洽了。

网络授课与现场授课区别很大，老师和学生都需要适应，为了督促学生认真对待网络教学，帮助学生顺利完成课业。我加强了对学生自我学习和自我管理的针对性指导，定期了解学生家里的网络学习条件和环境，以及时发现学生学习和生活中的困难，协助学生解决问题；为了帮助学生提高学习的效率，经常分享一些网络学习的技巧和方法，指导学生高效率地听课，利用好课堂时间，合理安排作业时间，及时地答疑解惑。长时间的居家、网络学习，学生难免会觉得无聊和枯燥，我就跟他们分享老师在网络教学中的不易和压力，引导学生以积极的心态面对困难。人生从来就不是一帆风顺的，提高自己应对复杂情况的能力很重要。一位成绩优秀的女生，由于疫情期间母亲生病，影响了心情和学习，成绩有所滑坡。在与我的交谈中，她眼含泪花，眼里有心疼，也有不甘。但我鼓励她、肯定她，“她做得非常正确，孝顺妈妈一定比她的考试成绩重要，一学期的成绩不能决定所有，即使这次失去了保研的机会，她还有一次保研和一次考研的机会，只要努力，一切都不晚。”她擦了擦眼泪，坚定地点了点头、脸上露出了可爱的笑容，说“妈妈已经恢复了”。后来她争取到了保研的资格，导师仍然选择了我。

二、因势利导，因材施教

“个性化培养”是全程导师制的核心之一。作为全程导师，在全面了解和充分理解学生的基础上，根据学生的学习能力、认知水平、兴趣爱好以及自身需要等方面，制订出有针对性的个性化的培养方案至关重要。培养方案科学，就可以发挥学生的长处，弥补学生的不足，增进学生学习的兴趣，激发他们的潜力，并将潜力发展成实际的能力，使学生成长、成才。

北科在转专业方面有着相对比较宽松的政策，所以很多学生会有转专业的想法。其中，一部分是盲目跟风、不知道为什么转；一部分是目标明确，入学前就想好了要转的；还有一部分是左右摇摆，不知该怎么转的。

考虑到学生未来的长远发展，就转专业的问题，我会与学生进行多次深入的交流。首先要让学生知道“专业没有好坏、只有适合与不适合。”引导学生搞清楚自己的兴趣与爱好、能力与特点、长处与短板，挖掘学生的潜力，跟学生一起分析转专业的利与弊，指导学生选择最适合的而不是最热门的专业。其中一名学生，入学之初就表示非常喜欢机械类的专业，不太喜欢矿业，是调剂生。这名学生转专业的意愿非常坚定，而且他成绩不错，虽然我很希望为本院、本专业留下优秀的人才，但考虑到学生的意愿和发展，并没有过多地干涉，允许学生根据自己的能力、兴趣等特殊情况进行自由的发展。然而，他大一报了很多的社团，希望快速提高自己的交际能力，我及时纠正了他，指导他进行了取舍，让他明白大一还是要以学习为重，把底子扎牢。另一名学生虽然有转专业的想法，但并没有太多的专业倾向，只是想试试。我帮她认真分析了她的特点和特长，引导她了解了本学科专业的特点，激发起了学生对本专业的学习兴趣，而且她的学科特长与本专业也比较契合，最终她选择留在了本专业。

日常工作中，我关注每一个学生知识、能力、素质的协调发展，熟悉每个学生的学习特点、能力和偏科情况；我尊重每个学生的个性和创造潜能，鼓励学生在学习过程中，发现自己的兴趣、强项，不盲从。针对性地引导还体现在：（1）激发每个学生学习的兴趣，树立每个学生学习的信心。（2）帮助每个学生制订符合其自身特点的学习计划，促使学生找到自己学习的动力和努力方向，让学生的学习更加主动、更有成效。（3）启发学生把握自己的学习风格，扬长避短：弱势的课程投入多一些的时间，掌握正确的学习方法，避免挂科；优势的课程，谦虚谨慎，努力提高成绩。（4）鼓励学生结合自己的兴趣和爱好，尽早参与科研项目、参加科技竞赛和创新创业训练项目，走出书本，将知识应用于实际，提升动手、动脑的能力，主动培养自己的专业情节和科研素养；拓宽学术视野，增强创新创业能力。（5）鼓励学生根据自身发展的需要，参加社会活动，丰富生活，充实自我；指导学生平衡好学业、社会工作和生活的关系，学会自我管理、自我规划。

在我和学生的共同努力下，我所指导的学生成绩均名列学科前30%，挂科率为零。连续两届学生达到了矿业工程专业本硕贯通制培养的标准，提前进入了研究生培养序列。而且很欣慰这两名学生都愿意跟着我继续深造。还有三名学生在全国性的专业竞赛中获得三等奖。

三、以德立身，严谨治学

“以德立身、以德立学、以德施教、以德育德，不断提高学生的思想水平、政治觉悟、道德品质，做到明大德、守公德、严私德。”是全程导师的工作职责。通过个别指导和言传身教，以自己的师德和人品影响学生，引导学生树立崇高的理想，建立正确的价值观、事业观和学业观，热爱人民、奉献祖国。

坚持“以德立身、教书育人”，通过不断的学习，努力提高自己的政治觉悟和思想水平；积极进取、锐意创新，努力提升自己的科研素养和专业水平，充实自己、做好表率，以自己的全面提升和学生的全面发展为目标，将教书育人与科研实践、教学实践紧密融合，培养学生勇于探索的精神和独立思考的能力。年轻人潮气蓬勃，有特长、有想法，接受新鲜事物快，也值得导师去学习；导师还要追踪当代大学生关注的热点和关心的话题，不断学习，保持与学生一起进步，才能更好地了解学生、走进学生的心灵。

严谨治学、一丝不苟，以饱满的热情、充分的准备认真上好每一节课；平等地对待每一位学生，耐心地解答学生的每个问题，认真地对待学生的每一次作业；传道、授业、解惑，引导学生用辩证的思维科学地思考，做到融会贯通；将教学与科研结合，传递专业知识、传播专业情怀，培养学生对科学研究的浓厚兴趣，提高学生的创新意识和自主学习、努力创新的能力；影响学生品格和个性的发展，启迪学生的思想，陶铸学生的人格，引导学生学会学习、学会研究、学会做人。

四、全程指导，立体服务

“全程指导”会陪伴学生大学本科的全部阶段，甚至会延续至研究生阶段。而大学的不同阶段，学校教育对学生的要求是不同的，学生的需求也就不同，所以要点面结合、区别指导。

对于一年级的新生，首要的任务是帮助他们快速适应大学的生活节奏，找到归属感，为大学的健康成长和学业的顺利完成奠定良好的基础。开学之初，我会加强与学生的沟通和交流，尽快把握学生的特点，有的放矢，制订出有针对性的指导计划和培养方案。一年级学生的思想波动比较大，很多学生刚进入大学，会感到迷茫，找不着方向；一些学生将过多的精力用在社会活动方面，又不太会合理安排时间，影响了学习，造成挂科；一些人则纠结于专业，静不下心来学习。为了解决上述问题，一方面，我会密切关注大一新生的作息习惯和思想动态；另一方面，新老生结对，让老生带着新生熟悉环境、帮助新生安排生活，在我们几个人的共同努力下，学生比较快地适应了大学的节奏，发展了兴趣爱好，找到志趣相投的朋友。这样的模式还可以及时发现问题，进行点对点的指导，帮助学生尽快养成良好的生活、学习习惯；逐步教会学生自我管理和自我规划，找到适合自己的学习方法；另外还要引导学生尽快了解自己，熟悉本专业和其他专业的情况，让学生尽快明白自己的兴趣点，帮助学生结合自己的特点找到适合的专业，尽快沉下心来，认真学习。二年级时，学生的专业已经基本确定，是进入科学研究的时候，我就让学生及时参与到科研项目的研究中，通过参加硕士生的小组讨论，进行创新创业项目的训练，有意识地培养学生的创新意识。三年级时，根据学生的个体特点，与学生共同商量制订有针对性的研究能力培养计划，引导学生选择合适的研究课题，确定具体的研究内容和研究目标，开展科学研究工作，提升学生的创新思维；鼓励学生参加学科竞赛，培养学生的实践能力和创新能力。四年级时，主要是通过毕业设计（论文）环节的指导，进一步提升学生的知识运用能力，有效提高学生的创新能力，鼓励和引导有潜质的学生继续深造，为就业的学生提供帮助和指导。

为了全面、及时地掌握学生的情况，导师组和学生每月要至少碰一次面，保持微信与电话畅通。在每学期的学期初、学期中和学期末学生要提交一份总结，包括上一阶段的小结、下一阶段的具体目标、工作计划及保障措施等，总结可以是生活和学习的方方面面，学生自己决定。每个阶段开始，学生要为自己确定至少四个必须完成的目标，阶段末，通过总结分析，让学生寻找差距，总结经验和教训，协助学生自我认识，逐步提高他们的自我管理和自主学习的能力。除此之外，还建立了研究生辅导本科生、高年级本科生帮助低年级本科生的创新型学习团队，让每位学生都能感受到浓浓的团队关怀和学术氛围，帮助学生健康成长

我将继续努力，用爱滋润每一颗心灵，用心呵护每一棵树苗，为学生的成长保驾护航。与学生共同进步。

带领学生在大学成长过程中走好每一步

导师：邱黎明

为促进学生全面发展和健康成长，培养高素质创新人才，全面提高人才培养质量，我校于2018年秋季学期开始实施本科生导师制，彼时刚刚入职土资学院的我有幸成为一名本科生导师，安全科学与工程系安排了一位2018级本科生，开启陪同学生成长的历程。后来，系里陆续安排了共计6名学生，在这两年多的时间里，我们通过线上线下学业规划辅导、师生面对面谈话、心理咨询等形式进行了长期的沟通交流。在这个过程中，我力所能及地引领学生树立正确的学习与发展目标，建立自己的职业规划，学会自我管理，学会情绪调节，循序渐进地提高自己的信心与能力，一步一步地走向收获，走向成功。

在学期初和学期末，事先准备好相关的材料、案例，针对学生在本学年乃至大学期间的学业规划做出指导，例如在2018级和2019级新生入学时，首先给他们讲述了北京科技大学和安全工程专业的基本情况，并对本科生班导师制度进行了初步解释，在此基础上开展学业规划辅导，使大家明确大学目标。通过学业规划辅导，使学生对学科发展以及专业定位有了清晰的认识；通过讲述大学与高中的区别与联系，激励同学们要尽快适应大学宽松而又紧张的学习生活，并鼓励大家要开阔眼界，对未来逐渐形成明确的目标与规划。

每个学生都是独一无二的，每个孩子都与众不同。通过与学生的长期沟通交流，我发现每个人的成长背景和生活条件各不相同，兴趣爱好和擅长的领域也都不一样。为此，我努力了解和挖掘所指导学生的兴趣、爱好与特长，因材施教，帮他们找到适合自己的发展道路。在学期中，我制定了本科生发展目标，制定了20余条“优秀”与“良好”的发展标准，给同学们进行了详细讲述，鼓励学生在学习、实践、科研、体育及品德方面明确适合自己发展的方向，争取达到“优秀”的标准，让大学不虚此行。在学生对科研实验感兴趣和打算申报SRTP项目时，我组织学生参观实验室，使大家对科研有了一定的认识；在

学生有保研打算的时候，我帮他联系以往的优秀毕业生介绍保研的经验；当有学生准备出国深造的时候，我帮助查找学校，查询雅思考试相关问题；在疫情期间，有一位同学的线上学习效果不好，心情变得沉闷，有一点厌学情绪，我经过多次了解逐渐发现问题在于线上学习没法跟同学交流，遇到问题不能及时解决，于是联系班委多跟他交流沟通，多举办线上活动，同时安排班级成绩最好的同学给他补课，大约过了一个月的时间，他逐渐改善了情况，不再有厌学的情绪了。

作为全程导师，对所有的同学都应该一视同仁，不能厚此薄彼。每个学生都期待自己被重视，当他们感觉到自己被关注被关心，就会更努力做更好。

通过定期、持续、深入地沟通交流，我和我的学生建立了深厚的友谊，这种亦师亦友的关系既有利于引导学生树立正确的学业观，增强学生的自主学习能力，又能提高他们对生活、对未来的兴趣，树立正确的人生观和价值观，促进学生综合发展。在这个过程中，我深深体会到“师者，所以传道授业解惑也”的含义，感受到为人师表的责任，我将更加努力，带领他们在大学成长过程中走好每一步！

学生的进步，是老师最大的快乐

导师：梁培

时光匆匆，今年已是我来到科大的第三年。2018 年来到科大，有幸正是本科生导师制开始的第一年。作为新教师，有幸担任了一名 2017 级本科生的班导师，初为老师不知如何去带学生，也不知如何引导学生。问过很多老师，有说请客吃饭增进感情的，有说组织项目让其提前进入课题研究的，我想方法很多，那我还是真诚以待吧。今年加上 2020 级的新生，我已经有三个中国本科生和一个留学生了。说实话，我的本科生开始双向选择的时候成绩都不怎么样，大部分是少数民族，来自偏远地区，所受教育水平相较于东部地区来说差别很大。开始我也挺担心的，也曾和自己的导师、前辈抱怨过，“不要一棍子把学生打死，每个学生都有潜力”这是导师对我的教育，我明白我的学生虽然现在成绩不好，但是他们也有自己的潜力，有希望实现提升。想想现在，看到自己的学生成绩提高了那么多时的欣慰和开心，真的很感激前辈们的教导，让我明白如何“为师”。

现在，2017 级的陈丽已经从两年前的倒数加挂科，逐渐提高到现在基本上每门课的成绩在 80 分以上，部分会达到 90 分以上，并且开始准备考研，通过了英语四级。2018 级的古丽皮艳木，也通过了英语四级，年级综合排名位于年级第四名。学生的进步，是老师最大的快乐。看到自己这么争气的学生，内心真的是开心、欣慰，也充满了动力，觉得自己有信心带好后面的学生。每次和学生们交流的时候看到现在的他们这么自信、乐观，心里也有很多话和他们说，每次见面大家都开心、快乐。我觉得我终于实现了自己的目标，就是和学生建立朋友般的“友谊”，而不仅仅是“师生”。看到他们一有好的消息就告诉我，跟我分享快乐，我的心里面是激动加欣喜的。今年陈丽要补考数学，之前她自己担心了好久，我说“你只要好好学习了，就不要怕，会有好成绩的”，高数成绩出来后，她第一时间就告诉了我，跟我分享自己的喜悦。疫情期间她询问了我关于考研的事情，买了辅导书早早就开始在家准备考研复习。想到之前，她是个挂了很多课程的学生，现在可以主动地努力学习，有自己的目标，作为导师心里面暖暖的。已经大二的古丽皮艳木也已经制定了自己的计划，她说要努力让自己进入保研行列，大二参加一些科研项目，争取拿到一些奖项。作为现在成绩位于年级前列的她，我对她是充满信心的。

感谢学校和学院给予我机会，让我可以担任本科生导师的任务，让我认识了我的可爱的本科生们，也让我明白如何成为一个老师。也使我明白任何一个学生都有他们的潜力，只要能激起他们的斗志和意志，他们就都可以成为出色的人。

在这四年，等待你的破壳而出

导师：张瑞洋

所谓“人与人相异，马有马不同”。每名学生都是独立的个体，具有各自的特点，对他们进行有针对性的指导，靠一以贯之的说教显然是行不通的。指导学生的前提是需要深入了解学生，然后才能因材施教。

自学校开始推行本科生导师制度以来，作为全程导师，我共指导 7 名学生，分别为 2020 级 2 名、2019 级 1 名、2018 级 3 名和 2017 级 1 名，因为无一人申请转专业，所以有幸一直陪伴和见证着他们的成长。

在与这些学生交往过程中，难免遇到过很多困难。令人欣慰的是，在师生的共同努力下，所取得的点滴进步，都将令我感到无比骄傲。今天我要分享是与 2018 级学生张学进交往过程的一些感触。

一、初次见面：陌生

第一次见到他，是开学第一天，作为班主任的我到新生宿舍走访。我让每位学生自我介绍，轮到他时，只有极其简短的半句话：“我叫张学进，来自福建宁化”。身穿白色短袖、深黑色的裤子、白色的篮球鞋，加上秀气的双眼，一幅活泼、阳光的模样。我想或许是因为陌生，他才不愿多说什么。

二、初次单独交谈：紧张

第一次与他单独交谈，是在开学后不久，得知成为他的全程导师后，我约他到办公室谈话。尽管一再表明作为全程导师，我主要是为学生服务的，并不是监督，我们那次的谈话，是为了对彼此的了解，然而收效甚微。紧张、害怕、甚至手足无措的他让我印象深刻。那次，我想可能是第一次与老师单独谈话害羞的缘故。

三、初次集体活动：孤僻

再次碰面，是在一个月后的班会上，那次班会的主题是“互相认识，彼此了解”，班会整个过程充满了热闹和喧嚣。然而，令我不解的是，他安静的独坐在教室的角落里，与其他学生争先发言、有说有笑的场景格格不入。从那一刻，我开始认真审视他的问题——内向、孤僻，甚至社交障碍、社交恐惧。我开始担忧他如果无法正常地融入校园的集体生活，会产生什么可怕的后果。

四、私下交流：发现问题

再后来，在他整个大一学年里，我改变了与他正式面谈的方式，选择更为轻松的私下交流。每个月的定期见面，让我们的身影多次出现在图书馆咖啡厅、土木楼一层活动室、万秀园、鸿博园、伊喜饺子餐馆。有的时候，同行的还有我指导的另外一个同年级学生李铮——也是一个“佛系青年”，是那种油瓶倒了都不会去扶的人。

经过一年的接触，了解到更多关于他的一些情况，惊讶地发现，在他瘦弱和自封的身躯里蕴含着宏大的人生目标。但是，他还是总习惯把自己关在小小的壳里，时刻背负着厚重的外壳，不喜欢与人接触，像极了一只小海螺。或许“不愿”只是他粗陋的借口，“不敢”才是他内心难堪的疤痕。

五、参与学生工作：激励改变

到了大二，我开始用“做事”的方式来激励他发生改变，迫使他在负责工作过程中与人交流。开学第一周举行班会，进行班委重组，我要求他在班委中竞选一职，尽管他起初有些不情愿，最终还是成为了班级学习委员。于是在接下来的日子，除自己学习外，他开始忙着去督促大家学习了。

有一次，我一个年轻有为的同学（西南科技大学徐龙华教授）受邀来学校讲学，我借机邀请这位老师单独给他讲了很多人际交往、为人处世和职业规划等方面的经验，希望这些对他会有所触动。那年国庆节，他组织多名没有外出的同学到我家做客，上午买食材，中午涮火锅，下午做游戏，晚上煲汤。在愉快的一天里，我能感受到他的快乐，他是愿意跟大家相处的。

六、负责科研项目：挑战自己

大二下学期，我开始锻炼他作为负责人，参与科研项目和学科竞赛。目前已获批一项校级本科生创新创业项目（SRTP），已申报全国高等学校矿物加工工程专业学生实践作品大赛一项。项目实施过程中，作为负责人的他，除要承担更多的实验任务外，带领好团队、协调成员间的沟通对他来说更具挑战。值得高兴的是，除了业务上的收获，更重要的是他收获了自信。有几次，与我观点不同时，他甚至不再沉默，而是据理力争，这其实是让我很高兴的事情。

其实，自闭并不是什么缺陷，是可以改变的。在昏暗的世界里，只要有一束暖阳，就可以照亮通往光明的大道。愿在这校园的四年里，等待他的破壳而出，破茧成蝶！

冶金与生态工程学院导师谈体会

亦师亦友，是我一直践行的理念

导师：成国光

古人云“师者，传道授业解惑者也”，作为一名本科生导师，将自己的人生经验和对专业的理解来和学生分享，解答学生的学术和人生疑问，进而为学生的成长提供方向本就是我们老师不可推卸的责任和义务。古人亦云“无贵无贱，无长无少，道之所存，师之所存也”，现在的本科生是和祖国一起飞速发展成长起来的一代，他们具有很好的文化自信、具有很好的自我定位，在互联网浪潮下对事物有自己的判断和理解，他们身上也有我们老师需要理解和吸收的东西。所以，亦师亦友是我对学生的要求，也是我一直在践行的理念。

传道授业解惑

本科生作为刚从高考中释放出来的年轻人，对这个世界充满好奇、自己也充满干劲，具有很多的想法和疑惑，此时指定大体方向对他们至关重要。(1) 指定研究生与本科生对接。在本科导师见面的时候就指定研究生与本科生对接，同样作为年轻人，他们会有更好的交流体验，同时研究生也是刚经历过大学生涯，作为一名优秀的学长或学姐，对于大学四年期间什么时间应该干什么可以给刚入学的本科生最好的引导，这会让本科生度过一个充实的大学生活。(2) 提前体验科研。在本科生的课余时间也会给他们安排一些小小的科研实验，比如磨样、腐蚀、看电镜等，让他们提前体验科研生活，可以更好地对本专业有一个很好的认识，同时可以为毕业后的深造或就业打下一个很好的基础，也可以为他们的评奖评优提供一个很好的平台。(3) 丰富课余生活。在我们课题组有相关的聚餐或团建的时候让本科生也一起参加，在大家交流、玩乐的过程中丰富他们的课余生活，培养他们阳光、活泼的性格特点。

道之所存，师之所存也

作为跟随互联网一起成长的一代，游戏、动漫、“爱豆”是他们最喜欢的事物，在和他们的交流过程中我们老师对这些事物也会有新的认识，打破了我们传统的认知局限。其实英雄联盟、王者荣耀等竞技游戏中，更多的是需要五个人的团队协作，各自发挥各自的特长，这样才能取得最后的胜利，如果只靠一个人是很难胜利的。很多动漫里面的主人公也是经历过各种困难，在一帮非常好的朋友的通力协作下，最后才实现了自己的理想。其实这些都是非常正能量的东西，关键在于如何去引导他们正确的认识。

在师生之间的交互过程中，老师也是学生、学生也是老师，亦师亦友才是最好的方式。

导师是学生的顾问、参谋

导师：杨世山

回顾本科生导师制下个人的表现，作为导师的我和我的学生：冶金 1501 班 41502124 郭皓宇（已毕业），冶金 1504 班 41502194 孙义伟（已毕业），冶金 1604 班 41602202 兰庆来（已毕业），冶金 1706 班 41702154 杜剑锋，冶金 1804 班 41802123 张鑫宇（已转专业），冶金 1804 班 41802126 林韧（已转专业），冶金 1901 班 41902022 曹伟。在近两年的教学和科研相处的时间里，主要做了以下几方面的事情，有了些许体会。

（1）建立常态联系制，关心同学状况，把握好适应大学生活的第一关。我们建立了一个微信群“炉渣组校内群”，群内仅包含导师和在校本科生、研究生。对于新生确认后就拉进群来，相互介绍、熟悉。平时有什么事情、问题和通知之类的就及时在群里发布或提醒。

（2）每学期保证两次左右的见面会，大家在一块当面谈谈自己的学习和生活情况，以茶话会和小饭局（节日时期）的形式开展，让高年级和研究生同学传授经验，导师也分享自己的大学生活情况。同时，聊聊家常，导师能够充分了解学生家庭情况，给予分类指导，个人有什么问题导师也可以帮忙或出主意解决。

（3）学习经验和教训分享。每学期保证 1～2 次的见面会，一般是课题组有学术讨论会的时候，让研究生或高年级同学讲讲课题报告、实验计划和方案制定，提倡同学们都开动脑筋思考，把自己所学的理论课知识与课题实验联系起来（先用脑筋做“纸上谈兵”的思考），强调大家把所做的科研当成一个工程训练的范例。低年级同学则谈谈当前的课程学习情况、难易情况，研究生和高年级同学可以提醒学习中的注意事项。

（4）科研兴趣培养，参观实验室，了解冶金实验的过程。一般是导师和研究生做实验的时候，提前几天在微信群里发布通知，提倡本科生有空时前往或分批前往参观（因为本科生有课不可能统一定时间）。导师或研究生讲讲冶金实验的通用特点、原料来源、设备装置制作和维修、实验材料准备、不同实验条件（比如高温、不同气氛）的获得方法、最后实验需要达到的目的、实验室实验模拟生产现场的局限性，实验研究的阶段性分工等。

（5）在很多方面，导师可以为学生做好顾问、参谋。比如大学生网络购物和防诈骗问题，大一、大二之间的转专业问题，低年级同学参加课外社团组织问题，高年级同学的出国深造、考研、找工作或者工作单位的选取问题等。这些方面，导师的指导和关心能够帮助同学们少走弯路、提高效率。

材料科学与工程学院导师谈体会

基于学生综合素质培养的材料加工专业实验课教学实践

导师：孙建林

为支撑“中国制造2025”等国家战略，教育部积极推进新工科建设，旨在为我国培养造就一大批多样化、创新型的卓越工程科技人才。在这样的背景下，对高校的人才培养模式提出了更高的要求，实验教学是高校人才培养的重要一环，是培养学生综合素质重要途径之一，可以提高学生实践能力、创新能力和解决实际问题的能力。

材料成型与控制工程系本科生选修课“材料成型摩擦与润滑”的实验教学内容共6学时，通过创新实验设计使学生通过实验研究加深对轧制过程的摩擦、润滑理解和实际运用。具体教学内容主要分为3部分，分别是：轧制油黏度、油膜强度对前滑、轧制压力和摩擦系数的影响；轧制工艺润滑效果的研究；工艺润滑与轧后表面质量的关系。主要从下面几方面创新实验教学环节。

首先，落实“三全育人”，在实验开展的过程中，将专业认识、实践能力、实验室全安教育、课程理论知识、实验原理、设备操作等贯穿整个实验教学过程，做到全方位和全过程育人。

其次，在实际教学中，充分利用2台四球摩擦磨损试验机，学生分小组开展实验，每组不超过5名学生，另外邀请自己的优秀博士生加入的每组学生的实验环节，具体指导每一个实验细节。培养学生的团队写作能力。

再次，将实验与具体科研项目结合，为学生们讲解实际生产过程中的知识，比如对比实验室自行制备的润滑剂、企业提供润滑剂的油膜强度等润滑性能分析。另外，润滑剂的性能分析和轧制实验结束后，引导学生做好废弃物的规范处理，培养关注环境和安全的责任心。

最后，鼓励学生综合分析实验数据，培养创新能力和综合分析问题的能力，引导学生写作科技论文，培养学生的信息采集和分析能力，提升学生的科研素养和学术修养，引导他们的创新意识和能力。

“我的学生”，他们青春、积极、求知若渴，他们是我在教师岗位不懈奋斗的动力和源泉，我为我的学生骄傲，我为我的学生喝彩！

基于“本科生导师制+SRTP +专业课教学”交叉融合的人才培养模式探索与实践

导师：张虎

2018年9月，习近平总书记在全国教育大会发表重要讲话，在系统总结我国教育事业发展的成就与经验的同时，对新时代加快推进教育现代化、建设教育强国、办好人民满意的教育作出了全面部署。因此，如何深化落实习近平总书记的会议精神，努力开创全方位的一流本科教育新局面是我们面临的新课题。基于此，我校开展了“本科生导师制”“本科生创新创业项目（SRTP）”“课程思政”等多种创新举措，为深化我校本科教育教学改革，提高教育教学改革的整体水平做出了很多切实有益的努力。

为全面贯彻落实全国教育大会的会议精神，我校2018年起开展了本科生全程导师制工作，针对2017级、2018级和2019级在校本科生实现导师全覆盖，让每一名本科生从大一至大四都配备了专业导师，全面服务学生的成长成才。从各项数据看，本科生全程导师制已初显成效，学生整体学风状况明显提升，学生参与科技创新、创业训练项目积极性显著增强，近70%的学生认为导师在专业引领、帮助适应大学生活、培养学习兴趣方法、提高思想品德等方面帮助较大。

本人近年来积极参与实践本科生导师制、SRTP及专业课教学。本人自2014级起至今连续六年担任材料本科生导师，2016年获得“优秀本科生导师”荣誉，目前担任8名本科生导师，也是多名所带本科生的入党联系培养人。同时，不仅每年指导本科生SRTP项目，还担任SRTP项目的评审专家。本人的主要教学工作也是大三本科生的专业课教学。因此，针对以上各个方面做了大量的工作并积累了丰富的实践经验。

为了进一步提升本科生导师制的实际效果，充分发挥本科生全程导师制的作用。本人在教学工作中，大胆尝试“本科生导师制+SRTP+专业课教学”交叉融合的人才培养模式。在大一本科生导师阶段，鼓励所带的本科生在保证学业的前提下，参与到本课题组的组会当中进行旁听，通过导师和学长的共同帮助，使其更快地融入到大学学习中来，并促进其对材料专业的学习认识；大二阶段，鼓励所带本科生申请SRTP，有了大一的前期基础，为其更好地完成SRTP打下了良好的基础，进一步激发其对材料专业的学习兴趣；大三阶段，通过科研实践促进学生对材料专业课知识的感性认识和融会贯通，有效提高其专业学习效果。

通过这一交叉融合新模式，实现了大一至大四的全过程指导，效果显著。以本人担任导师的材料1601邱治杰同学为例，他大一与我交流，并对磁性材料产生兴趣，大二带领同学申请SRTP在我课题组做“Heusler合金磁结构相变及热磁发电性能研究”课题研究，大三申请一项国家发明专利，并发表一篇SCI论文，该SRTP最终获得“2018年创新创业项目二等奖”，其本人也对材料专业学习产生了更浓厚的兴趣，表示出想跟着我继续读研的意愿。这一成功案例说明“本科生导师制+SRTP+专业课教学”交叉融合的人才培养模式能够取得很好的实践效果，也为本人继续深入开展改革实践探索积累了宝贵的经验。

基于以上的成功经验，本人申请获批了“北京科技大学2020年度本科教育教学改革项目”，进一步深入“本科生导师制+SRTP+专业课教学”交叉融合的人才培养模式探索和实践，期望通过该项目的开展能够在提高不同创新举措实践效果的同时，促进有机的交叉融合，深化我校本科教育教学改革，提高教学质量和学生深造率，最终使学生、教师、学校满意，从而使社会满意。

让本科生加入科研团队

导师：田建军

我一直比较庆幸能从事教师这个职业，总能接触到年轻、活力四射的同学，也让自己一直停留在象牙塔时光里。由于工作性质，我主要是指导研究生的科研工作，除了本科毕业论文阶段，基本上很难与本科学生有实质性的接触。本科生导师制度给了我们深入接触本科生的机会。开始阶段，我对本科生导师的理解还停留在概念阶段，我的经验更多的是指导硕士和博士研究生，所以对于本科生指导工作我还是内心有些茫然的。但是，本科新生入学见面时我能够感受到他们对大学生活的期待和憧憬，他们期望导师能够切实指导他们。可以说，他们的这份期待打动着我，让我觉得肩上有一份沉甸甸的责任，更让我思考如何才能履行好这份责任。

我常想，如何成为一名合格的本科生导师？是否要将指导研究生与本科生工作有机结合起来？因为我指导的研究生取得了很多成果和经验，比如近5年研究生国家奖学金有9人次、北京市优秀毕业生2人、校级优秀毕业论文3篇、院学术之星2人次以及各类团体和个人奖励累计超过30次，这展现出我们是一个优秀的研究生团队。如何让本科生也能参与进来，建立集体的荣誉感，从而帮助他们树立积极向上的人生观、丰富他们的大学生活？这可能是我履行指导工作的切入点。为此，我先让团队同学与本科生同学分享他们的求学经验，建立实质联系。比如，我让团队班长郭瑞琪同学分享了先进班集体答辩的经历和感受，帮助本科生建立团队荣誉感；也让毕成浩同学介绍自己的科研经历和成果，分享学术之星答辩报告等。通过这些经验分享让本科生了解到北科大在课堂教学之外的科学研究和科研团队，先让他们思考未来自己的学业发展应该怎么走，可以说来自优秀研究生的建议和交流有利于他们积极向上的人生观和价值观的形成。同时，对于有兴趣从事科学研究的本科生，在研究生的帮助下进入到科研一线，通过制订阶段性工作计划和目标，制订长期规划，养成良好的学习和工作习惯。另外，一些同学在优秀学长的激励下，主动设计自己的规划，比如科技创新活动、发表学术论文目标等，以此来进一步提升自己。通过集体活动、研究工作来带动本科生与研究生共同成长。我的理想是把我们团队建成一个跳板，让这些有理想的同学踏上我们的跳板，通过我们进入更高的人生阶段，实现自己的梦想。

本科生导师制是桥梁和纽带，让我和学生共同成长

导师：王丽萍

本人是材料学院材料物理与化学系教师王丽萍，自学校实行本科生导师制以来已经带了五届本科生，共十几个学生。给我印象最深的是2016级（我带的第一届）和2019级的学生。其中，2016级共5个学生，我带了他们中4人的SRTP项目并结题，今年6月这一届学生已顺利毕业；2019级共3个学生，目前已升入大二。下面以我带的2019级学生为

例，谈一下我和学生相处的点点滴滴。

那是2019～2020学年第一学期，9月的一天，军训刚刚结束，有个女生发短信联系我，说她叫魏雨璇，我是她的本科生导师，想跟我见个面，我们约定了周二上午在我办公室见面。见面的时间到了，她如期而至，是刚下课赶过来的。我们先彼此进行了自我介绍，先熟悉一下，然后我介绍了一下自己承担的课程和科研领域。我了解了一下学生的学习情况、课余活动、对学校和课程的适应情况，鼓励其安排好自己的学习和生活，尽快适应大学的学习节奏，树立一个适合自己的稍高一些的目标，如保研、考研等。第一次见面在轻松的氛围下进行，谈得很愉快，没有拘束和陌生感，仿佛一见如故。我们互相加了微信，方便以后联系。不知不觉一个多小时过去了，正好赶上饭点儿，我们一起去万秀园四层吃了午餐。大约过了三周，学生又联系我，我们约定还是在周二上午见面。这一次，还有一位女同学跟她一起过来，她谈了都学了哪些课、感觉难不难，最近取得的成绩、进步、遇到的问题等，我给她讲了讲学习方法，对她的努力给予了充分肯定，并鼓励她多参加社团，多参加集体活动，有时间多看一看自己感兴趣的专业书籍。在轻松愉快的氛围下，一个多小时又过去了，临走之前，那位女同学还给我们拍了一张合影。微信上我们继续联系，她问我是不是党员，可以当她的入党积极分子培养联系人吗？就这样我有了另一个任务，作为她的培养联系人。疫情期间，我收到了魏雨璇发给我的问候和关心的微信，我感觉非常温暖；我也给她发送提醒其注意自身防护以及学院的一些要求等的微信，让她感受到老师和学院的关爱。在分专业阶段，我们联系比较频繁，应她的要求，我主要向她介绍了材料化学专业的特点、师资、毕业去向等方面的情况，提供了一些选专业的参考意见，主要是让学生根据自己的实际情况结合兴趣爱好等来确定自己的本科专业。经过充分思考和衡量，她最终确定了材料科学与工程专业。学生返校后，我们又见面谈了很多，包括思想回报、党校学习、社会实践、课外和班级活动、课程的学习、本科生创新项目、文献查阅、学习方法和时间安排等诸多内容。令我感到欣慰的是，与去年相比学生在各个方面都有长足的进步，更加成熟了。如今，魏雨璇同学不仅学习成绩优异，还担任宣传委员，并作为入党积极分子接受组织培养考察，在各方面都起到了模范带头作用。在与魏雨璇同学接触的一年多时间内，她的年轻活力和不断进取、勇于挑战更高目标的做事风格和态度也在感染着我，促使我更加努力做好本职工作。可以说，借助本科生导师这个桥梁和纽带，我和我的学生在共同成长。

本科生导师制建立师生之间的全新关系

导师：强文江

作为指导教师，首先为所指导的9名本科同学取得比较优异的成绩而感到高兴。同学们平时刻苦努力得到了初步的回报，与今天成绩单上的各门课的成绩优良相比较，更重要的是大家为未来的发展奠定扎实的基础。

作为指导教师，说起来感觉并没有为同学们的进步做出很多的贡献。如果说有那么一点点的促进或者指导作用，主要是同学们在刚进入大学的初期，给大家介绍了一些大学学习与生活的基本特点，强调要主动适应这些特点、扎扎实实做好每一天的工作。鼓励所有同学们树立远大的目标，更要求每位同学踏踏实实做好每天的事情，尽最大努力对待本科阶段的学业工作、争取做最好的自己。同学们听进去了，并且在自己的学习中踏踏实实地去做了，故此有了今天的良好成绩，这完全是水到渠成的事情。

学校建立的本科生导师制，使得我们教师和自己负责指导的学生之间建立起一种全新的关系。在这种关系中指导教师与本科生班导师有相似之处，也有明显的差别。相似之处在于都要为本科生从第一次踏入北京科技大学的校园之日起，直到他们毕业离开校园的本科四年的学习和生活提供必要的指导与帮助。不同点是每位导师只负责指导每个年级的3位同学，比班导师负责的一个本科生班人数要少很多。故此，有条件更加深入细致地了解与关心每一位同学。如何做好导师的工作，此前没有完整的先例可循，对于所有老师都是新的课题。今后还有很多的事情需要探索，将这项工作做得更好。

本科生导师制旨在帮助学生全面发展

导师：杨滨

本科生导师制旨在帮助学生全面发展。导师主要从学业、职业和人生规划等方面给予学生指导性的意见和建议，提高其综合素质。以下是我近几年指导本科生的一些心得体会。

一、新生

（1）关心学生德、智、体、美、劳全面发展，帮助学生树立正确的人生观和价值观，引导新生尽快适应大学学习生活，促进他们知识、能力、素质的协调发展。

（2）帮助学生熟悉本专业的人才培养方案和学籍管理条例，根据每位学生的不同特点，协助其制订个性化的学习计划。

（3）言传身教，以自己严谨的治学态度和优良的职业道德影响学生，注重培养学生的科学及人文精神。

（4）帮助他们制订个性化大学成长方案，使每个学生在开始大学生活之时就有较明确的学习目标和可行的行动计划。

（5）指导学生掌握大学学习特点和学习方法，使他们能够顺利地适应大学学习，提高学习绩效。

二、大一、大二学生

（1）指导学生熟悉本专业人才培养方案及课程教学大纲，针对学生个体差异，与学生一起制订有针对性的学术成长方案。

（2）指导学生阅读本专业的经典文献，组织学生尽量参加课题组每周召开的学术研讨会，提高学生的科研兴趣，夯实理论基础，为学生科学研究特别是创新能力的培养奠定基础。

（3）指导学生参加各种技能大赛，扩大学生在学校和社会中的影响力。

三、高年级学生

结合我负责的科研项目，引导学生参与科研训练，有意识地培养学生的创新意识、实践能力和综合素质。如引导郑蕊等同学参与我负责的自然科学基金项目“核级铸造奥氏体-铁素体不锈钢热老化诱导点蚀形成的微观机制”研究，利用蒙特卡洛和元胞自动机方法研究纳米析出相诱发不锈钢点蚀的微观机制等。经过深入细致的研究，我们在国际上率先阐明了奥氏体-铁素体不锈钢热老化后诱发点蚀的机理，相关成果在材料著名期刊“Acta Materialia”上发表（2020，197：172-183），推动了奥氏体-铁素体不锈钢点蚀研究的发展。

（1）进一步引导学生参加课题组每周召开的学术研讨会，与大家一起分享科学研究的“苦”与乐。

（2）帮助学生树立正确的择业观，提高学生在就业市场的核心竞争力。

据不完全统计，我近年指导的本科生中，多名学生申请加入中国共产党，其中，我是芦玥朋和廖天行同学的入党联络人。郑蕊同学本科期间荣获冠之奖学金、国家奖学金，2015 年参加第九届全国大学生 iCAN 创新创业大赛，获总决赛三等奖，2015 年获全国部分地区大学生非物理 A 类三等奖，2016 年获全国大学生数学建模竞赛本科组二等奖，2018 年获北京科技大学“校长奖章”，2018 年本科毕业时被保送至中国科学院国家纳米科学中心读研。当然，“金无足赤，人无完人”，在本科生导师制度实行过程中，我在督促、检查学生完成图书阅读计划等方面还需加强。在今后的本科生培养工作中，我将更严格要求自己，努力工作，开拓进取，为提高本科生的培养质量，扩大学院和学校的社会影响力不遗余力地贡献自己的力量。

抓住关键时期及时针对性指导

导师：杨穆

材料学院实行本科生导师制时间较早，早在 2014 年就开始实施。最初把刚入学的本科新生分到每个梯队，由每个梯队老师集体来负责指导，后来感觉责任不够明确，就把本科学生具体划分到每个老师，一个老师每一届负责 3 ~ 5 名本科生。最近两年，又把材料学部的其他单位老师纳入，这样导师队伍扩大，每位老师每一届负责 1 ~ 3 人，这样老师有了更多的时间和精力来对本科生进行针对性精细指导。

通过五六年的摸索，我带本科生的经验是，抓住关键时期及时针对性指导。大学本科阶段所谓的关键时期，我认为有三个时期，第一是新入学的第一学期甚至第一学年，这个时期意味着大学新生从高中到大学学习模式的转换，一入学就及时告诉大家，大学跟高中学习和管理模式的差别，帮大家树立新目标，养成自我管理、自觉学习的好习惯，特别关注中学阶段老师和家长过度管制缺乏自制自立能力的同学，帮他们养成自理自制好习惯。第二个时期是选专业阶段，及时给大家介绍学院各个专业特色和相关专业就业方向，并帮学生分析自身兴趣、优势和特点，选择合适专业。第三个时期就是大四的保研、考研、出国和找工作阶段，帮同学们分析优劣，明确目标，鼓励其谋求更大发展，为他们写推荐信，成功了及时鼓励并告诉其前方路途还遥远希望再接再厉，失败了进行安慰帮其分析下一步路径和方法。

一家之言，借此抛砖引玉。

我喜欢和我的学生们“吵架”

导师：杨会生

我+我的学生=“吵架!”，这是我总结出来的一个终极规律。

我的学生里，有沉稳干练的，有调皮散漫的，有内向安静的，有活泼开朗的，但这些人都跟我吵过架。其实并不是一开始就这样的，事情还得从刚认识的时候说起。“我”是一名有着几十年教龄的老教师，“我的学生”是涉世未深满眼好奇的小年轻，那时候，我+我的学生=一句“老师好!”

后来，我开始安排一些简单的任务让他们完成，“我”是下达命令的指挥官，“我的学生”是听话服从的小跟班，我+我的学生=“收到!”+满意的结果。

然而有时候，这个结果却不能如约而至。我想肯定是他们遇到难题，卡在原地无法前进了，我可是他们的老师啊，他们遇到问题怎么不来求助我呢？于是我和他们展开了一番开诚布公的沟通交流，对他们提出了两点要求，第一，遇到困难及时沟通；第二，无论如何都要守时。这次，“我”是答疑解惑的指明灯，“我的学生”是不知所措的迷路人，我+我的学生=承诺。

自此之后，我们的关系逐渐熟络起来，我特别喜欢和他们一块聊天，一起讨论生活、科研，听听他们每个人的想法，了解他们每个人的做事风格和性格上的特点，我也给他们传达了我的理念和原则，大家畅所欲言，没有对错，气氛一片祥和，这时候，“我”就是侃侃而谈的主持人，“我的学生”是奇思妙想的采访嘉宾，我+我的学生=欢乐。

人和人是不可能一直欢乐下去的，时间长了，就会产生矛盾，因为每个人都是独立的个体，每个人的想法都会存在差异，更何况我和他们之间差了将近半个世纪，所以，产生意见上的分歧是常有的事。为了消除矛盾，我们展开了一轮又一轮的争论，试图说服对方以达成一致共识。那一刻，“我”是经验丰富的正方辩手，“我的学生”是羽翼渐丰的反方辩手，我+我的学生=“吵架”。

我喜欢和我的学生们“吵架”，我喜欢看他们提出不同意见的样子，在他们身上，我能看到一个个鲜活生动的灵魂，他们的单纯稚嫩给了我源源不断的养分，让我保持着一颗年轻的心。

我和我的学生是“鱼和水”的关系

导师：陆永浩

说起老师和学生，大家肯定有很多见解，也有很多体会，我也一样。以前我觉得老师和学生是相辅相成的，学生依靠老师学习，老师依靠学生而生存。但是现在，在我的眼中，我和我的学生却是“鱼和水”的关系，我是“鱼”，而我的学生是“水”，他们体现了我的价值，成就了我的事业，他们是我生活的核心。如果我在教学中有所成绩的话，那便是学生成就了老师，学生将来有所建树的话，那即是老师成就了学生。

对于我所带的本科生，我积极安排学生参加课题组组会，加强相互了解，促进团队协作。通过了解学生的思想、学习及生活状况，合理对学生进行有针对性的指导，激发学生创新和探索欲望。同时，安排学生来国家科学中心实验室进行参观，指导学生根据现有实验条件进行自主选题、自主学习、自主研究，激发学生的创新实践能力。近些年，陆续有学生参与了核电反应堆压力容器螺栓温度效应以及蒸汽发生器传热管微动磨损行为研究等核电站相关项目，并安排博士研究生参与具体试验指导，循序渐进地引导其学习相关基础知识，动手操作了光学显微镜、硬度仪、XRD、扫描电镜、拉伸试验机等设备。同时，引导其参与了大学生创新训练，目前已参与立项，定期撰写了相关实验报告。

作为老师和长者，与他们的关系亦师亦友。看到他们工作中的每一点进步和生活的惬意都会感到欣慰和骄傲。作为老师，教他们知识固然重要，但更重要的是学习的方法和对人生的态度。认真做事，诚实做人。为人师表，不是挂在口头上，而是润物细无声。言传身教，做出样子，他们才会从心底看得起你。

严师出高徒，并非板着面孔，一副威严，而是启发、诱导和鼓励。在关键时刻（开题、论文构思等）体现导师的作用。关心学生们的事情，唠唠家常会使学生感到亲近，拉近心灵的距离。传道授业解惑，一切都在无形中。

当年我的老师留给我的，我又传给了我的学生。这也许就是所说的薪火相传吧。

机械工程学院导师谈体会

担任本科生导师的一点感受

导师：马飞

在担任本科生导师的这段时间里，我有一些心得与体会，希望对进一步完善本科生全程导师制有所帮助。

一、尊重个性，挖掘潜力

（1）充分利用小组例会和一对一交流。通过充分交流，可以掌握每位同学的个性特点和兴趣领域，有针对性地引导学生激发自身潜力，提升学习能力。

（2）指导学生参加科研项目/SRTP 项目。将本科生会议与研究生会议合并，使本科生了解我的科研项目，使学生产生参加希望项目的愿望，提升学生的科研素养。2019 年，根据学生的不同科研兴趣点，共指导学生申报并获批 SRTP 项目 3 项（含国家级项目 1 项），2020 年 9 月，已有 2 项 SRTP 项目完成总结报告，其中 1 项被推荐参与中国高校智能机器人创意大赛。

二、春风化雨，润物无声

（1）提高学生在学校的归属感。在新生见面会上，在隔周举办的组会上，在 STRP 项目进展汇报会上，我耐心地倾听着每一位学生的心声，及时掌握学生的需求和成长情况。对于学业有困难的学生，及时指出其改进要点，并给出合理可行的建议。当学生科研创新有所进展时，我也会及时给予表扬与鼓励，增强学生的自信心。

（2）提升学生对学校/专业的认可度。对于有继续深造意愿的学生，根据学生实际情况，自大二就开始进行有针对性的指导，帮助学生定位保研/考研目标学校和目标专业。今年保研申请期间，面对学生的困惑和疑虑，与学生充分沟通，第一时间为学生排疑解惑，大大提升了学生对学校/专业的认可度，所指导的 2017 级 4 名学生有 3 名保研、1 名考研，其中 2 名选择保送本校专业。

作为一名教师，指导学生是应有的职责和本分，对于指导的每一位学生，我们都要付出最大的耐心和爱心，关心其学业发展，引导其价值观塑造，在此过程中，教师自身也会得到不断的提升，逐渐成为有理想信念、有道德情操、有扎实学识、有仁爱之心的“四有”好老师。

教育的目的更在育人

导师：郑莉芳

本科生导师制实施 2 年多时间里，我共指导了 16 名本科生，在摸索中有一些经验教训，也有一些心得体会，现总结如下。

（1）择级而教，因材施教。针对不同年级的学生，进行有针对性的个性化指导。对大一新生，以“大学的学习特点”为主题，指导学生了解大学学习与中学学习的差异性，提出“课前预习—课中听讲（绝不逃课）—课后写作业复习”学习计划，帮助学生养成主动学习的习惯；对高年级学生，以“毕业深造早准备”为主题，进行考研、保研或就业的目标规划，讲解各类备考的基本方法和实践经验。

（2）因人而异，尊重个体。通过小组访谈、单独约谈，充分了解每位学生的个性化差异和重点需求。对科研感兴趣的学生，有针对性地介绍学校各种科技竞赛和 SRTP 项目，鼓励其参与其中；对艺术特长生，注重指引其进行时间规划，化解学业和排练时间冲突的矛盾，保证学生的学业和特长双丰收；对学习基础薄弱的学生，帮助其制订详细的学习计划；对学习自主能力差的学生，要求其进行打卡汇报学习时间。经过师生的共同努力，不同特性的学生不同程度地实现了成绩的提升或养成了良好的学习习惯。

（3）立德树人，全面发展。在担任本科生导师期间，我高度重视学生品德与价值观的塑造，努力引导学生成为品行端正、正确价值观的人才。对于有思想困惑的学生，对其进行耐心开导；对于有意愿向党组织靠拢的学生，第一时间进行思想引领，为其指明方向，已有 1 名学生成为入党积极分子。疫情期间，特别关注学生的心理健康，利用微信或腾讯会议的形式，了解学生的居家学习和生活情况，提醒同学们在做好个人防护的同时锻炼身体、健康作息、坚持学习，树立战胜疫情的信心。

“师者，传道、授业、解惑者也”，教育的目的不仅在于教书，更在于育人。作为一名教师，希望自己通过本科生导师制的实施，为学校的人才培养贡献一点绵薄之力。

尽力促进师生相互熟悉相互了解

导师：唐英

作为本科生导师，目前名下有 4 个年级共 14 位同学，分布在机械、机器人、工业设计等不同专业，其中一位还是来自尼泊尔的留学生。

虽然老师和同学的工作和学习都非常繁忙，找到聚在一起的时间颇费周折，但是为了了解各位同学的生活、学习和思想动态，也为了促进大家相互熟悉相互了解，尽量做到让全员参加的师生见面会还是按照大约每月 1 次的频率坚持着。2019 ~ 2020 学年度共组织师生见面会 11 次。在开学伊始举办入学动员，督促同学们及时调整心态，尽早进入学习状态。在期中和期末考试之前的考试动员，请高年级同学分享各科考试重点、复习方法及考试心得，供低年级同学参考备考。元旦前夕还特别举办茶话会，安排二胡独奏以及电影制作及电影赏析讲座，丰富校园生活，缓解思乡情绪。实时对学生专业选择、科技竞赛、实践实习以及考研就业等活动进行指导。

上学期受新冠肺炎疫情影响，学生未能返校上课，在家通过网络接受云教学，给导师工作也带来了更大挑战。为此，充分发挥微信和腾讯会议等手段及时便捷、互动性好的优势保持联系。在微信群里转达学习和学院有关疫情的各种通知要求，举办腾讯网上会议，了解学生在家生活和防疫情况，督促同学们积极适应和参加网课学习，掌握学习动态并鼓励争取优异成绩等。大家从陌生到熟悉，期望逐渐形成一个团结友爱互助的队伍。

不忘初心，将三全育人落实到学生成才培养中

导师：陈兵

自从本人担任全程班导师以来，严格按照学校全程导师管理规则履行全程导师职责，管理、辅导和教育名下从一年级到四年级的本科生，共计 16 名同学。自从我校响应国家三全育人政策，建立全程导师制度以来，我们作为专业课教师，积极主动与学生去交朋友，促膝谈心，敢于下沉到学生中去，热爱学生，以培养学生成才为己任，并努力践行之。经过这两年多的摸索，也有几点心得体会，抛砖引玉，供各位同仁参考：

（1）不忘初衷，上好入学教育第一课。我与学生见面第一次，总会问学生一个问题，想想自己为什么要来上大学？自己上大学的初衷是什么？有的同学可能第一次回答不上来，因为没有想好，或者只是泛泛而谈，例如，高中同学都上大学，所以自己也随大溜来上了，或者回答是家长、老师或亲友等希望自己上大学，为找一份好工作，有一个好前程，通过上大学改变自己及家庭命运等。当然，这些回答都是比较浅显的，没有经过深思熟虑的，作为导师不需要急着让同学们给出正确答案，因为这个问题本来就没有唯一答案或所谓的正确答案。我们都知道，这些同学年纪尚小且刚经历过紧张的高考，对人生的思考不可能很深入，用“懵懂”一词来形容最贴切了，这些同学好比是一张白纸，对为什么要上大学？通过大学教育后成为怎样的人？怎样规划自己的人生，发挥自己的能力、特长与爱好等几乎都不清楚，但通过导师的引导+学校制订的培养计划，以及高年级学长的耳濡目染，经常沟通，日积月累，以循序渐进的方式完成对同学的世界观以及人生观的引导，树立成才的理想，并鼓励同学为实现自己人生理想而努力践行。

（2）知己知彼，全面了解学生信息。整理并构建一个较为全面的学生档案信息库，在确定与同学的全程导师关系后，第一时间与学生取得联系、建立信息沟通渠道（微信群、QQ 群或 email 联系），通过这些信息沟通渠道给学生发放信息收集表格，督促学生填写返回，在短期内迅速掌握学生的个人情况、政治面貌、家庭结构组成、个人兴趣爱好、学业困惑、个人发展、人际关系及课程学习成绩等 20 余项信息，为同学们成才因材施教及个人发展出谋划策奠定基础，对高年级同学，则将其课程成绩、个人兴趣爱好、参加社团以及课外活动等信息录入到个人信息库中，对其学习、生活以及社团活动等有较为清晰的了解。

（3）答疑解惑，严格落实定期会面制度。为学生答疑解惑，排忧解难，每学期在开学后、期中考试前、期末考试前进行 2～3 次不定期见面，挨个学生谈话，就各位同学共同关心的问题进行解答，并在力所能及的范围内，为各位同学解决实际困难。

（4）沟通先行，构建全方位沟通渠道。专门建立针对各年级及全体同学的微信群，在开学以及放假前后，因无法面谈及学生忙于备考等原因，将学校关于考试诚信、旅途安全、防诈骗及假期健康文娱等规章制度向学生传达，确保安全；在今年疫情爆发后，通过微信群、线上会议等模式强化了疫情期间师生的沟通，确保学生安全度过疫情，同时督查学生在线保持学习的良好习惯，并解答在线学习的困惑。

（5）注重传承，严格落实导师培养制度。营建“研究生带本科生，高年级带低年级”传帮带氛围，给每级本科生配本人课题组表现优异的研究生作为导师助理，让同学在有疑问时，不会为找到不到人倾诉而苦恼，课题组优秀研究生与这些同学年龄相差小，属于同龄人，且在学业、大学生活等方面堪当表率；同时通过定期组会等形式，打通各个年级之间同学的陌生感，高年级同学在关于课程学习、社团选择、能力发展等方面的言传身教比导师千言万语的说教效果要好很多，且一旦形成良性循环，整个团队及课题组的氛围会非常融洽，而这些都有助于同学们能力的培养。

经过两年多的实践，在同学和老师的共同努力下，本人名下所有同学都顺利通过了学业考核，多名同学荣获多层次奖学金，成为同年级同学中的佼佼者。下面是几个同学的例子，机 1705 班邓羿同学成功保研北科大；高工 E172 班王宗照同学因对其他专业更热爱，放弃了本校保研，准备报考其他专业研究生；高工 E182 班侯天然同学，响应社区号召，疫情期间积极挺身而出，作为抗疫志愿者，在疫情期间坚持社区值班，展现了北科大学子风采，该同学成绩优异（保持专业第五名），并作为积极分子进入党组织考察，获“团委优秀个人”和“团校优秀学员”等荣誉称号；机 1810 班娄本康同学专业成绩优异，在保持课程学习成绩不掉队前提下，课余积极参与课外学生竞赛，荣获 15 届全国大学生智能汽车竞赛华杯赛冠军和全国一等奖，获“北京科技大学优秀共青团员”和“校优秀共青团干部”称号；高工 E181 班陈千惠同学获得人民三等奖学金，“互联网+”市级二等奖，同时入选“贝壳种子”计划；机械 U18 班郭斌同学，克服入学基础差，联合培养班级班风不良等不利因素，坚持做好自己，不忘初心，努力学习，成绩优良，多次荣获奖学金，并在保持学习成绩不掉队的前提下，发展个人爱好，积极参加机器人大赛，荣获全国三等奖。这样的例子，在本人所指导学生中，还有很多，不一一列举。

成绩已经成为过去，还需要保持戒骄戒躁的作风，继续做好培养学生的过程管理，循循善诱，凡事还需亲力亲为和榜样践行，润物无声，以培养更多合格的社会人才。

“革命尚未成功，同志仍需努力”。

我和我本科学生的 2019～2020 学年

导师：张锁梅

首先，学校实行本科生导师制是一种人才培养模式的改革，目的是为提高本科人才培养质量。主要任务是针对不同学生的个体差异，对学生进行学业指导和导引，帮助学生比较顺利地完成大学四年的学习阶段，并有利于学生尽早端正学习态度和培养其独立思考能力。

其次，作为一名本科生导师非常赞成学校实行这一导师制度，并积极参与到担当本科生导师的行列，而且乐在其中。因为我始终认为老师和学生的关系是教学相长和彼此成就的。但从 2019 学年开始以来至今，我所做工作并没有太多，主要有如下几个方面：

（1）尽快地与 2019 年入学的 4 名新生取得联系，并召开了第一次见面会，了解他们对学校和专业的看法，并对他们提出了如何能尽快适应大学学习生活。比如，在个人生活方面要学会自立和勤俭；在人际方面要学会不怕吃亏，不和人计较；在学习方面要像高中那样刻苦和勤勉。在期中和期末，则是通过在微信群里发消息提醒，所有学生积极应对期中和期末各科目的复习和考试。

（2）春节过后的第二学期，由于疫情关系学生都在线上学习，所能做的只能通过微信或腾讯会议的方式进行交流和指导。一方面了解他们的线上学习科目，另一方面又担心他们在家里贪玩和郁闷，所以除了及时转发学校的相关教学安排，还会多鼓励他们在家注意锻炼身体和尽可能少出门活动。总之，目的是给他们信心，他们并不孤独，有学校和老师和他们在一起。

很快又进入2020新的学年，又有新的本科生在我名下，倍感导师的责任重大。实行本科生导师制对学生可以进行个性化培养，让学生尽早地了解四年的学习概况，对其尽早地制订人生或学业规划有很大帮助。但对导师而言，这也是一项新的任务，需要认真思考和勇于实践，探索出一条切实可行、又行之有效的方法。

依托专业课程带动学生专业成长

导师：李淳

我有幸成为2017～2019级17名工业设计系学生的全程导师，在刚刚接到学校通知要成为本科生的全程导师时，我对自己的新身份也有过很多困惑，什么是全程导师？我要做些什么？怎样才能做得更好？尤其设计专业的学生往往比较独立、个性十足，如何与他们进行沟通交流、如何引导他们的学习生活都是我作为导师需要面临的挑战。

面对这些充满活力的学生们，应该用什么样的方式与他们沟通交流呢？我想不同年级学生应该会有不同的诉求，对于一年级的学生来说，多见面多沟通是必要的。尤其第一次见面，他们刚从高中进入大学这个新环境，面临人生的重要转变，他们对于大学学习与生活充满期待又有许多的小困惑，迫切需要获得专业老师的指导。我让每位学生先进行自我介绍，谈经历谈个人兴趣，谈一谈自己对大学生活的想法，聊一聊对未来的设想，希望用这样的方式了解每位学生的性格、喜好，能掌握每位学生的基本情况，然后才能有针对性的根据每个学生的特点做分类指导。

身为一名全程导师，同时也是专业课教师的身份，能在专业学习上为学生释疑解惑在我看来是最基本的工作，依托本人所讲授的“设计导论”“图案设计”“视觉形象设计”等课程，关注学生专业学习情况，尤其关注学习成效不佳的学生，及时提供专业指导。我也尝试针对不同年级学生特点，采取不同的专业指导策略：一年级学生主要利用“设计导论”“图案设计”课程学习契机，引导学生快速进入专业学习状态，解答学生在进入设计专业学习过程中遇到的困难与问题；二年级学生主要鼓励他们组队申请SRTP项目，以项目为纽带，促进师生之间的专业交流，每一次师生见面也是专业沟通学习的过程；针对三年级的同学，主要是在专业课程教学中关注他们的专业学习进展，鼓励学生作品参赛，帮助学生积累专业成果。

学生的专业成长是我担任导师过程中最为关注的问题，我所带的2018级工设、视传两个专业的同学共组队申请成功了两项SRTP项目，从项目选题开始我就和成员们多次沟通交流，帮助他们有序开展项目研究工作。还记得这次SRTP中期检查的时候，有一个小组因为疫情原因，不能去扶贫地区进行现场考察，因而影响了整个项目进度，当时学生们都很着急，为未能完成任务而产生了消极情绪，表示想要放弃这个项目，得知情况后我赶紧和同学们进行联系，鼓励他们为他们加油打气，了解他们目前的项目进展，一步步为学生梳理设计思路，调整设计方向与内容，逐一修改项目报告书，最终小组顺利通过了项目中期检查，学生也从中获得了信心。我想作为一名专业导师，能为学生们提供专业指导，在他们遇到困难的时候，一起面对、一起解决问题，这就是我作为导师最重要的责任与工作。

在全程导师生涯中，我最大的体会就是：每一个学生都是独立的个体，尊重学生了解学生，才能引导学生，做好导师工作。相比其他专业，艺术类学生都有很强的个性与独立性，他们往往有着较为明确的规划，愿意交流并对事情有着个人见解，导师需要做的就是在他们需要帮助的时候能够成为他们的朋友与伙伴。在这次 2020 年的新冠疫情期间，我第一时间和学生们在微信群里取得联系，了解学生现状，相互勉励打气，与学生一起共渡难关。疫情期间，一名三年级学生为找不到合适的实习单位而焦虑，在微信上和我联系，我第一时间与她语音通话详细了解了她的现状，帮助她调整情绪并尽力为她推荐工作单位，后来又鼓励她参加设计竞赛，为她提供考研信息。我想学生在遇到困难的时候能够信赖导师，愿意与导师沟通交流，这就是我们工作的价值所在。

又到了一年一度的导师工作总结，每到这个时候总是会觉得为学生做得还不够多，我想全程导师的工作是需要点滴积累的，需要我们付出耐心、爱心陪伴学生成长，在学生感到困惑面临挫折的时候，及时给予他们关怀与帮助，我希望通过我的一点点工作能助力学生的成长，为他们的大学生活留下美好记忆。

密切关注学生的心理健康状态

导师：齐昕

平时密切关注学生的心理健康状态，多次召开导师见面会，关注学生在校期间学习、心理健康等方面的近况，如有遇到困难的同学，必定竭尽所能给予帮助，帮助其渡过难关。由于所带的同学涵盖大一到大四，且分布在不同的班级，所以很难找到共同的时间一起见面，我们就在晚上 9:15 以后组织见面会，给各个年级同学一个坐在一起交流的机会，这对于低年级的同学尤其有益。高年级的同学可以把自己的心得体会、学习生活中的问题告诉低年级的同学，让他们少走弯路。低年级的同学在虚心地向高年级同学取经学习的同时，提出的一些问题也能给高年级同学带来一些有益的启发，大家相互帮助共同进步。

现所带学生共九人，一人已离校结业。对于本科生来说，基础课程的学习十分重要。在课程学习方面，研修课程大多与专业背景相符，涵盖通识必修、专业选修、人文体育；不仅是理论课程，还包含实验课程、金工实习、创业课程等，确保学生在学习过程中各方面均衡发展。在学习成绩方面，除去离校结业一人，总平均成绩 80.4，其中五人 GPA 在 3.0 以上，占比 62.5%。

学术交流是对于课程的延伸，在学术交流方面，鼓励学生参与学术报告与学术交流，了解当前科研前沿技术，开拓个人眼界。八人共参与学术报告 18 场次，人均参与 2.5 场次，类型涉及广泛，包含科技文化、国防教育、人文历史等，充分调动了同学们的课外学习、国家安全意识以及个人发展思考等方面的热情。

在学校领导和个人老师的热心支持和帮助以及各位同学的积极配合下，圆满完成了本学年的学生工作，虽然这一学年已经过去，但紧接着新的学年也已经开始，学生会遇到一些新的苦难和挑战，身为导师，我将一如既往、全心全意、尽职尽责地投入到学生工作中，关注每一位学生的变化，见证他们的成长。

疫情之下的互动点滴

导师：康翌婷

突发的疫情打乱了原本的很多计划，延迟开学、在线教学，一个又一个新的通知牵动着老师们的心。刚刚过去的这个特殊的学期，犹如一场战役，全国的人民教师都在最短的时间内做足准备，迎接突如其来的挑战。在这过去的一个特殊的学期里，除了坚持教学和科研这两个主旋律以外，作为一名大学教师，还肩负着多重的身份，本科生导师、班导师、毕设指导教师、研究生导师……每一重身份都象征着一种责任，特殊时期每一重身份都需要我们利用好网络和在线的手段尽可能地将疫情对于教学的影响降到最低。

疫情期间，我首先参与的工作就是为本科生整理网络学习资源。作为车辆 171 的班导师，我加入了“2017 级寒假学习资料组”，为 2017 级车辆专业的同学们推荐了优质慕课和学校图书馆的数据库资源，加入班级微信群配合辅导员老师将学校的政策要求和在线教学的相关事项传递给同学们。班导师的角色像是“国际知名品牌”，需要面向更多的本科生，提供更适用于专业所有同学的学习资源，在疫情期间和辅导员一起关注班级所有同学的每日状态；而本科生导师则更像“小众品牌”，私人定制，能实现一对一的沟通和了解。

作为本科生导师，我一共指导三个年级 11 名本科生。在寒假期间除了叮嘱同学们防疫的小贴士，推荐学习资源，同时还和一名来自格林纳达的留学生保持联系，告知他疫情在中国的发展情况，时刻叮嘱他做好防疫措施。在这个过程中，我更加理解本科生导师制这种“小众品牌”的优势：与每一位同学都能实现“定制”款的沟通，包括来到我校就读的国际友人。

在车辆系刘立老师的倡议下，这个寒假我系发起了车辆专业本科生学习生活调研活动。在上学期末的系所会议中讨论形成了调研提纲，针对学习成绩、课程设置、专业分流、科技创新、毕业深造等方面设计了多个问题。在辅导员老师的协助下，我们向 2017 级、2018 级、2019 级车辆工程系教师指导的本科生发放了调研问卷。同学们在开学之时都通过邮件向自己的导师提交了个人总结，老师们也尽可能地逐一进行了回复。在调研中同学们向我倾诉了成绩的遗憾，专业分流的迷茫，未来深造的困惑，还向我提出了关于课程内容设置的一些宝贵意见。这样书信往来的形式虽没有见面沟通的直接，但文字却能将同学们的担忧和困惑，对我的鼓励和建议都娓娓道来。特殊时期收到这一封封的来信，也让我倍感温暖。

在过去的这个特殊的学期里，老师们都成功地利用丰富的在线工具扮演好自己的每一重角色，从要当“主播”的惊悚中逐渐放平心态。在线也好，直播也罢，处变不惊、临危不乱正是在线教学下广大教师的真实写照。相信在这特殊时期里，作为本科生全程导师的这份关怀和诚意，一定会穿过冰冷的屏幕，温暖每一位坚持学习的同学。面对疫情，教师虽然不能像医生那样奋战在与病毒作斗争的第一线，然而，我身边的每一位同事都在用实际行动诉说着，在教书育人面前，我们绝对是召必回、回必战、战必胜的一支队伍。银杏已黄，未来可期！

针对学生不同的性格和特点加以引导

导师：朱冬梅

2018 年开始担任本科生导师，刚开始对本科生导师这个职责并不是很清楚，不知如何发挥自己的作用，经过两年多的实践，慢慢对这个职责有了深入的理解。

对于我的学生们我有一种特殊的感情，从大一到大四共 16 名本科生，他们来自全国不同的地方，各自有着不同的性格和特点，我们一一建立了微信联系，平时每当同学们遇到各种各样的困惑或者需要帮助的时候会第一时间通过微信和我联系，每当他们的问题从我这里得到解决，我的心情都很愉快。我们每月都会召开一次面对面的交流会，通过学期初的会议，同学们会对上学期自己的表现以及不足进行总结，并且提出自己本学期的一些想法及学习计划，我会和他们一起分析上学期考试失利的原因，对后续学习方法进行指导。对于即将进入大二的学生，遇到最多的问题是选择专业的问题，我会根据他们的兴趣以及专业前景帮他们进行分析。对于计划以后出国深造的同学，从国外学校专业的选择以及申请方面进行指导。期间通过不断交流，不同年级的同学之间建立了深厚的友谊，高年级的同学们会将自己宝贵的学习经验毫无保留地传给低年级的同学，使他们很快确立自己的学习生活目标。

在担任本科生导师的日子里，我和我的学生们相互促进、相互信任、相互尊重。我始终朝着一个目标努力，就是能够使我的学生们在大学四年里快乐健康地学习生活，毕业后回想起四年的大学时光心中无悔。

我和学生的初次见面

导师：任天明

“师者，所以传道授业解惑也”。唐代文学家韩愈的《师说》，第一次学习虽然是在中学时代，但至今仍记忆犹新。当十几年后真的成为一名大学老师时，我暗下决心，一定要当个好老师。

然而刚刚担任本科生全程导师时，我的内心是迷茫的。自己刚成为教师不久，教学经验不足、人生阅历尚浅，该如何指导学生？如果学生很顽皮该怎么办？如果学生提出了自己回答不了的问题该怎么应对？如果自己这个导师做得不称职该怎么办？一系列的问题，让我很是不安。但与学生初次见面后，之前所疑虑的问题都不是问题。

与马晓龙和潘瑞辰两位学生初次见面的情景仍历历在目。这也是我作为全程导师第一次与学生见面。虽然身为老师，但我心里也很是紧张，为了能够让见面会顺利进行，我甚至提前制订了一份见面的“谈话大纲”：先让两位同学做个简单的自我介绍，再让他们谈入学的感受，与高中学习的不同，这一段时间的学习心得，有没有什么难题，最后针对学生的问题，我给予解答或者指导。按“大纲”的计划，这次见面会大约进行 30～40 分钟。到会面时间时，两位学生准时到达，然后按照计划进行交流。而实际交流时发现，两位同学都显得很腼腆，不爱说话，原本计划的谈话内容 15 分钟左右就完成了，而且每次说话都很简单，没有实质性的内容。我有些慌乱，一方面是与自己的“谈话大纲”相差太大，另一方面是没能了解到学生的真实状况，两位学生满脸青涩，眼神中充满了对大学生活的憧憬、好奇与疑问。该如何引导他们敞开心扉呢？短暂的安静与尴尬后，我突然想到了自己刚刚入学时的情景和感受，于是以自己的经历跟他们交流。从自己初来时的校园，到万秀园和鸿博园的第一餐，再到与宿舍同学的首次集体出游……慢慢的，相似的经历让两位同学也逐渐打开了话匣子，开始分享自己的故事，而后开始表达自己的想法、感受和疑问。我也抓住话题和时机，给他们一些引导和建议。到最后，我发现两位同学并非腼腆，只是彼此还未熟悉，不想说太多而已。而此次见面，最终进行了一个半小时，远超预期。

正是这次见面，使我逐渐找到了与学生交流的方法，也踏上了成为一名大学老师的道路。作为年轻教师，教学经验和人生阅历都难免有所欠缺。但也正因为年轻，与学生之间的“代沟”尚小，与学生有更多的共同话题，更能了解学生的鲜明个性和对未来发展的期望，这样才能更有针对性地进行引导。

希望今后能够更好地传道、授业、解惑！

良好的师生关系是学生与老师共同进步、成长的必要条件

导师：顾青

我和我的学生是快乐的大家庭。自本科生全程导师制实施以来，我已经指导了三届共 8 名本科生。在这三年中，我有喜悦，也有遗憾，其中体会最深的便是良好的师生关系是学生与老师共同进步、成长的必要条件。在工作中，我有爱心、有耐心，真诚热情，使学生乐于把自己的情况告诉我，遇到困难想起我，这样我就更了解他们，进而，能对他们进行有针对性的帮助。

有的学生学习非常自觉，有计划，对待这样的学生，我通常都是关心为主，督促为辅，有的学生学习习惯不好，容易懒惰懈怠，对于这样的学生，我是督促为主，定期检查学习进度，制订学习计划，并监督完成情况。学生在学习中遇到了实际困难，我会帮学生挑选参考书籍，寻找视频等各种资料帮助学生解答。遇到自己擅长的问题，给学生重点讲解解决思路，提出方案设想。

除了对学生学业上的关心和帮助，在疫情期间，我也非常关心学生的健康，经常叮嘱学生们要注意防控，遵守学校和国家相关规定，为自己和家人负责，也是对国家和民族负责。在思想政治方面，给学生输入正确的人生观、价值观，引导学生向党组织靠拢，塑造积极向上的健康风貌。

由于自己比较热心、耐心。学生在思想、生活、发展等方面遇到具体困难也会找我商

量，我也会尽我所能提出建议和帮助。有学生对创业感兴趣，我就结合他的特长，推荐或者带领他参加 SRTP 项目，以及高水平的创业创新竞赛，使学生得到了很好的锻炼，取得了一定成绩；有学生对本专业相关领域很有兴趣，我就搜索相关论文、相关主题大会，发给学生学习参考；有的学生对学院的专业不了解，我就以自己的视角充分介绍，并且向学生多推荐几位相关的老师，让学生多多请教。

除了认真指导自己名下的本科生，对于在上课中结识的学生，我也一定悉心指导。记得去年有同学参加智能车比赛，遇到问题不会解决，而这个问题刚好属于我的研究方向，于是我就提出了几条思路，启发学生深入研究，最后不仅问题迎刃而解，而且还取得了较好的名次。

每一次说起“我的学生”总是会有一种特殊的感情油然而生，觉得自己非常幸运能遇到这样一群学生，自己做的不多，但是学生们却给予了我很好的反馈和很高的评价。我想，这都是由于他们感受到了我的真诚和努力，从某些方面对他们有所启发和成就。在今后的工作中，我也会将好的做法发扬光大，助力学生成长。我相信，能考入北京科技大学的学生都具有良好的基础，是一颗颗充满希望和灵气的种子，老师只要用心浇灌，未来一定都会成长为参天大树，成为栋梁之材，回馈社会，建设祖国。而我也能因为学生成就自我，将自己的知识和热量传递给未来的希望，充实我的人生，使我的人生更有意义。

我和我的学生共同成长

导师：潘丹

2018 年 12 月入职北科大，成为了一枚新贝壳。2019 年 10 月，第一次以本科生全程导师的身份，迎来了大一的两名新生。当了解到北科大的本科生有辅导员、大班主任（教师担任）、小班主任（研究生担任），还有全程导师后，不禁感叹现在的孩子实在是太幸福了。看着初入大学校园的他们稚嫩的面庞，仿佛看到了十多年的自己。

陶行知先生曾说“师生本无一定的高下，教学也无十分的界限”。在与学生一年多的相处中，我争做他们的朋友，悉心听取学生的想法，以沟通和交流为主，结合自己的亲身经历和感受，分享经验、答疑解惑。下面是和学生们探讨中最重要的三个方面。

一、培养正确的“学习观”

帮助学生树立正确的“学习观”。高中时，老师和家长常说“上了大学就好了”。这是战术，也是个善意的谎言。大学是起点，而不是终点。对于一个人，大学是成长和成才最关键的阶段。大学是培养一个人学习能力的地方，切勿再沿用高中的习惯，将大学学习应试化。考试只是对我们学习情况的抽样调查，关键在学懂、学以致用，不在考高分。学懂了，学通了，高的学习成绩、奖学金甚至保研都是附加产品。如果抱着应试的心态，考什么学什么，那么学到的知识是中断的，是一个一个知识点，无法形成知识面或知识体系，甚至造成“考完就忘”的现象。

二、做好专业选择

选择专业是人生道路上重要的转折点，不仅关乎学术生涯，也和职业生涯密切相关。

年轻一代是祖国和民族的希望，在现在物欲横流的社会环境下，应当保持一颗初心，专业的选择不应以“好就业、赚钱多”为唯一导向。它如同另一种形式的成人仪式，需要谨慎对待，深思熟虑。需要根据个人的爱好和才能、职业兴趣、专业未来的就业能力和收入潜力综合考虑。走入社会后，工作会占据人生绝大部分的时间，做一份自己擅长并喜欢的工作，是一件很幸福的事情。

三、尽早做好职业规划

强调“职业规划”的重要性。主动了解学生的学业与职业规划，结合本人及身边同学的经历，为学生们分享各种选择的利弊，如读研（本校 VS 外校 VS 出国）、工作（外企/私企 VS 国企 VS 事业单位），让学生提前做到心中有数，大学四年能够在大目标的指引下，脚踏实地，从容不迫，不迷茫。

2020 年 4 月，又有一名 2019 级学生转入我名下。2020 年 10 月，又迎来了三名新贝壳。在未来，这个队伍也将越来越庞大。学生们来自全国各地，性格各异，对我也是一大挑战。我将尽己所能，为他们做好服务，期待与他们共同成长。

本科生导师制非常好地增加师生黏性

导师：钱凌云

作为一名年轻的本科生导师，在指导学生成长的过程中我本人也在指导中探索自己的从师之道，因此我和我的学生的影响是相互的，我们是在共同进步。所谓在和学生相处的近三年时间内，我一直在思考两个问题：（1）我希望成为什么样的老师？（2）希望你成为什么样的学生？围绕着两个问题做了一些工作，进行了一些思考，总结以下体会：

首先，老师和学生都要做生活的热爱者。一个人对生活的态度，决定了他的行动方向和行动效果。在刚刚接触学生的过程中，我会主动了解学生的性格、家庭环境、成长历程以及他们对周边事物的评价，从中判断他们的生活态度。我发现我的大部分学生的生活态度都是积极的，清楚自己要做什么，也愿意去努力去做。只有一个学生存在对生活现状不满的情况。他一直想不清楚为什么要上大学，感觉学的东西都没有用途，做事儿有点急功近利，希望短期内看到成效。通过多次聊天，我发现他父母给他带来的压力很大，这种压力是他自发施加的，所以他急于想证明自己，而又找不到方法，以至于荒废了很多时光。我一直鼓励他要多和父母沟通，让他逐步认识到他也是个幸福的人，同时帮他规划职业方向，鼓励他多做一些力所能及的事情来肯定自己。目前这个学生的情况逐步好转，他也慢慢地找到了生活的意义。所以，我一直鼓励我的学生去发现生活的美，从每段经历中找到生活的意义，快乐前行。通过和学生进行交流，我发现不少学生心思很通透，忙乱的生活被打理地轻松明白，能做好学习的同时还能坚持做一些喜欢的课外兴趣，这让我着实羡慕不已。我也在反思自己是不是应该给生活做减法，提醒自己从烦乱的事物中抽身出来，做一些自己喜欢的事情。

其次，老师和学生都要做生活的规划者。所谓“凡事预则立，不预则废”，我一直在给学生强调主动规划的重要性，无论是在当前大学阶段，还是在以后的工作生活当中。针对各个年级的学生，保证他们清楚的了解大学四年的整体规划，每个阶段应该做哪些事情。比如，大一为分专业应该做哪些准备？转专业应该做哪些调研？欲保研应该做哪些规划？想工作的话应该如何选方向？创业该做哪些储备等。在每次交流沟通的开始，我会问他们“前面规划的工作完成了多少？最近有啥问题没？”结束的时候我会再给他们强调需要思考的规划安排。我经常结合自己学习经历、生活经历和工作经历给他们介绍由于学生期间没有做规划走的那些弯路，自己如何在弯路中吸取经验并养成主动规划的习惯。在我的引导下，有几个成绩较好的学生在大二的时候就明确了保研的目标及如何规划前三年学习情况及努力方向。目前一名学生保研到北航，两名同学在参与课题组的研究工作。看到学生们清楚地认识自己的定位及要努力的方向，我很欣慰，更加坚定了自己督促他们养成主动规划习惯的必要性，同时也督促自己去做好他们的榜样。

再次，老师和学生都要善于自省。吾日三省吾身，自省对于老师和学生都是一件难能可贵的事情，我发现目前生活中的很多问题和烦恼，往往通过自我反省和换位思考是能够解决的，而我们缺乏这种正视和解决自身存在的问题的勇气。学生存在的很多问题，比如和室友闹矛盾、和父母闹情绪、抱怨课程无聊为自己挂科找借口、为自己的懒惰找理由、无法和打比赛队友合作等，遇到这些问题，我会引导学生去思考哪些是客观因素、哪些是主观因素，鼓励他们先反省自己再去尝试解决问题。比如一个同学一直认为父母对自己要求特别苛刻，没有像别人的父母一样鼓励他去多尝试。我和他多次谈话，引导他去反省自己。经过反思他认为爸妈要求苛刻的原因是自己一直很懒惰和做事情没有耐心，父母就希望他专注做好一件事情，同时他觉得爸妈对他的要求不多，这一点比有些同学要好很多。

最后，老师和学生都要善于合作。现在的社会分工日益精细，每一件事情都需要配合完成。作为社会人，一定要融入集体，借助集体力量，促进自我成长。大学作为学生走向社会的最后一道关卡，培养他们的合作意识是非常有必要的。为了锻炼学生的合作意识，我会鼓励他们参加一个社团、申请 SRTP 或参加科技竞赛，在与同学相处磨合中体会合作的重要性和合作共赢的魔力。同时，我一直和学生强调要善于借助外界资源，比如解决不了的困惑可以找学长，可以找老师，可以找导员，愿意接受帮助也是做好合作的开始。比如，我反复叮嘱几个学生成绩优异的同学，如果想推荐学校和导师都随时来找我。今年我的一个本科生在拿到名额且保研报名快截止的情况下，紧急找我帮忙，我帮她推荐并指导面试策略，最终她去了心仪的学校读研。我既欣慰又感慨，欣慰的是她的三年付出得到回报，感慨的是她学会了借助外界资源助力自己成长。

总之，老师和学生是相互影响相互成就的，对于大学来说这一点更凸显，而我们学校的本科生导师制度就非常好地增加老师和学生的黏性。在学生性格走向成熟和建立人生三观的大学阶段，老师的做事风格、思考问题方式、对待事物态度等对学生的影响都至关重要，因此对我们老师“传道授业解惑”也提出了更高的要求，作为年轻老师我深感压力之大。在指导学生成长成才的过程中，我也在反思自己，探索适合自己和学生的从师模式，和同学们共同成长。“路漫漫其修远兮，吾将上下而求索”，希望我和我的学生一直并肩前行，由现在的师生成为一生的朋友。

给学生足够的空间

导师：宋瑶

2018～2020 年，我有幸成为工业设计系视觉传达专业 11 位学生的全程班导师，这 11 位同学来自 3 个年级，现在分别是大二、大三和大四的学生。

在我看来，全程班的首要任务是熟知学生相关的专业课程和课程体系，并了解当下该专业的社会需求状况，结合不同阶段、不同年级学生的特点进行交流沟通，尽量可以让每一个学生有针对自己的学习目标，并对自己有一个合理的、有针对性的学习规划。针对课程、专业方向、学生考研或出国深造、学生就业提供指导意见或建议，引导学生正确选择自己的学习和成长道路。认知每一个学生的职业生涯规划、个人发展定位、择业就业倾向。今年，大四的五名同学中有两名同学保送本校本专业，有两名学生希望继续出国深造，有一名学生将选择从事本专业的领域进行就业，其次作为全程班导师，需要指导和督促学生阅读与专业有关的课外书，激发学生的求知欲；多鼓励学生参加社会实践活动、各类竞赛活动，提高学生的综合素质与能力，培养学生的学习能力和创新能力。以 2018 级学生为例，视觉传达 1801 的韩铮同学，班长、校团委双创青年服务中心宣传部常务副部长，积极参加社会和学校的各种实践活动，曾为北京市全国青少年科学营制作营旗，两次担任北京青少年跆拳道比赛志愿者；曾设计制作摇篮杯双选会 banner，制作获奖证书近 100 张；疫情期间，制作疫情防控展板 8 张，均在科大校园内部展出；制作科大工会积极分子评选展板，均在校园内部展出。视觉传达 1801 崔乐新，校学生会权益服务中心部长，曾担任今日美术馆志愿讲解活动，参加温暖衣冬社会活动志愿者，两次参加新生迎新活动，获得北京科技大学服务保障国庆 70 周年活动贡献奖，校寒假招生宣讲实践金奖团队，获得新生奖学金三等奖，“互联网+”创新创业大赛北京市三等奖，北京市首届绿色环保包装设计大赛优秀解决方案奖，北京市“互联网+”三等奖，北京市海洋馆文创大赛三等奖，北京市“互联网+”三等奖，北京科技大学优秀共青团干部，国家奖学金，人民三等奖学金等。朱可心，校学生会宣传中心干事；校团委青年文体活动中心部门助理，积极参加学校迎新志愿活动，今日美术馆志愿活动，北京科技大学柿子文化节志愿活动，机械学院研究生返校志愿者富润园社区抗疫志愿活动。参加北京科技大学管乐团成立三十周年专场音乐会，负责整体视觉设计，参加共青团北京市委员会青春北京《我的战役日记》绘画征集活动，作品被采，北京科技大学“共抗疫情、爱国力行”网络文化成果“画”类一等奖。其他年级的学生也都积极参加社会实践和各类竞赛，并获得及其优异的成绩。

叶圣陶说过：教师教任何功课，“讲”都是为了达到用不着“讲”，换个说法，“教”都是为了达到用不着“教”。怎么叫用不着“讲”用不着“教”？学生入了门，上了路了，他们能在繁复的事物之间自己探索，独立实践，解决问题了，岂不是就用不着给“讲”给“教”了？这是多么好的境界啊！

这句话在我当班导师期间对我启发很大，充分调动学生的自主性，让学生做自己的主人。大学，不同于高中，大学学生已进入成年。自己对自己负责，不要把家长和老师当成挡箭牌和保护伞，给他们足够的空间和时间自我成长，虽然有时摔跤，却能真正感知痛苦，从而变得坚强。

当然，所谓给他们足够的空间并不是真正撒手不管，而是积极引导。希望我带的这些学生，可以在大学四年形成自己的思维模式和学习习惯。希望他们可以退去大一新生的青涩和新鲜，生活已渐渐步入正轨，希望他们可以适应和习惯大学学习和生活的节奏和状态，希望在我的引导下，他们对自己的未来虽然没有特别具体的目标但也有一个大致的方向。大学四年，不单单是学习几门相关知识，而是初步形成自己的人生观及价值观的重要阶段，我需要继续配合指导员，参与管理工作，正确传达学校及学院的教学意图，积极配合开展各项工作，尽量帮助学生培养良好的人生态度、积极的价值观和社会观，配合指导员及时发现学生的心理问题并做实时的引导则是身为班主任的责任。俗话说：授人以鱼不如授人以渔。让学生自主管理，迎接属于他们的，只属于他们自己的辉煌的明天。

让学生产生归属感

导师：黎敏

作为一名班导师，如何提高学生的专业素养，如何帮助学生规划学业发展是工作中的重中之重，进一步地，让学生产生归属感，愿意主动和老师交流，则是需要老师在团队建设、生活学习等各方面给予针对性地关心和帮助，具体包括：

（1）疫情期间组织学生进行学业沟通。今年疫情期间，关心学生的学业情况，在选课、课程设计等方面给予具体指导，并给学生提供多元化的视频学习资料，主要包括机械优化设计视频、机械零件慕课资源、华中科技大学国家重点实验室开放实验视频等相关资料，让学生在本专业领域内可以了解到更多更新的前沿趋势，为将来的深造和择业打下基础。

（2）建立专门的微信群进行实时沟通。形成一套帮扶带体系，研究生向大三师弟师妹提供学业指导，大三学生向大二师弟师妹分享经验，各年级之间的紧密联系，使得学生之间的沟通更及时，老师也在微信群中关注大家的学习生活动态，及时给予帮助和指导。

（3）提供各类竞赛、转专业、出国等信息。学生的迷茫在于不知道自己将来可以干什么？所学专业将来可以从事哪些类型的工作？针对上述问题，鼓励学生积极参加数学建模竞赛、节能环保竞赛、智能车竞赛等，同时及时提供学校关于各学院之间转专业的相关规章制度、国际处组织的中美交流、中法交流等信息，充实学生的课余时间，在学习和摸索中逐渐明确未来的发展方向。

（4）解决特殊学生的学习困难。如何处理好兴趣爱好和学业之间的关系，如有的学生参加航模比赛，耽误课程，该如何补救？有的学生喜欢写剧本，喜欢拍摄微电影，但作业又往往无法按时完成。因此，需要和学生共同制订本学期的学习目标，在保证完成学业的情况下，最大限度地发挥兴趣爱好。

通过上述工作的深入开展，极大地促进了老师和学生之间有效沟通，学生信任老师，老师促进学业，形成良性循环，师生之间的“鱼水”关系相辅相成，使得“教”与“学”相得益彰。

能源与环境工程学院导师谈体会

传道授业解惑是本分，教书育人是本职

导师：段小丽

知其所困，才能知其所需；解前人之所得，方能施益于后人。了解学生面对的困惑和存在的问题，才能根据学生的需求给予有针对性的指导；了解优秀学生的学习和成长的心路历程，总结其先进的学习方法、分析其面对和解决问题的心态和方法，才能将其优秀的经验传授于他人。对视的交流方能走入内心，为深入地了解学生不同阶段在学习或生活方面的困惑及面临的问题，更好地总结和传授既往优秀学生的成功经验，我所指导的本科生要求至少每个月组织一次各年级学生的集体见面会。每次集体见面会上，我将自己作为一名“新人”，先悉习聆听低年级的学生分享自己近期在课程学习、社团及社会生活中的奇闻趣事和困惑困境，畅谈自己短期及长期的学习和生活目标；再倾听高年级的学生总结过去的经历，讨论当下的学习和生活状态、近期及远期的计划，并向低年级学生分享自己“走过的路”和“流下的汗”，整个交流过程鼓励各年级学生能在轻松愉悦的氛围中相互分享经验，积极踊跃地发言，将学生和老师的角色进行反转，以老师引导为辅，以学生为本，再针对不同年级、不同学生提出的问题与困惑给予正面的引导与解惑。此外，视每次见面时间的长短，穿插安排组内优秀年轻教师分享自己学生时代的学习和生活经历、畅谈科学研究、分享本学科本领域最前沿的研究，从多方位、多角度给予学生指导。

鉴于2020年的新冠肺炎疫情，除了与学生间的单独交流外，2020年9月以来的本科生集体见面会均以线上的形式开展，印象中与学生互动最深入的一次是2020年6月的本科生见面会。临近大四本科生毕业离校，为了祝贺本科生毕业生顺利毕业，也为了传承优秀毕业生的学习和生活方式，实现“传帮带”的渗透式指导，我们于2020年6月底组织了本课题组所有教师、硕士博士研究生、本科毕业生和全程指导本科生的集体见面会。那是一次深入人心的特殊见面会，每一名本科毕业生分享了自己从一名初来乍到的“小贝壳”蜕变成为北科骄子的心路历程，包括自己走过的弯路、成长的喜悦、不同的阶段可能面对的问题和有效的解决方式等，有酸有苦、有甜有涩；低年级的学生除了送上待解答的疑问，也送上最真挚的祝福；课题组的硕士博士研究生及指导教师也从有趣的科学研究入手，分享开展科研过程中可能面临的问题，需要具备的素质和条件，也分享了“走出校门”与“走进社会”有效衔接的经验、步入不同工作岗位后所需要的能力。活动过程中，穿插着教师和学生有趣的表演节目，将此次最特殊见面会的氛围很好地调动了起来，大家真诚地吐露心声，真挚地送上祝福，有人动容地流泪了，有人欣然地笑了……

作为一名大学教师，传道授业解惑是本分，教书育人是本职。日常与学生的交流中，除了引导学生在学业上的提高、培养学生在科学研究上的科研意识外，我始终将“育人”作为工作的基础，从新时代青年人应具备的思想素质和文化素养出发，以不同的形式不断

地引导学生，为培养出具有较高道德品质、较强文化素养、较强专业基础的人才而努力。

爱学生就要严要求

导师：冯俊小

教师肩负着传播知识和真理，以及传承思想的历史使命，肩负着塑造灵魂、塑造人格和培养高素质人才的重任。从担任班导师以来我和同学们共同度过了几度寒暑，同学们的一张张笑脸及相处的点点滴滴经常浮现在我的脑海。“学高为师，身正为范”是我们为人师表的基本素养和要求，师风师德在潜移默化中影响着学生们，改变着他们的行为习惯。

“教不严，师之惰”，爱学生就要严要求，严师出高徒。严格要求是要符合教育规律的严，符合学生德、智、体全面发展的严，是有范围的，不是惩罚式的严。平时和学生交流，对学生的不良习惯一定会指出来，并言明其不利之处，要求改正。指出问题的同时要给学生指出解决问题的途径和方法。

如有的同学上课思想不集中，经常开小差，上课效果差。我就帮他们分析原因，并提出改进办法，如坐在最前排，一边听一边记笔记，晚上不熬夜早睡觉等。要求每个人每门课都要有笔记本，上课记笔记，期末检查笔记的情况。

又如今年春节期间遇到了新冠疫情，我在第一时间和同学们取得联系，了解个人的现状，对他们提出了严格要求，待在家里别乱跑，服从当地疫情防控纪律。同时向同学们发送防疫的各种知识，及时转达学校的防疫要求。虽然同学们没有返校，但是“见面会”没受影响，在学期初、学期中和期末通过通讯会议召开了各年级的“见面会”，了解同学们上网课的困难，及时解决大家存在的问题。

实施 SRTP 项目促进提高全程导师的工作效能

导师：刘应书

自学校开展全程导师工作以来，院系先后给我分配了 22 名来自不同年级的学生，他们分别是 2017 级的苏成萱、魏嘉明、马嘉伟；2018 级的车双龙、王永俨、刘伟榕、苏向林、王帅、祝紫；2019 级的阿里亚·阿布力海提、张鑫磊、安京生、鲍艾、毕尧钧、尹蕾、孙继龙、扎西旺堆、王世俊；2020 级的王若林栋、范雅萱、屠宇航、马明煜，其中王帅、祝紫、王世俊为高工班卓越计划学生。

全程导师是一项新工作，针对这么多的学生，我经常思考如何发挥全程导师的作用，如何在全程导师工作过程中防止流于形式、如何提高老师及学生两个方面的效率。经过一段时间的摸索和总结，初步形成了掌握情况了解问题、着力共性问题和个别问题、创造科研参与条件提高学习兴趣和能力的工作方法，受到同学的欢迎。

首先是通过微信、电话、视频会议、线下会议等方式，了解分到我名下新老学生的情况，总结他们反映出来的问题。概括起来，问题可分为两大类。一是共性问题，如大学学习适应问题以及时间利用和控制问题；二是个别问题，如考试挂科、心理压力、家庭困难等。

大学学习适应问题一年级学生居多，为此，首先结合自己大学学习体验告诉他们大学学习的特点，请高年级学长谈经验，安排学生总结学习方法等途径，帮助他们尽快提高适应性。对于时间利用和控制问题，几乎所有年级的学生都有不同程度的涉及，原因很多，包括自律能力差、外界事物的诱惑、社团活动太多、游戏网络的影响、缺乏老师家长的监督等。对于这类面广原因多的问题，经过分析核心原因还是自律问题，我注重从思想意识和具体方法上对学生进行帮助。首先，通过自身成长经历，让学生懂得时间的稀缺性和宝贵性；其次推荐学生阅读《一生的计划》《高效人士的 7 个习惯》等方法论书籍，培养学生培养珍惜时间、高效利用时间的意识和方法。

个别问题较为具体，而且每个问题所涉及的人和原因都不尽相同，因此，也需要采取不同的途径来解决。例如×××来自西部，家庭条件差、英语数学计算机等基础差，出现挂科现象，加之学习期间母亲病故、父亲喜爱喝酒打牌，在外面还要勤工俭学，思想压力很大，时间也很紧张，且性格比较内向。又如××自控能力较差，成绩排名落后，思想压力较大。针对此类学生，平时通过电话、微信交流、邀请一起去鸿博四楼吃中饭等方式了解其近况，对其进行鼓励，对英语数学等较差的课程的学习进行方法指导。此外，还有一位少数民族女学生，是在内地民族班高中培养的。在高中时代的民族班里，成绩是处于前茅的。到科大后与全国各地正常高考竞争上来的学生一起上课，发现基础差距较大，追赶较困难，心理压力很大，经常掉眼泪。根据这种情况，平时注意关心她，让她了解学习提高需要一个循序渐进的过程，即使疫情期间，也经常用微信鼓励她一定认真上好网课，做好复习和练习。目前这几位学生的成绩已经逐渐赶上来，思想压力减轻了，觉得生活愉快了。

对于优秀学生和要求上进的学生，我从实际科研活动中提炼了一些 SRTP 项目，鼓励学生选择参加。让人欣慰的是，现在我名下 2017 级、2018 级热能工程的学生已全部分别参加了 SRTP 项目。2018 级高工班的同学正在筹划申报节能减排大奖赛项目。目前，我正在拟定新的 SRTP 项目，提供给 2019 级的学生选择参加。通过 SRTP 项目的实施，可以细化、深化对学生的了解和引导，促进提高全程导师的工作效能。

几点思考和体会

导师：施春红

作为一名本科生全程导师，我主要有以下几点思考和体会：

（1）牢记“教书育人”的理念。

思想政治上指导，要与党中央保持高度一致，引导学生树立正确的世界观和人生观；要求和培养学生勤奋学习、积极实践的习惯；言传身教传授学习方法和实践能力；想方设法给学生创造学习和实践的机会，使学生得到全面锻炼。

（2）思想和生活上关心学生，与学生保持友好畅通的交流渠道。

关心学生的思想和生活，全面、及时地了解学生的各种情况，积极有效地关心和帮助学生的健康成长。正确引导学生积极向上，帮助解决一些生活困难问题；通过各种渠道全面了解学生的情况，及时、适时提醒一些问题，使学生不走弯路、不走错路。

除以上基本工作外，在一些特殊时期，会更加关注学生，密切联系，尤其是今年的新冠疫情期间，通过电话、微信、腾讯会议等沟通方式，每天掌握学生的健康和防疫动态，及时传达学校、学院、系里各项要求和通知。待学生们安全返校后，提醒并鼓励学生回归正常的课堂、图书馆、宿舍的学习环境，力争上游，确保学生们身心健康、学业有成！

针对不同阶段开展不同的交流

导师：童莉葛

2019 年 9 月 ~2020 年 8 月这一学年，全程导师的学生主要包括：大一新生五位同学，分别是黄佳泰（高工）、韩璐阳、耿雯雯、郭一翰、郭亚杰；大二的五位同学，分别是杨拓（高工能源 E）、文芳、李晓辉、张怡萌、刘宏阳；大三的三位同学，分别是李文健、李鸿炜、傅晓钰。

我利用课余时间与各位同学通过面对面的一对一见面、年级为单位的见面以及腾讯会议（2020 年上半年）等方式开展了交流活动。

针对不同阶段开展不同的交流，以 6 ~8 月的活动为例：（1）2020 年 8 月 15 日，学生返程前，我分别与三个年级的同学通过腾讯会议，进行了返校前重要内容提示、路上以及入校后的注意事项及安全防护，并问询了各位同学的返校方式。同学们对于能够返回学校都非常开心。（2）2020 年 7 月 28 日，暑假时与全体同学通过微信，进行了制冷空调行业进入决赛的题目分享，动员大二、大三要积极参加竞赛，要成为主力军。（3）2020 年 6 月 28 日，与全体同学通过腾讯会议，交流了暑假规划注意事项、SRTP 和专业竞赛、考研计划等，让学生做好暑期规划以后发给我。（4）2020 年 6 月 24 日，与全体通过腾讯会议，邀请大四毕业生三位同学，一位保研同学、一位考研同学、一位出国赴帝国理工读研的同学进行选专业、热能系大四保研、考研、出国经验交流会，提醒同学们要注意做好不同阶段的规划。

针对不同年级的同学，每次见面交流的侧重点也不同，我希望可以通过全程导师的这种机制能够帮助到同学们，无论从学业规划、课程学习，还是个人生活、未来的规划等方面，高年级同学的经验都能够对他们产生一种共鸣或借鉴，或提供榜样的力量。

关于全程导师制的体会

导师：乐恺

根据我校自 2018 年开始全面施行的本科生全程导师制安排，到目前为止，本人指导了从大一到大四的近 20 位本科生，包括大四学生方正、王富宁、王海鑫和胡梦蕾；大三学生亢媛媛、尹钊、项家豪和刘禹辰；大二学生傅羽嘉、傅思宇、袁浩天、龚健南、杨宇贤、普馨和崔师杰；大一学生邢佳冉、孙超宇、王梓丞和林骁。近两年的时间里，与学生们在思想品德、学习科研、社团活动以及锻炼与生活等方面，灵活采用全体人员（便于大家相互认识）、分年级或两两年级（便于时间安排与交流）、个人一对一（便于针对性的个性化指导）等方式，进行了多次面对面线下和腾讯会议线上的指导和交流。

在思想品德方面，鼓励同学们积极向上、热爱祖国、努力学习，关心心理健康，督促学生养成良好的锻炼身体的习惯、加强与人交流与合作的团队意识，采取多种方式向身心健康发展。

学业方面，对每个年级存在的课程学习问题、考试疑难、保研选择、考研准备、学科规划以及专业选择等方面，给出了针对性的指导，鼓励学习基础好的同学积极参与各类竞赛活动和科研项目；激励偏远地区基础薄弱的同学厘清努力方向、采取适宜方法，努力提高各方面成绩。同时，也根据具体情况，邀请研究生、优秀学长交流学习方法、考研考试等经验。对保研的同学，尽己所能协助学生根据兴趣选择保研学校和科研方向，大四的方正和王富宁分别保送华中科技大学和中科院大学，我也与他们今后的导师就他们未来培养方式进行了交流。

学术活动与学科规划方面，积极鼓励同学们参加各类科技创新项目和竞赛，并通过申请国家级 SRTP 项目等方式，请其他学科的同学加入其中进行学科交叉合作、开拓学科视野。为同学们提供教师科研方向、学科发展前沿动态、高水平学术公众号及实习生机会多方面信息助力其参与学术活动，使得方正同学在大二暑假进入西湖大学做暑期实习生。同时也通过案例培养同学们的专业兴趣，鼓励大家根据自身兴趣在外语、计算机、数学等方面参加基础课竞赛和学科竞赛，不断提升自己的专业竞争能力。对有学习环境科学和自动化控制的明确奋斗目标的同学，也就其今后发展进行积极引导。

在与同学们的交流中，谨记教书育人的职责，尽己所能指导与帮助他们，也欣慰于他们取得的成绩和进步，愿同学们能经风雨、蓬勃生长，今后成为国家栋梁之材、造福社会。

疫情期间的导师工作

导师：张玲玲

2019 年 9 月 ~2020 年 7 月注定是特殊和不平凡的一年。在这一年里，我和学生们共同经历了新冠疫情。在疫情期间，我和学生一起慢慢适应和熟悉了从线下到线上，从学校到家里的自主学习过程。整个过程中，我们从最初的不适，到积极自我调整，最终适应了这一年的特殊情况。在这一年里，主要做了以下几方面的工作：

（1）积极协助学生适应线上教学。在下半学期线上教学开始前，积极联系学生，通过开全体学生线上会议让学生对雨课堂教学有一定的了解，并通过各年级学生间的经验分享，让学生更快适应线上教学。

（2）充分调动学生积极性。在线上教学过程中，学生主要面对的是电脑屏幕，跟老师的互动机会明显减少，为了增加学生的积极性，同时增强学生的时间利用效率，倡议学生积极进行周计划安排，让学生每周及时分析自己的时间安排合理性及学习效率，并尽快改正自己的弱项，如在家懒散和晚起的问题。

（3）继续发挥各年级学生间的互帮互助。每月在线上举办经验交流活动，让不同年级学生分享自己的经验。通过高年级学生的现身说法，为低年级同学提供更有说服力的经验。

（4）关注学生疫情期间的心理变化，积极疏通可能出现的消极情况。交流沟通学生在家上网遇到的问题，建议学生在有保护/没有人员聚集的情况下，做室外运动，保持身心健康。同时，在家多多孝顺父母，多做家务。

怀揣“小目标”，心系“小确幸”

导师：高凤雨

“2017 年”于我而言不仅仅是博士毕业留校任教的职业起航，更是立德树人教书育人的责任担当。“本科生导师制”的顺利实施，加快促使了我学习和践行“了解学生—沟通交流—感知关爱—以生为友”的培养理念，培养学生不仅是传道授业解惑，重要是教他们学会做人做事做学问，更是升华自我。

依稀记得我第一次“召见”我的第一批学生（2017 级：赵玉莹、汪世宁、李航）的场景，没有经验的我喜出望外又忐忑慌乱，他们的开朗积极有活力激励了我。赵玉莹成绩好，我就鼓励她保研，多学科交叉互补学习，我们聊过专业架构和职业规划，建议她在选择和被选择的问题上自己的决定才是最重要的，她选择华南理工交流（一年）的时候，我们聊了学习规划和学期安排，鼓励她加强人文素养的提升和社交能力的锻炼，我很荣幸的是交流生期间她组队参赛全国节能减排项目选择了我作为指导教师，选题内容（固废资源化、废水治理）虽然都不是我的主攻方向（大气污染治理、环境催化），但这是她对我的认可和信任，遗憾的是两个选题分别止步校级一等奖和二等奖（2020 年），我想我们的互动过程中（文献调研、综述撰写、方案论证、课题申报等）她学会并践行了团队意识、科研精神和综合素养。恭喜她选择保研复旦大学！她们制作的送给我的“衣燃如薪”小徽章（参赛项目）又让我喜出望外，希望她以后的研究生生活更加美好辉煌。

李航是和我交流最多、最频繁的学生，感谢他每年回校给我带的甜美鲜花饼，让我记得这个瘦小精干的云南娃。李航的成绩偏中下，每次见面我都笑着调侃他“咱没挂科吧！”。二年级的他犹豫不定，各方面都想参与、都想学习，我给他的建议是多去图书馆看些感兴趣的知识，多去体育馆锻炼自己，多参加活动交友互动。笑着告诫他“大三是很关键的一年”，三年级他选择了学生会工作，燃烧自己奉献自己。感谢他认可我选择我指导 SRTP 项目，他认识了实验室催化评价系统，设计了综合评价装置，学会了工程制图（2D、3D），撰写提交了专利。记得他学生会工作需要采访老师谈谈教师职业的选择和工作，我很荣幸和他有了深入交流，建议他“三个心”（信心、细心、耐心）是做事、把事做好的窍门，心善、辛勤、感恩是做人（靠谱又担当）的根本，鼓励他加强体育锻炼，提高专业素养，培养情感情怀。我更喜出望外的是他信任我，又选择了我作为他的毕业设计指导教师，希望四年级的他在以后继续做出更好的成就。

汪世宁是和我沟通较少的学生，因为我们失联了。他的成绩中上等，我们办公室谈过两次，鼓励他不懈怠专业学习，二年级他想当兵就鼓励他加强体育锻炼，当他担心视力不好体检可能不过关时，就宽慰他有很多戴眼镜的解放军，只要选择了就去争取，可以选择有需求的大学生兵种。依稀记得万四餐厅为他践行时的喜出望外。我发信息和微信给他未果，他的失联是最好的消息，希望他军旅生涯更加璀璨。

2018 年，我迎来了第二批学生（2018 级：宁显正、马慧）。马慧成绩中上，鼓励她每次前进 10 名，多与成绩好的同学接触和学习，也恭喜她获得了奖学金。她进行社会实践（垃圾分类现状）时选择和我沟通了很多，我建议她多去社区走走，做好调研方案，从群众中咨询并收集意见和建议。宁显正的成绩很差，属于挂科的边缘，我每次都很严肃的叮嘱他“千万别挂科”！结果还是让我满意的。我给他最多的交代就是：对学习不感兴趣没关系，学了就要争取学到点东西，不挂科就是学到了知识；慢慢地戒掉打游戏充钱的不良嗜好，每次少充钱少玩段时间不要熬夜玩，作为农村娃，把父母给的生活费花在刀刃上，学会节约，建议他给自己定个目标，把每月节省的钱攒下来过年回家给爸妈买身衣服。让我高兴的是，疫情回来，他说不怎么玩游戏了，也没有充过钱。这是很好的很大的进步，小目标，小确幸，大成就。现在，我建议他多运动，跑跑步打打球，加强体育锻炼。喜出望外的是他们提出来选择我做 SRTP 指导教师，希望他们再接再厉，继续进步。2019 年，我又多了 2 个学生（2019 级：卓玛姐、邹瑞），虽然面谈只有 3 次（疫情的影响），第一次月考卓玛的成绩倒数（垫底），建议她不要太在意，学会利用时间，争取和成绩好的学生扎堆交流，欣慰的是每次她的成绩都有提高，推荐她参加各种活动提高交际能力。邹瑞的成绩中等，给他更多的建议是树立考研保研目标，围绕这个目标制订成绩提升的阶段性小目标。虽然疫情返校后，我们没有再见面，我想他们的选择即是追求，希望他们在不同的专业找到兴趣点，学会自我培养，提升自我。

三年来的本科生指导经历，最大的感触就是因人而异地协助他们培养自我学习和自我管理的能力。制定小目标，摘取小确幸，积攒大成就！

上好每一堂网课

导师：常雁红

今年是非常特殊的一年，2020 年春季由于疫情的关系，学生与老师不再像往常一样，开学见面上课，而是通过无线网络相互沟通，作为老师，与所有学生一样，我也从来没有这样的经历。

我尽可能熟悉新的网络教学方式，上好每一堂网课，使上课的同学们掌握相关知识点。除此之外，作为全程导师，一方面在微信群里了解每位同学的动向，尤其是在前 4 个月，每天让同学们报自己的体温，以及所在位置及周围的疫情情况，保证第一时间知道同学们的状态。

与此同时，我还采用腾讯会议的形式，打开摄像头，与同学们网上“面对面”，了解大家在家学习遇到的问题，是否坚持锻炼身体（没条件，在家练）；告诉大家在家时间长，要多做家务，也是培养自己的生活能力。更重要的是提高自己管理自己的能力，没有老师，没有同学，一个人对着电脑，很容易走神，怎样安排好学习，也是重点讨论的话题；同学们每次都把自己的情况进行了说明，我也鼓励大家多交流，鼓励同学们尽可能为抗疫出一份力。

在快结课时，我将老师与同学们总结的网上学习、考试经验发送给大家，争取让同学们在考试中发挥出自己真实的水平。从各位同学的最终分数及总结可以看到，同学们通过自己的努力，每位同学的成绩基本上都有了提高，不及格率基本为零。

当学期结束时，我也让同学们自己回头看看自己在特殊时期的收获与遗憾，以及对新学期的展望；的确，每位同学都有了更清晰的目标，希望通过我们共同的努力，大家不仅成绩越来越好，其他方面也能百尺竿头更进一步。

用“心”当好本科生导师

导师：罗春欢

本人目前担任2017～2020级14位本科生同学的全程导师。坚持立德树人，做好“三全育人”工作，用“心”当好本科生导师。

（1）学习上用“苦心”：学习是学生的“专攻”，与学生的未来休戚相关。通过与同学们经常沟通交流，时刻掌握每位同学的学习情况，督促学生端正学习态度，引导学生学好难点课程。所有难点课程无一位同学挂科，所有必修课加权成绩平均达到80分以上。

（2）差异化培养要“悉心”：每一位走进北科大的同学都是优秀的，也是独一无二的。针对不同年级和不同学生的实际情况，探索不同的培养方式。大一大二学生课程紧张，主要以学习为主，帮助他们找到适合自己高效的学习方式。鼓励大三学生根据自身兴趣参与各类科技竞赛和科研创新项目。发表TOP期刊1篇，在投一区TOP期刊1篇，申请发明专利1项，一位同学顺利科技保研。

（3）生活中有“爱心”：大学是培养人际和人格的关键时期，在生活中，本科生导师与同学们是“小伙伴”，平时多走进他们的生活，通过微信、腾讯会议、座谈、聚餐等方式多与他们交流，多肯定他们取得的成绩，多鼓励遇到挫折的学生，多关心生活中需要帮助的学生，帮助同学们树立一个坚强、自信、乐观、有强烈社会责任感的精神风貌。

（4）育人不忘“初心”：作为一名土生土长的“贝壳”，毕业后从学校走进学校，从选择教师这一职业开始，就时刻牢记要坚定理想信念、立德树人、肩负起责任和使命，为国家培养优秀的人才，助力中华民族伟大复兴。

从点滴开始，关注学生成长

导师：李冰

“本科生导师制”的实施让我有机会与同学们有了深入的接触和交流，也让我体会到作为一名教师应有的责任和担当。在与学生的沟通过程中，我既像朋友一样去倾听，也像亲人一样去关心，拉进了我和学生之间的距离，也让我了解到学生的真实需求和想法，从而有针对性地开展“一对一”或者“一对多”指导，使学生能更快地成长进步。

2017级学生高博文、雷雅茹、吕品是我的第一批学生，因为我也是环境1704班班导师，因此对于2017级的学生更加了解。开始接触2017级学生是大二下学期，当时他们对未来的发展都很迷茫，因此我专门做了一次关于科大环境专业就业去向的报告，让他们对于保研、考研、工作和出国都有所了解，从而确定自己未来的目标方向。高博文同学成绩较好，并且作为班长各方面能力都很强，我鼓励他要保持良好的学习状态，争取在大四能够保研，目前他也实现了目标，成功保研至北京师范大学。吕品和雷雅茹同学在大三时也明确了考研目标，并且两位同学在大三上学期选修了我的一门课程，在上课过程中也与他们有了更多的交流，也都取得了不错的成绩。

2018 级学生任艺、潘海川是两位活泼开朗的学生，不管学习和生活中都交流得比较多，疫情期间我通过网上交流了解他们的学习和生活状态。任艺同学在这学期成绩进步很大，学习成绩排名升至年级第一。除日常交流外，我还指导两位同学开展了本科生创新项目，让他们在大二上学期就进入实验室开展科研实验，了解如何设计开展实验，学习到实验的一些基本技能，丰富了科研经历。

2019 级学生赵文静、赵彬、赵佳颖是去年刚入校的大一新生，由于 2019 级是第一年大类招生，学生对专业的了解不是很清楚，我把环境专业做了详细介绍。大一刚开学他们反映说高数、化学等专业课学习有困难，我就邀请了环境 2017 级年级第一名徐烊同学参加我们的小组会，为他们介绍学习经验，鼓励他们进步；大二疫情期间，赵佳颖同学提出要参加“互联网+”比赛，我给她提供了关于智慧水务方面的一些思路和想法；赵文静同学在写课程论文时遇到一些困难，我当面对她进行了指导。通过这些点滴的小事，让我和学生之间的沟通更加顺畅，也切实帮助了他们。

这三年的本科生指导经历，在学生进步的同时，也感觉到自己的成长。从一名青涩的老师慢慢变得游刃有余，学习到如何去和学生交流，如何帮助他们成长。在看到学生取得成绩的时候，自己也由衷地高兴和自豪。希望未来我继续从一点一滴的小事做起，成为学生求学道路上的“垫脚石”，使他们能有更广阔的空间发展，实现自己的理想和目标！

本科导师感想

导师：宋波

环境系从 2017 年开始，对当年入学的 2017 级学生试点本科新生导师制，2018 年起，学校正式在全校范围内推行导师制。至今，我已经带了 4 个年级的学生，连同新生导师时的学生在内，累计带了 22 个同学。第一次担任本科导师时，自己心里也没有底，因为之前除了担任本科班主任或指导竞赛的老师之外，除了上课，很少有机会跟低年级同学深入接触。只有到了毕业设计环节，师生交流才算频繁起来。随着跟同学的深入接触，慢慢发现了一些窍门，大致总结一下：

第一，同学们按年级分组，与大一新生组单独见面，与大二到大四的同学组合并见面。

第二，大一新生刚入校，一切都陌生又新鲜，对老师的依赖感也最强。对于这些同学，我通过谈话掌握他们各自的背景、性格和兴趣特长，向他们介绍专业发展方向，有针对性地帮助他们制订学习计划，并且约定在学期或学年结束后逐项检查达成情况。一定程度上防止了学生进入大学就松懈下来的问题。向学生介绍英语、计算机、数学等课程对于今后职业生涯的重要性，提升学生的重视程度。这段时间的师生交流中，学生说话相对较少，导师要预先准备很多话题以防冷场。

第三，与大一学生以基础学习为主不同，大二的学生开始接触专业课程。针对这些同学，我主要跟他们交流专业和学科发展方向、本科期间的个人学习规划。并且结合本专业涉及的生态文明、人类命运共同体等概念，对学生开展思政建设，效果较好。另外还鼓励学生加强课外修养，指导学生阅读、看电影、看纪录片等。

第四，大三和大四的同学，随着对专业、对导师的熟悉，并且随着个人阅历的增加，会变得越来越爱表达，发言的水平也明显提高。跟他们交流时，我更多地采用平等交流方式，动员他们参加讨论。可以针对专业学习中的某个难题，也可以针对当下影响思潮的热点问题，通过交流，加强了师生互相理解，帮助学生少走弯路，同时导师也可能从学生身上受到启发。除了以上问题之外，还经常跟学生讨论未来的职业规划问题。

学生关注的几个问题

导师：袁蓉芳

转眼间，担任本科生全程导师已有三年。在此期间，我针对学生的思想、学习和生活上的问题，为学生答疑解惑。

一、介绍专业方向

每年，都会有大一学生加入。高中阶段，学生们主要进行基础学科的学习，对“专业”还没有概念。新生入学，向学生介绍“环境”和“热能”的区别。学生们提出了关于“环境科学与环境工程的主要区别”“我校环境工程专业与其他学校有什么不同”“我校环境工程的专业排名如何，发展潜力有多大”等问题。通过对问题的回答，同学们对今后的发展更有目标。

二、规划未来发展

大二、大三学生对自己专业的情况有了更多的了解，随之而来的，是对自己未来发展的困惑。与同学们进行保研、出国、工作交流，请高年级同学介绍经验和个人感悟，也使低年级同学对现在大学生的想法有了更深一步的了解。同时，我也从自身经历中总结了国内院校环境专业的发展情况，为同学们答疑解惑。

三、探讨学习方法

大学阶段的学习方法和高中有很大不同。作为本科生导师，我通过介绍高年级同学发展方向、环境专业工作前景以及环境类相关执业资格证书考试等情况，增强同学们对基础课和专业课的学习热情。

与此同时，借助自身本校本科毕业的优势，和同学们交流各门课程学习经验和方法，并且根据学生特点，分析适合他们的学习方式，促进学生进步。认识实习中，和同学们密切接触、深入交流，在学习专业知识的同时了解学科动态。进入专业课学习后，向学生介绍各个方向的研究前沿，以研促学。

四、关注心理变化

大学阶段对学生的自理能力、社会交往能力有了更高的要求，大学里会遇到情感、学习、生活等方面的危机，因此需要良好的心态，理性面对各种情况。因此，本科生导师也应注意到学生的思想变化，通过细心观察、和辅导员交流，帮助学生解决问题。同时，在很多细节上，也可以发现学生的问题。通过看学生的朋友圈，可以发现他们的性格和爱好；课间聊天，可以发现他们最近遇到的困难。

五、促进学生科研

高年级的同学很期待进入实验室，了解科研情况，增加专业知识，提升个人能力。根据学生这一需求，可以和学生讨论他们感兴趣的方向，探讨学生提出的设想的可行性。通过设置 SRTP 项目，增强学生的专业兴趣，给学生更大的提升空间。

通过不懈的努力，学生们在学习、生活等方面都取得了一定的进步。2021 年，我也会密切跟进，和学生更好的交流，为他学生今后的发展提供帮助。

我和我的小伙伴们

导师：尹少武

为了充分发挥教师在人才培养过程中的重要作用，北京科技大学从 2018 年开始全面施行本科生全程导师制，为每位本科生配备全程导师，建立以导师为主导，研究生辅导本科生、高年级本科生辅导低年级本科生的纵向链式学习科研团队，围绕学生的学业、创新创业、考研就业等开展个性化指导，实现学生因材施教和个性化培养，全面提高人才培养质量。本人从最初指导 3 位本科生到目前指导近 20 位本科生（包括大四学生韩雨、王正、张蓉、杨秋实、危友强，大三学生张清扬、宋俊霖、郑奥迪，大二学生李安典、李响、李文政、李亚苹等，另有 2020 年 9 月份新分配的 7 位大一/大二学生），队伍不断壮大，指导效果不断提高。下面我将总结回顾近一年来我和我的小伙伴们之间发生的事迹。

立德树人方面，适时介绍本人的科研方向和科研经验；及时筛选转发公众号中正能量的传播，推送获国奖和保研等优秀学生的事迹，发挥榜样力量；提醒小伙伴们爱国、爱专业，树立节能减排和保护环境的意识；定期与高工学院何奇洺和刘思阳等同学进行思想交流，给出考察意见，指导和培养二位同学顺利发展为中共预备党员。

学业指导方面，邀请研究生分享考试经验、考研经验、大学生涯感悟等；大三、大二学生与大一学生进行考试交流和适应大学生活经验分享，共享专业课参考资料，“传帮带”非常重要；介绍自己的优缺点，鼓励学生发展兴趣和特长，规划大学四年每年的预期收获；打印每位学生各学期的成绩单，分析学习成绩和学习方法，对于学起来吃力的科目，让高年级学生介绍学习方法和考试经验，鼓励购买参考资料，分配好学习时间，杜绝挂科。

学术引航方面，鼓励小伙伴们凝练创意，为将来的 SRTP 项目和科技竞赛打基础，例如张蓉同学等提出搅拌式分层清洗节能洗衣机装置，韩雨同学等提出基于太阳能转轮除湿的水蒸发空调，这些创意成功立项为 SRTP 项目、申请国家发明专利、参加节能减排大赛和创新创业大赛等；及时发布求职信息，协助学生选择保研学校和保研专业。

规划指导方面，帮助大一新生及时解读大学四年的教学计划，了解课程体系；及时对大学四年生活进行规划，思考毕业后选择保研、考研还是找工作等去向，鼓励大学期间通过参加社团、担任班委、学习模拟软件、通过英语四六级考试、参加基础课竞赛和学科竞赛、投身社会实践等途径不断提升自己各方面的能力，以便使自己更具竞争力。

疫情期间，关注学生疫情防控、上报体温、心理疏导等情况。2020 年 3 月通过腾讯会议参加了能源 E17 班“我的发展我选择”主题班会，介绍了能源方向选择、导师选择、方向和就业选择关系等事宜，详细内容如下：（1）保研：能源 E 学生保研两个必要条件是专业排名前 40% 和前 6 学期加权成绩大于 80 分。每年 9 月计算加权成绩，第六学期的“制冷与低温原理”“过程检测与自动控制”“工业热工基础”和“热工过程及设备”等专业核心课非常重要。关于科技加分，大家抓紧参加大学生节能减排大赛和制冷空调大赛等科技竞赛，锻炼科技创新、知识运用和团队合作等多方面的能力。（2）考研：考研科目为高数、英语、政治和专业课，专业课涉及“工程热力学”“传热学”“工程流体力学”和“工程燃烧学”四门课程，大家可以提前复习。（3）能源方向：用能侧能效提升，推进能源消费革命，包括节能环保、清洁能源（生物质能、储能、氢能、燃料电池等）、人工环境、智慧能环等。（4）工作：工作简历有干货，打动人力资源主管，从大量应聘者中脱颖而出，干货包括成绩单、基本技能（例如 Office、Fluent、英语四六级、计算机等级证书）、实践经历（例如参加 SRTP 项目、科技竞赛、科研项目、发表论文、申请专利、参加社团、担任班委、社会实践、单位实习）等。同时也解答了学生及家长关于如何选择保研学校和专业的疑惑。关于保研学校选择，可根据成绩选择清华、北大、上交、浙大、北科大、中科院工程热物理所或理化所、北航等高校深造，清华一般要求直博，其他高校可以选择读硕；关于专业选择，不建议跨专业保研，建议选择动力工程及工程热物理方向。

不断提醒学生把学习摆在第一位，基本要求是顺利拿到每门课的学分，力争考出好成绩，有利于申请奖学金和找工作；比我们优秀的人比我们更努力，我们更需要努力才能不落后；重视价值观培养，宣传正能量，远离校园贷等骗局；与宿舍学生和睦相处，学会换位思考，珍惜宿舍友情，牢记青春太贵、请勿浪费。

班导师工作体会

导师：周文宁

在 2016 ~ 2020 年期间，我担任了能源与动力工程专业 1604 班的班导师，今年 7 月份他们正式毕业踏入了人生新的阶段。在为他们取得满意成绩感到骄傲的同时，也给自己担任班导师做了一些总结，以鞭策自己在“班导师”的身份上继续进步。

在第一次见面会之前，详细了解了每一位同学的背景，包括家乡、兴趣爱好，以及大学期间的目标等。在第一次见面会上，我以自身经历、身边优秀学长的实际事例，在拉近师生距离感的同时，也可以勉励他们在大学期间要有清晰的目标和规划。积极参与他们后续的多次班会，深入了解每一位学生的性格和自身状况等，根据他们不同的情况，又与他们组织单独或者小组见面讨论，为了使氛围尽量轻松，会采取不同的方式，包括办公室、中午聚餐等，为他们的大学规划做一些具体的建议。针对不同的学生，具体采取的措施也略有差异，对较积极的学生，鼓励他们多参与学科竞赛、参加SRTP项目等，扩大他们的知识视野，丰富他们大学期间的收获，为他们下一阶段打好基础。针对自制力较差的学生，会通过单独见面的形式，与他们讨论学业以及后期规划的事情，在一些课程学习上也会给他们具体的建议，再对他们加以持续地跟踪实时状况，确保他们可以正常完成学业。

担任班导师以来，虽然取得了一些自己满意的成绩，但也存在很多不足的地方，由于时间和精力的原因，不能做到对每一位同学都提供具体的帮助。未来也将继续完善自己，真正将“班导师”做实做优！

自动化学院导师谈体会

组织 SRTP 项目，提升学生的实践能力和专业素养

导师：贺威

2020 年，我校全面实行了本科生全程导师制，以期充分发挥导师在立德树人、学业学术及学习规划等方面的指导作用。本科生全程导师制贯穿整个本科四年阶段，具有连续性和反馈性，能够更好地解决学生的困惑和难题，有效提高学生素质。

我在担任本科生全程导师期间，除了平时的日常交流，还会在每学期定期举行交流会与总结会，帮助学生认识每个学期的不同任务与侧重点，总结本学期的问题和困难并讨论解决方案，鼓励学生积极进入实验室学习，同时鼓励学生积极参与 SRTP、科技比赛等实践活动，鼓励学生能够留校保研，继续从事科研工作。

自本科生全程导师制实行以来，我每年都会组织所带的本科生申请 SRTP 创新创业计划，从立意想法、前期调研、项目申报、研究方案、实践验证、成果验收等多方面严格把关，让学生切实体会科研工作的基本思路。在项目执行过程中，除了通过定期例会准确把握学生当前进展，还安排了团队研究生紧密跟进项目动态，及时解决项目研究中出现的难题，进一步推进项目研究的同时，提高了团队研究生的科研能力。通过引导学生完成此类小型科研创新项目，能够大幅提升学生的实践能力和专业素养，使学生对本专业的认识更加深入。

在此次疫情的特殊时期，通过线上会议，我与学生仍能实现有效交流，及时解决学生平时学习生活中遇到的问题。可以看出，本科生全程导师制具有重要的现实意义。

建立良性师生沟通机制，提升见识和专业水平

导师：伍春洪

全程导师制是学校推进“三全育人”综合改革，形成立体化、多层次、协同联动的育人氛围，助力学生全面成长成才的育人模式。它有别于辅导员和专业任课老师的身份，更侧重对每个学生成长和成才过程中个性化的引导。在 2019～2020 这一年度，是学校推行全程导师制的第二个学年，我共担任了 16 名学生的全程导师，有从大二接手的 2017 级学生，也有刚入校的 2019 级大一新生，还有之前部分熟悉但因选专业分流调换过的 2018 级学生。这些学生中，有来自东北的汉子，也有来自江南水乡的姑娘，有来自风景秀丽的名城，还有来自遥远西藏的藏族小伙。这些学生个性迥异，有的外向爱表达，能够侃侃而谈，但有时又爱发牢骚；有的成熟稳重，深藏不露；有的聪明机灵，成绩优异；有的多才多艺，还有的贪玩调皮。作为老师，我打心眼里喜欢这些学生，希望经过大学四年的生

活，他们能早日成长为国家的栋梁之材。而作为导师的我，也深感责任的重大。

对2017级大三的学生来说，他们在大学的时间已经过半，需要帮助他们根据自己的实际情况明确目标和方向。有没有可能保研？大四是考研还是找工作？考哪所学校？需要准备哪些技能来应对职场应聘？我负责的2017级学生中有位女同学，平时学习刻苦努力，但学科成绩却一直提高不上去。通过和她的谈心，了解到她高考时数学物理成绩就是通过背题型来提高的。结合和她的任课老师沟通，发现这个学生确实不大擅长理工科的思维方式，更擅长记忆的学习方式。她说大学入学后自己曾有想过转专业的想法，但父母不同意，希望她能够通过努力学习来培养对本专业的兴趣。她自己一直非常的苦恼，之前有听过新闻传播方面的课程，有考研考这个专业的想法，但又担心难度太高。我和她一起具体分析了一下各种可能，鼓励她在考研方向这件事情上假期里和父母做进一步的沟通。她自己也找到转专业跨考成功的学姐，请教了经验。最后征得父母同意，明确了自己的目标，着手进行新闻学跨专业的考研准备。在这一年里，她不仅要完成自己本来不太擅长的专业课程学习，还要额外读大量的新闻传播学方面的书籍，辛苦程度是可想而知的。虽然受到疫情的影响，今年考研的压力比往年更大，目前能否考上也还不够明朗，但我很庆幸地听到她告诉我她很充实，现在所正在学的东西正让她变得更加聪明。愿这个勤奋努力、积极追求的学生能取得成功。2017级其他几位学生目前有一位保研成功，三位同学正在紧张准备考研。一位同学打算毕业直接工作的学生也已开始实习，实习过程中体会到工作的艰辛，对自己将来想从事的工作有了进一步清晰的认识和规划。

我负责的2018级学生中有三个智能、两个测控专业的学生。我将他们组织起来一起申报SRTP项目，通过项目引导他们对专业的兴趣，激发专业潜能。这一年很高兴地见证了他们的成长。经过课外尤其是假期里的一起学习和实践，几个学生提前实现了SRTP项目预期的目标，以优秀的成绩通过了中期检查。在这一年中，团队中的学霸不仅取得了专业第四的学科成绩，参加了全国大学生数学、物理和英语竞赛，数学建模，单片机，智能车，节能减排，传感器等多项学科竞赛，获得多个奖项，还在思想上不断提高自己，积极向党组织靠拢。两个转专业来的同学不仅补齐了原来落下的课程，同时作为团队负责人和主要参加人获得“亿智杯”二等奖的好成绩，在专业技能方面得到了明显的提升，自信地进入大三的专业学习。团队的藏族小伙在完成本专业课程学习的同时，还辅修了法学专业的课程，成绩都在合格以上。然而，并非所有的学生都在进步，这次疫情在家期间，我所带的2018级学生中有一位女生，出现了各科成绩漂红的情况。开学以来我和她一起分析了原因，期待她能正视问题，努力调整自己的学习状态，积极生活，认真踏实地对待课内学习。

2019级大一学生主要需适应大学生活和课程学习的节奏。在上学期里虽然我和学生见面时都会询问他们学习的情况，得到的回复都是还好，没有问题。但第一学期末，其中一位学生的成绩着实吓了我一跳：“工科数学分析”“线性代数”“程序设计”，几乎所有的硬课都不及格。在系统查看到部分成绩后我赶在学生回家前和他面谈了一次，分析不及格的原因。他告诉我说平时上课有去听，作业也有做，自己也不知道为什么考试成绩这么低。从多年教学经验可以知道他这样的成绩在平时学习中一定有原因。平时听讲的过程中是不是能真正跟上老师的思路？课后作业是否真正独立完成并弄懂明白？通过和辅导员的沟通，了解到他平时也会打游戏，而来自青海的学生本身基础可能就比内地的学生会略差一些。如果平时学习只停留在听听课而已，不沉下心来认真对待，在自身学科基础薄弱的情况下如果不比别人付出更多努力可能无法正常完成学业。而理工科的课程如果基础没打好，后面的学习会越来越吃力。假期里，我和孩子做了进一步沟通，把以前曾经接触过的来自青海的学生如何逆袭顺利毕业，还有因玩游戏以至于没能毕业的同学的例子分享给他，帮助他认识自己目前的学习情况，注意加强在学习上的投入以及学习方法的改进，提醒他一定要付出比其他同学更多的努力在学习上。很欣慰的是，经过自己的努力，这个学生大一下所有课程除英语外全部及格，大一上不及格的几门课程也通过补考或重修通过，其中线性代数重修取得了 78 分的成绩。

以上分享的是我做全程导师一年来的主要体会，既有成功也有不足，既有欣慰也有担心。在和学生沟通和指导学生方面，我还有很多地方需要向其他老师学习。现在的大学生整体思想活跃，积极好学，而现代网络环境下各种资讯发达，各种各样的信息充斥，要做好这个导师，不仅仅是要舍得对学生花时间，建立良性的师生沟通机制，还需要提升自己的见识以及专业水平，才能更好地帮助学生。

让学生们更加信任

导师：侯庆文

我是自动化学院仪器科学与技术系侯庆文，2019～2020 年度担任 2017～2019 级共 18 名同学的本科生导师，其中 2017 级 6 名同学，2018 级 7 名同学，2019 级 5 名同学。

2017 级同学中印象最深刻的是祝同学，这是个安静文静的女同学，但是让人意外的是她是从 2016 级降级到 2017 级，而且有抑郁的问题。该同学目前在吃药进行治疗，但是受药物副作用影响，记忆力差，经常犯困，而且还有 6 门课没有拿到学分。通过联系老师进行辅导，以及时常交流，目前已经通过了 5 门。

2017 级的许哲斌同学，目标是毕业后出国深造，我帮助他联系推荐老师，提供建议。

2018 级同学中印象深刻的是巨柳荫同学，与她同宿舍的 2 个同学在学习上有些困难，作为班长，而且学习成绩很好的小巨同学，在学习上经常帮助她们，在我负责的“信号”课程上，我提供了一些辅导，小巨同学都带着两个舍友同来，在计算机辅助设计课程上，也和两位舍友组队，自己承担了更多的任务。

在关心同学学习的同时，还拓展同学的学术视野，与课题组的研究生进行交流，组织研究生同学举办讲座，带动本科生申报科技竞赛项目和 SRTP 项目，提供技术支持。

2019 级同学刚刚进入大学，对大学的了解很少，也不清楚大学的学习目的，针对这种情况，组织 2019 级同学介绍自动化专业和测控技术与仪器专业的毕业要求，使同学明白，在大学的四年中，不但要学习课堂上的知识，也要重视很多能力的培养，包括交流能力、终身学习、团队合作、社会与法律、环境与可持续发展等方面都是需要在大学学习过程中进行培养的。

通过与同学的接触，感觉到有的同学与老师间还有隔阂，有事情也不说。今后需加强沟通，让同学更加信任，同时也要根据不同同学的特点进行针对性的辅导。

让阳光照到每位学生的心田

导师：赵小燕

2019～2020学年注定是不平凡的一年，全程导师的工作内容和方式有很多变化，主要有：（1）负责学生人数逐年增加。实施本科生班导师制度以来，2019年已经带有2017级、2018级和2019级3个年级的同学，同时2018级在大二后重新进行了调整，人员增加，需要投入更多的时间和精力。（2）疫情的影响，线上会议和微信群等沟通方式比重增加。2019～2020年春季学期无法返校，线上沟通交流成为主要方式。（3）全程含义凸显。不仅仅学习生活和科研，还有平安报、学生的心理等各方面的问题。

所带的三个年级同学，除了各年级大家都必须要顺利完成相应课程学习之外，所需给予的支持和引领需求各不相同：（1）2017级同学主要是准备保研和考研，所带2017级学生成绩也是优良中不同层次，优秀的尹渌、武辉分别保研，中间的吴琦、张博钰、何维毅等同学准备考研，还有U班陈庸非的同学回北信科；（2）2018级所带的学生有优秀的专业第一名崔雨，也有学业困难的倒数肖楷洋和杨华荣，还有成绩中间的黄志航，由安环转专业过来的齐一睿，每个同学都需要给予不同的支持和建议；（3）2019级同学主要是基础课的学业督促，同时疫情期间协助指导社会实践，同学提供分专业咨询。

教育就是需要阳光照到每位学生的心田，每位同学都需要给予鼓励和全方位的支持。跟同学接触得越多，就越了解每个人的性格和生活学习状态。目前，所有同学都比较配合和支持老师工作，希望在新的一年能给大家提供更多、更有效的服务和帮助！

关于本科生导师制的体会

导师：李希胜

为贯彻落实全国教育大会、全国高校思想政治工作会议精神和党的十九大关于加强师德师风建设的要求，全面贯彻党的教育方针，根据《中共中央　国务院关于全面深化新时代教师队伍建设改革的意见》《中共北京市委教育工作委员会　北京市教育委员会关于全面推进北京高校学业辅导工作的意见》等文件精神，结合学校实际，我校于2018年10月开始实施本科生导师制。本科生导师制是学校落实“三全育人”综合改革的主要措施之一。

“三全育人”综合改革既是对当下育人项目、载体、资源的整合，更是对长远育人格局、体系、标准的重新建构。我校作为试点高校，不仅要巩固育人工作优势、扩大影响，更要破立并举、善于创新。通过改革试点，构建一体化育人体系，为办好中国特色社会主义大学、培养德智体美劳全面发展的社会主义建设者和接班人贡献力量。作为一名高校教师，对“三全育人”综合改革有了深刻的认识，就能够更好发挥自身在育人工作中作用。

高校工作，育人为本。作为一名本科生导师，坚持以身作则、以德修身、以德润才、以德育人、以德塑魂。坚定共产主义理想信念，认真学习资本论、共产党宣言等优秀经典著作，做到“真学、真懂、真信、真用”。注意自己的言行，真正把思想工作落实到日常教育教学工作及学习生活中，释放正能量。以积极的态度面对人生，知行合一，发挥榜样的作用，向学生推荐经典优秀经典著作，不断提高学生思想水平、政治觉悟、道德品质，做到明大德、守公德、严私德。在2019～2020学年度第二学期中，在学生群中发送校园里“玉兰花开”、玉渊潭里“樱花烂漫”、圆明园里“荷花盛开”等景色照片，舒缓同学们的紧张情绪。

作为重点大学，育才工作是重中之重。本科生导师担负着引导学生树立正确的学业观，对学生在学业规划与专业选择等方面给予专门指导的职责。我院现有三个本科生专业，自动化、测控技术与仪器、人工智能。这三个专业均属于信息类专业，在社会上的热度都比较高。三个专业共性的内容比较多，都是开展信息处理研究。但也有差异，自动化专业偏重于闭环控制，测控技术与仪器专业偏重于信息获取（传感技术）及传感器信息融合（智能感知），人工智能专业则偏重于一般信息的智能化处理。作为本科生导师，在大类分专业时，我着重把三个专业的异同讲清楚，然后让学生根据个人兴趣选择相应的专业。大二之后，我根据学生的兴趣点，组织学有余力的同学牵头创新创业训练及各类学科竞赛，对于课程学习尚存在困难的同学鼓励他们打好基础，积极参与各类科技活动，提升学习兴趣，促进学生学业发展。积极挖掘并激发学生的主动性和创造性，因材施教进行个性化培养。通过指导学生参与各类创新实践活动，拓宽学生学术视野，增强学生创新创业能力。

打好学业基础之上，指导学生进行职业规划。通过多种渠道和方式，鼓励和引导有潜质的学生深造读研。帮助就业的学生树立正确的就业观，分析就业形势以及对知识、能力、素质方面的要求，为学生就业做好准备。发现网上有比较好的介绍科技发展趋势的文章，就转发到学生群里，让学生了解科技未来。

班导师工作特点

导师：迟健男

2019～2020学年是不平凡的一年，在这一年中发生了席卷全世界的新冠疫情，疫情给学校工作造成了很大的影响，同时也给教师的学生培养工作带来了很多变化。班导师工作是学校培养学生的一项创举，赋予了这一工作很多新颖的内涵，如何在特殊情况下坚持并努力做好这项工作是摆在每个导师面前的新课题。我目前负责三个年级的班导师工作，包括2017级、2018级和2019级三个年级的学生，2018级在大二后又进行了调整，调整为本专业的新的学生，这也给班导师工作增加了新的内容。这一年中，在居家隔离的状态下，线上会议和微信群成了导师和学生沟通的重要方式，如何在远程掌握学生的动态，监督并疏导学生抗疫和遵守学校的各项抗疫政策，成了一项比较烦琐和细致的工作。这一时期，我的班导师工作主要有以下特点：

（1）重视抗疫期间的学生的思想工作，我采取了经常在微信群里和学生聊天，将思想和抗疫宣传融入其中，下面摘录一段我给2018级学生在微信群里的讲话，可以看出这一时期班导师思想工作的重点：大家的打卡收到了，每天给我发一个，简单的，我就安心，否则有失联的感觉，所以大家不要把它当形式，要切实做到，一出事就是一窝一串，国家费这么大的力气，付出这么大代价得来的局面，保持住更重要，这时也是最考验人的，责任也是最大的时候，我想每位同学都不愿出这个头吧，变成全国典型，给所在地政府、学校等各级组织抹黑添乱吧，也给家人带来风险，给自己的大学生活添堵吧，坚持住。抗疫的每一天，我们都是在对学生的牵挂中度过，耐心地和每位学生沟通，就是我们全程导师最重要的工作。在微信中谈理想、谈学业、谈人生成了每天再忙也要坚持的工作。

（2）真正落实全程导师的含义，不仅仅在学习上，在心理、生活、科研等各个方面都对学生密切关注和关心，随时掌握学生居家的动态，随着疫情的持续好转，学生的思想也出现了波动，例如栾晓宇同学连续出外聚餐两次，还在朋友圈中晒了一下，辅导员也掌握其动向。但我还是耐心地对她进行了疏导，劝导她尽量减少社交活动。在疫情期间，有的U班同学有旅行活动，我给予高度重视，会同北信科的信息，向学院即时汇报学生的行踪，履行必要的手续，始终绷紧抗疫这根弦。

所带的三个年级同学，共同的任务是顺利完成相应课程学习，除此之外，每个年级的学生还有一些不同的问题和需求。（1）2017级同学主要是准备考研，我所带2017级学生成绩中等，除了李雪琪外，都属于考研的学生，其中肖翔宇同学成绩比较差。给2017级的学生进行学习和考研等方面的建议，需要针对每个同学的特点。（2）我所带的2018级的学生的成绩也一般，但他们不面临考研的问题，因此我组织其中的胡昕越等人进行SRTP和其他竞赛项目的申请。（3）目前确定的2019级学生的学习状况比较好，我就采取早动员的方式，将每周的见面与进行的科技活动结合起来，这样既密切了学生和老师之间的联系，又符合全程导师新的实施办法的精神。

目前学校对全程导师工作给予了很高的重视，出台了全程导师新的管理办法，我非常支持这一学生管理和教育的新的方式，决心以新管理办法的实施为起点，进一步加强全程导师工作，提高培养学生的质量，做一个合格的全程导师。

助力学生走向成功

导师：付强

实行本科生导师制是学校深化本科人才培养模式改革、促进学生全面发展和健康成长的重要举措。本科生导师的设立是一件有利于本科生学习发展的事情，既能加强老师和同学们的联系，又能提升本科教学的质量。本人目前共计指导本科生18人，覆盖了大一到大四的全过程。在与这些同学的交流过程中，发生了很多令我印象深刻的事情，现总结如下。

（1）鼓励同学们为实现目标坚持努力。这方面的代表是智能2017级同学王辰磊。他较早就树立了考研的目标，并积极备考。上半年疫情期间，王辰磊同学也基本没有受到影响，而是主动找附近的图书馆或者安静的地方坚持复习。在开组会时，我也和他交流了一些考研的注意事项，并鼓励他继续坚持，要尽自己的最大努力，不留遗憾。

（2）建议同学们以课程学习为主，全面发展。这方面的代表是智能2018级同学廖必勋。他平常学习刻苦，成绩一直保持在专业前20%左右。我给廖必勋同学上过“工程导论”“计算机仿真技术及应用”课程，交流中能够感受到他一丝不苟的学习态度。此外，他还担任智能183班的学习委员，工作认真负责，尽心为班级同学服务；积极参加各种学科比赛，并取得了一些奖项。目前我正鼓励廖必勋同学继续加油，争取保研。

（3）多鼓励U班的同学，激发他们的潜力。在组会上，我经常说U班的同学脑子很聪明，希望他们能够多把精力放在学习上。这方面的代表是智能2018级的刘德宇和智能2019级的宋伟龙。刘德宇同学目前大三，即将面临考研或者找工作的选择。他和我进行深入交流后，最后选择了考研，并开始着手准备。宋伟龙同学平时学习努力，获得了二等双培学生奖学金。

总之，指导本科生对我来说是一份光荣的工作。作为导师，我会继续关心和关爱学生，把自己的知识和经验传授给学生，助力他们走向成功。他们在毕业时如果能够觉得我的指导对他们有帮助，那我的目的也就达到了，他们的成功就是我的成功。

校园里紧要关键处的引领与陪伴

导师：史雪飞

做全程导师有一段时间了，通过和他们的接触，感受到了年轻人的迷茫和成长中的不知所措，对照全程导师的工作职责，本人在学业指导、学术指导、规划指导方面针对不同年级的关注点做了一些引领与陪伴的工作，具体汇报总结如下：

一、学业指导

学业方面的指导主要针对2020级和2019级的学生展开，新生刚入学，从高中学习方式要逐渐过渡到快节奏、少刷题还能掌握知识的大学模式；课堂的效率是我一直强调的，坚持做教室里的前3排中间的C位，通过这种较简单的习惯，带动学生对上课走神的限制；对于自己的弱势学科，要通过慢慢养成预习和答疑的方式来增强进步的成就感；见面沟通会上，我让学生准确梳理这个阶段自己的不足并想改进提升的地方，然后写下一段对自己的鼓励，教会他们自我反省、自我成长。今年疫情期间的寒假，我鼓励2019级学生开始自愿自学“电路”课程，有学生认真采纳了，并取得了很好的成绩，激励她走好自己的工科之路。

对2018级学生，自己主讲的课程能够帮助到他们，所以会抽时间将见面会改为“模电”答疑梳理会，通过这种交流方式的互动，提升他们的深入思考能力；同时本学期我给学生提供了一对一office hour的时间：周二晚上7:30~8:30，鼓励学生前来答疑。

二、学术指导

2018级学生大二的秋季学期是申请SRTP的时候，我和几组学生多次沟通商讨，分别指导申报了3个题目，其中有一组还申请了软件著作权；疫情期间的暑假，我和3组分别进行了线上的指导与交流，告诉他们答辩时的重点，并修改精化PPT，他们都顺利完成了中期检查。

2020级学生的见面沟通，我督促学生尽快适应大学的快节奏生活，并对硬核课程提出了学习建议；和学生交流了明年如何选择适合自己的专业，通过专业培养计划中的核心课程，结合自己的兴趣进行横向比较后选择。

三、规划指导

2019 级的学生正处于大一较迷茫的阶段，我邀请 2014 级已经毕业的学长（院长奖章获得者和优秀学生干部）给他们做校园规划指导，交流之前，认真收集了共性问题：时间分配管理能力；不感兴趣的课程如何学习？上课犯困如何解决？社团工作何时介入？保研加分项中包含哪些科技竞赛？听了学长的介绍，能够让大一学生知晓如何安排和规划自己的大学生活。近期新更换了 2019 级全程导师的学生，对于好的苗子，自己希望能用心栽培，让成功的学长指引努力积极的学生充实规划好自己的大学生活。

2017 级大三学生适逢是否考研的酝酿准备阶段，我邀请以前的 2014 级优秀学长（成功考取北航和中科大）给学生介绍了考研的准备过程，相关有效的考研参考书信息等，学生反馈这样的交流对他们很有帮助；同时我也关注每个学生疫情期间的考研复习情况，及时鼓励他们要保持好的状态，和学生一起认真分析是否需要上考研辅导班。最重要的一点，要指导引领学生学会了解自己，根据自己的优势，选择未来的学术方向和专业，要知道如何借助资源，懂得获取有效信息的渠道，交流取经之后去完成自己的选择。

四、生活关怀

疫情期间，学生都在自己的家里学习，状态和效果都不能和学校线下相比，我及时和学生微信联系，其中有效地指导了一个女生和家人的亲子关系问题，让她顺利温馨地和父母相处了难得的珍贵时光；孩子们正处于青春期，对很多问题思考并不成熟，高中三年的生活单一，离开父母，一下子进入自主独立生活阶段，很多问题还没有想清楚，加上学习压力大，身心疲惫，很需要心理上的支撑与鼓励，我的工作原则时：低年级主动沟通和关怀，高年级培养学生自己的积极沟通意识，根据学生的个性化需求展开指导工作，根据不同年级的关注点，为他们出谋划策，在紧要关键处做好学生的引领与陪伴工作。我们相处的学生都是鲜活的正处于青春黄金期的年轻生命，也是他们人生中的转折蓄势阶段，尽自己的力量，托举他们开启希望的未来。

本科生导师制拉近了师生间的距离

导师：张浩杰

本科生导师制是学校深化本科人才培养模式改革、提升本科创新人才培养能力的重要举措。作为一名刚入校工作的青年教师，我很荣幸成为本科生全程导师队伍中的一员，这种培养模式拉近了学生和老师之间的距离，建立了亦师亦友的关系，一起就学习、生活、思想和未来发展等进行沟通交流，从而促进学生的全面发展。

在 2019～2020 学年，我担任赵洪学（2018 级智能）、谢雨萱（2018 级智能）、傅德仁（2019 级智能）、周均阳（2019 级智能）和韩金（2019 级留学生）5 名本科生全程导师，本学年受疫情影响，难以开展面对面指导，主要通过线上会议、微信群等在线交流方式进行沟通疏导。在沟通交流过程中除了解答疑惑，更注意挖掘每个同学的特点，注重指导其个性发展。

一、以立德树人为根本任务，培养学生全面发展

对于本科生而言，学业成绩至关重要，在沟通过程中不断督促学生要努力学习，保持成绩稳步提升。对于同学所反映的课程多、任务重等问题，建议学生要合理管理碎片时间，做到充分利用有限时间、持之以恒不断学习。根据智能科学与技术专业的人才培养特点，在沟通交流过程中以机器人、无人驾驶车为载体向学生介绍所学知识的应用场景，激发学生努力学习课程知识的兴趣。在保持学业成绩不断提高的同时，引导学生参与学校及学院的各项活动，锻炼自己的交际、组织能力和遇事处理能力等，鼓励他们平时多锻炼身体，在努力学习的同时还能拥有一个健康的体魄，让身心都得到全面发展。

二、掌握每个学生的自身特点，注重个性化指导

作为本科生全程导师，所指导的学生涵盖了各个不同年级，所处于的学习阶段和学习状态也不一致。因此，在平时交流过程中，建立了由研究生向高年级本科生传授学习经验、高年级本科生向低年级本科生传授学习经验这种同学之间传帮带的组织方式，更容易让处于迷茫状态的学生找准努力的方向。每个学生都有自己的特点，随着本科学习的不断深入，这种特点也会越来越明显。在交流过程中结合每个同学的特点进行指导，对于处于大一和大二的学生，鼓励其全身心投入学习，比如赵洪学同学大一和大二的综合成绩保持在年级前十，而周均阳同学大一综合成绩为年级第七，傅德仁同学对编程比较感兴趣，鼓励其在保证学业成绩的同时可以参加一些编程类的项目，提高自己的动手能力。在疫情期间，及时和留学生韩金同学取得联系，转达学校的防疫政策通知等，提醒其一定要做好个人防护。

三、以科技竞赛为抓手，培养学生创新能力

科技竞赛在大学生创新创业能力培养中有着重要的作用，有效地引导学生参加科技竞赛能够提升学生的学习兴趣，实现理论与实践结合，提升学生对专业的认同度，增强科技创新能力。结合自己科研项目中的难点及问题，将其提炼为一个个独立的子课题和学生进行交流，鼓励他们分析问题，找出问题的解决方法。对于这些子课题感兴趣并且学有余力的同学，可以考虑选择以这些课题申报 SRPT 项目或者直接参与科研项目，通过研究生和本科生一起进行讨论分析，将相关的项目专业知识渗透传递到本科生，提升其分析解决问题的能力。

做学生的知心朋友

导师：高海

自 2018 年以来作为 2017 级的几位同学的全程导师已经两年多了，虽然为此付出了不少辛劳，但看着他们一天天成长也由衷地感到高兴，在过去的两年里始终把他们作为一个个朋友看待。

2020 年是尤为特殊的一年，今年年初由于疫情学生们不能返校，只能在家上网课，为

了鼓励学生们在家安心学习，做好防疫，和同学们多次召开视频会议，给同学们讲明道理，鼓励他们调整心理，做好各种工作学习的安排，踏实地在家度过这段日子，并且要求他们尽量不要离开驻地串亲访友。另外，为了更好地掌握他们的情况，除了经常和他们在微信群里交流外，还基于微软的 ONE DRIVE 建立了表单，要求他们尽量每天汇报他们的工作学习和休闲娱乐的安排。

2017 级同学作为高年级同学最为关注的就是保研和考研问题，疫情期间，应一名同学的要求，为他联系了已经考上且在读的研究生学姐为他们班讲解了考研的心得体会，得到了同学们的好评。针对能够保研的同学，为他们讲述了未来可能的研究方向，为他们推荐本校的导师，对于有保外意愿的学生，为他们提供各种信息，此外还帮助他们与已经在外校或研究院所在读的学长（学姐）建立了微信联系。其中高工院的张田雨同学针对保研给我写了一封信，经过一段时间的思考，我认真地给他写了回信，得到了该同学的好评。

在道德修养方面，我也一直关注他们的方方面面，有的同学联系保外又担心不成功，因此也联系了校内导师，我告诫他们一定要向校内导师如实告知自己的保外情况，一旦保外成功，要尽快向校内联系的导师说明情况，获得老师的理解。通过学生的不断努力，我所负责 2017 级的六名同学已有三名同学保研成功，其中一名同学获得了中国科技大学的研究生录取。另外三名同学中，一名同学打算出国读研，另外两名同学也报名了研究生的考试，我为他们的进步感到无比的欣慰。

作为一名共产党员，我一直关心着他们的成长，始终关注他们的思想政治表现，到目前为止，作为学生的入党培养人，已有三名同学光荣地加入了中国共产党，且其中两名同学已按期转正。

在未来不到一年的日子里，我要继续坚持以为学生的进步与快乐作为工作信念，以爱架起与学生相处的桥梁。处处关心他们、帮助他们，做学生的知心朋友。把爱心转化为对学生的尊重，以宽容和坦诚的态度，赢得学生的心。我希冀着他们将来能成为适应社会的全面人才，为我们的国家做出应有的贡献。

本科生导师指导过程感悟

导师：乔梁

为本科生配备导师，可以充分发挥大学教师在立德树人、学业指导、学术指导、规划指导等方面的作用。目前我指导的学生涵盖本科四年所有年级的同学，通过定期组会、单独面谈、在线交流等多种方式，与同学们保持沟通交流，进行实时指导。在指导过程中，我主要完成以下工作：

一方面对于不同年级同学要有针对性的指导重点，对于低年级的同学注重培养学生良好的学习习惯与方法以及生活方式，解决学生在进入大学后的思想迷茫困惑、目标不明确、生活不适应等情况。对于高年级的同学则侧重在科研能力、考研就业指导方面，培养学生创新能力和实践能力。

另一方面在指导方式上，进行多种交流方式相结合。首先保证定期座谈会交流形式，鼓励各个年级的学生充分交流，也能与导师进行探讨。其次采取不定时的交流方式，如让学生参与到学术研讨会、学术论文写作等活动中，培养学生科研思维、拓宽学术视野。最后，通过微信群、短信、电话、邮件等多种形式加强师生交流与互动等，将指导工作化整为零，增强指导的效果。

在以后本科生导师指导过程中，我将不断增强自身的专业知识素养和教育教学能力，持续不断地改进指导效果，通过充分运用各种手段不断创新交流方式，调动学生的主动性，切实完成本科生导师在人才培养中的任务。

“基于问题”的见面

导师：孙新苗

作为全程导师，目前所带学生从2020级的新生到2018级的老生，刚接手他们时，如何对学生进行“全程”培养是我成为导师之后首先思考的问题。

按照学校的要求，我与学生每个月见一次面，但是这样基于时间的模式，如果每次聊的内容没有针对性，很容易引起学生的反感，成了为了见面而见面。于是我在聊天内容上下功夫，做到开会有“问题”而来，将“基于时间”的见面转化为“基于问题”的见面。

问题主要有两个来源：(1) 针对不过年级，不同次数的见面，设计问题。例如，大一新生，第一次见面主要介绍大学的概况，启发他们思考大学的路该如何规划；第二次见面，通常在期中考试前后，如果是考试前，介绍学习方法和考试技巧；如果是考试后，帮忙调整心态。(2) 针对学生自己提出问题，进行建议、反馈，每次询问学生是否解决了上次的问题。这个的前提是学生愿意敞开心扉，同我聊天，另外我也注意倾听，区分学生是在寻求解决问题的方法，还是只是暂时的抱怨。

在疫情期间，线上模式让我们的交流更方便，疫情结束后，在线交流的方式还可以继续保留，让“基于问题”的指导更加顺畅，更有成效。

“导师和学生是一家人，第一时间联系我”

导师：王宏

自从2018年我校全面开展全程导师工作，我就成为了一名全程导师。首先认识了2018级分配由我负责的4位学生，然后是2017级学生，后又陆续认识了2019级和2020级新入学的学生。

看着这些第一次认识的学生，刚迈入大学的校门，我都不由自主地想起自己1991年刚来到我们学校读大学的场景。饱含着对未来人生的期望，和对大学生活的美好向往。

我的女儿与2018级的几个学生基本是同年的，因此看到这些学生，我仿佛看到自己的孩子和她的同学。我觉得作为一名全程导师，就应该像家长一样关注自己负责的学生，关心他们、帮助他们解决在大学期间学习、生活、感情、家庭等各方面的问题。“导师和学生的关系就应该像一家人一样”，我也是以这样的理念来做全程导师工作的。

每个学期的开始和结束，都必然要和学生见面，了解最新情况、看看学生的状态、聊聊他们都在想什么。一般来说，每学期的开始和结束这种见面，基本都是我负责的学生全体的一次见面，一个家庭兄弟姐妹多了气氛自然会热闹和温馨一些。有时候有的问题，老师和学生的沟通可能效果并不理想，但是不同年级的学生之间像兄弟姐妹一样的沟通也许会更好。学期开始的话题，往往是家里情况怎么样？假期过得如何？挂科的科目补考准备得如何？新学期有什么新想法、新规划等。学期末的话题，往往是如何准备不同科目的考试？哪些课程难点、重点怎么把握？考得不好怎么办？害怕回家见家长怎么处理等。作为曾经的大学生，这些都是亲身经历过的事情，也见过很多的学生是如何处理这些问题的，因此对他们遇到的问题也是感同身受，都能尽心尽力指导他们该怎么做，给他们讲讲以往的自己、同学又是怎么做的。

按学校对全程导师工作的要求，基本上每月要求和自己负责的学生沟通交流一次。学期间的沟通和交流，就很难再将不同年级、不同专业的学生聚集在一起见面了。只能每个年级、不同专业，甚至逐个学生看看他们的时间，什么时候方便，约时间见面。有话则长，无话则短，但我总是会通过不同的问题、不同的侧面尽可能全面地了解一个学生的各种情况，而不仅仅局限于学习和学业。

每个学期我都会安排全体学生一起聚餐一次，往往是重大节假日的前后，一家人聚在一起吃饭才会有家的气氛。中国人的习俗，餐桌上也是一种交流，餐桌上还能从另一个侧面了解一个人，餐桌上也能更好地让学生们之间相互认识和了解。

学生的大学期间当然是以学业为重，全程导师的工作重点也会侧重于学业方面。但大学不仅仅是学习和学业，校园生活、同学关系、处理各种事情也是学生们必须面对的方面，这期间难免也会遇到一些问题。有的问题，对学生来说是从来没遇到过、没经验、没想过、不会处理的，我给我负责的学生说过一句话：“如果你需要帮助，在校园中，在北京，我希望你第一个能想到的人是我。”我就是以这样的想法、这样的要求来从事我的导师工作，但目前来说，我自问还远远没达到理想中的状态。

以学生为中心

导师：杨焘

在近一年的全程导师工作中，由于疫情关系的影响和再次进入校园学习的变化，我主要从以下方面与所带的学生们进行交流谈话，也提供我的一些建议和帮助。

（1）关心家庭环境和个人健康问题。疫情期间，常询问学生们的近况，了解他们在家里上课期间的精神面貌。乐于回答问题的同学，我多给鼓励；不太交流的同学，我多几句关心。

（2）督促在家认真上网课和跟紧学习进度。每周要求同学们上传一些他们的作业或上课笔记照片，并针对作业或笔记中的知识点，提问他们。对答不上来的知识点，我可以教的会直接指导，我不太熟悉的会要求学生去问问其他同学或者答疑，把问题解决。针对大三的考研生，更关注他们的复习进度，正在复习什么课程，有没有遇到问题，并加以一定的督促，提醒时间上的紧迫。

（3）返校后的学习习惯问题。从 2020 年的下半年开始，同学们进入校园课堂上课。

与学生们见面，询问最多的问题是线上与线下课堂的适应问题，分享我自身线上与线下时上课的不同感受，从而让学生们体会老师在两种授课形式上的差别，使他们能够做相应的调整。同时，仍然是督促平时的作业和端正上课态度。

（4）有重点问题的学生多谈话。我所带的学生中有一位挂科较多的女同学，从进入大学开始，她的问题就体现在管理自己上。高中时期的家庭与老师在各方面的高压约束，反而使她在大学期间不能很好地管理时间。当成绩出现问题后，陷入一定的自我否定状态。建议她与家人们多谈一谈，我也并没有因成绩问题批评她，也是多次给她鼓励鼓劲。经过与家人的谈话，她目前精神有所好转，但我从交流中认为她还是缺乏重新拾起信心的勇气。我做得还不是很到位，也希望能找到好的方法帮助这位学生。

（5）为成绩优秀的同学出主意。我所带的有两位学生成绩较好，有希望最终保研。与他们交流，知道保研加分这件事对他们重要。我提出：一是跟我一起开发小软件，实现一定的功能，可以申请软件著作权并锻炼自己，二是关注一些学术会议，带他们一起写一写会议论文，作为科研上的练手和准备工作。这方面的工作还在继续，希望他们能保研成功。

除了以上的工作方式以外，我在微信或见面时，保持愉快的心情，并多说话，先不去强迫学生们一定要跟我交流非常多，因为学生总有一种学生与教师关系的思维预设，可能不太容易马上与我做很多的谈话。这种状态在每次见面半个小时以后会好转，但新的一次见面一开始还是会打不开说话的场面，我依然要多说一点我想要表达的。对于我一个话很少的人来说，是有一些困难的，在跟学生交流相处上，我做得还不够，还有很多方法需要寻找，很多经验需要积累。

总结来说，全程导师的职责主要以学生为中心，思考学生对全程导师制度的看法，考虑学生真实需要的，而这种需要的东西是教师应该去寻找但又不容易找到的。希望我本着学生为中心的思想，继续明确好方法并积累经验，尽好全程导师的职责。

计算机与通信工程学院导师谈体会

做本科生导师这四年来，我感觉自己越来越像学生家长了

导师：姚宣霞

做本科生导师这四年来，我感觉自己越来越像学生家长了。既担心他们在日常的学习和生活中出现问题，又怕他们嫌我唠叨、耽误他们时间。面对不同年级的学生，除了定期开会外，我充分利用微信对他们进行全面关注，再根据情况进行个别或集中见面交流。

今年春天，大家因为疫情困在家里，为了及时了解他们的情况，我每天都会关注他们在微信中的动态，对一些积极的情况，我及时为他们点赞或发鼓励性的评论。对于一些消极的问题，我会及时联系他们，并分析是个例还是共性问题。例如，一位同学在朋友圈里感叹说“我妈已经多次问我什么时间开学了……”。我感觉是不是在家待得时间太长了？或是有什么事情惹得家长烦了？并意识到这可能是个共性问题，就通过腾讯会议临时和每个年级的同学都开了会，除了强调疫情期间在家一定要自律，主动学习、自觉遵守防疫规定，管理好自己的时间外，也劝他们在学习之余帮家长做做家务，同时要求他们锻炼身体。并且会通过微信运动关注他们的运动情况，及时给表现好的同学点赞。

做本科生导师很有趣也很有挑战性，因为你不知道学生会给你出什么题目。例如，我曾遇到大一的同学找我帮忙看 C++程序的问题。我不教这门课，但也尽量想办法帮他解决，并从程序设计方法和算法思想方面对他进行引导，同时也鼓励他尝试自己解决问题。再如，看到他们取得成绩，会由衷地替他们高兴，心情也会好起来，感觉自己也年轻了，在和他们一起成长。

我和学生的关系是帮助

导师：段世红

我有 16 名学生，时间最长已经是大四毕业班了，现在要么考研，要么保研，要么开始实习，或者在实验室做项目，希望每位学生都学有所成。

我的学生都很上进和努力。我和学生的关系，是“帮助”，会根据每位同学的特点和意愿，商量他们的近期或者长期的发展目标。一般大一的学生，我会跟他们聊聊课程，推荐课外书，专注学业，打好扎实的基础。大二的学生，会开始一起安排些小工作项目，包括 SRTP 项目和一些竞赛，提醒学生们在学业之外，通过实践提高技能，同时如果出现了学业后进的学生，就会提出额外学习时间的要求，并跟学生商量进行针对性的专项学习，比如不喜欢程序逻辑变化和算法实现的同学，会建议偏硬件，学习嵌入式系统开发课程和实践，学生有了明确的方向，主动性就提高了。大三的学生，会讨论让学生更明确自己的

专业方向，学习相关技术，进行专项实践。大四的学生，除了考研的学生外，学生基本上都有了自己的目标，并且已经有技能独立完成实践任务。

我的学生都很有各自的特点，有些学生是转专业来的，很喜欢计算机；有些画了很多年的画；有些很喜欢音乐，研究了很多年的乐理。我们会经常聊一聊，不断在他们自己擅长和喜欢的方向上继续努力，包括扩充专业技能知识，画画的做图形和游戏了，做音乐的开发作曲 APP 了，喜欢硬件的，也摸索着参加各种竞赛了。

有梦想，有追求，希望我的学生们路越走越顺，前途越来越美好。有需要，我也一直在，希望帮助你们，也成为你们的一个后盾。

从科研兴趣出发，纵向链式培养学生

导师：冯莉芳

自从本科导师制度实施以来，每一届都会有 4 个学生分配到我的名下。我对他们的期望自始至终都只有一个：希望他们能身心健康的毕业，get 到一定的技能进入下一阶段。

每一次和新同学们首次相见，他们都比较迷惑，不太了解本科生导师是干什么的。我通常会通过数据来分析，每个人得到的关注度在辅导员那里是 1/100+，班主任那里 1/30+，本科生导师这里 1/4。不同年级的同学会带来一些帮助和增益。一个导师所带的四个年级同学可以联动，甚至跨越本科，可以和研究生联动，这也是本科生导师最大的优势所在。

除却首次见面，每学期都要见面多次，我会重点强调学风和学习态度，因为早期的学生好塑造，尽早形成正确的学业观、价值观，对他们未来的发展有利。此外，会强调锻炼身体、心理强大的重要性。这方面应该会贯穿整个大学四年的每次见面。压力无处不在，跟个人情况和环境有关，成绩好的、成绩 30% 的、倒数的都有不同程度不同方面的压力，只能根据具体情况具体指导，压力是必须承受的，恰当的引导可以很好地帮助他们。有些同学在疫情期间，不适应上课方式，情绪很不稳定，也需要适当的疏导。

对于学业方面的关注也会贯穿整个大学，不同年级不同关注点。低年级比较迷茫学基础课的意义，跟通信有什么关系？当初做工程认证时候受到的培训可以派上用场，将专业的培养目标、教学计划、课程联系分析给学生听，提升学生的学习兴趣。高年级苦恼专业课太难，词汇晦涩难懂，知识量巨大。换个角度，从科研兴趣出发，带学生参观实验室，介绍一些科研方向，并根据学生的兴趣吸纳部分同学参加新课题和研讨会，将知识融入实践，这样学生会更有学习动力，同时可以提升科研能力、动手能力等，如果有成果可以组织参加各种竞赛。这个契合了学校纵向链式培养的要求，由高年级带低年级，研究生带高年级，形成学生梯队。这个模式是非常好的，因为本科生的能力很强，培养得好，比研究生都干得好。但是一个人很难组成这个学生梯队，有时候可能需要团队的老师们一起来完成。

作为本科导师，通过和同学们见面聊天，从学生的成绩、言谈举止能发现问题，可是发现问题以后怎么办？这是一个比较困惑的地方，一个老师的力量相对薄弱，只能尽可能地为学生提供一些鼓励和帮助，有些实际问题比较难解决。有没有行之有效的一个流程或链条，当遇到问题的时候能够迅速的联动起来？

永远在支持

导师：郭茜

担任本科导师到现在快四年了，转眼间我的2017级学生已经升入大四，其中两位同学保研到了外校。希望我的学生们毕业之后，无论是读研还是工作，都能在国家需要的岗位上勤奋进取，当然最重要的是加强体育锻炼保持身体健康。在四年的本科导师工作中，我和学生们一起成长，收获了一些感悟和经验。

关于本科生参与科研题目。因为我只有一位硕士研究生，所以一直想让本科生参与到自己的科研项目中来。学生加入之后，我或者直接布置具体的科研题目，或者布置一到两篇论文让他们阅读。对高年级的学生，我布置的题目比较具体，并且花时间约他们单独交流。对低年级的学生，我给每个人找一篇论文，一个学期精读并讲解一篇论文。当然，低年级学生以兴趣培养为主，只要求看懂论文研究的科学问题，不要求看懂解决方法。如果学生觉得论文太难，会给他换一篇或者单独指导。组会的时候，一半的时间学生讲解论文，一半的时间交流生活和学习的困惑。这样做了一段时间，发现低年级的学生在零基础的情况下，有能力大致理解一篇论文的科学问题。高年级学生由于功课较多，对我给的科研题目或者不喜欢或者没时间想，效果不够好，我还需要继续改进指导方法，让他们尽快能专注于一个题目。

关于本科生的功课指导。因为我担任程序设计基础课的主讲教师，所以在这门课的学习上有时会给学生一些指导。功课上的指导是一方面，更重要的是及时发现他们因为功课不好心情低落，这时精神上的鼓励是更重要的。我有两位学生功课一直不太好，都不喜欢编程序，并且提出想转到别的专业去。最初我安慰她们慢慢适应了就好了，程序设计要多练习。后来又聊了几次，发现她们确实是更喜欢别的专业，虽然我心里不情愿，但还是选择支持她们。有位学生想转到外语专业，并且找了外语的学生组队参加比赛，我给她找了自然语言处理和数据可视化的书看，希望她能把计算机的知识跨学科地用到比赛中。我觉得导师不仅要在专业知识这方面给学生指导，也要去理解和接纳学生的想法，成为他们可以依靠的人。

关于保研推荐信。今年运气比较好，我的两位学生都获得了保研资格。在给他们写推荐信的时候，因为想写出每位学生的特色，真是绞尽脑汁。在写推荐信的同时，我也顺便给他们改简历，力求做到突出学生的优势，引导面试老师按简历上的亮点提问。为了学生能顺利通过面试，我会教他们一些面试技巧，并鼓励他们展示出北科大学生的最优秀面貌。写简历和准备面试问题是保研比较关键的一环，学生们往往忽视这些前期的准备工作，导致匆忙上阵信心不足。去外校参加保研面试，是他们人生中的关键一步，我的经验能让他们走得更稳。

作为本科生导师，我的体会是“有时去指导，常常去安慰，永远在支持”，我努力成为学生们需要的后盾，学生成长为祖国需要的人才。

本科导师体会

导师：王卫苹

2020年，我和我的学生都经历了不平凡的一年，在抗击疫情的同时，我们不忘学习和科研，每周一次的组会照常进行，我的本科生们通过腾讯会议参与我们的组会讨论以及科研进展汇报，我们取得了丰硕的研究成果。另外每个月一次的生活会，我们也照常进行，有之前的线上讨论，目前已经转为了线下的见面会，同学们无论在学习上或者生活方面，我都会尽力地去给他们提供我力所能及的帮助。回顾过去一年，我们取得的成果总结如下：

一、科研方面

科研方面，我针对学生的个人特长，从大一开始培养，让他们一直跟着听组会，根据他们的兴趣以及特长，到大二或大三有的做了些方向的调整。目前主要分为机器学习方向（在工控网络安全异常检测方面的应用）和类脑方向（生命健康，老年痴呆症的发病机理及预测和防控研究），每周开两个组会，不同方向的同学跟着听不同的组会，逐渐根据老师的idea来着手做一些具体的工作。

（一）论文方面

本科生们与我一起发表了一篇“Anomaly Detection of Industrial Control Systems Based on Transfer Learning”的文章，被SCI期刊“Tsinghua Science and Technology”录用，目前处于清样阶段。这是一篇完全我与我的本科生所做的工作。

另外一个是我与我的本科生田阔（刚上大二，大一就积极加入科研）和莫熙朔所写的文章，目前正在被我的国外导师修改。这两个同学在研究生的指导下，动手能力特别强，目前正在与我们一起深入研究阿尔兹海默病的发病机理。

还有一个是我与我的本科生孙越同学所写的一个文章，目前已经投稿到“Neural Computing”，处于审稿意见环节。

（二）专利与竞赛方面

我的本科生目前都有SRTP项目的支持或者即将为申请相关竞赛和项目做准备，目前我指导的一部分学生在研发“基于强化学习的工控网络流程异常检测系统”，一部分同学在研发“基于深度强化学习的老年痴呆症的早期识别系统”。一部分同学在研发“基于类脑神经网络的老年痴呆症的发病机理演示系统”（这个根据我们课题组所做的理论研究，系统已经开发完毕，目前正在申报专利），这个系统也是完全由我指导由我的本科生刚刚做完的，也是属于我的基金中的一部分研究内容。另外在这个做好的老年痴呆症发病机理演示系统的基础上，我们的同学与自动化的同学一起合作，将用硬件实现类脑系统，目前正处于研发过程中，将于今年12月底完成。

以上项目都会在2020年底完成，并参与明年举办的各种创新创业大赛、“互联网+”的竞赛以及“大学生挑战杯”竞赛等。与此同时，我的本科生们也在我的指导下参与申报了“长风杯”竞赛。

二、生活方面

疫情期间，我每天都会在群里发消息，督促同学们积极上报体温及宣传有关学校的防控策略，加强大家的防控意识，同学们也都非常积极地配合我。

一些大四的同学，在申请保研阶段，我积极为大家联系并做好咨询和服务工作，助力同学们保研到北京理工大学和中科院。

还为我的本科生胡新越写推荐信给国外的老师，帮助其保研到国外并争取奖学金。

另外还会进行每个月一次的生活方面的交流，与同学们建立了一种非常友好的可信任关系，目前大家都处于一种正常学习和工作的状态。

三、发现有培养前途的学生方面

在这个方面是让我最兴奋的，我带的本科生（本科生导师+竞赛）大概有20多人，从中发现了几个同学科研能力特别强、学习和接受能力以及动手能力都非常棒，比如田阔、毛雪、孙越。有的学生竟然是大一的学生，这让我非常兴奋，我会继续重点专门培养这些学生，希望他们本科期间能收获匪浅，也鼓励和引导他们能走好科研这条路。

四、发现的问题与建议方面

有的学生不太乐意听本科生导师的话，有的是完全不在乎学校的这个工作，他们也联系不上，每次开会也不来，有的是跟着学习了，我们也费很大劲去指导了，等到能做出东西来了，快有进展的时候就去参加其他活动了。一是因为有的同学的兴趣会改变，第二因为学校没有给予一定的学分，他们可以跟着学也可以不跟着学，所以有些同学是完全不在乎的态度，所以建议学校可以允许学生在大学四年学习过程中根据自己的兴趣调换导师。另外建议给予学生一定的科研分，这样他们才有动力去学习，也需要给学生一定的考核，要不然他们还是不重视，对老师也不公平，付出很多时间去指导，结果学生内心就是排斥这种活动。

本科生导师这一职责给了我无穷的动力

导师：徐诚

自2019年起，满怀激情的我，在走上三尺讲台的同时，也担起了2019级本科生班主任的担子，并作为4名2018级本科生、4名2019级本科生及3名2020级本科生的班导师。望着一张张稚嫩的面孔，我心里明白，只有全身心的投入才能赢得他们的认可。

我在担任本科生导师的过程中，注重发现每个学生的亮点，把团结、诚信、自立的种子播撒到每个学生的心中。通过适时的引导，多名同学的学习成绩在年级名列前茅，我作为介绍人和培养人发展孙嘉伟等三名同学成为入党积极分子；定期与容佳威等四名转专业同学进行交流，为他们解决专业转型过程中遇到的困难。而在与学生们交流的过程中，我也有很大的触动，他们充满活力、积极向上，也是我在教学和科研过程中学习的榜样。

此外，我在思想和生活上关心学生之余，更注重在科研和竞赛方面引导学生，让他们尽早地体会科研工作的魅力，为日后的毕设、工作和升学打下坚实基础。在我的指导下，共有4名学生申请了SRTP项目，并且进展顺利；多人参加科技竞赛并获奖，同时参与到实验室团队的科研工作。而在科研过程中，我们团结协力、共克难关的情景，让我深刻地体会到教学相长的魅力。

本科生导师这一职责给了我无穷的动力，敦促我做一名真正的终身学习者，用我自己的言行向学生们阐述学习的乐趣，从生活等方面关心学生，做到和学生共同成长。

是朋友，也是老师

导师：殷君君

我理解的导师应该是这样的，在平时相处时是学生的朋友，在学生有困难、心理需要疏导时是家长，在学生学业方向不清楚、需要获得技术指导与专业规划的时候是老师。导师应该以身作则，以自己的行为准则、专业技术知识为学生树立榜样，从各方面激发学生的热情，拓宽学生的视野，做一个夯实基础、茁壮成长的新青年。

一、像朋友一样相处

第一次和2018级的学生见面是在食堂，我们一起吃了午饭；第一次与2017级和2019级的学生见面，我们围在会议桌旁吃零食，大家谈自己的想法。平时每隔一段时间，就会约大家见一次面，畅所欲言，谈谈自己最近的烦恼，最近发生的新鲜事。疫情期间，也总是会微信问候大家，让大家照顾好自己、照顾好家人。学生们纷纷表示“在家学习效率不高”，但是面对客观因素，我建议他们“多运动、制订严格的作息时间表，并且执行”。

二、老师的指导与教学相长

学生在面对学业、竞赛、读研时，会有所困惑，此时就需要老师的疏导。平时，学生有问题或需要建议时会随时与我联系。比如有一名2018级的学生在选择“计算机”与“信安”分班时，详细问了我相关的课程方向，我给细致地进行了解答，之后他选择了适于他的专业。2017级有一名学生，由于面临着保研，同时又有很多学生工作，在这样的压力下，不知如何解决。我也和他聊了较长的时间，询问了他自己的想法，聊过之后他觉得压力小了很多。2019级有一名学生存在压力过大的现象，我也时常找他聊天，主动提供帮助。学生们也帮我做了一些工作。在我编写的书籍中，需要招募2名勤工助学生进行文稿校对，同学们积极踊跃报名。在创新创业项目中，有一名同学在我的指导下组建了团队，获申了校级SRTP项目，通过处理具体的应用问题，加深了对专业知识的认识。

通过当本科生导师，让我认识到教学相长，我和同学们在相互的交往中共同获得进步。

本科导师工作体会

导师：周芳

一、日常沟通交流

在本科学习的不同阶段，针对同学们所处年级提出具体的学习建议，有针对性地进行基础学科和专业学科学习的指引。大一学生，从本科学习的要求，结合研究生学习阶段的特点和毕业就业的要求，强调公共基础学科的重要性——如数学和英语；大二学生，强调专业基础学科和专业兴趣培养的重要性，还有考级考试的必要性；大三学生，要求注重专业理论知识学习和实践技能学习之间的平衡；大四学生，本科后继续学习的方向和就业选择的指导。

二、专业指导

学生请教专业相关问题，进行指导答疑，或推荐找相关领域老师解决问题。由于我的专业研究领域是文字图像检测识别方向，有好的专业方向的讲座和活动，会推荐链接给学生，提供他们一个拓宽专业视野的机会；针对大三大四的学生，在假期前，推荐他们阅读1~2篇专业文献。

三、有针对性的经验交流

针对上半年的疫情，及时传达学校的要求并鼓励同学们上好网课，不能松懈。下半年返校后，结合大四学生保研情况，请大四保研同学和指导的其他年级同学展开经验交流会，以大四学生自身的保研经历，讲解我校的保研资格、保研流程和校外保研联系渠道等，提醒同学们必须重视课内课外学习，并注意发现和培养自身的专业兴趣，争取自身有更好的发展。

我们在一同进步

导师：陈宏尧

1. 我将永远爱你们，感谢此生相遇，今后无论何时无论何地，我将永远爱你们。

（1）2018年、2019年、2020年共计收获13个有趣的家伙，使我多了一份责任，多了一份充实，多了一份快乐。

（2）每当见到他们总觉得自己在进行一份有意义的事业，即使再忙碌都感到值得。

（3）看着他们一点点地成长，那种由心底迸发出的激动之情是无以言表的。

（4）13个有趣的家伙，我将永远爱你们！

2. 我是有底线的人，相遇之初，告知底线，我把你们视作珍宝，请勿把我当成空气。

（1）我的底线也是你的礼貌，立德树人，始于见你的第一面，建立底线概念，为彼此赢得尊重。

（2）群内的通知，看到后回复“收到”应形成习惯；如果不能够参加，也应主动及时与老师沟通缘由。

（3）约定好的事情，彼此不迟到应形成习惯；如遇主、客观状况，也应在约定时间之前向对方沟通，并致歉。

（4）你们可当我是导师，也可当我是你们在北京的亲人、朋友、依靠，遇到任何状况，你可以随时跟我联系，随时找我沟通；但我绝不会因为个人的杂事去让你们劳心费神。

3. 我要“接地气儿”，我是师亦是亲友，淡化导师概念，我们之间更像是无所不能谈的家人、朋友。

（1）我愿我们能够像亲人一样，围成一桌，分享彼此之间的快乐与痛楚。

（2）我愿我们能够像朋友一样，不分彼此，畅聊你我遇到的琐事与困惑。

（3）我愿成为你们的伙伴，把我在大学阶段所遇到的所有困难、所找到的所有方法、所积累的所有经验统统告诉你们，使你们能够快乐前行。

（4）我愿继续做你们口中那个最“接地气儿”的老师，尽心、尽力为你们的成长服务！

4. 我愿为学习买单，把知识转化成自身技能并非易事，我愿为你们的学习与成长买单，更愿为你们掌握技能出力。

（1）虽然我挣钱不多，但我愿为你们潜心学习买单，只要是你们想学的，图书馆没有的书籍、文献等，我来给你们找或买。

（2）虽然我平时很忙，但我愿为你们掌握技能出力，只要是需要我的，随时提出来，我来指导或督促你们。

5. 虽然我很想帮你们快速成长为你们想要成为的样子，但是没有办法，成长的道路上没有捷径，我能做的只有想尽办法让你们意识到你们需要更加努力。

感悟

很高兴成为你们的导师，一名本科生导师。作为一名刚刚完成学生与老师身份转换的青年教师，与其说是我在指导你们成长，不如说是我们在一同进步。我还清晰记得自己学生身份时心里“理想型导师”的样子，虽然以现在的经验和能力，我还与之相差很远，但请你们放心，我会不懈努力，燃烧自己的青春与热情，使你们的大学时光无比闪耀！

本科导师工作小结

导师：郝卫东

我带了 12 个本科生，其中有 2 个女生。截至目前，有一人获得国家奖学金（2018 级孔令真，计科专业年级第一），有一人保研到中科院自动化所（2017 级张彤麟，物联网专业第二）。

（1）疫情期间与学生联系，安抚心情，发送学校、学院的通知。主要是给他们鼓舞信心，让他们有可以安心做的事，以及提醒他们一些学院的通知。

（2）指导学生的学习。比如对答辩的认识，对远程在线学习的认识等。疫情后，发现新一届学生很好学，我就建议他们从实践的角度入手读“分布式系统和云计算”方向的论文，并翻译和网上交流。

（3）做学生的入党考察人。做2019级学生成孜卓的入党考察人。

（4）鼓励学生有自己的兴趣。参加2018级学生杨芮洋（音乐特长生）等表演的五四纪念演出。

（5）帮助解决学生的一些具体困难。2017级学生张彤麟保研预排名从第二名因误会变成第五名。因一门课程上学期选了，这学期修，结果在上学期被当作0分计。他得知消息后，很着急，就联系我。我安抚了他的情绪，与他父母沟通，整理思绪和情绪，让他们相信学校，给出一些建议。他们联系了学校，事情处理得很顺利，误会解除了，张彤麟保研预排名恢复到第二名。

（6）导师手册记了一些与学生的联系记录。帮刘瑞玖调MySQL和MariaDB数据库。

（7）努力的方向：1）心中有学生。不仅关心学生的学习，而且关心学生的情绪和实践能力。2）提倡正能量。即在基本了解事情的状况的前提下，对其他人和这个世界的基本的信任能力。3）最终的培养目标是T型人才，即一专多能。既要学习好（理论清晰），又要注重实践，注重情绪稳定，注重人际能力。

你们的未来可期

导师：宋晏

成为本科生导师两年，一路摸索前行，从对职责的懵懂、与学生的生疏开始慢慢地找到了方向、方法，实现了与我的9名学生携手共进。

学生就像花丛里的花，各式各样，有的不需要你的关怀就可以独自盛开，有的则需要你在干旱之际给予及时的灌溉，还有的需要在生长中不断地除草、剪枝。而我就是那个看着他们、观察着他们的园丁，在生长的过程中得到他们的信任，在最需要帮助的时刻可以被想到。

导师是一种有形与无形的融合，定期的联络和排忧解难时是有形的存在，而风平浪静时就是默默的关注和无形的关怀，随风潜入夜，润物细无声，看到、想到、然后去做到。

无论是为奋斗在艰苦的考研复习之路上的学生打气、送去温暖，还是为学霸级的学生尽早地寻找专业领域的领路人，或是帮助参加竞赛的学生提供算力资源，让犹豫不决的学生坚定参加竞赛的决心到最后在国赛上斩获二等奖的佳绩，帮助在初涉程序设计课程还没找到方法的孩子学会编程、用两个月的每日编程打卡换得了成绩的进步和坚持不懈锻炼出来的意志力，所有的这些，我作为导师就是在他们成长的道路上助力他们前行的那个人。

与这些学生的相处是共同进步的过程，被坚持打卡时经常是半夜12点发来的程序、总结感动，被晒在朋友圈的满满的竞赛行程感动，被成功后带着份小小骄傲的欣喜感动，看着他们不懈努力、积极进取、洋溢着热情的青春，而你在其中有一份小小的位置，带动着你也充满活力，为了更好的他们去做到更好的自己！

加油，我的学生们，长风破浪会有时，相信你们的未来可期，我们一起前行！

与学生共成长

导师：王笑琨

时光匆匆，转瞬即逝，不知不觉已担任本科生导师两年有余，在学院的引导和支持下，我努力做好本科生导师的各项工作，与学生不断磨合、共同成长。

记得泰戈尔有首诗写道："花的事业是甜蜜的，果的事业是尊贵的，但是让我做叶的事业吧，因为它总是谦逊地低垂着它的绿荫的。"带着对绿叶精神的追求和对教育事业的憧憬，2017 年我很荣幸地成为了教师一员。从踏上讲台的那一天，我便有一个信念：全身心投入，努力工作，不断进取，尽我所能，让每个学生成长，在大学获得长足发展。

一开始我对如何完成好本科生导师的任务忐忑不安，不知需要开展哪些工作，不知从哪下手。于是我通过网上查资料、向经验丰富的老师请教等方式来寻求办法，但"纸上得来终觉浅，绝知此事要躬行"。因此，我逐步开始注意观察、思考和总结，寻找适合学生情况的规划。本科生不同于研究生，对他们的引导看似琐碎，但实际上是一个整体，必须首先抓住核心要素去处理，再拓展到整体的全面工作。

为此，我开始关注学生的思想动态以及学业情况，定期与学生沟通联系，组织一起研讨。对于大一年级的学生，主要针对他们的日常思想、学习、活动情况进行了解，对于存在问题的学生进行积极引导。对于大二年级的学生，除了关注他们的思想和学业，更多地鼓励他们参加一些科技创新竞赛，同时组织他们组队申请了 SRTP 项目。对于大三年级的学生，着重引导他们对未来的规划，从专业的角度为他们分析，为升学和就业提供力所能及的帮助。

有时我也在想，其实每一个孩子都是可爱的，虽然他们有的可能学习成绩有些差强人意，但他是运动会上的冠军，是实践中的能手，是文艺活动中的佼佼者，谁能说他不是个好孩子，又有谁是完美的呢？随着时间的流逝，我真正体会到教师最大的幸福就是做学生喜欢的老师，就是在工作中能不断进步，与学生共同发展，做他们的良师益友。

与学生共成长，这既是对师生关系的一种改善，同时也是教师自我发展的一种行之有效的途径。社会对学生的关注远远高于对教师的关注。时代在进步，社会在发展，教师也要与时俱进，在教学方法上追求创新，在与学生沟通上要做他们生活的朋友、心灵的导师。我们要维护教师的尊严，同时也要与学生做真正地交流，师生共进是如今校园的潮流，也只有这样，我们才能真正体会到为人师的幸福所在。

很荣幸 2018 年来，我担任了 12 名本科生的全程导师，在学生们的身上我学会了很多，体悟了更多。作为导师，应该尊重不同学生的个性和人格，不应该仅就一件事形成对学生的定性评价，应该让学生在宽松自由的氛围中逐步认识自己、教育自己、管理自己、发展自己，形成对人对己的正确评价，促进他们的成长，我想这才是大学应该教给他们的。

与学生们一同成长，很幸福，更感激他们对我的"教育"。

本科生导师制实例分享

导师：姚超

自本科生导师制实行以来，个人认为该项措施拉近了学生与老师间的距离，让老师更能贴近了解学生在学习、生活以及未来规划等方面的诉求，也让学生有更多的机会去寻求老师们的建议、咨询相关的问题等。

作为一名本科生导师，我要分享的一则实例是关于我和我的学生关于升学、就业等方面的讨论。该生在大三初期对自己的未来规划陷入了迷茫，其家人希望其选择进一步深造，并留在国内读研甚至读博，而学生个人期望出国攻读硕士，而后在国外进行就业。在每个月例行的师生见面中，我了解到了学生迷茫的状况，并进行了一对一的探讨。为能更好地了解学生，我首先让学生表达个人的意愿，并让其分析其进行相关选择自己所具备的优势和困难，在对个人进行了全面了解后，我又以我自身当年同样面临如此境遇时所总结的经验和学生进行了分享。事实上，我想传递给学生的理念是，要按照自己的实际情况和自己的意愿去规划自己的人生。很多事情不能停留在想象中，而是要确立好目标为之奋斗，而不是还未到最终的选择就为目的而踌躇不前。在与该生进行了多次交流后，其在思想上卸下了包袱，明确了自己的目标，开始注重全面提升自己，一方面为了出国开始刻苦学习英语，另一方面也为了给自己增添更多的选择，开始寻求在系内联系导师进行科研训练。而今，鉴于留学形势的变化，他最终选择了留校保研，也如愿选择到了合适的导师，并且明确了自己未来的研究方向。看到学生今天的样子，我也为我作为一名本科生导师，在学生选择的关键期给出了自己的意见能够帮助到学生感到欣慰。

数理学院导师谈体会

做学生的知心朋友

导师：胡志兴

我作为2017级和2018级本科生的学习导师已有好几年了。我每学期都要面对面与学生交流好几次。首先，让同学们要树立远大理想和抱负，每学期开学时，与同学们见面，了解同学们上学期学习和生活情况，让每位同学总结上学期学习中自己的不足之处，本学期自己如何克服上学期的不足之处，我经常鼓励同学们努力学习，将来报效祖国和报答自己的父母对他们的养育之恩。关心他们的生活，了解他们在生活中有什么困难。一个月左右，在微信中进一步了解他们在学习和生活上存在什么困难，同时我会告诉他们在学习和生活上如何克服和解决困难。期中考试考试结束后，再次与同学们面对面的见面，了解期中考试情况，期末结束后，在微信中进一步了解同学期末考试情况，假期同学如何安排等情况，提醒他们假期注意安全，回到家多帮助自己父母做家务等。我们老师要把学生当作自己的孩子那样去关心他们的学习与生活，学生们才能给老师讲真心话。我所带的这几个学生基本上没有出现挂科现象，学习都在不断进步，他们都下定决心，本科毕业前报考硕士研究生。

为学生的发展保驾护航

导师：陈章华

我是理试1701班的四位学生（刘欢、孙竟泰、孙嘉彬、芦明铭）和理试1802班的三位同学的学习导师。2019年9月～2020年7月是2017级同学在大学毕业前关键的一年。我在2019～2020年中，以专业学习、科技活动与保研、考研相结合开展导师工作。考虑到理试班同学已经分到不同学院，采取与同学预约谈话、微信联系等方式，督促同学认真学习。

2019年10月，我组织理试1701班的四位学生以科技活动为抓手，以科研工作中所必须的文献检索与阅读、数学模型的建立、微分方程的求解与结果判读等环节指导同学们参加全国大学生物理学术竞赛和其他科研工作，取得了校内选拔第一的佳绩。他们也和科技活动的指导教师一起撰写了学术论文。

考虑到理试班大三的同学即将面临毕业后的选择，在督促同学认真学习的基础上，积极向他们推送各种保研、考研信息，帮助学生写保研推荐信。目前，四位学生中，芦明铭同学确定保送到浙江大学物理系，其他同学均获得本校直博资格。对于理试班2018大二的同学，则通过多次约学生开小组会的方式，了解他们学风情况，给同学们购买科研活动和学术竞赛的参考书。

针对同学们所关心的大学毕业后发展的问题，我结合自身的经历和体会，分别给同学们以建议和鼓励。

在抗击疫情的同时，我与同学们一起度过了奋进、拼搏而又充满艰辛和坎坷的一年。作为学习导师，能给他们提供一些有益的建议或信息，帮助他们坚定信念、取得学业进步，让我深深感到导师工作的意义。

做学生的引路者

导师：顾强

总共有10位2017~2019级的学生选择我作为他们的导师；其中有三位学生因转专业的原因更换了导师。

基本上每学期召集两次见面，了解学生的学习和生活情况，给予一些建议，主要是学习方面的。加了微信，建立了微信群；有问题可以随时在群里交流，也可以单独跟我联系。

2020年春季学期，针对特殊情况，在学期初和期中通过微信群给学生发了两份动员信：

各位同学：

今天是元宵节之后的第一个周一。年过完了，心该收了。

由于新冠肺炎的干扰，这个年过得有点压抑沉闷。希望随着春风渐暖，冰雪消融，天气会越来越晴好；生机勃发，心情会越来越开朗。但在当下，开学时间待定，返校之日无期，我们可能还需要经历一段时间的耐心等待。为此，我提醒各位：在等待的日子里，不要忘记学习。

教育部要求“停课不停学”；学校学院要求通过各种方式（主要是借助网络）开展新课教学。大家要按照学校的要求，配合学院的安排进行学习。此外，我给大家一个建议，利用好这个不期而至的非常规假期，往回看一看，找一找以往的缺漏，好好补补课，为之后的加速快跑打牢基础。

祝宅在家里的日子充实、快乐！

顾强

各位同学：

第八教学周结束，学期的学习时间也就过半了。我想了解一下各位的学习情况，特别是这段时间里有没有遇到什么问题与疑难需要我协助解决？请随时联系，及时告知。

在这半个学期里，诸位虽然不能回到教室，但一直通过网络坚持课程学习。“网课”成为了这个特殊时期的见证，也必将成为你们脑海中的一段特别的记忆。希望各位继续努力，争取使这段日子过得更加多姿多彩，更加值得回味。同时，提醒各位要继续保持对疫情的警惕与防护，切勿放松懈怠。

另，我们是否找个时间开个网络会议，大家一起聊聊？

祝各位学习愉快，身体健康！

顾强

通常，对于一年级新生，我会给他们三条建议：(1) 大学阶段，课程的知识密度比高中阶段大得多，希望新生有心理准备，万不可存有上了大学松口气的想法，否则会很被动。对于学习，大学伊始就要充分利用课堂内外的时间，全力以赴。(2) 面对大学课堂的知识轰炸，很多学生会手忙脚乱，感到这也不懂那也不会，万不可因此而失去信心。不可能把所有的知识点都深入掌握，提醒学生要学会分主次，抓重点；重点难点要牢牢掌握，对其他知识点可以降低要求。(3) 劳逸结合，最好的休息就是锻炼身体。

对于高年级的学生，在保证学业情况下，可以适当参加课外、社会活动，去了解和适应社会，为将来走向社会，参加工作做准备；但提醒他们一定不要挂科。即使将来不从事专业相关的工作，大学阶段的专业学习也是对一个人能力和素质的训练和考验。

帮助别人，快乐自己

导师：钱萍

"弟子三千，七十二贤人"，这是教育家孔子和他杏坛下的学生，是指孔子培养出一批全心全意为人民服务的人、为他人着想的人。孔子大贤而善因材施教因势利导，弟子三千七十二贤人而个个不同，可谓善为师者，绝非囿于一孔之见之好为人师者可比也。又"人之难难于善为人师"，为人师实为天下最不易之事。难者有二：一要修为深；二要智慧高。修为深则有大格局，智慧高则能善引导。因此，在提高自身修为的同时，不断激励、关怀与引导着我的学生，那一件件平凡的微信问询，一次次心贴心的交谈，一个个共同探究的日子，充实着我的生活，丰富着我的人生。

教学相长，真是"帮助别人，快乐自己""赠人玫瑰，手有余香"……我也融入其中。平时能够深入解读物理知识，并更加关注学生的生活与学习，尽量使每一次的关怀充满"和谐、创新、快乐"的光芒，点燃学生的思维之光，放飞他们纯美的梦想。

作为老师，我是快乐的，因为我的一生都会有至真、至纯、至善、至美的学生与我同行，是他们让我永葆青春，让我拥有一颗善良的心灵。作为物理老师，更是充实的，因为一生都有大仁大爱、大智大勇的先贤智者引导着我，是他们成就了我丰富的人生。"行至水穷处，坐看云起时"，豁然感觉，我所钟爱的物理，我所热爱的学生，是那样生动地时时刻刻融入我的生活和人生，我因他们而喜，我因他们而乐！

点滴小事，伴学生成长

导师：司新辉

我带的两个最早的学生，从一开始聊，就能感觉到这两个孩子没有把心思完全放在学习，家庭条件也不错，一问成绩，可就麻烦了。那么如何入手，因材施教？首先从学习入手吧，保证少挂门课，能有所上进的意识。我也只能从每次的聊天谈话中做起，举典范加激将法，从自己的身边的人讲起，经过努力，是可以做出一些小的成绩的。另外男孩子嘛！要说话算数，给我做的保证还是能做到的，能保证不挂科了。而且也慢慢喜欢和我沟通了，讨论一些以后想如何做、如何发展、考哪个方向的研究生、需要如何准备的问题。

成绩慢慢的比较稳定了，是否能有更高的追求呢？趁热打铁吧。在他们大三上半学期结束的时候，结合国家疫情防控的有力举措，和国外对华为的压制，这说明基础学科还是会大有作为的。我就鼓励他们及早准备，准备考研究生。考上了北京科技大学，难道真想浑浑噩噩地度过这四年的大学生活，人生难得几回搏！并和孩子的家长也取得了联系，家长都很支持。在家里，疫情期间，可以把基础知识先梳理一下。在疫情期间，偶尔也会网上聊聊天，问一下学习的情况，注意安全，听国家的政策要求等。这些小的事情都是点点滴滴的。尽心就好了。

今年9月份开学了，两个人都很努力地学习，球也不踢了，也不打游戏了，每天除了学习还是学习。偶尔我会叫两个孩子过来一下，看到两个孩子很憔悴、努力的样子，叮嘱两句，要劳逸结合，希望两个人今年能取得好的成绩，祝福你们！

因材施教，不忘初心

导师：郑新和

说起本科生导师制的一开始实施，心中还有些小确幸。因为，我可以将自己的人生成长和学习经历用另一种方式与学生交流，帮助他们，指导他们，让他们知道自己前行的路在哪里，又如何面对前行路上的荆棘以及如何逐渐实现阶段性的成就感。这也正是学校本科生全程导师制育人模式的本色初心。截至目前，我已分配到9名学生，包括2017级3名、2018级4名和2020级2名，分别来自“黄昆班”、理试和物理等班级。自学校全面实施本科生全程导师制开始，我便及时联系所指导学生，方式包括面对面交流、微信音频、电话等，内容也是丰富多样，满满的都是正能量。即使人在国外访学，也尽可能了解学生的一些情况。其中，有两个学生的指导让我印象很深。

记得第一次与三名学生认识交谈时，我吃完中饭回到办公室，没想到一个学生竟躺在了办公室门口。当时心里咯噔一下，是干活的小伙子累了而随地一卧的休息？一问才知道，原来是要指导的其中一名学生，他是在躺着等我开门。通过交谈，他性格慵懒，一切无所谓的样子。当问及他心目中有什么英雄或历史人物时，他脱口而出了法国小说家巴尔扎克笔下的葛朗台。他认为葛朗台很有钱，但对自己却如此的吝啬，他是怎么做到的？因为，这名同学已经比较吝啬了，但仍觉得自己做不到葛朗台那样。于是，我建议他去法国寻找一下葛朗台的形象或人物。学生回道，这主意不错。然后，我又接着说：如果你真的去看到他了，说不定他要“跳”出来，指责你怎么可以花钱（还是不够吝啬）来看我葛朗台呢？这名学生笑了，似有所悟地跟我说：看来与人相处或要做好一件事情，需要考虑别人的感受。这一刻，学生在心理上成长了，可能解开了他的一个心结。这也是导师制育人的一种意义和作用，于谈话交流中帮助学生多方面成长成才。

另一名学生的指导是关于考研的方向和目标。当问及所指导学生将来有无考研打算，以及想要从事哪方面的研究时，一位学生提到了她心目中的理想读研学校——加州理工学院。听她说到这个梦想或理想时，似乎有些不太自信。正好，我在美国加州大学进行学术访问时，去了这所大学参观学习。我把自己前往该学校的想法，和所见所为跟这名学生交流了一番。为的是要探寻爱因斯坦、冯·卡门和钱学森在加州理工学院的历史和资料，了解他们当时在学校的情况和科学思想。后来，经一名教授的亲自引路，我来到了有关能记录这些科学大家的会议室和走廊。会议室陈设朴素，摆了一些简单的照片和解说，走廊里也只是一些按照时间节点记载的人物线索。后来，我又去了部分学院所在的教室，了解教师给学生上课的情形。当我把这些讲给学生，强调世界顶级大学的外表朴素但思想灵魂需要自己去发现和探望时，似乎有些增强了她的信心。随后，当得知她想去加州理工学院的研究方向是粒子物理，以及目前要实现该理想的最大困难时，我又推荐她联系一下中科院理论物理所、中科院高能物理所或北京大学里从事粒子物理研究的老师，看看能否参加老师的项目，积累经历，争取发表相关研究的论文。实际上，该名学生很用功，正在一步一步地努力着，准备着，希望她的时刻准备能得偿所愿，不负韶华。

以学生着想，为学生服务

导师：卫宏儒

2018 年 10 月，教育部办公厅发布了《关于公布首批“三全育人”综合改革试点单位名单的通知》，我校是获得首批 10 个“三全育人”综合改革试点高校之一。“三全育人”综合改革试点工作是以习近平新时代中国特色社会主义思想为指引，全面贯彻落实全国教育大会精神和全国高校思想政治工作会议精神，形成全员全过程全方位育人格局，切实提高工作亲和力和针对性，着力培养德智体美劳全面发展的社会主义建设者和接班人，着力培养担当民族复兴大任的时代新人。同时，学校制定了《北京科技大学本科生导师制实施办法》，学院结合学校文件精神，制定本科生导师工作考核和管理办法，为每名入校本科生配备导师，实行本科生导师制是学校深化本科人才培养模式改革，促进学生全面发展和健康成长的重要举措，也是落实“三全育人”的具体实施办法。

本人总共指导本科生 10 人，其中 2019 级赵楚宁、郝正立、郝易飞 3 人，2018 级齐逸容、李田甜、李雨珈、张敏 4 人，2017 级王梓骅、韩超杰、李婕 3 人，同时指导 2016 级信计 1601 班张宇、慕乘两名学生开展毕业论文研究，克服新冠病毒肺炎影响，顺利完成了毕业的各个环节，张宇获得院级优秀毕业论文，联系推荐张宇保研到中国科学院软件研究所，指导慕乘考取了浙江大学应用数学专业研究生，并指导张宇作为组长，参加了 2020 年第五届“天融信杯”密码数学挑战赛，荣获华北赛区二等奖；数学 172 班韩超杰保研到本校；联系推荐 2017 级信计专业的吴瑞宸，保研到中国科学院软件研究所；信计 182 齐逸容获得优秀三好学生，大二综合加权成绩 95.21 分，综合成绩排名 1/78，获得了国家奖学金。

总之，作为本科生导师，能够按照学校和学院的规定和要求，积极发挥导师在立德树人、学业指导、学术指导、规划指导等方面的作用，及时了解学生的思想、学习状况和兴趣特长等，通过座谈会、视频会议、微信等方式，积极与学生联系沟通，积极完成学院规定的职责要求，努力帮助学生制订科学、合理的大学生涯规划设计、个人专业辅修、二学位等计划，引导学生掌握科学的学习方法，积极与任课教师探讨相关问题，把握学生的学习情况，督促学生完成课程学习任务，及时了解并帮助学生解决学习、生活中遇到的各种问题和困难，主动了解学生的思想动态，坚持立德树人，言传身教，为人表率，努力培养学生全面发展，为培养德智体美劳全面发展的社会主义建设者和接班人贡献力量。

为学生做好服务，与学生共同成长

导师：王建军

本人有机会担任了两名本科生的导师。因为力学专业无本科生，所以两名学生都是理试班的优秀学生。初次担任，还是有些不知所措，怕不能给学生提供很好的指导。但责任所在，一接到通知，就做了充分的心理准备，然后琢磨怎么才能服务好学生。首先，充分了解学生的兴趣、专业以及以后的人生规划，制订与学生特点相适宜的培养计划。这两名学生一男生一女生。每个人都很有自己的想法。女同学对数学感兴趣，希望能转到数学专业，以后读研读博继续深造，理想是想成为一名人民教师。男同学对计算机编程感兴趣，刚开始想去 IT 行业，后来想读博，已初步取得本校计通学院的直博资格。两名同学本身很优秀，有自己的人生规划，所以指导起来就事半功倍。到目前为止，两人都是按照一定的规划在不断努力。其次，督促学生以学习为主。每学期开学、中间、考试、结束放假都与学生进行沟通，实时了解学生的学习情况，以及参加兴趣活动的情况，要确保学习成绩不能掉队。尤其在疫情期间，通过腾讯会议和微信与学生进行多次沟通，一方面做好学生心理辅导，另一方面嘱咐做好个人防护和家人的防护。再者，对学生进行传统美德、爱国主义的教育。鼓励学生回家帮父母做些家务，让父母觉得学校的培养有方。目前，虽然两名学生已经校内分流，本来觉得可能会更换本科生导师，但很荣幸他们对我的认可。我会继续努力从多方面为学生做好服务。

立德树人引航程，同心同向伴成长

导师：彭铭曾

两年前，科大全面推行本科生导师制，全校上下齐心，努力开创一流本科教育新局面。我也有幸参与其中，成为四名本科学生的导师，一晃七百多个日夜，如今驻足回望，既欣慰于学生们的成长进步，也受益于自身的收获提升。

入校伊始，建立定期联络。本科生年龄小，思想不够成熟，为了消除他们刚入校的懵懂紧张，一接到负责的学生名单后，我就和他们及时建立联系，了解学生的思想动态和兴趣爱好，介绍学校和院系的情况、学科培养计划等，帮助学生们快速适应大学生活，并和他们约定，有任何问题，无论是学习上的、生活上的，还是心理上的，都可以来和导师讨论，我也一定会知无不言言无不尽，竭尽所能地帮助他们。就这样，面谈、微信、电话、邮件……在一次又一次的交流中，师生的距离越来越近。

紧盯学业，规划专业路径。“老师，马上要升大三了，我感觉学习压力越来越大了”“老师，我想参加物理竞赛，您能指导一下吗”“老师，争取保研的话，我现在要做什么准备”……在每一次认真回复学生们后，我总是不厌其烦地叮嘱他们，“希望你们能把握这关键的四年，为未来打下坚实的基础”。不仅如此，每个学期期中、期末考试期间，我还会特别询问他们的复习情况，帮他们查漏补缺，答疑解惑；在日常沟通中，帮他们了解专业动向，制订深造规划。这样往复互动下来，学生们都打下了扎实的学习基础，考试成绩在班级中名列前茅。

沟通思想，鼓励多样发展。育人育德，身为一名导师，我不仅关心学生们的学业，也非常注重培养学生们的家国情怀和创新能力。进入大二后，赵东晓同学思想上积极要求进步，在了解他有入党意愿后，我欣然同意作为他的入党介绍人。卢明浩和赵东晓同学对机器人竞赛、物理竞赛、SRTP 等方面兴趣浓厚，我鼓励他们积极参赛，赵东晓同学还取得了机器人竞赛国家一等奖的殊荣。吴飞宇同学愿意为学校做贡献，在我的建议下主动参加了学校的暑期招生宣讲。丛日宇同学希望辅修第二专业，我根据他的爱好特长，鼓励他选修了日语专业。一桩桩一件件，记录下了学生们成长的足迹。

庚子岁初，突如其来的疫情，打断了学习的进程，也平添了学生们的心理负担。为了帮助四名学生尽快适应网络教学节奏，保质保量完成学年进度，我和他们“网约”不断，关心学生居家学习上的问题和困难，及时通过微信答疑解惑，督促大家做好时间规划，锻炼自主学习能力。可喜的是，当返校归来，学生们没有一个人在学业上掉队，都朝气蓬勃地开始了新学期生活。

凡是过往，皆为序章；立德育人，任重道远。能在学生们的求学路、人生路上陪伴一程，是我的幸运。翘首眺望，我也将继续秉承师者初心，用自身的点末微光，努力照亮前路，帮助学生们走得更远、更稳、更好。

沟通与交流是指导的前提

导师：苏永美

目前指导的本科生共有 12 人，大一 3 人、大二 4 人、大三 3 人、大四 2 人，根据学生学习阶段的不同采用不同的方式进行定期交流，了解学生学习情况、思想状态以及兴趣特长，帮助学生制订科学、合理的大学生涯规划设计、个人专业修习计划，督促学生完成课程学习任务，及时了解并帮助解决学生学习、生活中遇到的各种问题和困难。

对于 2020 级的新生，主要在于了解高中的背景，大学四年的打算，学习中的困难，根据每个同学的情况制订四年的学习规划，制订学习的目标，了解心理状态，使学生有归属感。期中考试后及时发现问题，同他们一起制订相应的解决方案。

甘思宇同学对数学有浓厚的兴趣，高中阶段参加过竞赛，目前数学分析自己可以超前学习，并自学菲赫金哥尔茨的数学分析教程，在模拟考试中取得了最高分，因此给他制订了数学专业竞赛的目标，毕业之后准备出国。秦正伟和邢千里同学状态属于正常，没有明确的规划，就先制订了第一学期成绩保优的目标，做考研的准备，然后随时谈心随时调整。

对于 2019 级的同学，杨明哲、杨静、李妍婷和杨志伟由日语转专业过来，希望以后担任中学教师。杨志伟大一学年加权成绩 76.9，但高等代数未及格，主要是疫情期间在家学习效果欠佳。通过交流，新学期这学期状态挺好，可以将成绩提高。李妍婷同学山西太原人，内向，高考冲考入校，学习感觉稍有困难，自信心不足，但大一学年加权成绩82.5，还不错，但疫情期间在家学习，不习惯线上答疑，新学期准备努力提高成绩，初步计划考研。通过交流，准备全力以赴考研。杨静，重庆人，从新疆考入，喜欢数学，性格外向，大一学年加权成绩84.6，但疫情在家里上课感觉好像没有线下状态好，有段时间在老家网也不太好，而且看网课还是不适应，新学期准备调整自己，多看看书，多做题，把成绩提上去。杨明哲，北京人，爱运动，性格外向，准备出国。大一学年加权成绩90.3，新一学期课都比较重要，继续坚持好好学习。目前担任班里的学委，想搞一些学风建设的活动。

对2018级的贾吉航、郭世函和高伟，平时对学习和未来规划做经常性的指导。三位同学的学习状态都很好，贾吉航爱好画画，加权平均92.9，保研和出国两手准备，目前在做SRTP，就如何准备保研的材料方面进行做了经常性的指导。郭世函成绩不错，加权平均87.3，决定出国，托福已考，成绩不理想，目前决定去日本，在学习和出国的规划方面进行了指导。高伟成绩低一些，加权74.5，擅长软件编程，自学Python、Java等计算机语言，参加了几个课题和SRTP，并且准备考研。

对2017级的学生陈昊和刘亦欣，主要是鼓励学生提高学习成绩，准备保研和考研两手抓。陈昊同学加权平均87.1，性格内向，但自律，读研目标明确，自学经济学，参加了中央财经大学的保研夏令营，作为导师为其写了推荐信，由于夏令营没有拿到预录资格，现在正全力准备考研。刘亦欣同学开始比较迷茫，加权平均76.3，通过谈心交流已在全力准备考研。

通过对四个年级学生的指导，深切感觉到，这些学生在学习和生活中确确实实存在着不少的困惑和迷茫，正因为有了指导教师，才可以在他们有困惑时有老师可以倾听他们的倾诉，迷茫时可以有老师帮他们指导，使他们四年的大学生活不留遗憾。

青春属于你们，奋斗属于所有人

导师：万初斌

大学教师是非常特殊的一项工作。它的特殊在于直接面对的是一个个青涩的面孔和活跃的思维。教师的言传身教影响着一代一代的年轻人，为社会的发展做出了重要贡献，同时学生们的成长过程也影响着教师。本科生导师制度让我有了更多的机会接触不同年级的本科生，在充分了解他们的同时，为他们在学习生活中提供更多的帮助。

第一位，周正，2018级黄昆班学生，对待学习十分认真，我们一起讨论长期规划，探讨中美关系，半导体行业的发展和前景。

第二位，邵郑凯，2017级物理学生，喜欢教师的工作，我们一起讨论如何报考师范类院校研究生，认真准备考研。

第三位，蒋天一，2019级物理学生，性格内向，言语不多，更喜欢倾听，对天文学和宇宙学充满兴趣和爱好。

第四位，周孜涵，2018级黄昆班学生，喜欢科学研究，我们一起开展SRTP工作，讨论材料储氢的机制，氢能源的未来。

身为大学教师，在帮他们开启智慧之门，畅谈理想和未来的同时，他们也在激励着我，丰富着我的生活，美丽着我的人生。“青春属于你们，奋斗属于所有人”。

把学生当作自己的孩子来关心

导师：王辉

我校已实行学生导师制好几年了。我作为2017级和2018级本科生的全程导师已有好几年，我是把学生当作自己的孩子那样去关心他们的学习与生活。我每学期都要面对面与学生交流好几次。首先，让同学们要树立远大理想和抱负，每学期开学时，把2017级和2018级同学集中在一起，与同学们见面，了解同学们上学期学习和生活情况，让每位同学总结上学期学习中自己的不足之处，本学期自己如何克服上学期的不足之处，作为师兄的2017级同学给2018级同学介绍一些学习方法，2018级同学在学习上遇到一些问题也向2017级同学请教。我经常鼓励同学们努力学习，将来报效祖国和报答自己的父母对他们的养育之恩。关心他们的生活，了解他们在生活中有什么困难。一个月左右，在微信中进一步了解他们在学习和生活上存在什么困难，同时我会告诉他们在学习和生活上如何克服和解决困难。期中考试结束后，再次与同学们面对面的见面，了解期中考试情况。期末结束后，在微信中进一步了解同学期末考试、假期如何安排等情况，提醒他们假期注意安全，回到家多帮助自己父母做家务等。我所带的这几个学生基本上没有出现挂科现象，学习都在不断进步，他们都下定决心，本科毕业前报考硕士研究生。2017级同学正在备考2021年的硕士研究生。因我本人今年6月退休，全程导师工作本学期将由其他老师指导，祝2017级同学在今年的考研中取得好成绩！

我与学生的二三事

导师：赵雪丹

2018年秋季学期开始，根据学校本科生导师制的安排，我陆续成为物理系每个年级中两位同学的本科生导师。通常我会采取学期初、中、末至少每人三次单独谈话的机制，及时了解学生的学习和生活近况，并根据每个同学的具体情况给出适当的建议。

2019年3月，我正式成为物理系二年级王颖同学的本科生导师，当时她正好在我的“理科物理实验Ⅲ”课程中，以前只是略微认识一点，知道是个文静的小女生。成为她的本科生导师后，除了随时关注她在课程中的表现外，对她的了解也就自然得多了起来。

王颖同学来自四川达州，是个乖巧开朗的南方姑娘。她中学时就离家在外读书，对大学的生活比较适应，只是刚入大一的时候对自己的要求有点放松，导致一年级的年级排名成绩不太理想（年级20名左右），对未来的规划还不是特别明确，但是已经有考研的想法了。

针对她的情况，在这近一年半的时间里，主要针对课业学习、保研考研、学科竞赛等三个方面进行了有针对性的指导。

一、专业学习

最初如其他同学一样，我对王颖同学最主要的建议，就是要对时间做好规划，对做事情要有记录，做好自我管理，提高时间效率。

期中考试之后，及时了解到王颖同学对成绩的不满意，就建议她不论是对待考试还是做作业，要善于找题眼、抓重点，要学会总结归纳知识点，多注意会出错的部分；同时她在光学课程中遇到基础知识及公式推导少、知识有断层、解题有困难的情况，建议她先自己学习工科教材降低难度，着重关注基础知识点、公式推导及习题，自己把基本逻辑补齐、搭好台阶，再跟上老师的拔高和拓展的要求，希望她能够学会自己根据任务由浅入深自主学习，同时要培养资料查找的能力和习惯，找到适合自己的学习节奏和方法。

在大三专业课学习中，建议她借阅《固体物理》《量子力学》习题集，通过做题总结解题思路和知识点，并制订规划、不断保持做题节奏、巩固知识点直到保研确定。期末考试前再次督促她，在考前将课程前后的知识点串联起来，做到融会贯通全面理解，做好专业课知识点的整理和归纳、固化解题思路、记住相应的解函数，做好应试准备，期望高分成绩，提高综合排名 1 ~2 名，以增加保研希望。

2020 年突如其来的疫情使得春季学期不得不居家学习上网课。我只能通过微信提醒的方式与同学们继续保持联系，随时提醒他们注意防护、注意锻炼身体、注意跟上网课的进度及时答疑，同时注意规划好自己的时间，保持自己的学习习惯和节奏！

值得为她高兴的是，2020 年 9 月，王颖同学的年级综合排名前进到第 12 名！

二、保研与考研

在 2019 年春季学期结束时，王颖同学的综合排名前进到年级 16 左右，对保研资格要求等都不太了解。我便与她分析了保研前景，通常年级前 20% 左右有希望保研，她当前的排名处于保研边缘，可上可下，希望很大要有信心！同时指出，她现有的排名结果主要受到了一年级的影响，需要在大三专业课如量子力学、固体物理等课程继续努力，尽量争取好成绩，同时也为考研做好充准备。

在大三初期，王颖同学受到其他同学的影响，对于是否马上参加考研培训比较困惑。我的建议是，当前主要任务还是抓紧本学期的专业课程的学习，同时持续复习高数和外语，为考研做好充分的准备，一旦保研失败，在大三暑假开始报辅导班进行强化突击就来得及。

在 2020 年暑假期间，通过网上微信沟通的方式，帮助她了解选择高校和科研院所读研的不同及优缺点，并帮助她完成了夏令营的推荐，也很高兴她能获得北师大的首肯。只不过由于她当时自己不能肯定是否一定能够获得保研资格而最终错过了心仪导师。不过在 9 月初终于确定了因为排名在 12 而获得了保研资格，剩下的工作就是推荐她如何在本系内选择心仪导师以及确定研究方向了。

三、学科竞赛

在 2019 年春季学期中后期，我对王颖同学提出要有竞赛参与意识，哪怕没能真实参与，也可以自己模拟参赛，督促自己思考竞赛所需的方方面面，锻炼自己解决实际问题的能力。

在2019年秋季学期，很高兴地看到她与同学组队参与了物理学术竞赛，并顺利通过校内初赛选拔。在2020年9月，她个人参加了北京市的学术竞赛单人赛。

2020年8月，她与我在线上以及小学期之后当面讨论了参加物理实验竞赛国赛方案的可行性（基于迈克耳逊微小质量测量的实验方案）。9月，在确定保研后，她也还在和团队一起不断地与老师们积极讨论，不断地完善实验设计、制作和调试实验装备，积极准备10月底参加国赛。

可以很明显地看到，她对学科竞赛，从最初的不了解、不敢参与，到最后的积极参与，不仅是为了综合排名加分，而是真的有兴趣去做一件事情，这是我觉得最有意义的收获了！

经过这近两年的本科生导师指导工作，我和同学们逐渐了解、逐步交心，做到生活上关心、学业上引导。每个同学的学科底子不同、性格不同，有同学外语很强，有强烈的出国意愿，也有同学很头痛外语听力；有同学是文艺骨干热衷社团活动，也有同学性格腼腆不太参与社交活动。根据自己的经验和阅历，结合学生特点和需求，有针对性地指导和引导，是作为本科生导师能够起到的最大作用，学生的每一份进步，也都是对导师工作的最大肯定。

用心、尽心、有爱心，做学生认可的好老师

导师：朱婧

本人现任11名本科生的全程导师，关心他们的思想成长、身心健康和学业进步。通过谈话掌握每一位同学的家庭状况、个人爱好、性格特点、学习规划、未来的职业规划等。

与学生建立微信群，及时了解学生生活与学习状态。在疫情期间不定期与学生微信聊天了解情况，多次微信通知学生做好防护，保护好自己与自己的家人。疫情期间还和每位同学一对一地打电话至少20分钟，鼓励学生积极运动，调整自己积极的状态。及时了解学生的学业情况，积极指导。期中考试结束，会和学生交流沟通。结合考试情况，借助数学建模竞赛的背景，介绍了数学的广泛应用，同时介绍目前国家与民众对数学的重视，以及学好数学对未来专业选择、就业的帮助，激发学生热爱数学，热爱自己的专业，调动学生的内需力与学习主动性。

对于大一新生，亲自为新生介绍大学学习规律和方法。对于大二学生，注重解答其专业学习困惑，未来的学业规划，通过指导学生参加SRTP项目与指导数学建模竞赛，在专业学习层面实现与学生的深度交流。周子瑜同学喜欢前沿的课题，喜欢微分方程领域的内容，他主动找我要资料，要实践解决问题，我给了他一个简单的微分方程模型，还给了他一个赛题，他编程进行了求解还和我进行了讨论；指导赵海瑜同学参加了社会实践活动“浪潮北科大实践团”；指导周子喻、赵海喻SRTP项目；指导周子喻、赵海喻参加全国大学生数学建模竞赛。对于大三学生，鼓励他们保研，不能保研的积极考研并为他们答疑解惑。程博文同学转专业过来，从冶金学院来到数学系，有很多的困惑，我给予学生积极的

疏导；他立志要考研，我进行了积极的鼓励；在考研期间，关于复习的进度有很多困惑，他多次找我，我每次都耐心指导，发现他学习数学有很好的心得与体会，我就积极鼓励。高静同学准备考对外经贸大学的研究生，我给她推荐了刚刚考完研究生的大四的学姐，给她答疑解惑，为她考研加油。潘志林同学个性开朗，通过介绍今年考研情况，对他进行了考研动员。对于大四学生，指导好每位学生的毕业设计。

只要同学找到我，我尽我所能地帮助同学，我尽我所能地介绍数学的重要，引导学生热爱数学、热爱我们的专业、热爱我们的学校；我自己积极乐观，我也鼓励我的学生积极运动，以积极的态度解决学习与生活中的问题。二十年的教学经历，使我坚信，只有用心、尽心、有爱心，才能做一名学生认可的好老师，才不会辜负人民教师这一光荣称号。

时刻关注学生的学习情况

导师：李为东

本学年承担数学—信计专业七名本科生的学习导师工作。为学生提出建议并解决一些学习与生活中的问题，比如选修课程、选修其他院系课程、对考研和毕业后选择的问题。与学生见面多次，集体见面四次以上，主要是交流学生的学习情况和学习状态，对于比较迷茫困惑的学生，帮助其寻找生活学习中可能的问题。与学生多次课间课后见面，主要聊一些选课之类的问题。此外，与学生分年级建立三个微信群联系，提醒大家日常课业工作。与学生建立微信朋友关系，交流学习情况等。

2017 级 3 名学生都是女学生，学习比较积极主动，其中庞皓元同学学习成绩更为突出，目前 GPA 成绩是 3.8，课业加权平均分 90.2。三名学生的共同点是都很积极努力，有自己的人生目标，有实际的行动付出。

2018 级的两名学生都是男生，杨雨晨比较精干，学习努力，有目标，加权平均分 88.1，GPA 成绩 3.7。张晨睿同学对课业也比较主动，成绩尚可。

2019 级两名学生，女生刘天润同学喜欢主动交流，课业努力，目前 GPA 成绩 3.59，加权平均分 86.9 分。男生刘云城同学比较沉静，不爱说话，目前成绩也不错。

做学生思想的引导者和知识的传授者

导师：王丹龄

自我校正式实施本科生学习导师制度以来，我一共指导了 8 名学生，其中大一到大四每个年级两名。起初由于我对本科生导师职责的理解比较简单，刚开始和每位同学的谈话基本都是围绕着学习状态是不是积极，课程可还都跟得上这些话题。后来相继指导他们完成了 SRTP 项目，并在大三的时候开设了专业课多元统计分析，这样一来和学生的交流便多了，谈话的内容变得广泛，包含学习近况的汇报、学习经验交流和考研（保研）方向探讨，以及未来的计划。

从 2019 年 9 月开始，我发现这些大学二、三年级的同学们其实有着很强的理解能力和学习能力，可以带着他们一起学习课程外的知识和文献。于是我在众多的科研问题中选择了几个稍有难度但也适合他们学习探讨的问题，筛选了一本经典著作和若干具有代表性的经典文献交给他们研读。自此每月的谈话变成一周一次小组学习研讨会，每次研讨会分别由不同的同学介绍最新的学习进展，然后总结大家的进度，布置新的学习任务。就这样经过一年的学习和讨论，每位同学都有不少收获。

疫情期间学生们不能返校，我们的组会讨论便在腾讯会议继续，每次组会讨论一方面是督促他们在家也要保持良好的学习习惯，另一方面也可以了解他们的状态。在特殊时期每个同学的心理变化都很大，有对在线教学的不适应，也有为自己的不够自律而内疚，从最初享受在家的学习生活到期盼能尽快返校的急切心情，再加上由于疫情造成出国、就业和考研的难度都大大增加，难免增加了一定压力。于是为了缓解同学们的不安情绪，每次组会都尽量聊一聊大家的近况，一方面鼓励大家坚定信心，另一方面也督促每个同学安排好自己的时间，除了学习还要有一定有益健康的活动。

新的学期开始了，在校园里见到每位同学都觉得更加亲切。这个学期我们小组一名同学成功保研，一名同学正在紧张地备考，几位同学也确定了感兴趣的研究方向正在逐步推进研究进度，还有两名大一新生加入。每一位同学的成长也都带给我成长，对于全程导师的职责我有了更深刻的体会，我也会不断地总结经验，努力成为学生们思想的引导者和知识的传授者，不忘初心、牢记使命！

不忘初心，为人师表

导师：单艾娴

非常荣幸学校可以给我这样的机会，让我能够担任三名同学的本科生导师，能够让我陪伴他们走过难忘的大学阶段。这三名优秀的同学志向远大、目标明确、刻苦努力、积极向上的精神风貌也影响着我，时刻提醒自己要不忘初心、为人师表，努力成为学生的人生导师和知心朋友。

在工作中，我首先会对学生的思想、学习、家庭和兴趣特长方面进行全面了解。之后会根据不同学生的特点和目标，为他们制订科学、合理的大学生规划设计和个人专业研修计划。在日常，我会督促学生认真学习，努力完成课程学习任务，及时了解并帮助学生解决学习和生活中的问题，做到有问必答。同时，我会努力严格要求自己，言传身教，做好表率，希望能培养学生一生受用的习惯和品质。

我的一个学生于航同学，是黄昆班 2017 级学生，我指导他已经有两年了。刚刚步入大四他就收获了中科院半导体所的保研资格，他的认真刻苦我都看在眼里，他收获到的一切都是努力后的水到渠成。还记得初次见面，于航同学给我的印象是非常内敛、谦和的，一说到未来的发展规划，他非常坚定地说“老师，我想做科研，毕业后保研去中科院半导体所！”他的坚定感染了我，我觉得作为他的导师我应该竭尽所能帮助他实现理想。在保证学习成绩的前提下，我鼓励他积极参加各种竞赛和 SRTP 项目，来提升自己的能力。于航同学非常努力，最终获得了第五届全国大学生物理实验竞赛二等奖，2019 年高教社杯全国大学生数学建模竞赛本科组二等奖、北京赛区甲组一等奖，第十届全国大学生数学竞赛

（非数学类）三等奖等竞赛奖励和荣誉，这些成绩都为他的成功保研奠定了基础，当他把一个个喜讯告诉我的时候我无比激动，由衷地为他感到骄傲和自豪！在指导他确定研究生阶段的研究方向的过程中，我充分尊重他个人的意愿，“授之以渔”，教会他如何查找文献资料，找到科研前沿热点问题，引导他找到自己喜欢且较擅长的专业方向。之后指导他顺利联系到该研究方向合适的导师，并鼓励他多与研究生导师联系，提早进入课题研究，争取在本科毕业之前能够完成一篇 SCI 论文。于航同学还在继续努力着，因为他的坚定、热爱和努力，我相信他一定可以在毕业的时候交给自己一份满意的答卷。

每个人的特点、特长都不同，我希望我的学生都能够在指导下能尽快找到自己的奋斗目标和人生规划，度过积极向上、健康充实的大学生活。

学不可以止，德不可不弘

——在学习导师工作中对学校狠抓思政教育的一点感想

导师：何庆辉

当今时代互联网资讯发达，青年人尤其大学生容易受网上各种不良思想影响，甚至走弯路。我觉得党和国家提出教育领域的思政建设和三全育人很高瞻远瞩，有重大意义。学校实行全程全方位的学习导师制也正是顺应党和国家的需要，以及社会、家长和学生自身的需要。因此本人坚决支持学校的学习导师制度，作为一名党员，又是专业课教师，本人有责任、有义务承担校院系分给的指导学生任务，看着学生渐渐成长起来，应是老师最自豪和高兴之事。

自推行全程导师制以来，共承担 2017 级（2 人），2018 级、2019 级（各一人）共四名学生的学习导师任务。一年多来（2019 年 5 月 ~2020 年 5 月）本人按要求合格地完成了学习导师的工作，学生学习和思想各方面也有了进步，和学生关系融洽。并且对学生了解得越多，越觉得学习导师确实很有意义。

2019 年正式开始导师制之后，张舜志同学是我指导的第一个学生，期间我教过和带过他数学建模培训课，这名学生英语很好，大一就进入快班学习，很有主见，在询问他专业思想和未来计划时，他说他想报考财经和金融类研究生，我建议他毕业时报考本院数理统计方向研究生，不要偏科，他成绩中上，统计和金融类课程成绩很好，现在正准备考研；张译文同学从理科实验班转来，我找他谈话次数最多，因为他特别喜欢数学，想报考数学专业，前几天研究生报名时比较犹豫，因为理科实验班退了两名学生，影响了他排名，失去了保研资格，还要考研，甚是可惜，他有点担心考不上外校。我鼓励他第一志愿报考数理学院数学专业，读研后再做打算，希望如愿以偿，他的成绩应该不用担心；熊国清同学也想报考金融类的研究生，我建议他可以修管理学院开设金融类课程，毕业可以向管理学院老师推荐就读，希望他留在本校继续学习读书，该生成绩总体中偏上，没有不及格课程，现在正准备考研；安思齐是来自东北吉林的一名同学，第一次找学生们一起谈话，我说你的名字很好啊，“见贤思齐”，以后你也要像名字那样好好努力，学有所成。这位学生性格较活泼，2019 级现在大二了，参加不少社团活动，我建议她早定目标，多参加一些数学竞赛、建模专业类活动会更好。她的成绩基础是属于比较好的，希望她更加进步。

四名同学各有特点，都很上进。与其说我是他们学习导师，不如说是一个大朋友，谈思想导师有点拔高自己。从自己过来人的经历得失来告诫这些学生走好每一步，立德树人更要做在课后。自己导师工作也有不足或未考虑到之处，疫情期间，中断计划里的见面交流，改而使用腾讯会议、微信等通信软件及时了解各学生学习情况，叮嘱他们注意安全，按学校要求返校，同时，做好必要的学习方面指导；另外，虽然每次谈话都差不多两个多小时，但有时忙于教学工作，未能十分详尽地做好工作记录，这也是自己今后做导师工作要特别注意的地方。

最后，感谢数理学院和应用数学系领导对本人学习导师工作的支持。

我的学生苏胜楠

导师：闻小龙

苏胜楠同学是物理系1701班的学生，由于在智能车全国竞赛中获得了一等奖，获得了科技保研资格，成功被北京理工大学周立伟院士团队录取。现在回想起来，我和他的交流大部分是围绕专业方面。

我们最初联系是在苏胜楠大二期间，由于前两年以专业基础课为主，课业压力比较大，而学校也很看重同学们的考试成绩，我与他的话题也集中在成绩上。一开始苏胜楠在班级里的成绩并不突出，处于中等水平，更重要的是，他对自己感兴趣的方向也比较迷茫——这可能也是物理系学生共同的问题，对于未来还没有想明白。

后来，到了大三期间，在选专业课、选择期末实习等事情上，也并没有特别的规划。期间我们商量了几次，希望他能够参与到我的科研项目中，可时间总约不上。他的微信头像是足球明星梅西，从生活上来看，他应该是一个活泼、很有自己想法的同学，只是在专业方面还没有给自己一个好的定位。后来他参加了校内的智能车团队，获得了优异的成绩——这也印证了他只是方向上迷茫，一旦找到了自己感兴趣的事情，就会做得很棒。

得知获得了保研资格后，他计划研究生学习“深度学习”或“人工智能”方向。其实在大学期间他还主动学习了Python、Matlab等变成软件，在小学期学了数据库SQL等，这在物理系的学生中特别难得。我先帮他把简历投给了中科院自动化所、北京理工大学相关方向的老师。后来经过进一步沟通，发现他对于这些方向理解的也不是特别多，目标还是比较散，特别是他去了北京理工大学和研究生师兄聊过以后，受师兄影响，觉得深度学习方向的竞争太激烈，未来的课程也可能比较难。这方面我们聊得比较多，主要鼓励他不要担心竞争激烈、课程难，这个方向目前非常好，竞争激烈也是方向好的一个印证，只有不轻易放弃才能成功。之后他就被北理工正式录取了。

物理专业的同学普遍都有一段时间迷茫，苏胜楠同学也是其中一员，幸运的是，他在迷茫的时候，主动进行课外学习、参与课外实践，逐渐聚焦。另外，对于物理专业的自信、对于身为北科大学子的骄傲，也是目前物理专业同学需要重要培养的。作为本科生导师，重要的是在他们迷茫和不自信的时候，给予鼓励，他们的聪明才智足以让他们在今后的专业上发展得更好。

为学校的本科教育贡献绵薄之力

导师：段嗣斌

按照学校三全育人要求，坚持以本为本的政策，切实提高本科生的培养质量，学校实行了本科生导师制工作。在过去三年中，我跟三名物理系本科生建立了指导关系。回顾过去的工作，我按照学校要求保持与学生紧密联系，尽自己可能帮助他们成长。

由于物理专业的特点，我指导的三名学生普遍反映专业物理课程学习有一定难度。我平时便注重以鼓励为主，以自己经验给他们指导，努力提高他们的学习兴趣，尤其是注重课堂出勤率的要求。对于大三学生，现在面临毕业就业或深造的选择，我注重引导他找到自己的优劣势，及早确定目标。目前大三学生已经确定转专业考本校研究生的计划，大二学生也基本确定了自己的专业兴趣，并指导他为此目标开始着手准备。

今年上半年，是特殊的疫情时期。除了关心他们上网课情况外，我也一对一地询问了他们当地的防疫情况，要求他们遵守防疫要求，并表示了可以协助提供防疫物资的心愿。

在过去的三年中，学生在一直成长，这是他们个人努力的结果。跟他们的接触，也让我切身体会到他们身上朝气蓬勃、信心满满的气息，我也受益颇多。在此过程中，也体现出我在指导工作上的不足，比如指导频次有待进一步提高、谈话的方式方法有待改进等。我会继续努力，为学校的本科教育贡献绵薄之力。

在“闲聊”中与学生共成长

导师：孔慧慧

本人于2018年秋季入职北科数理学院，成为一名教师，正式告别了学生和半学生（博后）时代。本科生全程导师制的实行，使我非常荣幸地成为了本科生导师，迎来了我的第一个学生——2018级的郑坤鑫同学。作为初入教师行列的新人，非常感谢小郑同学的信任、配合和支持，让我作为本科生导师的工作能够顺利展开。最初作为本科生导师有点茫然，要如何才能有效地与学生交流、指导帮助学生呢？思考良久之后，结合自己的状态，心里大致有了个方向，就以曾经是个学生的前辈的身份与学生交流吧。本科生日常学习生活，方方面面都有相应的老师在负责管理和为学生服务，有辅导员、有本科班主任等。本科生导师是更有针对性的存在，交流方式和风格更具个人特色，更有灵活性，和辅导员、班主任的工作相辅相成。我选择的是一种谈话“闲聊”的方式与学生交流。小郑同学这位当时大一的“小朋友”的信任和配合让这种方式能够顺利地开始。学生愿意交流对话，聊天才能够进行下去，才能在谈话中了解学生的情况，分享经验，针对具体的事务给出建议。正是因为小郑同学，让我肯定这种方式是有效的。转眼间2019年过去到了2020年，小郑同学已经成为了大三的学生。2019年我们迎来了2017级的徐文侠同学和2019级的张煜雪同学，2020 年大一的吴成骏同学也加入了进来。作为本科生导师的小团队壮大了起来，这几位不同年级的学生，从此有了纵向交流的机会。作为导师也从学生身上了解到很多新的信息，所谓教学相长就是如此吧，互相交流、互相学习。

与我的学生，总结起来就是：在交流谈话互动的过程中，去了解学生的情况，减少学生的顾虑，真诚坦然地交谈。与学生面对面交流和线上交流相结合，了解学生的学习状况、个人规划、课程中遇到的问题、社团活动等，根据学生的反馈进行指导，提出建议。除了定期进行交流，也鼓励学生有事情及时反馈，同时尽量避免为了谈而谈的情况，不拘泥于形式。希望我和我的学生们能够继续保持良好的沟通状态，也感谢学生们的配合和支持。以后会继续努力更好地完成好本科生导师的工作，学生的肯定是最大的动力。

化学与生物工程学院导师谈体会

做好学生的思想引领与个性化培养

导师：王海鸥

我校自2018年10月开展“三全育人”工程有力地推动思想政治工作质量提升，这项工程强化基础、突出重点、建立规范、落实责任，一体化构建内容完善、标准健全、运行科学、保障有力、成效显著的高校思想政治工作体系，形成全员全过程全方位育人格局，切实提高工作亲和力和针对性，着力培养德智体美劳全面发展的社会主义建设者和接班人，着力培养担当民族复兴大任的时代新人。

从我被学校光荣地任命为各个年级多名本科生的学业导师以来，在积极地开展这项工作的同时，对我来说也是一个不断的提升自己思想水平的学习过程。首先我认为要做好这项工作，还需要深入理解科大精神、科大品格，将“兴学强国”的使命、“求实鼎新”的校训和“严谨治学”的校风贯穿和灵活应用于育人过程；并积极在日常指导工作中把这些理念像春风化雨般点点滴滴传递给学生，做好学生的思想引领；其次在两年的学业导师的实践工作基础上，我更加深刻地理解和明确了学业导师的责任和使命；学业导师要帮助学生完成从中学到大学的重要人生阶段的转变，完成从少年到成年的社会化转型，通过采取“浸润式”培养，引导学生养成良好的行为习惯，帮助学生认清国际发展形势、读懂中国、了解社会，增强学生的中国特色社会主义的道路和文化自信。为了进一步了解00后学生的思想动态，我总是提前做好功课，了解每个教育对象的特点，如个性心理特征、成长经历等；用心、用情做好学业指导工作，做到因材施教、个性化培养。

具体工作如下，针对不同年级的同学，开展多角度、多层次的沟通引导工作，例如针对三年级同学的工作重点主要在于加强对今后职业道路的规划引导。引导他们积极参加研究生入学考试，来提升个人能力。大三也是临近毕业的一年，要为毕业做好准备，收集一些素材开始写毕业论文，早些做好打算。如果准备考研，那就要开始复习了。如果考研成功，接下来的时间就是继续努力学习。如果考研失败了，那也不要气馁，早点步入社会，未必不是一件好事，可以早点让自己成熟起来，勇于承担国家和民族对大学生的期望。对二年级的学生来说，继续提高学习成绩，争取保研资格就显得更为重要，学有余力的情况下应该参加各种科研活动，提升自己专业实践能力和对认清生物专业在民族复兴大业中的责任和历史使命。而对于一年级的同学，要注意帮助他们适应好从中学到大学的过渡，提早规划目标，分配好时间表。为了帮助各年级同学相互借鉴和学习，我们建立微信群，可以随时联系和交流想法，也积极组织线下的面对面的交流活动，学生评价良好！

经过连续几年的努力，三年级学生中的一位已经成功获得国内的985知名高校攻读研究生资格，二年级的两位同学成绩稳步上升中，一年级的同学学习努力，目标明确。收到预期的较好育人效果，我的学生一致认为，在我们共同努力下，他们在专业引领、帮助适应大学生活、培养学习兴趣方法、提高思想品德等方面得到帮助很大。

“铿锵五人行”

导师：刘洋

我是生物技术专业四位本科学生的学业导师，我的学生分别是大一的魏川、大二的蔡羽宸、大三的向纪芸和冯喜龙，我们之间“亦师亦友”，并且建有一个能够随时联系与沟通的微信交流群“铿锵五人行”。

生活上我是他们的“贴心人”。平日里关心四位同学的日常生活，通过微信交流群，在日常生活中与学生保持密切的联系，了解学生在校生活中所遇到的困难，并积极提供建议和力所能及的帮助；特别是在学生身心健康与安全等方面时常督促和提醒，积极践行本科学生校园生活“贴心人”的责任使命。

学业上我是他们的“指路人”。“学业导师”最重要的职责之一就是为学生的学习和未来就业“指路”，我会根据不同年级学生的特点和学业需求有针对性地开展学业与就业指导，针对大一学生，我建议他们树立专业自信，并在使其了解大学学习与之前中学阶段不同的基础上督促其认真学好基础课，为今后专业课的学习打下良好的基础；针对大二的学生，我会依托 SRTP 和我的科研方向积极为他们创造科学研究的机会，在指导其研究的过程中培养他们的学习兴趣与挖掘专业潜力；针对大三的学生，我会尽早与他们交流今后的规划，在他们确定了毕业初步意向后，我会有针对性地为他们提供必要的专业辅导与就业信息提供等帮助。为学生在学业上“指路”责任重大，但是看到他们在我的帮助和指导下，目标清晰并且不断进步的状态，我感到莫大的欣慰与满足。

在心理上我是他们的“知心人”。在平日里，除关心学生的生活和学业之外，及时了解学生的心理状况和情绪变化也是我的重要职责之一，我会定期与我所带的学生进行沟通交流，认真倾听他们的诉说甚至是“吐槽”，冷静客观地分析研判后，采用“同理心”的交流与沟通方式与学生平等交流，注重个性化开导与建设性意见提供，起到了良好的沟通效果，拉近了学生与导师之间的心理距离。

回首本学年担任本科生导师的工作，既有所得又感觉到前面将面临诸多新的挑战，但我相信，只要有一颗心系学生的责任心、热情服务的诚心和永不满足的不平常心，在学院领导的大力支持和鼓励下，在同事的热心帮助下，在学生的理解与信任下，我深信一定能够顺利并出色地完成本科生导师的本职工作。同时，通过一个学年与同学的充分接触，了解了学生的学习状态、对本专业的认识、对大学生活的认识以及未来的规划。今后将继续深入地与他们交流，并提供有针对性的引导、协助和指导，使他们的学业取得满意的成绩，并度过一个充实、快乐与有意义的大学生活。

共同学习，共同成长

导师：庞楠楠

下笔前，实在有些汗颜。但如以此为机会，回顾自己做本科生学业导师和与学生交流的心得，倒的确可鞭策自己更加努力，与同学交流更加谦虚谨慎。

我目前有 4 名学生，与詹江宇、董国霞交流较多，仅今年就超过 10 次，谢子豪和黄海福刚入学，了解稍浅。

詹江宇目前准备考研，初期颇积极，而后成绩上受到了挫折，现集中精力备考。我和她讨论时，综合她的情况，建议报考本校本专业研究生。

董国霞来自青海，一直较为积极，现加入我所在课题组进行 SRTP 实验，状态尚好。

在这几年尤其是疫情后不能到校情况下的交流中，我非常谦虚谨慎地和他们交流，耐心观察和记录他们的成长，以较严肃却又较幽默的方式督促他们。例如，“恐吓”他们考试不及格就要去操场跑十圈大喊“我对不起自己”并拍照；邮件汇报学习计划和考试成绩；图书馆谈心；来参观实验室并参与一些简单实验以提高兴趣等。

在交流过程中，我有两点做得较好，一是谦虚谨慎，二是较频繁的交流，深入了解。

正是这种平等为基础的深入交流，我才更多地理解了他们对以下几个问题的思考，得到了共同成长。

（1）同学们入学后面临多项挑战，衣食住行，陌生环境，学习压力和同辈压力。目前选择又很多，慕课、B 站、电影电视、手机和课程竞争着时间和注意力。购物、兼职、人际关系甚至恋爱蚕食着精力和理性，似是而非的观点和公知多方位抢占着思想，如何在这花花世界中保持冷静，不光是孩子们遇到的问题，我们教师同样身处其中。考核、生存和家庭，同样是我们面临的问题。正是理解了他们，我才理解了自己，才更坚定生活的信心，才更明确一些观点。例如在博与专的取舍上，是进一寸有进一寸的欢喜，广一分有广一分的收获，还是分清主次，提高成绩，走保研之路；在焦虑和踏实的抉择，是迷失在内心的情绪中还是过好每一天。

（2）我的另一个深刻体会是，贫贱不能移。在大学时代打好三观基础。我和同学一样，都不是很富裕，都在积极攒力量的阶段。如何走正路，如何杜绝饥寒起盗心，如何控制自己的欲望，不仅仅是同学们面临的问题。

综上所述，我和我的学生在本科生学业导师交流期间共同学习，共同成长。我受益匪浅。常说种树的最好时光是二十年前，其次是现在。我比我的学生年长 20 岁。因此，本科生学业导师项目于他们是二十年前，我可以和他们分享我的经验。于我是现在，我也在学习成长。

因此，感谢本科生学业导师项目给我、给我们这个机会。

做一名有温度、负责任的本科生导师

导师：侯全璨

作为一名入职北科大不久的新教师，遇上三全育人这种新的育人模式，我经常思考自己如何才能在本科生身上真正地贯彻实施三全育人。和以往的大学育人模式每个年级只有一个辅导员相比，三全育人中的本科生导师制让学生们多了一位关心他们的老师，而且本科生导师名下的学生相对辅导员负责的学生来说人数少，因此，某些方面的工作可以做得更到位。经过这一年多来的工作，也有了一些自己的体会：

（1）多交流，了解每一名学生的性格。有句话说性格决定命运，每个学生的成长经历不同，他们的性格也不同，有的彬彬有礼，有的或许就桀骜不驯，有的开朗健谈，有的则内向甚至有些自闭。由于平时办公不在校本部，我尽量利用去学校办事的机会约同学们在食堂一块吃个饭。记得第一次在鸿博园四层约见 2017 级、2018 级和 2019 级的同学们时，看到他们一双双晶亮闪光的眼睛，我觉得自己作为一名高校教师特别幸福。虽然自己比学生们年长十几岁，但我其实对自己过往的大学生活仍记忆犹新，因此，我鼓励他们敞开心扉，平时谈心不要觉得老师高高在上，希望他们把我当成一名大哥哥、好朋友。通过几次面对面的交流，我基本上了解了每一名学生的性格以及他们的思想、学业等状况。有位同学跟我说他比较自闭，但是我觉得他其实很聪明而且上进，修了第二学位，对未来也有自己的规划，我也正计划组织一次和其他高校研究生的见面活动，增加他跟其他学长的交流，希望他能在不断的交流中慢慢打开自己。

（2）推己及人，鼓励学生在大学中认识自己。有次约同学吃饭，有位 2019 级的学生说自己转专业了还能否参加，我回复说非常欢迎，并立即表示对他找到自己感兴趣的专业感到高兴。作为一名化生学院的老师，我非常希望自己的学生对生物学能感兴趣，并且平时邀请他们进我在的生物农业中心实验室积极培养兴趣。但我认为本科生导师应该像他们的家长一样，以学生的人生发展为出发点。因此，我尊重学生主动认识、发现自己后的选择，毕竟从事自己感兴趣的事并把它当做人生的事业是幸福的，才能最好地发挥他们的潜力，激活内在的动力。

（3）以自己的经历对学生进行事半功倍的指引。有些学生到大三后会对未来毕业后的去向有些迷茫和焦虑，结合自己的留学经历和在清华做博士后期间的见闻，我对计划出国留学和读研的同学提出了一些建议，比如除了考研外，我告诉他们去感兴趣的实验室实习，获得实验室老师的认可后，老师可以直接推荐参加研究生入学面试，也是一条成功读研的路，而且这条路对非应届生也适合。另外，我也常在群里推送给他们一些申请留学的信息等，有位同学已经进行了托福考试。

（4）传播正能量。本科生是祖国的花朵，也是祖国的未来，本科生导师应该培养朝气蓬勃的，而不是暮气沉沉、消极愤世的年轻人。我深知自己的言行及情绪能传染给学生们。因此，无论是面对面，还是微信群中的交流，我特别注意不把自己偶尔产生的一些负能量传递给学生。

（5）鼓励学生独立思考。在这个信息纷扰的年代，鼓励学生独立思考尤为重要。比如疫情期间各个推送散布的一些没有根据的消息，我建议学生们不要随意传播，独立思考，明辨是非。另外，独立思考的过程，是一个人获得内心成长的过程，也是创新的源动力，是一个有思想、有内涵的大学生应该具备的品质。

北科大是三全育人的首批试点高校，目前为止，我已是 10 名本科生的导师，但对这种新育人模式也是边学习、边思考、边摸索。未来工作中，我将与学生保持多交流，开展一些具有建设性的有益活动，持续关注他们大学期间的成长，努力成为一名有温度、负责任的本科生导师。希望我名下的每一名本科生都能在大学四年里身心健康、不负韶华，毕业时能阳光自信地迎接他们未来的生活。

为培养高质量的创新型人才贡献力量

导师：李紫文

我是化学与生物工程学院生物与农业研究中心的一名讲师。按照学校和学院的安排，我从2018年起，很荣幸地担任生物技术专业2017级两位学生、2019级三位学生以及2020级三位学生的本科生导师。在倍感荣幸的同时，也觉得责任重大，如何在立德树人、学业指导、学术指导、规划指导和成长指导方面，为学生提供切实有效的帮助和持续不断的指导，最终使学生们在我们北科大度过四年充实有意义的本科学习和生活，使这段经历成为他们难忘的回忆以及今后人生道路上一笔宝贵的精神财富，是学校和学院交给我们本科生导师们的一项光荣的任务，也是我们作为人民教师必须不断思考和更好解决的现实问题。作为一名年轻的教师，我在教育和指导学生的工作中仍有许多方面需要进一步学习、补充和提高，现谨将我担任本科生导师工作过程中的一些经历和一点经验列举如下，希望通过对这些经历和经验的交流以及进一步思考，进一步充分发挥我们作为教师的教书育人的作用，更好地为学生提供帮助和指导，保证他们健康成长成才。

第一是在交流中发现学生关切点，及时引导。沟通是桥梁，本科生导师的职责要求我们必须与学生进行有效的沟通，在交流中发现学生关注和关切的问题，发挥本科生导师帮助和引导作用。作为本科生导师，我印象最深刻的是第一次与学生面对面的沟通。在第一次面对面交流中，我首先向同学们进一步宣讲了学校的本科生导师制，随后就开始“唠家常”似的交流。在交流中，我了解到有同学是转专业来到我们学院，学习生物技术专业。因为我本科专业就是生物技术，我就从我的学习经历出发，向同学们讲述了我报考填志愿选择生命科学的心理想法以及本科四年一些令我难忘的学习和生活经历，希望能进一步增强同学们从事生命科学学习和研究的兴趣，引导同学们进一步树立起积极向上的学习心态。因为我本人从事的是生物信息学研究，对计算机科学和统计学有一定的了解和体会，所以随后我又对同学们讲解了与生命科学学习和研究相关的其他学科的一些内容，希望能拓宽同学们的视野，激励他们在努力学好本学科内容的同时，能够积极思考，开拓创新。同学们也敞开心扉，表达了自己的想法和感受。我感到大家在交流中始终保持着积极的心态，气氛活跃。通过面对面的交流，进一步加深了本科生导师与所指导学生的联系，非常有助于本科生导师在第一时间“捕捉”学生的关切点，进行更为有效的引导和帮助。

第二是在交流中发现学生兴趣点，及时指导。通过关注同学们在“朋友圈”中展示的自己学习和生活的经历以及自己当时的感受和看法，我了解到同学们不同的特点和兴趣爱好，有助于随后与他们进行更为有效的沟通和有针对性的指导。在与我所负责的2020级新入学同学的交流中，我发现有一位同学对基因组学和生物信息学有兴趣，询问相关问题。我就及时地邀请他有时间到实验室来参观，帮助他把脑海中对生命科学和生物信息学的兴趣落实到实实在在的对实验室的感觉中来，有助于这位同学学习和研究兴趣的提高。通过向同学们介绍我所在的生物与农业研究中心的基本情况，激发本科生积极向上的学习和研究热情，帮助同学们做好今后学习和研究的规划。

以上是我在本科生导师工作期间的两段经历。通过对其他老师优秀工作经验的学习和对自身工作经验的不断总结，我们要更加努力，充分发挥教师教书育人的作用，把学校和学院对本科生导师要做到“立德树人、学业指导、学术指导、规划指导和成长指导”的要求落到实处，为学生健康成长营造优良的环境，为实现培养高质量的创新型人才的目标努力贡献力量。

做好学生的领路人

导师：谢科

本科生导师制是我们学校为了提高本科人才培养质量而实施的重要举措。大学是人生旅途的重要驿站，对于刚迈进大学校门的科大学子，及时地对他们进行学业指导和人生导引，能够帮助他们尽快和顺利地进入大学的学习和生活。

我从 2018 年 11 月份开始担任 2018 级学生的本科生学业导师，随后在 2019 年初及 2019 年秋季学期分别开始担任 2017 级及 2019 级学生的本科生导师工作。目前是 2017 ~ 2020 级共四个年级 10 位本科生的学业导师。此外，从 2017 年开始我还陆续指导了多位本科生的 SRTP 项目研究工作。

由于我自己不是师范专业科班出身的教师，如何指导大学本科学生，是完全没有经验和信心的。要想做好导师工作，对我真不是一件易事。但从一开始接触到分配给我指导的本科学生，面对这些刚刚迈入大学校门，对未来充满期望而又青涩的面孔时，就像看到了 20 年前的自己一样，我对自己说：我要尽自己最大的努力主动帮助他们，真诚、无私地与他们沟通，让他们少走弯路，引导他们在学习和未来的规划上取得成功。

至今，我已经指导了接近 20 位本科生，在和他们的经常接触过程中，我发现考上咱们北京科技大学的年轻人，各方面的基本素质都是不错的。对他们了解越多，越能发现他们展现的能力和优点。他们取得的每一个进步也常常让我欣喜。与这些朝气蓬勃的青年学子在一起交流学习和生活，也是一个审视自己的过程，自己也不断从中得到“学习充电”，感觉是和学生一起共同成长，收获颇丰。我的一些体会如下：

担任学业导师，很重要的一点体会是要和学生进行沟通交流，了解他们的学习和生活情况。刚开始是通过与大一新生面谈和到访本人工作的生物与农业研究中心进行参观学习，让新生初步认识了高校科研和教学的一些情况。随后通过集体座谈方式，与研究中心的老师和学生之间增加了了解。我每个月都会和学生定期沟通交流，形式多样，或单个面谈、集中座谈，或微信、电话联系等，便于及时掌握学生的学习情况和心理动态，以便开展指导。

第二点体会是要坦诚相见，设身处地地为学生着想。我所指导的学生是生物技术专业，大一新生刚入学，对专业目标和专业方向都非常迷茫。基于这种情况，我采用“进实验室”的形式，让我实验室的研究生现身说法，与大一新生一起交流，解答他们的疑惑。对于有科研兴趣的学生，鼓励他们申请 SRTP 项目或参加实验室研究生的课题研究，在科研中了解专业，热爱专业。目前已有一位学生通过在我实验室的科研活动锻炼，在本科毕业时候选择了在我实验室攻读博士学位。

第三点体会是要关注学生心理健康。大学生活比较自由，很多学生一下子失去了管束。大学生活也是集体生活，学生要自己处理同学关系、宿舍矛盾，乃至社会人际交往，也要面对一些不良社会现象和陷阱。这些对学生的心理健康都是挑战。我在和他们交流的过程中，注意观察他们表现出来的心理活动，有意识地引导他们去正确处理这些挑战。

经过两年的学业导师工作，学生们有了长足进步，我也学到了很多新东西，深感此项工作的重要性和必要性。在未来的时间里，我要做好学生的领路人，帮助他们树立正确的世界观、人生观和价值观，陪伴和带领他们一起度过大学时光，为学校的人才培养承担自己应尽的职责！

经济管理学院导师谈体会

相互欣赏，共同进步

导师：李铁克

作为本科生导师，我和我指导的学生们一起就大学生活的特点、专业设置和社会需求、考研和就业，以及如何面对生活中的挑战、如何从事科研工作等话题进行了多次比较深入的探讨，尽可能给予学生们一些帮助，也从同学那里获得许多感悟。

从与学生们建立全程指导关系开始，我便强调专业学习的重要性。通过自己对专业学习的认识来浸润学生的思想认识，使学生有效管理时间，养成主动学习的习惯。从学习效果来看，大多学生学习积极主动，成绩非常好，因此总体平均成绩也处于较高水平。也许，这是我最感欣慰之处，我和我的学生相处融洽，相互欣赏，共同进步。

向学生传达来自专业老师的爱护

导师：张晓冬

本科生导师模式是一种创新的培养方式。虽然我自己担任硕导、博导多年，但说实话，怎么当好本科生导师，刚开始心里还是很没底的。记得第一次我把学生们叫到办公室见面时，学生们除了回答我基本情况的询问后，就不怎么主动说话了。为了拉近和学生们的距离，我开始让本科生们参加我实验室的 Seminar 研讨会。我的实验室有每周举办一次 Seminar 的习惯，每次由一位硕士生或博士生进行一个专题的研究汇报，题目也是提前准备好的。记得本科生第一次参加研讨会的时候，他们非常开心和兴奋，话也慢慢多起来了。随着开会次数的增多，他们逐渐放开了，甚至能够积极地和学长们讨论问题，帮一些小忙等。而我虽然每次开会的时候说话不多，但也渐渐了解了哪个学生是什么个性、有什么兴趣、有什么问题，在以后的交流中，就能比较好地进行指导。本科生有时候会觉得教授比较难以接近，没有什么共同话题。但是和硕士生、博士生的年龄差距小一些，他们还是很乐意交流的。我想这是一个很好的经验，就是让本科生融入实验室，让他们品尝一下科研的滋味，也通过一级一级的传帮带让他们感受到集体的温暖。

还有一种沟通方式就是充分利用微信来交流。为了拉近和学生的距离，他们的朋友圈我都会点赞，时不时提醒他们还有一个“本科生导师”的存在。每个年级的本科生建立有一个微信群，我会经常给大家推送一些质量高的文章，尤其是和他们专业相关的，涉及专业、科研、考研、竞赛、就业、心理等各个方面，日积月累学生们就会有很多的收获。每到节日，这些本科生也都会给导师发来祝福。这时我也尽量一一回复，感谢他们的祝福。当我在给本科生上课时，我也会有意给我带的学生安排一些任务，例如让他们在班级微信群发布课程通知、收发作业、收集大家的反馈等。通过这些日常的交流，也是想让学生知道，导师是随时准备给他们提供帮助的。

有些学生会带着一些问题来找我，慢慢我也就积累了一些经验。他们问得最多的问题就是专业的问题，例如大数据和管信专业的区别，大数据和计算机类似专业的区别等。有一次，一个大数据专业的学生来找我，说他困惑了很久，不知道是否需要考研。他认为应该趁着大数据人才还比较缺乏的时候尽早就业，这样就能有较好的工作岗位。当我帮他分析了大数据就业的岗位之后，他很快明白读研之后的就业岗位比本科毕业后的岗位有着明显的不同。然而他立刻就有了第二个问题，读研是学管理方向的大数据还是学计算机方向的大数据……通过类似这样的交流，我慢慢熟悉了本科生的想法和心理，发现他们通常思考问题比较简单，的确需要站在一定高度的专业化的指导。

通过这几年的实践，我渐渐明白了本科生导师的责任所在。也许我们不能像辅导员那样每天关心他们的学习和生活，但是可以向他们传达作为专业老师的一种爱护，让他们有被发掘、被提升、被重视的感觉，让他们在遇到困难的时候有一个倾诉和求助的通道。

从学生的角度提供帮助

导师：孙莹

我认为，导师制是在师生之间建立了一种“导学”关系，针对学生的个性差异，因材施教，指导学生的思想、学习与生活。导师制从制度上规定教师具有育人的责任，使教师在从事教学科研以外，对学生进行思想、学习、心理等方面的教育和指导成为其工作的另一部分。

从这点出发，针对不同年级、不同学生的特点，我从学生需要的角度为他们提供帮助。下面是来自我的学生们的心声：

国贸2018级李悦：孙莹老师对我而言，不仅是一位良师益友般的存在，而且真真切切地给我带来了母亲般的关怀与温暖。在我最伤心无助的时候，我不曾向我同样悲伤的母亲倾诉，也不方便打扰朋友，是孙莹老师充当了我的情绪黑洞和垃圾桶，孙莹老师的陪伴与安慰使我的负面情绪得到了很大程度的疏解。在平常的学习生活中，孙莹老师很有耐心和包容心，包容我们的缺点和不足，为我们提供建议和帮助，身怀赤诚之心，经验倾囊以授，我觉得与孙莹导师的相遇，是我大学生活的一大幸事，我想再一次向孙莹老师表达我的欢喜与感激。

国贸2018级吴思远：还记得第一次见面时，孙老师就让我们亲切地称她为孙妈。我们作为孙老师的学生是十分幸运的，每一次交流我们总能从孙老师那里学到些什么。从国际贸易的术语、商务英语的交际用语，到国家间的文化差异，她都信手拈来。除了这样的专业知识，她还对我们的生活和心理状态十分关心。比方说我们在学校里的琐事，对未来职业发展的迷惘等，以至于我们遇到困惑时就会第一时间想到她。在接下来的一年半里，我们还要和最棒的孙妈一起走下去！

国贸2018卢青霞：老师工作很认真。很认真地考虑我们的时间定期开展导师见面会，而不是随便开一下会这样子，同时利用导师见面会教我们商业礼仪。老师鼓励我们一起相互借鉴相互学习。给老师发消息总是很快就得到回复，在学习和生活中都特别照顾学生。挺不错的老师。在专业层面上，满满的干货呀，如果你听过老师的课就知道了。就不多说了，专业满满哒～

国贸2017级刘培尧：孙莹老师是我的本科导师，在最初我并不懂的导师的作用是什么，会给我怎样的影响，而且在网上经常也会听说导师欺负学生的新闻，但是孙莹老师的到来如一缕春风，化解了我这些忧虑。孙莹老师虽然年纪比我们大一些，但在思维上、谈吐上总是有意无意地向我们倾斜，这是相当不易的，有时就连父母都可能不太会理解我们的想法，而孙莹老师却可以做到。老师总是以一种平等和放松的姿态与我们交流，尽可能地让我们感到舒服。老师每隔一段时间就会把我们聚在一块聊一聊现状，聊一聊未来，虽然这些话题每次都会有些沉重，但老师总是笑呵呵地说没事，每个人都会面对的，这些话语有时也让我如释重负，更加享受生活。今年的实习答辩工作中老师也给予了我很大的帮助，一个部分一个部分亲自为我修改，虽然最后我的答辩过程不太理想，但是有老师在实习报告上的修改帮助，我还是取得了不错的成绩。还有大半年就要毕业了，能遇到老师是我很幸运的事情，很感谢老师在我迷茫时为我引领和疏导，也希望老师身体健康，家庭生活和睦，平安喜乐。

国贸2017级李金秋：孙莹老师不仅悉心指导我们的学习，也关注我们的生活。大二大三时，隔几周老师就会组织我们见面，给我们讲一些与国际贸易专业相关的内容，从专业知识到商务礼仪都有涉及；老师还会关注我们毕业后的选择，为我们分析利弊，并给予我们鼓励与支持；在商务英语课上，老师认真负责，能够带动我们学习的积极性。印象最深的是孙莹老师对我专业实习的指导，在大二下学期时，老师就曾鼓励我们早些做准备，把握实习机会，在返校之后老师积极督促我们完成实习报告并准备答辩，孙老师认真耐心地通过微信语音的方式指导我修改实习报告。疫情期间，我们收到了孙莹老师的关怀信息，非常温暖与感动。非常感谢孙莹老师的指导与帮助。

国贸2017级张佳琪：孙莹老师是一名非常优秀的导师，在大学期间给予了我许多的帮助。首先，孙莹老师会自行组织本科学生进行商务礼仪的学习，让我学到了很多课堂上没有接触过的知识，也对我今后的求职有很大的帮助。其次便是在实习答辩的前期准备工作中，孙莹老师对我的实习论文进行了非常细致的指导和修改，给了我很多的指点，让我在之后的答辩中更有目标，介绍回答也更加清晰。而且孙莹老师的商务英语课程十分有趣，在她的课程上学习商务英语专有短语不会觉得很枯燥，记忆速率也会大大提高。总体而言，能够成为孙莹老师的学生，让我感到非常荣幸，我非常感谢孙莹老师的辛勤付出。

国贸2019级张冉：孙老师，说句实在话，在专业学术上，我还没有与您进行过交流探讨，我能感受到的更多的是您的教育理念。您最让我印象深刻的是，给予我们足够的自主空间，并且让我们主动地去探索，在需要您的时候再去向您求助。其实我的理想工作与国贸专业没什么关系，考研也打算跨考（也许我就是您所说的很个性的年轻人吧），但是您的态度让我很有安全感，我以后有什么样的问题都很乐意和您倾诉。

国贸2019李鹏宇：您的年纪和我们父母的年纪相仿，说是老师，对我们的关心其实更像我们的妈妈，无微不至。您给我一种很“潮”的感觉，愿意接受年轻人的新思想，尊重年轻人的选择，紧跟时代潮流。在学习方面指导我们树立目标，找到自己的理想，告诉我们学习的重要。在生活方面也愿意倾听我们的声音，为我们解开心结，总之，在我心里您是一位值得信任、值得尊敬的好老师！

总是对学生们说，希望他们能有聪明的头脑、有趣的灵魂和豁达的品格，希望在我作为家长的小家中可以释放自己的情绪、敞开心扉，健康成长。

陪伴学生乐观向上成长

导师：何润宇

随着新生一年一年的到来，作为一名全程导师，我的名下现在已有20余名本科生同学了，而如何承担好全程导师的职责，仍处于不断探索之中。

作为学校学院这几年的新举措之一，全程导师被赋予了指导学生、引导学生、督导学生的重责，工作内容和要求与辅导员、班导师、论文导师有程度不同的重叠，有的同学由于选择了非工商专业还会中途更换导师，这使得全程导师工作常常无从下手。

由于全程导师虽然责任重大，但并没有对学生相应有效的制约和控制手段，在指导、引导和督导过程中就需要多想办法、多找途径，以更好地完成学院要求的全程导师的各项工作。

受疫情影响，上学期同学们只能在家在线学习，精神状态和学习质量都更加令人牵挂。我多次组织线上同学见面会，与大家聊天，询问了解他们的生活学习情况，鼓励他们在特殊时期积极应对，保持良好的成长心态。

除督促大家学习之外，我还反复强调建议同学们利用好人生中这段特殊而又难得的与父母长时间共同生活的宝贵时光，好好表现，多做点家务，多说点好听的温暖话，孝敬父母。同时也要积极运动，宅家不宅肉，多锻炼身体，提高身体素质。

除了常规的见面讨论、课业与书目指导、在线微信群联系外，我还偶尔组织同学们聚餐，组织大家集体跑步，这些都进一步增加了师生间的了解与友谊。

此外，我还打算尝试把自己带的这20多位同学组织起一个小小跑团，通过运动，让大家在大家期间养成良好的运动习惯、坚强的意志和乐观向上的精神，在知识层面、精神层面都有更多收获。

惜相伴共成长，展未来期远航

导师：刘学娟

在2019～2020学年期间，我很荣幸地担任2017～2019级8名学生的本科生导师，在这一不平凡的学年中，我始终与学生保持良好的沟通，共同见证彼此的成长。

在与学生沟通交流方面，我主要采用线上随时沟通及线下随时约见的方式。每隔2～3周，我会约这8名同学集体见面，到我的办公室或者预约案例室，因为大家的时间总会有冲突，所以不强制学生一定前来与我见面，没能前来的学生可以另约其他见面时间。集体见面的时候，会让几位同学谈一谈最近的学习情况、参加各类活动或竞赛的情况、生活上的情况等，谈谈自己遇见的困难和困惑，我尽量帮同学们解答，如有不了解的问题，会帮忙询问其他相关老师，尽自己的能力帮到学生。在疫情期间，采用腾讯会议的方式与同学们交流，在督促他们好好学习的同时，也嘱咐同学们注意防护，保护自身安全。

除集体约见之外，几位同学如果有需要，可以随时联系我见面沟通等，使我与几位同学建立了良好的关系，对他们有了更深入的了解。2017 级的李笑妍同学，是个安静沉稳的女生，一直努力学习争取保研，几次单独与我沟通保研事宜，其在中南大学交流期间，也保持了良好的线上沟通，目前其顺利保研管院；2017 级的时志伟同学，在大数据技术方面造诣颇深，其目标是考取计算机专业研究生，进行大数据技术方面的深造，在其备考期间，遇见困难或者压力的时候，也愿意与我沟通交流，我也尽力为其排解压力并加以鼓励；2017 级的姜红燕同学，精通韩语，明确了自己找工作的方向并正在实习，使专业知识学以致用并发挥自己的韩语特长；2018 级的艾荣军同学，性格内敛，内心坚定，热爱学习，保持了专业第一的好成绩；2018 级的徐培鑫同学，是个阳光的大男孩，认真学习并担任班干部，经常与我沟通学习及其在班级的工作情况等，也确定了未来的方向即考取计算机方向的研究生，每周制订详细的学习计划并努力践行，成绩良好；2018 级的高诣清同学，性格活泼，积极参与各项活动，积极与导师沟通，如请我帮其团队审阅《商业计划书》等；2019 级的王焕琪和赵恩珑两位同学，热爱学习，积极参与各项活动等，如王焕琪同学担任特奖答辩等各项活动的主持人。

除了我作为导师与学生之间的沟通，另外很有帮助的一种方式是学生们之间的沟通，尤其是学长学姐对于学弟学妹来说，是经验丰富的前行者。如何争取保研名额、如何备战考研、认识实习和专业实习是什么、这门选修课学习什么等各类问题，学长学姐能给予低年级的同学很好的回答，同学们之间交流经验的同时，也建立了良好的关系。

当然，每位同学性格不同，在学习和生活中面临的问题不同，也会有同学不愿意将自己的困难和需要与导师沟通。如何让同学们更加信任我并使导师的价值得以更好的发挥，将是我努力的方向。学生是国家的未来，社会的栋梁，我有幸能成为他们的导师陪伴他们的成长，我也会更加努力地学习，与同学们共同成长；更加用心地对待每一位同学，更好地担负起本科生导师的责任。

帮助学生系好人生第一粒扣子

导师：王柏琳

2019 年，我有 12 位学生，从大一（2019 级）到大三（2017 级），每个年级 4 名。12 位学生，处于不同的人生阶段，有着不同的未来规划和学习态度，也有着独特迥异的性格特点。作为他们的本科生导师，就要帮助学生们系好人生第一粒扣子，不断指导他们明确自己的方向并为之努力，不负青春，不负自己。

一、论面对面的重要性

面对面的互动方式，在管理学上来说具有成本高、工作量大、需要预先准备安排等缺点，但它的优点是显而易见的：生动、互动性强，可以通过声音、形体、环境等传递和表达信息，内容丰富，极其适合深度问题的交流。而这些优点，在坚持与学生展开面对面交谈的持续过程中逐渐体现了出来——通过面对面的深入交流，学生逐渐喜欢与导师沟通，也乐于同导师见面。

印象最深的是在这个学期，2017 级学生迈入了大四，考研和实习占据了绝大部分时间，带着会不会影响他们发展的顾虑，在约谈学生时尝试着与学生一起探索其他见面方式，但意外的是，当经历了 2020 年上半年的隔网相见后，再次约谈学生时，这些时间无比宝贵的 2017 级学生很愉快地选择了面谈的方式。

由老师主动到学生主动，再到学生乐于沟通，定期面对面地深入交谈功不可没，学生对导师的信任感也在一次次的交谈中建立起来。

二、个性化指导与多样化方式的结合

面谈终究只是一种方式和手段，真正能让学生乐于互动的，是更深一步的个性化、多样化指导。学生是一个群体，同年级、同专业面对的问题总是具有共同性的，但学生又是独立的个体，从性格到学习生活，方方面面都有着不同。因此，一对一的个性化指导就有其必要性，而在一对一的指导过程中，又能进一步发现他们的共同需求，根据需求再采取多样化的指导方式。

首先，从粗粒度来说，不同年级面临着不同的发展需求，不同的未来规划也对应着不同的发展重点：

（1）大一的同学刚迈入大学，在第一年中的发展重点在于适应大学生活，顺利实现由高中向大学的过渡，作为导师要帮助学生明确大学与中学的本质不同，在学习的基础上强调实践和能力的提升，并明确专业兴趣，为大一末的分专业和转专业着手努力；

（2）大二和大三是大学的黄金期，专业基础也主要是在这两年打牢的，因此在大二伊始就要督促学生思考自己的未来规划，帮助学生明确专业核心，并鼓励学生抓住这两年黄金期，在学有余力的情况下积极参加各类学科竞赛、创新创业项目、社会服务等，丰富阅历、开阔视野、提升能力；

（3）大四是为自己的未来努力奋斗的一年，考研、保研、出国、工作，或是继续深造或是走向社会，不同的未来规划都要在大四去努力，学生这时候更需要的是导师的支持和鼓励，特别是对于考研的同学来说，心理的调节与埋头苦学同样重要，老师此时甘做树洞，让学生过来吐吐槽聊一聊，舒缓一下心情，长舒一口气再重新迈入书本中积极备战，这种意义也不可谓不大，想来这也是大四学生愿意过来与我面谈的原因之一吧。

因此，对于不同年级有着不同的指导重点，在每学期至少要为每个年级单独组织一次开会，来集中解决当前阶段学生们所关注的重点。

然而，细究起来，即使是同一年级，或是同一发展规划，每个人的需求也是不同的。例如，在我所带的 2017 级和 2018 级信管同学里，各有一位是以出国深造作为自己发展方向的，但 2017 级同学贾嘉至对所去国家和深造专业都很明确，所以他的需求在于如何丰富履历提高能力，而 2018 级同学梁童则反复徘徊于国家的选择上。因此虽然是同一专业、同样的未来规划，但不能用同样的方式去指导。对于贾嘉至，我所能做的是帮助他筛选实习方向，带他参与科研项目，按未来高校所要求的方向去丰富他的履历；对于梁童，则是除了带她联系贾嘉至外，还带着她去咨询高年级去往其他国家的学长学姐，帮助她去判断和选择。类似的，即使是对于 2017 级同级同专业计划考研的同学来说，有的准备考本校、有的计划考外校；有的寝室情况复杂，保研和已找到工作的均有，有的寝室则相对简单，有利于集体备考……针对种种不同情况，也需要单独指导。而对于每位同学情况的了解与把握，以及一对一指导，都需要通过一对一的面谈来解决。

因此，对于每位同学，始终坚持每学期至少一对一面谈一次，针对各自的情况进行个性化指导。

此外，根据面谈时出现的共同需求，持续展开不同年级搭配面谈、网络信息搜集共享、借助自己的资源牵线搭桥等方式来解决后续问题，而沟通渠道则不局限于面谈，也包括微信、建群、网络分享等方式，实现线上线下全方位沟通。

三、关心学生，亦师亦友

其实不论采用怎样的方式，能让学生真正打开心扉的，还是老师切实的关心，这种关心不仅仅在学业上，也在生活上，在方方面面；这种关心是放在心上，而不仅仅是在见面的那几个时间段里。

关心，在于看到重要信息时第一分钟转发，在于疫情期间的反复叮嘱，在于看到美景或有趣信息时的快乐分享……随着不断的分享、叮嘱、关心，当学生遇到各类事情时，导师就会成为他/她第一个想起来联系的老师。

今年 1 月底，2018 级的一位同学康宇彤在北京手术，出院时恰逢疫情最紧张的时期，学校下发了封校通知，她第一时间联系了我，希望家长能进入宿舍取走自己的东西以便回家。在学校和学院领导的关切下，严格防疫防控管理并不失人性化关怀，康宇彤妈妈在辅导员的陪同下进入校区取走了必需品。

今年 7、8 月，新疆的疫情出现了反复。2019 级有一位新疆籍同学张知卓，当疫情出现时我与她在微信中进行了沟通，之后在 8 月，当她感觉到心情压抑时主动联系了我，而在临开学时，她的心态已经调整得很好了。

成长是时间给予的美妙礼物。能够看到学生们在最为青春激扬的大学时期不断进步与成长，陪伴着他们走出迷茫、步步前行，这又何尝不是老师的幸运。

做学生心中有温度的人

导师：牛红丽

非常荣幸成为 18 名（其中 7 名 2017 级、7 名 2018 级和 4 名 2019 级）可爱的本科生的导师，在过去的一年日子中与他们有着愉快且难忘的相处，也让我个人有了很多的收获。

作为一名本科生导师，我首先认真履行了学校对本科生导师制的要求，做到了定期与学生见面沟通。2020 年的前半年，突如其来的疫情让我们没办法进行线下见面，因此就只能通过线上的方式和同学们及时地交流，了解他们的线上课程安排、存在的难点以及学习效果，得知学生们对线上教学适应得非常快，我也感到非常的开心。鼓励他们认真对待上课的事情，无论在什么环境，以什么样的形式，都要严格要求自己，做好时间管理，做好个人规划，一步一个脚印地往前走。在与同学们定期的交流安排上，我主要采取的是按年级分批见面，这样每次学生相对较少，能够做到每个学生的情况都有比较详细的了解，学生也能够比较完整地汇报自己的近况，有比较充分的交流，且每个年级的同学所面对的问题会相对集中，方便给出有针对性的建议。当然每学年至少有一次是集体见面，让不同年级的同学有一定熟知和交流。

其次，我个人是非常看重学生的心理健康发展的，除了关心学生的课程情况、课余时间安排等，每次交流一定会对同学们的心理进行一定的关注，鼓励学生保持开心、乐观积极的心态，做好个人的短期计划和中长期计划，每天充实有意义地生活，做好与班级同学的沟通相处，遇到问题可以随时与我沟通。在与个别同学的单独交流中，有同学会告诉我她有时候觉得心理压力有些大，对未来比较迷茫，常常比较在意别人的看法，所以会表露出一定的焦虑等，作为老师的我结合自己的一些过往经历，及时进行开导疏解，让学生减少焦虑，保持心情愉悦。

作为一名本科生导师，我想我能够做到的就是设身处地站在学生的角度，结合自己的一些经历和经验，在他们成长的路上给予一定的建议和指导，当学生带着问题来的时候，我希望可以尽我所能地让他们得到满意的答案或者提供给他们寻找答案的思路和途径。我同时也希望我既是学生的一位老师，也是一位朋友，可以成为一个有温度的人，可以让学生感受到老师的关爱，在他们远离家乡求学的路上能够感到一定的温暖和支持，让他们坚定而自信地成长为更好的自己。

帮助学生成为更好的自己

导师：黄秋彬

2019 年下半年，是我完成从学生身份向老师身份转变的阶段，对于即将开始的新身份、新任务和新的工作方式既充满期待又倍感压力。在入职后不久，根据学校颁发的《北京科技大学本科生导师制实施办法（试行)》(以下简称《实施办法》)结合本科生导师师生互选原则，我有幸成为两名 2018 级本科生和一名 2019 级新生的导师。而本学期根据 2019 级学生选专业情况，我又新增了三名 2019 级本科生和一名 2017 级留学生，原来的 2019 级学生由于专业方向不同转至其他老师名下，另外新增两名 2020 级新生。目前，由我指导的本科生共有八名，来自大一至大四各个年级。

在去年确定成为本科生导师之时，我便开始思索如何扮演好本科生导师的角色，如何指导学生成为更好的自己。俗话说得好，凡事预则立，不预则废，而无规矩则不成方圆，熟悉规则方能有的放矢，事半功倍。所以，对我而言，成为本科生导师的第一件事，是认真研读《实施办法》和《北京科技大学东凌经济管理学院本科生导师考核办法（试行)》(以下简称《考核办法》)等相关文件，充分了解我校本科生导师制设立的初衷、实施方式和预期目的，以及导师职责、工作要求和考核方式等。在熟悉上述文件之后，明确了作为本科生导师的职责主要包括立德树人、学业指导、学术指导和职业规划指导等内容。

那么，对学生们的指导，应该分年级进行呢，还是不分年级一起组织见面会更好呢？经过了解，虽然有部分前辈老师是分年级与学生见面，但是根据《实施办法》第十四条的工作要求，“导师负责构建以导师为主导，研究生辅导本科生，高年级本科生帮助低年级本科生的创新型学习科研团队，使学生们能够感受到团队的关怀，帮助学生健康成长”，个人认为不分年级一起组织见面会，更能促进交流，实现高年级本科生帮助低年级本科生的创新型学习科研团队，而对于有额外需求的学生，完全可以另约单独见面交流或微信交流。于是，我主动联系了我指导的学生们，创建了共同的微信群，以便于日常交流与相关通知。

在去年第一次见面会时，由于两名2018级本科生均是从其他学院转专业进入我院，对于会计专业还不甚了解，而2019级本科生刚入学不久，对于个人兴趣、专业方向等事宜也不了解。于是，我们的第一次见面会，除了向学生们介绍本科生导师制的相关要求外，更重要的是师生相互了解，我也根据学生的情况与想法一一做了记录，并初步分享了学院与财会系的基本情况。今年10月，我与八位学生的第一次见面会，主要也是介绍本科生导师制基本情况，了解各位学生的学习情况、生活情况、职业愿景等内容。

了解学生是有效指导学生的第一步，而学生主动发言则是了解学生的钥匙。作为过来人，我深谙学生的心理特征与顾虑，以及学生们可能存在的疑惑。出于对老师的尊重或者是敬畏，我国大多数学生在老师面前还是比较拘谨的，不像欧美的师生关系那样比较平等，学生们敢于直呼老师姓名，敢于在老师面前表达自己。所以，在与学生每月的见面会或日常微信交流中，我尽量摆低姿态，以“同龄人”或者顶多是学长的身份与学生们交流，特别注意尊重学生的想法，认可学生的个性，肯定学生的表现，在此基础上鼓励学生们主动发言，形成不同年级的学生主动交流、低年级学生向高年级学生请教、高年级学生向低年级学生传授经验的良好氛围。目前为止，我的学生团队交流氛围很活跃，学生们的疑惑基本上都在见面会上就能得到满意的答案。

在每月见面会或日常交流中，我并不直接以空洞生硬的话语要求学生们认真学习，而是帮助学生们确立自己的职业目标，学生们以目标为导向自发地主动学习。在具体指导时，我首先是了解学生们的兴趣与愿望，对于不想继续深造的学生，帮助其明确职业目标，以及实现目标所需的专业知识和技能，增强学生们自主学习的动力；对于有意愿深造的学生，则引导他们了解保研所需具备的条件，考研所需要的准备与难度，并且帮忙他们明确目前学校目标专业，尽早准备。

此外，我还会向学生们分享自己的考研经历、读研和读博的经历、求职经历、确定职业目标的过程和理由，以及目前我作为老师的工作情况和我的朋友们在业界的工作情况。通过分享自身经历与我了解的相关情况，很好地帮助学生们加深对未来的把握，对社会和世界的理解。因为我自己既有业界工作经历又有学术界工作经验，能够很好地帮助学生们了解业界和学术界工作情况的差别，尽早确立职业目标方面，明确努力方向。事实上，作为学生，对社会和世界了解甚少，对未来的憧憬也是比较武断的，通过我自身经历的分享和与学生的交流讨论，我感觉到对学生们的帮助很大，学生们也愿意分享自己的想法，与我讨论自己遇到的困难，一起寻求解决方案。

美丽的北科大见证我们共成长

导师：赵天骄

在2019～2020学年，很荣幸我能够作为本科生导师，带领3名本科生，与他们一同学习与成长。作为一名初入北科大的年轻老师，这美丽的校园于我而言，还有很多需要探索的地方，因此我努力和学生们一起去了解这所未来我们将要一同度过多年的学校。

我与学生们的第一次见面是在图书馆的研修室。初秋时节阳光明媚，秋高气爽，第一次见到我的学生们，就感受到了他们身上散发的青春与活力。通过简单的自我介绍我们互相认识了彼此：会计181班的徐乐天同学，是会计学专业本科二年级学生，转专业自高等工程师学院；会计181班的郭宇彤同学也是会计学专业本科二年级学生，转专业自文法学院，与我是辽宁老乡，说话的口音使我倍感亲切；大一的邓楠同学，山东荣成人，是一位胖乎乎很可爱的女生，之前在学院的本科生导师系统中通过师生互选成功配对。

初次相识后，我需要通过更多的接触来了解每一位学生，了解他们在学习、生活等方面是否遇到困难。徐乐天同学由于从高等工程师学院转专业到经管学院，理工科背景使他在学习一些课程时比较轻松，如“大学物理”等，但是由于缺少管理学、经济学等基础知识，在大二上学期学习“会计学原理”专业基础课的同时还需要补修好几门大一的基础课，课程时间安排较紧，但这些对于学习能力很强的他根本不是问题。身为大二学生的他，有着较成熟的思想和明确的规划，早早便计划考初级会计师等职业证书、规划大二暑期的实习等。在准备“初级会计”和“经济法”两门考试的过程中，他感觉到校内“会计学原理”课程的教学内容过于简单，因此很多专业知识需要自学，很是困惑。针对这一问题，作为导师的我为他答疑解惑。在大学里，相比于课堂上讲授的具体知识，能力的培养更为重要。为应对校外自行报名的职称考试，应该采取自学的方式，这不仅能够锻炼自学能力，还会让他对会计基本理论有更深层次的理解与掌握，在遇到琢磨不透的问题时，可以随时向老师请教。随后在大二下学期，由于疫情，整个学期都采用线上授课的方式，我也随时与学生们保持沟通，了解他们线上学习过程中遇到的困难，积极调节学生的负面情绪。在随之而来的暑期实习中，徐乐天同学最初对实习单位的选择有些迷茫，作为导师我通过多次与他沟通，了解他实习的目的、想要收获的东西以及未来职业规划等，然后给出实习建议。最终徐乐天同学选择了在蔚来汽车实习。

郭宇彤同学由于是文科生，大二从文法学院转专业到经管学院，理科课程的基础较为薄弱。大二上学期的“大学物理”课程学习有些吃力，因而感觉成绩会因此受较大影响，保研无望。对于她的困惑，我也积极进行解答。安慰她在平时的学习中要多下功夫，多向老师和同学们请教，不要失去信心。其实经管学院很多文科生的“大学物理”课程成绩是很高的，排名也很靠前，只要努力学、认真准备考试，就会发现并没有想象的那么难。尤其是在期末考试前，一定要将老师下发的复习题多做几遍，对期末考试很有帮助。

两名转专业的同学能够从自己原来的学院转专业到经管学院，选择会计学专业，其实体现出了他们对自己未来是有一定规划的。今年9月份开始他们已经升入大三，郭宇彤打算考研，目标是中央财经大学的会计专硕，徐乐天同学由于大一在原学院成绩没有优势，因此徘徊在保研边缘，于是也准备早早开始复习准备考研。两位同学的目标明确，希望他们都能通过自己的努力实现自己的目标。

工商1902班的邓楠同学性格比较内向，前几次接触中她都不太愿意主动交流，也没有提出学习生活中遇到的困惑，但是在随后的接触中我慢慢发现，她其实也愿意敞开心扉与我聊天。大一上学期班级集体活动较多，晨跑、晚自习、各种考试等，她的生活比较规律。在学习方面，我也一直密切关注着学生们的学习成绩，邓楠在大一上学期的微积分和英语考试中成绩都还不错，学习方面我还是比较放心的。所以我更多地在生活方面关心她，通过多交流来发现问题并解决问题，我们之间的关系也逐渐融洽。

刚从学生转换为教师这一角色不久，我也在探索与学习。也许正是因为这样，我与学生们的年龄差距小几乎没有代沟，我们之间沟通完全没有障碍。我会经常向学院和系里的前辈们请教，在培养学生方面多用心一些总会看到收获。美丽的北科大见证了我与学生们共同的成长。未来，我希望在这里培养出更多优秀的学生，为祖国培养栋梁之材！

陪伴学生一起成长

导师：王志如

从教四年来，第一次提笔写我和我的学生，感触良多。虽然收获了学生的认可，但还是有许多遗憾。以下是我在指导本科生过程中的一些想法和做法，和大家做一些分享。

每年开学，在新生选导师结束后，我会组织大家见面，见面的主题一般都是三个：(1) 介绍新同学跟大家认识；(2) 了解高年级学生目前的学习、生活、工作方面的进展；(3) 根据学生的年级、兴趣爱好对学生的接下来一个学期的主要任务进行一些讨论。接下来的一个学期都会围绕第一次的目标完成的阶段、成果、困难循环迭代展开。

首先，在生活方面，我会教导学生珍惜美好大学时光，懂得同学情谊的珍贵，鼓励他们跟同学之间在交往中要做到相互包容、相互帮助。依据同学们不同的性格分类引导，对于那些刚刚入校的新生，性格外向开朗的会主动去融入集体生活，不需要干预太多；而对于性格内向，对大学生活感觉迷茫、没有方向感，对大学新生活无所适从的同学，我一般会跟他们制订一些小目标，比如限定每天打游戏、看网络小说、刷网页的时间，从而使他们尽快融入集体，适应大学生活。

其次，在学习方面，在尊重他们个人对学习的态度和观点的基础上，我会强调即使不追求分数也要追求获取知识的重要性，在储备专业知识的阶段，及格仅仅是证明自己没有虚度光阴的最低标准，鼓励他们争取更加优异的成绩。根据同学们的学习境况和需求，经过和班委同学联系，组织了学习帮扶小组，对学习没有信心的同学进行帮扶，解决他们的困难。对于有继续攻读研究生意向的同学，我会在大一的时候跟他们强调基础课对读研生涯的重要性，以敦促他们夯实基础课的学业水平，为将来读研打好基础。

最后，在学术方面的安排根据学生需求的不同也会有一些差异。第一类，对于有读研意向的同学，一般在大一、大二以及大三上阶段以课程为主，根据课程情况一般会在大三下的时候让他们参与课题研究，课题也基本都是结合我自己的研究方向，安排的科研工作难易程度也会根据学生的特点略有差异。对于第二类，不明确是否要继续读研的学生，我会非常具体地安排一点数据搜集或者数据处理的工作，一方面想让他们对科研工作有所认识，另一方面也想给他们找点事情，使他们不至于太过迷茫空虚。

另外，在学生职业规划方面，我会通过一次次的例会了解学生的性格、兴趣、学习能力以及他们自己的一些想法做一些建议。对于想要从事工程建设工作的同学，鼓励他们参加智能建造大赛、BIM 大赛等全国性的比赛，通过比赛深入了解工程管理领域与时代信息化、数据化、智能化是如何结合的，也会鼓励他们利用假期时间实习，增长工作经验。对于想要继续深造的学生，也会结合他们自身的想法及条件，鼓励和推荐他们到国内外大学或者本校继续读研。

总体来说，不论是在生活、学习、科研还是职业规划方面，都是以学生的兴趣和需求为主，在认同和支持的基础上，分门别类为学生们做好指导与帮助，同时结合自己的大学经历，尽早地给出一些建议，使他们能够在各个方面都能有所作为，有所长进。作为一名青年教师，与他们相处的过程，对我来说也是一个学习过程。希望通过这次的回顾与总结，能够在后续的工作中查漏补缺，让自己更好地陪伴学生一起成长，见证他们的蜕变。学生的每一次蜕变，都让我欣喜万分。

学生利益无小事

导师：董念念

“学生利益无小事”，当我还是一名博士生的时候，我的导师就是这样教导我的，她也是这样言传身教的。2019 年，当我的身份从一名学生转变为一名老师以后，才真正明白这句话的分量。徐子惠和张悦是我带的两名 2019 级本科生，从收到他们自我介绍的邮件开始，我的内心突然多了一份牵挂和责任，并告诉自己，要用细心、爱心和责任心时刻关注学生利益，认真履行导师职责，具体可以从思想、生活和学习三个方面展开。

在思想上，细心关注两位同学的成长，每个月定期交流思想动态，做他们的知心大姐姐。在生活上，用爱心呵护好两位同学，及时帮助他们排忧解难。在学习上，用责任心培养学生的学术兴趣，在 2020 年暑期社会实践中，指导子惠用专业知识“决战脱贫攻坚，服务家乡发展”；并围绕实践主题“地摊经济”撰写学术论文，真正将论文书写在祖国大地上。

师生相生，教学相长

导师：周金毅

在过去的一年和学生们的交流中，既有收获的喜悦，也有一些深刻的体会。说起老师和学生的关系，大家都有很多见解和体会，我也一样。特别是作为本科生导师，我一直觉得老师和学生是相辅相成的，学生们需要依靠老师获取更多的知识和经验，老师们也需要依靠学生获得更多的新鲜想法。

在我看来，我和我的学生一样是相辅相成的。特别在工商管理系，既有以专业学习为主的本科生，也有体育特长生。对于每个学生，我们需要采取不同的教学策略。例如，在过去的一年里，对于以学习为主的学生，每次见面我们主要交流的话题会围绕学习过程中遇到的问题。对于体育特长生，我们的交流更多会针对体育比赛的成绩以及中间遇到的挫折。同时，我们会注意学生之间的相互促进。例如，体育生同学坚韧不拔的品质和良好的心智素质就对其他同学帮助颇多。我会请体育生同学分享比赛过程以及他们处理心理挫折的方法，帮助其他同学克服一些心理问题。也会请其他同学分享他们的学习经验与技巧，帮助体育生同学克服学习上的问题。其次，在师生交流中，我也会因人而异，针对每位同学的特长给他们提供更有针对性的指导。

过去一年中，师生之间交流的主题非常广泛。既有对于学习和某些学科的知识分享，也有对于生活中出现的一些大事的总结。我也从同学们那里获得了很多新的知识。例如，在疫情期间，同学们及时跟我沟通，告诉我当地的抗议新措施和动向，让我了解到更多新鲜的信息，受益匪浅。

过去的一年既有收获也有一些遗憾。在未来的一年内，我将采取更多新的方法、新的措施提升学生们的积极性。例如，我会帮助他们设立长期和短期的目标，规划未来一整年和每一个月具体的目标，定期与他们进行交流反馈。未来的一年我会继续努力，继续和学生充分交流，帮助他们和自己取得更大的进步。

关心学生是一种责任

导师：郝玫

自本科导师制实施以来，作为一名本科导师，深感责任重大，且充分认识到要做好导师工作，需要从根本着眼，而不是流于形式。什么是根本呢？那就是从思想层面对学生进行指导，由思想品质的塑造，转化为行动的实践。下面就从指导内容、指导途径和团队建设三个方面总结一下我的导师工作。

一、指导内容

（一）思想教育

思想教育的内容要区分学生的年级，因为不同阶段的学生对于大学学习的认识和态度有很大不同。针对大一新生，思想教育主要解决的问题是帮助其走出从高中到大学的迷茫，高中时期有家长和老师帮着规划学习任务，但进入大学一切规划都得自己来做，从学习到生活，这让很多同学见到老师说出的第一个困惑就是“大学生活很迷茫”。我解决此类问题时比较有效的一个方法就是：尽快给新生塑造一个榜样。所谓的榜样就是我曾经接触过指导过的一些优秀的学生，他们都在大一时期就对自己的四年学习生活有了明确的目标，能安排好自己每天的学习任务以及各种活动，这些目标包括就业、继续深造等，只要是适合自己的，将来能有益于社会的，都是值得借鉴的。而有了目标规划后，作为导师，我要求学生要定期向我汇报具体的开展情况，例如每周每月的具体规划，这样可以起到督促作用，让学生感到有人在关心他的成长。

针对大二以上年级的学生，思想教育主要体现为倾听与引导、发现问题及时纠正、积极提供帮助和鼓励进步。因为，大二学生已经划分了专业，他们也适应了大学生活，对自己的将来发展规划有了基本明确的内容。但是，他们的思想仍需要及时了解，例如我会了解他们的课程学习、平时作息和专业兴趣，在与他们的交流中，多听他们的想法，遇到不好的思想倾向及时纠正，例如有的学生看到一些不良的学习竞争方式，我会教育他们要坚持原则，积极反映问题。对待学生遇到学习课程时的问题，我也会尽自己所能，给予帮助和解答。当学生取得各方面的成绩和进步时，及时给予鼓励，形成良性的学习氛围。

(二) 习惯培养

一个良好的生活和学习习惯对学生而言是大学生活的基石，我在做好思想教育的同时，特别强调他们要培养良好的习惯。生活习惯方面，鼓励他们和室友、同学建立融洽的关系，这样可以保证自己有一个和谐的环境，而且人际能力是一项基础技能，从身边的人际交往做起，慢慢形成一种习惯。同时我还鼓励学生多参与体育锻炼，强健体魄，这样可以缓解学习中的压力。学习习惯方面，我强调的一点就是：走出宿舍。因为很多案例表明，成绩不好的一个重要原因就是学习时间留在宿舍，宿舍不适合学习，但很多同学因为偷懒就不去教室，结果形成了惰性，慢慢懈怠下来。在我的不断要求下，很多学生养成了坚持去教室学习的习惯，所有没课时间都会去教室自习，这样大大提高了学习效率。后来有的学生会说“逸夫楼真是个好地方”，道出了他们的感悟。

(三) 能力拓展

在课程学习之余，我建议学生多参加竞赛和社团活动，例如学科竞赛（英语、数学、物理、营销），而且这些竞赛应该尽早参加，尤其是大一大二期间，一方面巩固所学，另一方面与后期各类考试（考研、国考）不冲突。此外，创新创业竞赛也是展现学生组织策划能力的一个平台，尤其是对于我们经管专业的学生而言。

(四) 多方关怀

平时我会尽量和学生多联系，包括见面和微信，其中微信比较方便，不管是学生有问题咨询还是我主动转发一些重要信息，都是很好的机会。在此过程中，可以多收集学生的一些想法，了解他们的动态，包括课程学习、阶段总结等。例如，我会把学生课表都收集好，及时查看他们的课程，针对需要提醒或者强调的事项，都可以适当交流。

二、指导途径

目前的指导途径主要有集体交流、线上学习。其中集体交流需要约好时间地点，将全部导师组的学生召集到一起。这种方式的好处是大家很容易找到共同话题，气氛活跃。例如低年级的学生向高年级学生请教选课经验、实习单位选择经验，高年级学生讲到自己的就业准备历程，这些都是大家感兴趣的，而且都是真实案例。此外，线上学习也是一种主要途径，一般选择腾讯会议的形式。线上学习的主题一般都会选择大多数同学都有兴趣的内容，曾经开展过的比较有收获的主题是：文献检索和参考文献整理、研究生推免经验介绍。文献检索和参考文献整理主要由我向学生介绍学校图书馆网络资源的使用方法，以及论文中引用参考文献的规范格式如何快速整理；研究生推免经验介绍是我挑选了导师组中两位已经成功保研的大四学生，给其他同组同学讲解了详细的流程和准备经验。

三、团队建设

导师组是一个由导师和学生构建的团队，应该按照一个团队进行管理。在思想教育的前提下，目前我和学生已经建立了一个积极向上的团队，他们都有着端正、进取和坚韧的态度，以此指导自己的学习活动。而且，这个团队鼓励学生自由发展，不管是转专业、参军，还是保研、考研、工作，每个学生都能心中有理想，做自己感兴趣的事，将来以自己的能力回报社会。

综上，我对自己的导师工作可以总结为：从小事做起，将关心学生看作一个导师的责任。

善待每一个学生

导师：金家华

学生时代最怕的就是见老师，遇到老师都绕着走，主动找老师沟通交流几乎不存在，敬而远之是学生时期对待老师主要态度和手段。工作后，我成了一名大学老师，身份的转变也让我重新审视了学生与老师的关系，本科生导师制度为我饯行理想师生关系提供了现实基础。

都说立场决定观点，从学生转变为教师后，我期待中的师生关系应该是严肃活泼，而现实情况严肃有余，而活泼不足。课间无人问津的落寞，跟同学例行见面时同学们躲闪的眼光，一问一答、问多答少的尬聊，这些我学生时代对待老师的方式一点也不少地转移到了我的身上，我成了学生们敬而远之的对象。

于是，我开始审视我与同学们之间的关系，以及如何改善这种关系。初入职场的我急于摆脱学生形象和树立教师权威，在与学生相处过程中故作深沉和喜欢讲大道理，希望将自己走过的弯路和积累的经验合盘灌输给同学们，较少关注学生的个性化诉求，不注重与学生沟通交流的方式。为此，我开始尝试转变学生工作方式和态度，着力打造严肃活泼的师生关系。首先，充分了解学生特点，建立多维度的学生信息卡片。通过学生简历及与每一次与学生的沟通，逐步建立包括性别、民族、家乡、兴趣、困惑、规划、在学课程等信息的学生卡片，将每个学生视为一个独特的个体，在日常管理工作中关注学生的个性化需求。例如，疫情期间，第一时间对湖北籍的同学进行慰问，对来自农村地区的学生在线学习条件和学习效果进行跟进等。其次，充分了解专业培养方案和课程体系，熟悉 SRTP 项目、竞赛比赛、评价评优、保研考研等政策规定，化被动回答学生问题为主动为学生制订规划，提升服务学生的能力。最后，注重与学生相处的方式，在长时间的相处过程中摸索出有效的沟通交流方式。例如，刚开始时我将所有年级学生组织在一起见面，这样高年级的同学能给低年级的同学解惑，同时建立不同年级学生之间联系的管道，但实际效果并不好，人多大家都不说话，后来改为以年级为单位见面效果就好很多。

通过思路转变和工作方式的不断摸索，明显感觉与学生相处更加融洽，学生主动性显著提升，可以讨论话题也越来越多，我也更多地感受到了教师这个职业给我带来的尊严和荣耀。可以预见，我的教师生涯会遇到很多的学生，然而，对于每一个学生来说，我却是他唯一的本科生导师，我将可能是开启他万千世界的人。善待每一个学生，全力以赴地成为学生的知心人、领路人和指路人。

文法学院导师谈体会

因材施教，对学生进行个性化培养

导师：李文静

2019～2020年，我指导了2016级本科生5名，2017级、2018级社工本科生3名以及2019级文科实验班学生2名。针对不同学生遇到的不同问题，我采取了小组和个案等工作方法，线上线下相结合，尽自己最大努力帮助学生，使他们顺利度过大学发展的不同阶段，在这一年里各自精彩、各有收获。

首先，按照习近平总书记在北京师范大学座谈时的讲话要求，要把立德树人的成效作为检验学校一切工作的根本标准。导师作为学校“三全育人”工作中的重要环节更是要牢牢把握这一根本原则。大学是人们价值观形成和转变的重要时期，也是培养一个合格的社会主义接班人的重要环节。因此，我首先在自我修养、教学和科研环节，在指导学生的过程中时刻牢记自己是学生的关注对象，要为学生树立好榜样。其次，不仅教会学生做事，更要学会做人，时刻关注学生的思想动态，发现不良信号及时更正。例如，疫情期间发现个别同学没有把精力放在学习上，而是不断转发一些负面的、甚至是虚假的报道，我及时提醒其适度关注、不能以此作为借口不做本职工作，更不应该关注一些非本学科、不知真假的负面消息，而是应从自身出发，做一些正面的事情，同时联系了辅导员共同进行监督和指导。最后，从学生角度出发，从自身经验谈起，预防性地为他们讲解如何避免大学中的偏差和越轨行为。例如，如何维护好大学的寝室内、班级内的人际关系。从社会学学科出发，让同学们理解和谐社会离不开哪些环节，在树立规则意识的同时，做到各美其美，美美与共！

学业指导。引导学生树立正确的学业观。我与大一新生见面时提醒同学们大学学习的目标是什么，学习在大学生活中的重要地位，提醒他们千万要保持良好的学习习惯，紧跟老师的步伐，掌握大学学习的规律和特点。2019级是新生，他们经过了半年的学习对大学的适应程度参差不齐。部分同学对未来的专业选择不明确，如何了解自己和了解专业是他们的主要任务。因此，我对学生在学业规划与专业选择等方面给予专门的指导，我提示同学们要掌握不同学科特点，同时还要不断学会了解自己，知道自己的优点和缺陷，选择自己感兴趣的并且擅长的专业。多渠道打听专业发展特色和未来就业的领域，同时，要知道每个专业都有用处，还要看自己在这个专业里的努力程度等。本人根据学生个人实际，帮助学生树立学习目标，时刻掌握学生的学习状态及排名变化等情况，帮助学生分析原因，结合学生的兴趣爱好以及家庭环境等因素，给出阶段性的学习指导意见，帮助其合理安排学习、实践以及实习的时间。

指导学生熟悉本专业的培养目标与教学计划等教学文件，增强专业认知认同，提升学习兴趣，促进学生学业发展。我以本专业为例，介绍了各个年级的课程安排情况、这些课程在专业培养体系中的位置等；详细介绍了我的专业研究领域以及一些个人情况，拉近师生关系；询问了他们的大学适应情况，针对性地回答了他们提出的问题，提出了个人发展建议。2018 级是新分配的社会工作专业学生，我从自己的角度再一次介绍了社会工作的专业特色，同学们表示自己的确非常喜欢本专业，我则进一步表示，既然非常喜欢，那么就要认真对待。下一步，我询问了他们本学期上的主要课程，介绍了这些课程在学科体系中的地位、接下来的时间他们的学习进度将会是什么、专业教育还有哪些过程。在清晰了解专业设置框架和本专业毕业概况的基础上，督促他们还是要将绝大部分的时间和精力放在本专业的学习和实践上，兼顾爱好，必须是有益身心的爱好。同时，在学习和实践以及丰富的社团活动中，思考自己的未来规划。

指导学生进行职业规划，鼓励和引导有潜质的学生继续深造。结合学生特点，鼓励他们继续深造的专业不限于本专业；帮助就业的学生树立正确的就业观，为就业做好准备。充分利用自身优势和资源，为学生考研、出国、就业提供帮助。大三的学生要尽早树立未来的发展目标。2017 级本科生处于大三年级，大量的专业课学习任务来临，学生们的心态和发展规划也初步显现出来，有个别学生对自己的未来发展显得较为迷茫。针对目标很明确的同学，我主要询问他们考研的目标对象是否明确，考研试题、相关专业的学长学姐是否找到，并对考研过程中的一些注意事项进行辅导。对于目标不是很明确的，建议他们在保证学习成绩的情况下多实践，联系师兄师姐请教。同时，帮助同学们联系机构开展实习。

针对大四年级的学生，疫情期间，我按照学校要求做到主动关心学生、让他们每天报体温，经常询问他们的论文进度，并结合疫情特殊时期，对他们的题目做了适度调整，对线上调查的方法进行指导，最后他们都顺利且优质地完成了毕业论文。毕业生中，1 名学生考上中国人民大学，1 名学生将前往英国留学，1 名学生考上北京市公务员，本人配合工作单位完成了她的政审工作，其余 2 名同学也获得了稳定的就业。

未来，本人将会在学术指导方面进一步加强，结合文科专业特点，不断摸索经验，挖掘并激发学生的主动性和创造性，因材施教进行个性化培养。鼓励学生参与创新创业训练项目、学科竞赛、学术沙龙、科研课题等创新实践活动。

与学生共成长

导师：张宇迪

很荣幸在生命中遇见北科大的本科生导师制度，使我获得了与这些年轻的、有趣的灵魂深入交流、共同成长的机会。下面我从毕业论文指导、学习学业支持、生活情感辅导三个方面来简单说说。

第一个方面是毕业论文指导。这是本科生导师与学生们交流的重头戏。以 2016 级本科生为例，我指导了 5 名学生，在做毕设的全程中，我持续、深入地与他们沟通想法，通过不断讨论来提升研究的质量。功夫不负有心人，该届所有同学都高分通过答辩，其中，张楠同学的论文获学校推荐参评“北京市优秀本科生毕业论文”、郭念伟同学的论文已投往国内残疾人研究领域最优质的期刊《残疾人研究》、徐子涵同学的论文正在核心期刊

《医学与社会》的修稿过程中、朱明钰同学的论文拟投往 CSSCI 收录期刊《中国临床心理学杂志》。

第二个方面是学习学业支持。我会时常关心同学们的学习情况，并在 SRTP 研究项目、摇篮杯竞赛、参加学术会议等学术活动上尽力提供支持。以我指导的 2017 级徐洲同学为例，我指导了他主持的 SRTP 北京市级项目，也三次资助他参与专业领域的学术会议。

第三个方面是生活情感辅导。前不久我刚刚约见了 2019 级指导的同学，和她们谈心，了解她们的生活情况、选专业后的适应情况，并解答她们关于专业未来发展的问题，帮助她们探索自己的生涯发展目标。此外，有的同学会告知我情绪情感方面的困扰，对于此种情况，我总是感谢他们的信任，并本着耐心、真诚的原则来给予开导。

综上，本科生导师制度让我有机会走进学生的生命，和他们共同成长。未来我将秉持一贯的态度和原则，继续做好这份工作。

外国语学院导师谈体会

“同师为朋”

导师：王琰

我和学生有个微信群，名为“同师为朋”，语自邢昺疏《论语注疏》：“郑玄注《大司徒》云：‘同师曰朋，同志曰友。’”而阮元在《经籍籑诂》中释“朋”为“类也，群也，辈也，侣也，党也”。群名寄托了我的希望：大家因师而成朋，是一个群体，是大学成长的同伴、同行人，互相指引，互助前行。

每个学期开始和结束，我们都会有一次大聚会，或在咖啡馆，或在办公室，遵循由高而低的次序，先由高年级谈自己过去一学年或者一学期的经历，重在学业规划和实施的得失上，低年级可以吸取“过来人”的教训，及早调整自己的规划；再由低年级谈自己的困惑、问题，高年级有针对性地具体解答。有时候也会邀请即将毕业的研究生来讲述一下目前找工作、做研究的情况，让本科学生更直观地看到未来深造、就业方面的前景，进行更明晰的学业规划。

今年暑假，我们也尝试性地进行了联合进行项目，完成了五部典籍、六十多部译本的双语语料入库工作。尽管参与的学生不多，但是迈出了一步。主要由研究生来主导，组织本科学生进行具体的入库、研讨、校对工作，帮助其掌握双语语料处理的基础技术，熟悉典籍的辨义方法，为今后的 SRTP 项目、毕业论文设计提供方案。目前，一名大四的学生已经确定了将《道德经》翻译作为毕业论文的题目，提前展开了设计。

另外，我们也会在群里做一些交流，主要分享一些讲座、学习的信息。

大学四年很短，但却是独立为学、为人的奠基时期，走好关键的几步对于人未来的发展至关重要。大多数学生入学时较为盲目，没有明晰的规划，往往会错失宝贵的时间。通过阶梯式的交流，希望他们能够更清晰地看到前行每一步可能的轨迹，互相提醒，相互借鉴。“一个人可能走得很快，但一群人却能走得很远”，希望“同师为朋”的学生们能将大学的每一步都走得更加踏实，为人生远足做好准备。

全程导师心得

导师：范玉梅

作为日语专业学生的全程导师，到今年为止，我所带学生共有23名，她们分别来自四个不同的年级，处于四种不同的成长阶段。在跟同学们的交流中，不难发现同学们有些问题是阶段性共同的问题，有些则是个人的一些情绪处理上的问题或者是青春期对于未来的迷茫。

在处理每个年级段都会出现的问题时，我觉得有两种方法会比较有效，一是事先就提醒和告诉大家，这个阶段可能会出现的问题，我们应该如何思考和应对。比如低年级的语言学习的适应问题和学业规划问题，二年级的留学志愿和未来职业或深造的方向问题，三年级的专业融合深化学习以及保研考研的心理建设问题等，都是每个同学一定会遇到的问题，提前预警提醒交流效果要比遇到事情再说效果好很多。二是动员不同年级同学进行纵向交流也是能够比较有效解决问题的一种方式，我们很多老师都在尝试使用。

其次，在语言学习上要做到切实的帮助，比如我的感觉是，一年级同学对于考试形式、日语助词的掌握和敏感度上需要予以个别提示，并就容易出错的问题给予主动讲解。二年级的作文修改，三年级的研究计划书写，除了任课教师之外，如果我们能够对其有所帮助、修改和讲解的话，会对她们帮助比较大。

而针对语言学习枯燥，学习动力不足的情况，需要我们老师对于自己专业具有高度的认同，能够从生涯学习和人生的职业规划以及幸福度这些角度来予以积极的引导，一定会有效果。因为事实上，日语专业不仅是过去，而且在未来，它能带给大家的收获必然会非常丰富。这不仅是我们这些老师的感受和体会，也是我们历届毕业生都以自己的发展予以证实了的事实所在。

因此，帮助大家建立起以发展的眼光看待自己的专业，以多维的视野选择自己的未来，我认为非常重要，解决了思想上的问题，其他的问题，就是必然会出现的困难，我们只要陪着她们一个一个度过就可以了。这就是我个人的一点心得和体会。

好风凭借力，送你上青云

导师：满海霞

“老师，我刚刚已经确认了对外经贸大学研究生的拟录取，十分感谢老师在我迷茫的时候，对我无微不至的关心和帮助!”刚下课，走往食堂的路上，张博洋发来微信报喜。经过两个月的挣扎，她终于为自己选定保研的东家，为她高兴，恭喜她距离实现自己的教师梦又近了一步。回忆两年的指导与点滴，在我看来，正是博洋积极主动、愿意打开自己的沟通，成就了这段历久弥新的师生之谊，成就了她的这段旅程。

记得第一次见面，张博洋就兴奋地问，“老师，以后我可以经常打扰您吗？希望您不会觉得我烦才好。”她是这样说的，也确实是这样做的。从开学初如何选课、学期中小论文的思路、到学期末的总结与假期计划以及每个阶段的计划，每次不需我去找她，她便会主动找我。有时她问我的问题，我相信她自己已经有了答案，我只是再给她一个肯定，有的计划她说出来，虽然不一定有新的细节，但有了一个声音在她想放弃的时候，告诉她再坚持一下。指导博洋的第一年，恰是全程导师制推行的第一年，记得当时周围所有人都还不清楚这件事情具体应该怎么做。作为全程导师，我不带他们课程，因此没有学业交流，科研上学生没有积累一时难以参与，那么，这个身份与班导师、论文导师、辅导员老师在职责和定位上有何区别、又应如何配合？

张博洋主动与积极交流的愿望，让我从为人师的角度，对这样一个角色越来越清晰。作为全程导师，我们不是一时一刻的存在，而是他们从始至终的后盾。We are here as always. 正是通过她这样一次一次主动的“闲谈”，让我更加了解她的性格、明白她的追求与诉求，同时让我这位全程导师也成为她有疑问时最先想到的诉求对象。“主动”之所以重要，是因为几乎每位老师，都在张开双臂想要走进学生的内心，但是“被动”的孩子，会将我们拒之门外。

在这些与张博洋主动交流的过程中，我们积累了对彼此的信任，而后面的事情，似乎也是顺理成章的了。这个夏天，通过三年的努力，张博洋获得了保研资格，她参加了北京理工大学的翻译硕士夏令营，获得优秀营员的称号，但排名在总名额的边缘，如果选择就此一搏，有可能落选，同时失去竞争其他学校的机会。纠结之时，她问我意见，我恰好与对方的负责老师熟识，在他们确定保研名额总数后我们第一时间获得了消息（虽然她最后为梦想选择了另一所学校的另一个专业，但对方的肯定是对她莫大的鼓励）。同时，我们详细分析了她的需求、各专业的特点与各院校的专业设置，尤其对于我院的研究生培养模式，知无不言言无不尽。整个保研的过程中，沟通从未中断。我相信，她想到来找我，不是突发奇想，而是一种信任的习惯，来自流水潺潺的感情积累。

故而，若要凭得好风力，劝君主动出击求风来。

加强师生间的沟通交流

导师：胡越

作为入职已 10 年的高校教师，在如何做好全程导师方面也还只能算是个新手。就像对待新任课程一样，全程导师工作也需要不断地摸索、总结经验教训。但全程导师工作完全不同于给学生授课，它更需要的是师生之间的沟通。

自然和许多老师一样，我们会向学生强调在各个阶段应该重点关注的内容，比如一年级新生向大学生角色的身份转换，又如语言专业四级的考试等，但是最后每个学生身上体现的都会是不一样的结果。我目前指导的十几名学生情况各不相同，有成绩好的有积极参与社团活动的，有活泼的也有沉静的，有愿意和老师聊天的，也有来了也不怎么多话的，但是他们都希望能从老师这里得到她/他所需要的，例如信息或其他的帮助。在与学生的接触过程中，我感觉有时候的自己是战战兢兢的，怕不能让学生满意，也不能让自己满意。

所以，我觉得，作为一个优秀的导师，应该明确学生需要什么，你有所需，我恰好能提供，就能达到一拍即合。当然导师和学生之间的关系不止如此，除了信息交流之外，适当的情感交流也能创造良好的沟通氛围。而且，导师也能从学生身上学到很多东西。毕竟，全程导师的工作是一种双向交流，即便是平淡的对话也能感受到师生之间的紧密关联。

“盐梅之寄”的故事

导师：胡莉梅

“盐梅之寄”是两年前我的全程导师组同学给我们的微信群取的名字，大家都很喜欢这个名字。这里是我和我负责四年全程学业生涯指导同学们的温暖的家。这两年，我们之间有一些暖心的故事发生。

一、结伴学习的我们

我在日语专业主要负责视听说方向的专业教学，另外我也是专业第二课堂活动的负责老师。由于日语专业零起点招生，所以大部分同学进入日语专业的时候，可能会因为日本的动漫影视歌曲游戏等对日本文化有一些兴趣，但是，对如何在语言专业学习、学好日语还没有很清晰的认识。

兴趣是学习很重要的推动力。盐梅之寄，会时不时在群里推送一些有趣的日语日本文化相关的视听材料，我们一起发现和推荐过一些有趣有用的日语手机 APP 小程序、优秀的公众号以及喜马拉雅、B 站等的日语节目。有的 APP 同学们一直在用，比如桃子日语、沪江日语、日语国际听力考试录音剪辑。我还会不定期把自己搜罗的日本电视节目短视频发到群里，有时候也在群里做一些视频背景的介绍，和同学们文字交流。我大概发过十几条有关日本俳句的日本综艺节目短视频，有趣有料。在盐梅之寄，大家共同的爱好之一是分享有趣的日语日本相关。学习日语是有趣的，用日语了解日本文化，这是我作为专业的导师有意识传达给同学们的理念。学以致用，有趣地去学习。

听说课程是专业必修的工具性课程，老实说，学得好不好最容易被暴露，有些同学会因为上课不能都听懂又说不对（尤其到了二年级），感觉自己不如他人，而逐渐对自己失去信心，慢慢真的变成听不懂说不出。有这样心路历程而最后掉队的同学每年都有，真是让人心痛。学校在 2018 年启动全程导师项目，我发现，导师群里四个年级的同学都有，在年级间的交流交往比较容易实现，学长们有过的心路、长过的经验教训，学妹们（没有学弟呀）的困惑，都可以在群里或者在我们一个月一次的师生见面时得到交流倾诉和建议，关于如何准备过级考试，如何平衡专业学习和自己的个人爱好、社团工作投入的时间精力，大家会自然地交流起来。我还在群里帮她们结过对子，一起做听力的考试测试，我也在群里大力鼓励和表扬一起学习的同学。日语方面的比赛活动，有一些合适他们参加的，我也会介绍给他们，帮助他们去尝试。去年 9 月，专业决定让大二大三的同学报名参加一场日语作文征文比赛，通知接到得比较晚，准备时间比较紧张，我特意在群里点名要求大二大三的同学参加，和她们一起破题，考虑行文思路，督促她们尽早完成文字稿，帮他们梳理段落逻辑，再和外教老师一起修订日语文字表达，及时在截稿前提交了最后文本。雅丽、雅迪、安安都有获奖，有参与、有磨炼就有一份自己的收获。自己先努力做起来，就会有更多帮助出现，这是我作为导师想要传达给同学们的信念。

二、老师，我要怎么选

在大学里，同学们有了比较多的选择，他们可以在专业做个学霸；可以中途离开专业，比如入伍、转个专业；可以辅修其他专业，可以选修其他学院甚至校外学院共同体的课程；可以申请去日本大学的交换留学，也可以自费留学；可以参加社会实践，可以参加实习，可以打工；可以就职，可以继续上研究生，可以自己去考，也可能保送，可以在国内，也可以出国……。中学阶段，大多数孩子目标比较单一，就是集中精力考上一个好大学，没有选择也无需选择。所以进入大学之后，面临这些林林总总的关于学业、关于个人发展路径、关于各种能力养成的选择，离开了父母的他们，很容易迷失在日常的学习生活中，找不到属于自己的最优选择。

在盐梅之寄，我是他们的导师，也是他们的朋友。我不仅关心他们的学业，也关心他们的身心健康，在见面时，有时候我会带一点小食品分给大家，一起聊一聊近况。大四的雅迪，在保研前夕压力过大，微信向我求助，我很快和她见面一起聊了许多，一起分析了她的优势和不足，她现在可以做和无需担心什么，帮她看到了她的保研可能性，以及就算保研不成功自己还有的优势，都不晚。我是她的导师也是她可靠的朋友，她可以在我这里释放她的压力与情绪，可以在我这里冷静下来重新出发。大二的杨杨，有一天微信说好苦恼，要跟我聊一聊，她要怎么做选择，那天我们沿着图书馆路走了半个多小时，我听她诉说她的几个都不想放下的选择，帮助她慢慢看到这些选择最后的指向都是为了她自己的未来更美好，帮助她看到当下要做的最重要的是什么，当她自己把这些都做了一个梳理和排序之后，脸上的笑容很是笃定，她清楚地知道了自己目标，以及如何一步一步地接近。她笑着和我说谢谢再见，轻快地离开。作为他们的全程专业导师，我自己这一两年的心理学教育学的学习，让我在和他们做交流的时候，能更好地懂得他们和支持到他们。日语专业支持加上心理学引导，我可以实实在在地影响和帮助他们。也通过我的行动，传达给他们一个信念，在这所大学里，有许多选择，自己正在学会面对选择面对取舍，思考分析求助都是能力。

三、老师，谢谢你的支持

盐梅之寄，只有一位男同学，峥岩，平日比较寡言。我发现他虽然在学业不出色，不过在班级和组群里，自己负责的工作做得还不错。有时候，我也把盐梅之寄的召集准备工作交给他做。

疫情之后，开学再次见到大家，互相都好想念。我关切地询问了他们几个大四学长的学业生活近况。峥岩那天留了下来。他遇到了他人生中重大挫折，作为一个内向寡言的男孩子，能主动向我求助，我觉得自己的工作很有成效。我和他仔细分析了他面临的困境，让他意识到逃避没有用，只能勇敢面对，同时，老师们也会支持努力面对的他。那两个星期我和他约谈了2、3次，也帮助他获得了学院和日语系老师的特别支持。最重要的是我让他意识到，自己的事自己必须负起责任来，不能逃避、放任事情恶化。我很高兴峥岩最后在大家的合力支持下，再次获得重新修读课程的机会。他在后来的微信里说，是梅梅老师的关切，让他鼓起勇气向老师求助，是梅梅老师的批评，让他意识到要自己主动去努力挽回自己的过失，他感受到学院里老师的认真负责严谨和温暖。在大学总有些孩子在专业上不够顺利，作为跟随他们四年的导师，我要尽早发现他们的困境，及时帮助他们尽力完成专业学习，顺利毕业。让他们知道，就算困境是他们自己一步步给自己制造的，也不会孤立无援，相信身边的师长、相信对自己努力负责就必有回报。

两年以来，在盐梅之寄里，我和我的导生们朝夕相处，我在这里展现我是一个怎样的老师，我有意识地发挥我专业的影响力，也有意识地创造机会，让我们彼此更了解、更亲密，由此，我们可以更好地互助影响。我很喜欢一句话，值得做的，都值得做好；值得做得好的，都值得做得开心。在盐梅之寄做全程导师，是值得做的事，我要做得好，做得开心。

高等工程师学院导师谈体会

利用全程导师平台对学生有针对性的指导

导师：丁大伟

在过去的一年里，我和我的学生同心协力，在抗击新冠疫情的同时，对学生进行了全方位的指导，主要工作如下：

一、思想引领，立德树人

在跟学生日常交流的时候，围绕立德树人根本任务，注重思想引领。关注每位学生的思想状态，引导他们树立正确的世界观、价值观；从专业和学科角度介绍典型案例，帮助学生树立制度自信和科技自信，立志成为德智体美劳全面发展的社会主义建设者和接班人。

二、专业指导、职业规划

针对各年级学生的不同需求，在专业学习和职业规划等方面进行分类指导。大一学生，及时了解文化课的学习情况，帮助他们完成从中学到大学的角色转变，对个别有困难的学生单独交流，帮助其分析和查找原因，介绍好的学习方法。大二和大三学生，主要关注专业课的学习，引导学生在专业方面进一步深造，鼓励大三学生及早准备考研或出国。大四学生，关注保研和考研，有 2 位同学顺利保研，4 位学生在准备考研。

三、科技竞赛、参与科研

鼓励参与 SRTP 和科技竞赛，作为指导教师指导名下学生参与 SRTP 1 组，指导 1 名学生参加“西门子杯”中国智能制造挑战赛，获得初赛二等奖。给学生介绍团队的科研项目和实验设备，引导学生在学习之余参与科研项目，学生们对中型移动机器人、信息物理系统安全与控制实验平台等表现了浓厚兴趣，介绍相关研究生跟本科生对接，几位大四学生在毕业设计中选择了上述课题。

四、抗击疫情、线上教学

疫情期间，每日关注学生的身体状况、思想和学习情况，并引导学生适应线上教学。对个别学习有困难的同学进行了有针对性的指导，同时利用全程导师平台，安排成绩好的同学帮忙成绩稍差的同学，相互帮助，共同进步。

立德树人，细雨和风，成为塑造学生的“大先生”

导师：董洁

教育兴则国家兴，教育强则国家强。高等教育是一个国家发展水平和发展潜力的重要标志。今天，党和国家事业发展对高等教育的需要，对科学知识和优秀人才的需要，比以往任何时候都更为迫切。

大学是立德树人、培养人才的地方，是青年人学习知识、增长才干、放飞梦想的地方。作为一名高校教师，本人深知肩负重任，在担任本科生全程导师过程中始终以立德树人为根本目标，以细雨和风的态度与学生平等沟通，旨在从思想引领、人格塑造和学习习惯培养三个方面来塑造学生，并在与学生的沟通中汲取经验成为更为优秀的教师。

习近平总书记明确指出，我们的教育要培养德智体美劳全面发展的社会主义建设者和接班人。这就是说，我们的学生是要信仰社会主义，要具有奉献服务精神，要具有德智体美劳全面发展的本领，这也是本人在指导学生的过程中始终坚持的理念思想。

作为全程导师，本人在与学生沟通的过程中，第一强调的就是拥护党和国家的基本路线和方针政策。对于低年级学生，本人鼓励其积极向党组织靠拢，在班级团支部的日常理论学习中要认真，多学多思，关心国家大事，从政策方针中看到国家为民生做出的实在贡献。要具有奉献精神，不要太过于计较眼前的利益得失。对于高年级学生的大学生活和职业规划指导过程中，我始终坚持要将个人命运与国家命运紧密联系的观点，鼓励其认识到我们从事的专业对未来国家软实力增长的重要意义，鼓励其积极投入到关键技术的攻坚克难行业中去。

四个不同年级的学生，有着不同学业指导需求，目前面临着不同的困扰，对于他们的管理其实是个有挑战性的问题，但在这个过程中如果发挥学生自身的主观能动性，这些问题解决起来就变得更容易。在疫情期间，本人创建微信群方便与各年级学生们之间的沟通，使用表格记录学生的生活、学习、心理健康等日常内容，既了解学生在家的状态，能及时做出心理疏导和学习指导，又让同学们相互观察到对方的状态，形成良性竞争。在使用这一方法对学生管理的过程中，本人观察到疫情期间学生大多呈现懒散的学习状态，在一次线上的腾讯会议沟通中，我结合实际案例为学生讲述当下学习的重要性，告诉学生们，学习不是一件一蹴而就的事。凿井者，起于三寸之坎，以就万仞之深，学习是一件让人终身受益的事，同学们正处于学习的黄金时间，更要认识到学习的可贵，在疫情期间停课不停学更是培养自主学习习惯的好时机。

本学期开学后，面对面交流更方便了与学生之间的沟通，仔细观察每一位学生才能因材施教。在多次座谈会后，学生们逐渐敞开心扉，有学生会分享生活中的趣事，有学生在路上会热情地打招呼，更多的是与我沟通学业上的困难。其中一位低年级同学就提出了这样的疑问：“老师，我们本科学的这么多课程以后在工作过程中能有什么用呢?”这个问题确实是很多本科生都感到困扰的问题，首先我梳理了他们刚学过的自控原理前后章节的逻辑关系，然后列举其他课程之间同样存在这样的密切联系，这样就构成了一个学生要学完的所有课程，最后告诉他们，课程学习更重要的是学习能力、思维方式、思考方法的训练，是为以后的自主学习奠定基础，一定要有终身学习的精神准备。

平时生活与工作中我时刻严格要求自己，不断更新专业知识，提高课程质量，丰富课堂形式。立德树人，立德先立自身师德，再立学生的良好品德，最后才能将学生培养为一名优秀的人才。我坚信，教师是学生道德修养的镜子，我们教师始终肩负塑造灵魂、塑造新人的时代重任，不能只做传授书本知识的教书匠，而要成为塑造学生品格、品行、品味的“大先生”。在与学生沟通时，要充分尊重、理解、关心爱护每一名学生，要通过言传身教、研讨对话等方式，让学生树立远大信仰、健康成长。

把学生当成自己的孩子看待

导师：张维存

作为全程导师，我把自己所带的学生当成自己的孩子一样看待。而一开始，学生怕打扰老师，他们觉得老师既要上课，又要搞科研；作为老师，我也怕打扰学生，因为他们的课程很多，还有各种社团活动。后来发现，其实借助网络，借助微信，老师和学生之间可以进行“云交流”，我经常从网上挑选一些精彩的技术文章发给他们，带动他们的学习兴趣。比如“17 个改变世界的方程”“到底什么是人工智能”“控制理论结构图合集”“走马观花看控制发展简史”。除了技术之外，也有一些启迪人生的文章，比如“中国雷达之父束星北：一个被历史遗忘的天才物理学家”等。另外，通过和学生一起吃饭的时间，在饭桌上大家天南海北、家长里短地聊天，拉近大家的距离，在不经意之间，观察他们的喜怒哀乐，有哪些压力，有哪些困难，也可以趁机对他们加以引导，避免空洞的说教。

以上是我的一点体会，自己感觉做得还很不够，还有很多需要改进的地方。今后要继续努力，争取做得更多更好。

我和我的导师

土木与资源工程学院学生谈收获

“李老师刚刚赞了你”

导师：李长洪　学生：钟伟慈

时光飞逝，转眼间大学四年时光已经所剩无几，驻足回首，我发现一路走来，帮助我、激励我的人太多太多，然而我最感谢的还是我的本科生导师李长洪老师。茫茫黑夜之中，一个又一个的“赞”，如同一盏盏明灯，指引着我前行。

初次见到李老师，是在土木工程的召唤这门选课上，随和、友善，大抵就是我对李老师的第一印象。课堂上，李老师总是能用最通俗易懂的语句教会我们，什么是土木工程，为什么要学土木工程，土木工程有哪些发展前景，又应该如何学好土木工程。而教授知识的同时，李老师也常常与同学们互动、交流，不是那种刻板的你问我答，在我看来，更多的是作为一名前辈、一名领路人对于年轻一代人的关心、指导与殷切期盼。为什么要学习土木工程，从那时起我便有了答案。

大二时，我很荣幸地成为了李老师的学生，继续在老师的指引下不断提高自己，走好大学的每一步。李老师第一次组织我们见面时，我印象很深刻。同学们先后介绍了自己大学以来的生活、学习情况以及遇到的问题、困难，而李老师也针对每位同学的特殊情况，非常耐心、细致地提出了特别多的建议。我清晰地感受到，原来那些困扰了自己很久的问题与困惑，在老师三十多年的执教经历面前，竟然如此“不堪一击”。如果说三言两语能够点醒迷途之人，如灯塔一般指引人民前行，那么那些充满关怀与鼓励的千言万语，无疑如同一排排路灯，照亮了我们前进的道路。

一直以来，李老师都很关注同学们的学习、生活情况，每当我给老师发微信咨询问题时，老师都会在看到消息后第一时间打电话联系我，帮我答疑解惑。而当我评上校“三好学生”时，李老师也在第一时间发来祝贺，并叮嘱我要继续努力、不能松懈。除此之外，李老师也常常组织我们线下见面，为我们提出建议与期许。无论是学习、生活上，或是思想、态度上，乃至为人处世之道，凡是有所提及，事无巨细，李老师都会倾囊相授。

疫情期间，李老师更是非常关心每一位同学的状态。多次组织线上会议，询问、了解同学们在家的情况，叮嘱大家积极配合防疫工作，做好自身防护，不能因为在家而懈怠了学习与身体锻炼，同时也要把握好宝贵的时光与家人好好相处。

不知从何时起，我的“微信运动”中，每天总能收到一条消息：“李老师刚刚赞了你”，不论我走了一万步、两万步，还是只有两三百步，每日一“赞”从未断过。而每每打开排行榜，李老师总是凭着他那两万多的步数，在前五占据一席之地，甚至很长一段时间排名第一，无人可以撼动。回想起大一跟随李老师外出参观北京地震与建筑科学教育馆时，李老师曾和我们说过，要多锻炼身体，每天出门跑跑步、散散步。听起来不可思议的是，我们走了两三个小时的路，李老师一丝疲惫都没有，依旧健步如飞，反观我们二三十个青年，竟然没有一个能跟得上李老师的步伐，反倒时不时找地方休息。

如今再看李老师每天稳定两万步，我感受到了榜样的力量。“微信运动”步数点赞，这本来是一件小事，但当小事化为了坚持，我感受到的是李老师的关怀与期许。而老师那一个又一个五位数的步数，也在不断地提醒着我、指引着我，不能松懈，要脚踏实地，一步一步前行。李老师总是跟我们强调，要用心去体会、去学，不要死记硬背，而是去理解这些知识，把书本上的内容，真正地融会贯通，变成自己的。在李老师的关心与鼓励之下，通过这三年以来的不懈努力，我也得以保研本校。但我深知如今的自己，离融会贯通、自主创新还有很长的一段路要走，因此研究生阶段我也将留在李老师的团队中继续深造，争取早日能够跟上老师的“步伐”。

让干活成为一种习惯

导师：金爱兵　学生：孙文进

我叫孙文进，是土木与资源工程学院采矿专业的学生，时光荏苒，已经大四了，并成功保研至中国科学院大学，完成了最初定下的目标。在这三年中，有许许多多的人给予了我帮助，其中，我最感谢的便是我本科生全程导师金爱兵，他是我大学遇见的贵人。

初识金老师，在大二的那个冬天，学校开展本科生创新创业训练项目，我参加了不同热处理条件下砂岩物理力学性质的变化项目，指导老师是金老师，我第一次见他是去填项目申请表，总觉得金老师很严肃，后来在学院师资队伍里一查，金老师是资源系系主任，又是学术大牛，发表过很多论文，我当时很害怕自己所写的申请表水平很差，受到老师批评，但转念一想人家是大教授，不会仔细阅读，心里也宽慰了不少，后来金老师不但看了，还很仔细地给我做了批注，我便认真修改了错误，也第一次知道了项目申请表该怎么写。这便是金老师教会我的第一件事，后来金老师也成为了我的本科生导师。

还记得第一次导师见面会，我们与金老师谈论了大学生活和未来目标，老师很亲切地回应了我们，解答了我们在大学生活中的疑惑，并教导我们该以积极进取的态度实现自己的目标。每一次与金老师交谈都会使我受到很多启发。

后来，在做本科生科技创新的试验过程中，金老师给了我很多帮助，他指导我设计试验方案、完成试验，解决试验和分析数据中遇到的困难，当我发现对砂岩进行400℃均匀加热和不均匀加热处理时其物理力学性质变化不大时，我一筹莫展，项目并未取得什么实质性结果，研究也停下来了，金老师知道了，便马上建议我利用剩下的岩样进行巴西劈裂试验，采用DIC方法对高温砂岩的劈裂特性进行研究，又与我确定了新的试验方案，在试验的过程中，金老师经常来实验室询问我试验的进展，我也进行了很多次汇报，当科技创新项目快要结题时，由于我的拖延，试验数据还没有完全处理完，并没有发现很多有价值的东西，我一度认为结题不了，想要申请延期，在向金老师表达我的想法之后，老师依据我的项目进度以及得到一些结果，鼓励我赶一赶，抓紧时间处理数据并完成报告，是可以在规定时间内完成结题工作的，最终，在我们的努力下也成功完成了项目，撰写了一篇论文。

我第一次写出来的论文，是要打上引号的，水平很低，但金老师不仅没有批评我，还仔细看了并做了很详细的批注，这让我很感动，从最初的论文初稿到最后论文得到录用，我共修改了六次，每次老师都认真批注，给出意见，经常我下午改完发给老师，老师晚上就开会向我说明文章中的一些问题，最终在金老师的指导下，我成功发表了一篇EI论文。

在整个项目进行过程中，金老师对我影响很大，他教我如何设计试验方案，如何应对试验中遇到的问题，在研究碰到瓶颈时，该怎么转变思路继续进行研究。学习生活方面，他教导我做事不能拖延，科研也好，学习也好，干活是一种习惯；他敦促我要积极进取，不能因为困难、因为麻烦就轻言放弃，很多时候自己再努努力，再下点功夫，就能完成。科研方面，金老师以前常说要培养我们的科研能力，他说到做到，得益于老师的培养，我现在具备了基本的科研能力，知道了如何去写文章，如何有逻辑地表达自己的观点，并养成了注重细节的好习惯。而影响最大的，是对待学习生活的态度，积极进取，不拖延，努力完成每一项工作，让干活成为一种习惯，我想不管以后我在哪，过得怎么样，我都会以金老师的话勉励自己，在此向金爱兵老师说一声谢谢，学生定会不忘师恩，努力前行。

师恩难报，铭记于心

导师：张英华　学生：李浚远

十月十二日的凌晨，当我收到中科大的待录取通知时，内心终于松了一口气。躺在床上，辗转反侧，回忆起张英华老师对我的帮助，那些点点滴滴如电影画面浮现。一瞬间，情难自禁！起身在朋友圈写下“每当我走到低谷，都有您伸出援手。师恩难报，铭记于心！”

英年琴瑟桃李下，华发渐生芳满蹊。

老师躬耕于教育事业数十年，是我和无数其他同学在安全科学上的领路人。记得刚刚进入大学时，对自己的专业一无所知。在新生研讨课上，老师上课幽默风趣，站在三尺讲台上风度翩翩、温润如玉，讲解风险的内涵深入浅出，一下子就抓住了我的心，点燃了我对安全专业的学习兴趣。

还记得大一时，我带队参加了安全工程创新作品大赛。但是我们在校赛失利，仅仅最后一名踩线晋级。正当失落时，您鼓励我不要放弃，继续前进。我们受到了极大的鼓舞。我们总结原因，改进作品，最终不负师望挺进决赛，并以全场最小的年纪获得了国家级二等奖。

之后，屡次和老师接触，每次和您聊天都让人如沐春风，让我一步一步了解到安全事业对国家、对社会、对民族复兴的重要性。一起事故可以让多少人家破人亡？让社会蒙受多少损失？那些现场一幕幕的惨状，让我逐渐坚定了在安全科学做出一番成就的想法。内心也由衷地敬佩老师的工作和事业，做这守夜人，拯救生命，守护安全。

老师不仅引领我走上安全科学，还鼓励我去开拓自己的方向。在学生的未来发展上，您总是倾囊相助。我在关注到火灾后，您为我引荐中科大火灾实验室的孙金华老师。在您的悉心培养下，我即将在研究生阶段前往火灾实验室，致力于研究锂电池火灾问题，为国家电动车和储能电站事业尽一份力！

忽然回忆起课堂上的趣事，不觉嘴角洋溢出微笑。老师曾教过我们一种手操，可以增强精气神。每到课间全班一起手舞足蹈，其乐融融，随后精神饱满地投入到听课学习中。

正是您对学生无微不至的关怀和教导，才成就了我们的今天。

2020 年是艰难的一年。疫情肆虐，举国共难。您同家人被困在澳大利亚不能回国。在困难的条件下，您仍然十分牵挂我们的生活、健康和学习。以线上的方式，为我们讲授“燃烧与爆炸”。即便在疫情期间，您对知识点的讲解仍一如既往的鞭辟入里。

受疫情影响，同学们保研就业形势较以往更加艰难。远在澳大利亚的您，密切关注大家的情况，有时甚至不顾当地时间夜深人静休息时，为我们打各种电话。您从来是站在学生的角度去思考，总是为了学生的利益而挺身。

所幸我们没有辜负老师的期望，张老师指导的 5 名 2017 级本科生全部保研成功！

您在我们的二十几岁，对我们的思想、人生、学习科研等方方面面都有巨大的帮助。回首过去的大学时光，庆幸自己没有辜负青春，更庆幸自己遇到了您！

一路走来非常感谢老师！我们一定好好努力！不负您的栽培！

师恩难报，铭记于心！

春风化雨，也可润物无声

导师：刘彩平　学生：魏浩林

“引已行为以树人，导已方向以自立”。在成长的路上，总是会遇上那么一些人引导着我们走向更遥远的梦想，而对于我来说，大学本科四年的时光里，却有这么一个人，她不断地倾听着我，更不断地引导着我，她就是我在大学遇到的最美导师——刘彩平副教授。

在我对导师的定义里，我认为导师可以大致可以分为三种，专业导师、生活导师与情感导师。在大学这个最美好的人生阶段，三位导师兼一体的“最美导师”却被我非常幸运地遇上。在我这过去的三年多的时间里，从青涩到成熟，从稚嫩到稳重，刘老师是我成长道路上非常重要的引路人。

论专业，自大二我们拥有了自己的导师起，刘老师就一直在关心的我的学术发展，每每有一些与专业领域相关的讲座或者学习资料，刘老师总是会第一时间转发给我供我学习。在科研竞赛方面，当我有了一定的想法，刘老师总是可以义无反顾地利用她所拥有的一切资源给我提供最好的方向，悉心为我指导，努力让我得到最好的锤炼。

论生活，刘老师更像是一位朋友，与刘老师相处的时间里，不会因为存在师生关系而倍感严肃，偶尔也会拉拉家常，吃顿便饭，有时当我生活中遇到瓶颈时，刘老师也会在朋友圈底下为我鼓励，给我打气，更像是朋友一样可以时刻温暖着我。

论情感，在我十分迷茫、十分低落的时候，刘老师总是愿意花费自己宝贵的时间与我交心，为我排忧解难。每个学期的前两周，对于我来说总是最迷茫的两周，因为我总是不知道未来的一学期自己应该做些什么，所以在每学期的开学的时候，我都十分需要有人可以指点我。而刘老师则是我迷茫时最能帮我打开心结的那个人，每每与刘老师进行一次思想间的碰撞，我都会觉得豁然开朗，会让我对于某些事物的理解更有高度与深度。

传道、授业、解惑，可谓师者，作为人类灵魂最伟大的工程师，刘老师既是烛火亦是明灯，更是为我指点迷津的引路人，让我更有勇气更有能力攀上更高远的山峰……

我在大学里找到了归属感

导师：赵怡晴　学生：张家祥

上大学之前，我以为的大学教授是整日专心科研，忙于带研究生，对于本科生来说是可望而不可即的存在，已经做好了不会有老师关心照顾的心理准备，然而遇到我的本科生导师赵怡晴老师后，我的这一观点彻底改变，赵老师用她的热情和耐心让我在离家千里之外的北京感受到了家一般的温暖。

蓦然回首，我已在北科大度过了三个年头，北京科技大学的本科生导师制是在我进入大学的第二年开始实行的，我至今都感到十分幸运，选择了赵怡晴老师作为我的本科生全程导师。当时大一学年结束，我选择进入新成立的智能采矿创新班学习采矿工程的前沿知识，并顺利通过了面试，赵老师邀请我去她的办公室谈谈未来的规划和对专业的认识，由此有了与赵老师的第一次较为深入的交流。我对赵老师的第一印象是热情，并且知识和经验也很丰富。采矿工程在一般人看来是艰苦且有一定危险性的行业，赵老师为了改变我的刻板印象，十分耐心地向我介绍采矿工程专业的具体研究内容和前沿方向，她也毫不隐瞒由于各种原因，采矿工程专业的学生转专业的有不少，让我对所学专业有了全新并且全面的认识。在交流过程中，我是有些紧张的，心里免不了对老师有些畏惧，但是随着谈话的深入，我也逐渐被老师的热情所感染，开始能与老师畅所欲言，这次谈话一直聊了好几个小时，彻底改变了我一直以来认为的大学老师不关心本科生的看法。又过了段时间，本科生导师制普及，我们 2017 级的本科生有了自己的导师，我也正式成为了赵老师门下的一员。

有了本科生导师后，最明显的变化是感到自己的成长和发展受到了更多的关注，刚上大学时的对于专业和出路等方面的种种迷惑，在与导师的一次次交流后逐渐解开。因为感觉自己受到了重视，学习上也更加刻苦，希望能取得更好的成绩为老师争光。现在我也参与了老师的课题组，每周主动参加老师的组会，与学长学姐交流，参与论文预答辩等，奠定职业前沿教育，既能学到专业知识又能学到论文书写和答辩的技巧，此外，我们还去过农庄进行团建，与老师、硕士、博士交流对专业的认识，真正地在大学里找到了归属感，对专业也更加了解。并且没课的时候我也会在实验室帮忙，了解科研内容，学习实验技能。假期期间为了培养研究能力，我每周会提交一次文献阅读笔记，读一篇 SCI、一篇核心期刊，做好笔记，老师都会认真听取汇报并给出意见。刚上大学时误以为采矿工程专业是一个又苦又累条件又差的专业，在导师的引导下进入实验室做研究后，才发现原来采矿也是一门复杂的科学，有着很高的技术含量和广阔的研究前景，而且就算是工作绝大部分也是管理岗位、设计工作或者科研工作。此外，科研以及竞赛方面因为能得到导师提供的资源和信息，我也更有信心去尝试，去探索，避免了很多弯路，更容易做出成果。

我印象最深的是大二的时候第一次申报 SRTP 科技创新项目，当时想做的项目是无人机地质测绘，在土资学院算是新颖的题目，算上我同组只有三名大二的同学，没有研究生学长学姐做指导，心里其实很没底，而且碰巧有一组题目又跟我们十分相似，很有可能我们中有一组会被刷掉，当时就犹豫要不干脆不报了明年再说，然后赵怡晴老师就说你们尽管报就行，真心想做就去做，你们一定能做好，钱的事如果申请不上 SRTP，我会帮你解决。在填写申请书时，还为我们找来了许多相关文献，耐心地为我们反复审阅并提出修改意见，我对赵老师非常感激，也十分感动。最终，项目申请到了北京市级科技创新项目，今年 7 月在老师的鼓励和指导下，我和小组成员借助项目的成果，参加了全国大学生采矿模型大赛并且拿到一等奖，这次比赛老师也带队一起出发，亲自参与工程实践，给了我对专业的信心，坚定了专业的学习道路，感觉很幸运能本科就受到导师的指导。

这就是我与我的本科生导师赵怡晴老师的故事，可以说从大二到现在我能不虚度时光，有了些小小的成绩，都离不开赵怡晴老师的引导和帮助。来北科大之前，我从未想过本科生就能受到导师的全程指导，并且获得如此大的帮助，遇到专业方面或者自身发展方面的困惑，我首先就会想到我的导师，向她寻求帮助，赵老师也会耐心解答，与我一起探讨。师恩难忘，以后无论在哪里深造或者工作，我都不会忘记赵老师对我的帮助，感谢她在我迷茫时给我的指引，在我退缩时给我的鼓励，在我懈怠时给我的提醒，在我紧张时给我的安慰，让我的大学生活充满温暖与关怀，我也会继续努力奋斗，以优秀的学习成绩和科研成果回报老师的期望。

一路有你，真好

导师：黄国忠　学生：刘浩然，魏今晓，景一白，于书健

我们是安全 2018 级的学生——刘浩然，魏今晓，景一白，于书健。转眼间，我们已经在美丽的校园度过了三个年头。三年，这是我们人生中非常重要的三年，我们有幸能够接触到这些不仅传授我们知识、学问，而且从更高层次指导我们的人生与价值追求的良师——土木与资源工程学院安全系，黄国忠老师。他使我们坚定了人生的方向，获得了追求梦想的动力，留下了大学生活的美好回忆。在此，我们真诚地向我们尊敬的导师黄老师表达我们深深的谢意！

在学习上，黄老师在给我们上好产品安全、安全评价等课程之外，还带给了我们许多在书本内容以外的帮助。他在课上邀请到了铁路系统的安全主管，给我们讲解了很多关于高铁的安全知识。即使有些专业知识听不懂，我们也可以从中学习到铁路的基本安全知识。幻灯片展示的要点，潜移默化地影响我们今后的工作和科研方向的选择；在与高分保研和高分考研的学长学姐的交流活动中，我们见识到了知识的力量，了解到了榜样的闪光之处，同时也意识到了英语学习的重要性；在尝试科研的可能性时，会及时地给我们指引，并提出相应的建议。在我们和黄老师讨论 SRTP 时，黄老师总会让我们多独立思考，而不像有的老师会直接塞给学生一套成熟的东西。我们相信这对我们今后不论是科研还是工作都会有很大的帮助。

黄老师在学术上十分严谨，但在生活上十分幽默和蔼，生活中的黄老师如冬日的一轮暖阳，无私又和煦地散发着光和热，温暖着每一位学子的内心。在工作学习之余，黄老师会经常约我们进行交流，询问我们对大学生活的适应情况，关心我们与周围同学的相处状况，注重呵护我们的情绪和心理状况，让我们感受到了如家一般的温暖。在我们失落气馁

时，黄老师会给我们加油鼓劲；在我们志得意满时，黄老师会给我们建议……每逢开学季和学期末，黄老师都会抽时间组织大家一起聚餐，欢迎新学弟学妹们，也为毕业的学长学姐们践行，大家一起交流生活和学习上的经验，增强了团队的凝聚力，加深了同学之间的感情，让大家收获了很多宝贵的友情和经验宝藏。如果说刚入学校的我们是一只只雏鹰，那么黄老师的教诲和帮助则丰满了我们的羽翼，让我们面对狂风大浪，仍旧可以不惧艰险，迎风翱翔。

感谢黄老师，当我们站在人生的十字路口犹豫不决时，告诉我们遵循内心的想法，不论东西，他都会站在我们身后；当我们在困境的深渊时，用自己独有的方式将我们拉出泥沼，告诉我们阳光下人的一万种可能性；当很多人对我们所学发出疑惑时，都会耐心解答，并且坚定我们学习安全工程的重要意义；当我们为一点小小的成就欢喜雀跃，即使是刚完成所有期末考试时，他都会送上来自长辈的祝福和贺喜，让我们在点滴中感受温暖。

岁月不居，时节如流，弹指一瞬，白驹过隙。忝列师门三年，饮水思源，幸得师恩垂教。先生清风雅量，山高水长。博通大略，谦恭厚德。谆谆而善诱，导我们于曲路，照我们以通途。一炬之火，万火引之，其火如故。不言之教，桃下之蹊，敬仰之情，感激之意，千言万语，不能至矣。长者育教之恩铭记，门下数十人，兄弟姐妹胜似亲。言辞有尽，敬谢无穷。唯祈不负韶华，以梦为马。

做你想做的事，向着你想去往的目标努力

导师：由爽　学生：焦辰江

2018 年 9 月，经历了千军万马过独木桥般的高考的洗礼之后，我来到了北京科技大学。恰逢学校实行本科生导师制，于是我遇到了我本科生涯，同时也是学术和科研生涯的第一位导师——由爽教授。我们的故事也在那时正式拉开了帷幕。

初入校园，我与其他大一新生一样处于刚刚迈入大学的兴奋中，对一切新鲜事物都感到好奇，但同时也对未来的生活和学习感到迷茫和犹豫。因为进入大学我才发现，不同于高中时期仅仅需要努力学习，大学校园的生活是多姿多彩的，这里没有了约束，可以尽情地释放自己、沉浸其中。你可以好好学习为以后的保研做准备，也可以参加各类大小竞赛去体验思维碰撞的火花，可以遨游在图书馆各类文献资料和书籍的海洋中，也可以投身学生工作培养领导力和组织力，还可以选择在学习之余踏上旅途去寻觅更美好的风景……大学是一个开放的世界，但也因此让我感到迷茫：我要做什么？我能做什么？我该怎么做？带着疑问的我找到了由老师，希望在由老师这里找到我想要的答案。记得由老师和我说：“做你想做的事，向着你想去往的目标努力。”我若有所思地点了点头和由老师说：“我毕业后想去全国顶尖学府继续深造，将来做一名优秀的科学家，在科研领域发挥自己的能力。”由老师对于我的想法给予了很大的支持和鼓励。正是这一次交流让我明确了我大学生涯的学习目标与方向，知道了自己需要从哪些方面去提升和改变，也使我确定了今后的人生方向。在大一第二学期，经询问过我的意见后，由老师将我派往清华大学参加土木工程领域的一个科研项目，那是我第一次接触科研领域，第一次能够自由进入实验室，第一次和清华大学的博导、教授、博士一起开会交流，我的内心非常激动，非常感谢由老师给

予我这个难得的机会，让我能够快速地投身到科研工作中，拓宽我的知识，增长我的见识。

大二这一年，由老师带领我们2018级三位本科生成立了科研小组，并申报了SRTP项目，这个项目与我大一参加的清华大学微生物项目有着分支和主体的关系，我被任命为项目负责人。随着项目的开展，我深深地感受到科研的不轻松，很苦但也很酷。我在压力大的时候也会找由老师谈心，聊聊人生规划。疫情期间，由于交流不便，我开始独立做项目，抽出大量时间查阅文献、研究代码、分析数据。由老师会经常与我们展开线上腾讯会议，关心我们的安全与健康，并就SRTP项目进行讨论研究，由老师会很耐心地与我们交流，帮助我们解决困难，给予我们鼓励。在疫情期间，我与导师沟通密切，获得了很多科研方法和工作建议，团队合作完成并提交了项目的中期报告。在此过程中学到了很多知识，对科研也有了进一步的认识。

大三这段时间，与导师沟通较多的除了科研方面就是人生规划和未来发展前景。在大一我就明确了自己要继续深造的决心，我想要去更高等的学府深造，拿到更高的学位，丰富自己的阅历和见识，提高自己的能力和专业知识水平。转眼到了大三，经历了大一大二两年的探索和认识，我的目标非常明确和坚定，那就是努力进入到国内顶尖学府读研。在这个人生“择路”的关键学期，我得到了由老师鼎力支持和鼓励。当我内心烦躁和波动时，由老师就会用一种很轻松的语气对我说，“那就去做呗，没什么大不了的，不行就回家种苹果！”这句话听起来既像玩笑又像是一种变相想让我冷静和沉着的鼓励。每到这时，我就会心领神会地浅浅一笑，回答：“好，种苹果嘛，也没什么大不了的！”（“种苹果”一词相关来源和出处参考电影《钱学森》）正是因为由老师这种无微不至的关心与指导，才让我在大三本该迷茫的阶段能够目标坚定，勇往直前。

在由老师的指导与教导下，我个人在学生阶段获得了很大的成功，截止到目前，我已经是一名光荣的党员发展对象，同时也是班级的班长。获得了校级优秀学生干部、人民三等奖学金、2019年暑期社会实践先进个人、2019年暑期社会实践金奖团队、2019年建筑结构挑战赛三等奖、院级班级篮球联赛第三名等荣誉，并一次性通过英语四六级考试等。

总的来讲，这两年来本科生全程导师制带给我的，或者说由爽老师带给我的，不仅仅是简单的学术入门，科研引路，人生指导；更多的是能够在我最伤心难过、与梦想失之交臂的低谷时期用诙谐轻松的交流帮我减轻压力，帮助我认清现实情况，给予我从头再来的勇气。尽管由老师很忙，但也会询问和关心我们的方方面面。由爽老师说话很直爽，不会为了安慰学生而故意说一些让学生开心的话，而是能够帮助学生认清现实情况，找到不足，加以提升与改进；她鼓励我们独立自主地规划人生，鼓励我们自己披荆斩棘克服困难，鼓励我们去寻找和探索自己想要的一切。与由老师谈话时她经常会问“你想做什么？”“你打算怎么做？”然后提供行之有效的意见与建议。

我算是一个思想比较复杂的学生，我觉得在由老师的指导和潜移默化的影响下，自己的思维开阔了很多，在面对未知和不确定的未来时也没有以往那么的焦虑。由老师教会了我要拿得起、放得下，那句“不成就回家种苹果”我会一直铭记，因为这句话也是钱学森先生当年返回祖国前对美国教授笑着说的一句话。在接下来的日子里，我一定不辜负老师的期盼，勇往直前，乘风破浪。

一位好老师，胜过万卷书

导师：邹文杰　学生：陶乐

看庭前花开花落，望天上云卷云舒，求学在路上。光阴似箭，不知不觉中，我来到北科已经是第三年了。从刚入学的懵懵懂懂，到现在逐渐有了自己的目标，一路走来，每一段路程都会遇到不同的风景，都会遇到不同的人结伴而行。有些人或许云淡风轻，犹如沿途匆匆而过的迷人风景；而有些人春风化雨，为你点亮希望的明灯！

经师易遇，人师难遭。得益于学校的政策，在本科阶段我就得到了全程导师的指导。我的导师邹文杰成为了我生活中最重要的领路人。

第一次见她是在万秀四层的餐桌前，当时老师刚刚从国外访学回来，短发，黑夹克，第一眼看过去就让人觉得非常的干练。听她与学长学姐的交谈，又是那么开朗，让人觉得十分亲切。

学习上，老师会经常询问我的学习状况，鼓励我多参加比赛。同时，她也经常为大家分享一些对学习生活非常有用的东西。老师的仔细、认真、严谨，让我非常佩服。一直以来老师非常关心我，在专业道路方向上一直为我出谋划策，也一直尊重我的想法，给了我极大的支持。

工作上，老师兢兢业业、尽心尽力。全心全意地指导学生，学生对她的教学评价也很高。她的不断上进，用一颗认真、纯粹的心去对待学术研究的态度也深深吸引着我。

一位好老师，胜过万卷书。老师认真、负责的工作态度，严谨、踏实的治学态度都让我深受感触。“及时当勉励，岁月不待人”，只有砥砺前行，努力学习，才能够报答师恩。

我的满分“导师”

导师：谭玉叶　学生：于海达

一些黎明，一些黑夜，发黄的相片，秋天的思绪，一并装进生命的行囊，一遍又一遍地阅读。我们的心牵着老师的手，在学识和为人的世界里徐徐而行……

——题记

初识导师的时候是2018年的冬季，我清楚地记得那天我与导师见面的场景。那时的我还只是一个大二学生，对大学的生活并没有完全适应，记得我当时非常紧张，内心甚至还有一些恐惧。

但是真正见面之后，老师带给我的却是另一种印象，她和蔼可亲，平易近人，也正是从那天之后，导师变走进了我的生活，也对我的大学产生了深远的影响。

从初出茅庐的“小年轻”，到今天成长为一个即将毕业的大四学生，导师在我的个人成长过程中扮演着极其重要的角色。她经常细心的观察发现我的问题，并能根据我的问题给我提出各种建议，耐心指导的过程让我受益匪浅，今天我形成的诸多习惯便是受到了她的影响。每学期谭老师都会在百忙之中抽时间开导师见面会，疫情期间即便不能见面，但也开了视频会议，谭老师无时无刻不惦记着我们的健康和学习，事无巨细，面面俱到。

除了在个人成长之外，在我的学术生涯当中，导师更是给了我很多的宝贵的指导和建议。我在大四上学期的时候发表了两篇核心论文，文章的背后都是老师的许多建议，在我疑惑的问题上，导师总能通过细致的讲解，让我看到背后的规律，从而掌握新的知识和道理，因此我也得以从一个“学术小白”走到了今天。在升学申请阶段，从专业的选择到简历的修改，导师无不亲历指导，为我指明方向，指引前行的道路。

导师对我的影响还有很多，纸短情长，短短的一页纸很难写尽，那些记忆早已经融在了我的生命里，成了我的一部分。

亚里士多德有过这样一句话：吾爱吾师，但吾更爱真理。而我想对我的导师说的是：感谢您，您不仅让我体验到了什么才是满分的“导师”，也带我领悟到了什么才是学术的“真理”。

前进方向的明灯

导师：徐怀兵　学生：马孟轲

光阴荏苒，岁月如梭，转眼间大学生活即将过去。回首这近四年来的学习与奋斗，体味到成长和收获，心中感慨万千。我从最初的不知所措、迷茫无助，到现在的信心满满、踌躇满志，这之间的蜕变是艰难的，也是幸福的。因为有一位循循善诱的导师，在我遇到挫折时给予我鼓励，在迷茫时给我指导方向，为我的人生指导迷津，就犹如海上的灯塔指引着船只向远方航行。这正是我的导师徐怀兵老师。

第一次和徐老师接触是在大二的下学期，在学院组织的建筑结构设计比赛指导会上，徐老师作为指导教师为我们解答赛题。指导会过后，我和徐老师添加了联系方式，没过几天，徐老师就主动约我谈话。这次谈话，徐老师全面地了解了我学习、生活等方面的情况，并结合我当时大二的情况，为我解答了如何面对即将到来的大三专业课以及如何正确面对大学的学习的问题，徐老师告诉我，在学习专业基础课时，一定要把学到的理论知识与工程中的实际应用结合起来，要多思考，注重理解，这样才能达到融会贯通，以后才能解决专业问题。当时我还向徐老师询问了保研等方面的问题，徐老师都很耐心详细地为我解答，同时给我梳理了学习的方向，告诫我大学期间学习仍是最为关键的一件事，在平时要平衡学习和竞赛的时间，把搞好学习成绩放在第一位。这次谈话让我受益匪浅，徐老师的叮嘱让我对之后的学习生活有了更清晰的认识，更明确的方向。

随后，徐老师都会主动地约我谈话，及时询问我在学习生活中的问题，并一一为我解答。当我在其他方面遇到问题时，徐老师也会尽他最大的努力为我提供帮助。在大二下学期时，学校有去中南大学交流一个学期的机会，我当时很想参加这次交流，于是我就把我的想法告诉徐老师，徐老师在得知我的想法之后，就主动为我推荐了往届参加过交流活动的学长，让我和他们交流沟通，详细了解其中的利弊之后再做决定。另外在我保研过程中，徐老师也给予了我很大的支持和帮助。当我告诉徐老师我要保研并且想保送到哈工大时，徐老师就冷静地给我分析了保研要注意的问题，并告诫我要选择自己感兴趣的研究方向和老师，同时，详细地为我介绍了结构工程和防灾减灾工程中具体的研究方向，让我去具体了解这些方向具体研究的是什么，再做决定。之后，徐老师还积极地帮我联系老师，协助我和老师交流，这些都为我提供了巨大的支持。

中国有句古话：经师易遇，人师难逢。今日真正堪称优秀之导师，并不止于传授知识，更重要的是指引方向，塑造人格。毫无疑问，徐老师正是这样的导师。他不厌其烦地为我解答疑惑，他还告诉我“取上得中，取中得下”的道理，旨在让我追求卓越。在本科生阶段能拥有这样一个优秀的导师是我的幸运，在以后的人生道路上，徐老师对我的鼓励和督促定会在我耳边回响，徐老师对我的悉心指导和教诲我将铭记于心。成为徐老师的学生是我的骄傲，期待未来的我也是徐老师的骄傲。

谢谢您的一路陪伴！

导师：冯雅丽　学生：马睿宇

与冯老师相逢是在大一入学不久，中秋节老师带我们去万秀聚餐，第一次中秋节离家这么远，有老师送我们月饼，还陪我们一起吃饭，让我们感觉很温暖。老师跟我们说了很多关于如何走好大学这四年、如何规划未来的建议，当时初入学校听起来只觉得懵懵懂懂，现在才感觉当时的话是多么的语重心长。每个月老师都会找我们去办公室了解每个同学最近的情况，生活学习上是否遇到了迷茫，每一个问题老师都会耐心解答，叮嘱我们在大学里成绩还是非常重要的，只有不断努力不断加油向前才能得到自己想要的。每当觉得生活停滞不前，只要跟老师聊聊就会觉得明晰很多，生活看起来又是可可爱爱。老师每次叫我们过去都会拿出零食和水果给大家，感觉就像家人一样亲切。老师平时会在微信群里发一些正能量满满的文章，激励大家认真生活拼搏进取，读完后就又觉得激情满满，不会蹉跎了时光。

我是矿物加工工程专业，老师很早之前就和我说要先把成绩提上来，争取本硕贯通，考研的话会很累并且压力会很大，能争取保研还是要努力争取的。我曾经对专业和未来都感到迷茫，不知道什么才是适合自己的，老师告诉我，无论做什么，先把自己能力提上来才是最重要的，要做就要努力做到最好。老师也很注重我们的实践能力，从大一开始就让我们跟着学长学姐一起做 SRTP 实验，早早就接触到科研的边缘。最近我在参加矿加大赛，特别感谢老师的耐心指导，感觉自己每天都有好多问题，喜欢问个不停，但老师总是很及时地回复我，甚至好几次在出差途中，也会跟我视频会议解答疑惑。也许我依然不知道未来会如何，但是老师已经让我开始认真考虑未来的发展规划，我会好好努力的！谢谢老师一路陪伴！

我心中的导师，伟大又普通

导师：陈德平　学生：马焱

我的导师叫陈德平，这是一个平凡的名字，可是现在看来，却是满满的谦虚和勉励，因为我心中的导师，是个伟大又普通的人。

初次和导师见面的时候，我还只是个大一的萌新，带着腼腆，也带着兴奋，要说为什么，因为从我们2018级开始首次采用全程导师制，我和我的其他三位同学一起如命运般选择了陈德平老师作为我们这四年的导师。于是，怀着期待，怀着忐忑，在2018年的秋天，我和同学们与陈老师见了第一面。

陈老师和他那十分亲切的名字一样，是一位非常亲切的长辈，礼貌、热情、稳重、大方，和那时畏手畏脚的我们形成了鲜明的对比。陈老师没有一丝丝长辈架子，真诚又耐心地和我们愉快地交谈了许久，聊自己，聊学校，聊专业，聊未来，热心地为我们解答各种疑惑，为我们大学四年的未来提出了一些简单的建议。虽然早已记不清当时具体聊了什么内容，但或许正是从那一次开始，陈老师和蔼可亲的面容在我心中留下不可磨灭的印象，任何时候想起老师来，总是一副憨态可掬，面挂笑容的模样，真是一个可爱的人啊。

微信是我们平常主要的联络工具，我们常常在微信群里交流近日的所见所闻，一起聊天，也零零散散地约过几次见面，有时在办公室，有时在鸿博园四楼，事无巨细，陈老师总是愿意热情地解答我们的疑惑，为我们指点迷津，指明方向。一定是老师身上那种浑然天成的亲近感，让我们之间逐渐变得无话不谈、无所顾虑。

或许因为总是一副温和可亲的样子，常常让我忽略陈老师其实是一位学富五车、博闻强识的教授。第一次深刻地感受到这位大佬强大的专业能力，是和同学们一起在老师办公室准备SRTP项目的申请书时。“纳米蛭石片的制备及其在木制古建筑防火保护中的应用”虽然当时只是我们心中一个模糊构想和思路，可陈老师却可以精确地指出这个项目的科学性和可行性，并且立刻从办公桌后的柜子中取出一些以前做研究时留存的蛭石片，从结构、形态、物理性质等方面介绍了蛭石片受热膨胀从而具有防火性的过程，用通俗易懂的讲解为我们打开了思路，指明了方向。而第二次领略到老师的专业本领，是在今年的“工程地质学”课堂中和小学期的实践活动中。数十年的专业研究和授课经验显然是可以让陈老师永远表现得驾轻就熟、得心应手的根本和资本，仿佛拥有魔法，陈老师总是可以用最简单的语言将最复杂的问题讲得一清二楚，可能这就是专业能力的体现吧。

所谓导师，重在指导、引导和教导。我想，从各种方面来说，陈老师都丝毫不愧于作为我们的导师。师者，如父。我也从心底觉得陈老师如父亲一样，和蔼、稳重、可靠，在迷茫时为我们排忧解难；在遭遇挫折时为我们摇旗呐喊，在北科大，陈老师一直是我们背后最可靠的依赖。陈老师在学业上和生活上给予了我们2018级的几个本科生不少的关照，得因于此，大家在学业上都完成的还不错，也参加了不少校赛甚至市赛，我们的SRTP项目也顺利申请达到了北京市级，目前正在有序完成，期待最后有一个好的结果。

在北科大接下来的时间里，随着专业方向更加深入的学习，相信我会有更多的机会和陈德平老师见面和交流，感受他的关怀和指导。与此同时，我也期望自己能够成为一名值得陈老师骄傲的学生，我和我的导师的故事，一定会迎来更加精彩的篇章！

一位好老师，胜过万卷书

导师：郭奇峰　学生：叶拉曼将尔拉克

人生就像一列火车，在每一个站点都会遇到一些人，经历一些事，让自己或多或少收获一些，改变一些，然后背起行囊继续前行。然而，在这趟列车上也总会有些人在不知不觉中将人生珠玑赠予你，从此因为他的出现，我们人生的旅途变得格外敞亮，对未来不再畏惧，在前行的过程中也变得更加勇敢和坚定。回顾我的大学四年，郭老师就是我大学记忆里指引我走过这一短暂旅程的引路人。

初次见到郭老师是在大二认识实习的时候，郭老师带领我们土木专业的学生去考察龙山断层，虽然他一路沉默寡言，但到了进行专业讲解时，却又热情开怀，当时就让我记住了这位老师。随后在进行本科生导师选择时，经过学长的推荐，我便选择了郭老师。

导师选择结束后，郭老师添加了我的微信，在朋友圈或私下经常和我进行互动。印象里的大学老师，永远都是上完一节节专业课便匆匆离开，甚至话都不多说一句。进入大学以来还没有出现过这样一位老师，能跟我进行这么多互动，关注我的学业和课余生活，给予我关心。

后来，郭老师组织了和同学们的第一次见面，见面之前，我心里头特别忐忑，但是在经过和老师交流后，发现郭老师平易近人，并没有自己想象的那么严肃，使我紧张的情绪逐渐消散，开始和老师聊起了自己的学习和课余生活等，交谈过程中，老师甚至颠覆了我平时对于大学老师的看法，对郭老师好感爆棚。在以后的日子，和郭老师的互动也逐渐密集了起来。

在大三结束后，我开始准备考研，但在进行考研专业方向选择时，却遇到了难题，我问了很多学长学姐还有机构老师，都没有得到满意答案，后来我便想到可以询问郭老师。当时正处2020届考研复试阶段，但郭老师却顶着繁忙的工作马上打来电话，和我进行近一小时的通话，通话中郭老师根据自己的教学和专业经验，给予了我很多建议和宝贵意见，坚定了我的研究生报考方向，打消了我内心的不安和纠结。回到学校后，老师也安排了我们进行见面交流，交流中郭老师给予了我很大信心，在这考研最后几十天中，让我充满动力。

一位好老师，胜过万卷书。郭老师认真、负责的工作态度，严谨、踏实的治学态度都让我深受感触。大学阶段能遇上一位值得我一生尊敬的好导师，我是幸运的。也许我不是您最好的学生，但是，您一定是我心中最好的老师。“及时当勉励，岁月不待人”，只有砥砺前行，努力学习，才能够报答师恩。

导师让我充满梦想与快乐

导师：赵焕娟　学生：药慧妹

当我收到北航的拟录取通知时，第一件事便是与我的导师赵焕娟老师分享喜悦，感谢赵老师一直以来对我的帮助和指导，才令我积极上进获得佳绩，谢谢您。回想过去的三年，感慨万千，对我来说仿佛是命运的改变。这一切的一切，都来源于赵焕娟老师对我的悉心指导、帮助和鼓励。

进入大学已经整三年，在这三年里，我度过了精彩的大学生涯的大部分时间。而在这三年间，我的成长都离不开我的导师赵焕娟老师对我的指导与帮助。

赵老师对我们很亲切，就像是我们的家长，会时常发消息问我们生活上有没有什么她能帮得上的，让我们觉得心里很温暖。

赵老师还会主动了解我们的学习情况，针对我数学课的难题，赵老师会分享她学习数学的方法，甚至找了数学课的老师帮我们解答复杂的题目，让我们学习逻辑思路，使得我们可以掌握更合理的学习方法。在之后的学习中，我学会如何高效地学习工作。每一次与赵老师的谈话之后，我都能激情十足，想要做好每一件事情。我和赵老师更像是朋友，我会与老师互相讲述自己的想法，我觉得这对我来说太棒了。在这个过程中我能够感受到老师的思维过程，知道学习和进步的正确方法，渐渐产生了继续深造的想法。

给我们讲解学科老师的研究方向，给我们介绍国外大学和研究院所，帮我们规划考研或者保研的阶段性任务。赵老师会跟我们聊每个人的想法，根据我们的想法给我们讲述可能会面对的难关和选择，使我们受益终身。赵老师邀请我们与老师邀请来的国际知名教授 Lee 教授共餐，让我有机会与学界泰斗有所交际，促使我们坚定了深造的决心。

赵老师多次组织我们和高年级的学姐学长一起聚餐，其乐融融，我们在吃出感情后就与学长学姐无障碍沟通，学到了很多有助于我们保研考研和以后工作学习的经验。

在大二上半学期，学校进行本科生创新创业项目训练。我找了志同道合的同学一起参加，老师对我们的研究方向提出了很宝贵的意见，并多次主动指导我们设计中的问题，带领我们去学习实际实验中可能遇到的问题，细致地教我们设计方法和分析手段，我和同学们都觉得受益良多。每一次的指导我们都做好记录，仔细分析品味老师每一句话的含义。在每次与老师交流之后，我们都感觉思维能开阔很多。在这个过程中，我们在学习了更多知识和科研方法的同时，也学会了更多团队合作、小组讨论和处理事情的办法。

我对赵老师充满了敬意与尊重。每逢佳节，赵老师都会带我们去清真餐厅聚餐，饭桌上其乐融融，我们补充了体力，干劲十足地去学习。赵老师时刻关心着每位同学，就像是我们小家庭的大家长，每一个人都尊敬且爱戴她。感谢赵老师，让我的学生生涯有了质的飞跃，每一步都走得坚定且踏实，充满梦想且快乐。非常感谢学校的本科生导师制，让我遇到了人生中最重要的老师，让我的大学之路走得更为坚实。在接下来的一年里，我将努力学习，提高自己各方面的能力，向我们的榜样赵老师学习，争取成为老师的骄傲。

教书育人是他喜欢做的事情

导师：孙浩　学生：贾俊泽

桃李不言，下自成蹊，当时针走过午夜 10 点，校园归寂于又一个深夜。

一位青年老师和一群青年学子走出教学楼，夜色朦胧，在相伴而行的路上，时光仿佛定格在温柔的夜色中，他们讨论着今天班级里面发生的大事小事，彼此分享着班级里的喜怒哀乐，这既是一天的结束，也是新一天的开始。

这一幕，在大学校园里天天上演。年轻导师的故事，无时无刻不陪伴着我们成长。这位每天陪伴同学们学习的师长，就是我的全程导师孙浩老师。

孙浩老师在我心里是亦师亦友的存在，可能因为从小对老师的刻板印象，导致我进入大学前十分焦虑，所谓心有千千结，但一切又像是命运使然，而命运对我又是如此眷顾，让我可以遇见我的恩师孙浩老师。当我第一次遇见他，他是如此的平易近人，对我们新同学又是如此耐心。开学的懵懂让我不知所措，多亏遇见孙浩老师，他为我细心讲述矿业专业的具体课程安排以及未来的应用前景，打消了我们对专业的焦虑，从而消除了我因为调剂专业到矿业的抵触心理，让我在入学的开始便顺利地进行了过渡。

他对学生的事无巨细现在依然在继续。因为学校采用本科导师制，所以在日常学习生活中经常与孙浩老师沟通。在日常的工作中，老师经常将我们组织起来，鼓励我积极勇敢地表达自己的想法，遇到问题让我们互相讨论培养大家的团队合作意识，提高学习质量。在彼此的交流中，我也更加了解孙浩导师的崇高人格，在以后的每个月，我都会积极地与他联系，把自己的疑惑与老师分享，他总是耐心地为我答疑解惑，师恩永难忘!

孙浩导师在学习上也给予了我极大的帮助，使我能够自主学习，积极完善自己的学习规划，真正在学习上做到学以致用。比如在寒假期间，孙浩老师让我们交学习周报，让我们提前预习新的知识，做到学以致用。正是孙浩导师一心一意、踏踏实实传授知识，为我树立了榜样，在这样的教育方式熏陶下，我在大一学期获得了人民三等奖学金、三好学生、优秀宿舍长等奖项，学习也获得班级第二和年级第九的成绩，这一切成绩的取得都离不开孙浩老师的鼓励与支持，在孙浩老师身上我学会了踏实诚恳，懂得团队合作，不仅丰富了知识，世界观、人生观也得到了塑造。

在新的学期中，孙浩老师不仅建议我参加物理和高数学科竞赛，让我逐步开始阅读学术论文，更不断地给我学业上的指导，逐步让我与学长学姐学习沟通，并组织我们参与相应的科研项目，参与 SRTP 的项目。在精力允许的情况下，老师还会亲自指导我们项目进展。对孙浩老师来说，教书育人是他喜欢做的事情。如果有人问他为什么这样做，“看到学生的成功我会感到无比快乐”，就是他给出的答案。

大一快结束时，我遇到一件特别焦虑的事情——转专业。孙浩导师推荐了高等工程师学院的矿物与资源工程专业。他详细地向我们介绍了智能采矿班的专业培养计划、保研率等我们关心的问题，并邀请了直系学长为我们答疑解惑，最后我打消了顾虑，顺利地转去了心仪的专业，并继续选择我敬爱的孙浩导师当我的全程导师。

他不仅注重我们的学习与工作，还十分重视我们的业余生活，积极增加师生之间、同学之间的人际关怀。为了丰富我们的生活，在大一学期为我们举办了元旦晚会活动，增进同学之间的了解，为我们营造其乐融融的生活氛围。

“云山苍苍，江水泱泱，先生之风，山高水长”，一个和学生常年在一起的人，他的心灵永远活泼地像清泉。一个忘我劳动的人，他的形象在别人的记忆中活鲜。一个用心温暖别人的人，他自己的心也必然会感到温暖。这正是对我的导师孙浩最好的诠释。

冶金与生态工程学院学生谈收获

遇见好老师，我的大学挺幸运

导师：刘征建　学生：江回青

一眨眼，大学已经过半了，回首这两年多来，在这条求学之路上，对我的大学影响最为深刻的就是我的导师刘老师了。

大一的时候，刚从高中的象牙塔里走出来，面对大学里面舒服安逸的环境，以及身边的许多诱惑，自己有些堕落，看着身边的许多多才多艺的同学，心中也有些自卑，也有些迷茫，不知道自己的大学四年应该去怎样度过。带着这些疑惑，稀里糊涂地开始了自己的大学生活。后来学校有一个导师制，每个同学都分配了一个导师，就这样我幸运地认识了刘老师。刘老师第一次是让我和另外一个同学去他的办公室里谈话，老师认真地询问了我们步入大学以来的情况，生活与学习中遇到的问题，以及对未来四年的打算，老师跟我们讲述了他的大学经历，这一席话对于那时迷茫的我有很大帮助，就像是拨开了笼罩在我与大学之间的一层迷雾。刚步入大学的时候，对专业也有些迷糊，以为冶金就是将来拿个铁锹往高炉里面送煤的，所以对专业有种恐惧感，老师也给我们客观地分析了这个专业，那时才算我对冶金的第一次了解。其后在每学期的期中考试和期末考试前，老师都会和我们谈话，聊一聊最近遇到的问题、困难与迷茫的地方，为我们答疑解惑。在这个过程中老师有时候也会讲述起他的经历，这些经历也在鞭策着我的成长。

每个人都会走一些弯路，但幸运的是，在我走弯路的时候刘老师及时提醒了我，走错路了，要回归正轨了。

大二刚开始的时候心里特别乱，也受了一些挫折，那段时间特别颓废，成绩也不是很理想，在有一次老师和我们谈话时，老师批评了我，那一席话让我清醒了起来，但刘老师更多的是鼓励，为我以后的学习生活指出一条坦途。在十二月份报名 SRTP 的时候，老师给了我们一个课题，带我们去了解实验室，让我们去做实验。以前的我总感觉本科生距离科研很遥远，如果说本科生与科研之间隔了一条河，那么刘老师就是一座桥，一座带我们拓宽视野，走进科研的桥。生活上，在我们放假的时候，刘老师和我们吃了个饭，自己从小到大都没有和老师一起吃过饭，那时候感觉老师和我们就真的就像朋友一样的关系，和中学阶段的老师有着很大不同，中学阶段看到老师就紧张得说不出话来，现在好多了。在与老师交流的过程中，他也在潜移默化地影响着我们的价值观与世界观。年底疫情爆发，虽然疫情在家，但刘老师也在线上开会议，对我们提了要求，以至于疫情在家的这段时间里，我有着清晰的目标，没有荒废，没有颓废。

大三，我报名了本硕贯通班，导师是刘老师，在这学期里，每周研究生开的组会，老师都会让我们去旁听，这对我们学习知识和开阔眼界都有很大的帮助。在这一年里，我们提前接触了与科研相关的知识，每周会跟着师兄和老师一次小会，老师会给我们解答这一周里遇到解决不了的问题，也会帮我们指明未来一周的学习研究方向。这些对我的成长、学习，有着很大的帮助。

依稀记得高中母校的校园里，墙上贴着的一句标语，人这一生中能遇到几个好的老师，是非常难能可贵的。一路走来，感觉我的大学还是挺幸运的，遇见了一位好老师，在这条求学之路上，帮助我，教导我，批评我，鼓励我，充当一个亦师亦父亦友的角色。这就是我和我的导师。

一个微笑、一声关切、一句赞许都是一盏明灯

导师：郭敏　学生：颜富荣

从踏入大学到转眼间大四即将结束，感谢在求学路上能够遇到一位有着高水平学术造诣而又和蔼可亲的导师，这份可遇不可求的缘分让我在大学的时光里成长了很多，也收获了很多，不仅是生活学习，更是一种对待科研学术的态度和对自我的要求。

在科研中，她精益求精、一丝不苟、认真严谨、严格要求。初次相遇是在大二学期本科生创新创业开始申报之际，在学院官网上看到郭老师的相关信息，觉得郭老师是一个很厉害而且对自己对学生要求都很高的老师，同时自己也对郭老师研究的课题非常感兴趣。当真正见到郭老师的时候，觉得郭敏老师很温柔，还很耐心地跟我们讲她做的课题研究，推荐我们可以尝试的课题进行实验。

在郭老师的指导下，我们开展了本科生科研创新创业项目关于“利用含锌电炉粉尘制备共掺杂型 $ZnFe_2O_4$ 异相类 Fenton 催化剂的研究”的课题。在这个课题研究前期，老师让我们阅读与课题相关的材料，加深对课题专业知识的理解和掌握。在这次课题的研究过程中，我们也遇到了很多问题，对设备不熟悉，对基本的原理不清楚，但郭老师为了让我们更好地明白和掌握一些基本知识，不仅把学长的优秀博士毕业论文供我们阅读学习，而且让学长还带着我们一步一步学习具体如何操作实验设备。在这次实验研究过程中，虽然我们没有做出很好的成果，但是这是第一次感受到了从实验方案的设计、原料的制备、实验过程、实验结果观察、自己动手分析的过程。在这次实验过程中阅读了许多中文及全英文的文献，巩固了自己的专业知识，学会了一些基本的实验室知识，也学习了很多设备的使用方法，锻炼了我的思考和分析解决问题的能力，更重要的是郭老师在学术上精益求精、一丝不苟、严格要求、认真严谨的态度让我明白了在学习和生活中要严格要求自己，而不是含糊地去完成任务，不论是科研还是其他事情都应该自己踏踏实实认真地完成，这样才真正有价值、有意义、有收获、有成长。

郭老师非常关心学生的学习和生活，她对待学生耐心负责、和蔼可亲、尽心尽力。在踏入大三前，郭老师主动了解我们的学习和生活状况，也非常耐心地为我们解答学习和生活上的问题。大三上学期，由郭老师给我们讲专业课冶金物理化学冶金物理化学热力学部分，在老师的讲解过程中，经常会带领我们思考问题，从而更加深入地学习和掌握专业课知识。同时鼓励我们多提问，认真听讲，每次有疑问提出的时候，她会非常耐心地解答。大三下学期，郭老师给我们讲解冶金研究方法的课程，虽然是疫情期间，但老师坚持提前准备上课，留时间给我们进行答疑，同时也鼓励我们疫情在家规划自己的时间，认真完成

课程学习，做好时间规划。每次上交的作业郭老师都非常认真地批改，会告诉我们哪些地方有问题，也会给我们认真地讲解。在最后课程结束后，为了解答我们的疑惑，她还牺牲自己的时间组织课程的答疑，尽心尽力地为我们解除疑惑。

感谢大学期间与郭老师的相遇，一个微笑、一声关切、一句赞许都是一盏明灯。

缘起缘续所幸有您

导师：刘晓明　学生：曹震

经师易遇，人师难遭。如果说对于研究生，导师是一位同行者，那么对于本科生的我来说，我的导师刘晓明老师，更是一位循循善诱的领路人和无微不至的好友。所幸学校本科导师制的实施，让我能够跟随刘老师学习，也让我的大学生涯不再孤独单调。

缘起——从专业自信到人生自信

本科导师制最初实施的样子还是历历在目：最初知道自己有导师以后，还想着自己不愿与人打交道，可能不会主动去联系老师，结果却成了班级中最先与老师取得联系的人。刘老师主动与我取得了联系，并和我约定了见面交谈的时间，而此时我的朋友们，连导师的消息都还没收到。第一次见面时，我还十分拘谨，简单的自我介绍后，便冷了场，还是刘老师跟我谈起了学习、生活的情况，我才打开了话匣子。第一次见面离开时，刘老师说，有什么问题就及时跟他讲，如果不好意思，也可以问同梯队的师兄师姐，而这句话，也成为了后来让我敢于去想去做的支撑。

当时还在大二的我，正纠结于自己的专业，无法对专业学习提起热情，恰逢职业规划课需要采访专业上成就突出的人，我就想到了刘老师。本想着刘老师肯定很忙，不会有时间去顾及一个小本科生的课程采访，但刘老师在收到我的请求后，便直接答应了，并约定了适合我们小组的时间。我们准备的采访提纲很短，但我觉得采访的过程无比漫长，因为我听着刘老师详细讲解我们专业的优势与发展前景，全面介绍学院雄厚的科技实力和优良的政策制度。在刘老师的耐心讲解下，我对专业的抵触渐渐消失，并对参加学院的相关项目充满了期待。

对于那时的我来说，我对所学的专业充满着疑惑，对自己的能力充斥着怀疑。刘晓明老师一次次耐心地讲解和指引，让我重新树立起对专业的肯定、对一流学科的向往，也让我建立起对自己的自信，并将这份自信融入到学习生活中去。

缘深——在相伴日常与困难时刻

在渐渐熟悉以后，我与刘老师的见面便成了每个月的固定安排，每个月刘老师都会召集同样跟随他的本科学生，大家一起开会进行交谈，有时会议很短，大家只是简单说说近几周的学习与生活情况；有时会议很长，同学们会将自己遇到的困难向刘老师说明，在指点下破解疑惑，我也会把自己近期的想法告诉老师，关于自己学业规划、科研想法，以及自己学生工作遇到的趣事或者困难。对于像刘老师这样的教授来说，我们的科研想法往往非常不成熟，甚至可笑，但他总是耐心地听我们说完，并提出更好更明确的观点，让我们不断提升自己。为了方便我们加深对科研的认识，刘老师每次都会安排研究生的师兄师姐，给我们分享一些课题，让我们有机会在本科期间了解研究生的内容，并且有能力参与其中，从而将部分成果转化后参加比赛。

在刘老师的陪伴下，经过了我大二的炎夏和大三的严冬，本以为一切都会按部就班，新冠疫情的来袭，却打破的原本的稳定。疫情暴发，刘老师立刻与我们取得联系，询问我们的情况，确认我们的人身安全。在延迟返校的通知下发后，刘老师将原有的会议改为线上视频会，在视频会上，刘老师更直接地与我们沟通，安抚我们的情绪，对于我这样准备考研的学生，刘老师更是多加关心，提醒我一定要沉稳住，按照自己的计划复习，不要被疫情困扰。

在平稳的日子里，我可以与刘老师面对面的交谈，在陪伴指点下逐步成长；在疫情期间，与刘老师通过线上交谈，让本身躁动的心慢慢平静。在陪伴中成长，在交流中加深理解，才让我一步步走到今天。

缘续——立支教西部圆科研之梦

如果有机会能够跟随刘老师继续学习，我想我的本科生涯就没有什么遗憾了，而这个梦想，就这样实现了。

通过层层选拔，我成为了第二十三届研究生支教团的成员，而我面临的最大的问题，就是选择我的研究生导师。对于我这样的人，学习时间长、入学时间晚、科研能力一般，成为刘老师的研究生就是一种奢望。

而令我惊喜的是，在我向刘老师提出读研申请后，刘老师很快给我回信，并同意我继续跟随他学习。在我激动之时，刘老师详细地询问了我的学制安排和入学情况。在得知我保留入学资格一年后才能入学时，刘老师非但没有嫌弃我入学时间晚，反而劝导我说，正好可以利用这一年支教的空闲时间，多阅读相关的文献，可以练习撰写综述，为正式入学做打算。同时，刘老师带我提前参加了研究生组会，让我有直接和梯队内的师兄师姐面对面交流的机会，在交流的过程中，刘老师也安排我进入项目组，鼓励我进行研究，并早日进行毕业的准备。

明年我即将前往西部偏远地区进行支教，而在本科未来的时间里，我将继续在刘老师的指导下，完成自己的科研梦想，为自己的本科生涯画上一个完美的句号。

如此幸运，有本科导师制，让我能够在本科期间，在老师的指引下成长；更加幸运，遇到了刘晓明老师，耐心而又学识渊博，让我的成长之路更加顺畅。此刻，我只想感谢刘老师在学习生活思想各方面的关怀，让我从一个毛头小子，成长为一名合格的新时代青年，而我也期望在未来，在刘老师的鼓励和督促下，在科研上取得更大的进步，成为刘老师的骄傲。

每次和导师的交谈，都让我收获到很多

导师：王广伟　学生：杨华鹏

我的导师是一名优秀的大学教授，我很荣幸王老师能够做我的导师。王老师无论在学

习上还是生活上都给予了我很大的帮助，帮助我更快地适应大学生活。

当我刚刚进入大学的时候，王广伟老师就联系了我，找我谈话，在轻松的氛围下一起聊天，给我的大学生活提供了建议，让我认识到大学生活中学习的重要性。在大一的下半学期，我和老师还有老师的研究生在一起聚餐，老师热情地把我介绍研究生学长，在和研究生学长交流的时候我也真正地了解到科研，认识到研究生的工作。在从餐馆回校的时候，老师亲切地问候了我在学习和生活上是否还存在不懂的地方，并嘱咐了我冬天要注意保暖，老师的关心就像在寒冷的冬天喝了一杯温开水，暖暖的，很贴心。

每一学期的开始，老师都在第一周内找我谈话，关心我的学习情况，并和我讨论对新的一学期里的期望和自己对未来的规划，老师每次都要求我把自己的课表发给他，他也会对我所学的课程提一些学习方法上的建议。在平常的时候，当我遇到生活中有迷惑的地方，我都会主动地向老师提问，老师会在微信上及时地回复我的消息。有些时候，老师会让我去他的办公室，分享给我一些老师在大学生活中的经验，解决了我许多的疑惑。

在大二的下学期，因为疫情原因，我不能回到学校，但老师很关心我居家期间的学习生活情况，并叮嘱我不能荒废了在家期间的学习。并在大二下学期，我报名参加了全国大学生冶金科技竞赛，但我缺少一个研究的方向。我向老师寻求帮助，老师建议我可以进行高炉配吹煤粉方面的研究。最后通过老师和学长的帮助，我弄明白了水热炭化的机理，并在全国大学生冶金科技竞赛中取得了很好的成绩。这是我第一次参与科研类的比赛，也是我第一次参与科研工作，感觉自己收获了很多，成长了很多。

在大三的上学期，我回到了学校，老师在开学伊始就找我进行了谈话。老师建议我在大三期间就可以进入到实验室中参加一些较为简单的实验操作，这样可以为我将来的研究生学习打一些基础。另外，我也参加了老师的选修课“煤与焦化工艺”，这节课也加深了我对焦化工艺的理解，增长了我的见识。

本科期间老师对我的指导，让我可以更快地融入到大学生活中，并对我的学习生活起到了很大的帮助。每次和老师的交谈中，我既能收获到很多，也没有很紧张的感觉，可以说我和我的导师的关系既是师生，也是朋友。

我有位好的引路人

导师：寇明银　学生：占珑玲

时光飞逝，转眼间已经是我来到这所学校的第三年，仿佛昨天我还是那个懵懵懂懂，对新环境、新老师、新同学抱有强烈好奇心的大一新生。我很荣幸地在 2018 年来到这所学校，因为也是从这一届起我们有了自己独立的导师。在这三年的学习里，我最大的收获便是有一位好的引路人——我的导师寇明银教授。

都说十年树木，百年树人。虽然我的本科生涯只有短短的四年，但在这条短短的求学路上遇到寇老师真的是我的荣幸。初次见老师是在他的办公室里，当我一进去就看见了一个黑黑的、又瘦又高的人，面部不算和善，心里忐忑得要死。其实当时室友们都纷纷见过了导师，回来都说导师们人挺好的，我当时就想大学的老师跟高中的老师应该是不同的吧。当时老师搬开一张椅子，与我面对面坐着讲话，最后聊着聊着，哎，发现这个老师人还是不错的，方方面面的东西关于生活、学习、情绪等都问到了，还是一个非常仔细严谨的一个老师。后来的每一年他都会找机会和我们见面并帮助解决问题，表面来看他是我的老师，但对于远离家乡的我来说，他更像是一个家人，一位亲切的长辈和挚友。

“师者，传道、授业、解惑也。”教师的职责可以概括为“传道”“授业”“解惑”，相辅相成，三位一体。作为一名优秀的学生教师，寇老师不仅自己刻苦钻研学术研究，还能带领学生一起研究探索。他用自己的亲身经历向我们证实学习冶金专业的价值。从我的角度来说，冶金工程就是一门培养学生冶炼金属材料的专业，刚入学的时候还会想以后会不会打铁，现在想想那时候真是一门摸不清。寇老师向我们说明了这是一个培养人才的专业，有很多的方向与科研，例如钢铁冶金、有色冶金、冶金物理化和冶金生态等，将来我们的学校会向社会冶金工业输送大量的人才与知识。就拿我的导师来说，他就是一名非常优秀的人才，今年他入选第五届中国科协青年人才托举工程。不仅如此，他还获得教育教学成果一等奖，是一名优秀的人民教师。寇老师的引导不仅让我更加深入地认识和了解冶金工程专业，更是让我看到了冶金专业的优势，使我有了专心研读冶金专业知识的动力。在我们的 SRTP 项目中，关于研究“满足国家超低排放要求的高炉炉料结构优化”，因为当时我们缺乏专业知识的学习，所以寇老师经常给我们解答疑惑，并提供专业的文献浏览查阅，在开展对烧结矿和球团矿熔滴性能试验时也能够及时地指出问题并让我们改正。

学术研究是生活的一部分，但生活不只是学术研究。寇老师不仅热心于学术，而且关心学生，热爱生活。尽管寇老师工作繁忙，但他还是会经常与我们谈话聊天，和我们说一说他的故事，闲谈之中，透露出长者的智慧，让我们懂得不仅要会做学问，更要学会做人。寇老师也会关心我们“在学校过得还好吗?”“最近在学习、生活上有什么问题吗?”让在异乡的我们感到亲切与温暖。在休闲时间，寇老师也会带我们一起出去吃饭聊天，一群人围坐在桌前，像家人一样，格外温馨。通过多次的接触，寇老师和我们的距离一下子拉近了，对于我们而言，他不仅是一位平易近人的教授，也是一位和蔼可亲的长辈、挚友。同时寇老师也是一位热爱生活的人，他认为生命在于运动，人应该多运动，多活动。他在吃饭时也向我们透露了他每天早起运动的事情，也提倡我们多多早起跑步。作为一名北京科技大学的学生导师，他真的非常谦虚。记得一次大学生就业与发展规划中，老师布置了一项采访优秀职业人员的作业，我就跑去找寇老师帮忙来采访他，他还非常幽默地开玩笑说自己不是“人物”！此外，他也经常鼓励引导学生多参加比赛和项目，对于担任项目和比赛的指导教师从不推辞，亲自帮助我们解决了许多问题。尤其是在疫情期间，我们的 SRTP 项目正是有了寇老师的指导才能够进行得井然有序！

寇老师不仅热爱生活，他的身上还有善良友好、豁达、朴实、有魅力等优秀品质。偶尔也听到老师、同门师兄姐对寇老师的评价：对学生认真负责、见多识广、博学多才、乐于助人、学术严谨、是个好老师等。经过这三年的接触，寇老师的成熟稳重、豁达坦诚、真实友善、幽默风趣的人格魅力深深地感染了我。我们当初对寇老师心怀敬畏，认为他遥不可及、不可亲近，是因为我们对他的不了解，与他接触太少。对于全程的任何问题和困难他都能放下手中的事情，想方设法为学生提供帮助、解决问题。也许正是寇老师这种宽厚待人的品格增加了他的影响力，进一步造就了他事业的成功。寇老师不但在学术科研上成就斐然，而且对家庭也很有责任心。偶尔老师向我们会提到他的家庭还有接送他孩子上下学，作为学生的我，能很明显地感觉到寇老师的体贴细致，家庭的温馨和睦。的确，寇老师对工作的使命感，对家人的责任感，对我产生了潜移默化的影响。让我深刻地认识到一个成功的男人不仅应在工作上兢兢业业，志存高远，对待家庭也应该勇于承担，心系亲缘。

师恩如山，高山巍巍，使人崇敬；师情如林，森林广阔，无法估量。优秀的导师是人生迷茫时的启明星、是迷途时的指路灯，让人受益匪浅、收获颇丰。很庆幸自己能够被寇老师指导，让我有机会成为更好的自己；很感谢大学期间能遇上寇明银老师，让我看到了一名优秀教师应有的样子。

我与导师二三事

导师：佘雪峰 学生：裴逸武

生而为人，必有师者。师也，教人而为学，育人而为才，以学授之，以德传之，以仁容之，以心待之，此乃师之道也。

每每想起初见导师时的那个场面，都感觉历历在目。初入大学几个月的我正在宿舍学习，突然一通陌生电话打入，接通后那边传来声音“裴逸武是吗，我是你的本科生导师佘老师，你现在有空的话来冶金楼 1016 一趟。”由于导员多次对新生进行防诈骗宣传，我怀着半信半疑的态度前往冶金楼。敲开办公室的门，第一次见到了佘老师，一位温和的中年科研人员。老师热情地与我寒暄了一阵，在了解我的基本情况后，为我初步介绍了本科生导师制。本科生导师制是学校从 2018 级本科生开始实施的一项创新制度，为新入学的本科生配备本科全程导师，旨在帮助新生快速适应大学生活，并尽早接触科研项目，提升科学素养，为将来的工作或者深造铺路。最后老师表示，他鼓励本科生的我们主动找导师聊聊天。

不久之后佘老师又为我安排了本科生科技创新项目，并安排师姐进行指导。由此契机，我得以步入实验室进行学习。在实验室，我学到了很多书本无法得到，唯有实践才能切实体会的知识。比如进入实验室的安全防护措施、仪器的基本使用方法、实验内容的设计、参考文献的解读、实验数据的处理、计算机作图等方面，为我未来的深造打下基础。

佘老师常常将我们聚在一起，面对面地聊天。聊天的内容很广泛，但很少涉及学习成绩方面，用老师的话来说，学习是自己的事情，有不懂的应该多主动向同学和学长学姐请教。导师的意义，更多的是开阔我们的眼界，为我们的人生指导方向。佘老师在聊天中透露出的，是丰富的社会阅历，老师更多想告诉我们的是身处社会为人处世的道理以及科研道路上的一些心得，并不只局限于某一门课的成绩是多少，学分有没有修够之类的琐事。我们的目光应该是长远的，在完成学业目标的同时，应该考虑更多的是未来的道路。

一位好老师，胜过万卷书。佘老师对科学研究的满腔热情，对教书育人的积极投入，对学生们的谆谆教诲，都将深深的印刻在我的脑海里，成为我今后一笔宝贵的人生财富，成为我人生道路上的一盏明灯。

特殊钢冶金的小帆船

导师：史成斌　学生：谭宇博

“刚入学就有导师，好难得呀。”我在电话中常常和父母说。

初来乍到，我对眼前的大学路充满了迷茫，不知道自己该何去何从。我的本科生导师是史成斌老师，史老师在一确定名单后就联系了我，我对他热情洋溢的声音记忆犹新，更对他一句句亲切的“有什么困难和问题随时联系我”而感到家一般的温暖。不久后，老师拉我和其他小伙伴一起建了个群，召集我们去办公室开会。由于当时我们对专业还不了解，老师给我们详细地讲解了各类研究方向，还关切地询问了每位同学的学习情况和未来打算。其中，老师说到特殊钢是现在钢铁行业的瓶颈，用于军工、航空航天、特殊要求的钢铁将会有大发展、大市场，我产生了浓厚的兴趣。老师得知我有兴趣后，当场就联系了一位研究生师兄说带我做项目。何其幸运，我在大一就有了进实验室学习帮忙的机会，现在回想起来，这段经历对我理解冶金学科、熟悉科研过程、规划大学生涯都起到了至关重要的作用。

史老师十分关心我的成长发展，他从来不吝啬自己的时间和我们交流，每个月至少有一次见面会，不仅有可口的水果，还会为我们排忧解难，指引方向，12 楼国重办公室也成为了我温馨的港湾。当我们有学业问题时，虽然由于专业知识缺陷，他的解答我们未必听得懂，但总会为我们提供解决的办法和思路；当我们遇到心态问题，他总会用过来人的经验给予负责的疏导，给我们减压；当遇到选择问题时，史老师从来不会替我们做决定，而是先说他的看法，而后提供资源，找到与选择相关的学长学姐们和我们交流，给我们成长的建议。

如今，我已经成为了大三的学生，选择报名学术贯通班。在选导师时，史老师非常尊重我的个人选择，认为做学术一定要以个人发展为重，不必跟着本科生导师走。于是，我综合考虑后选择加入了炼铁的梯队，因为我的老家有很多铁矿资源，我想学本领回家乡做贡献。

史老师作为我的启蒙老师，教会了我走路，却让我去更适合自己的地方飞翔，我将一直深深地记在心底。

导师让我对大学的学习生活有了更强的信心和更多的期待

导师：王敏　学生：蒋露珩

自踏入北科大的校门，已经到了第三个年头。涉世未深且迷惘无知的我也渐渐走向了成熟，看清了方向，对于过去走过的两年大学旅程，我感到充实而满足，也由衷地感谢王老师给予我的指导和帮助。

入学之初，各方面的不适应使我对学习和生活有着莫大的压力，正是那个时间我与王老师相识。在几次会话之后，我认识到这一切是初次大学生活的正常现象，并且收到了来自老师的鼓励，有了面对问题的勇气和方法，很快适应了新的环境和生活。也正是这样一个过程让我对老师严厉的传统印象和敬畏心理发生了转变，王老师的亲切不断消除着我们之间的隔阂，让我对大学的学习生活有了更强的信心和更多的期待。

在疫情期间，居家自闭的生活不断带给我压力，对新冠病毒的陌生而产生的惶恐侵蚀着我正常的作息。尽管相隔千里，王老师也与我保持着密切的联系，不断以科学严谨的角度向我解读新冠病毒，削减了我内心的不安，也让我学会了辨别谣言和坚持真理。我也因此收到鼓舞，将这份科学的精神发扬到我生活的地区，积极加入社区的防疫活动，向家人与邻里普及新冠病毒的科学常识，宣传科学合理的防疫措施，鼓励大家少出门和戴口罩，尽管我所在的社区并未有确诊病例，我们的防疫也从未懈怠，我也得到了邻里的赞许。

除去王老师给我带来的生活上的巨大影响，他对我的学业生涯也有着莫大的影响。在第一学年由于高考过后的懈怠，我并没能取得令自己满意的成绩，但王老师并没有因此批评我，而是对我的学习投入了更多的心血，让我理解所学每门学科的必要性，并且分享学习的方法，还安排学长对我学习中的疑问做出详细的指导。为此在接下来的学年中我的成绩得到了较大程度的改善。

王老师作为冶金国重的一员，还积极地向我介绍冶金专业的前景。在大一下学期转专业之际，有许多对冶金工程的负面评价，作为学习这门专业的一名学生，我的内心也产生了动摇。对专业的不了解以及他人的恶评使我一度产生了离开的想法。王老师知悉后并未否定我的想法，而是向我全方位地介绍了冶金专业的研究和就业前景，消除了我对专业的误解，并让我自己做出最终的决定。最终我无视了外界的流言蜚语选择留在了本专业，并且将从王老师处得到的认识分享给了室友，也让他们做出了最适合自己的选择。

自大二学年开始，对专业的接触逐渐增多，疑问和厌倦也随之而生，脱离了应用的知识显得格外枯燥。当我提出要参加钢铁模拟冶炼大赛以提升我对专业的兴趣时，王老师显得格外热情，不仅为我提供理论知识的支撑，还为我们的实际操作演练做指导，为我们的总结报告提出修改意见，最终帮助我拿下优异的成绩。除了竞赛，王老师还多次邀请我进实验室参观，观察科研工作的进行，让我对科研产生了浓厚的兴趣，也坚定了我继续深造的决心。得知我进入本硕贯通班时，王老师热心地接受了我，愿意继续担任我的研究生导师，让我对将来的科研路有了更多的期待。

两年多的相处时光中，王老师对于我有着不同的身份意义。在生活上，他的品德和严谨的态度不断给予我为人处世的启发，让我懂得体贴和包容。在学业上，他身处科研的前线，还不忘为我指明道路与方向，他的成果都让我心怀憧憬，不断激励我走向科研的道路。我感谢过去与王老师相处，也同样期待未来的时光。

在导师制良好的延续与传承中成长

导师：周恒　学生：周智勇

我本科指导老师是周恒老师，一位本学院的年轻优秀教师，负责、亲切，能力强。在这一年多的大学时光里，给予了我诸多的帮助。

在懵懵懂懂初入大学的不久，就听学长学姐谈及本科生导师制，并且在我们冶金与生态工程学院还是一到两人（同级）一位导师，这令初入大学校园的我极其向往。导师这一人生历程的新名词，无疑是大学学习生活最不可或缺的。

第一次成员见面会，不仅见到了我的指导老师周恒老师，还有与他的研究搭档寇明银老师以及好几位高年级的学长学姐。首次见面大家一番自我介绍，其中又夹杂着老师的闲谈小问，谈及他们家乡的特色、风土等，气氛渐渐活跃，彼此也更加熟悉了起来。接着老师便开始向我们介绍自己的研究领域以及目前的研究方向，“高炉仿真”“冶金数值模拟”等一系列陌生的词汇，不仅让我更加了解了本专业相关领域研究，更加激发了我对于日后研究的向往。阶梯式的学生研究引导，对于入门小白无疑是最友好的，与高年级的学长、学姐交流更加细节化了我们对于接下来的学习生活的规划。见面会之后，我便经常在微信上请教老师一些学习生活上的较大问题，相比于导员、学长们，周恒导师无疑更加具有相关经验和长远见解，能使我更加的明确，坚定自己的道路。在导师的帮助和引导下，我迅速适应了大学的学习与生活，期末也取得了本系前十的优异成绩，圆满地结束的大一上的学习生活。而多舛的 2020 年，疫情打乱了我原本的学习计划，居家上网课的那段时间，周老师主动联系关心我们的身体健康，并对我的网课学习提出一些建议与要求，万万不可懈怠，荒废学习。及至学期中旬往年的一些比赛在这个特殊的时期以特殊的形式渐渐拉开帷幕，但是肆虐的疫情抹去了我们所有实验的可能性，只能纯理论地分析，师兄的博士论文对于我们这些尚在打基础的新手，无疑是一道天堑。针对本科学生立项的研究的项目只得不了了之。回到校园见到我们之后，周老师苦笑着又谈了谈我们的立项项目，满含着遗憾。

再次见到周老师，已经是大二上学期了。周老师积极协调自己工作与我们的学习时间，在周末我们又开展了组会讨论，并且有了大一的新同学加入其中，而这次我也有了学长的新身份，向新加入小组的新生介绍、建议、解答。本科生导师制形成了良好的延续与传承，大家在一起平等地请教着、讨论着。周老师和寇老师又为我们讲解一些日后的学习方向，尤其是在生产实践方面的一些注意事项。最后两位老师又邀请我们一起去学校的食堂四楼品尝学校特色，在食堂饭桌前，我们与老师在心理上的距离无疑又近了一步，老师陪我们聊家常，了解学校生活，尤其是新生对于学校的适应情况，谈学习，向我们介绍了许多他们的学习方法与经历，尤其是老师读研读博的研究经历，更加让我们充满期待。

而面对即将开展的 SRTP（大学生科研训练计划）竞赛项目，我向老师询问，寻求建议，周老师立即将他目前的研究项目和相关内容向我介绍了一番，并且详细罗列了适合我的可能方向。最重要的是让我首先要考虑自己的兴趣方向，尊重个人意愿。

与周老师的相处日子还有很长，对于我来说年轻的周老师不仅是大学的科研导师，更是一位值得信赖的可靠朋友。希望自己在接下来的学习生活中能与导师更加积极交流，不仅能圆满地度过大学生活，更能结下一生之谊。

材料科学与工程学院学生谈收获

上大学不仅仅是学知识，更重要的是学会如何思考

导师：常永勤　学生：李林海

从一个懵懂的高中生步入到我心中仰慕已久的北京科技大学校园，在这里度过了难忘的青春岁月，有很多事情经常回忆，也有很多人经年难忘。最值得感谢的是我的导师常永勤老师。记得当年上“材料物理性能”课，常老师总是用非常标准的发音给大家耐心讲解，思路非常清晰，PPT 做得也很精致，课后还会画龙点睛地总结本课堂的重点内容。给我的感觉是一个思路敏捷、清晰的老师。课下给同学答疑慢声细语，极其有耐心地一遍遍从不同方向讲解，直到学生听懂为止。她上课的时候也会讲解思考问题的方法，以及教给大家如何去解决问题。有时候课间也会给大家介绍她团队最新的研究领域，以及研究生们遇到困难的时候如何去解决问题。我深深地被她所从事的核聚变堆材料领域的研发所吸引，同时也被她的人格魅力所吸引，经过深思熟虑，我决定报常老师的研究生。

和常老师交流后，她给我详细地介绍了她们团队的几个研究方向，并了解了我对科研的兴趣点，对科学研究的想法，以及对未来的规划。老师根据对我的了解，给我推荐了具体的研究方向，让我回去查相关资料做更详细的了解，然后认真思考下是否真的感兴趣。

我在网上阅读了相关资料，并看了常老师实验室前面研究生们的论文，发现我对老师推荐的核聚变能源新型铜合金方向还是非常感兴趣的，然后找常老师做了进一步的交流，谈了自己对新型铜合金的想法。老师听后感觉到很满意，带我参观了她们团队的实验室，并给我推荐了一些科研常用到的相关书籍和文献，建议我在课余的时候学习，有问题随时可以找她咨询和交流。同时，她考虑到做该研究领域的研究生和我会有更多的共同语言，以及会传授一些具体的科研入门实验经验，给我介绍了在该领域正在读学位的一位博士和硕士，请他们随时指导我。

我在看了这些内容之后，想着以后也要开展此方向，有空的时候就跑到实验室给师兄师姐帮忙，同时也细心观察和学习他们如何做科研。

时间过得很快，我已经成为一名真正的研究生。经过课程学习和跟随学长学习之后，我感觉自己可以独立开展科研了，就和常老师交流想开始自己做实验。经过实验设备和工艺流程的考核，我均顺利通过，然后开始独立做实验。在做实验的过程中，我才深刻领悟到什么叫作“理想很丰满，现实很骨感”。看师兄师姐做实验好像很容易，可是轮到自己真正去动手的时候，才发现处处考验细心和耐心，有一个环节没有考虑到，可能就需要重新来。经过一个月的努力，还没有明显进展，我灰心极了。老师每周都会开组会，听取大家一周的实验进展，同时讨论大家在科研过程中遇到的问题，以及告诉大家可能的解决方案。我前两周没有做出来，听了老师的建议，有了些许的改进，可是后面又出现新的问题，真的非常头大，一度怀疑自己究竟是否适合做科研。常老师发现我情绪不高，找我聊

天。她说科研和课程学习并不完全相同，课本上的内容是经过前人验证过多次的正确的内容，而且习题也会有固定的答案，但是科研是在前人的基础上创造新的内容，是没有确定的答案的，需要自己去发现和寻找答案，是创新度很高的内容，同时也意味着风险。可以暂时不要去急切地追求成功，首先是要学会在遇到问题的时候如何去解决问题，寻找解决问题的思路好方法，这才是最关键的。我听后恍然大悟，逐个去解决科研过程中遇到的每一个小的问题，不清楚的就随时找常老师和学长学习和交流。很快我就发现，当我解决了一个小问题的时候，我有满满的成就感，才慢慢对“不经历风雨，如何见彩虹”有了更深的理解。

经过一年多的科研训练，我已经比较熟悉如何去解决问题，也真正领悟到以前老师经常说的“上大学不仅仅是学知识，更重要的是学会如何思考”。在经历了一些事情之后，我对以前听到的内容多了一层更深的认识。我很庆幸自己跟随常老师做科研，不仅在从事自己真心喜欢的科研领域，也学习到问题的解决思路，学会在工作和生活中遇到问题和困难之后如何去解决问题。在此非常感谢常老师给予我的精心指导！

他是老师，却更像我们信赖的朋友

导师：黄继华　学生：李泽君

又逢秋天，这个银杏叶变黄、飘落的季节，看着秋日安谧的校园，忽而又想起了去年的秋天。原来在不知不觉中，一年的时间已然悄悄逝去，这一年里，从一个懵懂的大一新生，到成为一个别人口中的“学姐”，我经历了很多，也收获了很多，其中少不了我的导师黄继华教授的帮助与指导。所以在这里，我想谈一谈我和我的导师黄继华老师的小故事。

记得刚上大一，学校就为我们每一个人配备了导师，对于我来说，这是一件再好不过的事。面对陌生的环境、未知的学习与生活，我的内心在憧憬的同时也充满了不安，于是，带着疑问的我第一次敲开了黄老师办公室的门。从我们进门的那一刻，紧张不安的情绪在黄老师亲切的问候下瞬间消失，因为黄老师每时每刻都在关注着我们的情绪，聊天内容也是涵盖各种话题，照顾着我们每一个人的感受。在我的印象里，导师应该是特别严肃的人，可是黄老师似乎是一个反例，他热情、亲和，他的关心让围绕在他身边的我们感觉到了有依靠，每个学生都可以自由地向他倾吐学习与生活中遇到的各种问题，他是老师，却更像我们信赖的朋友。

每一次与黄老师聊天，总感觉时间不够用，因为我们可以聊很多很多内容。疫情期间，我也与黄老师保持着联系，不仅会聊一些生活上的琐事，也会向他请教一些学科上遇到的问题，而黄老师总是会特别耐心地为我解答，每次与黄老师交流，我都感觉收获很多。在面临专业选择的时期，我也征询了黄老师的建议，我记得当时是晚饭时间，但是我们一直在电话里聊，聊了很久，当挂断电话后，我才发现耽误了老师那么久的时间。可是通话过程中，黄老师一直在认真地听我讲我的想法，没有任何的催促与不耐烦，还帮我分析各个专业的不同，给我提供一些建议。当时，我的内心真的充满了感动，非常感谢黄老师。

我是一个喜欢平淡真实的人，而黄老师也一直用他的真诚对待我们这些学生。不论有任何难事，遇到任何问题，我们都可以找到黄老师，只要在他的能力范围之内，他总会尽心尽力地帮助我们。桃李不言下自成蹊，黄老师用亲切与温暖带着我走过了不安焦虑的大一，让我对接下来的学习生活更有自信、更加从容，在这里，我想向黄老师表达我的感谢，也希望黄老师身体健康、工作顺利！

既然答应做一件事情，就要尽心尽力地做好它

导师：江海涛　学生：刘瑞

江老师是一位非常和蔼可亲、细致入微的老师，虽然只认识了一年多的时间，也没有像学长学姐那样与他朝夕般地相处，但每一次与他线上或是线下的交流都让我收获满满。尤其是今年上半年，由于疫情的原因，大一下的全部课程都在线上完成，在家的那段时间，我其实是十分焦虑迷茫的，甚至在学业上有点放松。那个时候也正好有一个机会可以去采访自己的导师，犹记得刚开始询问江老师愿不愿意接受采访时的忐忑不安，以及正式采访前的紧张，加之自己之前并没有采访的经验，很害怕自己搞砸这件事情，但我非常幸运遇到了这样一位平易近人的导师，整个采访过程都十分顺利。虽然在采访的过程中自己出了一些小差错，但这并没有影响我们的采访，而江老师也十分温和宽容，以及之后写稿的过程因为素材不够的原因再去麻烦老师，而江老师总是十分耐心地、尽可能多地给我提供一些资料，甚至主动地给我提出改稿建议。

虽然我没有像师兄师姐那样跟着江老师做过科研项目，但我从这次的采访经历中学习到很多很多，也对江老师的了解更加深入。

这是我根据采访的内容写得一篇文稿。

每个领域都会有一群积极乐观、兢兢业业、认真工作、无私奉献的人。虽然他们没有一鸣惊人的成就，但一直在自己的工作岗位上恪尽职守，最后取得一些微小却至关重要的成果。积跬步以至千里，积小流以成江海，只要脚踏实地，一步一个脚印地去践行，就一定能实现自己的目标。细心、耐心、专心、静心，这八个字在江海涛的工作和生活中体现得淋漓尽致。

20 世纪 80 年代，是一个焕然一新的年代。改革开放刚刚开始，机遇无处不在，一切都充满着希望。一大批青年搭上了改革开放的列车，满怀憧憬地去寻找属于自己的未来。正是因为这些勇敢前行的热血青年，中国光速一般的发展起来了。江海涛便是其中的一名青年。

“我当时还是一个小男孩，因为从小在农村长大，对外面的世界很好奇，一直以来都梦想走到更广阔的世界看看。”像每一个普通的孩子一样，江海涛对未来充满了好奇与探索的欲望。他深知对于一名贫苦学生来说，学习是通往广阔世界最好的道路。中学时期的江海涛在班级中一直名列前茅，以优异的成绩考上了大学，如愿以偿地去到了更大的城市学习。

对于当代很多学生来说，考上大学意味着解放，可对于怀着一颗赤子之心的江海涛来说，大学只是梦想的起点。他学习依然很用功，基本每年都会拿奖学金。

当接触到专业课的时候，听到授课老师痛心疾首地感叹中国材料领域的落后现状，一种强烈的使命感在他心中油然而生，他明白，我国材料领域的崛起需要几代人共同努力。正是因为清楚地认识到当时中国的情况，所以江海涛更加坚定了报效国家的理想。

在大二下学期出现了江海涛人生的另一个重要的转折点——江海涛如愿成为了一名根正苗红的中国共产党员。党组织内每一个党员都怀着一颗报效祖国的初心，这与他最初的使命感不谋而合。

心有所信，方能远行。“大约就是从那时候开始，我希望将来自己在做科研的同时可以给祖国培养一批优秀的科研人员，我相信，通过几代人的不懈努力，我国科研水平一定可以达到世界领先水平。”

现在，在谈到我国材料行业的现状时，他骄傲地说道：“我们国家在材料的某些领域已经与国际上齐头并进了，甚至可以说领先于其他国家了，这对于国家来说是一个巨大的进步，对于我自己而言，在努力做学问的同时，也为祖国做出了贡献。”

从懵懂学子到三尺讲台

在硕士学位毕业论文完成期间，江海涛的导师鲁世强教授恰好在香港理工大学做访问学者，只能远程指导学生；并且在那个通信并不怎么发达的年代，只好用发邮件的方式来进行交流。

“恩师对我的课题进展非常关心，虽然人不在身边，但我们仍然保持着紧密的交流”。在江海涛看来，鲁世强教授对学生的关心让他倍感温暖，这也为他后来与自己指导的学生的交流模式奠定了基础。

硕士毕业后，江海涛选择继续深造，在西北工业大学李淼泉教授的指导下继续攻读博士学位。恰逢2003年，非典在国内外大肆传播，高校中的学习、科研工作受到很大影响，在李淼泉教授的悉心指导下，江海涛仍然日复一日不舍昼夜地进行科研工作，最终十分顺利地完成了自己的博士学业，并在“Materials Characterization”“Journal of Materials Engineering and Performance”等期刊发表多篇学术论文。

“两位导师是我求学路上最感激的人，他们亦师亦友，毫无保留地将所学传授给我。正所谓言传身教，两位老师对科研认真专注、埋头苦干的精神深深地影响了我。这在后来我指导自己的学生时，总是刻意地身体力行地去做每一件事情。作为一名老师，学生是我最宝贵的财富，每次看到他们的成长与进步，我都很欣慰。”

到目前为止，江海涛亲自指导或协助指导培养的硕士、博士生已有100多名。其中很多毕业生现在已经成为所在企业的技术骨干。

学生们对江老师评价颇高，“江老师平易近人，对待学生如师如友如父。在科研上，他要求非常严格，论文中每个实验他都要求我们认真对待，每一句话都要求我们反复推敲，常常一篇论文反复修改十几遍；在生活上，江老师十分关心我们的身心健康，经常和我们聊天，但也不会过度关注我们的隐私，行止有度，给我们树立了非常好的榜样。”

“一切向前走，但不能忘记走过的路；走得再远，走到再光辉的未来，也不能忘记走过的过去。”在成长的路上，江海涛虽然在各种各样的角色之间不断变化，但始终不变的是那颗初心——潜心科研，报效国家。

回想自己的科研经历，江海涛颇有感触地说：“做科研是一件需要强大意志的事，首先要耐得住寂寞，甘坐冷板凳，要静下心来去钻研，切忌浮躁；其次对自己的研究成果要有一个合理的预期，目标过低易失去兴趣，目标太高易失去信心，都不利于之后的科研进展。”

星光不负赶路人，时光不负有心人。一直以来勤勤恳恳、认认真真做科研的江海涛取得了丰硕的成果。

在钢铁材料研发领域，与邯钢合作开发了基于相变原理的汽车用高强钢组织性能精准调控技术，系列汽车用钢产品涵盖了热轧、冷轧、镀锌三大类六十余个牌号，使得邯钢汽车板产品实现了从无到有的飞跃。除了在科研上的突破，江海涛还得到了行业内专业人士的赞扬，任何事情都是一分耕耘，一分收获，这样的成果是用无数个日日夜夜换来的。

除此之外，由江海涛主持的科研项目“高钢级 X70 ~ X80 热轧管线钢的研制”于 2009 年分别获得安徽省科技进步一等奖、冶金科技进步二等奖；江海涛与马钢合作开发了 20.6mm 厚度规格的 X80 管线钢，使马钢成为国内第一批掌握厚规格高钢级管线钢生产技术并具备供货能力的钢铁企业。

江海涛在有色金属领域也开展了大量科技成果转化工作，将钢铁领域的宽幅薄板轧制技术推广到了难变形有色金属生产中。与中铝瑞闽合作，基于材料基因组开发了汽车外板用铝合金材料，应用于高端铝合金智能化生产线。在波音公司连续六年的资助下，成功开发并轧制出成形性能优异的宽幅镁合金薄板材，应用于商用飞机非结构件的制造。通过 β 相调控，实现了 TiAl 合金板材的组织性能精准控制。与金天钛金属合作开发的钛及钛合金板卷轧制技术及力学性能各向异性控制技术，获得了 2019 年国家科学技术进步奖的二等奖提名。这些丰硕的成果与江海涛天生乐观的性格密不可分。

苟日新，日日新，又日新。“每隔一段时间都会有新的科研成果，让我在科研这条路上越走越顺利，越走越自信。”

“疫情期间，出差的时间少，正好利用这段时间多看看书，给自己充充电。虽然没有年轻的时候学得快，但学习的劲头一点也不比年轻的时候少。”生命不息，学习不止，成长一直都在路上。

江老师的前半生就像一杯白开水，虽然很平淡，却独有自己的味道，就像他的人一样，虽然不是人群中最耀眼的，但是他和蔼可亲，平易近人，风趣幽默，谦逊温和，受到了许多学生的敬爱。作为一名科研工作者，他真真切切地做到了爱国、立志、求真、力行这八个字。

这篇稿子前前后后、反反复复地修改了十多遍，几乎每一次修改都要去麻烦江老师，而江老师总是不厌其烦地答复我的问题，不管他的工作有多么忙，总是会抽出时间来回复我。这也让我感受了江老师身上认真负责的品质，这种品质给我树立了很好的榜样，“既然答应做一件事情，就要尽心尽力地做好它。”

除此之外，还有很多温暖的小事情，犹记得疫情期间我在朋友圈转了一个抽奖的推送，第二天学校的官方公众号就出了一个侵权推送，而江老师也第一时间把这篇推送转给了我，生怕我上当受骗；江老师还经常关心我的学业情况，给我指明一些努力的方向，以及分享一些学习资料；以及在之后分专业的时候耐心地为我解答各种各样的问题。我很幸运能够在大学生涯中遇到一位这样关心学生细致入微的老师。祝愿江老师身体安康，万事胜意，桃李不言，下自成蹊。我也坚信，有了他的教导与关心，我一定会在接下来的大学时光里取得更好的成绩。

关切与教导，如递薪传火

导师：金莹　学生：秦诣

北科的银杏黄了又落，转眼间已经是我作为一名研究生的第二年了。昨天我依稀还是那个对新环境抱有强烈的好奇和期待的研一新生，而今天就已经要开始为毕业做准备。在这一年里，我很幸运能遇到一名授予我知识、教导我成长、给予我鼓励、指引我方向的良师——金莹老师。

初识的交谈，如春风化雨。还记得入学时与金老师见面，我刻板地认为导师大概是严肃、寡言的，怀揣着犹如面试一般的忐忑不安走进办公室，金老师却亲切地拉来椅子让我坐下，笑着问我在这边的生活还习不习惯。后面具体说了什么我已经不太记得了，但那天我的忐忑在这次交谈中一扫而光，只记得金老师是个爱笑的人，只记得那天的阳光和风都很好。

遥远的电话，如石破天惊。还记得疫情期间，课程不算紧张的我每天庸庸碌碌，没有课题也没有方向。直到一个星期一的下午，我接到了金老师的电话，电话的那一头，金老师似乎看到了我的迷茫，于是从自己的科研经历讲起，再到师兄师姐们的课题情况，最后还叮嘱我在家也不能中断学习，有问题可以随时联系。就是这通电话，打破了我浑浑噩噩的生活，让我对未来的道路有了更清晰的认识。我特别感动，很庆幸自己能遇上这样的导师，在我迷茫的时刻把我拉回前进的道路上。

关切与教导，如递薪传火。502 学生工作室每天人来人往忙忙碌碌，508 金老师的办公室也一样，印象中金老师每天都有忙不完的事情，但是不管多忙，金老师都会雷打不动地每周抽时间和同学们一起开一次会，让大家定期总结汇报近期的工作进展，为大家解答科研中遇到的种种难题。也没有想到，金老师不但会纠正我们大方向上错误，也会亲自到实验室指导我们操作上的细节。还记得在我们提交开题报告前，会议上金老师仔细阅读我们的报告，从题目到标点都提出了修改意见，让我切身体会到了“天下大事必作于细”的科研态度。

她是良师，教我们怎样去做科研、用什么样的态度去做科研；教我们怎样做更优秀的自己，用亲身经历做我们的启蒙；当我们觉得自己已经很不错的时候，她总会看得更远，告诉我们其实还可以更好。她是益友，总是比我们自己还了解我们。每次困惑时的谈心，总觉得是遇到了知音，所有的迷茫与失意似乎都能找到出口。“不计辛勤一砚寒，桃熟流丹，李熟枝残，种花容易树人难；幽谷飞香不一般，诗满人间，画满人间，英才济济笑开颜。”这大概就是对金莹老师最真实的写照了吧。

古语有云：“经师易遇，人师难逢”。而我，恰恰就遇到了金莹老师，成为了幸运的那一个。

机缘巧合觅良师 春风化雨引前路

导师：姜乃生 学生：梅静雯

其实我本科生导师选择姜乃生导师实属缘分。一年前，作为大一新生，对导师和科研都不甚了解的我，只在心中有着一份懵懵懂懂的憧憬和向往。但后来和姜乃生导师的相处证明了我当时选择的正确。正是因为姜老师的教导，我才能这么早接触到实验，接触到从前陌生而无比向往的科研领域。

按理说，我第一次见到姜老师应该是在新生开学典礼暨导师聘任仪式，但因为他那段时间出差，所以未能见到他本人，也对他一无所知。但是好事多磨。后来我通过微信联系上了老师，怀着略微忐忑的心情向老师提出我们 2019 级本科生想和老师见一面的请求。本以为我得到的回答会是寥寥的几个应答，但是老师的回复却十分亲切和蔼，并对我们提出见面的请求表示欢迎，也愿意配合我们的时间。这让我对还未见面的姜老师产生了强烈的好感。

大一上学期我们 2019 级本科生和姜老师一共见了两面。第一次见面时，我们向姜老师请教了自己入学以来遇到的烦恼和困惑，提出了自己对于科研方面的问题。导师也都一一为我们做出了解答。其中包含着他自己对大学生活的体悟，让我们受益匪浅。第二次见面姜老师向我们介绍了他自己的经历和研究领域，更是让我们对他有了更充分的了解。这份了解缩短了老师和学生之间的距离。在大一下学期，得知姜老师开设了一门选修课——高分子材料科学导论，我第一时间选择了这门课程。虽然课程是在线上进行的，但是姜老师的课堂轻松幽默且有启发性，不仅涉及学术上的重要知识点，还有着对这门学科发展的展望和关怀。

大二上学期，我们开展 SRTP 项目，选择了姜老师作为我们的指导老师。他为我们提供了一个大致的研究项目，引导我们自行规划方向和课题。这样保证了我们能在一个正确的方向上有着自己的思考。平时也有博士生带领我们研究学习并在实验室亲自体验。

十分感谢姜乃生导师为我和我的小队提供这样的平台，得以让我们早早地接触科研。也感谢姜老师用他自己的经历和人生态度引导着我们的前行！

我要和我的导师一样

导师：王守国 学生：史慧宇、陶怡璇、计扬

怀着忐忑又激动的心情，我正式成为了一枚小贝壳。不知不觉，我已经入校两月有余。从最初对大学生活的强烈期待和几分迷茫，到现在对大学生活的逐步适应和渐渐习惯。在这几个月的学习和生活中，我的导师——王守国教授，给了我很多指导和帮助，指引我适应全新的大学生活。

王老师是个和蔼可亲，认真负责，且令人尊敬的导师。开学之前，我选择了王守国教授作为本科导师，当我得知自己被成功录取时，喜悦之余又不免产生些许胆怯。王老师是一位成就斐然的知名教授，他会不会很严肃，学识和阅历的巨大差异让我对王老师又敬又

畏，不知该如何与之交流。入校后导师在第一时间主动和我取得了联系，并安排了见面会。怀着一颗紧张而不平静的心，我见到了王老师。他并没有想象中严肃，相反，他十分随和，我们的交谈也十分融洽。他亲切地询问我们的生活和课程安排，然后和我们聊家乡的风土人情。王教授幽默风趣、平易近人，让害怕冷场和尴尬的我感觉很舒适。“亲切”是王老师给我的第一印象，通过交流，心中最初对王老师的“畏”消散了几分，心中对王老师的“敬”增加了几分。

王老师是一个注重细节、认真细致的人。为了让导师对我们有一个初步了解，我们需要填写个人简历并发送给王老师。当时我想赶快填完就可以完成任务了，很快便将文件发送过去。然而，王老师看过文件后，提醒我文件名和文件格式并没有修改。我只填写了文件内容使认为是完成了任务，但修改文件名和文件格式可以为查看者提供便利，这是我从未去考虑过的。细节决定成败，我所忽略的问题在今后可能会成为我的致命弱点，我的导师用实际行动给我上了一课。

在学习过程中，英语老师向我们布置了阅读材料领域前沿期刊的任务，但是我不知道什么期刊在材料方面算前沿，感觉很迷茫。我决定求助于导师，问的时候我战战兢兢，但是导师很快就回复我了。收到回复的我，瞬间就感觉自己特幸福，我是有导师宠爱的娃！之后的每次见面，王老师都会对我提出许多建议。他告诉我，要找准自己的定位，明确自己的目标，只有明白自己想要什么，才能让自己的努力变得切实有效；大学期间，学习成绩依然是重中之重，对于地位重且难度大的科目要付出更多时间；大学是提升自我的良好平台，要积极参与各项工作，锻炼自己的各项能力，这些能力在今后都会成为成功路上的有力工具；应该利用好各项资源，比如可以多与导师沟通，得到提前进入实验室走近科研的机会……作为学术界的领先者，作为过来人，作为我的导师，王老师将自己的经验都告诉了我。我能感受到，他衷心希望他的建议能让我们的大学生活过得更有价值、更有意义，也期望我们都能尽早找到自己努力的方向。我认真听取他的各项建议，默默牢记他的谆谆教诲，期盼着有朝一日也能像他一样在科研领域成就一番事业。

导师用他丰富的学识和开阔的视野带领我们走进中国材料名门，带领我们仰望科研星空。我要向我的导师表达崇高的敬意，不只是因为他的科研成就和闪亮头衔，还因为他给了我秋日的温暖和奋斗的动力。我还要向我的导师表达诚挚的谢意，感谢他的谆谆教导，感谢他的榜样力量。我要和我的导师一样，成为一个为科研事业进步努力拼搏奋斗的人，成为一个为祖国繁荣富强贡献自己力量的人。

导师帮我提早树立了科研的目标和方向

导师：白洋　学生：赵菁

我是来自材料学院的大四学生赵菁，从2017年入学以来，我一直都受到本科生导师白洋老师悉心的指导与照顾，收获良多，感谢白老师的帮助和支持，使我可以度过美好的大学生活。

大学的前三年，每一年我都会有不同的烦恼和迷茫，每次都是在白老师的指导下，找到了学习和努力的方向。大一的时候，我对大学生活感到非常陌生，全新的学习方式以及过度自由的时间安排使我有些迷茫和无助，在和白老师的交流中，我对大学有了更加细致的规划，并在老师的鼓励下充满了信心，同时当我对材料专业感到非常陌生时，也是白老师打开了我对材料认识的大门。他介绍了材料的基本知识和多方面应用给我，使我在专业课前已经有了基本认识。大二时我最大的苦恼就是专业的选择，材料分有多个细小方向，对于如何选择和未来前景都不太清楚，白老师站在了很高的角度带着我思考问题，告诉我本科生主要是通识阶段，不必浪费过多时间去纠结和担忧，用心学好专业知识、打好基础更为重要。大三时我面临着保研，在整个申请阶段，白老师不仅对各个专业进行了细致说明，同时也替我书写了推荐信，为我去其他学校学习提供了帮助，最终在白老师的帮助下我得到了较为满意的结果。虽然平常白老师事务繁忙，但每当我向他提出问题时，他都会耐心地给我指导，帮助我全面地分析。现在想来，是白老师帮助我提早树立了科研的目标和方向，也是白老师让我更清楚如何确定自己的职业规划，如何找到最适合自己的道路。

如今我已经进入毕业年级，在北科的生活也要结束了，非常幸运大学期间可以成为白老师的学生，感谢他给予我的人生指引，也感谢他在我迷茫困惑时提供的支持与帮助。未来我也要走入新的人生阶段，但本科时期白老师的教导将会让我受益终身，在未来的学习中，我也会时时想起，不断进步。

再次对白洋老师表示感谢！

要踏踏实实地做，心里有活，主动学习

导师：郑裕东　学生：高明朗

夏末春秋，犹记满井学堂的导师应聘仪式，让我们有幸在大一就得到了与材料领域的专家和老师们进一步交流的机会。出于高中时对生物学科的喜爱，我选择了材料学院的生物医用材料研究中心，我如愿进入组内，成为了郑裕东教授所辅导的本科生。

融入与交流

初入大一，在我们几位本科生第一次和郑老师进行导师约谈时，每个人都十分拘谨，因为那时觉得教授是离我们很远的，是学术和科研领域的大牛。所以坐定之后，每个人都面面相觑。郑老师似乎有所察觉，于是和蔼地与我们唠着家常，我们是哪儿的人？我们上大学适不适应？通过交流，我们知道原来老师也有一个和我们差不多大的女儿……渐渐地，老师温和的眼光和平易近人的话语让我们的紧张得以缓解。我从那时开始觉得，教授或者专家其实都是父母，都是愿意和我们交流的老师，职称也就变得不那么让人敬而生畏。有了这样的心理变化，随后我会与郑老师交流我对专业方向的疑惑与学习方法的困扰，我们也有机会参与老师和研究生师兄师姐的组会来增长自己对科研的初步认识与见解。

有效主动性

大二时，出于想做好一个科研项目，我们来到郑老师的办公室表达了想做好 SRTP 的初心，郑老师虽然赞赏了我们的上进心，但老师强调了自己想法的重要性，因为我们完全是毫无想法与见解地直接来要项目，这是不合乎科研的逻辑思路的。因此郑老师十分清晰并严肃地强调了有效主动性的重要性，可能我们不能提出一个很好的创新想法，但是哪怕就是提出

一点对项目的了解与见解都比我们现在空有一腔热血要好得多。牢记郑老师的教导，我在接下来的十一假期对各个方向进行了论文调研，其实生僻的专业名词对我来说并不友好，但是对于课题的方向更加清晰明确，而后我和郑老师对选择的大方向进行了交流，在老师的帮助下，对实验室的现有情况和师兄师姐的课题情况有了更加深入的了解，最终也就早早地确定了 SRTP 项目的方向，老师还帮我们安排了指导学姐——杨莹莹学姐。

指导与帮助

在 SRTP 项目开题答辩时，郑老师不厌其烦地为我们提供帮助，帮我们修改开题材料中的实验内容，梳理开题材料的书写逻辑，并且辅导了开题答辩 PPT 的制作，老师的精益求精深刻地影响了我和我们小队的成员，我们开始思考与尝试如何更好地表达与实施我们的报告内容，最终我们的项目立项为国家级。非常感谢在此过程中郑老师和杨莹莹学姐对我们的指导与帮助。

而后，郑老师反复与我们强调，要踏踏实实地做好这个项目，不懂就问，要自己心里有活，主动去学习实验技能。牢记郑老师的教诲，我们踏踏实实读文献、做实验、做好自己的项目。虽然实验小白有冒出过不可行的想法，也做了不规范的实验，但是老师鼓励我们要敢想敢做，并让学姐带领我们从零学起，为我们传授很多实验数据处理与分析的技能，我们以月为单位和老师沟通实验进度。一年有余，我们顺利完成项目，拿到了校级二等奖，郑老师也看到了我们的努力，安排我们和学姐一起考虑专利发表的事宜，并指导我们完成了摇篮杯特等奖的项目转化。随后我们看到了我们所做科研的创业价值，主动和郑老师商量参加创业比赛，在郑老师表示全力支持后，我们投入到一个新的领域，与科研不同，我们需要考虑成本与利益，由于没有参与到设备与原材料的购买，总会麻烦老师和学姐询问上述事宜。在郑老师的支持与帮助、小队成员的团结与合作下，我们取得了中国第六届互联网加北京赛区二等奖和 2020“挑战杯”大学生创业计划银奖的成绩。

郑老师不仅为我们小队提供了全方位的指导，还在我参与节能减排竞赛时帮我联系指导老师，并在我保研的路上给我提供了很大的帮助。老师为了更全面地将我向外校推荐，和我询问了成绩和相关信息，百忙之中还帮我写了保研推荐信，在我参加夏令营受挫而信心不足时，鼓励我继续努力，并嘱咐我充分了解老师与学校，选择自己想做的方向。终于，我被自己向往的学校录取，老师高兴地祝福我迈上了新的台阶，并且老师让我坚信北科材料的影响力与实力，在新的平台发光发热。

现在我立足新的起点，也期待未来自己可以不负老师的期望，在材料领域真正有所作为。在这里，也想对老师说一句：郑老师，您辛苦了！谢谢您！

大学是用来学习的

导师：李妍　学生：郭超英

我，是无机非金属材料工程专业一名普普通通的大三学生；我的导师——李妍老师，是北京科技大学无机非金属材料系的一名教授。如果不是亲身经历，我永远也无法想象本科期间就有自己的导师是一种什么样的体验。

我第一次去学校官网了解李妍老师，是导员通知要准备开始选择自己的本科生导师的时候。当时的我仍沉浸在无法理解材料科学与工程专业的迷茫中，“选择自己的本科生导师”又让我陷入了新的疑惑。“导师”这个词，还是我的高中生物老师在讲他研究生时期的点点滴滴才了解到。当时，只觉得导师一定是很严肃、不苟言笑而且可能不太好相处的老教授形象。所以我怀着敬畏之心打开官网，认真地看每一位老师的简介，在看了一些导师照片后，之前那个根深蒂固的老教授形象消除了——北科大的老师看起来大都很好相处。但我心里想的依旧是：我一定要选择一位温柔和蔼的女导师。也就是这个简单的理由，让我在看到李妍老师的照片时，便确定了自己的导师人选。这是我第一次与“李妍老师”相识，也是“我和我的导师”故事的前言。

在大一初期，学院很重视本科生导师制度的推行，要求学生每个月都要和自己的导师见面和深入了解。我是那种不太会主动与人交流的人，所以我感谢学院的“督促”，让我在开学一个月后勇敢地书写“我和我的导师”故事的开篇。和李妍老师的第一次见面，是在主楼418的小办公室里。当时，我和另一位小姑娘怀揣着好奇和敬畏，紧张地在办公室门口徘徊等待，几分钟后一句温柔的问候传入我耳朵，抬头一看，果真是一位温柔又和蔼的老师，我心里的紧张也就消失了大半。这次交谈，以老师的问候开始，之后我们询问了一些关于专业上面的困惑，老师给我们提到未来学习可能会遇到的瓶颈以及大学中应该要注意的问题，让我们提前做好准备。通过这次交谈，我了解了材料专业的前景；明白了科研是一件既严肃又充满趣味的事情；确定了之后要努力学习争取保研资格的目标。这次交谈是解惑、是提点、是我和李妍老师的初遇，更是“我和我的导师”故事的开头。

之后的两年，“我和我的导师”故事在继续书写。没有了初遇时的紧张忐忑，之后的见面氛围都格外的轻松，我们不仅会探讨专业上的相关知识和SRTP科技创新比赛，也会聊学习生活上的琐事。从SRTP聊到学习成绩，再从学习成绩聊到与人交往已经是常态。导师也许是在第一次交谈就看出我在与人交流时存在不自信，她每次和我交流都会尽量让我多说，也告诉我与人交流心里不能害怕、更不要排斥，要大大方方的，敢于表达自己，慢慢地我一与人交流就紧张的毛病也在改善。

如果说前期的线下见面是为了互相认识和锻炼我与人交往的能力；那后期的微信交流，绝对是顺应大学课程安排的最好的交流方式。随着课程越来越多，我们的见面也相应地减少，但这并不能阻止我和李妍老师继续书写属于我们的故事。老师时常发信息询问我近期的学习状态以及SRTP的进展，这些消息不断督促我不可懈怠，要时常保持学习的积极性；也会在节日发消息给我表达最真诚的节日问候，让我在与家乡相距千里的大学感到温暖。与李妍老师第一次见面，老师那句“大学是用来学习的”一直深深地印刻在我的脑海里，当我因为贪玩，没有取得好成绩我会感到愧疚，不仅仅是对自己的，更是对李妍老师的。我深知大学主要靠自觉，旁人的督促只能起到一小部分的警醒作用，所以每当我准备颓废时，我都会想起李妍老师的教导和督促。现在我前两年专业排名在前20%，我觉得这之中少不了李妍老师那句话的敦促。

在我心里，李妍老师不仅仅是我的导师，更像是我在大学里的家长。在我贪玩时，给我警醒；在我迷茫时，给我鼓励；在我获得成就时，给我肯定……现在是“我和我的导师”故事的第三年，我相信未来还会有很多个三年等着我和李妍老师一起把故事写得更加温暖和精彩。

为了祖国的材料，我们愿和他一起努力奋斗

导师：刘雪峰　学生：宋卓文

我们是材料学院2019级的学生，也是刘雪峰导师——刘导的孩子。

最初了解刘导是在进入北科前的本科生导师选择。结合不同导师研究的专业方向与他们的经验成就，最后，全家人一起为我选择了刘雪峰导师作为我本科生导师第一志愿。

带着期待与憧憬，我们来到了北科，在学院为新生分配导师的典礼上，我们如愿以偿，成为了刘导的学生，从那时起，我们便成了刘导的孩子。

初入材院，哪里懂得什么专业知识？我们心急如焚，不知道一个材料的“文盲”该如何与一位材料学界的博导交流。心怀不安，我们与刘导进行了第一次交流。如果说谦逊和平易近人是每一位学者的基本素养的话，那么刘导对待晚辈耐心细致的教导绝对令人钦佩。

在大一上学期一次次面对面的交流中，刘导为我们讲述了材控这一专业以及他自己的成长历程，刘导一个个生动形象的比喻不断激发我们对材料学习的好奇心。然而，每当我们向他询问初入大学应该从哪里开始学习材料专业知识这一问题，他却总是语重心长地教导我们要学好基本课程，不要着急着考虑专业知识的学习。

刘导的工作很忙，可是仍能在每个月腾出时间来和我们交流，刘导的任务很多，但是依旧会在每一次的交流中询问我们学习乃至生活中的点点滴滴。

疫情期间，就在大家每日忙碌于线上线下的工作学习时，刘导仍会工作之余在线上和我们交流，帮助我们解答专业选择方面的疑惑和学习生活中的问题。

与此同时，我们也有幸选到了刘导的材控公选课，以学生的身份进一步了解了我们的导师兼讲师。和日常生活中的他一样，讲台上的刘导耐心细致亦不乏幽默风趣，总能将高深的专业知识讲述得活灵活现，哪怕是文科专业的学生也十分钦佩。

转眼间，我们与刘导已经结识了一年，虽然经历了新冠疫情的洗礼，但是我们之间始终保持着交流联系。我们对于刘导的了解或许没有那么深刻，但是在日常的交往中我们已经体会到了他作为学者的细致谦逊与作为长辈的和蔼可亲。作为学生和晚辈的我们，现在能给刘导带来的或许仅仅是日常交流中的关心和过节时的一句问候。可是，有如此一位优秀的引路人来指引我们走进材料世界，未来的我们当然不能辜负刘导的培养，为了我们祖国的材料领域和他一起努力奋斗。

这就是我和我的导师，我和我的讲师，我们是刘导的学生，更永远是刘导的孩子，我们愿与刘导一同与北科的材料共奋进！

导吾以狭路，示吾以通途

导师：路新　学生：董嘉禥

人生就像一场旅行，每一段路程都会遇到不同的风景，都会遇到不同的人结伴而行。有些人或许云淡风轻，犹如沿途匆匆而过的迷人风景；而有些人春风化雨，为你点亮希望

的明灯。从银杏初黄到秋实蕴发，感谢您一直在我们成长路上陪伴前行！

谨以此文献给我们敬爱的本科生导师——路新教授！

缘起初秋，银杏初黄时

初秋，银杏叶刚穿上奶黄外衣时，我和其他几名小贝壳怀揣着躁动不安的心迈入了大学阶段。第一次和路老师见面是在她的会议室内，不大的会议室里坐满了学生，原来是路老师召集了博士、硕士，还有高年级本科生的学长学姐们，为方便大家的交流沟通，路老师积极地介绍大家互相认识，主动建立微信群，还建立了高年级学长学姐与我们的“结对”小团体。她叮嘱我们之间要打破年级隔阂，互相帮助，互相启发，满怀激情地投入到学习中去，积极参加各类活动，去畅快淋漓地度过大学生活，当未来某一刻回顾这段时光时要做到青春无悔。在后来的每个学习阶段，路老师都会召集大家聚在一起，询问我们的学习、工作、生活等情况，并根据每一学年不同的特点和任务，告诉我们将会面对怎样的挑战和选择。有了师长的关注和陪伴，在最需要帮助与支持的时候就不再孤单无依，前进的路上也觉得信心满满。衷心感谢我的导师让我在初入大学象牙塔时便能够快速融入集体，找到最好的自己。

缘深初春，冬雪将尽时

大学生活也并非一帆风顺，由于忙于繁杂的课余活动，我在一学期的期末考试中出现了挂科。当时感觉自信心备受打击，甚至对材料学的相关课程都失去了兴趣，变得情绪低落，习惯一个人独处，甚至沉迷于网络游戏来逃避问题。当路老师了解情况后，找到我说自己的团队里有一个小课题需要进行试验，特别需要我能参与进来帮忙完成一部分研究任务。在路老师的鼓励下我开始进行粉末冶金钛合金方面的基础实验工作，从查阅文献、方案设计到设备操作和数据汇总，在路老师的小团队中我经历了整个实验过程。奇怪的是当初在书本中学习专业知识时候总感觉晦涩难懂，但在对自己所制备的试样进行拉伸实验与断裂形貌分析时才发现原来材料学也很容易理解和记忆。第一次接触材料物相分析、形貌分析、失效分析，第一次接触分析测试课本上不断提及的 X 射线衍射仪和扫描电子显微镜，让我在实验室里感到了从未有过的成就感，渐渐树立了信心，成绩也渐入佳境。后来才了解到原来我的经历都是路老师的用心安排，只为能够转变我的学习思想，改变学习态度，重新让我的大学生活充满阳光。

现在脚下的路或许有时候荆棘难行，但总有一位师长在你最低谷时候伸出手，在你退却逃避时候及时督促鞭策，让你即便面对未知和失败也能时刻充满勇气。

缘伴盛夏，秋实蕴发时

每一年的毕业季，不少同学因为毕业设计、工作面试、研究生复试等问题手足无措、焦灼不已，而在路老师指导的本科生小团队里，大家总是井然有序、忙而不乱。对于准备就业的同学，路老师和大家交流树立合理的择业观、就业观，积极地推荐合适的企业，并以自己的亲身经历为指导，让同学们为就业做好充足准备。在进行毕业设计过程中，路老师不厌其烦地一遍遍修改毕业论文与答辩文稿，提出要求让大家一定要为本科阶段画上一个圆满的句号。对于那些有意向继续深造的同学们，路老师经常这样说，在本科时要具有硕士研究生的实验经验，具备良好的科研素养；在硕士阶段时要建立博士研究生一样的独立思考与解决问题的能力，对待科研工作要能够提出自己成熟的见解；在博士阶段就要把自己当成青年教师一样，对科研方向有规划有担当，勇于挑战国家“卡脖子”问题，这样才有可能成为一个出色的科研工作者。所以在我们大学阶段即将结束时，每个人都能准确地找到适合自己的人生下一站。

这就是我们的路新老师，重视和我们思想上的交流，帮助我们树立积极阳光态度，指导我们的学业和职业规划，并鼓励和引导专业有能力有兴趣的学生继续深造。有同学这样描述路新老师：“导吾以狭路，示吾以通途，亦师亦友。”

有想法就要去实践

导师：秦明礼　学生：陈炜

大学的时光总是很短暂，不知不觉我已经步入大四毕业阶段。回想大学前三年的学习和生活，我总是会感慨自己很幸运，遇到了贴心的舍友，热情的同学，亲切的孙导，最重要的是在我迷茫时给予我指导与关怀的秦明礼老师。

记得大三学期，我在出国留学与国内考研之间犹豫徘徊。国外先进的设备技术令我向往，但同时我个人承受能力较弱，担心自己不适合出国，害怕出国后无法独立生活。同时随着国内材料科学的进步，我并不清楚国内外的技术差距究竟有多大。综合考虑后，我决定向秦老师请教。到达办公室后，秦老师并没有立即讨论这个似乎严肃的问题，而是询问了我最近的学习状况、英语水平，以及我个人的想法。我坦言，自己很想出国，增长自己的阅历同时提高科研水平。听到后，秦老师非常开心，他笑着说，有想法就要去实践，不用担心太多，到了国外你会慢慢地成长，并且学习国外的先进知识也正是我们目前所需要做的。随后，秦老师分享了自己去英国访问的经历，让我进一步了解了国外的生活方式及人文特点，坚定了我想要出国的信念。

看清方向之后，我决定全力以赴，为了梦想努力。了解到申请国外的学校需要科研经历后，我又向秦老师提出进入实验室学习的请求。秦老师欣然同意并且安排研究生带我快速了解实验流程，给予我宝贵的机会提前进入实验室进行科研工作。在实验室的那段时间里，我不仅熟悉了很多精密仪器的使用，还学习了科学文献的查阅以及论文的写作方法等，这也为我后来科研能力的提升打下良好基础。

秦老师对待学生温和，十分尊重学生的想法并给予鼓励，这在潜移默化中激发了我们的科研热情。我会带着老师的期望继续在科研道路上探索努力，为祖国的材料事业贡献自己的一份力量。

双培生的困惑与解惑

导师：吴俊升　学生：王子骁

我是2020级材料U班的本科生王子骁。作为一名大一新生，对于大学生活本就充满了不安与迷茫。并且作为一名双培生，本就与北科的学生在学习上有一些差距，这使我在学习上的担忧更加严重。入学后，了解了北科专门为本科生设立的导师制度，我就迫不及待与我的导师吴俊升教授取得了联系，约定了见面的时间和地点。因为在之前中学阶段的学习生活中并没有与教授之类的“高人”交流过，所以在见面之前我还是非常的紧张。但见到吴老师的时候，他亲和的态度和耐心的解答很快化解了我的紧张与不安。

在与导师的首次沟通过程中，吴老师重点从大学学习和高中学习的区别、大学学习的重点、将来的人生规划等多个方面对我的困惑进行了详细的解答。吴老师多次作为双培生的导师，所以对于双培生的学习状况有清晰的了解。他以所辅导的历届双培生在学习方面存在的问题和困难等进行了详细的剖析，并提出了多项细致的建议。吴老师鼓励我们多跟同学交流，尤其是跟本校学生的交流沟通，多向他们学习，有问题及时找老师解决。吴老师重点强调，大一期间，基础课程的学习是第一要务，对于一些其他的课余活动量力而行。并且建议我要加强英语学习，补齐英语偏科的问题，这对于将来考研或出国深造都有很大的作用，同时也有利于我解读一些外文的资料为以后的学习打下基础。我希望以后从事关于科研方面的工作，所以我向导师询问了他对于研究工作的看法。老师的回答让我久久不能忘记，吴老师对我说“科研是一件很快乐的事”，只要有学习的兴趣，尽早树立坚定的目标，并脚踏实地地学习工作，就一定能够实现自己的梦想！听了吴老师充满激情的介绍和鼓励，我明白了科研的动力来自于自己的热爱，只有热爱学习、喜欢探索未知才能在科研路上走得更远，才能为国家做出贡献。

通过与导师的交流，使得我打消了一名双培生普遍存在的疑惑与顾虑，也明白了自己在未来的学习过程中的努力方向和重点任务，我将用心学习，去体会学习的乐趣，让我的科研梦走得更远！

确定明确的目标，付出足够的努力

导师：尹海清　学生：孙瑞霞

说到我的导师，我最先想到的是“努力”“自信”和“思考”。

努力和思考是第一次见面老师教给我最重要的东西，而自信则是老师给我留下最深刻的印象之一。确定明确的目标，付出足够的努力，想要达到的目标就会一步步走到面前；不懈努力的人能力会很强，能力强，底气足，自信也会随之而来；努力并不是埋头苦干，思考十分关键，拒绝填鸭式喂养，思考问题，提出问题，解决问题，像小刺猬一样扎住来自各个方向的果子。老师用生动的比喻，具体的例子，将这些时间积淀、经验打磨出的精华深深根植于我的心中，奠定了成长的基石，让我受益匪浅。

其次，我想到的是“亲切”“耐心”“接地气”。老师亲切的语气和态度总是让我把心底的种种疑惑都吐露出来，从学业到生活，老师总是耐心地一点一点地分析、举例、指明方向。“接地气”体现在当我提出自己的困难时，老师会通过自己或身边的实际经历来指引我。

老师每天坚持运动的经历激励着我坚持锻炼，从体测不合格到如今取得重大进步；不断学习新技能的经历激励着我不断尝试新鲜事物，看到更广阔的世界；日复一日地坚持练习外语让我认识到了日积月累的重要性，我的词汇量因此有所提升；以不同的角度看待问题让我学会了多角度的思考，从挫折中看到收获；老师推荐每天听英语广播的方法，让我从原来的

“屏蔽”式听力变成现在的耳中有词。翻开导师手册，从最开始的“高数怎么学?”，到“我查阅资料分析后认为材料物理这个专业可以为以后继续学习材料专业打好基础，所以想选材物专业，您觉得怎么样?”，见证了我思维的成长。在老师的指导下，我的进步显而易见。

老师对我来说不仅仅是本科生导师，更多的像是人生的导师，为我从思想上打好根基，为我以后独立思考问题、解决问题奠定了坚实的基础。我将以老师为榜样，勤于思考，不断努力，争取成为像老师一样优秀的人!

他是“大家长”

导师：滕蛟　学生：王景地

和蔼可亲，笑眯眯的，这是我对滕蛟老师的第一印象。作为我们的班主任，滕老师很有“大家长”风范。我们才入学的时候，对周围的环境都不熟悉，懵懵懂懂，既好奇又害怕。他和我们的引航学长来到宿舍里，先是清点了一下人数，接着让我们每个人都自我介绍了一下。他很快就记住了我们每个人的名字，而且很亲切地讲起了他的故乡，和我们说着家常话。他这样一讲，我心里那种来到陌生的地点紧张的感觉也消失了大半。滕老师待人真的十分亲切，他对我们的关心让我们心里感觉暖洋洋的。在大一的一年里，滕老师真真正正地履行好了班主任这个职责。他对待自己的工作十分认真负责，对我们也很是关心。我至今还记得在我来北科大第一个十一假期里面，好多同学都回家了，我因为离家很远就没回去。而滕老师请了我们几个没回家的同学吃了顿丰盛的晚餐，这让我很是暖心。晚餐期间，他又和我们交流了我们来到大学一个月之内的情况：比如说适不适应大学上课的节奏啊?适不适应走班制度啊?饭堂里的饭吃的还习惯吗?这些像爸爸妈妈说的话从班主任口中说出，也有一种家的感觉。那顿晚餐我们几个人吃得很开心。而对于学习方面，滕老师也抓得十分紧凑。我还记得我们上学期高数考完试后，滕老师利用考完后的时间给我们开了一个班会。在班会期间，他为我们仔细梳理了一下大学数学的知识点，并将其推入到物理知识的应用中，为我们捋顺了一下大学理工科学习的脉络。在平时的时间里，班主任也很关心我们的学习情况，总是在每个班会时都积极地为我们或多或少讲一些东西。他也会找我们当中的某些同学谈心，跟他们聊聊大学学习心得，就像好哥们一样。

升入了大二后，我们分了专业班以后，与班主任接触没有大一那么频繁了。但是他对我们还是像亲孩子一样，会在特殊的日子结点请我们吃饭，会在春节给我们送上祝福，发几个红包。我真的很感谢我在大学的时间里遇到了这样一位优秀的班主任，他认真、负责，对学生耐心、温柔，让我很是钦佩。

总的来说，滕蛟老师是一位德才兼备的好老师。

成功需要积跬步而至千里的积累和坚持

导师：黄海友　学生：刘春亭

时间在走，我们在成长，转眼间现在已经是我在科大学习的第四年了。仿佛昨天我还是那个对新学校、新老师、新环境抱有强烈的好奇和期待的大一新生，而今天就已经要开始为毕业做准备。在学习生活中，我最大的收获便是有一位好的引路人，我的导师黄海友老师。

为人，他善良。与黄老师取得联系是因为学校有一个本科生导师的制度，每个人选择一位导师。先是选择学院，学院分配老师。与黄老师第一次取得联系是在寒假期间，黄老师主动联系的我，由于放假在家，没有能够见到面，开学后第一次见到了黄老师。

友好、豁达、朴实、有魅力。在没有见到黄老师之前，我先入为主地以为黄老师是高高在上，没有精力理会本科学生的。但是与黄老师接触之后，才发现黄老师是如此的和蔼可亲。第一次见面我很紧张，黄老师看出来我的紧张，告诉我不要紧张，有问题可以随时找黄老师，而且黄老师手下的研究生都是师兄师姐，有问题也可以找他们。和黄老师接触多了以后，才慢慢发现，他是那么的平易近人，和蔼可亲。偶尔也听到老师、同门师兄对黄老师的评价：对学生认真负责、见多识广、博学多才、乐于助人、学术严谨、是个好老师等。经过这一年的接触，黄老师成熟稳重、豁达坦诚、真实友善、幽默风趣的人格魅力深深地感染了我。我当初对黄老师心怀敬畏，认为他遥不可及、不可亲近，是因为我们对他的不了解，与他接触太少。其实，黄老师非常关心学生的学习和生活，主动了解我们的生活状况，对于学生的任何问题和困难他也都能放下手中的事情，想方设法为学生提供帮助、解决问题。也许正是黄老师这种宽厚待人的品格增加了他的影响力，进一步造就了他事业的成功。为学，他精益求精、废寝忘食。古人大思想家李斯有云泰山不拒细壤，故能成其高；江海不择细流，故能就其深。细节是全局的基础细胞，只有注重一个个细节，才能把握全局，走向成功。细节是决定全局成败的关键，要取得成功，必作于细。在组会上，黄老师经常告诫我们，不要为外物所惑，要保持上进，要用一颗认真、纯粹的心去对待学术研究。“不要求你能做出最好的成果，但一定要认真、努力地去做”。无论是在平时还是节假日，黄老师都是第一个到达实验室的，黄老师以身作则，时刻提醒我们做学问一定要勤奋。黄老师离开实验室的时间也经常比学生还要晚，他这种认真治学的态度让实验室的师生们肃然起敬。人们常说：“播下一个行动，便会收获一种习惯；播下一种习惯，便会收获一种性格；播下一种性格，便会收获一种命运。”在黄老师以身作则的带领下，实验室成员一直保持着积极、向上的科研氛围。“人之为学，不日进则日退”，黄老师用实际行动告诉我们：成功靠的不仅仅是天赋和智慧，更需要纳百川而成四海，积跬步而至千里的积累与坚持。

为师，他亦师亦父，春风化雨。他是平和的，没有盛气凌人的架势，没有动辄训人的说教，有的是真挚诚恳的情感与平易近人的亲切。不管是在听取实验进展、探讨实验结果，还是在指导论文写作的时候，他总会耐心地聆听学生的想法后才提出他的思考和建议，诚如一位满腹经纶的智者在深入浅出地阐释博大精深的理论。他的言谈身教，都如同涓涓细流，融入我们的心田。

他是睿智的，在多元的视角与海纳百川的胸怀里，因材施教，扬长避短，从而使每个学生都能在一个自由的学术平台上发现自我、超越自我。对待每个学生，他不会因为自己的科研项目是什么而要求学生做什么，而是根据学生的兴趣和特长为学生选题，进行学术指导。同时，他总能恰如其分地评判我们的优点与不足。对于优点，不失时机地加以赞扬和鼓励；对待不足，则采用和蔼而不矜持的劝说方式，言语中毫无责备，而是充满了慈父般的激励和鞭策，引导我们走入科研的殿堂。

“四度春风化绸缪，几番风雨洗鸿沟。黑发积霜织日月，粉笔无言写春秋。”黄老师对科学研究的满腔热情，对家庭责任的勇于承担，对教书育人的积极投入，都将深深地印刻在我的脑海里，成为我今后一笔宝贵的人生财富，成为我人生道路上的一盏明灯。

大四很快就会结束，不能继续跟随黄老师是一个遗憾，只能在这里祝愿黄老师身体健康，科研顺利。

导师让我找到一条真正喜欢的道路

导师：卢琳　学生：范思睿

曾经学《师说》，文所言：“古之学者必有师，师者，所以传道授业解惑也。”老师是我们一生中不可或缺的一个角色，回首往昔，每个人总能找到一个或几个对自己深有影响、为自己传道授业解答人生困惑的老师。

人非生而知之者，孰能无惑？惑而不从师，其为惑也，终不解矣。我们都是从一无所知到逐渐懂得更多知识的过程中走过来的，在这一过程中，若没有老师的解惑，我们依然还是那个天真地想着为什么的孩童。我很幸运在大一的时候得到了一位好的引路人，北科大新材院的卢琳老师就是一个这样的角色。

回首去年，初次见到卢琳老师时，我还是一个懵懂无知、拘谨的大一新生。那是一个晴朗的傍晚，在我走进腐蚀楼的卢老师办公室时，她已经在里面等候，迎接我的是一句亲切的“范同学，先坐吧！”。在对话中，卢老师看出来了我的拘谨，引出大学生活的话题，充满生活味的对话让原本凝固的气氛变得活跃起来，我和导师从大学生活聊到北京气候，从北京气候聊到英语学习、材料专业方向学习。每个话题卢老师都会耐心地聆听我的想法后才提出她的思考和建议，诚如一位满腹经纶的智者在深入浅出地阐释博大精深的理论。从卢老师和她的研究生的对话中，我能看出卢老师的严谨治学的学术态度。卢老师完全不像我心中的“导师”两字的道貌岸然的刻板印象，她更像是一位“慈母”的样子，如此平易近人、和蔼可亲又见多识广、博学多才。12 月的一个寒冷的晚上，在我与卢老师的交流结束之前，她从包里给我拿了两个橘子，揣在口袋里的两个橘子很充实，像那份卢老师对我的沉重的关爱。

用微信跟卢老师交流时，卢老师一直都很有耐心地解答我的问题，并且字里行间充满了关爱。每逢节日前，卢老师都会与我互道祝福；考试前，卢老师也会向我发来叮嘱，大一两次考试，我的成绩都有进步，卢老师不仅会给我发来祝福，还会给我提出新的要求，她教导我，要有拼劲儿，牢记要时刻学习，还要不怕吃苦，勤于进取。

疫情期间，无法见到卢老师是我的一大遗憾。还记得 2 月的时候，全国都笼罩在新冠疫情的阴影之下，一天微信弹出来的一句“范童鞋，最近如何，家里那边情况如何？”引起了我的注意，那是卢老师发过来的消息，这句话把我从疫情的阴霾中拉了出来，我们聊了很久，指导我如何在网课时期自律自学、专业的选择等，其中，最让我印象深刻的是卢老师一直强调的“兴趣是最好的老师”，作为在专业选择上进行了多次尝试的我来说，直到大二转专业后才真正对这句话有所领悟，对此我也很感谢卢老师，让我找到了一条真正喜欢的道路。

卢老师作为我的入党培养人，在对我进行入党考察时，卢老师作为一名党员向我这位入党积极分子展示了一名党员的坚定的政治立场和永不动摇的信念担当，从思想汇报中的细小的语病到大的总体思想上的认知错误，卢老师无微不至，向我提出了不少要求和指导。我也会按照卢老师的要求和指导，一步步修正和坚定入党动机，用一名真正的党员的标准要求自己。

“新竹高于旧竹枝，全凭老干为扶持。”我十分感激卢老师一年多的殷切教导，卢老师如父母般的关怀与教诲，一定会让我在未来的道路中披荆斩棘，在一个领域里勇担重任。

机械工程学院学生谈收获

成长引路人

导师：曹建国　学生：邵文洁

每一位科大学子在大学时光中都有四位引路人：辅导员、小班主任、班导师与本科生导师。在学术与学业方面，对我影响最大的就是我的本科生导师曹建国教授。曹老师的教诲，曾激励我，也曾点醒我。

每个月，我们都会进行一次成长例会。有时会议上还会邀请优秀的研究生师兄师姐进行分享。会议上，每个人简单地分享一下自己近期的学习状况、活动参与情况、遇到的困难，曹老师会针对大家分享的内容进行指导。在例会上，我认识了优秀的师兄师姐，也正是在一次次的例会中，我逐渐认识到学习是一个系统的过程，要注重平时，掌握方法。每门课都有其存在的意义，既然开设，便有其值得学习的地方，要善于学习、善于思考。其次，在大学便要好好体验大学生活，对大学生活应有一个整体的规划，在合适的时间做合适的事情。同时也不应该把精力过于分散，要将 80% 的精力放在 20% 的事情上去。原本我在大二学年辅修了机器人工程专业，在经过学习与权衡后，我在大二学年结束时选择终止辅修，将更多的时间投入到主修课程、科研竞赛、学生工作上去。同时，曹老师也总是和我们强调，在学习上不必追求满分，但也不能要求过低，保持优秀即可。成绩追求满分是意义不大的，理解知识、掌握知识才是目的。

曹老师也为我们提供了一些平台，让本科生加入研究生课题组的群中进行学习。在疫情期间线上参与曹老师研究生课题组例会的过程中，我也体会到了什么叫作“从本科生到研究生有一个思维的转变”“学习不需要追求满分，但做研究就要做到极致”。看到优秀的师兄师姐们的研究内容，我对科学研究充满了好奇但也有些迷茫。在导师的鼓励下，我开始接触锆合金变形抗力模型研究。在阅读文献的过程中，我发现自己所学不过是沧海一粟，面对这样一个看起来并不复杂的问题，我都缺乏足够的知识去解决。而研究又与学习不同，研究没有明确的界限、没有考试重点、没有参考答案，唯一的借鉴是前人的研究成果。在尝试过几次数据拟合后，我似乎找到一点方向，但我对其原理和机理的理解和研究仍不够深入，我还需要更多努力。

我非常感谢曹老师给予的这些机会与教诲，在曹老师的指导之下，我正在成为更好的自己。

子帅以正，孰敢不正

导师：邱丽芳　学生：汤恒坤

首先得感谢学院安排的导师制度，让我有机会和教授、科研大佬和优秀导师接触，向这些可爱的优秀的北科前辈学习，他们是我科研路上的引路人和指导者。我和我的导师邱丽芳教授有过很多次的接触，邱丽芳老师为人和蔼、亲切、平易近人，同时也是相关专业的学术佼佼者。每次和老师见面交流之后，都会对我有新的启发，对我的学习、生活和科研方面产生了很大的影响。经过一段时间的相处我也发现邱丽芳老师身上有很多值得我学习的东西，其中包括学习方面、科研方面、为人处世待人接物方面，以及精神思想方面。

学习方面：邱老师从一开始就细心地提醒我大学生活要以学习为主，努力夯实理论基础，注意结合学习方法效率，注重细节。在学有余力的时候可以多参加一些科研项目、校内校外比赛项目，扩展自己的认知范围，积极实践。邱老师还给我提供和推荐了很多机械和专业方面的书籍，很多次问我：有没有什么困难？有什么问题随时可以找她，在学习学术方面我很尊敬邱丽芳老师，因为我在看导师简介的时候了解到邱老师本科、硕士、博士都是在北京科技大学攻读的，而且还是那个年代的老北科人，可以推测邱老师一定很优秀，而且是非常优秀，所以我把邱老师当作自己学习、科研和生活方面的学习榜样。努力向优秀的人学习，并且使自己成为一名优秀的人。

生活方面：邱老师的平易近人和与人交流时的平和感，以及对待我们一群学生的态度上触动了我，这些方面正是很长一段时间困惑我的东西，同时也是我需要学习和弥补的地方。

科研方面：邱老师作为SRTP项目“新型柔性铰链的设计与分析”的指导老师，从项目立项邱老师指导写项目申请书，给我推荐相关项目书籍，再到邱老师参加我们疫情期间开展项目的线上指导会议，再到最近的项目结题给我们的指导，利用自己的周末休息时间和我们一起开研讨会，指导我们进行项目的结题。从这个过程中我看到的是导师认真、勤劳、智慧、热心、专注、负责、前沿的科研精神。

思想方面：通过这一段时间的交流分享，邱老师带给我的不仅仅是学习生活上的指导，更多的是一些思想精神上的影响，就像论语的一句话一样：子帅以正，孰敢不正。我从邱老师身上看到的不仅仅是科研上的负责、认真、一丝不苟、钻研的精神，更多的还有和人相处时候的尊重、平易近人。

北科有很多像邱老师一样优秀和蔼的老师，我从心底里尊敬和敬佩这群默默付出的人，我在努力向这群优秀的人学习靠拢，也许我学不完他们身上的所有优点，但是我会用毕生的时间将看到的所有优秀品质和精神，消化吸收到自己身上，继续努力学习，以生活为实验场，不断地进行试验。

充实地过好每一天

导师：韩天　学生：陶茹梦

时间在流逝，我们在成长。一眨眼，我在北科已经度过了愉快的两年，褪去了初入大学的懵懂与迷惘，在学业、友情上有了全新的体验，而我这一切的进步都离不开我的导师——韩天的引领。

初见导师是在机电楼的时候，当时是韩天导师组织我们大一新生和他所带的高年级学生进行了一次会议。见导师之前我在心里已经塑造了一个非常严肃的导师形象，但是见面时看见导师那和蔼的笑容，心里的担忧就立马消散了。那是第一次会议，导师让我们自我介绍，互相认识，一开始气氛异常尴尬，每个人都很拘谨，不好意思说话，后来在导师的鼓励和调节下，会议氛围开始变得轻松愉悦，我也主动向导师和学长学姐们咨询了一些学业方面的问题，他们都很热心地解答了我提出的问题，解开了我的迷惑。并且导师表示无论是学业还是生活上有问题，我都可以来找他帮忙。导师对我们的好，我们都记在心里。

在学术上，他精益求精，硕果累累。先后发表学术论文 30 余篇，其中 SCI 或 EI 收录 20 余篇，出版一本专著，第一发明人申请专利 7 件、已授权 4 件，曾获北京科技大学青年教师基本功大赛一等奖等。导师严谨为学的态度一直深刻地影响着我。

在工作上，他一丝不苟，耐心教导。在大一快分专业那段时间，我一度迷茫，因为当时对那些专业了解特别少，好在后来导师为了帮助我们更清楚地了解每个专业，在微信群里给我们分享了很多相关资料，并且特意开了一个会议专门解答我们的疑惑，最终我和另外两个小伙伴都选到了自己心仪的专业。除此之外，导师也在其他方面给予了我很多帮助。初入大学，能遇上这样一位值得我如此尊敬的好导师，我是幸运的。

导师总和我们说韶光易逝，要珍惜年华，时刻警醒我们在大学里不要荒废时光，多尝试一些自己感兴趣的事情，充实地过好每一天。未来的学业道路还很长，但是有导师的指引，纵使前路荆棘满布，我都会勇往直前，无所畏惧。感谢遇到这么优秀的导师，在以后的人生道路上，韩天导师对我的鼓励和督促定会在我耳边回响，对我的悉心教诲和指导我也一定铭记在心。

在这里，想和导师说一句："导师，您辛苦了！"

有导师，我是幸运的

导师：许倩　学生：谢家艺

一定是特别的缘分，许倩老师既是我的本科全程导师，又是机械制图的授课老师，同时还是我大一学年班级的大班主任。多重身份的交集让我有更多时间和机会与许老师相处，和许老师的相处让我感受到许老师平和的为人与认真的作风。

许倩老师是认真教学的教师。许老师教我们机械制图，作为教师她是专业的。教育心理学有个重要观点是成人注意力持续集中一般只有 30～50 分钟，而我们一节课有一个半小时。许老师利用课间给我们看一些巧妙的机械设计作品，巧妙的作品常常让同学们惊叹不已，既让我们大脑得以放松，更好投入下一节课的学习，又让我们了解更多有趣的知识，引导我们热爱所学的专业。许老师课上课后关注学习较为吃力的同学，为学习吃力的学生安排学习优异的同学辅助学习。对于学有余力的同学，许老师寒假期间专门为学生建群辅导，为全国制图大赛和北京市制图大赛做准备。因材施教，此之谓也。

许倩老师是待人平和的大班主任。许老师作为我们的大班主任，关心生病的同学，关心同学们的成绩，举办班级会议也自掏腰包买水果和零食。不厌其烦地帮助不够自律的同学打卡学习，并且给予鼓励。

许倩老师是尽职尽责的导师。唐代诗人韩愈在《师说》中写道："师者，所以传道授业解惑也。"许老师不仅传授专业知识，还为我们解答生活中的困惑。刚分配好导师不久，许老师便召集了我们新生和学长学姐开会，许老师关心我们新生对大学的规划、关注学长学姐当前的学业状况。初入大学大多数人都是相对迷茫，不知如何度过这四年，辅导员要负责几百人的工作，难以顾及每一个学生，可能一不小心四年浑浑噩噩就过去了。许老师在我们刚上大学便与我们交流，让我们有更加清晰明确的目标和学习计划，让我们认识学长学姐，以便在学习和生活上遇到问题能解决。

认识了导师许倩老师，我感到很幸运。以后要加倍努力地学习，以不辜负老师的辛勤培养。

导师在我们迷茫困惑时给我们指明方向

导师：刘超　学生：魏畅、蒙学迪

近年来，国内各高校在探索高等教育的同时，也在建立一种新型的教育教学制度——导师制，以更好地贯彻全员育人、全过程育人、全方位育人的现代教育理念，更好地适应素质教育的要求和人才培养目标的转变。要求全体教师关注学生从入学至毕业的学习、工作、生活等各个教育环节，自始至终在任何环节都不放松对学生的教育和指导。导师制，一直觉得这个词与我很遥远，然而它就那么地出现在我的世界，安静而平淡。

有人说："你读过的书、遇见的人、看过的风景正在塑造现在的你。"我无疑是幸运的，进入了北京科技大学，又有一位令人尊敬的好导师为我授业解惑。我的导师是刘超老师，他是工程技术研究院就读的师资博士后，研究方向是宏微观有限元耦合仿真及组织性能预报。

光阴似箭，大一的生活恍若白驹过隙，匆匆谢幕。在这一年，我充分意识到，现在的学习和生活都不再与高中相同，而我也在导师的帮助下摸索着前行。仍记得和导师的第一次见面，导师为人随和、亲切。在和他的交流中，他表现出的那一份热情、耐心、责任，让我至今记忆犹新，时刻为之感动。他了解了我们几个同学每人的具体情况，帮助我们对未来提出了建议和规划。他以自己的求学经历，勉励我们要不断探索，开阔思路，告诉我们学无止境，学有坦途但不要气馁，希望我们每一个人都能出类拔萃。为了让我们有更深刻的体会，他还邀请了研一学长向我们讲述大学生活怎样才能过得更充实、更有意义。有时你会惊讶，眼前的这个人没有一点老师的影子，那时他真的就像我的朋友，一个比我年长、社会阅历更丰富的朋友！但在对待工作上，他总是很严格，他时常教育我们要从小事着眼，不要放过任何一个细节，细节决定成败。

与每个人都进行深入交流后，导师根据每个同学的特点进行针对性的指导。导师让我们练习盲打和学习简单的图像处理软件 Photoshop，掌握基本的使用计算机的技巧，以提高今后的学习和工作效率。他还在我们大一下学期学习编程时对我们进行课下测验，因为疫情的原因，还特地在晚上开腾讯会议远程给我们讲解。暑假的时候，他还给我们讲解了虚拟机的使用，而接下来的小学期就用到了虚拟机进行小游戏的制作。他还常常与我们交流科学研究所需的知识积累和能力培养，告诉我们本科所学的各门课程在后续硕士和博士的科研生涯中是如何体现和升华的，使我们对当下所学有清晰的认识，激发我们的学习兴趣，同时鼓励我们本科毕业后选择继续深造，提升自我。

导师不光教我们书本上的相关知识，还在教我们如何做人和做事。大学之道，在明明德，在亲民，在止于至善。一个优秀的大学不仅要能够学到文化知识的精髓，而且能够及时传达为人处世的人生哲理。大一时候的我们还带有些许稚嫩，在为人处世方面还没考虑那么多。而导师引导我们该怎样进行礼貌性的交流，强调应该尊重别人也尊重自己。这些道理在我们进行各类学生活动与他人交流时真的很重要，每一个细节都体现着个人的素质修养。正是刘老师这种平易近人的作风，使得我与他人之间建立起一种相互尊重、彼此信任、良性互动的关系。

进入大学，导师的一言一行都在影响着我们，鞭策着我们，让我们为自己的梦想努力奋斗。师为舵，生为船，如此师生关系，是我们在求学生涯梦寐以求的。在布满荆棘和坎坷横生的人生道路上，有一个人在我们迷茫困惑时给我们指明方向，在学业上给予我们帮助，是我们的缘分。把握这种缘分，就是把握住了我们自己的人生方向，为自己的心灵点上一盏明灯。这将影响我的一生，让我在以后的学习与工作中不断奋发向上，开拓进取。

刘老师，感恩有您，一路同行！

自动化学院学生谈收获

以德育人，用心浇灌

导师：刘丽　学生：杨钦辰

时光荏苒，光阴似箭，转眼间我已经成为了一名大四的毕业生，还记得刚入学时的青涩，对大学生活充满了无限的向往，同时也伴随着对未来的迷茫。自动化学院实施的本科生全程导师制度为我们这些学生提供了一个很好的机会，能有一位老师去引导我们，帮助我们在大学里面成长。而我的全程导师刘丽教授就是这样一位关心学生、内心善良的导师。本科期间，在刘老师的关心和培养下，我感觉自己收获了很多、成长了很多，从一个懵懂的大学新生成为如今对未来有清晰的规划，有目标、有理想的优秀大学生。这一路以来，除了自己的努力和坚持，最要感谢的还是刘丽老师的帮助和指导。

在大学本科期间，刘丽老师经常教导我们年轻人一定要树立远大的理想，首先要在思想上积极进取。我自递交入党申请书后，就一直非常期待能加入中国共产党，成为一名中国共产党员。刘丽老师同时也是我的入党培养人，刘老师非常注重学生思想的培养和教育，在担任我的培养人期间，经常找我谈话，询问我最近思想理论学习情况以及生活情况，刘老师教导我说作为一名党员，要树立好服务意识，积极帮助周围的同学。每一次与刘老师的谈话，都让我感觉思想有了进步。每个季度我都会将自己的学习和思想情况向刘老师进行汇报，刘老师也会根据我每个季度的表现对我做出评价和指导，让我受益匪浅。

在专业课程的学习上，自从大二以来，专业课的数量和难度都有所增加，相比于大一以数理基础课程为主的节奏，让我感觉有些力不从心，为此我感到很困惑。我主动找刘老师交流最近专业课上遇到的困难，刘老师非常热心地帮我分析了专业课程与数理基础课程学习方法上的区别，听完老师的一席话，我又感觉充满了自信，通过调整自己的学习方法，在之后的专业课学习过程中我感觉相比之前有了很大的改善，截至目前，我的核心专业课程取得了将近满分的成绩。同时刘老师担任我们专业“微机原理”这门课程的老师，平日里遇到专业课不懂的知识点，刘老师也会为我们耐心解答。

本科期间，除了专注于自己的学业之外，有时也会存在一些迷茫和焦虑，尤其是对于未来自己的规划总是感到些许迷惘。刘老师在了解到我的困惑之后，抽出时间单独找我谈话，帮我分析了毕业之后可以选择的道路，以及我的核心竞争力和不同的道路对人的要求是什么，同时分析了我们自动化专业未来的发展优势和行业现状，听完刘老师的话，我感觉之前困惑的事情变得不再那么困难，我对于自己未来的人生规划有了一个大概的方向性，我觉得我应该继续深造，在专业领域走得更远。坚定了自己目标之后，通过自己的不断努力，我目前以优异的成绩成功保送攻读研究生。

在刘老师担任我的全程导师期间，让我最有感触的是刘老师会定期召开全程导师座谈会，刘老师把每一级学生召集在一起，每次座谈会都会有一个主题，帮助我们在大学期间确立好自己的目标和规划。面对2018级、2019级的学弟学妹，刘老师让我们这些学长学姐分享了自己的学习生活经验。在刘老师的带领下，我们这个集体越来团结，越来越温暖。

在疫情期间，我们都在家里上网课，无法回到学校。刘老师那段时间每天照顾病重卧床的父亲，还不忘每天晚上关心我们，询问我们的日常活动情况、健康和思想状况，鼓励我们明确目标制订学习计划，加强在家学习的自律能力。直到刘老师父亲病逝都一直忍痛坚持网上跟我们开线上会议交流和关心我们，在疫情时刻刘老师在那么艰难的情况下一直牵挂着我们，让我非常感动。

以德育人，用心浇灌。刘丽老师用自己的实际行动诠释了一名优秀全程导师的标准，很荣幸在本科期间能有这样一位导师，成为我人生道路上的引路人，正所谓“师者，传道授业解惑也”，刘丽老师像一盏灯塔为学生照亮前方的道路。

在茫茫人海中感受来自师长的爱护和温暖

导师：曾慧　学生：韩冰

时光如梭，春去秋来，不知不觉中我已经在北京科技大学自动化学院度过了三年充实而美好的大学生活。在这段珍贵的日子里，我何其有幸遇到了我的全程导师曾慧老师，在学习上给予了我许多的指导和帮助，在生活中带给了我许多的关怀和鼓励，让我在茫茫人海中感受到了来自师长的爱护和温暖。

从大二学年和曾老师的初次见面，到每一次的导师见面会，再到一次次针对性的单独辅导，曾老师的谆谆教诲声总在我的耳畔响起，激励、鼓舞着我不断地朝着正确的方向前进，是我超级偶像一般的榜样，在专业学习和人生价值方面都给予了我莫大的指引。

在学习方面，曾老师总是不断地和我们强调专业课程学习的重要性，提高我们自主学习的积极性。在课堂上，老师风趣幽默，条理清晰，总是能够第一时间吸引我们的注意力，让我们抓住课程的核心内容，老师的每一节课都让我收获满满。在定期的导师见面会上，老师总会详细地询问我们每个人近期的学习情况，在学习中遇到的问题，需要什么帮助等，并因人而异地为我们提出了非常实用而有效的建议，指出我们的不足和需要努力的方向，为我们提供了许多的学习方法和学习资料。特别是在疫情期间，老师要求我们每日自己的汇报学习生活情况并开展了线上指导，嘱咐我们注意自身安全，紧抓学习提高自我，所以在疫情期间我既没有虚度时光，也没有因居家隔离而降低学习质量。老师高瞻远瞩的指导让我的专业学习在广泛涉猎的基础上又能有重点有目标，打下了一个良好的理论基础。

在实践方面，曾老师更是因材施教，鼓励我们积极参加各项学科科技竞赛和科研项目。在此过程中，老师不仅关心我们每个人的兴趣方向，也结合我们不同的毕业规划和实际需求，为我们推荐不同的项目方向进行科研实践。比如在大三学年，我对机器学习方向很感兴趣，在我向老师求助后，老师热情而仔细地询问了我目前的时间安排和未来的计划目标，经过一番商讨后向我推荐了深度学习相关论文进行学习实践，并为我规划了这次实践的分期小目标，而在每期的汇报时，老师总是耐心地为我讲解我所不理解的地方，指出下一阶段需要继续的工作。在老师的指导下，我对科研工作产生了浓厚的兴趣，科研实践能力大大提高，对智能专业的理解也更加深入，由此坚定了自己未来继续深造的决心。

在生活方面，曾老师时刻关注我们的思想动态，关心我们生活中遇到的点滴小事，在开会时常常和我们话一话家常，聊一聊最近的生活状况，了解每个人近期的情绪状态，对状态不佳的同学及时开导，拉近了大家心与心的距离。因此，当我们遇到困难时总会在第一时间想到老师，而老师也总是竭尽所能地帮助我们，从未拒绝。老师还鼓励我们积极向党组织靠拢，积极入党，追求思想上的进步。老师常为我们推荐一些正能量的文章，有我国的人工智能最新成果，有近期的国家大政方针，也有杰出英雄人物的先进事迹，以此来激励我们树立一个远大的人生理想，能够用自己的专业所学回报母校、回报社会。

转眼间，我们大四了，来到了一个人生的重要转折点。为了我们每个人都能找到理想的学校和理想的工作，曾老师逐个询问了我们的未来方向，并多次开会为我们指导方法。在假期的保研夏令营期间，老师详细地给我讲述了如何复习准备面试，如何选择学校、方向以及导师等，让我的保研过程更加有方法、有自信。对于考研的同学，老师也全面地了解了同学们的目标院校、复习进度等，并给大家提供了有针对性的复习策略和资料。而对于即将要工作的同学，老师也尽自己所能地帮助大家改简历，定方向，找单位。老师的帮助和鼓励，让我在这个关键的时期，不再感到迷茫，不再感到无助，使我有勇气去面对前方的一切艰难险阻，使我心中总是拥有着一份温暖的力量！

我想感谢老师每一句亲切的教诲，让我在纷繁困顿中找到了最适合自己的道路；我想感谢老师每一次无私的帮助，让我的内心永葆温暖与希望从未冷却。曾慧老师不仅是我的本科全程导师，更是我的人生导师，我想追逐着老师的脚步，一步一个脚印地继续未来的人生！

导师引领我走出迷茫

导师：胡艳艳 学生：吴平禹

非常荣幸能成为胡艳艳老师的学生，并在胡艳艳老师的指导下度过了大二大三，顺利保研到了中国科学院大学，在此由衷地感谢老师！

初次接触老师时便认为她是一个非常亲切温和负责的人，第一次见面时，老师很详细地询问了我们每一个人的学习状况和未来规划，其中有人想创业，老师和她聊了很长时间，分析其中的利弊和可能会遇到的困难，不光光是她，在一旁的我也从中感悟很多，更加坚定了读研究生的决心。当轮到我自我介绍时，面对如此耐心温和的老师，即使内向的我也不由得吐露了心声。

后来我萌生了出国的想法，但中介告诉我至少要有两三个项目才行，被泼了冷水的我在迷茫中和胡艳艳老师交谈，虽然老师方向和我不一样，但老师尽心尽力地指导我，并建议我开展一个 SRTP 项目，这让我打开一个新方向。在老师的建议下，我开始有了自己的 SRTP 团队，并已累计获得了十余项省奖、国奖。

迈入大三下，这是保研的关键学期，但像我这种总是慢半拍的人，对如何保研仍然不太了解，又不认识学长学姐。无计可施之下，我再次找了胡艳艳老师，老师告诉我一些基本流程后，还给了我几个学长学姐的微信，学长学姐对我都倾囊相授，告诉我了不少注意事项和走过的坑，我从中收获了非常多。保研的推荐信也是找胡艳艳老师写的，网上说都是自己写然后找老师签字，我也按这写好了底稿，但老师说她自己写一封给我，推荐信里面充满了对我的肯定，让我非常感动，能自己为学生写推荐信的老师，应该很少吧。

胡艳艳老师是一个非常好的导师，不光是我如此认为。我曾因为好奇去导师评价网看了看学生对胡老师的评价，只有一个评价，但他给胡老师全是满星，字里行间能看到他对胡老师的感激之情。

很高兴看见胡老师的考核结果为优秀，我非常赞成这一结果。有如此优秀的老师作为全程导师真是我大学之幸。

师生缘起

导师：刘艳　学生：权浩

如果给我一个机会，让我自己选全程导师，我希望还是刘艳老师。

两年前的初见，是在刘艳老师的模拟电子技术课程中。那时我大二，犹记得学长们戏称模电为“魔鬼电路”，课程很难，但是在刘老师的课堂中，我第一次感受到大学老师的课堂也可以那么生动有趣，将一门众人口中的魔鬼电路讲得那么精彩，课堂气氛活跃，几句话、几行字，便能引来许多笑声与积极发言。虽说同学们的回答偶尔带着点搞笑的意味，但刘老师从不责备纠正，只是借着这欢快的气氛，引出另一个知识点或话题。在刘老师的课堂中，每次课间都会给大家播放《猫和老鼠》，欢声笑语的氛围总是围绕在教室里和同学们心头上，久久挥之不去。

在刘老师的课堂上，能感觉到老师对教学的热爱与执着，无论是课件制作、课堂管理、作业批改，刘老师都非常认真。记得老师说过，像蜡烛照明一样，有一分热，发一分光，忠诚而踏实地为人类伟大的教育事业贡献自己的青春。而在之后与刘老师的接触中，也愈发证明了这一点，为了这份初心的坚持，刘老师宁愿拼上所有的力气，排除所有的障碍，始终保持这份教育初心的纯净。我想，或许老师就是那高挂的太阳，送给我们温暖；老师也像那汹涌的大海，奉献给我们热情；老师像那辛勤的园丁，给予我们知识。

作为本科生全程导师，刘老师不仅关心我们的学业，还关心我们的全面成长，经常鼓励大家参加学科和科技竞赛，希望我们能从中得到全方位的锻炼和提高。刘老师花费大量的时间和精力指导学生参加各种科技竞赛，连续多年获得教育部“西门子杯”中国智能挑战赛国家特等奖的优异成绩。我有幸在刘老师的指导下，参加了 2019 年学校举办的首届“亿智杯”人工智能创新大赛，并取得一等奖的好成绩。在参赛过程中，我深切体会到老师对我们的信任、鼓励和包容。

后来有幸听了一次实验室组会，虽然老师话不多，但是总会觉着说得很到位，后来通过师兄师姐了解了研究方向、实验室项目等，我发现如果有幸成为刘老师的研究生，对于学术上和生活中都有所成长与积累。面对老师这样一个智者，给我解答了许多疑惑和问题，正是与老师的慢慢接触过程中，我发现了刘老师更加有魅力的一面，这也使我更加坚信，能够让刘老师成为我的本科生导师，真的是无比幸运。

流年里，带着阳光和雨露的清新，与老师相识，与时光对饮，守一窗静美。新雨过后，我的窗外依旧是一片明媚，一叶一花的丰盈，一静一动的从容，是清风朗月的恬淡，是岁月花开的静好。

本科生阶段能遇上一位值得我尊敬的全程导师，我认为自己是十分幸运的。或许我不是老师最好的学生，但是，刘老师一定是我心中最好的老师。本科阶段刘老师的指导对我起到了极大的作用，纵使前路荆棘满布，我都会勇往直前。感谢学院给我分配了这么优秀的全程导师。无论是做学问还是做人，刘老师高尚的品德与严谨的态度都让我受益匪浅。在以后的人生道路上，老师对我的鼓励和督促定会在我耳边回响，对我的悉心指导和教诲我将铭记于心。成为刘艳老师的学生是我的骄傲，我期待未来的我也是老师的骄傲。

在这里，我想对刘老师说一句：老师，您辛苦了！谢谢您！

她是我们的家长

导师：王粉花　学生：谢涵、居志涵、张宁、郑禹、郑可欣

谢涵：第一次见到王粉花老师的时候，我就觉得她是个非常和蔼亲切的人。当时我还没有学习过她所教授的课程，但她的热心让我没有那么拘谨。王老师详细地了解了我的学习、生活等方面的情况，和我谈心，让我端正态度面对分专业之后的学习。

之后的学期是在疫情期间，我开始学习王粉花老师的微机原理课程，这门课程比较难于理解和掌握，但她上课时讲得非常仔细和到位，对于我们课后作业的完成也认真监督，虽然网课让我们难以面对面交流，但王老师也都会将每个学生的学习情况都落实到位。

在学习、生活、科技竞赛的各个方面，我都会寻求王粉花老师的帮助和建议，她总是很有耐心地帮我规划学习、未来的方向，仔细分析各种计划的利弊，并督促我认真学习。

能成为王粉花老师的学生我感到很幸运，她给我在大学的学习中给予了非常多的帮助，是一位非常称职耐心、为学生着想的好老师。

居志涵：自大二以来，王粉花老师便担任了我的全程导师。还记得，刚一确定导师名单，王老师便同我们几个本科生进行了深入的沟通，包括我们的学习情况、思想情况、学生工作、科技竞赛方方面面，对我们的本科生涯进行了一定的点拨与指导。疫情期间，虽然我们无法返校，但王老师依然心系着我们的安全与学习，每天一次的平安报告体现着王老师的温暖，每学期的答疑解惑体现了王老师作为全程导师的认真与负责。在返校后，虽然仍无法线下见面，但王老师还是第一时间召集我们几个人开展了线上会议，在讨论学习、竞赛、工作的同时，对我们返校后的生活情况也进行了询问与帮助。小学期结束后，王老师同样对我们新学期的努力方向进行了指导，并让我们参与到编写教材的图片校订工作，和研究生合作，以本科生的视角体会研究生的工作内容，让我们收获颇丰。

张宁：时间在走，我们在成长，转眼间已经来北科已经两年了，作为一名大三的学生已经站在了抉择的岔路口，开始要为自己的考研做准备，在过去一年的学习与生活中，我最大的收获便是有一位好的领路人，我的导师王粉花老师。

我是一个转专业学生，大二刚转入自动化学院，初来乍到十分迷茫，当时新的辅导员通知我需要进行成绩认定，那是我与导师的第一次见面，当时导师给我的感觉就是如沐春风，消除了初来时的紧张，老师的耐心让我倍感温暖，之后学院让我们自选导师时我毅然

选择了王粉花导师，之后的日子里导师经常关心我们的学习与生活，恰到好处地给我们提供一些自己的建议，导师的博学让我受益匪浅，大二时我参加了 SRTP，在前期的准备过程中经常找导师咨询相关的问题，讨论自己的想法，导师总是不厌其烦地解答我们的问题，认真负责，像家人一般温暖。

一位好老师，胜过万卷书。导师认真负责的工作态度，严谨、踏实的治学态度都让我深有感触，"及时当勉励，岁月不待人"，只有砥砺前行，努力学习，才不枉费导师对我的帮助。

郑禹：王粉花老师是一位十分优秀的老师，她作为我们的全程导师，十分关注我们每个人的个人发展，经常为我们开会，为我们答疑解惑，解决学习上遇到的问题，王老师对我们的关注显然比较多，她平易近人，就像我们的家长一样，上次开会我们围在一起思考未来的发展，一起聊天，气氛十分融洽，我们一起聊了两、三个小时，我们每一个人都明白了未来应该如何发展，我希望有一些科研经历，她还帮我联系了导师。还有一次印象较深刻的事情是疫情在家期间，王老师居然给我打过来了电话，看得出来，她十分关心自己学生的学习和生活，我的家长也对她赞不绝口。上学期上了王老师的微机原理课，我有不明白的问题就会给老师发微信询问，老师也会耐心详细地帮我解答。王老师真的是一位十分优秀的全程导师！

郑可欣：很荣幸能成为自动化学院王粉花老师的全程指导本科生。在过去的一年中，王老师时刻关心着我们几位学生，常常在我们的学习交流群分享一些学习方法、竞赛信息和学术动向等对我的本科学习生活非常有用的信息，此外，王老师还多次组织学生们见面交流，互相分享学习和生活的近况，为我们排忧解难。在每次见面交流中，王老师都会逐一询问每一位同学的近况，提醒大家近期应将学习重点放在哪里，了解大家将来的发展意愿并为每位同学提供建议和帮助。通过这些交流活动，我不仅对所学专业有了更深入的了解，也对未来发展的方向有了初步规划。

令人印象深刻的是，在疫情期间，王老师依然心系学生，除了微信群的日常交流外，老师还专门给我们打电话交流生活和学习情况，我记得那天晚上与王老师电话交流的十几分钟里，她关切地询问了疫情对我们学习生活的影响，并给出了专业课学习方面的建议，让长期离校的我倍感亲切，也为在家的学习增添了动力。

感谢王老师的亲切教导，也祝贺王老师荣获优秀全程导师！我会谨记老师的教诲，再接再厉！

学习是一生的态度

导师：艾轶博　学生：屈琛涛

"学贵得师，亦贵得友，师也者，犹行路之有导也；友也者，犹涉险之有助也。得师得友，可以为学矣。"非常幸运我在大一遇到了艾轶博导师，她既是一位有学术素养、能做到因材施教的老师，又是一位亲切温柔、善于将书本知识与人生哲理娓娓道来的朋友，在我们的多次交流中，除解答学业迷惑外，还细心体贴地为我们的生活提供帮助。

现如今，每当想起自己初见导师的那个场面，都感觉历历在目。初次和导师见面是在北京科技大学昌平校区的校园里。导师带我们参观了一些与材料制造有关的基地，让刚入大学的我们对自动化机械制造、自动化与材料的结合有了初步印象。随后，张卫冬、艾轶博两位导师在会议室里与我们本科生召开了第一次会议，那时老师跟我们聊了关于读研、读博、出国深造这几个方面的选取以及需要做的准备，也为刚入学的我们加油打气。其实，我可能与好多人有所不同，虽然我想要读研，但其实并没有明确的目标，没有清晰的概念，因为我对自己的未来还没有规划好，内心十分迷惘，不知该何去何从。但导师的谆谆教诲让我进一步加深了一定要读研提升自己的信念。我们的初次会议，使我受益颇深。

再一次与艾导师见面就是一个月后，第二次会议没有第一次的那么严肃，导师跟我们聊了聊学习、生活上遇到的困难，并且尽最大可能帮我们解决，还对我们进行心理上的减压放松。认真负责这四个字俨然已经成为了艾导师在我心中的代名词，她叮嘱我们要认真对待英语，提高自律能力、重视基础学科、在空余时间掌握新的技能……在这次会议中，导师还说到“学习是一生的态度”。第二次会议，我也收获颇丰。

之后的每个月，艾导师都会与我们见面交谈，了解我们的学习动态与生活近况，艾导师的贴心与耐心流露在了方方面面。在疫情期间，导师也坚持与我们视频连线，叮嘱我们要戴口罩、注意不要去人流大的地方，也提醒我们在家也要自律，坚持认真学习……导师也会让大家在群里进行体温打卡，确保每一个人的安全情况。在疫情期间，我更深刻地体会到了老师的细心与贴心。

无论是认真负责的导师，还是亲切体贴的导师，我都很感谢。十分荣幸能成为艾导师的学生，我将在日后的生活中仍谨遵导师的教诲，努力做到“平凡的日子，有着斑斓的色彩；平淡的岁月，有着辉煌的内涵。”此文，献给我亲爱的艾导师，感谢您作为指路人，带我走过大一的迷茫，感谢您的谆谆教诲，感谢您在我的学习生活中提供的帮助！

他是我们的“大家长”

导师：李擎　学生：高小尧

寒来暑往，银杏大道上的三角叶子被秋风染黄了一茬又一茬，转眼间，我也迈入了大四的门槛，成为了这个学校里即将毕业的大孩子了。从站在学业之路起点上的懵懂无知，到现在有了自己的目标和计划在求知探索的路上稳步前行，我在不断成长的道路上得到了很多老师、学长学姐们的帮助，也看到了很多值得我学习的优秀榜样。而在大学期间有一位“大学长”，他给了我最多的指引和鼓励、支持和力量，是我如同超级偶像一般的榜样，更是我在这个学校里，最尊重、最敬佩的人，他就是我的本科生全程导师——李擎老师。

从大一刚刚入学，我就听说了一个广受赞誉却又让人有些“闻风丧胆”名字——李擎。每每提到李老师，总有学长学姐会向我表示，刚上李老师的课程的时候，你会觉得你遭遇了不幸，可等到一学期的课程结束，你会感慨自己收获了天大的幸运。在好奇和忐忑之中，我在大一下学期的电路课上正式认识了传说中的李老师，见识了李老师严谨用心到对每一位学生负责的上课风格，也是从这时候开始，我成为了书写传奇的参与者。

进入大二学年以后，学校开始了本科生全程导师制度，我有幸成为了李老师的学生之一。每月一次的全程导师见面会，生活中恰到好处的温暖关怀，学习上一丝不苟的严格要求，经师易遇，人师难遭，在课堂上，李老师教导我们注重分数的同时更要注重知识本身，从那时起我逐渐培养起了总结知识点、独立完成作业的学习习惯，在之后的学习中受益匪浅。李老师平日里工作非常繁忙，但每月的全程导师见面会却从没有少过一次。李老师和我们同级的几个学生坐在一起，问一问每个人学习、生活上的近况，对大家提出的问题给出合理的建议，仔细地记录下每个人提出的问题和观点，照顾着每个人的情绪，话一话家常、讲一讲最近学习的课程里的经典题目的思路……每次开完全程导师见面会，我都会感觉充满了力量和勇气，更加愿意去主动努力。李老师那个记录学生情况的厚厚的本子仿佛在告诉我，在这个校园里我并不孤单，会有那么一位老师，因为你的进步和优秀而欣喜，和你一样对自己的努力抱有期待，因为你的失落迷茫而担心，肯定你的坚持、鞭笞你的怠惰，让你明白什么样的人生会更有意义。

转眼间我已经到了大四，是李老师各个年级学生里和李老师相处最久的学生了。记得疫情期间，李老师要求我们每日汇报学习生活情况，针对每个学生的实际因材施教，指导我如何准备保研夏令营；指导考研的学生制订学习计划、确立考研目标，督促他们每天复习，为他们讲解专业知识点和题目。现在回想起来，我可以骄傲地说，我疫情期间的大学生活没有一天虚度，也绝没有因为在家学习而质量大打折扣，这些都应该感谢李老师的监督与辅导。

在学习专业课程的同时，李老师也鼓励我们参加各种科技竞赛与科创项目。在李老师的指导之下，我申请了两项软件著作权，参与了大大小小的各类竞赛并拿到了从国家级到校级的诸多奖项；2018 级社会实践金奖和银奖团队的课题也在李老师的帮助下成功转化为 SRTP 项目进行进一步的研究与成果转化，并向着国家级比赛大踏步进发；2019 级的同学则更加幸运，有了李老师的指导，他们从大一的分专业到现在顺利进入大二，都能在正确审视自己制订合理目标后有所辨别地进行选择，早早地明白了学习和实践的重要性，有机会更好地规划自己的大学生活。前阵子我参与了迎新大会以及李老师的新生班会和新生导师见面会，李老师恩威并施，对新生提出严格要求的同时不忘给这些刚刚离开家乡尚未适应的同学们最温暖的关怀，对缺乏自信的同学用自己的经历给出“大学长”的鼓励，对不适应大学授课方式的同学站在老师的角度给出建议和方法，又找来了我站在学生的角度分享了经历和做法。李老师一次又一次地走到学生当中来，在他忙碌的身影当中，我看到了他对每个新生一点一滴的关心和希望他们能尽早适应大学生活的关切。

平日里，李老师要求我们对事情抱有认真的态度、养成良好的作息，而李老师的要求，永远不只是客套官方地说说而已，李老师要求我们做到的事情，他自己从来都只会做得更好，并且从不给自己任何借口和例外。李老师的年岁和我的父辈相仿，但在很多方面，李老师却比我们这些年轻一代都做得好得太多太多，早上我们还在睡梦中的时候，李老师甚至已经完成了一项工作；我们时常宅在宿舍因为各种借口不愿意动弹一下，李老师却能坚持每天锻炼说到做到。高山仰止，景行行止，李老师也曾和我们一样在这所校园里学习，从学生到老师，李老师是我所见过最优秀的学长，更是最优秀的老师，是我终身学习的榜样！

计算机与通信工程学院学生谈收获

我希望在学校的时间慢一点

导师：王丽娜　学生：刘琪

大学上了两年多一点，写写我的导师。

我是在计通学院通信工程系。2018 年秋天，得知自己被北科录取了，并没有很开心，因为我感兴趣的东西一直都比较偏文。后面长达四年的人生就从一封录取通知书开始拉开了序幕。

还记得刚上大一，我十八岁，身边的一切事情都让我焦虑。刚刚开始接触的编程还好一些，高数完全学不会，通识课上一堆专业名词听都没有听过。我的焦虑通常发生在半夜 12 点以后，列出许多要完成的学习计划，想着一事无成在这个学校并不被允许，积极地想要开始改变自己，做一名合格的通信学生，第二天依然对着高数题大脑空白。然后就是年级群里的导师分配名单。现在想想这好像是随机分配的，那我还真是有够好运。总之意外地看到了熟悉的导师名字。接下来就是导师找谈话什么的。当时我还十分紧张，由于我在挂科边缘疯狂试探的高数成绩。好吧，导师她并没有问我成绩，她问我若不学这个专业，可有想转的专业？我仔细把学校其他专业都过了一遍，看起来像坐办公室的社工，太难了学不会的德语，不好就业的英语，没兴趣的日语和法学……还是不转了吧。

疫情的大半年里，又上了导师的专业课，每次上课都很紧张，怕她点我回答问题，在家穿着睡衣不修边幅地上网课，怕她叫我开摄像头。线上上课的模式让交作业的过程也变得有趣了起来，我导师会大半夜的回复我的邮件，告诉我哪里写的不对，回应我贴的小表情。最后这门课成了我为数不多超过九十分的专业课。

不知不觉生活又回到正常轨道，在寒冷的早晨黎明即起。和通常一样，我感觉自己牺牲了清早暖烘烘的被窝和睡眠，早餐也吃得匆匆忙忙，两片面包夹榛子酱。

关于刚过去的三个月，是桂花的余香、初秋的红叶、偶然掉落的银杏和渐渐变冷的天气。2020 年的余额只剩不到 1/6。上半年由于不可抗力因素，很多事情都被迫按下了暂停键，漫长的假期，不知道什么时候才是尽头，也看不到未来的希望。“草原尽头我两手空空，悲痛时握不住一滴眼泪。”导师帮我做出了这半年里对我来说最重要的一个决定，跨专业考研。准确地说是坚定了我的想法。想读的专业是文理结合的那种，工科背景反倒成了优势。“我们的职责是平整土地，而非焦虑时光”，做好当下的事情，不必要“焦虑地憧憬未来，忘记了眼前的生活。”

我很多次和我的朋友们讲，啊！我真的太爱我的导师了。相处起来如沐春风，不见时常挂念。她诲人不倦，对学生总是多勉励而少强迫；因材施教，尽力让每一个学生都成才。让我们知道了自己的许多进步又不洋洋自得，看到了自己的许多不足又不会妄自菲薄。

倘若不是我科研水平实在太烂，我很可能愿意留在通信行业，留在导师身边再做她三年的研究生。

我希望剩下的时间能慢一点，慢到可以弥补那空白的八个月，可以让我慢慢读完要考的专业课的书，可以让我做完毕设，可以让我弥补留下的遗憾。但时间是相对的，想做的事情永远比能做的多，很多新的分别和新的遇见。

夏天还很远。

他是我人生道路上的一盏明灯

导师：张海君　学生：吴义豪

时光荏苒，岁月如梭，大学时光转瞬即逝，我已在北京科技大学迎来了第三次的银杏叶落。回望这两年的本科生活，由衷地感谢我的导师张海君教授，还记得最开始知道本科生导师是张海君老师的时候，自己惊叹于张老师出色的科研业绩与学术造诣，但随着之后的接触与交流，我深刻地感受到张老师是一位身体力行、带头科研、兢兢业业、传道受业的责任感极强、热诚待人的一位良师。

第一次和张老师见面，张老师就从课程学习、科研竞赛、组织生活、党团思想等多个方面为我们介绍了大学的方方面面，并以自己的求学生涯为例，详细地阐述自己曾经遇到的问题。

课程学习上正是受到张老师的影响，在过去两年的学习过程中，我努力学习各种基础学科，在数学、编程、英语等方面打下了扎实的基础。大二学年多门课程取得了 99 分、98 分的成绩，综合加权 96. 33 分，专业排名第三名。作为计通学子，张老师时刻提醒我们抓住竞赛这个检验学习成果、拓展专业技能的机会。大一学年由于自己的能力有限，不敢过多的接触竞赛。是张老师为我们提供了多方面的学习资源，并介绍实验室的研究生师兄对我的问题进行了详细的解答和指导。在大二学年受到张老师和师兄的鼓舞后，我参加了多项竞赛，在 2020 年计算机博弈锦标赛中取得了六子棋组全国亚军的优异成绩，并且在全国高校计算机网络设计大赛、互联网+、摇篮杯等创新创业比赛，和北京市大学生物理竞赛中都有收获。这些项目让自己在大二学年获得了共计 3 项国家级奖项，5 项省市级奖项，若干个校级奖项。每次获得荣誉时，张老师都会给予肯定同时也告诉我，业精于勤，荒于嬉，参加竞赛不是为了获奖，而是给自己一个锻炼自我的机会、一个快速增加能力的机会。正是由于张老师这样的教导，才使得自己一直保持清醒的状态，不因为眼前的收获而松懈，而去不断地提升自己。

除了学习竞赛方面，对于日常的校园生活，在“实践工作中奉献自己、丰富自己”也是张老师对我的殷切希望，我加入了索思科技协会，组织策划了计设校内赛、iCAN 校内赛、计算机博弈校内赛等多项竞赛。同时在疫情期间，我承担了线上志愿者的任务，成为了老师和同学们沟通的桥梁。大学两年期间累计志愿工时 244 个，数字也许并不能代表什么，但每当活动结束后看到大家的收获满满与满心欢喜，那份笑容我铭记于心。也是在张老师潜移默化的影响下，在课堂内外我积极向党组织靠拢，并成为了一名光荣的入党积极分子，并在今年的 10 月顺利地通过了上机考试。

收获的知识和荣誉只是一方面，从大一到现在，不论什么时候，只要我在生活中或科研中遇到难题，只要发微信或者邮件告诉张老师一声，张老师都会第一时间回复。记忆最深刻的一次就是自己曾经在深夜12点多向张老师发邮件汇报最近的学习情况，张老师没过一会就给予了回应。遇到线上解决不了的问题，张老师还会挤出时间请我到他办公室去讨论，耐心地给予指导。

“令公桃李满天下，何用堂前更种花。”张老师对于科学研究的满腔热情，对于教书育人的积极投入，都将深深地印刻在我的脑海里，成为我人生道路上的一盏明灯，激励着我不断前行。

老师就像是我强大的后盾

导师：张敏 学生：张晓钰

我是计通学院2019级的张晓钰，我的导师是张敏老师。初识导师的时候我们同级的4个人不相熟，也很拘谨，张老师成了破冰的主力，用她的亲切和关怀感染着我们，大家的交流逐渐热络起来。交流的具体内容我印象不是很深，但仍然记得老师邀请我们周末去打羽毛球，这让导师和我们的距离拉近了许多。后来的故事里，我们见面的次数虽然不多，但每一次都能让我从中将未来的方向规划得更清楚一点。老师像是一个引路的使者，从学业到生活，从与人交往到家庭关系，都能从她的话中解自己的疑惑，驱散我的迷茫和犹豫不决。老师的鼓励也给了我很大的信心，我开始尝试各种能够提升自己的竞赛和项目。虽然能力有限，但张老师就像是我强大的后盾，是我遇到困难和问题时总会想到的人。真心感谢这段让我和导师相遇的缘分，期待长久的未来里有张老师陪伴的每一天。

我大学阶段最好的引路人

导师：谢永红 学生：何昕宇

不知不觉，来到北科已经三年多，从最开始的期待与迷茫，到现在的适应，在这几年的学习生活中，我的本科导师——永红老师无疑是我大学阶段最好的引路人。

大二的时候，学校刚刚开始推行本科生导师制。当时联系导师的时候心里头特别忐忑，但是和老师交流后，发现谢老师平易近人，使我紧张的情绪逐渐消散。之后的时间里，谢老师给我们每个同学建立了个人卡片，了解我们的特点和需求。经常询问、解答我们生活学习上的疑惑，不时会把对我们学习生活有帮助的文章发到微信群里。正是通过这些文章，我逐渐对人工智能提起了兴趣，促使我选择读研这条道路。在大三上学期，我对未来的方向十分迷茫，和谢老师聊过后，谢老师非常认真地回复我，尽己所能地给我提供帮助和建议，还把实验室的学长学姐推荐给我，让我对未来有更清晰的规划。

在这次疫情期间，谢老师更是时常关心我们的学习情况和健康情况，帮我们解决困难。在今年，我向老师表达了我希望接触科研的愿望，谢老师先是详细地给我介绍了实验室的研究方向，又介绍了自己的科研项目。在谢老师的带领下，我逐渐接触科研的世界。

很感谢本科期间能遇上谢老师，感谢谢老师对我的鼓励与指导。

导师是我工作和生活中积极乐观的伙伴

导师：任超　学生：侯敬泽

我和导师是在大二下学期经过学校的导师制认识的。在这将近两年的时间里，我从导师那里学习到了很多东西，不只学术知识本身，更是学术之外的东西。在这里我想挑一件比较典型的事来说。

大二下学期的时候，我在导师的带领下开始了第一次的学术尝试。我并不是一个传统意义上的好学生，成绩和智力在同学里都不算出众，所以在大学里对自己并没有多大的信心。在和老师平时简单的交流中我产生了一个天马行空的想法，老师首先是肯定了我的思路，然后给了我一本书，让我看了看和我的想法相似的现有的方案，让我了解别人大致是如何做的。在经过几轮的讨论和修改之后我们确定了大致的方向和方法，并且根据我的意愿选择了 ICC 作为这篇论文的投稿会议。经过想法形成到论文书写的过程，我在短时间内学会了如何阅读论文并摘取有用的内容，Latex 排版的使用，简单论文用图的绘制，以及整个会议的投稿流程。这个过程让我发现我居然可以完成看似比课本上的知识还要复杂的工作，以及出乎我意料的论文阅读能力。虽然最终并没有入选会议论文，但是授人以鱼不如授人以渔，经过这段经历，我掌握了书写论文的整个流程，为后面的论文工作奠定了基础。在这期间，我和老师一起建立了一个共享 Latex 文档和共享文字文档，将自己的想法和看到的有价值的内容随时书写进去，预计作为后续头脑风暴的基础。

当然除了学术本身之外，这次经历给我最大的教育在于对于工作的认真和负责。我认为我并不是一个细致和认真的人，在平时的学习和生活中总会出现草草了事的情况。在这篇论文的书写期间，老师经常在办公室工作到九点半甚至十点才回家，即使很忙也会抽出时间来帮我修改并且和我讨论论文的内容。论文中单词的拼写、表达、语法的使用都会一一检查并且用笔标出，遇到没有把握的词汇还会查文献看看别人是怎么用的，经常甚至很晚了也会回复我的消息。这些行为都使我感觉到羞愧和鼓舞，让我羞愧于自己没有完成自己该做好的任务，并因老师的实际行动而深受鼓舞。

我非常感谢导师制为我提供了一位好的导师和伙伴，不只能够在学术上导师，更是在对待工作和生活的态度上积极乐观的伙伴。

数理学院学生谈收获

学习上的指明灯，生活中的阳光

导师：牛敏　学生：马江平

光阴荏苒，日月如梭。上周和导师谈话的时候突然聊到我们的大学三年生活。忽然觉得仿佛昨天我们还是那个懵懵懂懂，对新环境、新生活一切都充满好奇心的小新生。从最初不论对生活还是学习手足无措、茫然无知，到今日的充满希望、努力奋斗，体味着成长与收获。这三年来蜕变的道路上，很庆幸的是遇到了导师牛敏老师，在我前进的道路上给我指引方向。

在学习上导师是我前进方向的指明灯。还记得刚入学的那个时候，由于对新环境的不习惯，以及学习方式的转变，使得我的学习成绩不尽人意。还记得和导师的第一次见面是在一个大办公室里，第一次见面自己有一点紧张，但谈话过程中导师平易近人、和蔼可亲，气氛也很轻松。在第一次的聊天中和老师的谈话为我的大学生活指明了前进的方向。在交流的过程中老师对我们的学习方式进行指导，传授我们学习经验，推荐专业书籍，让我们对基础的专业知识打好坚实的基础。最令我印象深刻的是当老师问到我们未来的规划时，我第一次有了继续深造——考研的想法。在那之后我对自己的学习方式进行了有效的调整，也对自己未来的职业发展和规划产生了积极有效的影响。在之后的学习过程中，导师在我们线上线下的交流中为我的学习进行有效的指导，我的学习成绩也在不断地进步。这使我的生活在黑暗中点亮了希望的明灯，在之后的学习过程中我能够有条不紊、有规律、有计划地学习。

在生活中导师是一束温暖的阳光。在平时的生活中，偶尔会有迷茫和不如意的时候，在我不如意的时候老师会积极地鼓励我，“在生活中有什么问题吗?”“这个学期怎么样呀”让我大学的生活里多了一份温暖与关怀。在大学生活的这几年里，老师关心我们的学习生活，了解我们的生活状况，想方设法为我们提供帮助、解决问题。在老师的指导下我的性情也发生了转变，从刚来时候的自我封闭到现在的开朗向上，这也让我的习惯和心态发生了变化，让我更加的热爱生活，和老师的每一次的谈话都能让我豁然开朗。在老师的指导下我受益良多，如沐春风，让我对未来生活有更加美好的憧憬和向往。

“师者，传道授业解惑也”，牛老师就是一位这样的老师，老师的谆谆教诲亦是我大学生活的宝贵财富，是我人生路上的启明灯，她是我本科生活的导师，亦是我人生的导师。

在老师的引领下稳步向前

导师：王荣明　学生：邵俊杰

2018 年入学伊始，便有幸成为王老师的学生。还记得王老师常常与我们进行面对面的沟通。刚入学的我们总是对很多事情充满迷惘，王老师皆一一解答，不只是在学习知识以及方法层面，更多的是对未来的规划以及对品格的引导。

2019 年，王老师百忙之中，仍保持每月一次的频率，召集 2017 级、2018 级和 2019 级的学生，到他的办公室中进行交流。小小的办公室中其乐融融，每个人都跟大家分享自己最近的进步与遇到的问题。在平时，王老师也通过微信群，随时关心我们的思想、学习以及生活，确保我们每个人都朝着好的方向在不断前进。

2020 年春季学期，受到疫情的影响，我们一直在家中未能返校，老师则通过微信交流与视频会议结合的方式，保持与学生的联系。可以说纵使相隔千里，仍譬如近邻。王老师在返校后第一时间，就与我们进行了面对面交流，询问我们的近况。

王老师经常邀请学术大牛到我们学校中作报告，并鼓励我们积极参与。虽然不能完全吸收报告中的内容，但通过与科研前线的不断接触，我们也受益匪浅。此外，王老师在与其他师兄师姐沟通时，也常叫上我们，旁听他们的报告，提前感受科研生活，对于我们对未来的规划，也有了一定的参考。

除了旁听他人的成果分享，王老师也鼓励我们积极投身到自己感兴趣的课题的研究当中。在王老师的影响以及帮助下，我们积极参与市级以及国家级的 SRTP 中，并陆续准备结项。除此之外，在学习成绩方面，多名同学获得学校奖学金；学生工作方面也大放异彩，多名同学获得了优秀学生干部的成就。可以说，在王老师的引导下，我们不断努力，向着各自精彩的人生稳步前进。

最幸运的事——遇见徐岩老师

导师：徐岩　学生：范子轩

从大一开始，徐岩教授就是我的学习导师，但真正接触最多的是 2020 年春季学期，徐岩教授给我们上专业课“机器学习及其应用”。由于全国正处疫情严控期间，课程的教学采用网络授课的形式，对老师提出了更为严格的考验。

徐老师对教学认真负责的态度让所有同学都充满了尊敬，答疑时详细的解答又让大家喜爱上了这位老师，我也不例外。老师的授课让我对机器学习充满了兴趣并且也学到很多内容，中间徐老师结合自己的科研，将这门课学习到的机器学习算法与实际问题相结合，让我们做非公经济企业成长性预测及企业信用等级评估问题，她自己花了很多时间从万得金融数据库上给我下载了大量真实的企业数据。我一直希望将所学用到实际问题，况且徐老师的研究方向是机器学习和深度学习，我对此也很感兴趣，当时就想如果有机会要争取去徐老师的研究团队。2020 年 9 月，当我得知自己有保送研究生资格的时候，我联系了中科院自动化所的老师，同时我也联系了徐岩老师。徐老师非常热情地向我介绍专业方向、未来就业以及继续读博等内容，同时也说明校内校外的各自优势与劣势，经过交流后我更加确定了自己要跟随徐老师继续深造。

从 10 月开始，每周参加徐老师团队组会讨论，师兄师姐们经常给我分享论文与经验，使我很快融入到科研中。2020 年 10 月 15 ~ 18 日，徐老师还带我和另一位保送生胡永祺去合肥参加运筹学术年会，与同行交流，了解学术进展，开阔视野。徐老师告诉我们不要局限于小范围，要多和同行交流，这样才能进步更快。

我认为研究生阶段学校学科的认可度以及导师是非常重要的，在学科平均教学水平相当的情况下，选择自己心仪的导师无疑是最幸运的事情。大半年时光匆匆，尘埃落定，我是一个幸运儿，最终保研到北京科技大学数理学院徐岩老师的团队中。未来的我也会不断努力，不辜负学院和导师和期望，不背离自己的理想！

一位普通但珍贵的倾听者

导师：刘秀芹　学生：韦秀芳

（一）

记得第一次遇见刘秀芹导师是大一上学期开学不久的一次谈话。一开始导师就问我们大学有什么不适应的地方，学习上有什么困难。我支支吾吾地说自己在学习这方面一直都不太好。当时大一有几门计算机的课程，让之前一直都不怎么接触电脑的我心生恐惧。听到这些，导师让我多与同学交流讨论学习问题，鼓励我多多练习题目，多看书中练习，还让另外两个同学平时多多关照一下我，这让刚来大学不久的我很是感动。不仅如此，导师还鼓励我平时要多去自习室自习，争取自己也能解决一些学习上的问题，毕竟数学的学习最重要的是自己思考的过程，没有积累，没有思考，就不会有碰见难题并成功解决后那种恍然大悟的感觉。除此之外，导师还举例说自己最近在练习英语听力，也在学习一些网上的课程。怕我不明白怎么在网上自学，导师手把手地教我如何查资料，如何在 MOOC 上找自己喜欢的课程，以及每天要给自己定一个目标计划，每一周要做些什么。坚持不懈地执行计划，慢慢做等到后面，自己会发现，原来自己已经做了很多事，期末的到来也不用那么慌张着急了。

天下事有难易乎？为之，则难者亦易矣，不为，则易者亦难矣。我们数学学的一些课程虽然很难，但是不去做就会更难。记得有一次，我去找导师，导师让我讲泰勒中值定理，我很懵，我上课都一直听不懂，这个又是数分的难点。导师见我不是很理解，给我讲了四十多分钟的定理。我羞愧难当，本是我应该上课听懂的东西，都过了那么久了，我还弄不明白，还要导师亲自给我讲。导师心思细腻，察觉到我一点点不安，连忙解释说自己在教高数的一些课程，正好讲到了这些。虽然如此，我还是感觉自己很差劲，我明白了自己的学习态度到底有多么的不好，竟把不正常当作正常，上课弄不明白的问题下课也没有及时解决，更可恶的是那时的我竟一直逃避，积累了好多问题，还安慰自己说数分难是正常的，自己再怎么学也学不会。回去我认真地思考了自己的问题，把该做的题目做了，每天都做一些总结思考。后来发现，原来数分也没那么难嘛，就是自己一直都不肯做。

元旦时我又去找了一次导师，新的一年的开始本应该高兴的，可我又在郁闷一些事情。导师见我不太开心，问我怎么了，开心一点嘛。我很惊讶，我的情绪有那么容易被发现的吗？一直以来，我都很会掩饰自己的啊。后来问我的朋友，我朋友不屑地说，了解你的人很容易就可以察觉到你的情绪的呀，“就像我，一直都看得出来你在想什么”她假装不在意地晃了下自己手中的奶茶。我记得导师和我说过，很愿意做我的朋友，让我随意谈谈自己的心事什么的。导师温和近人，我当然愿意和导师做朋友的啊。今年中秋，我家离学校远，自然没回去，导师给我们每人送了一些月饼，甜甜的东西总让人产生一些甜甜的回忆，导师总是那么平易近人，我们和导师之间的师生情也像这甜甜的月饼一样甜甜的。

（二）

很多事情在真正接触之前，无论怎么了解总是有股子不真切而让人心生对未知的无力乃至回避，至少在我这个原来不定期情绪失控、消极躲避的“小孩”身上一直是这样。大学之前就知道有导师，大一刚开始他们就很认真地对我们强调每个人都会分配到自己的导师，也介绍了导师的种种工作与好处，可我那时的感想就是“麻烦”。除了传统的学习，我在别的方面总是不愿意尝试，抱着多一事不如少一事的态度，一直在尽可能地回避、推脱，甚至重要的事情期限迫近时也是当鸵鸟视而不见。可这样并不能使压力减轻多少，反而使事态愈发严重，而我愈发不愿面对它。不管怎样，在他们奔走相告自己的导师时，我在手机上看到了自己导师的名字，加了她的微信好友，并且被告知最近的一次见面。那时正是情绪的不定周期性低谷期，我还是在打完游戏后去和导师碰面，也不管第一印象的重要性，想什么说什么。那时大学生活刚起步，同学之间本来交流就少，加之我性格太冷，一星期我与别人的交流除了必要的通知就没有几句闲话了，所以意料之外也情理之中的，我们聊了半个小时（当然主要是我单方面在讲），在某个时刻，我才惊觉自己是多么话痨，担心导师会不耐烦或者认为我托大，但又有一种畅快感，就像是一个在水底憋闷太久的溺水者终于上岸，畅快肆意地呼吸久违的空气。一个人果然缺少社会性交流会不可逆地狭隘、阴暗化。我之前还糟糕到不忍直视的心情变成了一个月以来难得的纾解，“冬天”提前结束。而更令我惊喜的是，导师她并没有因为我一长串自以为是、咄咄逼人、不像是学生跟导师讲反而像是导师跟学生讲，并且语速极快的陈述，而像我之前遇到的一些老师那样觉得自己被冒犯对我施以脸色和威严，她竟然会欣赏这样的我。虽然不知道为什么，但就像和那时我实际上潜意识里渴望与人交流一样，我也渴望、需要别人的认同欣赏，因为不自信难以行走，而我不可避免地在意别人的看法，如果周围人不认同我，甚至只是什么都没说就那样晾着我，我也很难去真正去相信自己。导师在正儿八经的学术上的帮助，原谅我还因学识浅薄无法参与而无从体会，但她确实是我在生活中的一个普普通通但又弥足珍贵的倾听者，她自带着一股子气场，不会尖锐地使试探的手收回，又不会太过寡淡让人感觉不到她的存在。一个普通的倾听者，但人能有几个普通的倾听者？有多少人需要哪怕一个普通的倾听者，尤其是在远离家乡、远离父母、远离过去师友、远离过去所熟悉一切的大学？我和我的导师的相处虽然只有不长的那么几次交谈，但每一次都更看淡了一些东西，看清了一些东西，于是脚步更加坚定。得益于她的陪伴倾听以及恰逢其时间插进的评论、纠正和鼓励。我不知道别的导师如何，但她无论怎样都是一个好导师。

化学与生物工程学院学生谈收获

我最尊敬的导师——李正平教授

导师：李正平　学生：何小飞

韩愈的《师说》中说道：“师者，所以传道授业解惑也”。李老师作为我的导师，就是我心目中最具有这种师者风范的人。

李老师是一位秉性朴素而又充满智慧的人，他一直奋斗在教学科研和学院工作的第一线，勤勤恳恳，尽职尽责，任劳任怨。他桃李芬芳已于四海，硕果花香渐远八方。他是我最尊敬的导师，北京科技大学化学与生物工程学院院长李正平教授，在我们需要的任何地方，都有他亲切的身影。

犹记第一次与李老师接触是在“核酸化学”课上，老师旁征博引、深入浅出的授课方式就给当时还处于思维转变时期的我留下了极其深刻的印象。李老师思路开阔，意识超前，在讲解课程知识的同时，总能与科研前沿结合，举出生动形象的例子，在引起我们学习兴趣的同时，极大拓宽了我们的视野。李老师常说，在大学学习中，更重要的是学会独立思考，而不是一味地秉持应试教育。所谓“授人以鱼，不如授人以渔”，我们要将自己培养成为新时代的脑力劳动者，提高自己的综合素质与竞争力。常言道，实践是检验真理的唯一标准，李老师在理论授课的同时，重视实验与理论的结合，开展的核酸化学实验提高了我们的动手能力，加深了我们对基础科研工作的了解。

真的很荣幸在本科毕业阶段还能选择李老师作为毕业设计导师。由于今年疫情原因，毕业设计的展开受到了很大的影响，一度无法进行现场实验。李老师通过多次的远程指导，从开题报告到毕业论文，从论文创新到论文格式，都给了我无微不至的关怀与细致入微的指导，这为我能在疫情期间顺利毕业并进入研究生生活打下了深厚的基础。

最后，我再次衷心地感谢我的导师李正平教授。感谢李老师在我本科生涯对我的悉心教导，他严肃的科学态度，严谨的治学精神，诲人不倦的高尚师德，严于律己、宽以待人的崇高风范，深深地感染和激励着我，并将使我受益终身。

想学生所想，急学生所急

导师：曹艳秋　学生：胡潇翔

与曹老师的相遇其实没有特别顺利，在我大一下选择成长导师时，因初来北科的迷茫与对学院老师们的不了解，选择成为了一件难事。于我而言，会更多地倾听学长学姐们的看法再做决定，而在当时，曹老师便是学长学姐所说的“特别好的老师”之一。在没有更多信息源的情况下，也出于信任，我选择相信学长学姐们的判断，最后证明这是我在大学期间的一个极为正确的决定！并且，在学长学姐中口碑极好的曹艳秋老师还是其他几位同学的选择，当时我经过了一场猜拳的“胜利”才成功地获得了选择曹老师的机会，幸运的我就这样幸运地有了这段与曹老师的“缘分”。

与老师的相见前，首先自然是给老师发邮件，我还记得那个周四，令当时惴惴不安的我惊喜的是，才过了三个小时，老师就回了我的邮件，说这周末恰好老师要来学院，与我们相约上午。当我准时赴约时，敲门后，便听得老师清朗的声音：“请进!”在后面近两个小时的谈话中，曹老师很能理解我们的紧张与不安，关心了我们初来学校的情况，认真倾听我们的想法，给我们许多有价值的生活与学习上的建议，并希望我们树立一个短期和中期的目标与方向，时时为我们着想，让我们放下不安的心，此刻，我真正理解到了“如沐春风”的含义。

曹老师既对我们充满关心，又在学习、生活上对我们有许多要求，其中最令我记忆深刻的是：

（1）每周至少要做一件好事，无论是对陌生人还是朋友、同学。

（2）每周要看书或看一部电影。

（3）每周的组会上要用英文对这段时间的学习生活做汇报。

（4）实验室内要时刻注意保护自己的安全，必须遵守实验室的安全事项。

就是在老师这样的“严格要求”下，在此后无论是每周的组会报告、课题组的学习或聚会时，还是平时在路途的交谈中，无论是从老师、从学长学姐还是后来的学弟学妹身上，我都学到了许多关于生活、关于学习、关于做人的道理，而在之后的日子里，它们也推动着我不断前进，奠定了我当下一切成就的基础。

科研的路上，曹老师也是我的指路明灯，从大一刚接触曹老师，老师就一直在与我们亲切认真地讨论未来的方向。大一暑假前开始的全国“共享杯”比赛，老师放心地让我们低年级的自己组队，锻炼我们的能力；大二为我们的 SRTP（大学生创新训练）操心许多，并且还按照我的专业兴趣向我推荐了指导我进行 SRTP 项目的范慧俐老师、张少青老师以及当下我跟随学习的弓爱君老师等诸多与曹老师一样专业素质过硬、对待学生认真负责、诲人不倦的老师们。在科研方面，最令我记忆深刻的是在“共享杯”修改论文的阶段，当时我大二刚开学，正值开学季，曹老师作为副院长，有许许多多的工作，同时要为研究生学姐的开题、两组 SRTP 的学长学姐修改结题报告，还要负责曹老师所带领的三、四组“共享杯”的参赛队伍参赛论文及研究报告的修改。老师在这么大的事务压力下，每次在对我们两三万字的研究报告进行修改时都能准确地指出我们的问题，认真地带着我们修改与完善，正是从这次的科研实践开始，我慢慢明白了科研的意义，树立起了科研中的正确态度，培养了我走向科研道路的兴趣，如果没有曹老师的严谨精神和负责态度，也就不会有我后面在科研实践的这些成绩。更不用提当之后的科研遇到挫折时的指导安慰、保研事宜、导师选择方向，到现在的毕业设计的选择等，凡此总总，不胜枚举，现在在我心中最重要的想法就是，每次见面都要真挚地对曹老师说“谢谢曹老师，老师您辛苦了!”

其实我也知道，其实没有所谓“最好”的导师，只有最适合的导师，同样的要求对不同的学生会有不同的效果，对一件事的要求的评判没有一个固定的好坏标准。但是，优秀的导师都有一个共性在身上，那就是想学生所想，急学生所急！每当想到有幸遇见像曹艳秋老师这般真正把学生的发展放在心上，愿意用自己的知识与经验来助力学生发展，春风化雨、言传身教的良师，心里便不由自主地涌起尊敬和感谢的情绪。因此，如果有学弟学妹问我，应该选择哪一位老师作为自己的成长导师，我会首先向他们推荐曹艳秋老师。无论是在现在还是未来，我都会谨遵曹老师的教诲，在做人、做事、做科研上都严格要求自己，不能辜负了老师的一片苦心。

最后，言语再多也表达不完内心的敬意与感谢，祝愿曹艳秋老师以及所有像曹老师一样为学生考虑、急学生所急的老师们身体健康，工作顺利！

是良师，更是益友

导师：车平　学生：欧阳若楠

在我刚刚迈入北京科技大学的校园的时候，就听说我们学校实行本科生导师制，给每个本科生都分配一个导师，当时很幸运的被选为车老师的学生。第一次和车老师见面时，心里还有些紧张，等见到车老师之后就被车老师和蔼可亲和风趣幽默的性格深深打动，因为和车老师的相处让我感觉很轻松，车老师不仅仅是我的良师，更是我的益友。在和车老师的第一次谈话中，车老师就教导我们在大学阶段要掌握“四个一”，读一本好书，掌握一项体育技能，学一门乐器，谈一场恋爱，在大学阶段不仅仅要会学习，更要德智体美全面发展，车老师的谆谆教导我一直铭记在心，德智体美全面发展也成为贯彻我大学生活的目标。在之后的时间里，车老师一有空就每隔一段时间就给我们组织一次谈话，不断地了解我们的生活和学习情况，并且给出正确的建议，人们都说上了大学就没有班主任，就没人管你了，而我有幸在北京科技大学，有幸成为车老师的学生，在我成长的关键时期，能有一个人给我指点迷津。

后来到了大三，我突然就觉得很迷茫，不知道未来是该考研还是该工作，于是就去找车老师，车老师建议我读研，因为在最好的年龄就应该多学习一些技能，才能为以后的工作奠定基础，车老师还给我详细地介绍了我们学院许多老师的研究方向，在车老师的建议和指点下，我不再感到迷茫，于是我跟着车老师进了实验室，跟着车老师的课题组研究热电材料，结识了很多学长学姐，也激发了我对化学实验的极大兴趣，同时也明确了未来的读研方向。

居里夫人曾说过：“不管一个人取得多么值得骄傲的成绩，都应该饮水思源，应当记住是自己的老师为他的成长播下最初的种子。”我认为车老师作为我的导师，他的思想、他的教导对我的大学生涯乃至一生的做人做事都产生了深远的影响，我衷心地感谢我的成长导师——车老师。

师者风范——我的老师常志东

导师：常志东　学生：马溪平、李志坚、罗歆

“师者，所以传道授业解惑者也”。常志东老师让我完全感受到了韩愈所说的师者

风范。

有幸选择了常志东老师作为导师，能接受常老师的谆谆教诲。科研过程中，作为一个什么也不懂的新人，是常老师一点一滴教授我学习的方法，让我从高中生的思维模式顺利地转化为大学生的思维，带我走入了科研的世界，学会了自主思考与自主学习。常老师秉承着“授人以鱼不如授人以渔”的理念，耐心教授我学习思维和科研思维。同时，常老师强调要“知其然亦其所以然”的精神，告诫我要回归课本，而不能简单的浮于表面，这对我的科研学习有极大的帮助。

在学习上，常老师强调套路和归因。总结原因，形成套路，这不仅仅适用于常老师所教授的化工原理，在其他学科上也很有帮助，甚至在学习生活中也可以应用。同时，常老师的讲课方式生动形象，幽默诙谐，经常会举一些简单的例子，让我能更清楚明白地领悟到他的意思。除此之外，常老师一些新颖的想法，总让我眼前一亮，豁然开朗。

常老师除了在科研学习方面给我提供帮助，在生活上也总是对我进行无微不至的照顾。常老师总是关注我的情感和心灵，不论遇到什么问题都愿意提供帮助。在我对未来的路感到迷惑时，他以过来人的经验为我解惑，帮助我重新找回自信。还有在时间安排、人际交往等等很多问题上，他都愿意对我伸出援手。

毕设选择了常志东老师作为指导教师。由于疫情原因，毕设的过程十分艰难，无法进行实验。是常老师无数次的远程指导，给了我莫大的帮助。无数次的腾讯会议、视频聊天，常老师耐心地为我分析文章存在的不足与缺陷，提出建设性的意见与建议，为我的研究生之路打下了深厚的基础。

最后，学海无涯，前路漫漫，感谢常志东老师帮我指点迷津，让我在未来的路上可以乘风破浪。常老师光风霁月的胸襟与大师风范将是我以后工作学习的宝贵财富。

砥砺前行报师恩

导师：温永强　学生：李烨

人生就像是一辆列车，在每个站点都会遇到一些人，给自己以自信和鼓励，让自己获得很大的收获，然后再背起行囊继续前行。时间在走，我们也在成长，转眼已是我在北科大学习的第三年，在这三年的学习生活中，我的导师温永强老师对懵懂无知的我产生了重要的指导作用，使我对未来不再迷茫，有所规划，在前进的道路上也变得更加勇敢与坚定。

初见导师时，我紧张不已。一开始我以为老师忙碌不已，高高在上，没什么精力理会学生，但是在与老师交谈后发现，温老师很是平易近人，且十分有耐心。刚与老师交流时，我因为紧张，说了很多不着边际的话，但是老师并没有表现出一点不耐烦，反而很认真地听我讲话，顿时消除了我的紧张感，交谈也更加自如。老师还主动了解我的学习、生活状况，就我对于学习、生活的困惑提出自己的看法与解决方法，使我能更好地适应并融入大学生活。

在自己的科研生活中，老师他精益求精，严谨认真。老师在介绍自己的研究方向与成果时，脸上的自信与骄傲让我很是羡慕。老师也会提供各种让我可以学习的机会，无论是跟着学长学姐做实验还是学术交流等都让我很感激。做化学方面的研究，在我看来是特别需要耐心与创新性的，但是老师能坚持这么久，是我极其敬佩的。

在大学之前一直觉得自己是努力、有耐心的人，但是见到老师之后，才明白体会到了什么是真正的勤奋与坚持。老师对工作的使命感与责任感，对我产生了潜移默化的影响，老师严谨、踏实的治学态度，让我深受感触。

在今后的人生之路上，老师对我的鼓励与教导我都会铭记于心，成为我今后一笔宝贵的人生财富，成为人生道路上的一盏明灯。成功靠的不仅仅是天赋和智慧，更需要纳百川而成四海，积跬步而致千里的积累与坚持。“及时当勉励，岁月不待人”，只有砥砺前行，努力学习，才能报答这份珍贵的师恩。

及时勉励，伴我前行

导师：周花蕾　学生：苏芨玄

很幸运成为周花蕾老师的学生，周老师善良豁达，平易近人，她脸上的笑容深深地印在了我的脑海。初次见到周老师的时候，就感觉很亲切，本来我还很紧张，但很快，她脸上的笑容就让我放松了下来。周老师非常关心我的学习和生活，每次见她，她都会主动了解我的生活学习状况，和我谈论大学生活和学习中应该注意的地方，给我介绍师兄师姐包括她自己的经验，并就我的具体情况给我一些很有价值的建议。了解到周老师也是教化学的，我便时常向周老师请教化学问题，她耐心地教授我学习的方法和大学思维模式，叮嘱我要“知其然亦知其所以然”，要养成良好的学习习惯，不能简单的浮于表面，这对我的学习有极大的帮助。

对于大学毕业后的选择，我比较迷茫，周老师观察到了，便耐心地和我交谈，开始我倾向于工作，因为我的学习成绩还不错，周老师就给我讲直接工作可能遇到的问题，不如趁现在的学习机会努力考研或争取保研，并给了我很大的鼓励。这使我重新对自己的学业和未来职业进行了审视。不管我以后选择什么、做什么，周老师的谆谆教导我都会铭记在心。我会努力规划好我的大学生活和学习，尽可能地让自己具有更扎实的学科基础和丰富的大学经历，能够更有能力去迎接未来的生活。

很幸运能够成为她众多学子中的一名，非常感谢周花蕾老师在生活和学习中为我指点迷津，她渊博的专业知识、积极乐观的态度、平易近人的人格魅力将深深地感染并激励着我。

经济管理学院学生谈收获

春风化雨，亦师亦为友

导师：范小华　学生：李钰葳

如果说人生是一本书，那么大学生活便是书中最美丽的彩页；如果说人生是一台戏，那么大学生活便是戏中最精彩的一幕。大学是我们从校园走向社会的关键节点，理想与现实交织，斗志和迷茫轮替。如果没有罗盘的指引，我们仿佛漂泊在大海中的孤帆，有大把的机会，面临无数种选择，却难以确定最终的航向。

韩愈的《师说》中写道：“古之学者必有师。师者，所以传道授业解惑也。”师者，会在我们迷途懵懂时指引方向，在我们疑惑不知时耐心辅导，在我们低落无助时温暖鼓励。很庆幸，在我的本科阶段能遇到范小华老师，她是催我奋进的老师，也是春风化雨的朋友。

初识范小华老师是在一年前的本科生导师见面会上，第一次见面便印象深刻。我是一名转专业的学生，那时刚刚从外国语学院来到经管学院，周围的环境对我来说都是极其陌生的。带着些学生面对老师时固有的敬畏、不安和局促，与范老师初见时我十分紧张。为了给老师留下好的印象，第一次见面我比约定时间早到了十分钟。在门外看到范老师在伏案书写，我不敢打扰，就一直等在办公室门外，想等约定时间到了再敲门进去。临近约定时间的时候，我越发紧张，范老师正巧出门接水看到等在门外的我，便已猜到我是谁，亲切地对我绽放笑容，热情地引我进门，虽然是第一次和老师见面，但是范小华老师的笑容，让我的心情放松了许多。在与老师的交流过程中，我们互相了解，范老师听说我是转专业的学生，非常关心我对新环境的适应情况，无论是学习还是生活，老师都耐心倾听我的困惑，随后给予我真诚的鼓励和建议。正是在范老师的疏导和帮助下，我慢慢适应了新的学习环境，内心深处对经管学院产生了归属感。

在之后的时间里，范老师会经常组织学生见面聊天，了解我们最近的生活和学习状态，面对同学们的抱怨和困惑，范老师总是会给予最大的耐心。印象中有一次，一名男生在交流会上诉说自己和舍友相处的矛盾，由于不善于表达，男生在诉说时有些词不达意、语句啰嗦，旁边的几位同学已经有些失去耐心，开始刷手机、交头接耳。我当时也有些担心，交流会已经进行了近两个小时，时间将近晚上九点了，但当我看向范老师时，发现老师没有丝毫不耐烦，她从不催促、从不打断，永远都在安静地倾听，在男孩不知如何表达自己时，慢慢地帮他疏导。范老师目光也永远是那么温和，和范老师对视从来不会让我感到慌乱，只是莫名觉得很亲切很温暖，很想把自己的所有烦恼都和她诉说。在老师的带动下，每次见面会的气氛都十分轻松愉快。范老师总有种迷人的魔力，虽然她的身份是老师，但是交流过程中，我们之间师生的疏离感越来越淡化，同学们畅所欲言，老师答疑解惑。本来印象中严肃刻板的师生座谈，变得越来越值得期待。范老师没有盛气凌人的架势，没有动辄训人的说教，有的是真挚诚恳的情感与平易近人的亲切。

在学术研究方面，范老师的认真负责、细致严谨，也深深感染了我。真正和范老师亲近起来的契机，是大二期间我组队参加了范老师指导的 SRTP 项目。我从来没有科研经验、没有竞赛经验，但是还好有范老师尽自己所能给予我们最大的帮助，不辞辛苦召开项目介绍会，填写申报书时从内容结构到排版布局，都对我们进行细致的指导。时常关心我们的研究进度，甚至耐心地为我们进行研究方法、研究过程的教学和指导。即使是疫情期间，诸多不便，老师仍会牺牲自己的休息时间，定期组织同学们通过线上的方式召开项目汇报。

同时，“授人以鱼不如授人以渔”，身为指导教师，范老师始终坚持“学生为主”，她总是在恰当的时候拨正我们的研究方向，指导研究方法，但是又充分尊重学生的自主性。不管是在听取研究进展、探讨研究结果，还是在指导论文写作的时候，她总会耐心地聆听学生的想法后才提出思考和建议，诚如一位满腹经纶的智者在深入浅出地阐释博大精深的理论。

在跟从范老师进行 SRTP 研究的这一年多的时间里，我更深刻地体会到了什么是真正的勤奋与坚持。范老师经常告诫我们，要保持上进，要用一颗认真、纯粹的心去对待学术研究。学术研究的过程是枯燥的，期间会遇到各种各样的瓶颈，范老师总是鼓励我们说：“不管你们是不是能做出最好的结果，但是都希望大家能认真、努力去做，不要放弃。”

有一句话说：“你无法阻止生活的每一次刁难，也不知道哪一场刁难里藏着彩蛋。”生活中一些不期而遇的美好时刻，别人一句简单的鼓励，都能让人的幸福在一瞬间顷刻爆发。正是在进行 SRTP 项目研究的过程中发生了一件事，始终烙印在我的心里，给我极大的鼓励。

那时，我正在经历一段时间难熬的低谷期。转专业来到经管，因为对新学科不适应，我的成绩一落千丈，很多事情变得力不从心，自我埋怨、自我怀疑，感觉自己什么都做不好，对自己越来越失去信心。SRTP 的项目研究到了阶段汇报的时候，范老师让我作为代表进行展示。起初我非常忐忑不安，害怕让老师失望，害怕自己的研究成果配不上老师的辛苦指导。我彻夜收集资料、汇总小组成员的研究数据、制作 PPT，直到最终汇报完毕，才放下一颗始终悬着的心。出乎我的意料，范老师对我的汇报给予了热情的赞扬，那一刻，我的眼眶甚至有些湿润。或许不亲身体会的人，无法理解那一刻我有多感激老师对我的肯定，就像沙漠流浪的人突然遇到一片绿洲，就像大海漂泊的船终于有了依靠的港口。在孤独迷茫自我怀疑的时候，有那么一个人发现你的光芒，坚定地给予鼓励，那时从内心深处瞬间爆发的激情和愉悦能绽放无穷的动力。正是因为范老师那次的赞许，让我在之后的学习和生活中，每次自我怀疑自我否定的时候，都能重新获得温暖、燃起斗志。

也正是在范老师的指导下，我对科研产生了浓厚的兴趣，学术研究的过程不再枯燥，而是充满了挑战和乐趣，在范老师的帮助下，我也最终成功发表了自己的第一篇论文。参与 SRTP 的这一年不仅仅提高了我的研究能力，甚至改变了我的心态和性格。无论是之后的学术研究，还是其他学科的学习，我都能在面对困难时不再自我怀疑，不再焦虑，而是更加踏实坚定，耐心思考。

“学高为师，德高为范。”课堂上授课的范老师，无疑也是迷人的。很多人说，老师的授课风格和老师的性格是分不开的，又或者是爱屋及乌，“商法”成为我每周最期待的课程。“求实鼎新”是北科大的校训，也是范老师教学精神的深刻体现，她总是鼓励我们在课堂上发表不同的观点，她也从不驳斥或者批评任何一种异议，她鼓励学生发散思维多方面思考，只有在与基础知识违背时才会认真纠正错误。在多元的视角与海纳百川的胸怀里，因材施教，扬长避短，从而使每个学生都能在一个自由的学术平台上发现自我、超越自我。对于优点，她总是不失时机地加以赞扬和鼓励；对待不足，则采用和蔼而不矜持的劝说方式，言语中毫无责备，而是充满了慈母般的激励和鞭策。她的言谈身教，都如同涓涓细流，融入我们的心田。

无论是教学设计，还是案例引导，范老师在教学新知时总能循循善诱，通过案例讲解法律与生活的联系，还时常结合自身的学习和工作经历，讲述真实的故事，让原本枯燥无味的法律条文也变得生动有趣。面对同学们的提问，老师总能严谨又不失趣味地进行讲解，她的睿智有无限的魅力。有时上课时，我会忍不住幻想范老师站在法庭上的样子，或许又是另一种迷人的场景。

“温暖”，是我只要想到范老师时，就会瞬间联想到的词语。温暖，可以形容天气温和，可以形容衣物保暖，也可以是内心深处最柔软的触碰。是每一次校园偶遇时老师亲切的微笑，也是每一次课堂上老师鼓励的目光，是每一次遇到困难时老师耐心的倾听，也是每一次进步时老师真诚的赞许。

“四度春风化绸缪，几番风雨洗鸿沟。黑发积霜织日月，粉笔无言写春秋。”春风化雨，润物无声，范老师对学术研究的满腔热情，对教书育人的积极投入，都将深深地印刻在我的脑海里。范老师带给我的鼓励和感动，不仅是我大学期间宝贵的财富，也将成为我往后人生道路上的一盏明灯。

诲我以师，待我以友

导师：冯梅　学生：王宽

像南飞的候鸟需要星辰引航，像迷途中的孩子需要灯火归家；初入大学的我就像林深的小鹿，是我的导师——冯梅教授，帮我云开了迷雾，指引了成长的方向。

我自己将大学定义为“求知”和“探索”两个阶段。

我理解了为什么要读“读万卷书”——立身以立学为先，立学以读书为本。冯老师曾对我说：“理论是一切实践的基础，要以自己的兴趣为出发点。过程有可能会欺骗自己，但是结果一定不会陪你演戏。”我谨记冯老师的教诲，除了上课时间汲取老师所授，课余时间我也养成了每天读书一小时的习惯，正所谓博观而约取，厚积而薄发。因为良好的学习习惯，我在大学期间荣获新生奖学金、两次获得人民奖学金、孙富奖学金等。记得一个下午冯老师跟我说，“一个人的视野很重要，你视野的高度决定了你自己的成就。”因此，我参加加州大学伯克利分校访学项目。访学期间，我见识到了来自北京各大高校的优秀同僚，从他们身上取长补短，见识人才的多样化。也感受了世界顶尖大学的教育水平，掌握了对自己思维引导启发的学习方法。不得不说，为期两个月的美国访学，极大的拓宽了我的视野，让我有更多机会和优秀的同龄人沟通交流，与优秀的人为伍的期盼，无疑成为我未来前行的动力。

我明白了为什么要“行万里路”——吾尝跂而望，不如登高之博见。以强烈的求知欲为基础，将理论结合实践进行探索。在冯老师的指导下，我带领的社会实践团队以服务非物质文化遗产为方向，以弘扬中国传统文化为目的进行实践。团队荣获全校最高分、全校金奖等；身为队长的我也荣获全校十佳标兵、先进个人等荣誉。课余时间，我和我的导师进行探讨交流，谈及到我有创新创业的想法时，冯老师给予了我最大的帮助。冯老师说“见之不若知之，知之不若行之。”在冯老师的带领下，从河北涿州到北京平谷的开发区参观了各行各业的企业，看师兄师姐进行案例讨论分析企业状况，以及开设SRTP项目到自己动手进行创业训练。整体贯彻了对企业的“见之”“知之”“行之”的理念。在自己动手创业训练过程中，我带领的队伍在冯老师指导下，荣获“互联网+”创新创业大赛校级三等奖、北京市级三等奖的好成绩。在探索路上，冯老师鼓励我去大企业去实习，深入了解一个大型企业是如何运转的。因此，我也曾到明轩投资公司、浙商银行北京分行、中金证券去实习。实习期间，我努力用经济专业所学知识去解答实习过程中的很多问题，往往不能有很好的答案。我方才明白，纸上得来终觉浅，绝知此事要躬行。

白驹过隙，忽然而已，我俨然从大一新生蜕变成了大四的老学长。回望四年点滴，感受自己成长，我常常将感激之情挂在心头。其中对我影响至深的，莫过于我的导师。师者，诲尔谆谆，听我藐藐；友者，及时勉励，伴我前行。我和我的导师便如此这般，亦师亦友。

学贵得师，亦贵得友

导师：王未卿　学生：顾理琪

我是一个不习惯用文字记录的人，尤其是在这样一个数字媒体发达的时代，照片也好、视频也罢，似乎有太多更加活灵活现的手段，既是因为我笔拙，更是因为很多厚重的感情让我一时不知如何用纸和笔去承载，就比如我对我的导师王未卿老师的感谢之情。

我原本想从一个关于老师的生动比喻开始，比如传统一点的园丁、蜡烛，抑或是现代一点的指明灯、摆渡人，可我总觉得从我本科到研究生再到现今，在王未卿老师门下度过的近十年春夏秋冬，寒来暑往里实在有太多想记录下来的点滴和想表达的情感，只用一个比喻总觉得会以偏概全，既如此，不如就从春夏秋冬下笔吧。

春是穿山过水化雨拂面。初见王未卿老师是在本科阶段的课堂上，先看，眉眼含笑淡彩妆，再听，引经据典情跌宕，王老师将深奥枯燥的知识娓娓道来。课上如此，课后亦然。还记得刚上几次课，老师在一个课间走到座位旁对我说：“理琪，我觉得你学习态度非常认真，也很聪明。课后要记得多关注时事，注意培养金融思维。有不懂的问题随时问老师。”不但是我，老师很快就清楚地记住了班里的每一个人，并会在课后结合大家的特点和学习情况进行交流，这让我们在惊讶之余倍感温暖。这之后有幸修了王老师主讲的多门课程，包括财政金融学、风险投资和比较金融学等，变的是名字，不变的是王老师先进的教学理念、独特的教学风格、专业的教学水平，这些综合起来就像一阵春风，润物无声，让同学们在春风拂面的过程中顺其自然地领会了专业知识，掌握了专业技能。后来我才知道，王未卿老师为本科生、研究生主讲的多门课程全部获得校课堂教学免检，有的更是入选全校研究型示范课程。我想这一方面源于她注重教学改革创新，以实时财经分析的视角为核心的适合金融类课程的独特教学方法以其时效性和探究性对学生帮助很大。另一方面源于她注重与学生的课内外交流，用大量最新鲜真实的财经事件、案例和观点，极大地激发了学生的学习热情和兴趣。王未卿老师在教学方面成果突出，深得学生们欢迎和喜爱，被选为“我爱我师”称号、学校“十大”新闻人物、“研师亦友”——我最喜爱的导师称号等，这与她大量的辛苦付出是密不可分的，这既包括教案写作、课堂安排、课件制作、时事更新，也包括真诚地了解每一个学生，结合他们的特点因材施教。我曾在无意间在老师的点名册上看到了密密麻麻的备注，不单是出勤情况，更有每一个人的学习情况、兴趣爱好、性格特征等。就像春风穿山过水，跨越千里才终于化雨拂面，润物无声，王老师用自己的辛勤付出，让每个学生在能高效学习理解知识的同时倍感温暖。

夏是披星戴月繁花开遍。如果要用一句话概括王老师的一天，我想比较合适的是“晨兴理荒秽，带月荷锄归”，且不说要在家庭和工作之间平衡，单单是工作上王老师披星戴月，“理”的就不只三尺讲台这一块田。作为共产党员，王未卿老师有坚定的信仰和良好的政治素养，作为金融工程系支部书记，服务群众，自信引领，基于多年来的突出表现，2014 年就曾被评为北京高校优秀共产党员。作为教育工作者，王老师用榜样的力量影响带动大家关注学生成长发展，满怀热忱进行教育改革和教学管理创新，提出搭建导师为核心的学生成长发展的生态圈的平台战略，全面立德树人、薪火相传、先锋引领的核心思想，三阶段六步法的具体举措成效显著，如今已在金融工程系全面推广。作为学生的良师，王老师关注学生成长发展，注重提升学生实践创新综合能力。她经常邀请金融行业的专业学者回校开办论坛讲座，内容涉猎信托私募、新三板、加密货币、区块链等内容；她会联系企业，组织学生实地到银行、券商参观学习，了解工作模式和前沿知识；她还十分重视创新能力的训练，在互联网+、精准扶贫等一系列主题项目中指导学生共同参与，我和一届届的同学们通过这些活动受益匪浅。作为学生的益友，王老师注重金融思维方式的训练，金融学可以改造世界，更强的本事亦是改造世界观。微观思维让同学们变得理性，宏观思维让同学们学会着眼大局，建模分析让同学们更加敏锐，前沿动态让同学们明白思辨。如今师兄师姐们不但在金融行业大展身手，更有多人在文创行业博古通今，著书立说；在传媒行业鲜衣怒马，风采翩翩；在高科技的前沿为人工智能、生物科学钻研；在西部的舞台、精准扶贫的战场为实现中华民族的伟大复兴而奋斗。做好一份工作已是不易，王老师却披星戴月，将党务工作、管理工作、教学工作、育人工作相辅相成，尽力做好，等来繁花开遍，着实令我发自内心的敬佩。

秋是桃李天下香饱衣衫。热心学生工作、因材施教，加上天然的亲和力使王未卿老师拉近了和学生之间的距离，成为学生的良师益友。我们在课余时间经常找老师交流，“师也者，教之以事而喻诸德也”，王老师的课堂不单在学校里，她的课堂在画廊中，前几年，清华大学艺术博物馆迎来一场西方艺术大展“从莫奈到苏拉热：西方现代绘画之路”。老师组织我们和当时在清华深造的师兄师姐们一起前往，大家不是单纯地去了解当时时代的生活、绘画技巧的发明、材料的更迭，而是从不像到像再到不像这样的西方艺术发展进程中体会追求真理的精神和不要墨守成规的态度；她的课堂在运动场上，学习工作的压力，休闲娱乐方式的丰富，大家逐渐忽视了体育锻炼，一有机会的话老师就会和大家一起在羽毛球场上、网球场上挥洒汗水，放松身心，既为之后的学习提高了效率，又让大家在这个过程中加深了对彼此的了解；她的课堂在传统文化中，端午节给我们亲手包粽子，中秋节与我们一起举杯邀明月，腊八节与我们一起品粥聊未来。都说来了大学，故乡便只有夏冬，没有春秋，来自老师的关怀却让学校像极了我们第二个家。一届又一届，一年又一年，师门的规模在壮大，大家之间的感情却更紧密了。师兄师姐们在给低年级的师弟师妹们传授学习经验，提供实习工作上的指导帮助，像极了一个大家庭。我深知这来源于老师的榜样示范和传承，老师常说，榜样的力量是无穷的。一个人未来发展走多远，最终比的还是做人。这不单单是师门内大家的互相关爱，更是教书育人上的传承。老师搭建的是有形的学生交流、传承的平台，更是一条无形的纽带，让大家即使相隔万水千山也始终以在学校时期培养的道德修养严于律己，润泽他人。“令公桃李满天下，何用堂前更种花。”在王老师门下，老师的榜样力量，毕业生们的传承发扬，总让大家倍感香饱衣衫。

冬是灯暖酒烫人生路远。写下这篇文章的时候恰逢新年伊始，瑞雪纷飞，回顾有幸加入王未卿老师门下的时光，有两句话让我感慨良多：“道不果腹暖心魄，情不解渴润平生。”这个道是老师教会我在学术上要严谨认真，创新进取的态度，是在思维上要有金融思维，融会贯通的能力，更是在做人上要脚踏实地，谦恭卓越的追求。关于这份情，请容我先讲一个小故事，前不久我看过一篇关于人类感觉通道的察觉阈值的研究：“视觉：晴朗黑夜中 30 英里处看到的一根燃烧的蜡烛；听觉：安静条件下 20 英尺外手表的滴答声；嗅觉：一滴香水扩散到三室一套的整个空间。”我便问老师：“您不觉得教学工作循环往复，反而甘之如饴，这样一种感觉的察觉阈值在哪里?”老师笑着说：“只要听到你们叫老师这个称呼就足够了。”王老师入科大从教二十四年，依旧热情不减、初心不改，对自己带过的学生，如数家珍，在他们回校看望老师时，总会清晰记得每个人上学时候的特点、各种有趣的“典故”，常让大家在哈哈大笑的回忆声中相互更加惦念。老师就像看着自己的孩子一样看着自己的学生一天天长大，不求回报。老师总说我们是她的自豪，其实您又何尝不是我们的骄傲呢？榜样的力量是无穷的，您对我们的榜样作用和传承培养，让我们终身受益。也许前进的道路上寒风凛冽，但我坚信师门内永远灯暖酒烫。

穿山过水风拂面，披星戴月花开遍。桃李天下香衣衫，灯暖酒烫前路远。回想过去的寒来暑往，展望未来的春夏秋冬，我写下这些文字，却发现仍旧难以表达自己心中所想。谨以此为念，向老师说一声感谢，道一声珍重，也勉励自己不负师恩，不负流年。

致我敬爱的寇明婷教授

导师：寇明婷　学生：杨一帆

看庭前花开花落，望天上云卷云舒，求学在路上。光阴荏苒，岁月如梭，不知不觉中，这是我在北科大经管学院的第三个年头了。回顾这美好的三年，我十分庆幸并感谢遇到了我的本科生导师——寇明婷教授，更有幸成为寇教授的学生！人生之路，每一段路程都会遇到不同的风景，都会遇到不同的人结伴而行。有些人或许云淡风轻，犹如沿途匆匆而过的迷人风景；而有些人春风化雨，为你点亮希望的明灯！

谨以此文献给我敬爱的本科生导师——寇明婷教授，感谢您的悉心教导！

回望来时路，依稀记得第一次得知您是我的本科生导师时的激动与喜悦。怀着期待又略带紧张的心情进入到您的办公室后，您温暖慈爱的眼神瞬间化解了我第一次见到大学导师时内心产生的不安情绪。而接下来和风细雨般的询问更是让我放下了心中的戒备，让我升发出由衷的敬仰之情。

在大一时，您就时常告诫我们，要对一切事物抱有求实探索的想法，哪怕是对前人及其他学者的有关结论也要有辩证思考的看法，不能人云亦云。是您的这番话，让我更加明白了大学生学习的目的与方式，并使我意识到肯钻研、肯求证的思维方式与学习习惯才是大学生更加需要的。除此之外，您还会借鉴对研究生学长学姐的培育方式，并站在我们的角度，希望我们能够及时对自己的学习状况做出总结与反思，如有需要还可以随时找您联系。因此每当我在学习道路上遭遇瓶颈时，您都会毫不犹豫地为我答疑解惑，从而使我在初入大学时能够迅速适应大学生活并找到适合自己的学习方式。

大二学年由于我参加了更多的学生工作，难免与学习生活产生了较大的冲突。在了解了我的困惑后，您主动为我提供走出当前困境的有效方法，让我意识到自己在学习方法上的不当之处，并使我更加明确自己在大学中真正想要的是什么，从而为我以后的学习之路打下基础。

除此之外，您还积极培养我们的科研能力与学术水平。您会向我们推荐各方面高水平的科研会议，以丰富我们的学识知识面，为确立自己的科研方向做好铺垫。在 SRTP（本科生创新创业项目）活动中，您为了使我们小组的项目申报书更加完善，夜以继日地审阅并提出许多改进意见，最终让我们小组在截止日期前提交了一份满意的答卷。

令我印象尤为深刻的是，在我主动向您提出要继续某个学术科研方向的论文研究时，您非但没有因为本科生学术实力相对有限而打击我的自信心，反而十分鼓励并且提供了许多优质参考文献供我学习查阅。并且在 2020 年上半年因疫情在家时，您担心我会由于学习环境舒适而懈怠，更会时不时询问我的科研进度以激励我能够时刻保持干劲，从而使我对自己确立的初心更加坚定。

进入大三学年后，您结合当前的人生阶段与时代发展为我的发展指引方向，是您的谆谆教诲，使我明白时代的发展已经对人才提出了更高的要求：只有顺应时代潮流，俯下身子认真学习多方面知识才能真正成为时代弄潮儿。并且您还为我提供丰富的学习机会，让我参与研究生团队的多项活动，使我在学术认知、为人处世等多方面都得到了积累与成长。我面对您这样一位智者，这种如沐春风的感觉让我对今后的研究生生活有了更加美好的憧憬和向往。

当您发现了我对科研日益浓厚的兴趣时，您提出了许多指导意见，教导我们文献是最好的老师，每天要尽量保证一定的阅读量，只有养成阅读的良好习惯，才能了解专业发展前沿和最新进展。您的仔细、认真、严谨，让我非常佩服。而在我进行相关科研写作时，您会要求我每隔一段时间就向您汇报一下自己的进展，并做出及时的指导与建议；当我提出自己遇到的问题时，您会带领我一步一步分析问题，从而更好地学会思考与解决问题。时间在您这里弥足珍贵，但您都争取更多的时间指导我们，风雨无阻。

您虽然学术上严谨，但在生活中也和我们一样有颗童心。在学院篮球比赛时，您会带着您的孩子一起在场外为我加油助威；日常生活中您也会耐心询问生活状况，使我在外地依然能够感受到长辈的温暖关怀。

本科生阶段能遇上一位值得我一生崇敬的好导师，我是幸运的。也许我不是您最好的学生，但您一定是我心中出类拔萃的老师。未来的道路还有很长，但是有您的指引，纵使前路荆棘遍布，我都会勇往直前。无论是做学问还是做人，您严谨的态度和高尚的品德都让我受益匪浅。在以后的人生之路上，您对我的鼓励与督促会在我耳边回响，我会将您的悉心教导铭记于心，成为您的学生是我的荣幸，我期待未来的我会成为您的骄傲！

在这里，学生想对您说一句：寇老师，您辛苦了！谢谢您，我人生的导师！

文法学院学生谈收获

师道既尊，学风自善

导师：龚志文　学生：宗嘉琦

初见是您瘦瘦小小的身影，最熟悉是您说“一定要好好学习”，最敬佩是您对学术的热情和对学生的关怀，回首是您文法楼405的一盏明灯。“三尺讲台三寸舌三寸笔三千桃李，一尺教鞭一本书一句话一百英才”，他给予我学习上、科研中、生活中的耐心指导和帮助。学校的本科生全程导师制，使我有幸在大一就遇见了我的导师——龚志文老师。

疫情之下的师生情

2020年伊始，一场新冠疫情，让寒假变得出乎意料的长。4月一天晚上，我接到老师打来的微信电话，从此往后，“嘉琦，方便接电话吗”一句话，好像变成了老师和我的暗号。当时作为文实1903班班导师的龚志文老师，便对我的成绩非常关注，在电话里中他为我树榜样、拎重点、指方法，一小时的对话，让疫情期间长期居家有所懈怠的我，迅速打起了精神。挂断电话后，我想起2月份，龚志文老师在班级中开展以“危机中的公共治理”为主题的线上研讨会，在大一第二学期尚未分专业时，龚老师便注重引导学生从学术的角度思考问题，同学们也积极参加，踊跃发言。在我发言之后，老师说我的思维很适合学公共管理，当时在专业分流上迷茫的我，便更加坚定了学习行政管理专业的选择。龚老师不仅给予我理论的方法，还有动手实践的机会。疫情期间，我与学长学姐们一起成为调研员，通过线上发放问卷并加以讲解，收集数据信息，走好学习社会科学学科基础性的一步。

于平凡之处寻因果，于细微之处见真章

龚志文老师十分擅长引导学生自主学习，而不是一味填鸭式地输入知识。在与老师讨论问题时，即使我的表述不通顺也不专业，老师也从不会打断，并鼓励我继续表达，因此，我的信心和对于专业的兴趣也不断增强。龚老师总是耐心地听我叙述完所有想法，然后放到专业的框架中，带着我一步一步追本溯源，找到社会现象反映的本质；与此同时，龚老师还善于抓住我们没有注意到的细节，引导我关注细微之处的社会现象，并从专业角度思考分析。在开展暑期社会实践时，龚志文老师接受我的邀请，成为团队的指导老师，在我提出只需要老师做最后的审核时，老师严厉地对我说：“我需要全程参与指导你们的实践，要是让我只看最后的成果，那我是不同意的。”于是，在实践过程中，龚老师多次询问实践进度并给出指导，几乎每到晚上，龚老师就会用微信电话联系我，悉心教导我问卷的问题该如何设置顺序，访谈需要重点获取哪些信息，论文的框架怎么设定。感谢我的老师，在一天繁忙的工作之后，还想着学生。

既为良师，更乃益友

在上大学之前，“导师”这一形象在我的脑海中，一直都是头发花白或已所剩无几，拿着茶杯坐在办公室里；遇到龚志文老师后，我竟然第一觉得与老师之间的关系可以如此轻松自然，没有代沟，更没有架子。大二上学期，专业分流完毕，我也如愿被分配到第一志愿行政管理，开始新的专业学习生活。经过双向互选，我也正式成为龚志文老师的学生。他一直亲切地称我们为“小朋友”，每周某个晚上，摆满零食的405便成为我们的秘密基地，我们将在这里汇报每周阅读的两篇中文和英文文献，展开学术研讨。以茶话会的方式开展读书交流，会更加轻松自然，龚老师会点评每一位同学的汇报内容和观点，还会在PPT制作上提出建议，并向我们展示他用于教学的课件，细致到每一个动画对应一句讲义，都有特别的安排方式。龚老师在与我们第一次见面时就强调，学习需要强健的体魄，身体才是革命的本钱，并要求我们每周至少跑步五公里，在微信群中打卡。这也是龚老师身上让我非常敬佩的地方，比科研精神更重要的是用长跑去锻炼毅力，为我们起到良好的带头作用，在体验了三周长跑之后，我也喜欢上在晚上戴上耳机去操场夜跑。每一个好习惯，都是对自己长期的投资。

有幸相遇，并受教于您，我必以行动报师恩。感谢学校的本科生全程导师制，让龚志文老师出现在我的求学道路上，像一盏明灯、一根鞭子、一束暖阳，为我指明方向、为我戒除懒惰、为我排忧解难。好风凭借力，但惜知遇恩，我也将继续牢记龚志文老师的教导，在社会科学研究路上不断成长、勇攀高峰。

邢老师，感谢有你

导师：邢朝国　学生：郎文曦

初见邢老师时，是在大一下“社会学概论”的课程，当时邢老师就以其渊博的知识、丰富的思想、精彩的课程进一步坚定了我选择社会工作专业的想法。专业分流之后，我十分幸运地成为了邢老师所指导的学生，也在导师所带领的小组中，收获很多。

邢老师总是十分关心我们的学业与发展。每两周定期召开导师见面会，在例会中，任何有关学习和生活的问题都可以向邢老师提出，邢老师也常常用他的研究经历和经验为我们解答学习方面的疑惑和问题；大三伊始，根据其所带领的学生的具体情况和特点，与我们详细探讨未来的规划和发展，并为我们提供尽可能的帮助。

在学术训练上，我也有幸与邢老师开展一项关于留学生社会网络与抑郁倾向的研究。从选题、到研究内容、再到问卷的设计等，邢老师对于我们的指导总是无微不至，常常花费很多个人时间，为我们答疑解惑，并提供必要的帮助和支持。此外，邢老师还计划与我们召开读书会。“一千个读者就有一千个哈姆雷特”，我们在读书的过程中也常常会怀疑自己的理解是否正确，读书会的形式能让我们更好地交流从书中收获的心得，形成自己的理解和感悟。

十分幸运能够成为邢朝国导师的学生，在邢老师的指导下，我也会继续加油，争取在各方面有所进步。

导吾以狭路，示吾以通途

导师：马胜强　学生：马雨辰、段渲琪、井澈、巴瑞姣、黄泽轩

师道既尊，学风自善；片言之赐，皆事师也。

他是一个极为普通的中年男人，不高不帅甚至有点秃头，气场很强，但性格很暖。他身上有着一种独特的亲和力，我们都叫他为马叔；他在文法楼307办公，307便成为了我们几个人的“据点”，那里承载了太多的欢笑和泪水，因为有他在的地方，就是我们在偌大校园里可以避风的港湾；他总爱说：你们既然来了行管，我就会用尽全力教好你们，不让你们后悔当初的选择。可他不知道的是，在我们心里，遇见他才是我们大学期间的幸运！亦师亦父亦友，导学解惑引航，此生无悔入行管！他是我的本科生导师，马胜强老师。

一、经师易遇，人师难求

“问人间政治之道以善政天下，求公共管理之理为良治中国”这是开学第一课上，马叔对我们说的话，那时候并不理解。只到后来，从课堂到课后交流，我慢慢开始感受到他对行政管理这个专业深深的热爱与希冀，对于每个孩子发自心底的支持。课上马叔会给我们推荐专业的必读经典，告诉我们要抽出时间学方法学统计，还会给我们讲自己求学路上的故事，以及那些经验与教训，把每个人都当作自己孩子一样的不吝啬和肯付出。学艺论资质，学识论天赋，“因材施教”是在我们眼中马叔带学生最大的特点，他不会像其他老师一样让所有人都做一样的任务，而是根据每个人的学习能力与兴趣甚至是不同的性格去布置文献资料与阅读书目，并且带领我们追本溯源地去探究实质。疫情网课期间，为了防止我们松懈，他要求我们每个人定期给他通过邮件发送各科笔记并汇报学习情况。他说：读书不光是读书，更是去认识这个世界，去认识你自己，定位决定地位，思路决定出路，格局决定结局！得幸于遇良师。开始学会思考，学会从其他角度去看问题，学会看世界，开始逐渐有了大局意识。

二、学贵得师，亦贵得友

与马叔之间的相处，是轻松且愉快的。在大二上刚刚确认导师时，马叔就找我们每个人询问了未来的发展规划，并针对我们的发展规划为每个人树立不同的短期目标、制订不同的培养计划，这使我在之后一年多的学习生活中明确地知道自己想做什么、该做什么，坚定地向着自己的目标不断努力。每次在读书过程中遇到困难或是专业方面不懂的问题，都会通过邮件或是微信向马叔寻求解决，也从不会觉得有一种面对老师难以开口的感觉。他从不会去责备你的知识储备不足或是理解不到位，也不会摆出老师的架子，而是愿意逐字逐句，用最直白的语言和最轻松的语气为我们讲解。除了本科生导师的角色之外，在我们心中，马叔更像是成为了我们的挚友和一个引路人，每当遇到生活中的不如意或是有了学习中新的想法与规划，都愿意去问问马叔的意见，他也愿意去支持我们那些看似天马行空的想法，对我们说：放心去干，我就是你们最坚强的后盾！

三、一日为师，终身为父

他是一个十分宽厚的中年男人，和我们的父亲岁数差不多大，虽然有时候脾气有点火爆，但是面对学生，他总是笑呵呵地叫我们孩儿。每到元旦、中秋这些节假日或是到了年底，307 便会成为我们的目的地，和导师和同门师兄弟们一起的温暖总会弥补内心不能与家人团聚的遗憾。马叔总是说“你们离开爸妈来到学校，既然我是你们的导师，就会像对待自己的孩子一样对待你们，这就是你们的另一个家。”当我们犯了错误时，他会严厉地批评我们，不会放纵我们随波逐流；而当我们取得了一点成绩时，他又比谁都替我们高兴；他总是默默为我们做很多事，却不告诉我们，也没想过从我们身上得到什么；他总是想尽办法支持我们的决定，推着我们一步一步向前走；他总是对学生的关心甚至超过自己……

人生如棋，落子无悔。
但行好事，莫问前程。
欲得其中，必求其上。
欲得其上，必求上上。
不忘初心，方得始终。
驽马十驾，功在不舍。

这是师门的箴言，也是您言行示范交给我们的人生信条。何为导师，导吾以狭路，示吾以通途，感谢那些艰难的时刻有您的支持，感谢那些迷茫的路口有您的指点，更感谢需要的时候您都坚定地站在我们身旁！有幸与您相遇，请您放心，孩儿们定会记住您的教导，日拱一卒，功不唐捐，永远努力，保持谦逊，一步一步努力向前，去成为最想成为的人。亦师亦父亦友，承蒙先生不弃！

外国语学院学生谈收获

一路有您，真好

导师：高西峰　学生：张超颖

第一次见高老师是在大一下学期十一月份的时候。那时，学院开始实行全程导师制度，在学委发在班级群里的文件上，我了解到即将指导和陪伴我大学四年的是一位名叫“高西峰”的老师。

很快高老师与我们取得了联系，并且组织了一个见面会。第一次见面的时候，我其实有点紧张和拘束。我先入为主地认为大学导师都是很严肃很繁忙的，没有精力理会学生。后来才发现，高老师原来是那么的和蔼可亲、平易近人。

高老师非常关心我们的学习和生活，会主动了解我们的近况。不管老师有多忙，我们都会定期做坐在一起开个会，汇报自己近来的学习和生活状况，有没有遇到什么问题，或者有什么困惑。高老师会一步一步地和我们一起分析问题，给我们指导和建议，带领我们更好地思考和解决问题。

今年疫情在家上网课期间，高老师常常会询问我们是否适应线上教学，叮嘱我们在家要合理利用时间，不要忘记专业课的复习和预习。同时还提醒我们要合理作息，注意保护好视力。有英语四六级考试、日本语能力考试、配音大赛等比赛的通知，高老师会第一时间发到群里，并且鼓励我们积极报名参加。老师手头有相关的学习资源和复习资料也会发给我们，供我们参考学习。

记得之前我对自己不是很自信，觉得自己可能不太适合学习日语，甚至常常想要不要换个专业。我对自己的未来还没有规划好，内心十分迷茫，不知道该何去何从。在我纠结和苦恼的时候，高老师找到我并和我谈了很久，详细地分析了日语专业学生未来发展方向，让我受益匪浅。知道我一紧张，读课文容易结巴后，高老师常让我读文章给他听，并且推荐了几个优质公众号给我，叮嘱我多练习跟读。高老师，感谢您给了迷茫中的我前进的方向。无论未来如何，但是那一刻，您确实给了我很大的力量，让我下定决心在这条路上走下去。

在您的指导下，我对学习和生活的认识和态度也在一点点地改变。在漫漫求学路上，您在我们迷茫困惑时给我们指明方向；在学业上给予我们帮助，用自己的知识为学生指点迷津；用自己的人格魅力感染学生，为学生树立榜样。您不仅是一位老师，更如同家人一般给予我们照顾和帮助。十分庆幸自己能遇上您这样的导师！

以学生为中心，因材施教

导师：王志欣　学生：李东波

王志欣老师是我刚进入大学认识的第一位专业课老师，也是我一年级的班主任和精读英语课堂的授课老师，她给我的第一印象是学识渊博、认真严肃，对学术要求非常高，她的课堂也十分充实生动，为我的英语学习打下了良好的基础。

大二学校开始全面实行全程导师制度，学院随后也马上给每一位学生分配了合适的导师，我很幸运的被安排到了王老师那里。自此老师常常找时间和我们谈心，聊学习，聊生活，也聊其他有趣的事。老师还为我们建了微信群，有问题可以随时在群里交流。之后正好赶上了专四考试的备考，在得知我对考试没有很大信心和足够准备时，王老师主动提出我有什么不懂的地方都可以找她。我的语法基础一直比较薄弱，她常常帮我“从头捋起”，认真地解答我的各种疑惑与困难。在写作题中我常常是想到什么就写什么，没有什么谋篇布局，也常有语法和用词的错误。王老师对照我的练笔仔细地分析我在叙述逻辑和用词中存在的问题，同时给我的写作打开了新思路，甚至还专门让我把自己之后写的文章交给她，逐字逐句地进行修改批注。在王老师的耐心点拨和帮助下，我的专四取得了之前难以想象的好成绩。

王老师更为我提出了制订具体学习和宏观发展计划的意见，也会时常关心我的生活。在老师的指导下，我逐渐拥有了适合自己的具体学习计划，也慢慢养成了良好的学习习惯。在关怀我的学习任务和进度的同时，在人生规划上老师也给了我很多指导。随着毕业临近，我对于之后的学业也有不少疑惑。由于我的选择可能与大部分同学不太一致，所以常常会觉得有点不安心。在耐心听了我的想法之后，她给予了我极大鼓励，我很感动那句“即使时代在变，但是只要你确定那是自己所需要的，就应该坚持下去”，她也为我提出了很多建议，引导我结合国际形势和自己的未来职业规划明确了目标方向，制订出了更适合自己的计划目标。

从对学习生活的全方位关怀到对未来发展的宏观规划，王志欣老师真正做到了以学生为中心、因材施教、个性培养。非常感谢王老师的帮助和鼓励，我的学习积极性和学习成绩都有了显著的提高，对未来的规划也愈加清晰明确。有这样一位负责、有丰富经验的导师指引着，我的大学生活慢慢稳了下来，我也相信在王老师的指导下自己可以在未来获得更多的提升和进步。

高等工程师学院学生谈收获

博学而笃志，切问而近思

导师：王玲　学生：杨威

两年半前高考考场上手足无措的考生，绝没想到两年半后的今天，在导师的指引下，成为了一名坚定而从容的大学生。洋洋洒洒作此文以记之，纵然文字中有虚言、妄言、空语，一张四年过半的答卷，至此搁笔。

精力有限，有所取舍，躬耕于书门，常伴在美的历程

进大学以来，我便和我的导师保持着密切的交流。两年多来，在我的生活中，导师亦师亦母，一方面，对我要求严格，激励我学习上进，努力进取，另一方面，告诉我要照顾好自己的身体，身体健康高于一切，要加强锻炼。

自己曾非常向往选择双学位的学长学姐，因此大二初选择了辅修英语双学位。在大二上学期，几乎每天都有五节课及以上，压力非常大，在和导师沟通时，导师告诉我，人的精力是有限的，该取舍时还是要果断取舍，因此，在学期第十周，我退出了双学位的学习，专心学业，大二上的成绩稳定在专业前 20% 。

在 2020 年的寒假期间，因为疫情突发，宅在家的自己并没有就此荒废寒假，而是选择在家里进行大量书籍的阅读。这期间，我一共读完了 16 本书，包括《白夜行》《挪威的森林》《云淡风轻》《且在人间》《孤独六讲》《飘》《黄金时代》《亲爱的安德烈》《追忆似水年华》《乌合之众》《印度，去十次都不够》《我在未来等你》《孤独深处》《岛上书店》等。品读大量的书籍让我感到精神充盈，遣词造句的能力显著提升，思想更有深度，而眼界愈加开阔。而我每读完一本书，都会和自己的导师分享自己的些许感悟，王老师会与我一同探讨书中内容，激励我继续保持阅读的习惯。

王老师曾提供许多科研机会给我，但我因为学业的压力拒绝了王老师的邀请，想专心学习，因为自动化专业前两年比较繁忙，自己又有各种学生工作，因而没有什么空余时间，不过导师仍然激励我去尝试各种竞赛，比如“西门子杯”，参加竞赛会有益于自己的未来，于是我尝试参加各类科研竞赛，其中包括“西门子杯”智能制造挑战赛、俄罗斯第二届国际黑客马拉松冰视觉挑战赛、全国大学生数学竞赛、全国大学生物理竞赛、全国大学生英语竞赛、MathorCup 高校数学建模挑战赛等，这些竞赛丰富了自己的大学生活，为自己增加了许多技能点。

坚持，坚定，坚强，路漫漫其修远兮，吾将上下而求索

在导师对我生活、学习和精神的引领下，我连续两年获人民一等奖学金，获评北京科技大学三好学生（两次）、优秀共青团员、社会实践先进个人（两次）等荣誉称号。今年

踏上特等奖学金答辩台，凭自己两年来的努力，获得了台下评委的一致认可，答辩现场得分排名2/20，尽管仍然与特奖失之交臂，但我已然不留遗憾地为自己大学的一半画上了圆满的句号。王老师告诉我，很多挫折其实是为了让我更加强大自己，也许是在告诉自己做得还不够好，厚积而薄发，只要坚持、坚定、坚强，保持强大的内心，总有一天会实现自己的追求。

两年多来，王老师给了我许多锻炼的机会。记得第一次见面交流时，曾和导师提及自己喜欢英文，英文水平良好，以后准备出国留学。导师说以后有机会将她的文章给我翻译一下，没想到后来真的有机会能接下王老师论文翻译的任务，这是自己第一次近距离接触科研，揣摩论文中的思维和表达，学术英文水平得到了巨大的提升。

曾和导师交流自己的未来，老师给出了许多指点，比如多学一些编程语言、学好英语，有机会多参加科研竞赛，全方位提升自己。每次和王老师接触后，都更加明确了自己的前进方向，受益匪浅。

精诚所至，金石为开，以梦为马，不负韶华

在疫情期间，因为自己身在湖北，导师持续密切地关注着我的身体健康，寒假期间我连续一个半月向导师汇报自己每日的生活、学习和心理状况。王老师会定期关心我的生活学习状况，亦师亦友，温和亲切，在我感到迷茫和孤独时，她提出了许多金玉良言，指引我前进的方向。

王老师还用自己的经历来激励我，王老师说自己的教学、科研历程也不是一帆风顺的，但一直以来，她将挫折和打击作为自己不断奋进的动力，最终都会如愿以偿。今年王老师获评教授，让我倍感自豪，也成为了我前方的一盏明灯，指引我前进的方向。是的，只有努力可以作为前进的资本，只有努力才能实现追求的目标。

“博学之，审问之，慎思之，明辨之，笃行之。”极其荣幸自己拥有一位这样的导师，在自己无助、迷茫时帮助自己，于是充满正能量，抬头望天，脚踏实地，继续着自己“读万卷书，行万里路”的人生历程。

张老师，您辛苦啦！

导师：张森　学生：吉银生

我的导师是张森老师，第一次认识张老师是在大三的“数据结构与算法分析”这门课程，张老师的教学风格欢快且有趣，将枯燥的算法讲得简单生动，为我今后的科学研究打下了坚实的基础。在大四获得保研资格的时候，我毫不犹豫地选择了张老师作为我的研究生导师。

在研一期间，张老师不仅关注我的平时课程学习，也让我参与了国家级课题，在老师的不懈帮助下，我有幸在研一下就发表了一篇SCI论文，这也更加鼓励了我在科研的道路上继续前行。由于新冠疫情，我们在研二并未正常开学，张老师丝毫不忘我的科研进度，由于我的课题需要借助服务器，张老师提早申请返校帮助我远程控制实验室的服务器，后疫情加重学校禁止开放实验室，张老师又花钱租用网上的服务器让我使用，为我按时完成

毕业设计提供了非常大的帮助。

张老师不仅在科研上对我提供了极大的帮助，在生活中也非常关心我。我曾在研一末生病住院，张老师多次打电话关心我的身体状况，犹如家人的照顾关怀让我特别感动。还记得有次我在情感上遇到了挫折，张老师得知后与我沟通了一个多小时帮助我摆脱困扰。张老师的细心体贴让我在学校也感受到了家的温暖和可靠。

如今我即将毕业，回首研究生的时光，张老师在我的科研和生活中都提供了很大的帮助，我非常有幸能遇到亦师亦母的张老师，感谢张老师，希望我能在今后回报老师的这份莫大的恩情！张老师，您辛苦啦！

媒体报道北京科技大学本科生全程导师制

“全程导师解决了我的难题”（在一线）

本报记者　丁雅诵
2020 年 07 月 05 日 05:52 | 来源：人民网-人民日报
http://edu.people.com.cn/GB/n1/2020/0705/c1006-31771333.html

“如果不是‘全程导师’，我可能到毕业还不清楚自己到底想做什么。”北京科技大学采矿工程专业大三学生张家祥很有感触。

北京科技大学积极发挥本科生全程导师的育人作用，努力做到线上育人不断线、关爱学生显真情。“我的导师赵怡晴副教授知识和经验很丰富，我的成长发展得到老师更多关注，困惑和难题也都能及时解决，在大学里有了更强的归属感。”张家祥说，除了学业指导与生涯规划，他还在导师帮助下，参与了不少科技创新项目。“去年，我们几个学生想试试大学生创新创业项目，但心里没底。导师支持我们，后来项目成功申请下来，我们都很有成就感。”张家祥说。

与张家祥一样，北京科技大学的每一名本科生都有自己的“全程导师”。据了解，目前学校除中级以下职称及入校不满一年的教师外，1300 余名专任教师均被学校聘为本科生“全程导师”，其中，长江学者、国家杰青、青年长江学者等担任导师比例为 100%。

“全程指导、全面覆盖，是这项制度的关键词。”北京科技大学校长杨仁树介绍，全程指导，即本科生全程导师制贯穿大学本科一年级到四年级；全面覆盖，即本科生全程导师制在全校范围内全面推开，覆盖全部院系、所有专业、全体学生。

如何培养一流本科人才，更好地促进教书与育人相融合、教学与科研相融合、本科教育与研究生教育相融合？本科生全程导师制是一次有益探索和实践。“这项制度充分发挥了导师在立德树人、学业指导、学术指导、规划指导等方面的作用，引导学生锤炼品格、学习知识、创新思维、奉献祖国。”杨仁树表示。

“年轻人有自己的特长和想法，和他们在一起，可以互相学习。”东凌经济管理学院金融工程系主任王未卿会根据学生的兴趣爱好、能力特点，挖掘他们的潜力，指导他们选择最适合而不是最热门的专业。为了学生长远发展，她还鼓励学生跨学院、跨学科选专业。“老师要不断学习，更好地了解学生，才能做好表率，做到既教书又育人。”王未卿说。

据了解，截至 2019 年底，学校已聘任由葛昌纯、蔡美峰、谢建新和张跃 4 位院士领衔的本科生导师队伍，覆盖 2017 级、2018 级和 2019 级共 10638 名在校本科生。

本科生全程导师制效果如何？北京科技大学对此进行了相关调查，结果显示：在学业上，13 个本科招生学院中，有 8 个学院大一必修课的及格率提升；在竞赛方面，2019 年竞赛获奖比 2018 年增加 13.65%，获得国家级以上奖项的学生较 2018 年增加 23.06%。教师指导本科生参加各类竞赛积极性明显增强，近 70% 的学生认为导师在专业引领、帮助适应大学生活、培养学习兴趣方法、提高思想品德等方面帮助很大。

“不少学生进入大学后，离开了家长的约束，不知道如何规划学习生活。安排适宜的教师指导学生学习，制订个性化培养方案和学业生涯规划，对于学生成长很有必要。”有专家指出，高校应进一步改革优化评价体系，把给本科生上课、担任本科生导师作为教师的重要工作职责，以扭转“重学术研究，轻教育教学”的现象。

（邢华超参与采写）

《人民日报》（2020 年 07 月 05 日 05 版）

（责编：白宇、岳弘彬）

本科学业导师制度大有作为

作者：熊丙奇｜来源：光明日报（2020 年 01 月 02 日 10 版）
http：//epaper. gmw. cn/gmrb/html/2020-01/02/nw. D110000gmrb_ 20200102_ 4-10. htm

“在学业发展上，导师是我这个‘小白’在科研路上的引路人。”据媒体报道，秦某是北京科技大学的大二学生，自从去年踏入大学校门起，他就有了自己的“全程导师”——同一学院的讲师冯某。为每名本科生配备导师，覆盖该校全部院系和所有专业。

2019 年 10 月，教育部发布的《关于深化本科教育教学改革全面提高人才培养质量的意见》就提出，要建立健全本科生学业导师制度，让符合条件的教师帮助学生制订更具个性化的培养方案和学业生涯规划。本科生学业导师制度和研究生导师制的功能有所不同，研究生导师制主要通过导师和学生一起做科研，培养学生的学术规范和学术能力，而本科生学业导师制度，则是对学生进行生涯规划教育、引导。要发挥本科生学业导师制度的作用，前提必须是学校重视人才培养，重视学生生涯规划教育。

当前我国教育存在“玩命中小学，快乐大学”的现象，这和生涯规划教育的缺失是有关系的。在基础教育阶段，中小学生大多被老师、家长规划、管理，在这种环境中成长的学生，也就缺乏自主学习、自主管理与自主规划的意识和能力，一旦离开老师和家长的约束，就不知道怎样安排自己的时间，规划自己的学习生活。而大学实行学分制管理，对学生的独立性和责任心要求更高，问题也就暴露出来。

针对大学新生不适应大学管理方式的问题，近年来，我国有的高校对大学生采取高中管理模式，具体而言，就是要求学生统一早自修、晚自修，还要点名，不少学生质疑学校是按管高中生的方式来管大学生。更合适的办法，应该是加强对学生的生涯规划教育、引导，培养学生的自主学习、自主管理和自主规划能力。

建立本科生学业导师制度的用意即在此。学业导师不是代替学生做学业规划，而是引导学生正确认识自我，分析自我存在的问题，根据自己的个性、能力、兴趣，确定适合自己的发展目标，并制定计划去实现发展目标，在实施计划时，不断调试、反省，提高自己的执行力。

很显然，建立这样的学业导师制度，需要学校遴选有经验的导师，并引导导师投入时间、精力和学生交流、谈心。这和教授给本科生上课制度一起，形成课堂内外重视本科生教育的格局——教授给本科生上课，这是从学科知识教育角度重视本科生教育；为每个本科生配学业导师，这是从学生全面成长、生涯发展角度重视本科生教育。为此，要求高校改革对教师的考核评价体系，把给本科生上课，担任本科生学业导师，作为教授的重要工作职责，矫正之前存在的“重学术研究，轻教育教学”的问题。

（熊丙奇，21 世纪教育研究院副院长）

Tutorial system works but could be improved, undergraduates say

By Xing Wen | China Daily | Updated: 2020-01-08 08:26

http: //www. chinadaily. com. cn/a/202001/08/WS5e1521aea310cf3e35583189. html

The new tutorial system helps students more actively participate in extracurricular activities at the University of Science and Technology Beijing [Photo provided to China Daily]

A tutorial system for undergraduate students has received mixed reviews after it was launched by the University of Science and Technology Beijing in October 2018.

It engaged 1,360 faculty members, including four academicians from either the Chinese Academy of Engineering or the Chinese Academy of Sciences in tutoring more than 10,600 students, most of whom are freshmen, sophomores and juniors.

A symposium was held in November by the university to review how the program has progressed and what has been achieved in its first year of operation.

Song Bo, provost of the university, notes that the pass rate for compulsory subjects has risen among freshmen from eight out of the total 13 undergraduate schools last year.

And over the same period of time, undergraduates' participation in academic competitions or innovation and entrepreneurship events grew remarkably. For example, the number of participants in the Student Research Training Program, which encourages and sponsors innovative research conducted by undergraduate students, has increased from 2,631 to 3,595, with nearly half of their projects being instructed by their tutors.

Qin Zijie, a sophomore from the school of metallurgy and ecological engineering, says he benefited a great deal from frequent meetings with his tutor Feng Kai who pushed him to attend class regularly and on time, finish assignments independently and actively pursue extracurricular activities.

Under Feng's academic instruction, Qin participated in an exchange program between Japan's Tohoku University and the USTB in March where he presented his research report on computer simulation in manufacturing at steel mills.

"Feng also shares his personal experience with me to show how he improved learning efficiency and planning for a future career, which I found very helpful for coping with difficulties I faced in both study and in life," says Qin.

However, he also noticed some shortcomings in the tutorial system.

"Generally, we undergraduates have to put many courses on our schedules and the tutors also live under the stress of both teaching and carrying out scientific research. Hence, it's hard to fix a time when we can meet the tutors," he says, adding that some students might be held back at the end of class to talk with their tutors.

"To solve that problem, I think we could ask some schoolmates who have actively communicated with tutors to share their experience online. This might motivate their peers to take advantage of the program," Qin adds.

Sun Zhihui, an associate professor at the school of mechanical engineering, is now tutoring 11 undergraduate students.

From his perspective, different approaches should be used for students at different stages of their university journey.

"The teachers should help freshmen fit into campus life at the USTB by introducing them to the key subjects of their majors and urging them to build up a strong ability for self-study and make a clear plan for the future," he says.

For sophomores, according to Sun, the emphasis of tutoring lies in encouraging them to participate in various innovative and competitive events and coaching the students who failed certain tests in the previous semester.

"I also hold academic salons or sports activities where my senior and junior students can come to play and communicate with their younger peers. That creates an atmosphere full of solidarity and fraternity for the group of students I am mentoring," says Sun.

The tutorial program is obviously not a new thing in China as, in recent years, it has hit the campuses of many universities across the country, including Shanghai Jiao Tong University, Ningbo University, Shandong University and University of Chinese Academy of Sciences.

Yang Renshu, president of the USTB, highlights that implementation of the program should be thorough instead of formulaic to finally attain its goals, including improving the students' pass rate, increasing their eagerness to pursue further education, helping them grow into well-rounded people as well as achieving social satisfaction for the university.

多所高校试水本科生“导师制”

中国青年报·中国青年网记者叶雨婷
发稿时间：2019-12-30 03:40:00 | 来源：中国青年报
http://news.youth.cn/gn/201912/t20191230_12156658.htm

“在学业发展上，导师是我这个‘小白’在科研路上的引路人。”

秦梓杰是北京科技大学的大二学生，自去年踏入大学校门起，他就有了自己的“全程导师”——同一学院的讲师冯凯。过去一年，他和导师交流频繁，不仅收获了学业和生涯规划方面的建议，还在导师指导下参与了科创项目。

说起导师对自己的帮助，秦梓杰表示：“在导师的带领下，我逐渐走进了科研的世界。导师还以亲身经历告诉我，在大学里要端正学习态度，并对我提出了四点要求：一是按时上课，二是独立完成作业，三是要保证一定的自习时间，四是适当参加课外活动，注重提升综合素质。”

前不久，北京科技大学举办了一场本科生全程导师制工作研讨会。中国青年报·中国青年网记者了解到，这项制度自去年开始全面实施。据北京科技大学校长杨仁树介绍，这项新制度有两个关键词：一是全过程，即本科生导师制贯穿大学本科一年级到四年级，突出“全程”指导；二是全覆盖，即本科生全程导师制在全校范围内全面推开，为每名本科生配备导师，覆盖学校全部院系和所有专业。

据悉，目前，北京科技大学1360名专任教师担任10638名大一至大三本科生的导师，其中，长江学者、国家杰青、青年长江学者等担任导师的比例是100%。

如今，不少高校就开始为本科生配备导师，这些导师不仅有“青椒”，还有长江学者、院士等“学术大咖”。

2017年，招收首批本科生的中国社会科学院大学宣布，对本科生的培养将采用“师徒制”指导模式，为每名本科生设置学业导师。中国社会科学院大学为本科生遴选出的186名学业导师，绝大多数是博士生导师。确定“师徒”名单后，每位学业导师将负责带领1至5名本科学生。

2019年，东南大学发布的《2020一流本科教育行动计划》推出导师制，为本科生配备包括硕导、博导和院士等在内的优秀导师，为本科生搭建最好的指导平台，在潜移默化中培养本科生的学术素养和规范。东南大学每年的本科招生人数在4000名左右，导师制实行后，平均每名导师指导每个年级的两名本科生。

而从今年的秋季学期开始，中国人民大学全面实施“导师领航”系列项目。除了已有的学业导师制、新生研讨课以外，今年中国人民大学按照“三全育人”的思路启动实施新生导师引航计划，为每一名本科新生配备成长导师，全方位指导学生成长发展。

这一制度，让高校教师与学生的距离拉得更近。

北京科技大学机械工程学院教师孙志辉如今负责指导11名本科生，他经常与学生们通过面对面、沙龙、微信等方式进行沟通。孙志辉表示，这项工作让自己增加了一些压力，也多了些分享快乐的途径。

为本科生配导师能起到什么样的效果？

北京科技大学对此进行了数据统计和相关调查。据介绍，这项制度产生了不少积极正面的效果：在学业上，13 个本科招生学院中，有 8 个学院大一必修课的不及格率降低；在竞赛方面，截至今年 11 月底，2019 年竞赛获奖比 2018 年增加 402 人次，增加了 13.65%，获得国家级以上奖项的学生增加了 122 人次，增加了 23.06%，教师指导本科生参加各类竞赛积极性增强。

为了解导师制一年来的实施情况，从学生视角发现相关工作中可能存在的问题，北京科技大学还针对 2017 级、2018 级本科生进行了问卷调查，发放调查问卷 7187 份，回收有效调查问卷 3692 份。结果显示，68.96% 的学生表示与导师沟通良好，学生认为导师在专业引领、帮助适应大学生活、培养学习兴趣方法、提高思想品德等方面帮助比较大。

在最近的一次沟通中，冯凯提议让秦梓杰制订一份生涯规划，确定自己的发展方向。

“他告诉我，迷茫时可以多看看身边同龄人都在做些什么，给自己一些不同角度的思考，明白自己当下所处的人生阶段，清晰自己的未来目标和发展方向。相信在他的帮助下，我会在未来走得更远，发展得更好。”秦梓杰说。

北科大全面实施本科生全程导师制　万余名本科生配导师

2020 年 01 月 04 日 18:28 | 来源：中国新闻网
http：//www. chinanews. com/sh/2020/01-04/9051181. shtml

中新社北京 1 月 4 日电（记者　马海燕）　记者 4 日从北京科技大学获悉，该校本科生全程导师制已在学生中实现全覆盖。全校 1360 名专任教师担任 10638 名本科生导师，其中包括院士、长江学者、国家杰出青年科学基金获得者等众多高层次人才。

北京科技大学校长杨仁树表示，学校为每个新入校的本科生配备导师，发挥导师在立德树人、学业指导、学术指导、规划指导等方面的作用。这项新制度有两个关键词，一是全过程，即本科生导师制贯穿大学本科；二是全覆盖，即这一制度在全校范围内全面推开，覆盖学校全部院系和所有专业。

北京科技大学教务处处长宋波介绍说，目前该校共有 13 个学院、9 个科研单位的 1000 多名专任教师担任本科生导师，长江学者、国家杰出青年科学基金获得者、青年长江学者等人才 100% 担任导师，其中还有四位院士。

导师制实行以来，在学业上，该校有 8 个学院大一必修课的不及格率降低；在竞赛方面，2019 年竞赛获奖比 2018 年增加 402 人次，获得国家级以上奖项的学生增加了 122 人次；在创新创业项目上，学生参与积极性显著增强，2019 年申报本科生科研训练计划 905 项，比 2018 年增加 286 项，参与学生人数由 2631 人增加到 3595 人，其中近一半项目由学生全程导师指导。

该校面向学生发放的调查问卷显示，与导师沟通情况上，68. 96% 的学生表示沟通良好，学生认为导师在专业引领、帮助适应大学生活、培养学习兴趣方法、提高思想品德等方面帮助比较大。(完)

本科生“导师制”升温　教授该如何当“私教”？

单位（作者）：燕筱晴　司思｜来源：中国教育电视台｜更新时间：2020-01-07
http：//news. ustb. edu. cn/meitibeike/2020-01-07/72635. html

近年来，本科生“导师制”在多所高校兴起，这种制度要求导师不仅要指导学生的学习，还要指导他们的思想和生活，因材施教。那么“导师制”能为本科教育带来哪些改变呢？来看调查。

张家祥是北京科技大学的大三学生，自去年起，他就有了自己的“全程导师”——同一专业的教师赵怡晴。过去一年，师生之间像这样的课外交流有很多，这不仅让张家祥获得了学业和生涯规划方面的建议，还参与了科技创新项目。

采访　张家祥　北京科技大学大三学生：比如说我去年的 SRTP（大学生创新创业）项目，当时我们，我们觉得我们队 13 个大二学生，我们就觉得，我们三个大二的做这个项目是不是有点悬，做不成，然后报的时候也是担心是要申请不下钱来怎么办，这时候我们导师就跟我们说，说你们喜欢就尽管去做//我们也参加了全国采矿大赛，拿到了全国一等奖，这对我来说就意义非常大，也非常感谢我的导师。

据了解，目前，北京科技大学有 1360 名专任教师担任 10638 名大一至大三本科生的导师，其中，长江学者、国家杰出青年、青年长江学者等担任导师的比例是 100％。除了上课之外，教师们也要在学生的思想、学业等多方面给予私下的指导。

采访　赵怡晴　北京科技大学土木与资源工程学院资源工程系教学主任：像我就考试之前我会找那种成绩不太好的学生单独跟他聊，然后跟他说，说这个你衡量一下自己，可能你不能考 90 分，但是因为你最后你读这个大学你还是要毕业的，那你至少要让自己有一个及格的分数，我觉得这个方面应该也还是起到了蛮大的作用的。

让每一名本科生都拥有自己的导师，这样的尝试给学生们带来了不小的影响。北京科技大学就这项制度的施行效果进行了数据统计和相关调查，结果显示，在导师制实行之后，北京科技大学的 13 个本科招生学院中，有 8 个学院大一必修课的不及格率有所降低；在竞赛方面，截至今年 11 月底，2019 年学生竞赛获奖数目比 2018 年增加 402 人次，增幅为 13. 65％。

采访　宋波　北京科技大学教务处处长：（导师）把这个学生到了你这个团队或者梯队也好，你等于把他当成自己的孩子来看，学生有其他方面一些问题他可以随时来找你，你也可以随时的去进行一些辅导，因为学生他这个到了，到了那个大学有些方面不太适应，有些方面也不太了解，还有一些生活学习方面跟高年级的学生沟通也不够，所以通过这个方式他可以得到解决。

实际上，高校试水本科生导师制，是贯彻落实国家的教育方针。去年，教育部发布关于深化本科教育教学改革全面提高人才培养质量的意见，提出要建立健全本科生学业导师制度，安排符合条件的教师指导学生学习，制订个性化培养方案和学业生涯规划。除北京科技大学之外，目前还有不少高校也开始为本科生配备导师。2017 年，招收首批本科生的中国社会科学院大学宣布，对本科生的培养将采用“师徒制”指导模式，为每名本科生设置学业导师，每位学业导师将负责带领1至5名本科学生。2019年，东南大学也推出导师制，为本科生配备包括硕导、博导和院士等在内的优秀导师，在潜移默化中培养本科生的学术素养和规范。不少大学本科生表示，自己对这样的师生关系期盼已久。

街采　大学生　因为对于我们大学来说，我进来一个主题就是大一的时候都是很迷茫的，就像老师起的作用就像一个引路人，他能指导你，能给你一些专业知识，能告诉你大学应该做什么。

街采　大学生　我现在是想读研究生，所以要，如果想读研究生要跟导师提前联系，导师可以给我们更好的指明方向。

21世纪教育研究院副院长熊丙奇认为，本科生“导师制”对提升本科生培养质量作用明显，在各高校“试水”的过程中，也应着力提升导师指导学生的积极性和育人能力，为了实现这一目的，同步改革教师评价体系至关重要。

电话采访　熊丙奇(21世纪教育研究院副院长)　现在的考核评价指标体系更多强调的是老师的学术研究成果，因此把很多的老师的精力导向到搞课题搞经费做项目上，很少花时间去给学生进行指导，不要说对学生进行生涯规划方面指导，就是一些硕导或博导可能花在学生上的时间都比较少，那要解决这个问题，就必须改革学校的教师的考核评价体系，那真正关注老师对教育教学的贡献，其中就包括对学生的指导，也应该纳入到教师的考核评价体系中来，那这样的话就会促进我们老师真正去对待这种学业导师，而不是说我当了学业导师之后，只是形式上当一个导师，但是却把它当成负担，不愿意投入精力去指导学生。

本科生导师制切忌流于形式

为每个本科生配学业导师，这是从学生全面成长、生涯发展角度重视本科生教育。为此，要求高校改革对教师的考核评价体系，把给本科生上课，担任本科生学业导师，作为教授的重要工作职责，矫正“重学术研究，轻教育教学”的问题。而高校需要注意的，是让导师真正发挥育人的作用，切忌流于形式。

原视频链接：中国教育电视台《全国教育新闻联播》(2020年1月3日)

(责编：孟婍)

北京科技大学：全程导师为学生全面发展“保驾护航”

单位（作者）：戴文静　肖星驰｜来源：中国教育电视台｜更新时间：2019-12-23
http：//news. ustb. edu. cn/zhuantixinwen/sanquanyuren/2020-01-02/72587. html

大学四年，该如何进行规划？大学期间，更需锻炼哪些方面的能力？从 2018 年开始，北京科技大学全面实施本科生全程导师制，全方位为学生成长成才“保驾护航”。

在研讨会上，大二学生秦梓杰介绍，自去年秋季踏入北京科技大学校门起，就有了自己的“专属全程导师”，同一学院的讲师冯凯。过去一年，他和导师联系 10 次、见面 6 次，不仅收获了学业和生涯规划方面的建议，还在导师指导下参与了科创项目。

北京科技大学大二学生秦梓杰：导师也是我科研的领路人吧，然后他在第一次见面的时候我就和导师聊到了我有就是想接触科研的想法，然后导师也给我介绍了他所目前从事的一些项目，导师的话就会，因为他本来就是这个专业的，他也能够提及一些可能我也比较感兴趣的一些专业前景，能够提升我的专业认知水平吧。

据了解，学校自 2018 年起全面实施本科生全程导师制，为每个新入校的本科生配备导师，发挥导师在立德树人、学业指导、学术指导、规划指导等方面的作用。目前已在大一至大三学生中实现全覆盖，全校 1360 名专任教师担任 10638 名本科生导师。据北京科技大学教务处处长宋波介绍，从各项数据来看，全程导师制实施以后产生了不少积极正面的效果。

北京科技大学教务处处长　宋波：今年我们比较了一下以后，就是实施以后，大一的挂科率降了 3.09%，还有我们的深造率，就业率等等这个毕业率这些也得到了一定程度的提高。

原视频链接：中国教育电视台《全国教育新闻联播》（2019 年 12 月 19 日）

本科生“导师制”值得期待

发布时间：2020-01-06 16:35 | 来源：中国教育报
https：//baijiahao. baidu. com/s? id=1654967246951003846&wfr=spider&for=pc

媒体报道，目前，北京科技大学1360名专任教师担任10638名大一至大三本科生的导师，其中，长江学者、国家杰青、青年长江学者等担任导师的比例是100%。如今，不少高校都开始为本科生配备导师，这些导师不仅有“青椒”，还有长江学者、院士等“学术大咖”。

本科学业导师制度大有作为

2019年10月，教育部发布的《关于深化本科教育教学改革全面提高人才培养质量的意见》就提出，要建立健全本科生学业导师制度，让符合条件的教师帮助学生制订更具个性化的培养方案和学业生涯规划。本科生学业导师制度和研究生导师制的功能有所不同，研究生导师制主要通过导师和学生一起做科研，培养学生的学术规范和学术能力；而本科生学业导师制度，则是对学生进行生涯规划教育、引导。要发挥本科生学业导师制度的作用，前提必须是学校重视人才培养，重视学生生涯规划教育。

当前我国教育存在“玩命的中小学，快乐的大学”的现象，这和生涯规划教育的缺失是有关系的。在基础教育阶段，中小学生大多被老师、家长规划、管理，在这种环境中成长的学生，也就缺乏自主学习、自主管理与自主规划的意识和能力，一旦离开老师和家长的约束，就不知道怎样安排自己的时间，规划自己的学习生活。而大学实行学分制管理，对学生的独立性和责任心要求更高，问题也就暴露出来。

针对大学新生不适应大学管理方式的问题，近年来，我国有的高校对大学生采取高中管理模式，具体而言，就是要求学生统一早自修、晚自修，还要点名，不少学生质疑学校是按管高中生的方式来管大学生。更合适的办法，应该是加强对学生的生涯规划教育、引导，培养学生的自主学习、自主管理和自主规划能力。

建立本科生学业导师制度的用意即在此。学业导师不是代替学生做学业规划，而是引导学生正确认识自我，分析自我存在的问题，根据自己的个性、能力、兴趣，确定适合自己的发展目标，并制订计划去实现发展目标，在实施计划时，不断调适、反省，提高自己的执行力。

很显然，建立这样的学业导师制度，需要学校遴选有经验的导师，并引导导师投入时间、精力和学生交流、谈心。这和教授给本科生上课制度一起，形成课堂内外重视本科生教育的格局——教授给本科生上课，这是从学科知识教育角度重视本科生教育；为每个本科生配学业导师，这是从学生全面成长、生涯发展角度重视本科生教育。为此，要求高校改革对教师的考核评价体系，把给本科生上课，担任本科生学业导师，作为教授的重要工作职责，矫正之前存在的“重学术研究，轻教育教学”的问题。

（作者熊丙奇，原载光明网，有删节）

给本科生配导师一举多得

高校试水本科生“导师制”可谓一举多得。

一是学生有目标。由于高校与普通高中的管理方式迥然不同，没有了高三班主任的严格管束，也没有了家长的反复叮咛，不少大学生入学后感觉身心彻底放松了，有的人甚至放纵自己的生活。试水本科生“导师制”后，可以帮助大学生明确自己的人生目标，让学习、生活也变得更加有规律。

二是教师有压力。让高校教师担任本科生的导师，不但拉近了教师与学生的距离，也让高校教师压力倍增，他们不再像过去那样把课堂教学当作副业，而是要花大量的时间指导帮助本科生学术成长。北京科技大学机械工程学院教师孙志辉负责指导 11 名本科生，他经常与学生们通过面对面、沙龙、微信等方式进行沟通。孙志辉表示，这项工作让自己增加了一些压力，也多了些分享快乐的途径。正所谓教学相长，教师在指导学生的同时，也能激发自身的科研灵感，推动学术研究向前发展，可以说“导师制”对高校教师的学术研究也会产生推动作用。

三是质量有保障。如今，不少高校为本科生配备导师，这些导师不仅有“青椒”，还有长江学者、院士等“学术大咖”。全过程、全覆盖的“导师制”，为本科生搭建了最好的指导平台，在潜移默化中培养本科生的学术素养和规范。北京科技大学针对 2017 级、2018 级本科生进行了专门的问卷调查，结果显示，68.96% 的学生表示与导师沟通良好，学生认为导师在专业引领、帮助适应大学生活、培养学习兴趣方法、提高思想品德等方面帮助比较大。可见，本科生“导师制”对拉升高校本科教学质量发挥了不可低估的作用。

可以说，教师指导有方，学生学有所长，这才是高校这个学术殿堂应有的模样。

（作者维扬书生，原载四川在线，有删节）

改进教师评价引导导师更多付出

本科生“导师制”，是想建立一种新型的“导学”关系，针对学生的个性差异，个别辅导。除学业外，导师还能指导学生的思想和生活，更充分体现全员育人、全过程育人、全方位育人的现代教育理念，更好地适应素质教育的要求和人才培养目标的转变。当前，不少高校的本科生导师中不仅有“青椒”，还有长江学者、院士等“学术大咖”，这无疑使导师的含金量更足。

客观地讲，本科生如何学习，又如何确定自己的学术方向乃至人生未来，不仅在大一时迷茫，就是到了大二甚至大三，有些学子仍认识模糊。而如果有本科生导师相伴，导师还能根据自己掌握的学生的实际情况，为其提出建议，这无疑能使学生不再感到迷茫。

据介绍，这项制度产生了不少积极正面的效果，如在北京科技大学，在学业上，13 个本科招生学院中，有 8 个学院大一必修课的不及格率降低；在竞赛方面，2019 年获奖的人数比上年增加了 402 人次，而且获得国家级以上奖项的学生增加了 122 人次。这证明，本科生“导师制”很有成效。

其实，本科生“导师制”，不仅给那些在学业发展上的“小白”在科研上引路，导师还能在思想和生活上帮助学生树立正确的价值观和人生观，帮助学生适应大学生活，培养学习兴趣方法等，可谓一举多得。但必须强调的是，这种制度显然给导师增加了负担，因为大学老师的教学及科研工作压力很大，对此，需加大本科生导师在评价中的权重，如此才能使更多导师愿意付出。

（作者刘天放，原载东方网，有删节）

来源：《中国教育报》2019 年 1 月 6 日　第 02 版

姜勇：以导师制为平台探索人才培养“三全模式”

单位（作者）：材料科学与工程学院｜来源：中国教育新闻网｜更新时间：2015-02-28
http：//news. ustb. edu. cn/meitibeike/2015-02-28/59317. html

姜勇，1968年8月出生，安徽六安人，无党派代表人士，教授，博士生导师，教育部“长江学者奖励计划”特聘教授，“国家杰出青年基金”获得者，教育部创新团队负责人。2014年4月至今担任北京科技大学材料科学与工程学院院长。目前，还担任北京市弱磁检测与应用工程技术研究中心主任、美国电气与电子工程学会（IEEE）高级会员、Nanosciences and Nanotechnologies：An International Journal和Rare Metals期刊编委、中南大学和杭州电子科技大学的兼职教授、超材料电磁调制技术国家重点实验室学术委员会委员、中国电子学会应用磁学分会委员会委员、中国稀土学会固体科学与新材料专业委员会委员等。先后发表SCI论文170篇，文章被SCI他引950次；发表英文专著（章节）3本；在国际会议做特邀报告8篇次；申请发明专利11项，获得授权9项。

导师不再是博士和硕士的“专利”。2014年9月，北京科技大学材料科学与工程学院率先在全校实行本科生导师制。学院为每一名本科新生聘请一位教授作为其导师，通过“一对一”结对的方式，由导师从科学精神、学业发展、职业规划、意志品质等方面对本科生进行贯穿四年的全方位的指导。

作为此项举措的推动者，材料科学与工程学院院长姜勇教授及其所带领的学院领导团队基于多年的潜心研究和探索实践，在本科生人才培养理念、培养模式、教育模式改革等方面有着独到的看法和深刻的体会。

孜孜不倦，传道授业以学生为本

“成才先成人”是姜勇一贯坚持的理念。作为研究生导师，他在传授学生学术能力、研究精神的同时，更注重学生综合素质、思想品德的培养。他多次受邀作为学校品牌活动“话说长江”“研究生学术论坛”等活动的主讲人，与青年人近距离交流学术、探讨人生，通过言传身教，引导学生树立正确的价值观、培养对科学研究的热爱、明确学业规划及发展方向。

“因材施教，个性化培养”，姜勇多次强调，在高等教育大众化的今天，个性化的指导符合学生成长发展的需求。“让教授真正成为本科生的教授”，这是姜勇2004年从日本东北大学归国任教以来一直坚持的主张。他为本科生讲授“界面与表面”“磁电子学”“材料科学与工程导论”等课程。其中，“材料科学与工程导论”由一批知名教授在新生大一第一学期采取“一班一师”的小班授课的教学方式。姜勇强调，开设导论这门课的意义在于通过名师与新生的课堂交流，借助教学名师和科研领军人物的人格魅力和高尚风范，帮助新生感受到教师对科学的执着热爱和刻苦钻研精神；通过名师讲授国家需求和国际前沿等内容，借助最新科研技术成果的吸引力，开启“本科生课堂”与“世界一流科研工作”

之间的“直通车”。在姜勇教授的课堂上，各式各样的材料种类吸引着同学们的眼球，先进的材料研究仪器设备激发了学生的兴趣。同时，他还组织研究生、留学生与大一新生座谈。一系列有趣而实用的教学方式得到了学生一致好评，很多毕业生在回忆大学课程的时候，都认为这门课给自己留下的印象最深刻、影响最深远。在材料学院十几位名师的共同努力下，“材料科学与工程导论”于2013年成功入选“国家级精品视频公开课”试点建设课程。

推陈出新，积极探索育人的“三全模式”

材料学院始终将人才培养作为学院建设发展的第一要务。无论是作为博士生导师培养研究生，还是作为院长全面负责学院发展、学生培养，姜勇始终非常重视培养本科生的综合素质。近年来，根据国家建设发展的需要及社会需求，他积极倡导对本科生实施价值塑造、能力培养、知识传授的“三全模式”教育，即全员育人、全程育人、全面育人。在本科生中实施导师制即是全员育人的重要举措。

“我们希望导师成为新生的指路明灯，在同学们最迷茫的时候，给予同学们最需要的指导和支持”，姜勇是这样为导师制定位的。作为导师的教授们拥有精湛的专业技能、渊博的知识储备、高尚的品格作风，不仅在课堂上传授知识，更能在思想、学习、心理、发展等方面为同学们导航。本科生将零距离感受到他们的师德风范和人格魅力，聆听他们的真知灼见和悉心教诲。导师还将在本科生的学业、思想、生活、选专业、找工作、科研、留学申请等方面进行全方位的咨询和服务。姜勇对学生和导师的建议是：每学期第一周，学生们主动联系自己的导师，与导师共同制订学业安排及学期计划。平时要定期与导师见面，汇报自己的学业以及思想、生活等方面的近况。他认为只有这么做，导师制才能真正的达到我们所期待的效果。对于导师制的作用，姜院长举了这样一个生动的事例来说明：我校校友徐匡迪院士在本科学习期间，在图书馆借书的时候与时任教务长的冶金领域泰斗魏寿昆院士相识，结成“忘年交”。这也使得徐匡迪大学期间就产生了对冶金专业的强烈兴趣，最终通过努力成为了冶金领域的著名院士，并担任了中国工程院院长。

根据同学们的成长规律，学院把本科生的教育分为：入学教育、专业教育、发展教育、就业教育几个阶段，针对不同阶段学生的特点，把激发兴趣、启迪思想、课堂教学、实践训练等诸多要素融入到育人过程中，贯穿学生在校期间学习成长的全过程。坚持四年不断地对的学生进行分阶段、层次化的培养，切实提高学院本科人才培养的实效，做到“全程育人”。

材料界泰斗师昌绪院士曾说过：“做人要海纳百川，诚信为本，忍让为先；做事要认真负责，持之以恒，淡泊名利；做学问要实事求是，勇于探索，贵在发现与创新。”做人做事做学问正是体现了“全面育人”的理念。“全面育人”，是材料学院的优良办学传统和宝贵精神财富。肖纪美院士曾这样归纳自己的人生“少喜诗文，壮耕科技，老崇类比交叉。”何俊院士曾题词：“创新者的素养、严谨的学风、创新思维、实践能力、人文和科学的基础素质、有效的研究，是高水平研究型大学教育的核心”。材料学院一直以培养全面发展、综合素质的学生为教育目标。姜勇提出学院不仅要为培养科学家、工程师提供最好的教学条件，还应该营造环境，让学生当中更多的人，具备社会所需要的综合素质。他时常勉励同学们继承发扬学院老前辈勤学、求真、笃实、创新的材料精神，从中汲取成长的力量，成长为人格健全、务实钻研、勇于创新的青年一代。

潜心研究，谋划学院发展新篇章

近年来学院本科毕业生近70%在国内外高校和科研院所深造，就业率始终保持在97%以上，人才培养得到社会、行业的高度认可。“面向未来，学院将建成学科方向齐全、综合实力雄厚、国内前茅、国际上有重要影响的人才培养、基础研究与技术创新的高水平研究型学院。”这是姜勇带领下的材料学院的发展目标。他们将坚持以学生为本的原则，以本科生导师制为抓手，不断完善人才培养的“三全模式”，继续探索教育教学改革，为培养高水平、高素质、创新型材料人才做出更多的努力和贡献。

（张盼　李磊　作者单位：北京科技大学材料科学与工程学院）

院士当导师，没错！北科大一万多本科生都有全程导师

记者任敏｜来源：北京日报｜发布时间：2019-12-12 20:15

http：//ie. bjd. com. cn/5b165687a010550e5ddc0e6a/contentApp/5b1a1310e4b03aa54d764015/AP5df22bf4e4b0fe93cc21dfd5. html?isshare=1

自去年秋季踏入北京科技大学校门起，秦梓杰就有了自己的“专属全程导师”——同一学院的讲师冯凯。过去一年，他和导师联系10次、见面6次，不仅收获了学业和生涯规划方面的建议，还在导师指导下参与了科创项目。

今天下午（12月12日），在北京科技大学本科生全程导师制工作研讨会上，记者了解到，这项制度自去年开始全面实施，目前已在大一至大三学生中实现全覆盖，全校1360名专任教师担任10638名本科生导师，其中包括院士、长江学者、国家杰青等众多高层次人才。

北科大校长杨仁树介绍，学校自2018年起全面实施本科生全程导师制，为每个新入校的本科生配备导师，发挥导师在立德树人、学业指导、学术指导、规划指导等方面的作用。这项新制度有两个关键词，一是全过程，即本科生导师制贯穿大学本科一年级到四年级，突出“全程”指导；二是全覆盖，即本科生全程导师制在全校范围内全面推开，为每名本科生配备导师，覆盖学校全部院系和所有专业。

他透露，目前本科生全程导师制已在2017级、2018级和2019级本科生中实现全覆盖。

北科大教务处处长宋波透露，学校已形成高层次、多元化、广覆盖的导师队伍，并构建起“学校设计、院系实施、导师尽责”立体化的本科生导师制工作模式，目前共有13个学院、9个科研单位的1360名专任教师担任10638名本科生导师，其中蔡美峰、葛昌

纯、谢建新和张跃四位院士担任本科生导师，学校的长江学者、国家杰青、青年长江学者等人才 100% 担任导师。

从各项数据来看，这项制度产生了不少积极正面的效果：在学业上，13 个本科招生学院中，有 8 个学院大一必修课的不及格率降低；在竞赛方面，截止到 11 月底，2019 年竞赛获奖比 2018 年增加 402 人次，增加了 13.65%，获得国家级以上奖项的学生增加了 122 人次，增加了 23.06%，教师指导本科生参加各类竞赛积极性增强；在创新创业项目上，学生参与积极性显著增强，仅从本科生科研训练计划（简称 SRTP）项目来看，2019 年申报 905 项，比上年增加 286 项，参与学生人数由 2631 人增加到 3595 人，其中将近一半项目由学生全程导师指导。

2019 年 10 月，为了解导师制一年来的实施情况，从学生视角发现相关工作中可能存在的问题，学校针对 2017 级、2018 级本科生进行了问卷调查，发放调查问卷 7187 份，回收有效调查问卷 3692 份。调查结果显示，与导师沟通情况上，68.96% 的学生表示沟通良好，学生认为导师在专业引领、帮助适应大学生活、培养学习兴趣方法、提高思想品德等方面帮助比较大。

北京科技大学全程导师制覆盖万名本科生

北京考试报 | 发布时间：2019-12-18
https：//bjksb. bjeea. cn/html/ksb/gaozhaozhuanban/2019/1218/75789. html

北京考试报讯（记者　许卉）　本科时可以提前接触研究课题，遇到学业和职业生涯规划上的迷茫可以随时去找导师沟通……上周，北京科技大学本科生全程导师制工作研讨会举行，师生一起分享实施导师制一年来的收获。

“过去一年我和导师联系约 10 次，见面 6 次，对我的成长帮助很大。”来自冶金与生态工程学院 2018 级本科生秦梓杰分享，“在学业发展上，导师冯老师是我在科研这条路上的引路人。在导师的带领下，我这个‘小白’逐步走进了科研的世界，逐渐发现自己对天车调度模拟仿真产生了兴趣。在生涯规划方面，冯老师与我经常分享他在求学时的事例和经验，给我很多启发。刚入学时，我不知如何平衡好学习与学生工作之间的关系，遇到了一些困难，有些沮丧。在谈话中，冯老师回忆了他担任班长时的一些工作方法和技巧，让我吃了一颗‘定心丸’。”

机械工程学院的孙志辉老师是本科生导师中的一员，共指导 11 名本科生。因为指导的学生从大一到大三，孙老师根据不同年级学生的特点采取了有针对性的指导。在他的指导下，对专业有迷茫的学生更加了解、热爱自己的专业；对入校的环境不适应的大一新生很快对学校有了亲近感和归属感；有学习困难的学生也找到了更适合自己的学习方法，成绩得到很大的提高。

北科大校长杨仁树表示，学校自 2018 年起全面实施本科生全程导师制，为每名新入校的本科生配备导师，发挥导师在立德树人、学业指导、学术指导、规划指导等方面的作用。这项新制度有两个关键词，一是全过程，即本科生导师制贯穿大学本科一至四年级，突出“全程”指导；二是全覆盖，即本科生全程导师制在全校范围内全面推开，为每名本科生配备导师，覆盖学校全部院系和专业。他透露，目前本科生全程导师制已在 2017 级、2018 级和 2019 级本科生中实现全覆盖。

北科大教务处处长宋波介绍，学校已形成高层次、多元化、广覆盖的导师队伍，并构建起“学校设计、院系实施、导师尽责”立体化的本科生导师制工作模式。目前共有 13 个学院、9 个科研单位的 1360 名专任教师担任 10638 名本科生导师，其中有 4 位院士，长江学者、国家杰青、青年长江学者等人才 100% 担任导师。

导师制实施一年以来，在学业上，13 个本科招生学院中，有 8 个学院大一必修课的不及格率降低；在竞赛方面，截至 11 月底，2019 年竞赛获奖比 2018 年增加 402 人次，增加 13. 65%，获得国家级以上奖项的学生增加 122 人次，增加 23. 06%，教师指导本科生参加各类竞赛积极性增强；在创新创业项目上，学生参与积极性显著增强，仅从本科生科研训练计划项目来看，2019 年申报 905 项，比上年增加 286 项，参与学生人数由 2631 人增加到 3595 人，其中将近一半项目由学生全程导师指导。

2019 年 10 月，为了解导师制的实施情况，从学生视角发现相关工作中可能存在的问题，学校针对 2017 级、2018 级本科生进行问卷调查，结果显示，68.96% 的学生表示沟通良好，认为导师在专业引领、帮助适应大学生活、培养学习兴趣方法、提升思想品德等方面帮助较大。

北京科技大学新闻网记录本科生全程导师制（选编）

学校校长办公会研究部署本科生导师制

单位（作者）：党办、校办 | 更新时间：2018-10-15
http：//news. ustb. edu. cn/xinwendaodu/2018-10-15/69164. html

9 月 25 日，校长杨仁树主持召开校长办公会，研究部署本科生导师制。

会议讨论通过了《北京科技大学本科生导师制实施办法（试行）》，决定为每名新入校本科生配备导师，发挥导师在立德树人、学业指导、学术指导、规划指导等方面的作用；逐步建立以导师为主导，研究生辅导本科生、高年级本科生帮助低年级本科生的纵向链式学习科研团队，促进教研融合、师生相长，全面提高人才培养质量。

会议指出，实行本科生导师制旨在落实立德树人根本任务，提高本科人才教育质量、提升本科创新人才培养能力、推动本科教育内涵式发展。要充分发挥教师在人才培养过程中的重要作用，引导导师落实工作职责，将教书与育人相结合，充分关心学生的思想、学习、生活状况并给出针对性指导。要切实搭建立体化学生服务体系，加强现有授课教师、班主任、辅导员三大群体同导师、导师所指导的研究生和高年级本科生三个群体间的协同配合，形成立体化、多圈层育人氛围。

学校召开本科生全程导师制工作启动会

单位（作者）：教务处 | 更新时间：2018-10-19
http：//news. ustb. edu. cn/zhuantixinwen/sanquanyuren/2018-12-06/69664. html

10 月 16 日下午，学校召开本科生全程导师制工作启动会。校长杨仁树、副校长薛庆国，教务处、研究生院、人事处、学生工作部（处）等职能部门领导，各学院教学院长、学生工作副书记及科研单位负责人参加会议。会议由教务处处长宋波主持。

宋波在会上解读了《北京科技大学本科生导师制实施办法（试行）》（校发〔2018〕95 号），他指出，本科生导师要在立德树人、学业指导、学术指导、规划指导等方面发挥重要作用，做到全程育人、因材施教。

薛庆国在会上强调，要充分发挥教师在人才培养中的重要作用，全面提高人才培养质量。希望教师以本科生全程导师制实施为契机，更多地参与到本科生培养全过程中来。

杨仁树从六个方面对本科生全程导师制工作开展作了部署。首先，本科生全程导师制根本目的是服务大学生健康成长，是坚持“以本为本”的重要抓手，学校要推行覆盖全体本科生、贯穿本科生教育全过程的本科生导师制。二是通过本科生全程导师制的实施“让教师有责任感，让学生有归属感”，增长同窗情谊，增进师生情感，增强学生的爱校情怀。三是搭建“3+3”的服务模式：在目前“任课教师+班导师+辅导员”的育人模式基础上，增加“导师+导师指导的研究生+高年级本科生”三个抓手，使学生的潜力得到更大限度发挥。四是强化四个方面责任：学校负责顶层设计，院系做好组织实施，导师要投入，学生要主动，只有各方发挥积极性和创造性，本科生导师制才能顺利施行。五是在五个方面下功夫：在认识上下功夫，要全员统一思想，将本科生导师制作为提高人才培养质量的重要工作去完成；在组织上下功夫，各学院要做好组织工作，在实施过程中总结、探索工作方法；在互动上下功夫，导师要和学生多沟通、多交流，教学相长；在考核上下功夫，学院要制定考核办法，使导师制不流于形式；在研究上下功夫，学校各部门要建立健全本科生导师制工作机制，构建协同联动的制度体系，探索人才培养新模式。六是“三阶段三目标”，杨仁树指出，本科生导师制的实施，会经历任务阶段、责任阶段、感情阶段三个阶段，最终达到“一降、二升、三满意”三个目标：降低学生挂科率，提高学生深造率，特别是提高硕士生中本校学生的比例，最终使学生、家长满意，教师、学校满意，从而让社会满意。

（摄影：高奠）

（责编：邢华超）

材料学院组织召开材料学科本科生全程导师制工作会

单位（作者）：材料科学与工程学院 | 更新时间：2018-10-29

http：//news. ustb. edu. cn/zhuantixinwen/sanquanyuren/2018-12-06/69665. html

10月26日下午，材料学科本科生全程导师制工作会在主楼313大会议室召开。新材料技术研究院党委书记吴春京、高等工程师学院院长赵志毅、新金属材料国家重点实验室副主任吴渊、工程技术研究院副院长米振莉、国家材料服役安全科学中心建设项目指挥部主任任学冲、钢铁共性技术协同创新中心教授尹海清、材料科学与工程学院党委书记李帅、院长王鲁宁、副院长曹文斌，及各梯队导师代表和学生代表，共40余人出席了本次工作会，会议由材料学院党委副书记王海波主持。

王海波在会议上介绍了材料学科本科生全程导师制的开展情况。材料学科本科生全程导师制自2014年开始实施，五年来，本科生全程导师制的有效实施帮助学生树立了学习目标，明确了专业追求，为促进学生的个性发展，帮助学生构建适应时代要求的知识与能力结构，培养具有创新能力和实践能力的高素质本科人才做出了积极贡献。王海波在会议上还介绍了《材料学科本科生导师制实施办法（试行）》并向全体导师征求意见建议，传达了杨仁树校长对本科生导师制工作的六个方面的部署。

学生代表分享了他们从本科生全程导师制中受到的帮助以及对本科生导师制的期望。2015 级学生代表丛雨洁表示了对本科生导师制的感谢，导师课题组组会展示的过硬专业素养，激发了她对科研的憧憬和向往，使得她能够更快地爱上这门学科；2018 级学生代表鲁天瑞则提出希望导师布置的任务能够更加具体化、可执行性更强，并且能够让同学尽早进入导师实验室，亲身接触实验操作细节，将自己知识运用到实验室，在潜移默化中影响同学，从而达到提升兴趣的目的。

李立东、张虎作为导师代表分享了自己担任本科生导师的工作经历和工作体会。他们表示对待学生一定要舍得花时间，要拉近学生与导师的距离，用心程度和回报是成正比的。他们提倡导师要根据学生特点帮助制订大学目标，选择一条适合他们的路，督促完成学习规划，陪伴学生一同成长。

工作会上，各单位负责人对材料学院推动材料学科本科生导师制的工作予以高度肯定，表示近年来本科生导师制对材料学科的人才培养和研究生生源质量保证做出了重要贡献，同时也提出了一些工作建议。

曹文斌提出希望各位导师结合学校要求，认真研读材料学科本科生导师制方案，通过导师制调动学生对科研的兴趣，提高生源质量，让本科生导师制一直传承下去。李帅、王鲁宁代表材料学院感谢各单位领导对本科生导师制的大力支持，希望导师们能够以人为本，充分利用学科优势，加强对于本科生的培养，通力合作，将本科生导师制落地落实。

材料学科本科生导师制的实施对于促进材料学科学生全面发展和健康成长，培养高素质创新人才有着重要作用，材料学科的全体本科生导师将充分发挥导师在立德树人、学业指导、学术指导、规划指导等方面的作用，围绕学生的学业、创新创业、考研就业等方面对学生开展个性化指导，促进教研融合、师生相长，整体提升人才培养质量，并以此为“双一流”建设和学校的事业发展贡献力量。

（责编：王添）

能源与环境工程学院本科生导师聘任仪式

单位（作者）：能源与环境工程学院 | 更新时间：2018-09-28

http：//news. ustb. edu. cn/xueyuandongtai/nenghuan/2018-09-28/69130. html

2018 年 9 月 28 日 19 点，能源与环境工程学院本科生导师聘任仪式在机电楼 106 举行。北京科技大学教务处副处长申亚男、能源与环境工程学院党委书记董春阳、副院长冯妍卉、党委副书记孔德雨、热科学与能源工程系主任姜泽毅、环境工程系主任李子富、热科学与能源工程系副主任尹少武，以及各年级班导师代表和辅导员们出席了本次会议。

首先，冯妍卉介绍了本科生导师制度的相关政策和基本情况。她指出，本科生导师是“三全育人”的重要举措之一，学院选优配强，严格把关本科生导师的选拔，真正做到“以本为本”、因材施教、个性化培养，形成导师、研究生、本科生的纵向链式学习科研团队，从德育、学术、学业、生涯等各个方面培育学生成长，同时也希望同学们可以把握机会，掌握专业知识，提升综合素质，早日成为社会主义建设者和接班人。

申亚男、董春阳为本科生导师代表颁发聘书。

之后，本科生导师代表周晓琴发言，她以自己亲身经历，讲述了在学生时代过程中班主任给予的帮助，也分享了自己担任 2017 级本科生导师时帮助学生成长的经验，她认为，

本科生导师制对于学生成长成才有着至关重要的作用，导师们要全心全意付出，助力能环学子成长。

最后，申亚男充分肯定了能环学院对本科生导师工作付出的努力，她详细地介绍了学校的相关政策及本科生导师应该发挥的作用，指出同学们应该充分利用优势，主动与导师们沟通，获取帮助从而提升自身综合能力。

学院高度重视本科生导师工作，能环学院全体师生将会进一步落实学校相关要求，严格遵守本科生导师制度实施办法，充分发挥教师在人才培养过程中的重要作用。

（责编：王添）

扎实推进本科生导师制　为“卓越计划”工程人才培养赋能

单位（作者）：高等工程师学院｜更新时间：2019-04-28

http：//news. ustb. edu. cn/xinwendaodu/2019-04-28/70490. html

4 月 24 日上午，高等工程师学院召开本科生导师工作研讨会，学校党委副书记、副校长薛庆国，教务处副处长陈建，来自土木学院、冶金学院、材料学院、机械学院、能环学院、自动化学院、钢铁冶金新技术国家重点实验室、新材料技术研究院、科技史与文化遗产研究院、工程技术研究院等 10 个培养单位的 20 余位 2017 级、2018 级工科试验班本科生导师代表出席会议。高等工程师学院院长赵志毅、副院长贺东风、刘娜以及各年级辅导员、学生代表参加会议，会议由高等工程师学院党总支书记张甜主持。

赵志毅介绍了学校工科试验班建设情况、高等工程师学院服务一流学科人才培养、服务工程实践创新教学的定位和建设思路，并感谢全校领导老师们对学院师生的支持；贺东风介绍了学院 2017 级、2018 级本科生导师聘任情况，围绕导师自评、学生评价和学院评价三部分与导师代表们商讨导师制考核办法；刘娜汇报了《2018 级学生对本科生导师制满意度》调研结果，并以“一降、二升、三满意”为目标围绕学生工作介绍推进导师制的思路举措；2018 级辅导员赵倩向导师们汇报了学生学习成长近况、与导师们联系交流进展。

陈建、赵志毅共同为本科生导师颁发证书

刘建华教授、张鸿副教授作为导师代表发言，分享了自己担任本科生导师以来的工作思路和体会，提倡导师们要多投入时间与学生交流、与辅导员沟通，切实深入地了解学生需求，搭建好舞台、传递正能量。学生代表们介绍了他们从本科生导师制工作活动中得到的帮助指导，纷纷向导师们表示感谢。2018 级周帅元提及初入大学时，面对课堂教学中转换的教室、流动的老师时曾经存在不适应，正是在导师和辅导员的帮助下实现了调整和转变，导师在学业发展、时间管理和专业内容上的翔实指导建议，让他进一步明确了规划方向，也希望导师们在学生专业选择、科研实践上给予更多指导。

在师生交流环节，张深根教授提出，本科生导师制是推进本科教育教学工作的重要举措，鼓励学生们主动与导师加强联系，珍惜与导师们的交流机会，建议导师们在与学生约定交流时讲求诚信、保障时间，建议学校学院进一步加强举措，将导师制落地落实。何安瑞、黄运华、张志豪、董洁、韩天等导师代表们也纷纷发言，为本科生导师工作提出建议。陈建代表教务处感谢导师们的辛勤指导，表示将加强机制建设和保障措施，为师生创造良好的育人环境。

薛庆国在发言中向老师们对导师制工作的大力支持表示感谢，强调本科生导师制是落实高校立德树人根本任务、推进“三全育人”工作的重要举措，担任学生导师是教师教书育人工作中的弥足珍贵记忆和重要价值体现。结合自身担任本科生导师、班导师的经历，薛庆国指出，全方位、多角度积极了解学生，正确看待学生是本科生导师做好工作的基础和前提；把握规律，善于总结，根据不同年级阶段的学生特点和实际需求进行规划指导；学生工作系统要加强引导，鼓励学生积极主动地与导师联系交流，共同努力，促进学生全面发展和健康成长。

（摄影：高工）

（责编：杜嘉庆）

能源与环境工程学院本科生导师制指导工作会顺利开展

单位（作者）：能源与环境工程学院 | 更新时间：2019-04-29

http：//news. ustb. edu. cn/xueyuandongtai/nenghuan/2019-04-29/70504. html

为进一步促进学院本科生教育教学工作，加强本科生导师制的实施，能源与环境工程学院本科生导师制指导工作会于2019年4月25日下午在科技楼919顺利开展，活动由教学副院长冯妍卉教授主持，学院全体教师出席本次活动。

热科学与能源工程系、环境科学与工程系主管本科教学的尹少武副教授和宋波副教授分别做工作分享。他们从目前存在的问题出发，提出当前本科生导师制具体实施过程中还需完善的内容和改进的方向，并结合自身指导经验，为大家分享本科生导师工作中的实用方法。随后与会教师展开深入讨论，互相交流工作经验。最后学院副院长耿华结合北京市和学校的相关要求，强调学院教师应严格遵守实验室使用和管理规范，严肃对待实验室安全问题。

本科生导师是“三全育人”的重要举措之一，学院选优配强，严格把关本科生导师的选拔，真正做到“以本为本”、因材施教、个性化培养，形成导师、研究生、本科生的纵向链式学习科研团队，从德育、学术、学业、生涯等各个方面培育学生成长。

材料科学与工程学院本科生导师制座谈会顺利召开

单位（作者）：材料科学与工程学院｜更新时间：2019-05-06

http：//news. ustb. edu. cn/xueyuandongtai/cailiao/2019-05-06/70546. html

4月25日下午，材料科学与工程学院本科生导师制座谈会在主楼313大会议室召开。材料学院副院长曹文斌、各系所负责人、本科生导师代表及全体辅导员出席本次座谈会，会议由材料学院党委副书记王海波主持。

首先，2017级、2018级本科生辅导员分别针对本年级的本科生制检查情况做出汇报。辅导员结合问卷调查、本科生导师手册检查情况及与学生交流情况，对学生的本科生导师制落实情况、学生反馈及本科生导师制与科研项目参与度、专业匹配度及需求度之间的关系层面进行了详细分析，同时向本科生导师反映了个别导师与学生不重视导师制、随着年级的升高学生们与导师交流的频率逐渐降低等现存问题。

其次，在场导师对大一、大二本科生辅导员反馈的问题及本科生导师制的发展进行了集中讨论，进一步探讨了本科生导师的责任与定位，希望能够通过明确导师定位，增强导师制实用性；重点商讨了导师班模式，希望尝试将同一导师带的本科生组成导师班，选一名高年级同学当班长，由同一导师名下研究生带高年级本科生，高年级本科生带低年级本科生，从而加强导师及朋辈引导。

最后建议导师与学生在会面前都做好充分地沟通和准备，并对导师制记录本交流主题进行完善与更新，使学生与导师的每一次交流都学有所获。

本科生导师制是推进本科教育教学工作的重要举措，希望今后能够从制度层面不断改进完善，鼓励学生们主动与导师加强联系，珍惜与导师们的交流机会；本科生导师能够充分发挥导师作用，促进教研融合、师生相长，整体提升人才培养质量，并以此为"双一流"建设和学校的事业发展贡献力量。

"缘起壹玖·青春绽放"材料科学与工程学院2019级新生开学典礼暨导师聘任仪式顺利举行

单位（作者）：材料科学与工程学院｜更新时间：2019-09-09

http：//news. ustb. edu. cn/xueyuandongtai/cailiao/2019-09-09/71231. html

9月1日下午，"缘起壹玖·青春绽放"材料科学与工程学院2019级新生开学典礼暨导师聘任仪式在求实广场顺利举行。材料科学与工程学院党委书记吴春京，院长王鲁宁，学院全体领导班子成员，各研究室导师代表以及2019级本科生班主任代表出席本次典礼。2019级全体本科生参加本次典礼。

为鼓励同学们努力学习，积极拼搏，学院首先对高考成绩优异的新生进行表彰，并为他们颁发了新生入学奖。新生代表郭津瑞同学发言，她号召全体新生艰苦奋斗，努力拼搏，树立坚定理想，踏向成功之路，承担新时代青年人的伟大使命，收获人生中最美好的四年时光。

接着，优秀毕业生代表赵帅同学发言。针对新生初入大学感到迷茫的问题，她提出了宝贵的建议：一是审视迷茫，认清自己；二是勇于拓取，大胆尝试；三是坚守使命，不负时光。她祝愿新生们能够在追梦道路上不断突破自我、奋勇前行。

随后进行导师聘任仪式，学院领导为导师们颁发聘书。导师代表李立东教授发言，他代表全体教师向新生们表示由衷的祝福，同时叮嘱大家要学会面对挫折，把挫折当成一段宝贵的体会，也要勇于挑战自我，变“不可能”为“可能”，练就本领，扬帆远航。

之后，王鲁宁发表讲话，他指出，我校材料学科历史悠久，当前处于世界领先地位。学院师资力量雄厚，学术研究条件一流，人才培养模式先进。王鲁宁强调，新生来到北科材料学院将有充足的机会实现梦想。同时，他也对各位新生提出两点要求，一是时刻保持旺盛的好奇心；二是要自觉将专业所学融入国家科技发展的征途中去。

为了让同学们更好地与导师取得联系，学院为全体新生同学制作了导师联系卡。各梯队导师代表为学生颁发导师联系卡并与学生合影留念。导师将帮助学生树立学习目标，明确专业追求，成为同学们大学学习生活的“摆渡人”。

最后，同学们在背景墙上写下了自己的梦想，迎接新生活的到来。

本次材料科学与工程学院 2019 级新生开学典礼暨导师聘任仪式的成功举办，为材料学院注入了新的血液，也为新生们指明了方向。祝愿所有的新生都能在北科大材料学院开启一段美好的大学生活！

2019 级理科试验班本科生导师聘任大会顺利举行

单位（作者）：数理学院 | 更新时间：2019-11-14

http：//news. ustb. edu. cn/xueyuandongtai/shuli/2019-11-12/71969. html

11 月 7 日下午，2019 级理科试验班本科生导师聘任大会在理化楼 308 举行，科学技术研究院院长刘雪峰等 25 名本科生导师，教务处副处长陈建、罗熊、赵鲁涛，数理学院副院长陈艳萍、刘宇、党委副书记刘冬阳以及 2019 级理科试验班全体学生出席聘任大会，会议由数理学院院长陈骏主持。

今年，学校在总结理科试验班多年办学经验的基础上，结合学校推行的本科生导师制工作以及“三全育人”综合改革试点工作实施方案，制定了《北京科技大学理科试验班人才培养实施方案》（校发〔2019〕45 号），深入推进我校“分类培养、分类成才”的理科试验班拔尖人才培养模式改革。为培养具有良好的道德和科学文化素养，德智体美劳全面发展的拔尖人才，全面提升理科试验班学生创新能力和培养质量，教务处和数理学院联合在全校范围内选聘知名教授担任 2019 级理科试验班本科生导师，经过前期推荐和双向选择，共聘请谢建新院士以及多位长江、杰青、教学名师等 49 名教授担任本科生导师，从思想、学业、学术和职业规划等方面全程指导理科试验班学生成长成才。

聘任大会上，陈骏宣读了本科生导师聘任名单，教务处领导为导师颁发了聘书。陈骏院长在致辞中感谢各位导师长期以来对理科试验班的关心和支持，希望同学们珍惜本科生导师制的宝贵机会，积极主动跟自己的导师以及导师带的学生多联系，多沟通，争取早进团队、进科研、选课题，在踏实学习专业知识的同时，树立远大理想目标，早日成为国家建设的栋梁之材！

融合创新研究院常务副院长王荣明教授作为本科生导师代表发言，他希望大家能充分把握机会，不断充实自我、完善自我，他同时表示作为导师将做好对理科试验班本科生的指导工作。学生代表邱芊与大家分享了高中学习阶段老师的指导经历以及最近与本科生导师交流的切身感受，同时介绍了自己选择北京科技大学理科试验班的想法。

立德树人　做好四个引路人

——管理科学与工程系成功举办本科导师工作研讨与交流会

单位（作者）：东凌经济管理学院 | 更新时间：2019-11-19

http：//news. ustb. edu. cn/xueyuandongtai/jingying/2019-11-19/72039. html

11月14日，东凌经济管理学院管理科学与工程系以“立德树人、做好四个引路人”

为主题，成功举办了管工系本科导师工作研讨与交流会。这是在教职工理论学习、主题党日活动基础上，管工系教师立足本职工作，结合系所实际，贯彻落实立德树人根本任务、学校“双一流”建设和“三全育人”工作而开展的一次别开生面的本科育人工作研讨与经验交流会，会议由管理科学与工程系主任、党支部书记杨建华教授主持，管工系全体教师参加了此次活动。

在研讨会上，杨建华教授对 2018～2019 学年管工系本科导师工作的整体情况进行总结。在过去一年里，管工系全体教师承担了面向 2017 级和 2018 级本科生导师工作；在新学期伊始，基于双向选择机制，又为每位 2019 级本科新生选定了本科导师。全系教师在此期间付出了辛勤努力，并积累了较为丰富的指导经验。管工系近两年新进教师多，两个本科专业学生情况各异，在本科生导师工作方面本系教师们各有一套方法，也存在一些需要完善的地方。为此，管工系邀请了在本科生导师工作中表现优秀的指导教师张文新副教授、葛泽慧副教授、崔建双副教授和王柏琳副教授进行经验交流，并组织本系教师们就如何培养“有理想、有本领、有担当”的新时代大学生展开研讨，积极推动贯彻落实立德树人根本任务。

张文新副教授围绕立德树人、学业指导、学术指导和规划指导四个方面，详细阐述了本科导师指导学生的方式方法，辅以自身经历的大量实例进行说明。张文新副教授认为，导师在师生关系建立方面应具有主动性和积极性，当学生有需要时及时提供指导和帮助，

与学生建立良好联系，给学生留下亲和印象，充分展现新时代高校教师的新面貌。张文新副教授还和本系教师们分享了自己整理的《本科导师指导学生经验》文档，提供了许许多多的切实可行的方式方法。

葛泽慧副教授就“如何培养本科生的科研实践，进行有效的学术指导”这一问题展开经验交流。在2018～2019学年，葛泽慧副教授先后资助6名学生去上海考察加氢站运营、参加哈尔滨工业大学举办的国际暑期学校“大数据与商务分析”，并带领学生参与国家自然科学基金项目，积极开拓了学生视野，充分锻炼了学生的科研实践能力。葛泽慧副教授认为，作为“四个引路人”，本科导师应为学生拓宽个人发展平台，并在必要时助力推荐或资助。

崔建双副教授和王柏琳副教授也分享了自己的指导经验，认为对本科生的指导应趋向于形式多样化和指导个性化，根据学生的能力特点和学业规划展开一对一指导，以及结合各年级的学业重心和关键节点，充分利用自身资源，予以有针对性的指导，切实为学生解决学业疑惑，帮助学生明确发展规划，并细化至各阶段可操作的具体计划，指导大学生们提升学术创新能力和实践能力。

在听取四位教师的经验分享交流后，管工系教师们踊跃发言，就如何做好本科生导师工作，坚持以社会主义核心价值观为引领，培养具有家国情怀和责任担当的新时代大学生，围绕大学生的学业、创新创业和考研就业等开展个性化指导，推进“人格教育”与

“专业教育”相融合，促进专业课程与思政、创新创业相融合，促进教研融合、师生相长，全面提升人才培养质量等展开热烈讨论。在本次研讨会上，管工系教师们纷纷表示，作为高校教师和本科生导师，要“不忘初心、牢记使命”，积极践行《新时代北京科技大学教师职业行为十项准则》，切实做到潜心教书、精心育人，认真做好新时代大学生的“四个引路人”。

下一阶段，管理科学与工程系将继续加强全员、全程、全方位的“三全”育人格局，努力完善信息管理与信息系统专业、大数据管理与应用专业的本科双专业育人体系，形成“一芯双翼”新格局，贯彻落实立德树人根本任务，强化当代大学生的素质教育与能力教育，践行“德性实践、学道创新”的院训，进一步加强教师自身修养，做有理想信念、有道德情操、有扎实学识、有仁爱之心的“四有”好老师。

材料学部召开2019年本科生导师制座谈交流会

单位（作者）：材料科学与工程学院｜更新时间：2019-12-12

http：//news. ustb. edu. cn/xueyuandongtai/cailiao/2019-12-12/72266. html

为贯彻落实北京科技大学本科生全程导师制，扎实推进学校“三全育人”综合改革工作，充分发挥教师在立德树人、人才培养过程中的重要作用，促进学生全面发展和健康成长，培养高素质人才，12月11日上午，材料学部2019年本科生导师制座谈交流会在主楼313大会议室顺利召开，校长杨仁树，党办、校办副主任张毅，材料学部各单位负责人、教师代表出席本次交流会，本次会议由材料学院党委书记吴春京主持。

首先，王鲁宁对材料学部2019年本科生导师制开展情况进行了介绍，明确了辅导员、本科生导师、班导师的责任与定位，汇报了材料学院通过实施本科生导师志愿录取办法、本科生导师手册、本科生导师考核办法等措施落实开展本科生导师制的经验，并根据辅导员约谈、导师手册检查、学生座谈、问卷调查等多种渠道，将学生及导师对现阶段本科生导师制实施情况的意见进行了反馈，为下一阶段本科生导师制的推进提供了方向。

随后学生代表分享了他们从本科生导师制中的收获与体会。2016级本科生程矫杨汇报

了四年来导师在学习、生活、专业规划、未来选择等方方面面对自己的指导与帮助，分享了能够跟随自己的本科生导师继续攻读博士学位的幸福感及喜悦之情；2019级本科生白佳良感谢了导师在初入大学后对自己的关怀与引导，并表达了希望能够借助本科生导师制的平台尽早进入实验室、接触科研项目的期望；研究生代表赵伟东讲述了在导师制实施过程中与本科生深入交流、相互促进、共同成长，最终共同完成课题的故事。

接着，材料学部各单位教师代表也分享了各自的育人体会。材料学院教师代表庞晓露生动形象地分享了自己作为本科生导师的做法，像“地陪”一样为初入大学的学生提供陪伴与安全感，像“擦亮窗户”一样为学生开阔视野，让学生看到远方、助学生确立目标；

材料国重教师代表张来启肯定了我校本科生导师制度，并为导师制的进一步实施提供了建议；新材院教师代表岩雨针对学生缺乏目标、普遍迷茫的特点，分享了自己的经验做法，并且作为研究生培养单位，希望与学院继续深化合作，共同服务本科生成长成才；国家材料服役安全科学中心教师代表金莹对于因转移至昌平创新园区导致本科生导师制交流受阻的现象提出了自己的解决办法；钢铁共性技术协同创新中心教师代表尹海清为拉近与学生之间的关系，通过餐桌会议的形式了解学生性格、背景、学习状况，进而进行因材施教；工程技术研究院教师代表米振莉认为本科生导师制为工研院提供了较好的本科生资源，并呼吁导师更加关注学生心理状态，进行及时的心理疏导。

杨仁树代表学校对材料学部的本科生导师制实施情况予以充分肯定，指出要始终把立德树人作为我们办学的根本任务，并从六个方面对本科生全程导师制工作开展作了部署。一是本科生全程导师制根本目的是服务大学生健康成长。二是通过本科生全程导师制的实施“让教师有责任感，让学生有归属感”，增长同窗情谊，增进师生情感，增强学生的爱校情怀。三是搭建“3+3”的服务模式：在目前“任课教师+班导师+辅导员”的育人模式基础上，增加“导师+导师指导的研究生+高年级本科生”三个抓手，使学生的潜力得到更大限度发挥。四是强化四个方面责任：学校负责顶层设计，院系做好组织实施，导师要投入，学生要主动，只有各方发挥积极性和创造性，本科生导师制才能顺利施行。五是在五个方面下功夫：在认识上下功夫，要全员统一思想，将本科生导师制作为提高人才培养质量的重要工作去完成；在组织上下功夫，各学院要做好组织工作，在实施过程中总结、探索工作方法；在互动上下功夫，导师要和学生多沟通、多交流，教学相长；在考核上下功夫，学院要制定考核办法，使导师制不流于形式；在研究上下功夫，学校各部门要建立健全本科生导师制工作机制，构建协同联动的制度体系，探索人才培养新模式。六是“三阶段三目标”，杨仁树指出，本科生导师制的实施，会经历任务阶段、责任阶段、感情阶段三个阶段，最终达到“一降、二升、三满意”三个目标：降低学生挂科率，提高学生深造率，特别是提高硕士生中本校学生的比例，最终使学生、家长满意，教师、学校满意，从而让社会满意。杨仁树表示，本科生全程导师制是人才培养模式改革的积极探索，需要分阶段开展，在任务阶段不断探索、自上而下全面推动，在责任阶段让教师充分体会光荣责任、由外到内认同改革，最后在感情阶段将导师制上升为文化，切实增强同学间的手足情、师生间的桃李情、与学校间的爱校荣校情。

本科生全程导师制是推进本科教育教学工作的重要举措，材料学部将继续落实开展本科生导师制，从制度层面不断改进完善、从认知层面达成认同共识，促进教研融合、师生相长，整体提升人才培养质量，以此为“双一流”建设和学校的事业发展贡献力量，不断为我国经济社会发展培养栋梁之材。

杨仁树校长就北京科技大学本科生全程导师制答记者问

单位（作者）：北京科技大学校报｜更新时间：2019-12-02
http：//news. ustb. edu. cn/zhuantixinwen/sanquanyuren/2019-12-13/72278. html

编者按：为贯彻落实全国教育大会、全国高校思想政治工作会议精神，扎实推进学校“三全育人”综合改革工作，根据《中共中央　国务院关于全面深化新时代教师队伍建设改革的意见》等文件精神，遵循以人为本教育理念，充分发挥教师在立德树人、人才培养过程中的重要作用，促进学生全面发展和健康成长，培养高素质人才，学校于2018年9月25日经2018年第28次校长办公会讨论通过发布了《北京科技大学本科生导师制实施办法（试行）》（校发〔2018〕95号）。根据该《办法》，学校决定自2018年起全面实施本科生全程导师制，为每个新入校的本科生配备导师，发挥导师在立德树人、学业指导、学术指导、规划指导等方面的作用。在本科期间建立以导师为主导，研究生辅导本科生、高年级本科生帮助低年级本科生的纵向链式学习科研团队，围绕学生的学业、创新创业、考研就业等开展个性化指导，引导本科生早进实验室，促进教研融合、师生相长，整体提升人才培养质量。

日前，杨仁树校长就本科生全程导师制开展情况接受了本报记者采访。

1. 记者：设立本科生全程导师制的初衷是什么？

杨仁树：习近平总书记多次强调，“高校立身之本在于立德树人”。作为党领导下的社会主义高校，我们始终将培养社会主义建设者和接班人作为主责主业，始终把立德树人作为我们办大学的根本任务。其中，本科阶段的教育最为关键、至为重要。“高教大计、本科为本，本科不牢、地动山摇”，正是基于这样的认识，我们开始思考，如何更好地将教书与育人相融合、更好地将教学与科研相融合、更好地将本科教育与研究生教育相融合。经过认真思考与调研分析，我们认为本科生全程导师制就像一条纽带，可以很好地将上述育人资源、育才元素有机串联起来，从而更好地服务于立德树人根本任务，更好地服务于大学生成长成才，让老师更有责任感、让学生更有归属感。

2. 记者：本科生全程导师制是我校的创举吗？

杨仁树：本科生全程导师制对于学校而言，还是新鲜事物。但是从世界范围来看，本科生导师制是被多方验证的行之有效、久唱不衰的培养精英人才的教育思想、教育模式。

本科生导师制源于14世纪的牛津大学，之后在剑桥大学、伦敦大学等学校得到推广，牛津大学的本科生导师制被誉为“牛津皇冠上的宝石”，18世纪后逐渐为美国及世界其他国家的知名大学所借鉴。现在国内的教育界也正在形成一种共识：本科生导师制是贯彻精英教育和个性化教育的一种理念。

从中国传统来看，早在春秋时期，孔子就创办私学，提倡“因材施教”，注重“启发教学”。及至唐宋至明清的书院，有个别教学和集体教学两种形式，其中个别教学就是导师制的雏形。

3. 记者：您能介绍下我校本科生全程导师制目前的实施情况吗？

杨仁树：学校于2018年发布了《北京科技大学本科生导师制实施办法（试行）》，正式“试水”本科生全程导师制。按照文件要求，各学院成立本科生全程导师制工作领导小组，制定导师工作细则与考核办法，负责学院导师的聘任与考核等工作。2018年秋季学期学校开始在2017级、2018级本科生率先实施本科生全程导师制，目前已实现了2017级、2018级和2019级本科生的全覆盖。

4. 记者：您能谈谈建立本科生全程导师制的基本原则有哪些？

杨仁树：基本原则就是要全过程、全覆盖。

全过程，即本科生导师制贯穿大学本科一年级到四年级。这与以往提及的导师制以及其他学校实施的导师制有所不同，我们突出“全程”指导，即贯穿学生大学四年，有的学生可能攻读研究生也继续选择自己的本科生导师。

全覆盖，即本科生全程导师制在全校范围内全面推开，为每名本科生配备导师，覆盖学校全部院系和所有专业。

5. 记者：您认为我校本科生全程导师制最大的特色是什么？

杨仁树：就我了解，目前国内一些知名高校也在探索本科生导师制，各校的具体做法不一、各有千秋。我校导师制一个很大的特点，就在于不是导师一个人“单兵作战”，而是形成了“3+3”的人才培养模式。具体而言，即：以本科生全程导师制为纽带，为每位入校本科新生配备导师，构建起“导师主导、授课教师主教、班导师和辅导员辅助、研究生协助、高年级本科生参与”的“六位一体”的本科生全程导师制组织模式，协同“三助一辅”机制，形成立体化、多层次、协同联动的育人氛围。这里我还想特别强调一点，就是如何定位导师、班主任、辅导员这三者在育人中的角色分工，我认为，导师是点，纵向贯通；班主任是线，横向到边；辅导员是面，统筹兼顾，他们共同构成了育人的有机体，合力服务大学生健康成长。

6. 记者：如何在机制上保障导师作用的发挥？

杨仁树：推进并实施好本科生全程导师制，我认为，要突出发挥“四个主体”的作用。学生成长成才是外因和内因共同起作用的结果，内因是第一位的，外因是第二位的，外因最终通过内因起作用。实施本科生全程导师制，学校规划、院系落实、教师主导是外因、是基础，学生主动是内因、是关键。

首先学校要发挥顶层设计作用，推动学校全体师生员工逐渐形成育人共识，并通过调整完善职务晋升、分配奖励等政策对本科生全程导师制的实施予以保障。其次院系要发挥组织实施的作用，因地制宜制定具体实施办法，为学生配备导师，确保政策落地落实。第三，教师要发挥教书育人的作用，做习近平总书记倡导的“四有”好老师和“四个引路人”，时刻关心学生的思想、学习、生活状况，对发现的问题及时进行疏导，对学生持续进行有效指导。最后，也是最关键的，学生要发挥主观能动的作用，按照习近平总书记“爱国、励志、求真、力行”的殷切嘱托，珍惜大好时光，刻苦学习、增长才干、学有所成，真正成为德学双馨的有用人才。

7. 记者：导师的任职资格和条件有哪些？

杨仁树：导师任职资格必须满足三个条件：

一是拥护党的基本路线和教育方针，师德高尚，治学严谨，为人师表，关心学生。

二是具有中级（含）以上职称且在校承担教学科研工作一年以上的专任教师（含双肩挑教师）。原则上中级以下职称的教师及入校工作不满一年的教师不独立承担指导工作，但可以作为副导师参加导师组。

三是学校年度考核或导师工作考核不合格的教师，下一年不能指导新的学生。受到学校处分的教师视情况暂停指导新的学生，情节严重的取消导师资格。

学院为每名新入校的本科生择优选聘导师。每位教师指导的学生人数根据学院学生人数及专任教师数测算，按照正高级指导的学生数大于副高级、副高级指导的学生数大于中级的原则执行。新生入校后三周内，学院按照数量均衡、合理搭配的原则，统筹安排导师，并将安排报学校备案。导师一经确定，原则上应保持连续稳定。学生分专业后，学院可根据学生专业和学业发展的实际情况按照双向选择的原则进行调整，并报学校备案。

8. 记者：本科生导师工作职责和工作要求主要有哪些？

杨仁树：导师工作职责主要包括以下四条：

一是立德树人。导师要以德立身、以德立学、以德施教、以德育德，不断提高学生思想水平、政治觉悟、道德品质，做到明大德、守公德、严私德。

二是学业指导。引导学生树立正确的学业观，对学生在学业规划与专业选择等方面给予专门的指导。结合社会发展的需要与专业特色优势，根据学生个人实际，帮助学生树立学习目标，认识学习的重要性，增强自主学习动力。指导学生熟悉本专业的培养目标与教学计划等，根据学生的知识能力水平和发展方向，指导学生制订学习计划，增强专业认知认同，提升学习兴趣，促进学生学业发展。

三是学术指导。根据学生特质挖掘并激发学生的主动性和创造性，因材施教进行个性化培养。通过指导学生参与创新创业训练项目、学科竞赛、科研课题、毕业设计（论文）等创新实践活动，拓宽学生学术视野，增强学生创新创业能力。

四是规划指导。导师应指导学生进行职业规划。鼓励和引导有潜质的学生继续深造。帮助就业的学生树立正确的就业观，为就业做好准备。为学生深造、就业等提供帮助。

对导师工作要求：

一是导师负责构建以导师为主导，研究生辅导本科生，高年级本科生帮助低年级本科生的创新型学习科研团队，使学生能够感受到团队的关怀，帮助学生健康成长。

二是导师要做好工作计划，认真填写“导师工作手册”，记录学生成长过程，并根据学生特点及时调整指导方式。

三是导师每学期开学初与学生见面，定期对学生进行指导。对低年级学生更多关注学习过程，培养学生良好的学习习惯和学习方法。对高年级学生及时吸纳参与科研课题研究，指导创新创业训练项目、学科竞赛等，增强学生的创新意识和实践能力。

四是毕业设计（论文）原则上由导师负责指导，按照《北京科技大学本科生毕业设计（论文）管理规范》中有关要求执行。特殊情况学院可进行调整。

五是导师要主动了解国内外考研就业动向，在学生个人发展等方面提供咨询意见。

六是导师要做好学校相关制度的解读与宣传。注意发现有突出培养潜质和特长的学生，关心受到学业警示和降级学生并给予必要的帮助，关注少数民族学生和外国留学生在学习方面的特殊问题，及时向学院反馈学生的情况与意见建议等。

9. 记者：学校推进本科生全程导师制的主要步骤和预期成果是什么？

杨仁树：本科生全程导师制是人才培养模式改革的积极探索，必须服务于我们的办学目标、必须符合我们的办学特色，同时，改革还涉及方方面面，不可能一蹴而就、也不可能完全成熟定型，需要我们在实践中不断探索，这也决定了改革需要分“三步走”，即任务—责任—感情三个阶段递进发展。任务阶段，就是要把实行本科生全程导师制改革作为学校当前和今后一项重要任务，自上而下全面推动。责任阶段，我们希望经过工作实践让教师充分体会到担任导师是作为园丁的一项光荣责任，逐步由外到内充分认同改革。感情阶段，就是将导师制上升为文化，切实增强同学间的手足情、师生间的桃李情、与学校间的爱校荣校情。

在学校推行本科生全程导师制一个周期之后，我理解，可以从学生、教师、学校三个主体层面进行预期成果畅想：

一是学生层面，通过本科生全程导师制的实施，要让学生和导师之间的关系更加融洽，让学生更加热爱学习、关心他人，养成良好的学习习惯和基本的科研素养，进而实现“一降二升三满意”：“一降”是降低“问题”学生比例，包括心理、学业等方面存在的问题，当然也希望降低“挂科率”。“二升”是提升深造率、提升就业整体竞争力。“三满意”即让学生和家长满意，让教师和院系满意，从而努力让社会满意，办一所负责任的大学，真正办好“让人民满意的教育”。最终在推动实现学校人才培养目标，即培养人格健全、专业过硬，具有高度社会责任感、宽广国际视野、突出实践能力、深厚人文底蕴的高素质专门人才和拔尖创新人才方面取得显著成效。

二是教师层面，结合“项目导师制”等举措，教师职业发展、团队建设要取得明显成效，涌现出一大批“四有”好老师、立德树人楷模和青年拔尖人才。

三是学校层面，进一步形成师生互动密切、感情深厚、立德树人氛围浓郁的良好局面；以本科生全程导师制为突破口的本科教育教学改革特色更加鲜明、成效更加显著，以本科生全程导师制为内核的本科人才培养模式进一步接轨世界、进一步趋于一流；以此带动学校“三全育人”综合改革全面见效，推动学校“双一流”建设全面提升。

10. 记者：您对实施本科生全程导师制还有哪些具体工作要求？

杨仁树：实施本科生全程导师制，是一项需要全员参与并需要持之以恒、久久为功的系统工程，一定要在“五个”方面下功夫。一要在认识上下功夫，二要在组织上下功夫，三要在互动上下功夫，四要在考核上下功夫，五要在研究上下功夫。

这里，我想着重在认识、互动这两个方面作个说明。首先是要提高认识，充分认识到实施本科生全程导师制对于学生成长成才的重要意义，充分认识到实施本科生全程导师制是开展学生德育工作的重要途径，是推进全员育人的重要发展方向。其次是要强化互动，导师要主动关心学生，用心用情对待学生；学生要珍惜学习机会，坚持做到三个主动，即主动联系导师、主动联系导师指导的本科生与研究生、主动参与导师研究课题。对于辅导员队伍而言，要进一步发挥学生思想引领以及导师和学生间的桥梁纽带作用，坚持做到三个多，即多联系导师，多关心学生，多深入一线。

11. 记者：您对本科生全程导师制还有哪些期待？

杨仁树：一所大学区别于其他大学的显著特征主要体现在学科专业特色、人才培养模式、大学精神与文化三个方面。我们要通过实施本科生全程导师制，形成具有鲜明北科大特色的人才培养模式，形成专属于北科大的精神与文化，一代代坚持传承下去，持续为北科学子成长成才提供绵源动力，不断为我国经济社会发展培养栋梁之材。（转自北京科技大学校报1241期）

（责编：杜嘉庆、邢华超）

学校召开2019年本科生全程导师制工作研讨会
——深入推进本科生全程导师制　努力开创一流本科教育新局面

单位（作者）：教务处｜更新时间：2019-12-16

http：//news. ustb. edu. cn/jiaoyujiaoxue/2019-12-20/72381. html

为深入学习贯彻习近平新时代中国特色社会主义思想，全面贯彻落实全国教育大会和全国高校思想政治工作会议精神，落实立德树人根本任务，深入推进本科生全程导师制，努力开创一流本科教育新局面，我校2019年本科生全程导师制工作研讨会于12月12日下午在学术报告厅隆重举行。校长杨仁树出席会议。

会议由校党委副书记、副校长薛庆国主持。

教务处处长宋波从本科生全程导师制的执行情况、执行效果、存在问题、完善举措等四个方面汇报了导师制实施情况。目前学校已聘任由蔡美峰、葛昌纯、谢建新和张跃四位院士领衔，来自 13 个学院、9 个科研单位的 1360 名专任教师组成的本科生导师队伍，针对 2017 级、2018 级和 2019 级 10638 名在校本科生实现导师全覆盖。从各项数据看，本科生全程导师制已初显成效，学生整体学风状况明显提升，学生参与科技创新、创业训练项目积极性显著增强，近 70% 的学生认为导师在专业引领、帮助适应大学生活、培养学习兴趣方法、提高思想品德等方面帮助较大。

三位学生代表立足亲身经历讲述自己的收获与感悟。冶金 2018 级本科生秦梓杰、计通 2017 级本科生高培杰在导师的指导下不仅收获学业和生涯规划等方面的建议，还参与了科创项目和科研课题。数理 2018 级博士谢豪在参与指导学弟学妹的过程中，科研水平得到了提高，并收获了深厚的同门情谊。

导师代表、机械工程学院孙志辉，能源与环境工程学院施春红，东凌经济管理学院王未卿分享了在本科生全程导师制的框架内，如何在教书育人、立德树人方面做到言传身教；在关心学生的学习和生活方面做到及时有效；在提升学生自学能力方面做到循循善诱。辅导员代表、自动化学院杨美偲表示，辅导员要与导师、班主任协同联动，发挥好导师和学生的桥梁纽带作用，做到同心、同向、同行，共同推进导师制工作落地生根，开花结果。

材料科学与工程学院院长王鲁宁、外国语学院院长陈红薇、资源工程系副主任赵怡晴作为院系代表汇报了院系层面对导师制工作的设计与执行情况，并分析了目前面临的问题。

杨仁树以校长和导师的双重身份进行了总结发言，他强调本科生全程导师制是践行“四个服务”、落实立德树人根本任务的关键举措，是人才培养模式改革的积极探索。他还从六个方面对今后的工作提出了要求和部署。一是要始终围绕一个根本目标就是更好地服务大学生健康成长。二是通过导师制的实施“让教师有责任感，让学生有归属感”，增长同窗情谊，增进师生情感，增强学生的爱校情怀。三是要完善“3+3”服务学生模式，协同“三助一辅”机制，形成立体、多圈层育人氛围，实现教书与育人的融合、教学与科研的融合、本科教育与研究生教育的融合。四是要充分发挥学校顶层设计、院系组织实施、教师教书育人、学生自主能动的“四个”主体关键作用。五是要在认识上、组织上、互动上、考核上、研究上五个方面下功夫。六是要努力实现“一升、二降、三满意”的预期目标。

杨仁树指出，本科生全程导师制要分“三步走”，即“任务—责任—感情”三个阶段递进发展。任务阶段，就是要把实行本科生全程导师制改革作为学校当前和今后一项重要任务，自上而下全面推动。责任阶段，经过工作实践让教师充分体会到担任导师是作为教师的一项光荣责任，逐步由外到内充分认同改革。感情阶段，就是将导师制上升为文化，切实增强同学间的手足情、师生间的桃李情、与学校间的爱校荣校情。

杨仁树强调，全校要以此次会议召开为契机，持续推进本科生全程导师制，形成具有北科大特色的人才培养模式，全面服务学生的成长成才，带动学校“三全育人”综合改革全面见效，推动学校“双一流”建设全面提升，为国家经济社会发展培养德智体美劳全面发展的社会主义建设者和接班人。

学校主要职能部门负责人、各学院书记、院长、副书记、教学副院长、专业负责人、导师、辅导员、学生代表等200余人参加会议。

（摄影：王占奎）

（责编：杜嘉庆、邢华超）

推行“三个一”工作法，促进全程导师全方位网络指导学生

单位（作者）：自动化学院 | 更新时间：2020-02-02

http：//news. ustb. edu. cn/fangyi/jicengfengcai/2020-02-02/72819. html

为严格落实教育部、北京市和学校的疫情防控工作的各项要求，做到“师生联系不断线”“学生停课不停学”，自动化学院迅速行动起来，1月31日就制定了《疫情防控期间自动化学院对全程导师和班主任工作的要求》，明确“每日联系”的制度要求，推出“三个一”工作法，促进全程导师更加科学有效地全方位指导学生。

学院要求所有全程导师建立“网络指导学生”工作模式，实行“三个一”工作法，即：导师每天要主动联系学生一次，学生每天要向导师汇报一次思想、学习、生活、娱乐、健康状况、出行轨迹等情况，导师要针对这些情况进行一次反馈或评价。

通过推行“三个一”工作法，落实了导师与学生点对点每日联系和动态关注，让师生情感在密切地联系和互动中再增进再升华。同时，也加强了对学生在家期间的自我学习和我自管理的针对性指导，有力地促进了学校各项通知和规定的宣传传达和政策解答工作，帮助学生消除对疫情的焦虑、恐慌情绪，保持了学生的思想稳定。

借力在线模式，整合校企资源，本科导师制增新意
——记经管学院一场别开生面的师生在线分享会

单位（作者）：东凌经济管理学院 | 来源：本站原创 | 更新时间：2020-03-21

http：//news. ustb. edu. cn/fangyi/jicengfengcai/2020-03-17/73812. html

疫情当前，各大高校春季学期返校延迟，如何保证“停课不停教、延学不降质”，成

为了摆在高校教育工作面前的重要问题。北京科技大学东凌经济管理学院全体老师防疫抗疫不放松，教育教学不停摆，以饱满的精神状态和丰富的育人形式投入到各项工作。本科全程导师制作为我校践行“四个服务”、落实立德树人根本任务的重要举措和本科教育的创新型模式，一直是学院工作的重要载体和探索重点。战“疫”期间，经管学院老师以多种形式贯彻落实本科导师制，深入思考其丰富内涵，利用在线交流方式跨越空间和整合资源的优势，紧密结合育人目标，挖掘制度内生动力，受到学生的欢迎，取得可喜的成绩。

3 月 13 日 19:30，经管学院经济贸易系范小华老师、雷文妮老师联合组织了一场分阶段、多主题的师生线上见面会，整整持续了三个小时的见面会进行得有声有色、别开生面、亮点频出。本次见面会分为师生学习生活交流分享和 SRTP 寒假工作成果汇报两部分，共有包含两名国际学生在内的 35 名同学参加此次交流，同时，北京欢乐星橙文化传媒有限公司 CEO 鲍华先生和《企业文化》杂志社执行副主编黄海先生、财务与会计系李晓静老师受邀参加了此次活动。

此次见面会重要目的之一是贯彻学校本科导师制工作的总体要求，发挥导师在立德树人、学业指导、学术指导、规划指导等方面的作用，关注、帮助和引领学生成长。范小华老师首先与自己指导的四个年级 16 名本科生进行了一个小时的交流，每个同学分享在线学习体会，讲述学习之外各种经历。有的同学提到在家学习注意力不集中的苦恼，其他同学纷纷给出小贴士；有的同学介绍利用宅家时间开始拓展学习计划，给其他同学很好的启示；有的同学感觉疫情期间和家人感情更加深厚，大家表示感同身受；有的同学分享自己和家人为社区服务提供免费“防疫”中药的经历，大家纷纷点赞并表示这将是一辈子的回忆；来自韩国和泰国的留学生介绍了各自国家的疫情，其他同学鼓励他们保重自己……

范老师倾听每个同学的分享并不时进行回应，结合同学们提出的学习和生活上的具体问题，一一进行分析和解答。她还引导大家科学合理安排疫情期间的生活和学习，在加强身体锻炼的同时不要放松对自己的要求，在强化自身学习的同时多多关注疫情期间国家和社会的动态，充分体会党和国家的坚强领导和以广大医务工作者为代表的新时代中国人民众志成城、拼搏奉献的优秀品质，从自我做起树立立德成才、立志报国的远大理想。

温馨愉快的师生交流会之后，范老师邀请雷文妮老师、李晓静老师以及两位 SRTP 企业导师——鲍华先生和黄海先生和 19 名来自 5 个 SRTP 项目组的同学加入网络会议室，开始 SRTP 项目阶段性成果汇报会。SRTP 项目作为大学生创业创新实践类活动在北科大学生中具有很高的参与度，经管学院 2019 年推出本科生 SRTP 校企协同指导计划，旨在鼓励企业将管理实战和产业发展的前沿问题作为主题提供学生进行创新创业训练，通过企业导师和学院教师协同有效引导学生自主完成 SRTP 项目。本次汇报会安排了“‘电影公元’商业模式创新研究”SRTP 项目组进行介绍。

首先，北京欢乐星橙文化传媒有限公司 CEO、“电影公元”创始人鲍华先生出现在大家面前，他也是本次汇报 SRTP 项目的企业导师，远在沈阳出差的他在这个跨越空间的线上会议室向大家娓娓道来。他介绍了该项目商业模式的背景和发展，结合当下疫情给电影产业带来的冲击，描述了从业者正在尝试的探索，并从商业模式重构、产业发展方向、品牌营销方式变革和沉浸式体验延伸等多个领域分享了自己的思考和体会，其中特别提到要借助信息技术所带来的效率革命顺势而为。鲍华先生结合自己多年从业心得，鼓励同学们放眼未来，养成终身学习和独立思考的习惯。

接下来，项目组组长李钰葳同学从项目所在行业政策汇总、本次疫情对研究对象的影响分析、相关行业发展模式分析、项目信息获取需要等四个方面向大家进行汇报。其中，她结合 2003 年非典时期的相关数据，采用对比法分析了本次疫情对于“电影公元”项目的影响，并选取“宋城演艺”和“sleepnomore”两个典型案例，细致深入地比较了其与“电影公元”的异同点，展示该项目组假期研究成果并展望下一步工作计划。

随后，范小华老师、雷文妮老师和企业导师鲍华先生、黄海先生，分别从学术和实务角度，对本次学生的汇报进行点评和指导，对该组阶段性成果给予充分肯定的基础上，从加强理论研究、设计研究方法、明确研究思路和研究落脚点等方面给该组同学提出建议。闻讯前来观摩汇报会的李晓静老师表示，听完汇报会感触良多，这种线上分享会从效率、效果和效能都展示出它独到之处和优势所在，她表示自己也将在学生指导方面去尝试这种新的交流方式。

本次线上交流和汇报会在老师和同学的不知不觉中历时 3 个小时，大家在意犹未尽中彼此道别，无论校外专家还是校内老师，无论汇报的同学还是观摩的同学，都表示出对此次交流活动的极大认可。经管学院老师不忘学校本科生导师制推行的初心，在抗疫期间有效利用在线平台，整合校内外资源，创新本科导师制工作模式，力求实现“师生密切互动、育人有机统一”的良好效果。

企业导师参会体验

北京欢乐星橙文化传媒有限公司 CEO、“电影公元”创始人鲍华：

我是北科大经管学院 EMBA 校友，参与学校育人工作我深感荣幸且责无旁贷，而此次汇报会让我对校企协同育人有一个全新的认知，在我看来不仅我们在帮助同学们，同学们也在促使我们进步，我想这也正是学院发动校企合作的价值所在。我是今天汇报项目的校外企业导师，同学们的汇报让我很震撼，感受到北科学子的优秀与精彩，同学们在汇报中所呈现的行业认知及汇报能力不亚于在行业中从业数年的中层管理人员，今天在线交流的搭建让同学们对项目的行业动态有了更加清晰的认识，对项目管理的多个要素也将进行更加系统的考虑。我坚信这种 SRTP 项目一定能培养出“召之即能来，来之即能战，战之即能胜”的优秀本科生。我深感参与指导 SRTP 项目非常有意义，今后一定继续深度参与学院和学校的人才培养。

《企业文化》杂志社执行副主编黄海：

很高兴参加北科大经管学院组织的 SRTP 线上汇报分享会，有幸体验了高校教学和育人的创新形式。这样线上模式很好地整合校外导师资源，提升校外导师参与项目指导的效率、深度和广度，更好地发挥校外导师的作用和价值，同学们能够借此获得更多的有效信息和素材，有利于 SRTP 项目的最终质量提升。在此次分享会上，我清晰地感受到老师们在模式设计、流程安排、内容定位、思想引领等方面都经过认真思考，可谓有高度、有深度、有温度，我真切地体会到润物无声的育人效果，感受到高校“延缓开学，不误育人”的具体举措和高校教师心系学生成长的款款深情！感谢北科大和经管学院各位师生！

学生们参会体验

经管学院国贸 2016 级本科生贾梦晗：

作为大四学生的我，时隔将近三个月，又一次感受到了校园的气息。在这个特殊的时期，通过在线教学，大家可以充分利用时间，不虚度光阴。几位老师精彩的分享让原本枯燥乏味的居家生活变得更加充实，非常感谢老师组织这次见面会，希望疫情快些过去，早些回到校园。

经管学院国贸 2017 级本科生陈蒙曦：

线上会议虽然隔着屏幕，但是倍感亲切！大家一起聊聊假期经历、聊聊学习困惑、聊聊人生规划，非常有意义。另外还听了同学的报告，获益匪浅。从各位老师和校外专家的讲述当中我明白人生的道路还很长，要珍惜大学好时光，不断充实自己，提高自己的专注力，努力做一个会思考、勤思考、敢思考的人！希望老师以后可以多开一些类似会议，让大家更好地走好我们大学的每一步！

经管学院国贸 2018 级本科生李钰葳：

通过网络和大家线上见面，感觉非常新奇，在网上大家反而更加轻松自在，可以畅所欲言，气氛特别融洽。第一次和校外专家这样近距离接触，深入交流，感觉是非常难能可贵的机会。邀请的鲍华老师和黄海老师的专业指导让我们知道了自己的许多不足，以后也有了更清晰的努力方向。网络一线牵，希望以后可以多多举办这种线上见面会！

经管学院工商类 2019 级本科生李冉：

这次线上会议让我获益匪浅。学长学姐对项目报告的讲解让我感受到了学长学姐的优秀，也让我看到了自己与学长学姐的能力差距，增加了我的学习动力。导师和校外专家的分享让我感受到了成功人士的强大，让我对未来充满了期待。未来的大学生活中还有很多的机会与挑战，我会加油努力，努力让自己变得优秀。

经管学院国贸 2017 级留学生金佳贤（韩国）：

这次交流会让我印象深刻，即使我们身处不同国家，也很容易相聚在一起。但是因为语言的原因，线上学习对于外国学生来说有障碍，今天在班会上我们可以互相交谈让我好兴奋，我真的好想念我的同学们！接着听了一个 SRTP 报告，这是一个很好的演讲，但我中文还不够好，只能懂一些，但如果我的中文越来越好，我想再听一次这个演讲。我真的很感谢我的导师给了我这个难得的学习机会。

经管学院国贸 2018 级留学生陈美如（泰国）：

我感受到大家很热情，对我来说是很好的机会，能跟老师和同学们见面，我特别开心，而且还学到了新的知识。

经管学院工管 2018 级本科生王佳楠：

这次线上会议让我明白了即使没有面对面，也能够保持交流的高效。汇报同学高质量的项目展示，我明白应该练习讲解 PPT 的能力，全面提升自己，为未来做准备。同时，我更应该明白：无论是在任何的环境下我们都应该保持积极学习的心态，不能因为是在家里就“玩物丧志”。

经管学院工商 2018 级本科生任成希：

分享中校外专家关于效率与创新的真知灼见将一个充斥着机遇与挑战的时代舞台在与会者面前铺陈开来。在“电影公元”的故事陈述和剖析中，我们收获的不仅是关于研究项目的认知，更是对时代前沿的洞察和以效率为核心的创新眼光。如何站在时代的风口、怀有独到的见地从而有所遵循、有所凭恃地开拓新域，是分享会赋予我们的智慧。同时，结合诸如疫情的社会突变，与时俱进、顺势而为，也是我们的所得。

经管学院金融 2018 级本科生李相德：

老师说作为年轻人要不断学习和创新，听到老师的话如醍醐灌顶，疫情期间长期在家偏于安逸，没有真正做到一个大学生的求知求真，这次分享深切感受到老师强烈的责任感，我们更没有理由放松，在这个美好的年纪应该多做一些有意义的事情！和校外专家的交流为我们开拓了一个了解现实社会的新渠道，线上分享带给我们的也不再仅是知识还有实践经验，这样的分享很开拓我们的眼界，对于现在的 SRTP 项目还有之后的步入社会都有很大的帮助。

经管学院金融 2018 级本科生袁礼辰：

李同学在会议上展示了她收集到的数据资料，进行了细致的分析对比，最后提出来具体的需求，准备非常充分。在以后的研究过程中，我要培养独立思考，细致分析的能力，善于挖掘学术问题，用理论来解析实际问题。

经管学院金融 2018 级本科生张伊：

由于疫情的影响，本该在学校进行会议的我们通过特殊的方式参加了这次交流活动。但这丝毫没有影响到效果。各位老师倾情分享了他们的生活经历与观点看法，参与汇报的同学也显示了他们的态度与努力。这次活动我受益匪浅，同时也希望疫情结束回到学校后能够更加近距离地交流。

经管学院金融 2018 级本科生张世琼：

周五，我们在线上参加了电影公元的小组报告，参与汇报的同学精心地准备和发言让我们十分震撼，而老师的点评也让我们对自己的 SRTP 项目有了一个更清晰的认识。我们应该更努力地学习，对抗懒惰，把自己的研究项目弄出一片天。

经管学院金融 2018 级本科生李润晨：

“电影公元”的汇报人让我们心生佩服，详尽的资料、清晰的逻辑好多都是值得我们学习的地方，真正地从头到尾了解所做的项目才能做到心中有数，做出来的东西才能更让人信服通透，先把握宏观再了解细微之处！并且相信此项目的团队合作很协调才会有如此出众的效果，我们也要努力寻找在团队中的角色，大家齐心协力，共同合作，希望也可以有精彩成果的呈现。

文法学院法学 2018 级本科生楼涵词：

线上分享会这样一种方式让我们在特殊时期也能交流讨论项目的进度，共享经验，从别的小组中学习进而改进自己的成果。听完“电影公元”小组的分享我觉得她们做得挺好的一点是有关建议版块写得很详细，从宏观到个体层面，既有体系化建设又有微观的改进。之后我会对我的报告进行改动，让我的报告结构更完备。非常感谢这样的分享会让我能够知人所长、补己所短。

文法学院法学 2018 级本科生单钰婷：

很高兴能够参加这样的线上交流会，每位老师的指导，专家的建议以及同学的分享都给我启发与思考。同学们在假期的准备工作十分充分，思考很深入，值得我去学习。同时也让我对原本不了解的领域有了一些新的了解和观点。总之感谢大家的分享，启发了我要始终保持学习和独立思考。

教师们参会体验

经管学院财务与会计系李晓静：

感受最深刻的是这是一场很有价值、很有意义的活动，不仅是知识的增长，更是思想的碰撞、产学的融合，以及无处不在的正能量传播和价值观引领。同学、老师和嘉宾专家都从不同的角度受益匪浅，学生们会很愿意参与这样的活动，因为在此过程中能更快更好地成长。这是一场非常成功的本科生导师组活动，值得学习和借鉴。

经管学院经济贸易系雷文妮：

这是一次本科生导师制指导内容和方式的创新。校外导师和校内教师学生齐聚线上交流，在疫情特别时期给我们送上了满满的精神食粮。校外导师鲍华董事长充满人生智慧的商业分享，为我们打开了一扇商业社会的窗，激励着学生们终身学习。李钰葳同学代表小组进行的汇报和分享，让我惊喜连连，不仅汇报内容充实，她富有感染力和逻辑的表达更是让人惊叹，由衷地为咱们北科大学生感到骄傲。

经管学院经济贸易系范小华：

组织这次活动其实是突发奇想。新学期以在线模式打开，教学要进行，学生要见面，课题要指导，何不糅在一起呢？节约时间还能彼此启发。另外，以前邀请校外专家参与线下活动很不方便的问题也可以通过在线形式克服。没想到活动效果出奇的好。突如其来的疫情让我们不得不关上门，但在线交流新模式也为我们打开了一扇窗。希望同学们，怀着好奇心，带着创造心，拥抱新时代，在“唯一不变的是变化”面前，无论做什么，都可以做得很好。

高工学院班子成员、本科生导师走进班团指导学生规划

单位（作者）：高等工程师学院｜来源：本站原创｜更新时间：2020-03-21
http：//news. ustb. edu. cn/fangyi/jicengfengcai/2020-03-21/73878. html

防疫期间，为做好大三年级学生们深造发展规划指导，高工学院院长赵志毅、2017 级本科生导师、班导师、专业老师走进学生班级，参加“我的未来发展规划”专业班主题班会，紧密围绕“我的专业，我规划；我的发展，我选择；我的选择，我负责”三条主线，与学生及家长深入交流，对学生的保研时间线、注意事项以及考研须知等内容进行指导规划。

会议中，赵志毅院长在材料专业（卓越计划）班会上，结合自身多年来进行研究生培养的经验，详细地对同学们进行专业学习、创新实践、简历展示等方面的指导。

高工 1703 班班导师王小宁、本科生导师尹少武在能源专业（卓越计划）班会上就学生竞赛、学校选择等问题给予解答分享。本科生导师赵怡晴、专业课导师曹帅就采矿专业六年一贯制政策进行解读，给予同学们关于研究生学术的指导，帮助同学明晰方向。青年

教师刘威在冶金工程（卓越计划）班会上结合自身学业经历与大家分享导师选择、学术经验等情况。

学院领导、本科生导师、班导师与专业老师齐头并进，毕业学长与辅导员朋辈引导，全方位答疑解惑，帮助学生做好未来发展规划。

能源与环境工程学院切实发挥本科生导师、班主任育人作用

单位（作者）：能源与环境工程学院 | 更新时间：2020-03-25
http：//news. ustb. edu. cn/fangyi/jicengfengcai/2020-03-25/73949. html

面对新冠肺炎疫情严峻形势，能源与环境工程学院党委统筹教学科研工作部署，引导学院教师充分借助网络途径，精心准备在线教学，加强网络科研指导，贯通本科生、研究生交流互助渠道，并切实发挥本科生导师、班主任育人作用，深入推进三全育人工作。

环境科学与工程系周北海老师自 1 月 25 日起便要求所负责本科生和研究生进行健康打卡，汇报当天所在地及身体情况，指导每位学生制订假期工作计划并督促落实，引导学生充分利用居家时间提升自己。程世昆老师作为环境 1701 班主任，每天身先士卒在班级群内进行学习和健身“打卡”，引领班级同学积极制订、完成任务，保持良好的作息习惯。热科学与能源工程系尹少武老师与指导的本科生召开网络会议，传达学院对同学们的关心及学院疫情期间的各项工作，交流疫情期间学生学习、生活、思想动态，深入了解学生线上学习感受，帮助解决现存问题。

疫情形势仍然严峻，能源与环境工程学院党委将持续围绕立德树人根本任务，坚持推进本科生导师和班主任工作，引领学院教师充分发挥积极性、主动性、创造性，努力培养德智体美劳全面发展的社会主义建设者和接班人。

高等工程师学院召开2020年度本科生导师工作研讨会

单位（作者）：高等工程师学院丨更新时间：2020-10-23
http：//news. ustb. edu. cn/xueyuandongtai/gaodenggongchengshi/2020-10-23/75833. html

2020年10月20日上午，高等工程师学院召开2020年度本科生导师工作研讨会，来自土木与资源工程学院、冶金与生态工程学院、材料科学与工程学院、机械工程学院、能源与环境工程学院、自动化学院、钢铁冶金新技术国家重点实验室、新金属材料国家重点实验室、新材料技术研究院、科技史与文化遗产研究院、工程技术研究院、钢铁共性技术协同创新中心12个培养单位的18名2017级、2018级、2019级和2020级工科试验班本科生导师代表出席会议。高等工程师学院院长赵志毅、党总支书记张甜、副院长贺东风、教学秘书李欣欣以及各年级辅导员、学生代表等参加了会议，会议由学院副书记刘娜主持。

张甜书记为各单位参会的2020级本科生新任导师颁发了高等工程师学院本科生导师聘书。贺东风副院长介绍了学院2017～2020级四个年级本科生导师制全覆盖聘任情况、特色工作开展以及导师工作流程等。

王敏副教授、刘晓明教授及杨荃研究员作为导师代表先后发言，分享了自己担任本科生导师以来的工作思路和体会。王敏副教授分享了对本科生培养的高度重视，切实深入地了解学生生活和科研方面的需求，向学生传递正能量。刘晓明教授提出，通过每月一次的组会，单独为本科生进行指导。同时引入硕士、博士生参与到培养的队伍中，实现针对性指导，培养学生对专业的热爱。杨荃研究员提出了希望将优秀的实验岗教师纳入本科生导师队伍的建议，希望与学生的交流方式与时俱进，除了定期的面对面，更应该做到“雪中送炭”及时为学生在线解决问题。另外，也计划为学生提供昌平园区先进设施平台，希望高工院内可以提供导师与学生交流的地点。

来自高工学院2017级、2018级、2019级的5名学生代表介绍了他们从本科生导师制工作活动中得到的帮助指导。高工1701班的李木芽同学回忆了导师对她SRTP项目的指导

和帮助。高工 1805 班的周帅元和高工 1804 班的傅志宇同学分享了进入导师实验室学习以及疫情期间导师提供科技创新项目的技术指导以及生活关注情况。高工 1901 班的田紫维和高工 1903 班的郭金虹同学分享了导师对他们生活、学习上的关注和帮助，并担任学生的入党培养人情况。同学们纷纷向导师们表示感谢。

在师生交流环节，黄志安教授提出将根据高工学院的专业特点，给予更有针对性的指导。章林研究员为学生提供博士、硕士、本科生共同交流的平台。陈树海教授指出，学生地域差异较大，建议导师与班主任、辅导员密切配合，及时沟通学生问题，使导师更有效率地指导学生。余雪峰副教授提出，课题组集中了所有教师和学生在一个群里管理，为学生提供了更多的交流信息和比学赶超的环境，同时关注学生的成长计划。黎敏教授提出，希望稳定导师队伍，增强学生对于老师和对于协助指导他的硕士博士学生团体的归属感。导师们纷纷表示，将更加主动地通过各种交流方式与学生开展有效的沟通，在未来更加扎实认真地做好导师工作，更好地为本科生服务。

赵志毅院长在发言中向所有为高等工程师学院指导学生的各兄弟单位导师表示衷心的感谢，鼓励学生们发挥联系导师的主动性，欢迎导师们提出宝贵的意见和建议，共同推动高工学院本科生导师制工作的进步。

（摄影：高工学院）

（责编：付云笛）

建筑环境与能源工程系成功召开本科生导师制工作研讨会

单位（作者）：土木与资源工程学院｜更新时间：2020-10-23
http：//news. ustb. edu. cn/xueyuandongtai/tuhuan/2020-10-23/75831. html

10月21日建筑环境与能源工程系在土木楼1024会议室召开了“本科生导师制工作研讨会”，学院副院长尹升华，副院长、副书记于宝库以及建能系全体教师参加了会议。会议由系副主任吴延鹏主持。

研讨会上，宋智勇、范慧方和涂壤作为优秀本科生导师代表分别做了工作情况汇报，不仅分享了从事本科生导师工作的体会与经验，而且提出了自己在工作中碰到的问题、障碍以及困惑。宋智勇提出要以问题为导向，积极沟通，做小事、做实事，使学生建立内在动力，坚持长期监督与激励。开展多种户外活动，促进师生感情。在选专业、日常学习、未来规划和突发困难等方面做好纾困与引导工作。范慧方表示对待这些本科生要像对待自己孩子一样。范老师以家庭自助聚餐等契机，打破教师和学生的身份壁垒，最后走进了每一位同学的学习和生活中，同时也自学了相关的心理辅导知识，指出大学生的抑郁问题不容忽视，需要关注并及时进行疏导。涂壤作为青年教师代表认真总结了每一次的工作记录，形成了一套“研究生带本科生，高年级带低年级”的“传帮带”的工作模式。此外，与会所有教师全部踊跃发言，积极畅谈了当本科生导师的切身体会，从和导师、研究生、本科生不同角度以及导师评价等方方面面进行了充分研讨，提出了很多宝贵的建议。

讨论最后吴延鹏剖析了建能系在本科生导师工作中取得的成绩和存在的一些问题，坚持问题导向，找准解决办法。系主任朱维耀从本科生导师的工作职责、工作目标以及如何因人而异针对性的思想引导和专业辅导等方面进行了凝练和总结，还就学生成长特点和规律、教师指导方法、改进工作观念和榜样引领方面做了讲解，使全系统一了思想，提高了认识，明确了下一步努力的方向。

于宝库高度赞扬了建能系本科生导师工作，并指出本科生导师不同于班主任和辅导员，本科生导师工作应与班主任和辅导员形成点线面的衔接关系，促进本科生的身心健康的成长和全面发展。尹升华指出我院本科生导师制已初显成效，学生整体学风状况明显提升，导师的纾困、引导等方面起到很大作用。他表示建能系是一个充满朝气、非常有活力的系所。在后续的工作中希望本科生导师能够用自己的学识涵养和人生阅历帮助学生成长成才；希望本科生导师与班主任和辅导员之间加强沟通和配合，加强学风建设；希望本科生导师在实践中研究，在研究中创新，不断改进和提升，让本科生导师工作成为教书育人、促进人才培养的一股扎实有效的推动力量。

（责编：杜嘉庆）

土木与资源工程学院教职工大会暨本科生全程导师制工作交流会顺利召开

单位（作者）：土木与资源工程学院 | 更新时间：2020-11-20

http：//news. ustb. edu. cn/xueyuandongtai/tuhuan/2020-11-20/76090. html

2020 年 11 月 12 日下午，土木与资源工程学院教职工大会暨本科生全程导师制工作交流会在金诚信报告厅召开。学院领导班子成员、全体教职工参加了此次会议，副院长尹升华主持会议。

会上，尹升华结合学院标杆导师的典型事迹，从部署、落实、事例、效果以及问题五个方面，导师和学生两个层次对本科生全程导师制进行了详细介绍。

他表示，本科生全程导师制是遵循以人为本教育理念，为充分发挥教师在人才培养过程中的重要作用，促进学生全面发展和健康成长，培养高素质创新人才而提出的。自 2018 年 9 月该办法通过实施以来，学校及学院便始终给予高度重视，同时对全体导师也寄予殷切厚望。

尹升华指出，自我院推行本科生全程导师制以来，在全体教师的共同努力和学院各系所部门的积极配合下，收获了较好的反响。本科生综合素质全面提升，加权成绩显著提高，科技创新项目及各类学科竞赛参与度与成果质量收获“双增长”，学生专业认同感显著增强。调查数据显示，超过九成的本科生对我院全程导师制工作表示满意，并感谢导师对个人生活、学习、科研等方面的悉心指导。

随后，系所导师代表梁培、陈德平、赵焕娟、张瑞洋、宋智勇五位导师结合自身工作经历，展示了成为本科生导师后的收获与感悟，同时也分享了在开展本科生指导过程中的心得与经验。

最后，院长金龙哲与党委书记纪洪广向全体本科生导师两年以来的辛勤付出表示感谢，并表示我院全程导师制成果与学生满意度的“双高”是全院上下一心、通力合作的结果，希望全体教职员工能够齐心协力，再创佳绩。同时，全程导师制在我院的开展也仍然存在发展和进步空间，希望大家能够勠力同心，积极投入全程导师制的教学育人模式中，注重因材施教，在培育祖国栋梁的同时，收获满园桃李的芬芳。

（摄影：土资学院）

（责编：付云笛）

成长引路人｜计通学院召开系所本科生全程导师制工作推进研讨会

单位（作者）：计通学院｜更新时间：2020-11-21

http：//news. ustb. edu. cn/xueyuandongtai/jitong/2020-11-21/76091. html

为进一步贯彻落实我校《北京科技大学本科生导师制实施办法》，扎实推进“三全育人”综合改革工作，充分发挥教师在人才培养过程中的重要作用，近日，计算机与通信工程学院计算机科学与技术系、通信工程系、物联网与电子工程系和信息基础科学系分别召开了系所本科生全程导师制工作推进研讨会。计通学院党委书记蒋韬、副院长王建萍、党委副书记兼副院长田斌、各系所主任、全体教师、辅导员以及学生代表参会。

会上，系所负责人对本科生导师制执行基本情况进行了介绍。学院自 2017 级起为每位本科生随机匹配一位本科生导师，每位导师指导 3 至 5 名同年级学生，坚持每学期初与学生见面，定期指导。本科生导师以“立德树人”为根本，在学业、规划、科研等方面，为学生个人发展提供指导。

优秀本科生导师代表结合自身实际分享了工作经验和收获体会。基础系老师提出从学业问题入手有针对性地进行个性化分类指导，从学业发展和职业规划角度引导学生树立发展目标；计算机系老师分享了通过收集学生简历打破沟通初期的障碍，从学生兴趣爱好入

手走近学生并进一步了解学生的具体做法；通信系教师提出从“导心导向导学”三方面做好学生的引路人的工作理念以及关心帮助并陪伴学生渡过难关的切身体会；物电系教师分享了为学生提供实验条件和实践资源，引导高年级学生传帮带的工作经验。此外，学生代表也分享了本科生导师为他们带来的成长与收获，并向导师们表达感谢。

各系所通过问卷调查、辅导员约谈等多种渠道，将师生现阶段对本科生导师制实施情况的问题进行汇总，并在会上进行反馈与剖析。与会教师充分研讨，结合自身经验提出对策。针对当前面临的学生联络不积极、部分导师对学生培养相关政策不熟悉、青年教师经验阅历不足等方面的问题，提出了持续加强宣传、加强多方沟通联动、关心关注青年教师自身成长等建议。现场讨论气氛热烈，为下一阶段本科生导师制的推进提供了有力参考。

蒋韬充分肯定了各系所的本科生导师工作，同时再次强调了本科生全程导师制在人才培养中的重要作用。希望本科生导师能够做好学生的成长引路人，不断在工作中凝练方法，持续发力；加强与班主任和辅导员之间的沟通配合，形成合力；不断优化工作机制，加强学习交流，为工作注入动力，扎实推进学院本科生导师制工作，有效促进学生全面发展和健康成长，全面提高人才培养质量。

（摄影：计通学院）

（责编：付云笛）

经管学院成功召开本科生全程导师工作总结及经验分享会

单位（作者）：经济管理学院 | 更新时间：2020-12-05

http：//news. ustb. edu. cn/xueyuandongtai/jingying/2020-12-05/76321. html

11 月 26 日下午，为了优化和推进本科生导师制，充分发挥教师在人才培养中的重要作用，全面提高人才培养质量，北京科技大学经济管理学院成功召开 2020 年本科生全程导师工作总结及经验分享会。学院全体领导班子成员以及教职员工一百余人参加了会议，副院长范小华主持会议。

首先，财务与会计系、金融工程系、经济贸易系分别介绍本系的全程导师工作。财务与会计系副主任寇明婷以“立德树人、助力学生全面成长”为题，对本系的本科生导师工作进行了总结汇报。她全面介绍了财务与会计系全体导师因材施教的不同做法，包括成立跨年级学习小组实现有效沟通，构建研究生带本科生、高年级带低年级的链式发展，召开本科生导师集体见面会，并介绍了本科生导师实施以来取得的可喜成果，学生学习成绩进步明显、未来方向规划更加明确，学生创新创业、学科竞赛和科研项目的参与积极性高、获奖率高等，并表示要在以后进一步把本科生导师工作做实做细，发挥其更大的作用。

金融工程系系主任王未卿以“榜样、传承：全面立德树人——构建导师为核心的学生综合能力培养的平台战略”为题总结了金融工程系的本科生导师工作。她介绍了金融工程系在全校率先实施本科生导师制，搭建金融导师平台战略，构建导师—导师组—导师先锋团队，构建全程、全方位、全覆盖的育人教育生态圈，提出了跨学科、跨领域的跨界融合培养模式，真正了解学生需求，解决、引领需求，以本科生导师制为抓手加强和凝聚师生感情，传承文化精神。

经济贸易系系主任冯梅以“以本科生全程导师制促国贸本科专业建设发展”为题对经济贸易系的本科导师工作进行了总结。她认为本科生全程导师制是深化本科人才培养模式改革、提高本科人才教育质量、提升本科创新人才培养能力、推动本科教育内涵式发展的重要举措。自实施本科生全程导师制以来，经贸系始终以立德树人为基调，不断丰富“三全育人”的形式和内涵，把本科生全程导师制与本科专业建设有机结合起来，使之成为有内涵、有基础、有平台的人才培养模式，在思政育人、实践育人、国际化育人三方面取得了显著的成绩。

接着，工商管理系、工程管理与技术经济系、管理科学与工程系的四位教师向与会老师分享了自己的本科生导师工作经验和体会。

工商管理系周金毅老师从导师与学生关系、与学生交流的模式、关于未来的规划、局限性等方面与大家分享了导师工作的经验。周老师认为，导师与学生的关系应该是相辅相成的，学生需要导师的知识与视野，导师同样需要学生的新鲜思想，师生之间的良好互动是本科生导师制施行的重要保障。

工商管理系何润宇老师介绍了他在推荐书单、读书分享、解惑答疑，督促学习、运动、抗疫，聚会、运动等方面的导师工作尝试和探索。

工程管理与技术经济系王志如老师介绍了“博采众长、因材施教”的本科生导师工作职责践行心得以及她在生活、学业、学术、职业发展等方面对学生的具体指导。

管理科学与工程系郝玫老师从思想教育、习惯培养、能力拓展、多方关怀等方面谈及了对学生的具体指导，并从团队活动、团队氛围谈及了学生团队建设问题。

随后，来自管理 2003 班、国贸 172 班的两位学生，分享了她们在全程导师制下成长的体验。管理 2003 班唐嘉懿同学感谢学院本科师生互选制度给予她选择自己喜欢导师的机会，讲述了金家华老师对她在思想、专业、学术、实践等方面进行的悉心指导，对未来能够在导师的指导和指引下度过大学四年感到非常踏实并充满期待。

国贸 172 班王君瑶同学，介绍了其导师孙莹老师从个人发展、专业学习、生活等方面所给予的帮助和指导，提到了不同年级学长学妹们之间的互相帮助和经验分享，感恩于导师在思想引领、学业指导、学术指导、人生规划等方面所给予的重要影响。

最后，学院院长闫相斌对大会进行了总结发言，充分肯定了各个系所和全体老师践行本科生导师制的各种具体做法和有益探索，指出自从学校全面推行本科生导师制以来学院全体本科生导师在立德树人、学业指导、学术指导和职业规划指导等方面发挥了积极的作用，取得了丰硕的成果。他认为，本科生导师工作是一个立体的、系统的工程，需要顶层规划和制度设计，制定科学化的引导、激励和考核机制，加强部门协同和方式创新，提高本科生导师的工作实效。他希望全体老师强化认识，勇于探索，共同努力，进一步推进本科生导师工作，更好地发挥全程导师制在人才培养中的重要作用。

（摄影：经管学院）

（责编：付云笛）

机械工程学院“三个强化” 扎实做好本科生导师制工作

单位（作者）：机械工程学院丨更新时间：2021-03-08

http：//news. ustb. edu. cn/zhuantixinwen/sanquanyuren/2021-03-08/76794. html

机械工程学院全面落实本科生全程导师制，以学生成长需求为导向，坚持以人为本，结合学院发展特色，在队伍建设、专业引导、能力提升上下功夫，多措并举提升本科生培养质量，扎实培育一流人才。本科生全程导师制实施以来，学生满意度超过 90%。

强化队伍建设，构建全员协同育人体系

学院坚持选优配强本科生导师队伍，不断完善管理考核机制，开展导师学生互选工作，打牢本科生导师作用发挥基石。一是优化师生选配工作，开发本科生导师制管理系统，2020 年完成 424 名本科新生导师选配工作和 216 名大二学生导师调整工作，学生对选配工作满意度高达 98%。二是制定学院导师考核细则，明确本科生导师“规定动作”，同时将学生突出表现和获奖情况作为考核附加指标计入综合评价，进一步激励本科生导师作用发挥。三是健全辅导员工作考核体系，将辅导员与本科生导师沟通工作作为年终考核指标，促进导师与辅导员的信息互通和工作互助。

强化专业引导，提升学生专业学习效果

学院不断引导本科生导师根据学生需求和成长特点，做好学生学业辅导和专业发展指导。一是加强师生学业沟通，针对学业困难学生做好帮扶指导，围绕学生学习难点进行答疑解惑，学生得到了本科生导师及时有效的学业指导。学院主要学业指标显著提升，本科生主要课程一次性通过率提高至 97% 以上，大一学年主干课程挂科率平均下降 9%，2021 届本科毕业生四级通过率超过 95%。二是加强学生信息互通，依托本科生导师与辅导员工作沟通机制，及时反馈学警风险学生、心理问题学生学业情况和思想动态，做到有问题早发现早解决，本科生学业警示率连续三年下降。三是加强专业认知教育，根据学院大类招生特点，本科生导师提前介入，全程参与，精心指导，帮助学生树立正确的专业认识，做好专业方向选择。三年来，学生大类分专业志愿内录取率由 90% 提升至 100%，学生满意度超过 98%。

强化能力提升，助力学生参加科创实践

学院发挥本科生导师科研优势，不断强化本科生科研引导，全方位做好学生创新创业教育，本科生科研能力与科技竞赛水平不断提高。一是鼓励学生参与科研训练，加入导师科研团队并独立完成科学研究。目前，学院学生有意愿在本科生导师指导下进行科研工作并发表科研论文的学生比例已超过50%，学院大三年级学生 SRTP 参与率达73%。二是鼓励学生科研成果产出，总结提炼科研训练收获，引导学生撰写科技论文、申报发明专利。三年来，学院本科生共申请专利 14 项，撰写论文 15 篇。三是鼓励学生参加高质量竞赛，瞄准“三大赛”，不断孵化学生优秀科技作品。三年来，学院学生在“三大赛”中获省部级以上奖项213 人次，其中国家级 12 人次，省部级 201 人次，学生团队荣获“创青春”国赛银奖、“挑战杯”国赛铜奖。

（责编：付云笛、邢华超）